自然の論理

中敬夫【著】

萌書房

序

筆者は一九九二年の夏に構想し、二〇〇四年から順に公刊し始めた六部から成る《自然の現象学》のシリーズを二〇一〇年に完成させたあと、その全体への反省の意味も込めて、翌二〇一一年に『自然の現象学入門』という小著を上梓したのだが、一九年九月にシリーズ最終作『他性と場所Ⅱ――《自然の現象学》第六編――』の草稿を仕上げてから二〇年八月に『自然の現象学入門』の最終第三章を脱稿するまでのあいだの或る日、《自然の現象学》後の筆者の課題となるべき『自然の論理』、『自然の論理の根底へ』、『隠れたものの現象学』の三部作から成る新シリーズの着想を得た。それらは《自然の現象学》の構想を変更するというより、そのいっそうの深化を図った諸著作たるべきものである。それゆえ本書は、あくまで《自然の現象学》の諸成果にもとづきつつ、『自然の現象学入門』のなかで筆者が自らに課した幾つかの諸課題を解決すべく意図した新シリーズの、第一冊目だということになる。

本書はとりわけ《自然の現象学》の「論理」部門を強化しようという意図から生まれた。ただし『自然の現象学入門』でも本書第三章でも記したように、筆者は〈哲学はゼロから始まる〉などと考えているわけではない。哲学が始源する以前には〈哲学以前〉というものが必ず存在するのだし、新たに現れんとする哲学は、先行哲学との対話がなければ、自らの存在意義を示すことさえ難しい。そして本書の場合、いわゆる「汎論理主義」の大家として、とりわけヘーゲルを対話の相手とすることが、ずいぶん以前から決定されていた。フランス現象学が主たる専門の筆者が、この歳でいまさらヘーゲル哲学に取り組もうとするなど、おこがましいという思いもなくはなかったが、しかし最近はシェリングやフィヒテについて論ずることも増えてきた筆者にとって、最後の砦としてヘーゲルに挑むことは、言わば自然の成りゆきでもあった。

本書は四つの章から構成されている。まず第一章「「意識の経験」と「意識の経験の学」と——ヘーゲル『精神現象学』についての一つの現象学的解釈の試み——」は、ヘーゲル論理学を研究するための不可欠の準備段階として、まずは『精神現象学』の全体的な流れを追いながら、同書の幾つかの問題点について、現象学的な観点から考察してゆく。たとえば「感覚的確信」は最も直接的な意識から始めようとはしていたが、しかしそこには最初から、感覚的確信だけでは絶対に知りえない多くの諸前提が、あらかじめ容認されてしまっているのではないか。また「意識の経験」のなかでは「自然的意識」が何かを学んでゆくというような外観を呈してはいるのだが、しかし本当に学んでいるのは、「自然的意識」それ自身というより、むしろそれを観察している「我々〔＝哲学者〕」のほうではないだろうか。あるいはよく言われるように、「自然的意識」や「我々」さえもが何かを学びうるためには、最初から「学」や「絶対知」が成立し、或る意味では「絶対者」それ自身が始源から臨現しているのでなければならないのではないだろうか、等々。そこで最終的に考察された「同一性と非同一性との同一性」という、いかにもヘーゲルらしい「絶対者」の定義を再検討することが、次章のテーマとして予告される。

第二章「「同一性と非同一性との同一性」の論理学——ヘーゲル『大論理学』に関する一考察——」は、この問題を同書の孕む様々な論題から検討し直そうとする。そもそも「同一性と非同一性との同一性」という言葉は、ヘーゲルの初期著作の一つ『フィヒテとシェリングの哲学体系の差異』のなかで、「絶対者それ自身」の規定として初めて呈示されたのだが、『大論理学』においては、それは「有論」の冒頭部分「学の始源は何からなされなければならないか」のなかで登場し、「学の始源」における「有と非有の統一」という問題と絡んでくる。また『大論理学』本文のなかでは、この問題は「同一性」、「相違」、「矛盾」、「根拠」について扱った「本質論」の諸主題にも、当然のことながら関連する。そして「絶対者」、「無限」、「絶対理念」といった諸問題についても考察したのち、われわれが『大論理学』のなかから取り上げたこれらの問題構制の検討から引き出した結論とは、「絶対的同一性」は〈同[1]一性と非[1]同一性との同[2]一性〉のような構造によって規定されてはならず——そのことは〈同[3]一性〉、〈同[4]一性〉……をめぐる無限進展という一種の「悪無限」しか招来しないであろう――むしろ求められるべきは、〈同一性〉[1]も〈非同一性〉[1]もなき〈同一性〉[0]だということである。そして構造的には、そこには〈多における一〉や〈一における多〉とは異なる〈一における一〉という有り方ないし現れ方が、認められるのだということになる。

　以上も踏まえ、第三章「〈自然〉の論理」は、本書本来のテーマに立ち返る。本章はまず「始源」の問題に関して、デカルトやフィヒテに見られるような「直線モデル」や、ヘーゲルを典型とする「円環モデル」を批判的に検討したのち、それらとは異なる「始源」の有り方やその求め方を模索する――本章はそれを「根源遡行型」や「遡源型」、あるいは「求心型」等々と呼んだ。筆者の考えでは、始源・根源とは、他によって有るのでも他によって現象せしめられるのでもなく、「自ずから立ち現れる」というような有り方をした「自然」であり、〈一における一〉という有論的かつ現象学的な体制を有する根源的な「場所」である。われわれが〈多〉や〈他〉を措定する場合、それらは必ずそれらがそこにおいてあるような〈一なる場所〉を、遡行的に指し示すことになろう。〈一における一〉が意味するのは、そのような場所の自己顕現〔自己‐触発〕の構造である。かくして〈第一の始源〉が〈自然〉[1]だとすれば、そこにはまだ〈時の流れ〉さえ存在しない。そして説明も導出もしえない断絶的な仕方で「時」が自然に流れ始め、〈自然〉[2]が突発するとき、その先には〈他〉や〈多〉が見出され、〈多における一〉や〈一における多〉という構造もまた生じてくる。根源の〈場所〉のうえには複数の〈場所〉が形成され、通常の〈水平の論理〉の底には〈場所〉と〈場所〉との関係に関わる〈垂直の論理〉が求められることとなろう。本章は《自然の現象学》で取り残されたと思われる諸問題の解決を試みた章であり、そのために本書全体が書かれたと言える章である。

　じつを言うと、分量的にもかなりの大部になりつつあるということもあって、本章までで本書を完結させ、そのまま公刊しようかという思いも、筆者にはないではなかった。けれどもヘーゲル論理学の理解や解釈ということに関して、筆者にはまだおおいに不満が残っていた。そこで筆者は、フィヒテ、シェリング、ビランのカテゴリー論と併せて、ヘーゲルのカテゴリー論についての検討を含んだ第四章「諸カテゴリーの演繹／読解――ドイツ観念論とメーヌ・ド・ビランと自然の論理と――」を付加することにした。カントのカテゴリー論に対する批判は、アプリオリな論証的「演繹」を標榜するドイツ観念論の哲学者たちに共通であり、ビランにおいてさえ「直接的演繹」が称揚されることとなる。しかしながらフィヒテ、シェリング、ヘーゲル、ビランにおける「演繹」の意味は、それぞれかなり異なっているように筆者には思えた。諸カテゴリーは、じつは論弁的導出・必然的演繹に供されるべきようなものではなく、むしろアンリがビラン解釈のなかで唱えたように、始源・根源から直接に「読解」されるべきものではないだろうか――本章はこのような考えにもとづき、最終的には筆者の考える〈自然の論理〉についても、同様の考えを適用した。

以上のように、本書は第三章を中心とした構成になっているとはいえ、しかし本書全体の主たる対話の相手がヘーゲルだということもあって、ヘーゲルの第一次・第二次文献にかぎり、「ヘーゲル文献一覧」として巻末に付すことにした。なかにはじっさいに引用するにはいたらなかったものも含まれてはいるのだが、読了してノートまで取った外国語諸文献は、せっかくなのですべて記載してある。また本文では、とりわけヘーゲル論理学に関して多々重複する箇所が出て来てしまったが、各章の成立事情により、また典拠を示し論拠を積み重ねなければならないこの種の研究のつねとして、どうしてもその種の反復は避け難い――御容赦願えるなら幸いである。ちなみにヘーゲル哲学との付き合いは、もう少し続きそうである。

本書は筆者九冊目の著書ということもあって、少しだけ《第九》を意識した。第一章はそれこそ〈始源〉からの〈生成〉であり、第二章では同一主題の〈反復〉のようなものが基本構造となっている。ただし本書では合唱パートは第三章に、四人のソロパートは第四章に、分散してしまってはいるのだが。

次著『自然の論理の根底へ』は、おそらく言語や言語的な概念の問題について、ふたたび〈ヘーゲルのキュビスム〉と、そしておそらくは〈ベルクソンのフォーヴィスム〉とを対照しながら思索し、併せて身体論などにも言及することになるだろう。また次々著『隠れたものの現象学』は、次著の問題意識を受け継ぎながら、ハイデッガーなどをターゲットに論を進めてゆく予定である――そこまでは、筆者の心のなかでは、一応は学術専門書スタイルの諸著作となる。しかしながらその後はむしろ、表向きは一般向けの体裁を取りながら、じつは背後に筆者の考えを忍ばせるというようなスタイルの啓蒙書を、あと四冊書きたいと考えていて、それらの書名も――二二年の八月と九月とのあいだの或る日突然降ってきたインスピレーションにしたがって――すでに決まっている。まだまだなすべき仕事はたくさん残ってはいるのだが、筆者にとって、あとは老いとの闘いとなる。ショスタコーヴィチのように本当に《交響曲第一五番》まで仕上げられるのか、ともかくもそれまでは心して生きてゆきたいと、いまはただそう願うばかりである。

目　次

自然の論理

アブラハムの神、イサクの神、ヤコブの神ではなくて
哲学者の神

第一章　「意識の経験」と「意識の経験の学」と

――ヘーゲル『精神現象学』についての一つの現象学的解釈の試み――

「私の固い確信とは、ヘーゲル哲学は絶対的哲学であり、そしてこの哲学のそとには哲学など存在しないということだ〔…〕。まずそれが絶対的哲学だというのは、それが絶対的観念論だからであり、この観念論のそとには学も哲学も存在せず、存在しえないからである」(Vera, p. 256)[1]。

「イェーナでのヘーゲルの或る講義のあと、初めてヘーゲルの講義に出席した一人の新しい学生が、あまりに驚いたので、立ちぎわにこう叫んだ、《この男は死だ！》と。なぜならヘーゲルの講義では、確固として正しく、定着して議論の余地なきものと信じられていたすべてが、不安定化され、動揺せしめられていたからである」(Michalewski, p. 112-3)。

はじめに――「自然的意識」と「我々」と「絶対知」と

I　一八〇七年の『精神現象学』は「ヘーゲルの最も読まれ、最も知られ、最も理解されていない著作の一つ」(Pinkard (1), p. 1) と言われている。当初は『意識の経験の学』と題され、最終的には『精神現象学』という書名を持つにいたった同書は、どのような意図を有していたのだろうか。

まず『精神現象学』ののちに出版された二冊の主著のなかから、同書に関するヘーゲル自身の公的な位置づけを見定めることから始めることにしよう。『大論理学』の一八一二年に書かれた第一版への「緒言（Vorrede）」のなかで、ヘーゲルは論理学に対する『精神現象学』の「外的な関わり合い」に関して、「現象学を含む学の体系の第一部」には、「論理学」と「自然哲学」ならびに「精神哲学」という「哲学の二つの実在的諸学」を含んで「学の体系」を完結するはずの「第二部」が、「後続」（WdLS^{2}. S. 7-8）すべく定められていたと述懐している。また『大論理学』全体への「序論（Einleitung）」のなかでは、『精神現象学』においては「意識」が「意識と対象との最初の直接的な対立」から「絶対知」にいたるまでの進行において「叙述」され、この道は「客観への意識の関わり合いのすべての諸形式」を通って、「学の概念」を「その結果」（Ibid. S. 32）として有し、したがって『大論理学』では「純粋な学の概念」と「その演繹」とは、『精神現象学』がその演繹にほかならないかぎりで、すでに「前提」（Ibid. S. 33）されているのだと述べられている。つまりその本文第一巻でも繰り返されているように、「論理学」は「純粋知たる立脚点の必然性と、それとともにその真理の証明を、またその媒介一般と」を含んでいるような「現出する精神の学（die Wissenschaft des erscheinenden Geistes）」を、「前提」（Ibid. S. 57）としているのである。

『エンチュクロペディー』のなかでのヘーゲルの見解も、『精神現象学』の道程そのものに関するかぎり、基本的には変わっていない。出版時には「学の体系の第一部」と表記されていた『精神現象学』は、「直接的意識」という「精神の最初の、最も単純な現出」から始めて「哲学的な学の立脚点」にいたるまで、その「弁証法」を展開するという「歩み」を取り、この立脚点の「必然性」が、この「進行」そのものによって「指し示され」（W8. S. 91-2）ているのである。

Ⅱ　『精神現象学』の概略的な全体像に関して、今度は古典的なイッポリトの解釈を見ておくことにしよう。彼によれば、『現象学』とは「経験的意識の絶対知への上昇」（Hyppolite（1）. p. 42）である。ひとはいきなり「絶対知」から始めることなどできず、「自然的意識の観点」に身を置いて、徐々にそれを「哲学知」(Ibid., p. 12) にまで導いてゆくのでなければならない。「現象知」は「絶対者がそれ自身について持つ前進的な知」となって、「現象についての意識」は「絶対知の意識」へと「高まる」(Ibid., p. 13) ことになるだろう。このような試みにおいて、フィヒテの「表象の演繹」と題された「人間精神の実用的な歴史」が、その「最初のモデル」であり、シェリングもまた『超越論的観念論の体系』のなかで、同じ歩みを採用していた。しかしながらイッポリトに言わせれば、フィヒテやシェリングの「歴史」はまだ「かなり人為的」(Ibid., p. 14) なままであったのに対し、ヘーゲルは「共通的意識」を、「構築する」というよりは「記述」する。そのうえ『精神現象学』においては、意識のなす「経験」は「理論的経験」にとどまらず、「経験全体」(Ibid., p. 15) を含んでいる。『現象学』は「意識を介して精神へと上昇する魂の道程」なのであって、それはルソーの『エミール』やゲーテの『ヴィルヘルム・マイスター』のような、当時の「教養小説」(Ibid., p. 16) の影響下にあった。『現象学』は「哲学的な教養小説」なのである――ただし、もちろんそれは「小説」ではなく、「学的著作」(Ibid., p. 17) ではあるのだが。

それゆえ『現象学』は、同時に「現象的意識の記述」かつ「哲学者によるこの意識の理解」である。たとえば『現象学』における「意識の《諸経験》の継起」は、「現象的意識」にとっては「偶然的」でしかないのだが、しかし「これらの諸経験を集摂する我々」(2) は、同時に「進展の必然性」(Ibid., p. 30) を発見する。またこれも以下の本文に見るように、「経験のうちに巻き込まれている意識」は、それが経験する「否定」の側面そのもののなかに含まれている「積極性〔＝肯定性〕」を認識することはないのだが、「哲学者」は「或る誤謬の否定」のなかに「一つの新しい真理の発生」(Ibid., p. 19-20) を覚知する。

ところで「体系への序論」でのみあるべきはずであったものは、「自ずから増大」し、「一つの自足する総体」に、つまりは「まさしく現象学的な相という或る一つの相のもとでのヘーゲル哲学全体についての一つの論攷」(Ibid., p. 56) になってしまった。それゆえ『精神現象学』は「ヘーゲル哲学全体の――或る一つの相のもとでの――呈示」(Ibid.,

p. 59）を含んでいるのだという。

Ⅲ　本章独自の課題を標定しておくために、ヘーゲル研究ですでに何度も取り沙汰されてきた幾つかの諸問題に、ここで簡単に触れておくことにしたい。まず、上述のヘーゲル自身やイッポリトの発言からも分かるように、『精神現象学』は学の体系にとって、「序論」の役割を果たすのか、それともそれはすでに学の体系の「第一部」をなすのか、という問題がある。もちろんヘーゲル自身は、たとえば『精神現象学』が公刊された年の五月一日付のシェリング宛書簡では、「本来的に語って序論であるところのこの第一部」（Cité in Labarrière (1). p. 25）というような言葉も残していて、それゆえペゲラーのように、「同時にヘーゲル体系の序論かつ第一部たる『精神現象学』」（Pöggeler. S. 257）と公言するをはばからないような研究者たちも、たしかに存在しはする。しかしながら、一方ではその晩年に『精神現象学』の再版を企てたヘーゲル自身が、「学の体系の第一部」（Lardic. p. 263）という表現を表題から削除しようとしたという事実を強調する者もいれば、他方では「一八〇七年の『精神現象学』を彼の体系の固有の《序論》とみなすことを、事実上やめていた」（Pinkard (2). p. 338）ことを、ついにはベルリン期のヘーゲル自身が認めたのだと主張する者もいる――もちろん『現象学』が「『論理学』や『エンチュクロペディー』への一つの《序論》」なのか、それともそれは「この体系の《第一部》」を構成するのかという二者択一を、「一つの誤ったディレンマ」（Labarrière (2). p. 10）とみなすような解釈も、当然のことながら存在する。

　この問題を最も詳しく論じたのは、おそらくは『ヘーゲルの大論理学への序論の問題』のフルダであろう。様々な解釈者たちの見解をつぶさに検討したのちに、彼の出した結論とは、『現象学』がほんらい叙述しているのは「体系への序論」（Fulda (1). S. 3）であって、この「序論」は「意識の学」であらねばならないのだが、しかし「体系の第一部ではない」（Ibid. S. 12）ということである。「現象学は序論として、体系分肢ではない。それにもかかわらず、それはたんに体系への予備教育（Propädeutik）なのではなく、相変わらず学として理解される。〔…〕それはヘーゲル自身の表現によれば、学の前部（*Voraus*）なのである」（Ibid. S. 110）――しかしながらこの問題は、「体系」ということをどう捉えるかによって、依然として解釈が分かれるかもしれない。

Ⅳ　本章冒頭で引いたヴェラの言葉にもあったように、ヘーゲル哲学はよく「絶対的観念論」(Cf. Noël, p. 5 : Vetö, p. 37, etc.) という言葉で形容されることがある。しかしそれについては近年では、ヴェラのように極端な意味においてではなく、たとえばシュテケラーのように「動物たちや諸事物についての知は、主観的かつ相互主観的に媒介されている」(Stekeler (2), S. 943) という程度のことを意味するにすぎないというように、むしろ穏健な解釈が施されることのほうが多そうである。またヘーゲルにとって『論理学』のみが「形而上学」なのであって、「一つのエンチュクロペディーのなかで取り扱われる諸学科の総体」(Fulda (2), S. 129) がそうなのではないとフルダが主張するのに対し、シュテケラーは「学の学としての『精神現象学』は第一哲学であり、形而上学である」(Stekeler (1), S. 258) と言明する――しかし、これもフルダのように「形而上学」という言葉をイェーナ期のヘーゲル固有の使用に即して用いるのか、それともシュテケラーのようにごく一般的な意味で用いるのかの相違にすぎないようにも思われる。

Ⅴ　「知識の自己発見の旅」(M/Q. p. 63)、あるいは「精神の系譜学」(P/R. p. 122) たる『精神現象学』は、先にも見たように、しばしば「教養小説」(Ibid., p. 162) に比されるのだが、しかしシュテケラーはそのような解釈には反対する。「ヘーゲルの『精神現象学』は、ふつうに言われているように、単純に何か人類の教養小説のあり方をした精神の一つの発展史なのではない。それはまず第一に、精神の形而上学の伝統における素朴で独断的な立場の、意味批判的な止揚である」(Stekeler (2), S. 16)(3)。他方、イッポリトにおいても見られたように、「ヘーゲルの現象学」(4)における「自己意識の歴史」を「フィヒテ－シェリングの超越論的哲学」と関連づけつつも、両者の「差異」(P/R. p. 113) を強調する者は、相変わらず多い。

Ⅵ　より問題的なのは、一九二九年にヘリングによって導入され、一九六〇年代にペゲラーによって支持されたと言われる「パッチワーク・テーゼ」――「精神」の章はもともとの計画には寄与しない「一つの付属物」(M/Q. p. 134) にすぎないという――の存在かもしれない。ヘリングによれば、「観察する理性」の箇所で、ヘーゲルは自らの展開の「コントロールを失って」(Labarrière (1), p. 24) しまった。そこで最初は「たんなる序論」を書こうとしていたヘーゲルの企ては、途中で異常に膨れ上がって、同時にその「本性」(Ibid., p. 21) を変更するにいたり、それゆえもはや『精神現象学』は「実在的な統一性」(Ibid., p. 22) を提示しないことになってしまう。「第一部――意識の経験の学」というコンセプトは、「著作の最初の諸展開」を説明するには十分であったとしても、その「全体的内容」に対しては「完全に不適切」(Ibid., p. 23) なのである。そしてフルダの呈示する「ペゲラーのテーゼ」によれば、さしあたり計画されていた「意識の経験の学」は、その中心を「自己意識」のうちに持ち、「最初のイェーナの実在哲学」においてと同様、展開は「自己意識」を「普遍的(＝一般的)自己意識」へと導いて、これを「絶対知」として把捉していたのだが、のちに「一八〇六年夏」、ヘーゲルは「著作の重心」を「精神」に移動させ、ついには「著作の理念」そのものをここから「解釈し直した」(Fulda (1), S. 129-30) のだという。それゆえペゲラーにとって「最終的な産物」は、「両企投の相対的に不統一な歴史的諸痕跡」を示していて、「整合的に計画され、申し分なく仕上げられた議論」としては「読まれえない」(Pippin (1), p. 110) のだということになってしまう。だからこそ、たとえばブランダムに言わせるなら、「意識の経験の学」を書こうという「もともとの目的」は、いまや「精神現象学」を書こうとする「より広い目的」の「従属的一要素」(Brandom, p. 413) になってしまうのである。

しかしながら、たとえばダドリー (W. Dudley) のように、『現象学』のなかでは最後に書かれた「緒言」のなかにある、著作は「一つの有機的な全体」だとするヘーゲル自身の見解とは「両立不可能」だということから、「パッチワーク・テーゼ」(M/Q, p. 138) を斥ける研究者ももちろんいる。そして「たとえば経験の概念は現象学の後半ではいささか後退している」と述べているペゲラー自身が、直後に「いまや語られているのは意識のなす経験についてというよりは、むしろ《精神の経験》についてである」(Pöggeler, S. 222-3) と付け加えているのである――われわれとしても、たとえば歴史的事実を示唆し始めるような箇所での叙述のスタイルの変化など、『精神現象学』がそれほど首尾一貫した著作とは思えないと言いたくなるような箇所も、多々存在しはするのだが、しかし、たとえばヘーゲルは

『精神現象学』のために「意識の経験」という表現を「あからさまに捨てた」(Lindberg (1), p. 78) というような見解は、やはり支持し難いように思われる。なぜならジープも指摘しているように、ヘーゲルは最後に書かれた「緒言」のなかでも、まだ「意識の経験」という概念を用い続け、「意識の経験史」(Siep, S. 174) という構想を維持し続けているからである――もっともわれわれの気づきえたかぎりでは、「緒言」のなかに見出されるのは「意識の経験」という言葉ではなく、「意識のなす経験の学」(PhG^{B2}, S. 28) という表現のみだったのだが。

Ⅶ　ところで――われわれにとってはここからがわれわれ自身の本当の問題となる――すでにフィヒテの『知識学』において「哲学者が観察する自我の系列」と「哲学者の諸観察の系列」という「二つの系列」(Michalewski, p. 142)[5] が見出されていたように、ヘーゲルの『精神現象学』においても「通常の意識の観点」と「この意識の観察者としてのヘーゲル(そして我々)の観点」という「二つの観点」(Stern, p. 25) が存在する。それは「自然的意識の経験」と「自然的意識の弁証法的運動についての観察において《我々》がおこなう《我々にとって》のメタ‐経験」(F/H, S. 85. Cf. Michalewski, p. 62, etc.) との相違であり、またテクスト的に言っても、「自然的と言われる意識がそれ自身とそれ固有の経験とについて述べ、述べなければならない言説を表現する諸テクスト」と「読者の意識のために現象学者の全体的意識によって書かれた諸テクスト」という「二種類のテクスト」(Bourgeois (2), p. 40-1) が存在する――几帳面なるラバリエールの指摘にしたがうなら、「《意識にとって》の諸テクスト」は大雑把に言って著作全体の「四分の一」を、そして「《我々にとって》の諸テクスト」は「他の四分の三」(Labarrière (2), p. 72) を占めるのだという。しかしながら、イッポリトも述べているように、「両項の可変的な限界」に関しては、依然として「或る永続的な曖昧さ」(Hyppolite (2), p. 45-6) が存続する。

そしてさらに問題なのは、この「自然的意識」と「我々」のステイタスは、どう異なっているのかということである。たとえばスターンは、「意識それ自身」にとっては『現象学』は「否定ノ道(*via negativa*)」にすぎないのだが、「我々(現象学的観察者としての)」は「失敗しつつあるもの」を見ることから「多くを学び」、そして『現象学』の最後に「意識」が「我々の立脚点」を採用しうるときには、意識はそれ自身で「これらのレッスンを学ぶポジション」(Stern. p. 25–6)[6]にもあるのだという——しかしながら、「意識の経験」によって何かを学ぶのは「自然的意識」であって、「我々」ではないはずではなかったか。そもそもそのつどの経験によって何かを学ぶのが「我々」であって、そのつどの「意識」ではないとするなら、どうして経験の終末になって「意識」がいきなり「我々の立脚点」に立つなどということが起こりうるのだろうか。

Ⅷ　両者の有論的ないし現象学的ステイタスに関して最も過激な、或る意味では最も明快で示唆的な解釈を与えているのは、周知のコジェヴである。彼によれば、「弁証法的方法」などというものは「一つの誤解」である。なぜなら「弁証法」とは「方法」ではなく、「諸事物それら自身の固有の、真の本性」(Kojève. p. 46)なのであって、「現象学」それ自身は「(語のフッサール的な意味での)一つの現象学的な記述」(Ibid. p. 47)だからだという。つまり、『現象学』とは「一つの哲学的人間学」、より詳しく言えば「〈人間〉の実存的諸態度についての、言葉の近代的(フッサール的)な意味での体系的で完全な、現象学的な一つの記述」(Ibid. p. 69)なのである。もちろん「〈否定〉によって媒介されて-いない《学》」などというものは、「ヘーゲル以前的な非-弁証法的な哲学」(Ibid. p. 260)でしかない。しかしながら、「〈有〉や〈実在的なもの〉に対する哲学者もしくは《学者》(=〈賢者〉)の態度」は「もっぱら受動的な観相のそれ」なのであって、「哲学的ないし《学的》な活動」は「〈実在的なもの〉や〈有〉についての端的な記述」へと還元される——だからこそ「ヘーゲルの方法」は、けっして「弁証法的」などではなく、「もっぱら観相的で記述的、そのうえ言葉のフッサール的な意味で現象学的」(Ibid. p. 526)だというのである。そのうえ或る意味では、ヘーゲルはむしろ「哲学的方法としての〈弁証法〉を放棄した最初の者」(Ibid. p. 533)でさえあった。そしてもし「ヘーゲルの〈学〉」が「弁証法的ないし綜合的」と言われるのだとするなら、それはそれが「この実在的弁証法をその全体性において記述している」(Ibid. p. 540)からにすぎない。要するに『精神現象学』は「人間的実存についての一つの現象学的記述」(Ibid. p. 676)だというのである。

コジェヴと類似の結論を導き出した者として、ヴェッツェル（M. Wetzel）がいる。彼によれば、もし「悪無限」に陥ってはならないのだとするなら、「我々の叙述活動」と「《我々の》活動の対象」たる「叙述すべき活動」とのあいだに、「弁証法」（Henrich (2), S. 152）が介在などしてはならない。「叙述（Darstellung）」はまさにそれ自身が「弁証法的ではない」からこそ、弁証法に対して「構成的」なのである。「弁証法の本質は、究極的には、叙述と弁証法それ自身との関わり合いが弁証法的ではなく、まさにそのことによって弁証法自身を可能化する、という点に存している。〔…〕叙述と弁証法との関わり合いは、それが弁証法的ではないかぎりで、自ら弁証法を形成する」（Ibid., S. 154）——しかし、もし事情がかくのごとくであるとするなら、弁証法的経験を自らおこなわなければならない「自然的意識」と、けっして弁証法的には働きえない「我々」との、いったいどちらが「意識の経験」から何かを学びえているのだろうか。そしてそれらの「現象学」的ステイタスは、いったいどのように相違しているのだろうか。

Ⅸ　そもそも「自然的意識」とは、どのような意識なのだろうか。それが学ないし絶対知と称される「哲学知」への途上にある意識である以上、その意味でそれが「素朴な意識」（Hyppolite (1), p. 311）であり「非学的な意識」（Fulda (1), S. 265, 270）であるということに、疑問の余地はないように思われるかもしれない。しかしながらブルジョアによれば、『精神現象学』は、よく言われるような「時代の教養小説の哲学的等価物」であるどころか、「教養はある（cultivée）が、しかしまだヘーゲル的ではない意識」に、「絶対知の受け入れというその究極の歩みの完遂を正当化する発展についての、一つの合理的な回想」を提供するのだという。つまり、「意識」はなるほど「思弁的な哲学的意識とは〈別のもの〉」ではあるのだが、しかしこの「〈別のもの〉」は「非哲学的な意識」ではなく、「思弁的ではない哲学的な意識」（Bourgeois (1), p. 290）だというのである——われわれとしてはブルジョアのこのような極端な言明に全面的に賛意を表するわけにもゆかないのだが、しかし『精神現象学』で観察される「意識」が、すでに多くの諸前提を担い、またたしかに学的ないし哲学的な志向を孕んだ意識であることは、いずれ目の当たりにすることになるだろう。

Ⅹ　それよりいっそう厄介なのは、「我々」とはいったい誰なのかという問題である。たとえばピンカードにとって、『精神現象学』とは「近代生活において我々とは誰であるのかについての哲学的反省」（Pinkard (1). p. 267. Cf. p. 13）であり、「『現象学』の《我々》」とはまさしく「近代ヨーロッパ文化の《我々》」（Ibid., p. 334）にすぎないのだという――しかし、そのような「我々」なら、今日においてもそれは「絶対知」と等価たりうるだろうか。またシュテケラーによれば、「絶対者とは精神である」という命題が意味しているのは、「我々自身がこの絶対者であり、この精神である」（Stekeler (1). S. 238）ということなのであって、「まったく普遍的な我々」としてのこのような「類的な我々」は、ヘーゲルにおいて「カントの超越論的自我」の「代理」（Ibid., S. 173）をおこなう。「類的な我々としての我々は、同時に普遍的自我――カントの超越論的自我――ではあるのだが、もちろん（諸）学の歴史におけるその発展が、ともに思惟されている、というようにしてである。このような類的な自我／我々のそとには、いかなる精神的な主観や、まさにいかなる神もまた存在しない」（Stekeler (2). S. 988. Vgl. S. 124）。そもそもヘーゲルは一八〇五／〇六年の《自然哲学と精神哲学》の時代から、すでに「即自的に（AN *sich*）」と「我々にとって（für uns）」（JSE III, S. 79）とを等置し、しかもそれは『精神現象学』[7]においても繰り返し確認されることである。それゆえにこそ、たとえばコジェヴは彼自身の立場から、「《即自それ自身》たるところの《絶対知》――それは〈賢者〉である」（Kojève, p. 385）と述べ、ラバリエールもまた「哲学者の観点（我々－にとって）は〈精神〉のそれ（即－自）と同一である」（Labarrière (1). p. 40）と語るのである――しかし、それでは今度は、そのような「即自」や「絶対知」であるような「我々」が、なぜ意識の否定的経験から「多く」を学ぶ必要があるのかという疑問が、改めて喚起されよう。「我々が観察する意識のみならず、我々がそれで有るところの主観的認識もまた〔…〕現象学においてまず自らを透明にすべきだったのであろう」（Fulda (1). S. 161）と、フルダも述べている。それではそのような「我々」とは、いったい誰のことなのだろうか。そもそも「絶対知」や「即自」と同定されうるような「我々」は、「意識の経験」の観察から多くを学んでゆく「我々」と、同じ「我々」なのだろうか。

Ⅺ　そして最後に、もし「我々」が「絶対知」や「即自」と同定されるのだとするなら、そのような「絶対知」ないし「即自」と「絶対者」との関係は、どうなっているのだろうか。なぜならもしそのような「我々」のそとには「神」でさえ存在しないというのであれば、「絶対者」と「我々」との関係がいかなるものであるかが、当然のことながら問われてこようからである。ちなみに一八〇一年の『フィヒテとシェリングの哲学体系の差異』（以下『差異』と略記する）では、「絶対者それ自身」は「同一性と非同一性との同一性（Identität der Identität und der Nichtidentität）」（W2, S. 96）[8]と規定され、『大論理学』でも或る箇所にほぼ同様の表現《Identität der Identität und Nichtidentität》（WdLS^2. S. 63）が用いられ続けている。それゆえ『精神現象学』の「絶対者」の規定の一つとして、「同一性と非同一性との同一性」を考えたとしても、それほど的外れでもないだろう。それでは「絶対者」が持つこのような構造は、「絶対知」のあり方やその可能性に関して、どのような意味を有しているのだろうか。

XII　もともとわれわれの関心は、「自然の論理」について考察する過程のなかで、『精神現象学』それ自身というよりも、ヘーゲルの『論理学』もしくは彼の「論理」そのものを検討してみようということにあった。しかし、一方で「現象学の終末、それゆえ絶対知の地点は、論理学の始源と一致する」（Pöggeler. S. 262）と述べられ、すでに見たように、ヘーゲル自身も『論理学』が『精神現象学』を「前提」することを認めている。また他方では、『現象学』が『論理学』を「前提している」[9]（Longuenesse, p. 40）とまでは言わないにしても、すでに『現象学』のなかでヘーゲル独自の何らかの「論理」が働いていることは、疑うべくもない。それゆえわれわれは、ヘーゲルの『論理学』を取り上げるよりまえに、本章ではまず『精神現象学』を主題化しようと考えた次第である。

「意識の経験」が「意識の経験の学」となりうるためには、「自然的意識」、「我々」、「絶対知」、「絶対者」は、それぞれどのような有論的ないし現象学的なステイタスを有していなければならないのか、そのことが本章の検討課題となる。以下われわれは、まず(I)『精神現象学』の「序論」と「緒言」を検討することによって、問題点の所在と本章の課題とを再確認し、次いで(II)『現象学』本文のなかから、「意識」のセクションの全体と「自己意識」のセクションの前半までを比較的詳細に検討し、(III)「自己意識」の後半から「宗教」までは——細部に囚われすぎないように——全体の流れを概観する程度にとどめつつ、最終章「絶対知」についてはふたたび詳述を試み、最後に、(IV)『現象学』全体についての批判的検討をおこないながら、今後の課題を探るという手順を踏むことにしたい。

第一節　出発点としての「序論（Einleitung）」と到達点としての「緒言（Vorrede）」

ヘーゲルの哲学体系全体や『精神現象学』それ自身にとって「序論」[10]が存在しうるのか否かという問いは、現に『エンチュクロペディー』にも『大論理学』にも、『精神現象学』それ自身にさえ「序論」も「緒言」も存在しているからには、あまり意味のない問いであろうかと思われる。もし問題になるとすれば、むしろそれはその「序論」や「緒言」がいかなる意味での「序論」であり「緒言」であるのかということであろう。たとえばマルマスは、「ヘーゲルにおける三つのタイプの序論」を区別している。「(a)哲学の可能性の諸条件に集中しつつ、真に哲学的ないかなる陳述も提供しないと主張するような序論」——これがヘーゲルによって斥けられる。「(b)哲学的射程を持った諸成果を、しかし学的ではない仕方で断定的に陳述するような序論」——マルマスによれば、『現象学』の「序論」や「緒言」がこれに該当する。そして「(c)体系的な仕方でその固有の必然性と正当性とを明証化するような学的序論」——これが「『現象学』の実体的部分（＝本文）のステイタス」(Michalewski. p. 43-4) なのだとマルマスは考える。

「序論」は一八〇五年一〇月、本文より先に起草された「最初のテクスト」であり、「緒言」は一八〇七年一月に「最後に書かれた」テクストである。そして「緒言」が「『精神現象学』と『大論理学』とのあいだの一種の蝶番 - テクスト」(Labarrière (2). p. 25. Cf. Hyppolite (1). p. 9) であることは、少し読めばすぐ分かることなのだが、しかしペゲラーによれば、「緒言」は「学の体系全体への緒言」たるべきであるとともに、「序論の思想」をふたたび取り上げ、「新たに解釈」(F/H. S. 334) し直してもいるのだという。

本節ではわれわれは、(1)まず「序論」について詳述し、(2)比較的長大な「緒言」に関しては焦点を絞って見てゆき、

(3)最後にもし両者のあいだに顕著な相違が存在するなら、それにも留意しつつ、改めて本章の検討課題を再確認することにしたい。

(1)「序論」の問題構制——絶対者・意識の経験の学・絶対知

一七の段落からなる比較的短い「序論」を、以下われわれは、その内容にしたがって四つの部分[11]に区分しつつ、全体的に見てゆくことにする。

I　哲学においては「事象それ自身」すなわち「真理のうちにあるものについての現実的認識」に着手する以前に、それによって「絶対者」をわがものとするような「道具（Werkzeug）」としての、あるいはそれを通してひとが絶対者を観取するところの「手段（Mittel）」としての「認識」について、あらかじめ了解しておくことが必要だというのが、「一つの自然的表象[12]」であろう。しかしこのような配慮は、必ずや、「即‐自的（＝自体的）にあるもの」を「認識」によって獲得するなどという端緒全体が、その概念において「不条理」で、「認識」と「絶対者」とのあいだには「両者を端的に分かつ或る限界」が存在するのだという確信に、転じてしまうであろう。なぜならもし「認識」が「絶対的本質」をわがものにする「道具」だとするなら、「或る事象への道具の適用」は、むしろ事象を変質させてしまうであろうし、たとえ認識が「それを通って真理の光が我々に届くような或る受動的な媒体（Medium）」でしかないのだとしても、我々はそれが「即自的に」有るがままに真理を保持することはないだろう。「道具の働き方」（PhG[B2] S. 57）を知って「結果」からそれを差し引き、かくして「真なるもの」を「保持」しようとしても、我々は「以前にいたところ」に戻ってしまうだけなのであって、「絶対者」は「道具」の使用というこの「余計な努力」の以前のままである。絶対者は「もしそれが即且対自的にすでに我々のもとに有り、有らんと欲しているのでなければ（wenn es nicht an und für sich schon bei uns wäre und sein wollte）」、道具の利用などという「術策（List）」を、嘲笑うだけであろう。そして「媒体」に関して「その光の屈折の法則」を学んで、「結果」のなかで「光の屈折」を差し引いてみたとしても、「光線の屈折」ではなく「〔屈折した光線のなかにある〕光線それ自身」が「認識」なのだから、「認識」まで差し引かれて我々に示されるのは、ただ「純然たる方向」もしくは「空虚な場所」のみである。

しかしこのような配慮は、「或る道具や媒体としての認識についての諸表象」や「この認識からの我々自身の相違」、とりわけ「絶対者が一方の側に立ち、認識が他方の側でそれだけで、絶対者から分離されて、それでも何か実在的なものであるということ」、したがって「絶対者のそとに有ることによって、たしかに真理のそとにも有るような認識が、それでも真に有るということ」等々、「多くを真理として前提」してしまっている。けれどもこのような「誤謬に対する恐れ」（Ibid., S. 58）は、じつは「真理に対する恐れ」ではないだろうか。逆に言うなら、「絶対者のみが真である、もしくは真なるもののみが絶対である」のではないだろうか。

「学それ自身」を斥けることになる「このような諸表象や語り方」に注意を払うような労苦は、それらが「歩み現れる学（auftretende Wissenschaft）」をまえにしてはただちに消え去るような「知の空虚な現出」（Ibid., S. 59-60）しか形成しないがゆえに、正当にも省かれうるであろう。しかしながら「歩み現れる」ことにおいては、「学」もまた「一つの現出」でしかない。それゆえ学は「仮象を反駁」することによって、このような「仮象」から「自らを解放」するのでなければならない――「現出する知についての叙述（Darstellung des erscheinenden Wissens）」が企てられるゆえんである。

Ⅱ　それは「真なる知へと迫ってゆく自然的意識の道（der Weg des natürlichen Bewußtseins, das zum wahren Wissen dringt）」となる。「自然的意識」は「知の概念」[13]でしかなく、まだ「実在的な知」ではない。しかし自然的意識が自らを「実在的な知」（Ibid., S. 60）と取り違えることによって、「それ（＝自然的意識）にとって」はこの道は「否定的な意義」しか持たず、それは「この途上において自らの真理を失う」のだから、「概念の実現」であるものが、自然的意識にとってはむしろ「それ自身の喪失」に思えてしまう。この道は「懐疑の道（Weg des *Zweifels*）」であり、あるいはむしろ「絶望の道（Weg der Verzweiflung）」である――ヘーゲルはそれを「この自らを完遂する懐疑論（dieser sich vollbringende Skeptizismus)[14]」と呼んでいる。しかるに意識がこの途上で踏破する「意識の諸々の形態化の系列」は、じつは「意識それ自身の学への形成（*Bildung*）の詳細な歴史」である。「現出する意識の広がり全体に向けられた懐疑論」は、「いわゆる自然的諸表象、諸思想、諸思念への絶望」を実現させることによって、精神に「何が真理であるか」を適切に「吟味」（Ibid., S. 61）させるのである。

「実在的ではない意識の諸形式の完全性」は、「進行と連関それ自身との必然性」によって生じるのだという。そもそも「真ならざる意識をその非真理において叙述すること」は、「たんに否定的な運動」であるというだけではない。「結果」のうちに「純然たる無」しか見ない「懐疑論」は、この無が「それがそこから結果しているところのものの無」であることを、捨象してしまっている。しかるにこの無は「真の結果」であり、それゆえ「或る特定の」結果なのであって、「或る内容」を有している。そして「結果」が「特定の否定」として把捉されることによって、ただちに「或る新しい形式」が発源し、かくして「諸形態の完全な系列」を通ってゆく進行が自ずから生ずるような「移行」が、「否定」のなかでなされるのである。

「知」にとっては「進行の系列」と同様、「目標」もまた必然的に差し込まれている。それは知がもはや「自己自身を越えゆく（über sich selbst hinaus zu gehen）」必要のないところ、「概念」と「対象」とが対応するところである。したがって「この目標への進行」はとどまることがなく、それまでのいかなる「停留所（Station）」にも満足を見出すことがない。「自然的生」に制限されているものは、自力でその「直接的定在（Dasein 規定された有）」（Ibid., S. 62）を越えゆくことができない。しかし「意識」は「自己自身にとって自らの概念」であり、「制限されたものを越えゆくこと」、つまりは「自己自身を」越えゆくことである。意識には「個別」とともに「彼岸（Jenseits）」が「措定」されている。ゆえに「意識」は「自らの制限された満足を台無しにする」というこの「暴力」を、「それ自身から」被るのである。

Ⅲ　「実行の方法」に関して言うなら、「現出する知に対する学の振舞い」として、また「認識の実在性についての探究にして吟味」として表象された「叙述」は、「尺度（*Maßstab*）」として根底に置かれるような「何らかの前提」（Ibid. S. 63）なしには生じえないと思われるかもしれない。けれどもようやく「学」が歩み現れ始めるここでは、学自身であれ何であれ、まだ何も「本質」ないし「即自」として「正当化」されていないのであるからには、いかなる「吟味（Prüfung）」も生じえないようにも思われる。

ところで「意識」は「自己」から「それが同時に自らを関係づける何か」を「区別」する。そして「この関係づけ」の、もしくは「意識にとっての何かの有」の「特定の側面」が、「知」である。しかるに「我々」はこのような「対他有（Sein für ein anderes）」から「即自有（das *an sich Sein*）」を区別し、「この即自の側面」が「真理」と謂われる。そしてもし我々が「知の真理」を探究するのであれば、我々は「知が即自的にそれで有るところのもの」を探究しているように思えるかもしれない。けれどもこのような探究において、それは「我々の対象」であり、「我々にとって（*für uns*）」有る。「対象の即自」はむしろ「対象についての我々の知」なのである。「本質」もしくは「尺度」は「我々のうちに」落ちる。

しかるに「意識」という我々の研究対象も、このような「分離」という「仮象」を免除してくれる。意識はそれ自身において「自らの尺度」を与え、そのことによって探究は「意識の自己自身との比較」となる。なぜなら先の「区別」は「それのうちに〔in es 意識のうちに〕落ちる」（Ibid. S. 64）からである。つまり、もし「知」を「概念」と、「本質もしくは真なるもの」を「有るものまたは対象」と名づけるのであれば、「吟味」は「概念が対象に対応しているか否か」を注視することのうちに存している。逆にもし「対象の本質もしくは即自」を「概念」と名づけ、「対象」ということで「対他的に〔＝意識に対して〕有るがままの〔…〕対象」を理解するのであれば、吟味は「対象がその概念に対応しているか否か」を注視することに存する。そして両者は「同じこと」(15)だと、ヘーゲル自身は考えるのである。ともかくも、「概念」と「対象」、あるいは「対他」有と「即自有」は、両者ともに「我々が探究している知」のなかに「落ちる」のだということを、探究全体を通して堅持することが肝要である。さすれば我々は、自ら「尺度」

を持ち出して、探究のさいに「我々の思いつきや思想」を適用するなどという必要もなしに、「事象をそれが即且対自的に有るがままに観察すること」ができるであろう。

しかし「概念」と「対象」、「尺度」と「吟味すべきもの」が「意識それ自身」のなかに現存するということによって、「我々からの付加（Zutat von uns）」が余計になるだけではない。我々は「両者の比較」という苦労や「本来の吟味」も「免除」されている。なぜなら「意識」が「自己自身を吟味」するのであるからには、我々の側に残るのは、「純然たる注視（das reine Zusehen）」のみだからである。つまり両者が「〔意識〕それ自身にとって」存在するということによって、意識それ自身が「両者の比較」なのであり、「対象についてのその知が対象に対応するか否か」は「それ自身にとって」（Ibid., S. 65）の事柄となる。そしてもしこのような「比較」において両者が対応しないなら、意識は「その知」を「対象」に適合させるために、その知を変更しなければならないように思われる。しかしながら、このような「知の変化」においては、意識にとっては「対象それ自身」も変化しているのである。なぜなら「知」とはもともと「対象についての知」であったからである。つまり「意識にとって以前には即自（das *an sich*）であったもの」は、「それにとって即自（*FÜR ES an sich*）」でしかなかったことが、意識に「生成」するのである。そしてそれとともに、「吟味の尺度」も変化する。吟味は「知の吟味」であるのみならず、「吟味の尺度」の吟味でもあるのである。

Ⅳ そこから意識に「新しい真の対象」が「発源」するかぎりで、意識が「その知」においても「その対象」においても行使するこのような「弁証法的運動」をこそ、ヘーゲルは「経験」と名づけるのである。意識は「何か」を知り、この対象が「本質」もしくは「即自」である。しかしそれは、「意識にとって」の「即自」でもある。ゆえに意識は、いまや「最初の即自」と「この即自のそれ〔＝意識〕にとっての有（*das für es Sein dieses an sich*）」という「二つの対象」を持つことになる。「第一の対象」は「即自」（Ibid., S. 66）であることをやめ、「この即自のそれ〔＝意識〕にとっての有」こそが「真なるもの」、つまりは「本質」にして「意識の対象」である。この「新しい対象」は「第一の対象の無なること（Nichtigkeit）」を含み、これが「それに対して積まれた経験」なのである。

ところで「新しい対象」が「生成したもの」として示されるのは、「意識それ自身の逆転（*Umkehrung*）」によってだという。そしてヘーゲルは、それによって「意識の経験の系列が学的な歩みへと高め」られ、「我々が観察している意識にとって有るのではない」ところの「事象についてのこのような考察」こそは、「我々の付加（unsere Zutat）」[16]なのだと主張する。しかるにそれは「懐疑論」のところでも語られたように、「そのつどの結果」は「空虚な無」となるわけではないというのと、同じことなのだという。つまり、さしあたり「対象」として現出していたものが、「意識」にとっては「対象についての一つの知」に堕して、「即自」が「意識にとっての即自の有」となることによって、後者が「新しい対象」であり、それとともに「意識の或る新しい形態」が歩み現れる。そしてこのような事情が「意識の諸形態の系列全体」をその「必然性」のうちに導くものであり、この「必然性それ自身」（Ibid. S. 67）こそが、もしくは「如何にして〔そのことが〕意識に生起するかを〔意識自身が〕知ることなく、意識に呈示される新しい対象の成立」（Ibid. S. 67-8）こそが、「我々にとっては言わば意識の背後で起こっているもの」なのである。それは「意識にとって」は呈示されない「即自的な、もしくは我々にとっての有」という契機なのだが、しかしもちろん「内容」は「それ〔＝意識〕にとって」存在する。「成立したもの」は、「それにとって」は「対象」として存在するにすぎないのだが、しかし「我々にとって」は、同時に「運動および生成」としても存在しているのである。

そしてこのような「必然性」[17]によって、「学へのこの道」それ自身がすでにして「学」であり、その内容から言って「意識の経験の学（*Wissenschaft der Erfahrung des Bewußtseins*）」なのである。

「意識が自らについてなす経験」は、その概念にしたがって、「意識の体系全体」もしくは「精神の真理の王国全体」と同じだけのものを含みうるのだという。そして意識が「その真の実存」にまで駆り立てられることによって、意識は「それにとって〔＝対象として〕のみあり、他なるものとしてあるような異他的なもの」に付着されているという「仮象」を脱ぎ捨てて、「現出」が「本質」と等しくなるような地点に到達することだろう。そのとき意識の「叙述」は「精神についての本来の学」のこの地点と一致し、ついに意識は「絶対知それ自身の本性」（Ibid. S. 68）を示すことになるだろう……。

(2)「緒言」の諸テーゼより――実体・主観と精神現象学

「緒言」は単純に分量だけで言っても「序論」の四倍以上を占め、かつ、「序論」に比べると、やや冗長の感が否めない。それゆえ「緒言」に関しては、以下の八つの部分に区分しつつ、要点を絞って見てゆくことにしたい。

Ⅰ「緒言」というものにおいてはあらかじめ習慣的によくおこなわれているような、「目的」や「誘因」や同じ対象について扱った諸々の論攷への「関わり合い」についての「説明」は、哲学的文書では「余計」であるのみならず、「不適当」かつ「目的に悖る」(Ibid., S. 3)ように思われる、という指摘から、「緒言」は始まっている。「関わり合い」に関して言うなら、問題なのは、一般に「哲学的諸体系の異別性(Versciedenheit)」が、植物における「有機的統一の諸契機」のような「真理の前進的な展開」としてではなく、「矛盾」(Ibid., S. 4)としてしか見られていないということである。他方、事象はその「目的」ではなく、その「実行」においてこそ汲み尽くされ、また「結果」は「その生成」を伴わなければ、「現実的な全体」ではない――「目的だけ」では「生き生きとしていない普遍」にすぎないのだし、また「むき出しの結果」は、あとに残された「遺骸」(Ibid., S. 5)でしかない。

Ⅱ「そこにおいて真理が実存するところの真の形態」は「真理の学的体系のみ」だとヘーゲルは主張する。「哲学」は「学の形式」に、つまりは「知への愛」というその名を脱ぎ捨てえて、現実的な知であるという目標」に、近づくのである。「哲学」を「学」へ高める「時」がきている。

「真理」は「概念」においてのみ「その実存のエレメント(＝要素・境位)」(Ibid., S. 6)を持つ。なるほど現代では「直観」や「絶対者の直接知」など、「哲学の叙述」のために「概念という形式の反対」(Ibid., S. 7)が要求されがちで、「概念」ではなく「没我(Ekstase)」が、「事柄についての冷静に進展する必然性」ではなく「激昂する熱狂」(Ibid., S. 8)が、推奨されている。しかしながら「哲学」は、「昂揚的(erbaulich)」たらんと欲することを慎むのでなければならない。世のなかには「空虚な深さ」というものも存在するのであって、「精神の力」はその「表出（Äußerung）」と同じだけ大きく、また「精神の深さ」は、その「解き示し（Auslegung 陳列・解釈）」のなかで敢えて「自らを広げ、自らを失う」だけ、深いのである。

ただし現代は「誕生と或る新しい時期への移行との時代」（Ibid. S. 9）である。つまり「精神の世界の王冠」たる「学」は、その「始源」において「完成」（Ibid. S. 10）しているわけではない。「新しい世界の最初の現出」は、まだようやく「その単純性のうちに包み隠された全体」でしかない。しかるに「完全に規定されたもの」にして初めて、「秘教的（esoterisch）」ではなく「顕教的（exoterisch）」もしくは「概念的」となって、「教えられて万人の財産たることができる」のである。「悟性を通って理性的な知に到達すること」が、学に参与する意識の「正しい要求」である。なぜなら「悟性」とは「思惟」であり、「純粋自我一般」なのであって、「悟性的なもの」は「すでによく知られたもの」、そして「非学的な意識がそれによってただちに学のなかに歩み入ることのできるような、学と非学的な意識との共同的なもの」（Ibid. S. 11）だからである。

同じく「単色的（einfärbig 単調）な形式主義」（Ibid. S. 12）に対する批判のなかで、ヘーゲルの有名なたとえが出て来る。つまり「A＝A」のような「絶対者」においては、すべてが「一」となってしまうのだが、しかるに「絶対者においてはすべてが等しい」というような「一なる知」は、あるいは「絶対者」をそこにおいては「すべての雌牛が黒い」ような「夜」(18)と偽称してしまうことは、「認識における空虚という素朴さ」（Ibid. S. 13）だというのである。

Ⅲ 「緒言」における本格的な議論は、ここから始まる。これは「体系それ自身の叙述」が「正当化」しなければならないことだが、一切は「真なるものを実体としてではなく、まったく同様に主観としても把捉し、表現すること」にかかっている。つまり「生き生きとした実体」(19)とは「主観」でもあるような、あるいは「自己自身を措定する運動」もしくは「自らに別様になること（sich anders Werden）の自己自身との媒介」であるかぎりでのみ「現実的」であるような、そのような「有」なのである。「主観」として、それは「純粋な、単純な否定性」であり、まさにそのことによって「単純なものの分断（Entzweiung）」であり、「対置する二重化」なのだが、この二重化は、このような異別性やその対立を、ふたたび「否定」する。そして「もともとの一性」ではなく、このような「自らを回復する相等性」もしくは「他有（Anderssein）における自己自身のうちへの反省」こそが、「真なるもの」である。それは「それ自身の生成」であり、「その終末をその目的として前提して始源として持ち、実行とその終末とによってのみ現実的であるような円環（Kreis）」（Ibid., S. 14）なのである——そこでヘーゲルは、「否定的なものの真剣さ、苦痛、忍耐、労苦」（Ibid., S. 14-5）について語ることになる。

　つまり「真なるもの」とは「全体」であり、しかるに「全体」とは「その発展によって自らを完成する本質」である。「絶対者」は本質的に「結果」であり、「終末」において初めて「それが真にそれで有るところのもの」なのであって、そこにこそ「現実的なもの、主観、あるいは自己自身になること」というその「本性」が存している。「始源」や「原理」や「さしあたり直接的に言い表されているような絶対者」は、ただの「〔抽象的な〕普遍」にすぎないのである。

「取り戻されなければならない別様になること（*ein Anderswerden*, das zurückgenommen werden muß）」が「媒介」（Ibid., S. 15）である。媒介とは「自らを動かす自己相等性（die sich bewegende Sichselbstgleichheit）」であり、「自己自身のうちへの反省」である。ちょうど胎児が「即自的に〔＝潜在的に〕」は人間であっても、まだ「対自的に〔＝自覚的に〕」はそうでなく、それには「形成された〔gebildet 教養を身につけた〕理性」が必要であるように。

　換言すれば、「理性」とは「合目的な行為」である。「目的」とは「自ら運動的である、もしくは主観であるような直接的なもの、安らうもの」（Ibid., S. 16）であり、「結果」が「始源」と同じものであるのは、始源が「目的」だからである。「実行された目的」すなわち「定在する現実的なもの」が「運動」であり、「展開された生成」である。そしてこのような「不安定」が、あるいはむしろ「自己のうちに帰還したもの」が「自己」である——自己とは「自らを自己に関係づける相等性にして単純性」（Ibid., S. 17）なのである。

そして「知」は「学」として、つまりは「体系」[20]としてのみ「現実的」である。哲学のいわゆる「原則」や「原理」が誤っているのだとすれば、それはそれらが「原則」や「原理」でしかないから、つまりは「始源」でしかないからである。「始源の本来的なポジティヴ〔＝積極的〕な実行」は、同時に「始源」に対する、すなわちようやく「直接的」でしかない、あるいは「目的」でしかないという「その一面的な形式」に対する、「一つのネガティヴ〔＝否定的〕な振舞い」でもある。

Ⅳ　「真なるもの」は「体系」としてのみ「現実的」だということ、あるいは「実体」は本質的に「主観」だということは、「絶対者」を「精神」(Ibid. S. 18) として言い表す表象のうちで表現されている。「精神的なもののみが現実的なものである」――それは「本質」もしくは「即自的に有るもの」であり、「他有」にして「対自有」である――つまりそれは「即且対自的に」ある。しかしこのような「即且対自有」は、ようやくまだ「我々にとって、もしくは即自的に」そうであるにすぎない。換言すれば、それはまだ「精神的実体」でしかない。それは「自己自身にとって(*für sich selbst*)」もそうであらねばならず、「精神的なものについての知」や「精神としての自己についての知」でもあらねばならない。つまり、それは自らに「対象」としてあらねばならないのだが、ただしそれは「直接的であると同様に媒介された、すなわち止揚された、自己のうちへと反省された対象」である。そして「そのように自らを精神として知る精神」こそが、ヘーゲルの言う「学」なのである。

「絶対的な他有における純粋な自己認識」というこのような「エーテル」が、「学」の基盤となる。「哲学の始源」は「意識がこのようなエレメント〔＝境位〕のうちにある」ということを「前提」ないし「要求」する。しかるにこのようなエレメントは、「その生成の運動」によってのみ、自らの「完成」と「透明性」(Ibid. S. 19) とを持つこととなろう。「学」は「自己意識」に対して、それがこのような「エーテル」のうちにまで高められていることを要求し、逆に「個体」は「学」が「少なくともこのような立脚点に届く梯子 (Leiter)」(Ibid. S. 20) を彼に差し出してくれることを要求する。

このような「学一般の、もしくは知の生成」こそが「学の体系の第一部」としての「精神現象学」が叙述するものである。「さしあたりあるがままの知」や「直接的な精神」は、まだ「没精神的なもの」であり、「感性的意識」でしかない。「本来的な知」となるためには、あるいは「学のエレメント」を生み出すためには、精神は「長い道」を苦労して進むのでなければならない。このような生成は「非学的な意識の、学への手引き」や「学の基礎づけ」とは別のものであり、いずれにせよ「ピストルから[21]」発射でもするかのように、ただちに「絶対知」から始めるような「熱狂」(Ibid., S. 21) とは別のものである。

「個体をその無教養な〔ungebildet 形成されていない〕立脚点から知へと導く」という課題は、一般的な意味で捉えられなければならなかったのだし、「世界精神[22]」という「普遍的個体」は、その「形成」のうちに観察されなければならなかった。両者の関係について述べるなら、「普遍的個体」においては「具体的な形式」や「固有の形態化」を獲得しているような「各々の契機」が示されるのに対し、「特殊的個体」は「不完全な精神」、「具体的な一形態」であって、その形態の定在全体には「一なる規定性」しか帰さず、他の諸規定性は「ぼんやりとした諸特徴」のうちで現存しているにすぎない。他の精神より高いところに立つ精神のうちでは、より低い具体的定在は一つの「目立たない契機」へと沈み、以前には「事象それ自身」であったものは、もはや「痕跡」でしかない。個体は「より高い学」をおこなう者が「準備的知識」を通過するようにして、この「過去」を走破し、「普遍的精神の教養諸段階」を「彫琢され平坦化されている道の諸段階」として踏破するのだが、それは「知識」に関して前代では「成年の成熟した精神」に従事させていたようなものが、後代では「少年期の知識、練習、遊びにさえ」(Ibid., S. 22) なってしまっているのと同断である。

「学」はこのような「形成の運動」をその「詳細と必然性」において、また「すでに精神の諸契機や所有物に沈んだもの」を「その形態化」において、「叙述」する。「目標」は「知とは何であるか」への「精神の洞見 (Einsicht)」である。ひとは、一方では「この道の長さ」に耐えねばならず、他方ではその契機の各々に「逗留」するのでなければならない。しかるに「世界精神」が「世界歴史の途方もない仕事」を引き受けるという「忍耐」(Ibid. S. 23) を有してくれていたのであるからには、個体の「苦労 (Mühe)」は「より少ない」。「内容」はすでに「個体性の所有物」たる「思惟されたもの」となっているのであって、個体は「定在の止揚」(Ibid. S. 24) を省くことができる。「普遍的自己の行為」や「思索の関心」のおこなうべきこととは、すでに成立した「表象」つまり「よく知られていること」に対して、「知」を向けることである。

つまり「よく知られているもの (das Bekannte)」は、「よく知られている」からといって、「認識されている (erkannt)」[23] わけではないのである。たとえば或る表象を「分析すること」とは、すでにして「それがよく知られているという形式の止揚 (=廃棄)」である。そのさい「本質的な契機」とは「分かたれたもの」、つまりは「非現実的なもの」である。「具体的なもの」は、分かたれて非現実的なものとなるからこそ、「動くもの」なのである。そして「分かつという活動」は「悟性の力にして労苦 (Arbeit)」(Ibid. S. 25) である。「否定的なもの」には「途方もない力」がある。かの「非現実性」を「死」と名づけるのだとするなら、死は「最も恐ろしいもの」であり、「死せるものを堅持すること」は「最大の力を要求するもの」である。「力なき美」は「悟性」[24] を憎む。なぜなら悟性は美に「それができないこと」を要求するからである。しかるに高名なるヘーゲルの言葉によれば、「死を厭い荒廃から純粋に身を守る」生ではなく、「死に耐え死のうちで自らを保持する」生こそが、「精神の生」なのである。

「古代」とはちがって、「近代」では個体は「抽象的形式」がすでに準備されているのを見出す。もはや課題は「個体」を「直接的な感性的仕方」(Ibid. S. 26) から浄化して、それを「思惟され・思惟する実体」にするというよりも、「固定した一定の思想」を廃棄することによって「普遍」を現実化し、精神化することである。しかるに「固定した思想を流動化すること」は、「感性的定在」を流動化することよりも難しい。「純粋思想」は「運動」によってこそ「概念」となり、かくして初めて「それが真にそれで有るところのもの」、すなわち「自己運動」、「円環」、「その実体がそれで有るところのもの」、「精神的諸本質性」となるのである。

「純粋諸本質性のこの運動」が「学問性一般の本性」を形成する。その内容の連関として考察するなら、それは「必然性」ならびに「有機的全体への内容の彫琢」である。「知の概念」が到達される道は、この運動によって同様に「一つの必然的で完全な生成」であり、かくしてこのような「準備」は「偶然的に哲学すること」をやめる。そしてこのような叙述こそが「学の第一部」を形成する。なぜなら「最初のものとしての精神の定在」は「直接的なもの」もしくは「始源」(Ibid. S. 27) にほかならず、そして始源はまだ「自己へのその回帰」ではないからである。「精神の直接的定在」たる「意識」には、「知」と「知に対しては否定的な対象性」という「二つの契機」がある。そして精神はこのエレメントのなかで発展し、その諸契機を繰り広げるので、諸契機にはこの「対立」が帰し、それらはすべて「意識の諸形態」として歩み現れる。そして「この道についての学」こそが「意識のなす経験の学 (Wissenschaft der *Erfahrung*, die das Bewußtsein macht)」なのである。意識は「その経験のなかにあるもの」しか知らない。なぜなら経験のなかにあるものは、「その自己の対象」としての「精神的実体」だからである。そして精神が「対象」となるのは、それが「自らに或る他なるものに、すなわちその自己の対象になり、そしてこの他有を止揚する運動」だからである。「直接的なもの、未経験のもの、すなわち抽象的なもの」が疎外され、次いでこの「疎外」から「自己へと帰行」して、いまや初めてその「現実性と真理と」において叙述され、「意識の所有物」となるこの運動が、「経験」と名づけられるのである。

意識のなかで「自我」と「その対象たる実体」とのあいだで生ずる「不等性」が、「否定的なもの一般」である。この否定的なものは、さしあたり「対象への自我の不等性」として現れるが、それは「実体の自己自身への不等性」でもある――それは「主観」なのである。そして「精神」がその「定在」をその「本質」(Ibid. S. 28) に等しくするとき、「直接性」ならびに「知と真理との分離」という「抽象的な要素」が超克される。「有」は「絶対的に媒介」されており、それは「自我の所有物」であり「自己的」であり「概念」であるような「実体的内容」である――ここまでくると、「精神現象学」は完結する。精神現象学において準備されているのは「知のエレメント」であり、このエレメントのなかで、いまや「精神の諸契機」が、それらの対象を「自己自身」として知っているような「単純性の形式」において広がる。諸契機はもはや「有と知の対立」へと崩壊するのではなく、「知の単純性」のなかにとどまり、「真なるものの形式における真なるもの」であって、その「異別性」は「内容の異別性」であるにすぎない。そしてこのようなエレメントのなかで自らを「全体」へと組織するこのような「運動」こそが、「論理学」ないし「思弁哲学」なのである。

Ⅴ　重要なことは以上で述べられたが、ヘーゲルはさらに続ける。つまり、かの「精神の経験の体系」は「精神の現出」にしか取り組まなかったので、そこから「真なるものの学」への進行は、ひたすら「否定的」なものにすぎないように思われるかもしれない。それではなぜひとは「偽なるもの」としての「否定的なもの」を免除してもらって、ただちに「真理」に導かれたいと欲しないのだろうか――けれどもヘーゲルによれば、「真理」は「できあがって与えられ、そのようにして財布にしまい込まれうるような、鋳造された硬貨」ではない。また「悪」と同様、「偽なるもの」(Ibid. S. 29) が存在するわけでもない。例の「不等性」は「本質的契機」であるような「区別一般」である。このような「区別」からこそかの「相等性」が生成し、ヘーゲルに言わせれば、このような「生成した相等性」こそが「真理」なのである。「不等性」は「否定的なもの」あるいは「自己」として、「真なるものとしての真なるもの」それ自身のうちに直接的に現存する。

反対に、知や哲学研究における考え方の「独断論」は、「真なるもの」を「固定した一つの結果」であるような、もしくは「直接知られる」ような「一つの命題」(Ibid. S. 30) のうちに存しているのだと思念する。そこからヘーゲルは「歴史学的諸真理」や「数学的諸真理」(Ibid. S. 31) の批判的検討へと進んでゆくのだが、たとえば後者で扱われているのは、「大きさ」や「空間的なもの」など、「非現実的な諸要素」(Ibid. S. 33) でしかない。

Ⅵ　哲学では反対に、「抽象的なもの」もしくは「非現実的なもの」ではなく、「現実的なもの」あるいは「自己自身を措定して自らのうちで生きているもの」、「その概念における定在」こそが「そのエレメントにして内容」なのである。それは「自らの諸契機を自らに産出し走破する過程」なのであって、この運動全体が「ポジティヴなもの」とその「真理」とを形成するのだが、もちろんこれは「否定的なもの」を自らのうちに含んでいる。「真なるもの」とは「そこにおいてはいかなる分肢も酩酊していないことのないバッカス的なよろめき」なのだというヘーゲルの有名な言葉は、ここに登場する。

この運動の、もしくは学の「方法」に関しては、すでに述べられているように、その「本来的な叙述」は「論理学」(Ibid., S. 35)に属し、あるいはむしろそれは論理学それ自身である。「説明」、「区分」、「公理」、「諸定理の系列」、「証明」、「原則」、「帰結と帰結からの推論」など、「数学」が貸し与えていたような「学的な国家(Staat)」は、もはや「時代遅れ」(Ibid., S. 35-6)でしかないとヘーゲルは断じている。ここでは「素材に外的な認識」がその「方法」を特徴づけているのだが、しかるに「真理」とは「それ自身におけるその運動」(Ibid., S. 36)である。またヘーゲルはカントにおけるような「三重性」図式という「形式主義」(Ibid., S. 37)や「一覧表的悟性」、「形式的悟性」をも批判する。「実体」は「主観」[25]だと述べられたが、或る定在の「存立」もしくは「実体」が、「自己相等性(Sichselbstgleichheit)」(Ibid., S. 40)なのである。「自己相等性」は、それが「自己とのその不等性」すなわち「自らの解消」であることによって、その「生成」(Ibid., S. 41)である。かくしてもし「悟性性(*Verständigkeit*)」が一つの「生成」であるなら、もはやそれは「理性性(*Vernünftigkeit*)」であろう。

「有るところのもの(was ist)」がその有においてその「概念」であるという、その本性のなかに、総じて「論理的必然性」が存しているのだという。それのみが「理性的なもの」であり、「有機的全体のリズム」なのであって、またそれのみが「思弁的なもの」(Ibid., S. 42)である。「内容」から分離されないということと、自己自身によってのみ自らの「リズム」を規定するという「学的方法の本性」とが、「思弁哲学」において「その本来の叙述」(Ibid., S. 42-3)を有している。結局のところ「学の研究」において重要なのは、「概念の努力(Anstrengung des Begriffs)」(Ibid., S. 43)を引き受けることなのである。

Ⅶ　ヘーゲルは「小賢しい理屈をつける振舞い（das räsonnierende Verhalten）」（Ibid. S. 44）に対しては、「静止した主語」（Ibid. S. 45）を伴いつつ「主語と述語の相違」を含んでいるような「判断や命題一般の本性」は、「思弁的命題」によって「破壊」（Ibid. S. 46）されるのだと批判し、「弁証法」を「証明（Beweis）」から「分離」（Ibid. S. 48）さえしている。「叙述は思弁的なものの本性への洞見には忠実に、弁証法的な形式を保持して、それが概念把握され、概念であるかぎりでないなら、何ものも取り入れないのでなければならない(26)」のである。

Ⅷ　他方、ヘーゲルは「小賢しい理屈をつけない空想（das nicht räsonnierende Einbildung）」（Ibid. S. 49）に対しても、批判を重ねる。つまり、それはふたたび「神的なものの直接的な啓示」や「健全なる人間悟性〔＝常識〕」（Ibid. S. 50）等々なのだが、ここではヘーゲルは、「人間に悖るもの、動物的なものは、感情のうちに立ったままにとどまって、感情によってのみ伝わりうることのうちに存する」と述べている。「学への王道」（Ibid. S. 51）に関するかぎり、「真の思想」や「学的洞見」は、「概念の労苦」のうちでのみ獲得されるべきだと言うよりない。「それによって学が実存するところのもの」は「概念の自己運動（die Selbstbewegung des Begriffes）」（Ibid. S. 52）のうちに置かれるのである。

ところで「真なるもの」は、その「時」がくれば「侵入」し、その時がきたときにのみ「現出」する、したがって現出するに「早すぎ」もせず、「未成熟な公衆」を見出すこともない、というような「本性」を有している。しかしながら「精神の普遍性」がかくも強化され、「個別性」がますますどうでもよくなってしまった時代にあっては、「精神の仕事全体において個体の活動のものとなる取り分」は「わずかのみ」（Ibid. S. 53）だと読者に告げることによって、ヘーゲルはこの「緒言」全体を閉じるのである。

(3)　「序論」と「緒言」のあいだで――課題の再確認

それでは最初に述べておいたように、「序論」と「緒言」との主だった幾つかの相違について考察したあとで、「序論」や「緒言」の諸言説にもとづきつつ、本章の課題を再確認しておくことにしよう。

Ⅰ　まず、「序論」は「絶対者」の「認識」を「道具」や「媒体」という「手段」とみなすような考えを批判することから始まり、そこでは絶対者はむしろ「即且対自的にすでに我々のもとにある」というような主張が目立っている。「緒言」でももちろん「絶対者」について語られることは多々あるのだが、しかし、少なくとも「序論」のように「絶対者が一方の側に立ち、認識が他方の側でそれだけで、絶対者から分離されて」あることをはっきりと非難するという形で、主題化されているわけではない。両者に共通と思えるのは、「序論」では「意識」は「自己自身にとって自らの概念」であり、「制限されたものを越えゆくこと」、「自己自身を」越えゆくことであって、意識には「個別」とともに「彼岸」が「措定」されているのと同様に、「緒言」では「有るところのもの（was ist）」はその有においてその「概念」であると言明されていることであろうが、しかし「序論」では「媒体（Medium）」が批判対象として取り上げられているのに対し、「緒言」では――いつものヘーゲルのように――「媒介（Vermittlung）」の称揚のほうが目立つ。

Ⅱ　それと関連して、「序論」における批判のターゲットは、まず第一に批判哲学であるように思われるのに対し、「緒言」においてあまりにも激烈な批判が顕著なのは、むしろシェリングやロマン派に対してである――「知的直観」（PhG^{B2}. S. 14）や「直接知」、「没我」や「熱狂」、「直接的な啓示」や「感情」が非難され、哲学は「昂揚的」であってはならないと警告される。「夜にはすべての雌牛が黒い(27)」というような「形式主義」が批判され、また「ピストル」でもぶっ放すかのような性急さ・短絡性が忌避されるとともに、推奨されているのは「概念の労苦」である。

Ⅲ　かくして「悟性を通って理性的な知に到達すること」が「正しい要求」とされたりしていて、「死せるものを堅持すること」という「最大の力を要求するもの」を担うような「悟性」の評価は、「緒言」においてこそ顕著であると言わざるをえない(28)――ちなみに成熟期のヘーゲルにおいては、たとえば『大論理学』のなかには「矛盾はまさしく悟性の諸制限を超えて理性を高めることであり、悟性の諸制限の解消である」（WdLS^{2}. S. 29）という言葉があり、また『エンチュクロペディー』では「悟性的思惟においては内容がその形式に対してどうでもよい（*gleichgültig*）のに対し、理性的ないし概念把握的認識においては、内容は自己自身から自らの形式を産出する」と述べられた直後に、「しかし悟性がまさに上述の欠陥を自らにおいて持つとはいえ、それでも悟性は理性的思惟の必然的一契機である」（W10. S. 286）と語られたりもしている。

Ⅳ　もちろん『精神現象学』と『大論理学』のあいだの「蝶番」の役割を果たすのは、「序論」ではなく「緒言」である。そこで、たんに「主語と述語」、「判断や命題一般」、「証明」等々に言及がなされるのみならず、「学のエレメント」、「知のエレメント」のなかで全体へと組織された運動が、「思弁哲学」もしくは「論理学」として名指されている。「方法」の「本来的な叙述」は「論理学」それ自身なのである。

Ⅴ　他方、「時代」への言及が多々見られるのも、「緒言」の大きな特徴の一つである――「哲学」を「学」へと高める「時」がきている、現代は「誕生と或る新しい時期への移行との時代」である、「古代」とはちがって「近代」では個体は「抽象的形式」がすでに準備されているのを見出す、「真なるもの」はその「時」がくれば侵入し現出する、等々。「世界精神」や「世界歴史」という言葉が「緒言」のなかに登場するのには、そのような背景もあるだろう。

Ⅵ　それゆえ、たしかに「序論」にも「精神」という言葉は現れ、逆にまた「緒言」においても「意識のなす経験の学」という表現が見出せはする――したがって「意識の経験の学」という根本構想を変更してしまったとまでは言い難い――のだが、しかし「序論」において中心となる概念が「意識」であるのに対し、「緒言」では重心が「精神」に移動していることも、やはり認めなければならないことだろう。敢えて「精神の経験の体系」というような表現が用いられたりもする。そして「真なるものを実体としてではなく、まったく同様に主観としても把捉し、表現すること」という「緒言」のなかの中心思想も、また「真なるもの」は「体系」としてのみ「現実的」であるということも、「絶対者」を「精神」として捉えることと関連している。かくして「有機的全体」が強調されるのも、「特殊的個体」には「世界精神」という「普遍的個体」が対置されるのも、「緒言」においてなのである。

Ⅶ　反対に「我々からの付加」や「我々の付加」については、「序論」においてしか主題化されていない――それゆえ「純然たる注視」や「意識それ自身の逆転」にも、ここにおいてこそ注目されることとなる。もし「緒言」で「我々の付加」に相当するものがあるとするなら、たとえばそれは「学」が「個体」に差し出してくれるような、学のエレメントに届く「梯子」などがそうなのであろう。

Ⅷ　以上も踏まえつつ、今度は「はじめに」でも述べた本章の課題について、「序論」と「緒言」を通覧してきた現時点のわれわれから、さらに考察を加えてゆくことにしよう。

まず自然的意識に関して、ヘーゲルは「緒言」のなかで、「学一般の、もしくは知の生成」は「非学的な意識の、学への手引き」や「学の基礎づけ」とは別のもので、それは「個体をその無教養な立脚点から知へと導く」という課題を有しているのだと述べていた。しかし本来的な「学」の立場からするなら、自然的意識は「〔相対的に〕無教養」であるのみならず、「〔相対的に〕非学的な意識」でもあるだろう――したがって「非学的な意識の、学への手引き」という言葉は、むしろ「長い道」を苦労して進む精神とは別様に、安直に学びうる「手引き〔Anleitung マニュアル〕」に対して向けられた批判の言葉ではないかと思われる。

「真なる知へと迫ってゆく自然的意識の道」は、「それ〔＝自然的意識〕にとって」は「否定的な意義」しか持たず、それは「懐疑の道」、「絶望の道」なのであった。けれども「意識」は「自己自身にとって自らの概念」であり、「制限されたものを越えゆくこと」は「自己自身を」越えゆくことである。意識には「個別」とともに「彼岸」が「措定」されているのであるからには、「意識」は「自らの制限された満足を台無しにする」というこの「暴力」を、「それ自身から」被るのだという。したがって「概念」と「対象」、「尺度」と「吟味すべきもの」、「両者の比較」や「本来の吟味」さえ、意識自身の持ち分である。「自己自身を吟味」するのが「意識」それ自身だからこそ、そのかぎりでは我々は「純然たる注視」にとどまるだけでよい――それではなぜ「自然的意識」にはポジティヴなものが見えてこないのだろうか。

「成立したもの」は「それにとって」は「対象」として存在するにすぎないが、「我々にとって」は同時に「運動および生成」としても存在しているのだと「序論」では述べられていた。しかしながら、もし「運動」や「生成」が自然的意識にとっては存在しないのだとするなら、意識はそのつど偶然的に立ち現れた「対象」に、そのつどただひたすら没頭するだけであろう――それでも意識が何らかの「経験」を積んだなどと、言えるのだろうか。

Ⅸ　「新しい対象」が「生成したもの」として示されるのは、「意識それ自身の逆転」によってである。そして「このような考察」こそが「我々の付加」なのであった。ちなみにそれは「そのつどの結果」が「空虚な無」となるわけではないのと同じことである――つまり自然的意識は、もし「我々の付加」に気づきうるなら、そのとき初めて経験の積極性〔肯定性〕を自覚しうるのであろう。しかしながら、「意識の諸形態の系列全体」の「必然性」は、「我々にとっては言わば意識の背後で起こっているもの」なのである。それではやはり、意識はそれだけでは何も経験できない、ということになってしまうのではないだろうか。

そしてそもそも「意識それ自身の逆転」とは、いったい何を意味しているのだろうか。

「自然的意識」は、単独では何一つ学べない。それが経験を積むためには、「我々」からの支援を必要としている――「意識の経験」は、初めから「意識の経験の学」を前提としていなければ、成り立たないのである。しかし、それではそのようにして「学」もしくは「絶対知」を身につけている「我々」自身は、如何にしてそのような「我々」になりえたというのだろうか。よく言われるように、どんな些細な「経験」でも、「絶対者」や「絶対知」が最初からそこに臨現していたのでなければ、生起しえなかったはずではないだろうか。

以上のような問題意識を堅持しつつ、われわれは以下、『精神現象学』本文の主だった箇所の検討に赴く。「自然的意識」や「我々」のあり方、また「絶対者」と「絶対知」の可能的関わり合い等々に関しては、改めて結論部〔＝第四節〕で批判的に詳述することとなろう。

第二節　「意識」から「自己意識」へ

『精神現象学』の部門ないし篇ないし章の区分の複雑さに関しても、『エンチュクロペディー』では「精神現象学」がその第三部「精神哲学」の第一篇「主観的精神」のなかのB（＝第二章）として扱われ、しかもそこでは「意識としての意識」に六節、「自己意識」に一四節が割り当てられたあと、「理性」にはたった二節が割かれただけで、さっさとC（＝第三章）「心理学。精神」への移行が図られているということ等々に関しても、学界ではすでにさんざん取り沙汰されていることなので、ここでわれわれが特に主題化したいとは思わない。本節では『精神現象学』の「意識」の部分の全体と「自己意識」のなかの「A　自己意識の自立性と非自立性。支配と隷属」までを扱い、「自己意識」の後半「B　自己意識の自由。ストア主義、懐疑論、不幸な意識」から最終部「絶対知」までは、次節で考察することにしたい。

(1)「意識」の経験

『エンチュクロペディー』では「感性的意識」、「知覚する意識」、「悟性的意識」の「三段階」という名でも区分されている「意識」（W10. S. 206）のセクションは、『精神現象学』では「I　感覚的確信、もしくはこのものと思念（Meinen）」、「II　知覚、もしくは物と錯覚（Täuschung）」、「III　力と悟性。現出と超感性界」という表題のもとに区分されている。あらかじめ全体を俯瞰しておくためにスターンの簡潔な要約を利用するなら、「感覚的確信」は「諸対象を赤裸な諸個別として扱い、諸概念を含まない知識をめざすが――しかし空虚な普遍性で終わる」、それゆえ「知覚」は「諸対象を赤裸な諸個別＋普遍的諸特性（《一（One）》）として、もしくは普遍的諸特性の束（《亦《また》（Also）》）として扱うが――しかし対象の個別性を諸特性の普遍性と組み合わせることができない」、そこで「力と悟性」が「諸対象を（諸力や諸法則のような）根底に横たわる諸普遍の個別的な現れとして扱うが——しかし実在についての二層的な考えで終わる」（Stern, p. 35）……。

ともかくも、われわれ自身の関心にしたがって、まず「感覚的確信」から始めることにしよう。

(a)「感覚的確信」——問いの立て方と立論そのものの諸前提

われわれは以下、「感覚的確信」の部分をまず五つ(29)に区切って通覧し、そのあと若干のコメントを付け加えることにしたい。

Ⅰ 「さしあたり、あるいは直接的に我々の対象たる知」は、それ自身「直接的な知」であり「直接的なものもしくは有るものについての知」であるようなもの以外では、ありえない。我々は同様に「直接的に」、すなわち「受け入れつつ」振舞わなければならず、それゆえそのような知に何ら変更をもたらさず、「把捉（Auffassen）」に「概念把握（Begreifen）」させないようにしなければならない。

「感覚的確信」の「具体的内容」は、感覚的確信をして「最も豊かな認識」あるいは「無限の豊かさを持った認識」として、さらには「最も真なる」認識として現出せしめる——しかしながらこのような「確信」は、「最も抽象的で最も貧しい真理」(30)を自称する。この確信がそれの知るものについて述べるのは、「それが有る」ということだけなのであって、その真理が含むのは「事象の有」のみである。「意識」もまたこの確信のなかでは「純然たる自我」にすぎない、あるいは「私」はそこでは「純然たるこの者（reiner *Dieser*）」として有るのみで、「対象」もまた「純然たるこのもの（reines *Dieses*）」としてのみ有る。「自我」も「事象」も「多様な媒介という意義」を有しているわけではなく、事象は「ただそれが有るがゆえにのみ有る」——「それが有る」ということが「感性的な知」にとって「本質的なもの」であり、このような「純粋有」（PhG[B2]. S. 69）もしくは「単純な直接性」が事象の「真理」を形成する。同様に「関係としての確信」もまた「直接的な、純然たる関係」である。

しかるに「現実的な感覚的確信」は、「この純粋な直接性」であるのみならず、このような直接性の「実例」[31]でもある。数かぎりない「相違」のなかで、我々は「自我としてのこの者(ein *Dieser*)」と「対象としてのこのもの(ein *Dieses*)」が「純粋有」から転がり出て来るという「主要異別性」を見出す。そしてもし「我々」がこの相違について「反省」するのであれば、一方も他方も感覚的確信のなかで「直接的に」のみ有るのではなく、同時に「媒介された」ものとして有ることが明らかとなる――私は「事象」によって「確信」を持つのであり、また事象は「自我」によって「確信」のなかに有る。

Ⅱ　「本質と実例」の、あるいは「直接性と媒介」のこの「相違」は、「我々」がなすのみならず、我々はそれを「感覚的確信」それ自身において見出すのだとヘーゲルは述べている。そして感覚的確信においては「対象」が「単純な直接的な有るもの」あるいは「本質」として、「自我」もしくは「知」が「非本質的で媒介されたもの」として有る――「知」は有っても無くても構わず、「対象」は知られているか否かには無頓着に「有る」が、しかし「知」は「対象」(Ibid. S. 70)が有らねば有らない。

「感覚的確信」はそれ自身、「このものとは何であるか」と問わねばならない。我々が「このもの」を、「今」と「此処」というその有の「二重の形態」において受け取るのであれば、それが持つ「弁証法」は分かりやすい。「今とは何であるか」という問いに、たとえば我々は「今は夜である」と答える。この感覚的確信の「真理」を吟味するために、我々はこの真理を書き記す。真理は「書き記」されたり「保管」されたりしたからといって、失われることなどありえない。しかるに「今」つまり「この正午」にふたたび我々が「書き記された真理」を眺めるなら、それは「気の抜けた」ものになってしまっている。

「夜で有る今」は「有るもの」として保管され、取り扱われたのだが、それはむしろ「有らぬもの」として証されている。「自らを保存する今」は、じつは「直接的なもの」ではなく、「媒介されたもの」なのである。なぜならそれは、「昼」とか「夜」とかいった「他なるもの」が有らぬということによってのみ、「とどまり自らを保存するもの」

として規定されるからである。夜も昼も今の有ではないが、今の有は昼でも夜でもある。その有はその「他有」によって影響されない。「このもの」でも「あのもの」でもなく、「非このもの」であり、また「このもの」でも「あのもの」でもあることには無頓着に、「否定」によってあるこのような「単純なもの」を、我々は「普遍」と名づけている。それゆえ「普遍」が「感覚的確信の真」なのである。

我々は「感性的なもの」をも「普遍」として「言い表す」。我々が言うのは「普遍的なこのもの」であり、「それは有る」が意味するのは「有一般」である。もちろん我々が「表象」するのは「普遍的なこのもの」や「有一般」ではないのだが、しかし我々は「普遍」を「言い表す」。たしかに我々は「我々がそれをこの感覚的確信のなかで思念するがままに」端的に語っているわけではない。けれどもヘーゲルによれば、「言語」(Ibid. S. 71) は「いっそう真なるもの」であり、言語のなかで我々は我々の「思念」をただちに論駁しさえする。そして「普遍」が「感覚的確信の真」であり、「言語」がこの「真なるもの」のみを表現するのであるからには、我々が「我々の思念している感性的有」を言いうることなど、まったく不可能である。

「此処」に関しても同様。「此処」はたとえば「樹」である。私は向きを変える、さすればこの真理は消え去って、「此処」は「樹」であるのではなく、むしろ「家」である。「此処」それ自身は消え去るのではなく、家や樹が消えても残存し、家や樹であることには無頓着である――それゆえ「このもの」は、ふたたび「媒介された単純性」もしくは「普遍性」として示されるのである。

Ⅲ　ところでもし我々が「知と対象がさしあたりそこにおいて歩み現れていた関わり合い」を「この結果において立つにいたっているようなそれらの関わり合い」と「比較」してみるなら、それは「逆転して (umgekehrt)」いる。「本質的なもの」であるべきはずだった「対象」は、いまや「感覚的確信の非本質的なもの」である。けれども感覚的確信は、「対象」から駆逐されこそすれ、廃棄されたわけではなく、それは「自我」(Ibid. S. 72) のうちへと押し返される。「今が昼である」のは、「此処が樹」であるのは、「私がそれを見る」からである。

けれども感覚的確信は、ここでも同じ「弁証法」を経験する。「自我、このもの(＝この自我)」は「樹」を見て樹を「此処」と主張する。しかるに「他我(ein *anderer Ich*)」は「家」を見て、「此処は樹でなく、むしろ家だ」と主張する。二つの真理は「見ることの直接性」という同じ信任性を有している。

そしてそこで消失しないのは、その「見」が「樹の見」でも「この家」の見でもなく、「この家の否定」等々によって「媒介」されていて、「家」や「樹」に対しては無頓着な「単純な見」であるような、「普遍としての自我」である。「今」や「此処」や「このもの一般」と同様、「自我」は「普遍」としてのみ有る。「この此処や今や個別的なもの」を言うことによって、私が「すべてのこのもの、すべての此処、今、個別的なもの」を述べているのと同様に、「自我、この個別的な自我」を言うことによって、私は「すべての自我」を言っている。それに反して、「思念」された「この物」や「この自我」が何であり誰であるかを言うことなど、「不可能」なのである。

Ⅳ　それゆえ「感覚的確信」は、その「本質」が「対象」のなかにも「自我」のなかにもなく、「直接性」がどちらの直接性でもないことを「経験」(Ibid. S. 73)する。そこで我々は、「感覚的確信それ自身の全体」をその「本質」として措定するにいたる。それは以前に生じていたあらゆる「対置」を排除するような「感覚的確信それ自身の全体」である。つまり「このものとしての私」が「樹としての此処」を主張して、もはや向きを変えることもない。私は「他我(ein anderer Ich)」や「別のおりの私自身(Ich selbst, ein anderesmal)」が「此処」を「樹でないもの」として見たり、「今」を「夜でないもの」とみなしたりすることに、注意を払わない。私は「純粋な直観」なのであって、ひたすら「今は昼である」や「此処は樹である」のもとにとどまり、「此処」と「今」を「比較」さえせずに、「一なる直接的関係」を堅持する――我々がこの真理を「あとから」企てたり、そこから「遠ざかって」(Ibid. S. 74)立ったりしても、無意味である。

「今」が、「この今」が示される。しかし「示される(gezeigt)」ことによって、それはすでに「有ること」をやめている。「有るところの今」は「示された」今とは「別のもの」である。「我々に示されるがままの今」とは「有った」

今なのである。それはもはや「有の真理」を有してなどいない。「有った（*gewesen*）もの」は「本質（*Wesen*）」ではない。問題とされていたのは「有」であるはずなのに、「それは有らない」。

つまり「今」も「今を指し示すこと（Aufzeigen）」も、「直接的な単純なもの」ではなく、「様々な諸契機（Momente 諸瞬間）」を有する「運動」なのである。「指し示すこと」はそれ自身、「今とは本当は何であるか」を言い表す運動である――それは「一つの結果」もしくは「総括された今の多性（Vielheit）」である。「指し示すこと」は、「今が普遍であることの経験」（Ibid., S. 75）なのである。

「指し示された此処」も、本当は「この此処」ではなくて、「前後・上下・左右」であるような「この此処」（Ibid., S. 75-6）である。要するに「指し示すこと」は「直接的な知」ではなく、「思念された此処」から「多くの此処」を通って「普遍的な此処」に向かうような「運動」なのである。

V　「感覚的確信の弁証法」は、「感覚的確信の運動やその経験の単純な歴史」以外の何ものでもなく、「感覚的確信」それ自身がこのような「歴史」にほかならない。それゆえ「自然的意識」はこの結果にゆきつき、そこにおいて何が真であるかを「経験」しはするのだが、しかしヘーゲルによれば、それはそのことを再三再四「忘却」してしまい、最初からこの運動を「始源する」（＝最初からやり直す）のだという[32]。「意識にとっての感性的なこのもの」が、「普遍的経験」であるべきはずだった。しかし本当はその「反対」が「普遍的経験」である。つまり「あらゆる感覚的確信」において真に「経験」されるのは、「かの主張が普遍的経験であると確言しているものの反対」、すなわち「普遍」としての「このもの」（Ibid., S. 76）なのである。

「思念」されているような「感性的なこのもの」は、もともと「即自的に普遍なもの」に属している「言語」には、「到達不可能」（Ibid., S. 77）である。しかるにヘーゲルによれば、「言い表しえないもの（das Unaussprechliche）」と名づけられているようなものは、「真でないもの、非理性的なもの、たんに思念されたにすぎないもの」でしかない。たとえば「現実的な一事物」とか「外的対象」とか言われるとするなら、それは「このうえなく普遍的なもの」だし、それによって言い表されているのは、「異別性」というよりはむしろ「すべてとの相等性」である。私が「個別的な物」と言うなら、それはむしろ「まったく普遍的なもの」なのである。しかるに「語ること」は、「思念」をただちに「転倒」させて「何か別のもの」にし、思念をまったく「語」にいたらせない、という「神的な本性」を有している。そしてもし私が「感覚的確信の真理はじつは何であるか」を経験するなら、私はそれを「それが真理（Wahrheit）において有る」がままに「受け入れる（aufnehmen）」、つまりはそれを「知覚する〔*wahrnehmen* 真を受け取る〕」（Ibid., S. 78）のである。

Ⅵ　本章の根本課題に関する諸問題については、本章の最終節でまた検討し直すこととして、ここでは以上のような「感覚的確信」についてのヘーゲルの主張に関して、幾つかの疑問を呈しておくことにしたい。まず気になるのは、感覚的確信の意識は幾度か異なる経験をしただけで、簡単に「多性」から「普遍」へと跳躍してしまうということである。イッポリトによれば、もし私が「夜である」とか「このテーブルは黒い」等々と述べるのであれば、私は「諸々の質」を指し示し、「比較」を想定し、「この知についての媒介」を導入するような「名前」を用いている。「夜」や「黒」は「私が直接的に体験するもの」に適合するのみならず、「他の諸々の夜」や「他の黒い諸対象」をも指し示し、それこそが「抽象の働き」（Hyppolite (1), p. 86）なのだという。けれども「感覚的確信」がこのような「名前」を用いるかぎり、それは純然たる感性的意識ではもはやなく、むしろ言語的意識である。そしてもし自然的意識があくまで感性的レヴェルにとどまりたいと欲するのであれば、幾度かの経験が――「夜」と「昼」、もしくは「樹」と「家」という、たった二度の経験が――ただちにすべての経験となって「普遍」を見出すなどということには、やはり無理がある。要するにヘーゲルは、初めから「普遍」の意識を前提としているのである。

Ⅶ　それと関連して、ヘーゲルは普遍的・言語的意識の存立のみならず、真理問題に関する普遍や言語の優位に関しても、一切の検討を省きつつ、自明のこととして最初から前提している。ちなみに分析哲学通のシュテケラーは「言語分析哲学の《言語論的転回（*linguistic turn*）》のはるか以前に、ヘーゲルにとって、我々が《言語を精神の定在として》理解しなければならないということは、明らかである」(Stekeler (2), S. 681) と語っているのだが、そのような傾向は、すでに『精神現象学』以前のイェーナ時代のヘーゲルにおいても顕著である。たとえば一八〇三/〇四年の『思弁哲学の体系』では、「それによってアダムが動物たちに対する自らの支配を構成した最初の作用は、彼が彼らに名前を与えたことである」(JSE I. S. 201)[33] と述べられている――けれども肝要なのは、「支配」の確立だろうか――。また同書では「言語は一民族の言語としてのみある〔…〕一民族の作品としてのみ、言語は精神の理念的実存である」(Ibid. S. 226) とも語られているのだが、ハイデッガー等々においてと同様、「民族」の問題が絡むと、いつでもわれわれは言語の〈普遍性〉に関して、いささかの疑念を禁じえなくなる。そして『エンチュクロペディー』によれば、「言いえないもの (das *Unsagbare*)、感情、感覚」は「最も卓越したもの、最も真なるもの」ではなくて、逆に「最も取るに足りないもの、最も真ならざるもの」(W8. S. 74)[34] なのである――しかしながら、もし言語や普遍の優位があらかじめ何の問題もなく確立されていて、それをもとに「感覚的確信」が批判されるというのであれば、それはあらかじめ仕組まれた出来レースのようなものだと言わざるをえないのではないだろうか。

Ⅷ　そもそも「感覚的確信」に何らかの「真」を見出さんと欲する者たちは、「感覚的確信」に何を求めているのだろうか。ペゲラーは再三再四、『エンチュクロペディー』の第四一八節で、ヘーゲルが『精神現象学』のなかで「感性的意識の対象」として規定した「此処」と「今」は、本来的には「直観」(W10. S. 206. Vgl. Pöggeler, S. 219-20 ; F/H. S. 330. 369-70) に属しているのだと述べていることに、注意を促しているのだが、本当の問題とは、いつの間にか問いが「真理」の獲得における「感覚的確信」のステイタスや役割といった諸問題から、「今」とは何であるか、「此処」とは何か、あるいはまた「このもの」とは何か、「この者」とは誰であるかといった問題に、すり替えられてしまっていることではないだろうか。けれどももし「このもの」の経験に何の意味もないというのであれば、われわれは初めからこの世でそのつど生きてゆく必要など、まったくないということにでもなってしまおう。そして「普遍」を求める問いの形式に「感覚的確信」が十分に答ええないとしても、それはあらかじめ分かり切ったことなのである。

Ⅸ　すでに示唆しておいたように、「感覚的確信」のテクストは、「言語」や「普遍」の存在やそれらの優位を前提としているが、ここで前提されているのは、それだけではない。ちょっと思い返してみただけでも、「自然的意識」には「今」、「此処」、「夜」、「昼」、「樹」、「家」、「私」、「有」等々とは何であるかが、すでに或る程度了解済みであるのみならず、「実例」がどのような地位を占めるのかということや、「他我」の存在やそれとのコミュニケーションの可能性でさえ、疑問の余地なきものとしてあらかじめ想定されている。ヴィーラントは「感覚的確信は――何かカントの《意識一般》の意味での――非歴史的な、抽象的な意識構造ではなくて、すでに或る世界――一八〇六年の世界――のなかで生きている、一つの経験的な、具体的な、そして歴史的に媒介された意識である」(F/H. S. 79)と述べている。われわれとしては、そこまで極端な主張をするつもりはないのだが、しかし可能なかぎり「直接的」な知から出発しようとしていたはずの『精神現象学』のヘーゲルが、それでも多くの前提のなかで同書を始源せしめんとしていたということは、記憶にとどめておいたほうがよいだろう。

(b)「知覚」――「感性的普遍」の規定的把捉という問題構制

「知覚の観点」とは「共通的意識」の観点、そしてまた多少とも「感性的なものを普遍へと高め、そのとき顕わとなる諸矛盾を意識することなく感性的諸規定と思惟の諸規定とを混交させる、様々な経験的諸学」(Hyppolite (1). p. 100)の観点とされている――われわれはヘーゲルの諸議論のなかにこそ、むしろ哲学的に特異な――かなり人為的で恣意的な――諸態度を目撃することになるだろう。

以下、われわれは「Ⅱ　知覚、もしくは物と錯覚」の箇所を六つ[35]の部分に区分しつつ、はっきり言って複雑怪奇な作為的議論――ヘーゲル自身の言う「知覚の詭弁」――としか思えないようなこの箇所を、それでもヘーゲルの語るがままに順序通りに見てゆき、最後に若干のコメントを付け加えることにしたい。

I 「直接的確信」は、その真理が「普遍」であるにもかかわらず、「このもの」を得ようとしていたので、「真なるもの」を自らに得ることができなかった。逆に「知覚」は「それにとって有るものであるところのもの」を「普遍」とみなし、「普遍性」が「その原理一般」であるからには、「自我」と「対象」というその「諸契機」も「普遍的なもの」である。またこの「原理」は「我々」には「成立した」ものである――「知覚についての我々の受け入れ」は、「感覚的確信」のように「現出する受け入れ[36]」ではなくて、「一つの必然的なもの」なのである。そしてこの「原理の成立」と同時に、「両契機」すなわち「知覚すること」と「対象」もまた「生成」した。「我々にとって、もしくは即自的に」は、「原理としての普遍」が「知覚の本質」であり、「知覚するもの」や「知覚されたもの」はむしろ「非本質的なもの」である。しかるに両者は「普遍」なので、そのかぎりでは「本質的」である。けれども両者は「対置されたもの」として互いに関わるので、一方のみが「本質的なもの」たることもありうる。そうすると、知覚されるか否かには無頓着に、「対象」が「本質」であり、あってもなくてもよい「知覚すること」が「非本質的なもの」である。

ところでこの「対象」は、その「原理」たる「普遍」(PhG[B2]. S. 79) がすでに「媒介されたもの」であるからには、このことを「表現」しなければならないのだとヘーゲルは考える。ヘーゲルによれば、そこで対象は「多くの諸特性を持った物(*das Ding von vielen Eigenschaften*)」として示されることになる。それが「傍らで戯れるもの(das Beiher-spielende = 実例(Beispiel))」でしかない「直接的確信」には属してはいなかった「感性的な知の豊かさ」は、むしろ「知覚」にこそ属す。なぜなら知覚のみが「否定や相違や多様性」を、その本質において有しているからである。

同様に、「感性的なもの」はなお現存してはいるのだが、しかし「直接的確信」においてのように「思念された個別」としてではなく、「特性として規定されるであろうもの」つまり「普遍」としてなのだという。「止揚(*Aufheben*)」には「否定すること」と「保管すること(*Aufbewahren*)」という「二つの意味[37]」がある――「このものの無」としての「無」は「直接性」を保管しつつ、それ自身なお「感性的」ではあっても、それは「一つの普遍的直接性」である。そして「有」が「普遍」たるのは、それが「媒介」ないし「否定的なもの」を有していることによってであり、そして有がこのことをその直接性において「表現」するなら、それは「区別され、規定された〔＝特定の〕特性」であり、相互に対して「否定的」な「多くのこのような諸特性」が、同時に措定される。そのうえこれらの「諸規定性」は、「普遍の単純性」のなかで表現されているので、「自己自身」に関わりつつ、相互に対しては「無頓着（*gleichgültig*）」であり、「自己自身に等しい単純な普遍性」それ自身は、それらの諸規定性すべての「媒体」となる。しかるに「物性一般」としてのこのような「抽象的な普遍的媒体」こそが「此処と今」にほかならない。それは「多くのものの単純な共存（*Zusammen*）」ではあるのだが、しかし「多くのもの」（Ibid., S. 80）もまたそれら自身、「単純な普遍」である。たとえばこの「塩」[38]は「単純な此処」であり、同時に「多様」である――それは「白い」が「辛く」もあり、「立方体的」な形態もしており、特定の「重さ」を有してもいる、等々。そしてこれらすべての「多くの諸特性」が「一なる単純な此処」のうちにあるのだが、それらは互いに「影響（affizieren）」し合わない――「白さ」は「立方体的なもの」に影響を及ぼさないのだし、両者は「辛さ」を変化させない、等々。各々は他に対しては「無頓着な亦（*Auch*）」によってのみ関わり、それゆえこのような「亦」[39]こそが「純然たる普遍それ自身」であり、「媒体」であり、「それらを総括する物性」である。

以上のような関わり合いからは、まずもって「肯定的な普遍性という性格」が観察され、展開されただけなのだが、そこにはさらに別の面も示される。つまり、もし「多くの規定された諸特性」がただ「無頓着」なだけなら、「規定された」ものとはならない――なぜなら諸特性が規定されるためには、それらは「区別」され、そして「対置された」ものとして「他」に関わらなければならないからである。しかるにこのような「対置」にしたがうなら、諸特性は「それらの媒体の単純な統一」のなかでたんに共存していることなどできず、それらの「区別」は「排他的なもの」、「他を否定するもの」でなければならない。「無頓着な統一（Einheit）」としての「亦」は、「排他的一性（*ausschließende Einheit*）」としての「一（*Eins*）」であらねばならない。「一」とはそれによって「物性」が「物」として規定されるような「否定という契機」(Ibid., S. 81)[40]なのである。

「知覚の真」としての「物」に関しては、いま必要なものは、以上のような「諸契機」で出揃う。整理するなら、物は、(α)「無頓着な受動的普遍性」、「多くの諸特性の亦」あるいはむしろ「物質」であり、(β)「同様に単純なものとしての否定」あるいは「一」、つまりは「対置された諸特性の排除」であり、(γ)「最初の両契機の関係」としての「多くの諸特性それら自身」である――「有と否定的なものとの直接的統一」としての「感性的普遍性」は、「一」と「純然たる普遍性」とがそこから発展し、相互から区別され、これらを感性的普遍性が互いに連接するというかぎりで、そのようにして初めて「特性」なのであり、またこのような関係が初めて「物」を完成するのである。

Ⅱ　ところで「対象」は「真なるもの、普遍、自己自身に等しいもの」であるのに対し、「意識」は「可変的で非本質的なもの」である。そこで意識にはそれが対象を正しく把捉せず、「錯覚する」ということが起こりうる。「知覚するもの」は「錯覚の可能性の意識」を持つのである。そしてそのさいその「真理の規準」とは、「自己相等性」(Ibid., S. 82)である。ゆえにもしその把捉の様々な諸契機を「比較」するうちに「不等性」が現れたのであれば、それは「対象の非真理」ではなく、「知覚すること」の非真理であろう。

Ⅲ　そこで「いかなる経験を意識はその現実的知覚においておこなうか」を我々が「注視」するのであれば、「我々にとって」はこの経験は、上述の「対象とそれに対する意識の振舞いとの展開」のうちにすでに含まれており、「そこに現存している諸矛盾の展開」でしかない――私が受け入れる「対象」は「純粋に一なるもの(=個物)」として呈示されるのだが、しかし私はそこで「特性」にも気づき、そして特性は「普遍的」なるがゆえに「個別性」を超えてしまう。ゆえに「一なるものとしての対象的本質の最初の有」は「その真の有」ではなかったことになるのだが、対象は「真なるもの」なので、「非真理」は「私」のうちに落ちる。把捉は正しくなかったのだから、私は「特性の普遍性」のために、「対象的本質」をむしろ「共同体一般」として受け取るのでなければならない。ところで私はさらに「特性」を、「規定された、他に対置された、他を排除する」ものとして知覚する。それゆえ「対象的な本質」

を「他との共同体」ないし「連続性」として規定していたとき、私はそれを正しく把握していなかったのであって、むしろ私は「特性の規定性」のために、このような「連続性」を「分離」して、対象的な本質を「排他的な一」として措定するのでなければならない。けれども私は「分離された一」において「互いに無頓着な」多くの「特性」を見出す。それゆえ対象を「排他的なもの」として把捉していたとき、私は対象を正しく把捉していなかったのであり、対象はいまや「普遍的な共同体的媒体」なのであって、そこでは「多くの諸特性」が「感性的普遍性」としてはそれぞれ対自的に〔＝それだけで〕存在し、しかし「規定されたもの」としては「他を排除」する。しかしながら「私が知覚する単純で真なるもの」は、これでは「普遍的な媒体」ではなく、「対自的な〔＝それだけの〕個々の特性」なのだが、しかるにそのようなものは「特性」でも「規定された有」でもない。それは「感性的な有一般」(Ibid. S. 83) でしかなく、その「意識」も一つの「思念」でしかない。つまり意識は「知覚」からもとに〔＝感覚的確信に〕戻ってしまったのだが、しかるに「感性的な有と思念」は「知覚」へと移行する——私は「始源」に投げ返されてしまったわけである。

Ⅳ　同様にして「意識」は必然的に「循環」をふたたび走破することになるのだが、しかしそれは「同じ仕方」においてではない。いまや「意識にとって」、知覚は「単純な純粋把捉」ではなく、把捉において同時に「自己のうちへと反省」してしまっており、このような「自己自身のうちへの意識の回帰」が、「真なるもの」に変化をもたらす。つまり「非真理」は「それ〔＝意識〕のうちに落ちる」のである。もはや意識はたんに「知覚する」のではなく、「自己のうちへのその反省」をも意識していて、これを「単純な把捉」から分離する。

さしあたり私は「一なるもの」としての「物」に気づき、それをこの「真なる規定」において「堅持」(Ibid. S. 84) すべきである。そして「知覚の運動」のなかに「何か知覚に矛盾するもの」が現れるなら、それを「私の反省」として認識すべきである。ところで知覚のなかには「物の諸特性」であるように思われる「様々な諸特性」も現れる。しかるに「物」は「一」であるので、我々はこの「異別性」が「我々のうちに落ちる」ことを意識する。たとえば物が

「白い」のは「我々の眼」にもたらされるからであり、物が「辛い」のは「我々の舌」に、「立方体的」であるのは「我々の感触」にもたらされるからである、等々。我々がこうした異別性を受け取るのは、「物から」ではなく「我々から」である。「我々」[41]が「普遍的媒体」なのであって、このように考察することによって、「一」であるという物の「自己相等性と真理」が保持されるのである。

しかしながら、「意識が自らに引き受ける様々な諸側面」は、それぞれそれだけで「普遍的媒体」のなかにあるものとして考察されるなら、「規定されている（＝特定のものである）」――「白」は「黒」に対して「白」なのであり、「一なる物」は「他のものどもに対置される」ことによってのみ「一なる物」である。けれどもそれが「他のものども」を自己から排除するのは、「一で有る」という点ではそれはむしろすべてに「等しい」のであるからには、「一」たるかぎりにおいてではなく、「規定性」によってである。それゆえ「諸物それら自身」が「即且対自的に規定されて」いる。それらは「それによってそれらが他の諸物から区別されるところの諸特性」(Ibid., S. 85)を、自ら有している。「物」こそがそこにおいて「多くの諸特性」が互いのそとに存するところの「亦」であり、「普遍的媒体」なのである。

しかし今度は「意識」は、「亦」に対置される「物の自己自身との一性」という契機が現れるのも同時に意識し、それが意識はこれを自らに引き受けるのでなければならない。物は「白」でも「立方体的」でも「辛く」もあるが、それが「白いかぎりで（*insofern*）」は「立方体的」ではなく、「立方体的で白くもあるかぎりで」は「辛く」はない、等々。そしてこれらの諸特性を「一のうちに措定すること」は、「物」にではなく「意識」に帰するのである。つまり意識が「［……の］かぎりで」をもたらすことによって、物は「亦」を保持する。「特性」は「自由物質」として表象され、「物」は「たんに包含するだけの表面」となる。

以上を振り返るなら、「意識」は交互に「自己自身」をも「物」をも、「多性なき純然たる一」にも「自立した諸物質へと解消される亦」にもしているのだということが、判明するのである。そして意識は、「物」それ自身がこのような「二重の仕方」(Ibid., S. 86) で自らを示しているのを見出す。

V　いまや「対象」こそが、以前には「対象」と「意識」とに分配されていた「運動全体」である――物は「一」であり「自己のうちへと反省」されつつ「対自〔*für sich* 自立的〕」であるとともに、「対他〔*für ein anderes* 関係的〕」でもあるのだが、ここではまだ「対他」であるのとは別の「対自」である。ところで「物」は「対自」であるとともに「対他」であるというような「二重化された異なる有」であるにもかかわらず、「一」でもあるからには、「矛盾」している。そこで意識はふたたび「一のうちに措定すること」を自らに引き受け、「物は、対自であるかぎりでは、対他ではない」と言わなければならなくなるだろう。しかるに「一であること」は「物」それ自身に帰する。それゆえ「亦」や「無頓着な相違」は「一であること」としての「物」のうちに落ちるが、しかし両者は異なるので、「異なる諸物」のうちに落ちることになる。つまり、「物」はたしかに「即且対自的に」は「自己自身に等しい」のだが、このような「自己自身との一性」は「他の諸物」によって妨げられる。かくして「物の一性」と同時に、「他有」が「物のそとに」、また「意識のそとに」保持されるのである。

　各々の物はこのように、他の物とは異なる。各々は「他からの本質的な相違」(Ibid., S. 87) を自らにおいて有す。そして「物の本質」を形成する規定性とは別の「その他の多様な性状」は、「非本質的なもの」である。かくして「物」はその「統一性」において「二重の〈かぎりで〉」[42]を持つことになるのだが、その「価値」は等しくない。そのさいまず、「物の本質的性格を形成して、その物を他のすべてから区別する規定性」に関するかぎり、そこでは「物」は「他と対立」して、「対自的に〔＝それだけで〕」保持されるべきなのかもしれないが、しかしこのような「他への関係」によってはむしろ「他との連関」が措定され、物の「対自的な〔＝それだけでの〕有」は終わってしまう。「物」はその「本質的特性」によって、むしろ「没落」(Ibid., S. 88) してしまうのである。他方、対象は「本質的特性」の「単純性」――「単純な対自的〔＝それだけの〕[43]有」――とならんで、「なるほど必然的ではあるが、しかし本質的な規定性を形成すべくもない異別性」(Ibid., S. 88–9) をも有している。しかるに同時に「必然的」でもあるべき「非本質的なもの」などというものは、言葉のなかにある区別でしかなく、それは自己自身を否定し、廃棄してしまう。それゆえここで「対自〔＝それだけの〕有」と「対他有」とを分離していた「先の〈かぎりで〉」が脱落する。「対象」はむしろ「一にして同じ顧慮点（*Rücksicht*）」において「それ自身の反対」なのであって、「対他であるかぎりで対自」であり、「対自であるかぎりで対他」なのである。

Ⅵ　これによって「対象」は、以前その「感性的有」において「止揚されたもの」となっていたのと同様に、その「本質性」を形成すべきだった「諸規定性」において、「止揚」されてしまう。たしかにそれは「感性的有」から「普遍」になってはいた。しかしこの普遍は「感性的なもの」に由来するがゆえに、感性的なものによって本質的に「制約」されていて、「真に自己自身に等しい」普遍性ではなく、「或る対立でもって触発された普遍性」でしかない――それは「個別性」と「普遍性」との「極端」へと分離してしまうのである。そしてもし両者が本質的に「一なる統一」のなかにあるのだとするなら、いまや「無制約的な絶対的普遍性」が現存することとなって、かくして「意識」は、ここで初めて、真に「悟性の王国」[44]のなかに歩み入ることになるだろう。

「感性的個別性」は、たしかに「直接的確信の弁証法的運動」のなかで消失して「普遍性」となったのではあるが、しかしこの普遍性はまだ「感性的普遍性」（Ibid. S. 89）でしかない。様々な諸契機が「知覚の詭弁」をその「矛盾」から救い出そうと試み、「顧慮点の区別」、「亦」、「かぎりで」、「非本質的なものとそれに対置された本質との区別」等々の「逃げ道」が、いたずらに編み出されはしたのだが、しかし、このような「知覚の論理」によって獲得されるべき「真なるもの」は、その「反対」たることが証される。「個別性」やそれに対置された「普遍性」といった「空虚な諸抽象」は、その「戯れ」が「知覚的な、しばしばそう言われる健全なる人間悟性〔＝常識〕」であるところの諸力ではあるのだが、このような人間悟性は、本当は「こうした諸抽象の戯れ」でしかない。それは自らが「最も豊か」にあると思念しているところで、つねに「最も貧しく」（Ibid. S. 90）あるのである。

Ⅶ　われわれは冒頭で、「知覚」の箇所にはむしろ哲学的に特異な、かなり人為的で恣意的な態度が目撃されるであろうと予告しておいた。「共通的意識」や「経験的諸学」は、もちろんヘーゲルのような複雑な「詭弁」を弄しない——ヘーゲル自身、このように複雑怪奇な議論を展開するのは、その空しさを露呈するためでしかないということは、『精神現象学』の今後の展開を追ってゆくさいにも、忘れてはならないだろう。したがってここで「自然的意識」それ自身が何を学んだのか、われわれとしてもなかなか理解し難いところがある。むしろヘーゲルのいわゆる「我々」たる観察者のほうが、「知覚の論理」の問題点を多々学んだのだということにでもなるだろう。しかし、それは本当に「知覚」の問題点であったのだろうか。

ヘーゲルの考える「知覚の論理」が、素朴で生き生きとした知覚ではなく、「規定性」と「普遍性」とに囚われ、初めから抽象的な諸特性しか有していないような知覚の論理であることは、言わずもがなである。そもそも何の偏見もなくふつうに「知覚」するときには、われわれは「普遍的」な特性に着目することのほうが稀である——この花の赤はあの花の赤と同一ではなく、この花の赤でさえ昨日の赤とまったく同一というわけではない。「規定性」は他と区別することによって初めて「規定性」なのだとすれば、そのような「規定性」にことさらに着目するのは、哲学者の特異なる観点でしかない。そしてそもそもヘーゲルが「普遍」にこだわるのは、初めから「感性的普遍性」から「無制約的な絶対的普遍性」への——知覚的意識が真に学ぶべき——道筋を、描きたかったからなのだろう。そのわりには冒頭で述べられていた「自我」の普遍性については、まったく論じられていないように思えるのだが。いずれにせよわれわれがここで目撃するのは、やはりあらかじめ目標の定まった出来レース、すなわち「我々の付加」だということになるだろう。

(c)「力と悟性」より——「力の戯れ」から「超感性界」、「法則」、「転倒した世界」を経て「無限性」にいたるまで

イールマにょれば、「感覚的確信」には「質」が、「知覚」には「物」が対応していたのに対し、「悟性」には「或る新しい対象」が対応する——「実体」から「原因」に、「物」から「力」に高まるのは、「悟性」(Yilmaz, p. 75) なの

であって、「純然たる内部」こそが「力」なのだが、「物」とはちがって力は「自らを顕現」(Ibid., p. 76) する。またスターンによれば、「力の概念」は「ニュートンの仕事」を通じて一八世紀の自然学で君臨するにいたり、デカルト、ライプニッツ、カントの思想において突出した役割を果たしており、特に物質についてのカントの「動力学的な見方」がフィヒテとシェリングによって取り上げられて、「ドイツ観念論の自然哲学の発展」のなかに「編入」(Stern, p. 72) せしめられるにいたったのだという。そしてブランダムに言わせるなら、ヘーゲルの議論のなかでは「力」は「アレゴリー的」に「理論的存在者 (entities) 一般」(Brandom, p. 173) を代表する……。

「力と悟性」の箇所は「感覚的確信」の三倍弱、「知覚」の二倍強の分量を持っているので、われわれは以下、この箇所を七つの部分に区切ってアウトラインをたどりつつ、ポイントとなる箇所のみ重点的に取り上げ、最後にわれわれの側からの若干のコメントを加えることにしたい――ちなみに七つの部分に仮に表題を付けるとするなら、Ⅰ「無制約的普遍と力」、Ⅱ「二つの力の戯れ」、Ⅲ「物の内部と超感性界」、Ⅳ「力の法則」、Ⅴ「説明」、Ⅵ「転倒した世界」、Ⅶ「無限性と自己意識」ということにでもなるだろう。

Ⅰ　いまや「意識の真の対象」たる「無制約的普遍」は、ヘーゲルによればしかし、まだ「意識の対象」としてあるのみであって、意識は「その概念を概念として」把捉しているわけではない。「我々にとって」この対象は「意識の運動」によって生成したので、「意識」が「対象の生成」のなかに編み込まれ、両側面への反省は「同じもの」なのだが、「それ (＝意識) にとって」は「結果」が「対象的意味」のなかに措定され、意識が「生成したもの」から後退し、それは「対象的なもの」として「本質」(PhG[B2], S. 93) である。

「即自的」には「結果」は、そこにおいて「対自有と対他有の統一」が措定されるという「積極的 (＝肯定的) な意味」を有していた。しかるに「意識にとって」はまだこの「無制約的普遍」が「対象」なので、ヘーゲルによれば、そこには「形式と内容の相違」が歩み出て来るのだという。つまり、まず「内容の形態」から言うのであれば、一方には「存立する多くの物質の普遍的媒体 (＝対他の側面)」、他方には「自己のうちへと反省した一 (＝対自の側面)」という二つの「契機」(Ibid., S. 94) がある――「力(Kraft)」において、「自立的な諸物質がそれらの有において広がっていること」が力の「表出(Äußerung)」であり、「その表出から自己のうちへと押し戻されている」力が「本来の力」である。しかるに、まず「自己のうちへと押し戻された力」は「自らを表出」するのでなければならないのだし、第二に「表出」のなかにも「自己自身のうちにある力」はやはりある。「我々」がそのように両契機をそれらの「直接的統一」のうちに保持することによって、「力の概念」が属するところの「悟性」は、本来的には「概念」であり、「相違」はここでは「思想」(Ibid., S. 95) のうちにのみある。けれども「力」が真にあるためには、力は「思想」から自由になって、「これらの相違の実体」として措定されるのでなければならない、等々――ここでヘーゲルは「知覚するもの」と「知覚されるもの」のところでも見た「運動」を繰り返すのだが、ただしここでは両側面が「力の諸契機」であり、運動は「対象的な形式」を有した「力の運動」なのであって、その「結果」もまた「対象的なもの」もしくは「物の内部〔*Inneres* 内〕」としての「無制約的普遍」(Ibid., S. 96) である。〔次に「形式」に関して言うのであれば〕力が自らを表出するさい、その「表出」という「他なるもの」が力を「促す(sollizitieren)」と言うこともできるのだが、しかし「他なるものを促すもの」は、むしろ力〔＝「自己のうちに押し戻された力」〕である。(45)

Ⅱ　そこでヘーゲルは、「二つの力」について語り出すことになる。両者の「概念」は「同じもの」ではあるのだが、しかし「それらの統一」から「二性(Zweiheit)」(Ibid., S. 97) が出来《しゅったい》するのである。まず「促すもの」として現れるのは、ヘーゲルによれば「普遍的媒体」としての「第二の力」のほうである。しかし第二の力は促すことへと「促される」ことによって初めて「普遍的媒体」なのでもある。そこで一方が「促すもの」で他方が「促されるもの」であった両者のあいだのこの「相違」は、相互への諸規定性の交代へと変じてしまう。この「二つの力の戯れ」に関して、先にも見た「内容の相違」について語るなら、一方は「自己のうちへと反省された力」(Ibid., S. 98) であり、他方は「物質という媒体」であるのだが、「形式の相違」に関して述べるなら、一方は「促すもの」で「活動〔＝能動〕的」、他方は「促されるもの」で「受動的」である。「我々にとって」はしかし「内容と形式の相違」は消失していて、「形式」の側で「活動的なもの、促すもの、もしくは対自的に有るもの」が、「内容」の側では「自己のうちへと押し戻された力」であり、形式の面で「受動的なもの、促されるもの、もしくは対他的に有るもの」が、「内容」の面では「多くの物質の普遍的媒体」である。

「力の概念」は「二つの力への二重化」によってのみ「現実的」である。「二つの力」は「それだけで有る本質」として実存する。しかるにそれらの「実存」は、「それらの有がむしろ純粋に他方によって措定されて有ること」であるということによって、「相互への運動」である――つまりは「それらの有」は、むしろ「消失する」(Ibid. S. 99)という意義を有している。換言すれば、力は「表出」においてのみ「現実的」なものとしてあるのだが、しかるにこの表出は「自己自身を廃棄すること」にほかならないのである。ゆえに「力の真理」は「力の思想(＝悟性が思惟するもの)」のままにとどまる……。

Ⅲ　「自己のうちへと押し戻された力」を、ここでヘーゲルは「第一の普遍」と呼んでいる。しかるに「第二の」普遍とは、この場合、「概念としての概念」と同じものたる「内部(内)としての物の内部」である。この「物の真の本質」は、「意識」にとって「直接的に」あるのではなく、意識は「内部」に対して「間接的な」関わり合いを有し、「悟性」として「諸力の戯れという媒辞」を通じて「物の真の背後」のなかを観る。「悟性」と「内部」という「両極端」をつなぐ「媒辞」が「力の展開された有」なのであって、これは悟性それ自身にとっていまや「消滅すること」、つまりは「現出」(Ibid. S. 100)なのである。そして「消滅する此岸(*Diesseits*)」たるこのような「現出する世界としての感性界」を超えて、「悟性にとって」生成したこのような「内なる真」においては、「永存する彼岸(*Jenseits*)」にして「即自(＝自体＝物自体)」たる「真なる世界としての超感性界」(Ibid. S. 101)が開かれる。いまや我々の対象は、「その両極端」として「物の内部」と「悟性」とを、そして「その媒辞」として「現出」を持つ「推論」なのである。「純粋な彼岸」としての「内部」は「現出の無」であるからには「空虚」(Ibid. S. 102)である。しかしこの「超感性的な彼岸」は「成立した」ものなのであって、それは「現出」に由来し、現出がその「媒介」である。あるいはむしろ「現出」こそがその「本質」であり「充実」である。つまり「超感性的なもの」は「それが真に有るがままに措定された感性的にして知覚されたもの」なのであって、言わばそれは「現出としての現出」である――「超感性的なもの」は「現出」ではないとよく言われるが、そのさい「現出」のもとに理解されているのは、ほんとうは「現出」ではなく、むしろ「感性界」(Ibid., S. 103)であるにすぎない。

Ⅳ　ところで「促されたもの」/「促すもの」という「形式の相違」と「受動的媒体」/「活動的なもの」という「内容の相違」が同じものであるということによって、「特殊的諸力」相互間の「あらゆる相違」が消えてしまう。「多くの対立」がそこへと還元されてしまうような「普遍的なものとしての相違」とは、「力の法則」である。「絶対的に変化する現出」は、「内部もしくは悟性の単純性への関係」によって「単純な相違」(Ibid., S. 104)となる。そしてこの「法則」(＝後述Ⅵで述べられることになる法則との関係では第一の法則)で表現されるのは、「変わりやすき現出の不変の像」であり、「超感性界」は「諸法則の静止した王国」となる――これは「知覚された世界の彼岸」にあるのではあるが、しかし知覚された世界のなかに「現在」してもいて、その「直接的な静かな模像」である。

法則には「不特定的に多くの諸法則」がある。しかるにこのような「多性」は、「単純な内部についての意識」として「即自的に普遍的な一性」が「真なるもの」であるような「悟性」の原理に矛盾するからには、むしろ「欠陥」である。それゆえ悟性は「多くの諸法則」を「一なる法則」へと合流せしめるのでなければならない。しかしながら、たとえばすべての諸法則を「万有引力」へと統合すれば、そこにはもはやいかなる「内容」も表現されず、それは「法則それ自身のたんなる概念」(Ibid., S. 105)でしか、つまりは「法則の内的必然性」(Ibid., S. 106)でしかないのだとヘーゲルは主張する。

法則は「二重の仕方で」現存する。つまり、「そこにおいては諸々の相違が自立的な諸契機として表現されるような法則」として、また「単純に自己のうちへ帰行した」(Ibid., S. 106-7)という形式においてである。後者はふたたび「力」とも名づけられえようが、その場合、それは「押し戻された」力ではなく、ここではむしろ「力一般」もしくは「力の概念」である。たとえば「たんなる電気」は「力」だが、「相違の表現」は「法則」のうちに落ちる――相違はたとえば「プラス・マイナスの電気」であって、「プラス電気」が措定されると、必然的に「マイナス」電気も措定される。なぜなら「プラス」は「マイナスへの関係」(46)としてのみ存在するからである。しかしながらヘーゲルの考えでは、電気がこのように区分されるということは必然的なことではなく、それはプラス・マイナスの法則には無頓着な「単純な力」(Ibid. S. 107) なのだという。

V 「単純な力」は「概念の相違」であり、このような「内的な相違」はまだ「事象それ自身」において措定されるのではなく、むしろ「悟性」のうちに落ちる。ゆえにそれは「悟性」の言い表す「固有の必然性」であり、「説明」である――「法則」が言い表されたとしたら、そこからは「根拠」が「(単純な) 力」として区別されるのである。けれどもそのような「根拠」については、それはまったく「法則」と同じような性状をしているとしか言われない(=熱いものが熱くする、湿っているものが湿らせる、等々)。「力はまったく法則のような性状をしている」のであって、そこにあるのは「同語反復的な運動」でしかない。それは何も「説明」しない「説明」(Ibid. S. 109) なのである。「説明」でもって、「現出」においてのみあった「変遷や変化」は「超感性的なもの」それ自身のうちに入り込んだことになるのだが、しかし「我々の意識」は「対象としての内部」から「別の側面」たる「悟性」のうちへとやって来て、悟性のうちで「変化」を持つ。

Ⅵ けれども「悟性の概念としての概念」は「物の内部」と「同じもの」なので、悟性にとってこの「変化」は「内部の法則」であり、つまりは「現象それ自身の法則」だということにもなってしまう。「相違」は「相違」でない、それゆえ「同名のものが自らを自己自身から突き離す」のであり、また「同名でないものが互いに引き合う」――かくして以前に「法則」と名づけられていたのとは内容が対置されるような「第二の法則」(Ibid. S. 110) が見出されるのだということになる。新たな法則が表現するのは、むしろ「等しいものが不等になること」(Ibid. S. 110-1) であり、また「不等なものが等しくなること」なのである。

この「原理」によって、「法則の静止した王国」にして「知覚された世界の直接的模像」であった「第一の超感性的なもの」が、「その反対」へと「逆転して（umgekehrt）」しまう。「等しいものが互いに不等で、不等なものが互いに等しい」というこの「第二の超感性界」は、「転倒した世界（die *verkehrte* Welt）」(Ibid. S. 111)[47]なのである――第一の世界の法則で「甘い」とされたものは、この「転倒した即自（＝自体）」においては「酸い」[48]のであり、前者で「黒」だったものは後者では「白」、前者の「N極」は後者では「S極」で逆もまた然り、前者の「酸素極」は後者の「水素極」(Ibid. S. 112)で逆もまた然り、等々。

Ⅶ　このような「自己自身における対置」もしくは「矛盾」をこそ思索すべきである。そのようにしてのみ「相違」は「内的な」相違であり「自己自身における相違」である――そしてこのようなものをこそ、ヘーゲルは「無限性」と呼ぶのである。それは「自体において相違であるような〔…〕自らに等しいもの」(Ibid. S. 114)であり、「いかなる相違でもない相違」である。またこのような「単純な無限性」もしくは「絶対的な概念」こそが「生の単純な本質、世界の魂、普遍的な血」と名づけられるべきものだという。

「自己自身へ関係づけること」はむしろ「分断すること」であり、かの「自己相等性」とは「内的な相違」である――それゆえ我々は、如何にしてこのような「純粋本質」から「相違」や「他有」が出て来るのかを、問う必要などない。なぜなら「分断（Entzweiung）」は「すでに生起していた」(Ibid. S. 115)からであり、「自己自身に等しいものであるべきだったはずのもの」は、むしろすでに「分断されたものの一つ」だからである。そこからは「相違」など出来《しゅったい》しえないとよく言われる「一性（*Einheit*）」は、じつは「分断の一契機」でしかない。それは「相違に対してある単純性」という「抽象」なのであって、それが「対置されたものの一つ」という「抽象」であることによって、それが「分断」たることが、すでに述べられているのである。「分断」や「自己自身に等しくなること」といった諸々の相違は、「自らを止揚する運動」にすぎない。なぜなら「自己自身に等しいもの」がそれ自身、すでに一つの「分断」であることによって、「分断」もまた「それがそれで有るところのものの止揚」であり、したがってまた「それが分断されていることの止揚」だからである。「自己自身に等しくなること」もまた一つの「分断」である――「自己自身に等しくなるもの」は「分断」に立ち向かい、かくして自らを「サイド〔＝一方の側〕に」立てることとなって、それはむしろ一つの「分断されたもの」となるわけである。

このような「無限性〔＝他のもとで自己であること、相違のもとで自己相等性であること〕」が「意識」にとって「対象」であるとき、意識は「自己意識」なのだという。「悟性の説明」がさしあたりおこなっているのは、「自己意識とは何であるか」の「記述」(Ibid. S. 116) にすぎない。

「第一の法則の転倒」としての「対置された法則」や「内的相違」において、なるほど「無限性それ自身」が「悟性の対象」ではあるのだが、しかし悟性はこのような相違をふたたび「二つの世界」や「二つの実体的諸要素」に分配してしまうことによって、無限性を逸してしまう。「無限性としての無限性の把捉」は「我々にとって、もしくは即自的に」あり、その概念の展示は「学」に属す。けれども「意識」はふたたび「意識の固有の形式もしくは新しい形態」(Ibid. S. 117) として歩み現れる――「自己意識」において、私は「私」を「私自身」から「区別」するのだが、この「区別されたもの」は「区別されていない」、つまり「私」という「同名のもの」は「私」を「私自身」から「突き離し」はするのだが、このようにして「区別されたもの」は私にとって「相違」ではない。そしてたしかに「物についての意識」もまた「自己意識」にとってのみ可能であり、自己意識のみが「かの形態の真理」であるのだとしても、このような「真理」が現存するのは、「我々にとって」であって、「意識にとって」ではない。「自己意識」はようやく「対自的」とはなったが、しかしまだ「意識一般〔＝対象意識〕との統一として」ではない。

「〔現出の〕純粋な内部」と「この純粋な内部を見る内部」という「両極端」がいまや合流し、あいだにあった「カーテン」も消え去る。このような「内部のうちへと内部を見ること (das Schauen des Innern in das Innere)」こそが「自己意識」(Ibid. S. 118) なのである。

VIII　われわれの気づきえたかぎり、『精神現象学』のなかに「同一性と非同一性との同一性」という表現は登場しない。しかし「無限性」について扱った「力と悟性」の末部に、それと同様の問題構制が見られることに疑念の余地はないのであって、或る意味ではこの箇所こそが、『精神現象学』のなかでも最も注目すべき箇所の一つと言うことさえできるであろう。「自然的意識」は、あるいはこの段階では「悟性」は、まだそのような「無限性」を完全に概念把握しているわけではない。むしろそれは「絶対知」もしくは「学」、あるいは「論理学」や「思弁哲学」の事柄となるであろう。

すでに「分断」は生じてしまっている、というのがここでのヘーゲルの言い分である。それは哲学の一つの立場ではある。しかしながら「一性」も「分断」もすでに「生起」してしまったものであって、それ以上を問わないというのであれば、それは一種の思索の怠慢ではないだろうか。たとえば両者は何から「生起」したのだろうか。そしてもし「同一性[1]と非同一性[1]との同一性[2]」ということが言いうるのだとするなら、すでに生起してしまった「同一性[1]」と「非同一性[1]」とから、「同一性[2]」の説明はつくのだろうか。あるいはその関係は、逆なのだろうか。

いずれにせよこの問題は、ここではまだ決着を見るにはほど遠い。あらかじめ予告しておいたとおり、われわれはそれを、本章最終節で検討し直すことになろう。

(2)「自己意識」の成立とその体制

「『現象学』のなかの《自己意識》の章ほど多くの注意を引いたヘーゲルの他の著作は、ほとんどなかった」と、ホネット（A. Honneth）は語っている。しかし彼は「孤独な自己意識は、疑うことなく他の諸主観と出会う」（M/Q. p. 76）と続けてもいるのである——じっさいコジェヴの高名なる諸講義以来、「主《あるじ》（Herr）」と「僕《しもべ》（Knecht）」の問題構制は注目を集め、数え切れないほどの研究を成立せしめてはいるのだが、しかし現代の観点からするなら、そこにいわゆる「他者問題」を見出すことは難しい——「他我」の存在は、「感覚的確信」の箇所と同様、あらかじめ前提されているのである。それではここで「意識」や「自己意識」の問題が目指していたのは、いったい何だったのだろうか。

本項ではわれわれは、まず「Ⅳ　それ自身の確信の真理」の「A」に入るまえの、「生」や「欲望」に関する箇所を四つに分けて見てゆき、その箇所に関する一応のコメントを添える。しかるのちに「A　自己意識の自立性と非自立性。支配と隷属」に関しては、やはり四つの部分に区切って通覧したあと、幾つかのコメントを加えておくことにしたい。

Ⅰ　「確信」のこれまでの仕方では、意識にとって「真なるもの」は「意識それ自身とは何か別のもの」であり、しかもこの「真なるもの」の概念は、「それについての経験」のなかで消滅していった。いまやしかし「確信」が自己自身にとってその「対象」であり、「意識」が自己自身にとって「真なるもの」であるからには、以前には成立していなかったものが、つまりは「その真理に等しい確信」が「成立」したのである。「自己意識」とともに、我々は「真理の故国（das einheimische Reich der Wahrheit）」のなかに歩み入ったのであって、「如何にして自己意識の形態がまず歩み現れるか」（PhG[B2]. S. 120）を見ておくべきである。そのさい以前のものはなるほど消失しはしたが、しかしいまそれらは「自己意識の諸契機」としてある。

自己意識は「自己自身としての自己自身」を「自己」から区別するだけなので、「相違」は「他有」としてはただちに止揚されている。しかるに「相違」がなければ、自己意識は「我は我なり」という「運動なき同語反復」にすぎない。けれども自己意識にとって「相違」が「有（＝対象有）の形態」を有していないなら、それはまだ「（本当の）自己意識」ではない。それゆえ自己意識にとって「他有」が「一つの有」として、もしくは「区別された契機」としてある。しかるに自己意識にとっては「この相違との自己意識それ自身の統一」が「第二の区別された契機」としてある。「第一の契機」では自己意識は「意識（＝対象意識・他有の意識）」としてあるのだが、それは同時に「自己意識の自己自身との統一」という「第二の契機」に関係づけられるかぎりにおいてのことである。自己意識にとってこの統一は、「即自的にはいかなる有も持たない現出もしくは相違」にすぎないような「一つの存立」であり、その「現出」とその「真理」とのこのような対立は、「自己意識の自己自身との統一」をその本質として持つ。それが「欲望一般」[49]なのだという――いまや意識は「自己意識」として「二重の対象」を持つ。一つは「感覚的確信や知覚の直接的な対象」だが、「それ〔＝意識〕にとって」（Ibid., S. 121）それは「否定的なもの〔＝自己意識の自己ではないもの〕」という性格で示され、もう一つは「自己自身」である。「自己意識」は、このような「対立」が止揚され、自己意識に「自己とのそれ自身の相等性」が生成するような「運動」として呈示される。

「自己意識にとって」は「否定的なもの」たる対象は、しかし、「我々にとって、もしくは即自的に」は「意識」と同様「自己のうちへと帰行」しているのだとヘーゲルは主張する。それはこの「自己のうちへの反省」によって「生」となったのである。かくして「直接的な欲望の対象」は「生けるもの」であり、「自己意識と生との対立」のなかで、「意識」が「自立的」であるように、その「対象」も「即自的に」は「自立的」である。

Ⅱ　「生の規定」を見てゆくなら、まずその「本質」は「すべての相違が止揚されて有ること」としての「無限性」であり、「自立性」（Ibid., S. 122）それ自身である。他方、このような「単純な普遍的媒体」においては、「諸々の相違」もまた相違としてある。なぜならこのような「普遍的流動性」は「否定的本性」を有しているからである。そして「流動性」が「自己自身に等しい自立性」として諸相違の「実体」だとすれば、諸相違はこのような実体のなかにあって「区別された諸分肢」であり、「対自有的な〔＝独立した〕諸部分」である。

ここに含まれている「諸契機」（Ibid., S. 123）を言い換えるなら、それらは「過程としての生」と「生けるものとしての生」である。そして「運動全体」の両側面、すなわち「自立性の普遍的媒体のなかで静止的に分かれた形態化」と、「形態化」でも「形態の止揚」でもある「生の過程」（Ibid., S. 124）とは、合流する。「流動的要素」は「形態」としてのみ「現実的」なのであって、それは「自らを分節化」するのだが、「分節化されたもの」をふたたび「解消」しもする――このようにして生じた「反省された統一」はしかし、「最初の直接的な統一」とは別のものであり、それは「単純な類」である。そしてこのような「結果」において、「生」は生とは別のものを、つまりはそれにとって生が「類」としてあるような「意識」を指し示す。

Ⅲ　それにとって類が類であり、自己自身にとって類であるようなこの「別の生」が「自己意識」であり、それは自己を「純粋自我」として対象にする。自己意識は「他」を止揚することによってのみ自己自身を確信するのだが、そのような自己意識こそが「欲望」(Ibid., S. 125) なのである。自己意識は「他なるもの」の「無なること」を確信しつつ、「自立的対象」を滅ぼすことによって、「対象的な仕方で」生成した「真なる確信」として、自らに「それ自身の確信」(Ibid., S. 125-6) を与える。

しかしながらこのような「満足」において、自己意識は対象の「自立性」を経験する。欲望は「この他なるものの止揚」によってあるのであるからには、「欲望」も「欲望の満足によって到達されたそれ自身の確信」も、対象によって制約されている――「止揚」があるためには、「他なるもの」が有らねばならないのである。それゆえ自己意識は、「欲望」と同様に、「対象」をも「再生産」しなければならない。そこで自己意識は「対象の自立性」のために、〔当の自己意識に代わって〕対象それ自身が「否定」を遂行するということによってのみ、「満足」に到達することができる。つまり「自己意識は他の自己意識においてのみ自らの満足に到達する」のである。

Ⅳ　以下の「三つの契機」で「自己意識の概念」が「完成」する。(a)「区別されない純粋な自我」がその「最初の直接的対象」である。(b) この「直接性」はしかし、それ自身「絶対的な媒介」であり、「自立的な対象の止揚」としてのみある、言い換えるとそれは「欲望」である。(c)「欲望の真理」とは「二重化された反省」、「自己意識の二重化」(Ibid., S. 126) である。「自己意識の対象」は「生ける自己意識」であり、「自己意識にとっての自己意識」なのである。

ここにおいて初めて、自己意識にとって「その他有におけるそれ自身の統一（Einheit seiner selbst in seinem Anders-sein)」が生成する。自己意識が対象であることによって、対象は「自我」かつ「対象」である。そしてヘーゲルによれば、「我々にとって」はすでにここに「精神の概念」が現存しているのだという。「意識にとって」さらに生成するのは、「精神とは何であるか」の経験である――そしてそれは「その対立の、すなわち対自的に有る異なる諸々の自己意識の、完全な自由と自立性とにおいて、それらの統一」であるような「絶対的実在」、つまりは「我々たる自我、自我たる我々（*Ich*, das *Wir*, und *Wir*, das *Ich* ist）」なのだという。「意識」は「精神の概念」としての「自己意識」において、初めてその「転回点（Wendungspunkt）」を持つ。ここにおいて意識は、「感性的此岸の多彩な仮象」や「超感性的彼岸の空虚な夜」から、「現在の精神的な昼」（Ibid. S. 127）のうちへと歩み入るのである。

V　かなり本格的な――本格的すぎ、煩雑すぎ、難解すぎる？――前置きは、以上である。「精神」の概念には、「我々たる自我、自我たる我々」のみならず、「世界」が必要であることは、のちに見ることになろう。とりあえず「我々」が成り立つために必要なのは、或る「自己意識」が別の或る「自己意識」に対峙することなのであって、両者ともに「自己意識」として成立していることは、あらかじめ前提されている。[50] フィシュバックによれば、フィヒテにおいては、問題は「いかなる諸条件で或る意識が他の意識を承認しうるのか」ということだったのだが、ヘーゲルにおいてはこの問題は「二つの意識が相互に現れるとき、すでに解決されている[51]」――問題はただ「この他が私自身を他として、すなわち意識として承認しているという確信を得ること」（Fischbach, p. 74）だけなのだという。それではそのような承認の確信は、如何にして成り立つのだろうか。

以下、高名なる「A　自己意識の自立性と非自立性。支配と隷属」を見てゆくことにしよう。

Ⅵ　「自己意識」が「即且対自的に」有るのは、それが「他の」自己意識にとって「即且対自的に」有ることによってである。つまりそれは「承認されたもの（ein Anerkanntes）」（PhG^{B2}. S. 127）としてのみ有る。

「自己意識にとって或る別の自己意識が有る」――それは「自己のそとに」やって来た。このことは「二重の意味」を持っている。まず、それは自己自身を失った。なぜならそれは自らを「或る別の本質」として見出すからである。第二に、それとともにそれは「他」を止揚した。なぜならそれは「他を本質として」見るのではなく、「自己自身を他のうちに」見るからである。次にそれはこの「自らの他有」を「止揚」しなければならないので、「第二の二重の意味」において、それをおこなう。第三に、「その二重の意味での他有の二重の意味での止揚」は「自己自身のうちへの二重の意味での回帰」を、やはり二通りにおこなう――このような「或る別の自己意識への関係のなかでの自己意識の運動」は、ここでは「一方の行為」として表象されたが、もちろんこのような行為は、「自分の行為」であるのと同様に「他者の行為」でもあるという「二重の意味」(Ibid., S. 128) をも有している。つまり、各々は「それがおこなうのと同じもの」を「他」がおこなうのを見、各々は「それが他において要求するもの」を「自ら」おこない、また「他が同じものをおこなう」かぎりでのみ「それがおこなうもの」をおこなう。「一面的な行為」など「無益」であろう。なぜなら「生起すべきもの」は「両者によって」のみ成立しうるからである。

　このような運動において、我々は「諸力の戯れ」として叙述された過程が反復されているのを見るのだが、ただしそれは「意識において」であって、前者において「我々にとって」あったものは、ここでは「両端それら自身にとって」ある。各々は他にとって「それによって各々が自らを自己自身と媒介し連接するところの媒辞」である――彼らは「相互に互いを承認し合うものとして互いを承認し合う」のである。

Ⅶ　周知のように、ヘーゲルにおいて承認の過程は、まずもって「両者の不等性(＝不平等)」という面を露呈する。つまり一方がただ「承認されるもの」だとすれば、他方はただ「承認するもの」にすぎない。

　自己意識はさしあたり「単純な対自有」であり、「自己からあらゆる他を排除すること」によって「自己相等的」である。その「本質」にして「絶対的な対象」は「自我」であり、この「直接性」(Ibid., S. 129) のなかで「個別」である。それゆえ「それにとって他がそれで有るところのもの」は、「非本質的な、否定的なものという性格で表記された対象」としてある。しかしながら「他」もまた「一つの自己意識」なのだから、「一個体」が「一個体」に対して歩み現れているのだということになる。そのさい各々は自己自身を確信してはいるのだが、他を確信しているわけではない。それゆえその「自己についての確信」は、まだ「真理」を有してはいない。なぜなら真理とは「彼自身の対自有」が彼にとって「自立した対象」として呈示されること、あるいは同じことだが、「対象」が「彼自身についての純粋な確信」として呈示されることだからである。しかるにこのことが可能となるのは、各々が「彼自身の行為」によって、また「他方の行為」によって、「対自有のこの純粋な抽象」[52]をもたらすことによってよりない。「自己意識の純粋抽象（＝生を捨象した自己意識）」としてそれを呈示することは、自らを「その対象的な仕方の純然たる否定」として示すことに、あるいは「いかなる定在にも」結びついていないこと、つまりは「定在一般の普遍的個別性」に結びついていないこと、要するに「生」に結びついていないことを示すことに存している。このような「呈示」はもちろん、「他者の行為」かつ「自己自身による行為」という「二重の行為」なのだが、それが「他者の行為」であるかぎりで、各々は「他者の死」に向かう。そこにはしかし「自己自身による行為」という「第二の」行為がある。なぜなら各々は「自らの生の投入」を内に含んでいるからである。「二つの自己意識の関わり合い」は、それゆえ、「生死を賭した闘争（Kampf auf Leben und Tod）」によって、両者が自己自身と相互とを「確証する」(Ibid., S. 130）というように規定される。そして「生を賭さなかった個体」は、なるほど「人格」[53]としてなら「承認」されえようが、しかしそれは「自立した自己意識としてこのように承認されて有ること」という「真理」には到達しない。ただし「死」による「確証」は「真理」を廃棄してしまう。なぜなら死は「意識の自然的な否定」であって、それでは「承認という要求された意義」をさえ失ってしまうからである。死によっては両者が彼ら自身の生を賭したこと、また自身においても他者においても死を軽蔑したことは確信されるが、しかしそれは「この闘争を耐え抜いた者たちにとって」(Ibid., S. 131）のことではない。

このような経験において、自己意識には「生」が「純然たる自己意識」と同じほどに「本質的」であることが判明する。「純然たる自己意識」も「意識（＝対象に関わる生）」も本質的なのである。しかし、さしあたり両者は「不等」で「対置」されているので、それらは「意識の二つの対置された形態」としてあるのだということになる。つまり、一方は「対自有」が本質であるような「自立的な」意識であり、他方は「生」もしくは「対他有」が本質であるような「非自立的な」意識である――もちろん前者が「主」であり、後者が「僕」である。

Ⅷ　主は「対自的に（＝自立して）有る意識」、つまりたんにその「概念」であるのみならず「他の意識（＝僕）」によって自己と媒介された「対自的に有る意識」であり、この場合、「他の意識」とは「その本質に、自立的な有もしくは物性一般と綜合されていることが属している」ような意識である。主は「欲望の対象」たる「物」と「それには物性が本質的なものであるような意識（＝僕）」という「二つの契機」に、「直接的」にも「間接的」にも関わっている。「間接的に僕に関わっている」というのは、「自立した有（＝物・欲望の対象）」を介してである。主は「闘争」のなかで自らが「有（＝生存）を超える力」であることを証した。しかるに「有」は「他者（＝僕）を超える力」(Ibid., S. 132)である。ゆえに主は僕を支配下に置く。同様に主は「僕を介して間接的に物に」関わる。僕は「自己意識一般」として物には「否定的に」関わり、物を止揚しようとするのだが、物は僕に対して同時に「自立的」であって、僕は彼の「否定」によって物を「壊滅」させて終わるところまでゆくことができない。したがって僕は、たんに物を「加工」するだけである。反対に主にはこの「媒介」によって、「物の純然たる否定としての直接的関係」すなわち「享受」が生成する。つまり主は、物の「自立性」の面に関しては、それを「加工」する「僕」に委ねているのである。

　主にとって、ここには「他の意識」がそれ自身を「対自有（＝自立存在）」としては廃棄し、主がそれに対しておこなうことをそれ自身でおこなう（＝僕を非自立的なものとみなす）という「承認の契機」が存在し、また「第二者の行為」が「前者の固有の行為」であるという「別の契機」も存在する――「僕」がおこなうこと（＝物を加工すること・奉仕すること）は、本来的には「主の行為」なのである。しかしながら「本来の承認」には、「主が他者に対しておこなうことを主が自己自身に対してもおこない、僕が自己に対しておこなうことを他者に対してもおこなう」という「契機」が欠けている。それによって「一面的で不平等な承認」(Ibid., S. 133)が成立したわけである。つまり主にとって生成したのは、「自立的」ではなく「非自立的」な意識である。それゆえ主は「対自有」を「真理」として確信しているわけではない。その真理はむしろ「非本質的な意識」であり、そのような意識の「非本質的な行為」である。

IX　したがって「自立的意識の真理」はむしろ「僕的意識」のほうだとヘーゲルは考える。「支配」の本質が「それが転倒したもの」になってしまったのと同様に、むしろ「隷属」も「それが直接的にそうであるものの反対」となって、「真の自立性」(54)へと逆転するのである。

つまり、まず僕の意識が「不安」を覚えたのは、あのものやこのものに関してや、あの瞬間やこの瞬間のあいだではなく、「その本質全体」に関してである。それは「絶対的な主」たる「死」の「恐れ」(55)を感じた。しかるにそれこそが「絶対的な否定性」であり、「純粋な対自有」なのである。しかも「純粋対自有」というこの契機は「それ〔＝僕の意識〕にとって」ある。なぜならそれはこの意識にとって、「主」のうちで「その〔＝僕の意識の〕対象」だからである。さらにこの意識はたんに「普遍的解消〔＝否定性〕一般」であるのではなく、「奉仕」のなかでこのような解消を「現実的に」(Ibid., S. 134)もたらしている。

ただし「主への恐れ」は「知恵の始源」(56)ではあるのだが、しかしそこでは「意識」はまだ「それ自身にとって〔＝対象化された自己意識〕」ではあっても、まだ「対自有〔＝自立存在としての自己意識〕」ではない。しかるに「労働」は「阻止された欲望」であり「引き止められた消滅」なのであって、それは「形成〔＝加工〕」する。「対象への否定的な関係」は対象の「形式」となり、「永存するもの(ein *Bleibendes*)」となる。なぜなら「労働者」にとって「対象」は「自立性」を有しているからである。そして「労働〔＝加工〕」においては「意識の純粋な対自有」が「永存するもののエレメント」のなかへと歩み入ったわけなのだから、これによって「労働する意識」は「それ自身としての自立した有の直観」(Ibid., S. 135)にいたるのだということになる。

まさしく「労働」において、たんに「〔物の〕疎遠な意(*fremder Sinn*)」でしかないと思われていたものが、「我の意(*eigner Sinn*)」となる。しかるにヘーゲルは、「奉仕と服従との訓育」や「形成」や「絶対的な恐れ」の不可欠性を強調したあと、「我の意」は「我意(*Eigensinn*)」であって、「まだ隷属〔＝下僕性〕の内部に立ったままの自由」(Ibid., S. 136)でしかないと付け加える。かくして本項は「B　自己意識の自由。ストア主義、懐疑論、不幸な意識」へと移行することになるのだが、それについては節を変えて概観してゆくことにしよう。

X　ここでは「A」の箇所について、幾つかのコメントを加えておく。まず第一に、「主と僕」の関わり合いは、自我と他我という二人の人物間の関係なのか、それとも一人格の内部での「自己意識の二重化」なのかという問題が、昔から取り沙汰されている。たとえばケリー（G. A. Kelly）の一九六五年の論攷は、「支配と隷属」の関係を、「社会的」な視角と「個体的自我の内部」での視角と両者を「融合」したものという「三つの視角」（F/H. S. 193）に分け、一面的に社会的視角だけを取り上げるコジェヴの解釈を批判しているのだが、一九六六／六七年の講義をもとに一九七七年に出版されたフィンクの著書は、ヘーゲルは「二つの形態」を「あたかも二人の別々の人格であるかのように語る」のだが、それは「隠喩」もしくは「二人の人格のたとえ話」（フィンク、二五六頁。二六〇頁も参照）にすぎないと述べ、また一九七九年のラバリエールも、再三再四、これは「たとえ話」（Labarrière (2), p. 124, 159, 166, 185）である旨を強調する。「さしあたり問題とされているのは、二つの自己意識ではなく、《その二重化における》まさにその自己意識（*la* conscience de soi «dans son doublement»）である」（Ibid., p. 152）――たしかにヘーゲルは「自己意識の二重化（Verdopplung）」（PhG^{B2}. S. 126. Vgl. S. 127. 128）について多々語ってはいるのだが、しかし――ヨーロッパ諸言語が「二重の」という形容詞を用いつつ、よく単数形で複数の意味を表すことを考え併せるなら――まだそれだけでは文法的にさえ決定的とは言えない。

二〇一四年のシュテケラーの著作も、ここで問題にされているのが「二人の人格」（Stekeler (1). S. 658）であることを、公然と否定する。主題はつねに「直接的自己確信〔…〕と真正の反省された自己意識〔…〕とのあいだの緊張」（Ibid., p. 683）、あるいは「精神の生とたんに直接的な生とのあいだの闘争」（Ibid., p. 685）であり、「肉体に対する魂の、感情や欲望に対する思惟や意欲の、闘争」（Ibid., p. 686）、もしくは「直接的自己感情とコントロールされた自己意識との〔…〕あいだの闘争」（Ibid., p. 687）等々なのであって、「魂は肉体を支配している、もしくは支配すべきである」（Ibid., p. 696）のだという。シュテケラーはヘーゲルが「B　自己意識の自由」の箇所で回顧している「先には主と僕という二人の個人に分配されていた二重化」（PhG^{B2}. S. 143）という言葉についてさえ、必然的に「二人の個別的人格について彼が語っている」というように読むのは「誤り」（Stekeler (1). S. 746）だと断じている。「結局のところ、二人の人格のあいだの闘いや第二の人格の承認については〔…〕どこでも語られていない」(Stekeler (2), S. 93) ——しかしながら、それでは自己意識の弁証法の最後には「肉体」や「欲望」や「感情」こそが「自立性」を獲得して、「精神の生」や「コントロールされた自己意識」には達しえなかった真正の「自己意識」に到達するというのが、ヘーゲルの描いた道筋だとでも言いたいのだろうか。

たしかにヘーゲルの書き方には、単数の「自己意識」の「二重化」(Vgl. PhG^{B2}. S. 128) を想わせるような箇所が、まったくないわけではない。しかし、もし「たとえ話」を云々するというのであれば、それはむしろそちらのほうではないだろうか。そして現に「生を賭さなかった個体」にさえ「人格」を「承認」したり、そもそもの出発点から「自己意識は他の自己意識においてのみ自らの満足に到達する」と語ったりしている等々のことを、どう説明すればよいのだろうか。

『精神現象学』の以前にも、たとえば一八〇二年の『人倫性の体系』は「支配と隷属の関わり合い」(SdS, S. 29) について語り、一八〇三/〇四年の『思弁哲学の体系』は「相互承認」(JSE I, S. 217) を、一八〇五/〇六年の《自然哲学と精神哲学》は「承認」(JSE III, S. 200) や「生死を賭した闘争」(Ibid., S. 203) や「承認されて有ること」(Ibid., S. 208, 209, usw.) を主題化し、また『精神現象学』以降でも、たとえば『エンチュクロペディー』では「二つの相互に対して振舞い合う自己意識的諸主観」は、両者とも「直接的定在」を持つからには、「自然的、肉体的」(W10, S. 220) だと言われ、また「承認をめぐる闘争」は、「市民社会や国家」においてではなく、「人間たちが諸個人としてのみあるような自然状態」(Ibid. S. 221) においてのみ生起しうるのだとも述べられている。その他、『プロペドイティク』(Siehe W4, S. 78-82, 117-21) や『法の哲学』(Siehe W7, S. 122-6) においても然り——このような問題が俎上に載せられるとき、ヘーゲルはつねに複数の自己意識ないし多数の個人について語っているのであって、『精神現象学』においてのみこの問題構制を別様に扱おうというには、いささか無理があるように思われる。

XI それより問題なのは、先にも示唆しておいたように、「自己意識」はどんな些細な「意識」にも、すでに何らかの形で伴っていなければならないはずだということである。話を「闘争」に限定したとしてさえ、たとえばマルケはこう述べる。「僕は、僕である以前にさえ、闘争のなかで、すでに彼のうちに、対‐自‐有を見出していた。彼がこれを獲得したのは、絶対的〈主〉との出会い、死との出会いによってであり、われわれが恐れと呼んだ出会いにおいてである」(Michalewski, p. 110) ――それでは「承認」をめぐる自己意識の闘争は、何のためにおこなわれなければならなかったのだろうか。

もちろんそれは、まだそれほど顕在化され主題化され規定的に対象化されるにいたっているわけではない「自己意識」が、「対象」ないし「他有」という形でことさらに主題化されるためである。シュテケラーは「二段階の自己意識」(Stekeler (1). S. 660) について語っている――もっとも彼がそれを一つの自己意識内の関係に限定してしまったのは、残念なことではあるのだが――。むしろブランダムによれば、自己意識にも「単純な自己意識(*simple* self-consciousness)」と「強靭な自己意識(*robust* self-consciousness)」とがあって、彼のやや難解な表現によれば、前者が「諸事物を欲望的に意識しているものとして自己自身を欲望的に意識していること」としての「自己自身についての単純な承認」であるのだとすれば、後者は「或る者が自己自身に適用する自己たちについての〔客観的な〕考えが、自己たちについての或る〔客観的な〕考えを有しているような何かとしてある」ようなケースだという。「強靭な承認」は「単純な承認の一種」(Brandom, p. 259) であり、そしてもちろん「強靭な自己意識」は「相互承認」を通してのみ「達成可能」(Ibid. S. 260. Cf. P/R. p. 41-50) となる――さらにブランダムが「汝を強靭に承認することによって、私は汝が単純に承認する者たちを、単純に承認するのでなければならない」(P/R. p. 45) とか、「Yを承認することにおいて、Xは自らを、誰であれYが承認する者を承認することに対して、責任あるようにする」(Brandom, p. 292) とか述べているのは、さすがにヘーゲル解釈としてはゆきすぎではないかと言いたくもなるのだが、しかし「自己意識」をこのように二段階に分けることとは、事柄のうえでもヘーゲル解釈としても、妥当かつ有益であると思われる。

XII　最後に問題にしておかねばならないのは、「自然的意識」は以上のような承認の過程のなかで、何を経験し、何を学んだのか、ということである。そもそも「自然的意識」とはこの場合、誰のことなのだろうか。それは「主」なのか、「僕」なのか、それとも両方なのか。ヘーゲルの叙述は両者のあいだを自由に往き来している——「我々」にはその権利がある。けれども「自立的意識の真理」を獲得してしまったであろう「僕的意識」でさえ、まだ真の「自由」には到達していないのであるからには、「主」も「僕」も、まだ真の「我々」とはなりえていないのだということになる——しかしながら、自分が「肉体」としてではなく「自己意識」としてか、少なくとも「人格」として他者によって「承認」されていることを「確信」するためには、他者の自己意識を内から知っていなければならないはずなのに、そのようなことが如何にして可能なのだろうか。或る意味では「我々」は、「承認」の過程以前に、すでに成立してしまっていたのでなければならないはずではないだろうか。

ヘーゲルの叙述は、依然として不可解である——われわれはこの問題を、本章最終節で検討し直すことにしよう。

第三節　「絶対知」への道

『現象学』は「二つの部門」に区分されうるのだとコジェヴは述べている。「第一部（第Ⅰ章から第Ⅴ章まで）」は「人類の歴史的進化」を考慮に入れないが、「第二部（第Ⅵ章から第Ⅷ章まで）」においてはこの「歴史」(Kojève, p. 115. Cf. p. 49) こそが全体的に分析される——この点ではイッポリト (Hyppolite (1), p. 73) の見解も同様である。断定調を多少とも緩和しつつ、たとえばケニクソン＝モンタン (M.-J. Königson-Montain) はこう語っている。「《精神》のセクションまでは厳密に歴史的な諸々の相関関係に対して、或る不確かさが現れる。〔…〕《精神》のセクションから出発して、ただちにひとは、知への意識の形成の歴史的実在のうちへと入ってゆく——『現象学』は次第に《概念把握された歴史》になってゆく」(Michalewski, p. 145)。しかしながら、他方には「現実的歴史を考慮に入れることは、〈精神〉のセクションの冒頭からしか介入しない」というラバリエールたちの言葉を引用しつつ、「たしかに意識の諸形態を構成する歴史性は、精神のこの意識行程（＝ストア主義）のなかにはまだ登場していないが、しかし暗にその共鳴は、ストア主義の形態が身にまとうこの《原型的》な次元のなかにある」（Sy. p. 99）と述べるスィのような研究者もいるのであって、たとえば〈自己意識の自由〉の箇所では、〈ストア主義〉や〈懐疑論〉は言うに及ばず、「不幸な意識」の背後には「近代以前のユダヤ－キリスト教的信仰の運命」が、また「観察する理性」の背景にさえ「近代の実験科学の運命」（Siep. S. 175）が指摘されたりもする。

本章のもともとの意図にもとづき、われわれはそのような歴史的ないし実証的な研究に深入りすることは避けたいと思う。そこで本節では、まず(1)ではすでに歴史的背景の見え隠れする「自己意識の自由」の箇所から「宗教」までを、『現象学』全体の構成を見失わない程度に駆け足で概観するにとどめ、(2)では最後の「絶対知」の箇所を、今度はいくぶん慎重に取り扱ってゆくことにしたい。

(1)「自己意識の自由」から「宗教」へ

「自己意識」が「A」と「B」に二区分されているのに対し、それ以降の「理性」、「精神」、「宗教」の箇所では――いつものヘーゲルのように――それぞれ「A」、「B」、「C」の三区分がおこなわれている。しかしわれわれとしては、ここでの概観のなかでは「宗教」の箇所の三区分はいささか煩雑で、本章におけるわれわれの関心からは遠ざかってしまうように思える。そこで本項では以下の八つに分けて、それぞれの主題が何であるかを見落とさない程度の概説をおこなうにとどめておくことにしたい。それゆえ以下の八つとは、Ⅰ「B　自己意識の自由」（＝「自己意識」のセクションに属す）。Ⅱ「A　観察する理性」、Ⅲ「B　自己自身による理性的自己意識の現実化[57]」、Ⅳ「C　即且対自的に実在的である個体性[58]」（＝「理性」のセクションに属す）。Ⅴ「A　真なる精神。人倫性」、Ⅵ「B　自己疎外された精神。教養」、Ⅶ「C　それ自身を確信した精神。道徳性」（＝「精神」のセクションに属す）。そしてⅧ「宗教」である。

Ⅰ　「自己意識の新しい形態」とは「思惟する、もしくは自由な自己意識たる」意識である。「思惟のなかで私は自由」(PhG^{B2}. S. 137) なのである。「精神の歴史」のなかで、「自己意識のこの自由」は「ストア主義」と謂われた。「王座のうえでも鎖のなかでも」、意識は「自らの個別的定在のあらゆる依存性において自由」(Ibid., S. 138) である——しかるにそれは、「思想のなかの自由」、「自由の概念」ではあっても、「生き生きとした自由それ自身」(Ibid., S. 139) ではない。「真」だの「善」だの「知恵」だの「徳」だのといった「普遍的な言葉」は、「内容のいかなる広がり」にも到達しえず、やがて「退屈」(Ibid., S. 139-40)[59] を生み出すだけだろう。

「ストア主義がその概念にすぎないもの」を「実現」するのが「懐疑論」である。それは「思想の自由」とは何たるかの「現実的経験」なのだが、自由は即自的には「否定的なもの」(Ibid., S. 140) なので、懐疑論となるわけである——しかし、じっさいにはこの「意識」は、「端的に偶然的な混乱」や「つねに産出される無秩序のめまい」(Ibid., S. 142) でしかなく、「見たり聞いたりすることの無なること」[60]を言い表しておきながら、それでも「見たり聞いたり」しているという「自己自身において矛盾した意識」(Ibid., S. 143) でしかない。

「不幸な意識」[61]は「本質」としての「単純な不変のもの」と「非本質的なもの」としての「多様な可変的なもの」とのあいだで引き裂かれた「二重の、たんに矛盾するだけの」ものとして自らを意識する「意識」(Ibid., S. 144) である。それはたとえば「不変なもの」を「形態化」したりなどするが、そのことによっては「彼岸」という契機は「固定」(Ibid., S. 146) されてしまうだけであって、「それと一になりたいという希望」は「希望」のままに、つまりは「充実と現在とを欠いた」(Ibid., S. 147) ままにとどまる。

Ⅱ　自己意識が「理性」であることによって、他有に対するこれまでのその「否定的な関わり合い」が、「肯定的な」関わり合いへと転化する。自己意識は自らを「実在」として確信し、「あらゆる現実性」が自己以外の何ものでもないと確信する。その思惟はただちに「現実性」であり、ゆえに自己意識は現実に対して「観念論」(Ibid., S. 157)[62] として振舞う——たとえば「カテゴリー」とは「自己意識と有とが同じ本質だ」(Ibid., S. 160)[63] ということである——。

とはいえ「理性」は「あらゆる実在である」と「確言」するだけで、このことを自ら「概念把握」しているわけではない。「観念論」はこれまで意識がたどってきた道を叙述しないで、ただこのような主張から始めるだけなのだから、「純然たる確言」(Ibid., S. 159) にとどまってしまうのである。それゆえ「現実的な理性」は、「あらゆる実在であるという確信」を「真理」にまで高め、「空虚な私のもの」を「充実」(Ibid., S. 163) すべく駆り立てられる。

かくして「意識は観察する」(Ibid., S. 164)。「観察する意識にとって」生成するのは、「物がそれで有るところのもの」だが、しかしもちろん「我々にとって」生成するのは、「観察する意識それ自身がそれで有るところのもの」(Ibid., S. 165) である。このようにして観察する意識は、「物の記述」(Ibid., S. 166) から始めて「法則や法則の概念」(Ibid., S. 169) 等々に向かい、「有機的なもの」(Ibid., S. 173) やその「目的概念」(Ibid., S. 175) や「生一般」(Ibid., S. 199) に、さらには「思惟の法則」(Ibid., S. 201) や「心理学」ないしは「観察心理学」(Ibid., S. 203) の法則にまで進んでゆこうとするのだが、たとえば「心理学的観察」は「自己意識」と「現実」ないし「自己意識に対置された世界」との関わり合いに関していかなる「法則」も見出さないので、「実在的な個体性の固有の規定性」(Ibid., S. 206) へと押し返され、「人相術」(Ibid., S. 209) を経て、ついには「人間の現実性と定在とは、その頭蓋骨である」[64](Ibid., S. 222) などというような奇妙奇天烈な結論に陥ってしまう――しかるに「自己とは一つの物である」などという「無限判断」(Ibid., S. 231)[65] は「理性の完全な否定」(Ibid., S. 227) であり、「無思慮それ自身」(Ibid., S. 232) なのである。

Ⅲ

「自己意識」はもはや「あらゆる実在であるという直接的確信」ではなく、それにとっては「直接的なもの一般」が「止揚されているものという形式」を有しているような確信であり、その「対象性」は「その内部と本質とが自己意識それ自身であるような表面」(Ibid., S. 233) としてあるにすぎない。この「活動的理性 (tätige Vernunft)」は、まず自己自身を「一つの個体」として意識するが、その後その意識が普遍性に高められることによって、それは「普遍的〔=一般的〕理性」(Ibid., S. 234) となる。

ところでこのような「理性的自己意識」は、「その人倫的世界経験の始源」においては、とりあえず「自然衝動」

(Ibid., S. 238) という形式を取る。自己意識は「自らの幸福」を「直接に受け取って享受」する――その行為は「欲望の行為」(Ibid., S. 240) なのである。しかしながら「享受された快」には「ネガティヴな」(Ibid., S. 241) 意味もあって、その対象はむしろ「運命」という名の「必然性」[66]――「死せる現実性としての空虚で疎遠な必然性」(Ibid., S. 242)――でしかない。

そこで自己意識の「新たな形態」は「心の法則」[67]つまり「法則」を有しているにもかかわらず「心」であるようなものであって、このような心には「現実性」(Ibid., S. 244) が向かい立つ。けれども「心の法則」は「その現実化」によって「心の法則」(Ibid., S. 246) であることをやめてしまうのだし、また「他者たち」がその内容のなかにもたらされているのを見出すのは、「彼らの心の法則」ではなく、むしろ「或る一人の他人の法則」(Ibid., S. 247) でしかない。かくして「人類の幸せのために脈打つ鼓動」は、「気の狂ったうぬぼれという凶暴」(Ibid., S. 249) へと移行してしまう。そしてこのような「心」こそが「転倒され・転倒させるもの」(Ibid., S. 250) なのである。

「個体性」を「転倒され・転倒させるもの」として知っていて、それゆえ「意識の個別性」を「犠牲」にしなければならないような「意識の形態」とは「徳」であり、徳には「世情 (Weltlauf)」(Ibid., S. 251) が対立する――この場合の「世情」とは、一方では「自らの快と享受とを求める個別的な個体性」(Ibid., S. 252) のことであり、他方では「即且対自的に法則たらんと欲し、そしてこのような想像のなかで、存立している秩序を妨げる個体性」のことである。それゆえ「徳の目的」とは、「転倒した世情をふたたび転倒して、その真の本質を産出すること」(Ibid., S. 253) だということになる。しかしながら、じっさいには「徳」は「抽象的、非現実的な本質」をその「目的」としているのだから、「世情」には「打ち負かされる」(Ibid., S. 256) のだし、そのうえ世情の現実性は「普遍的〔＝一般的〕なものの現実性」であるからには、「世情」は見かけほど悪いものではない。かくしてこのような「経験」とともに、「個体性の犠牲によって善を産出する」というようなやり方は、「脱落」(Ibid., S. 258) してしまうのである。

Ⅳ　そこでヘーゲルは、次にまず「現実性と個体性との浸透」にして「両者の統一」(Ibid., S. 270)、あるいは「個体性と対象性それ自身との対象的になった浸透」としての「事象それ自身（*Sache selbst*）」（Ibid., S. 271）について考察する。「事象それ自身」は「精神的本質性」（Ibid., S. 270）を表現し、それが「物と事象との相違」（Ibid., S. 271）である。その「定在」が「自己意識の現実性にして行為」であるような「絶対的事象」とは「人倫的実体」であり、ここからヘーゲルは「立法的理性」（Ibid., S. 277）の考察に移行する。しかし、たとえば「各人は真理を語るべきである」というような「直接的な人倫法則」は、「もし彼が真理を知っているのであれば」（Ibid., S. 278）というような「完全な偶然性」（Ibid., S. 279）へと転倒してしまうのだし、「汝の隣人を汝自身のように愛せよ」においても、「非悟性的な愛」は「憎悪」以上に傷つけるが、しかるに「悟性的な本質的善行」とは、ヘーゲルによれば「国家の悟性的な普遍的行為」（Ibid., S. 280）である、等々。かくしてひとは「絶対的内容」を断念して「形式的普遍性」のみを斟酌しなければならなくなるのだが、それは「自己矛盾しないこと」という「意識の同語反復」でしかなく、「立法的理性」はそのような「ただ吟味するだけの理性」（Ibid., S. 281）へと成り下がってしまう。

「吟味」の「尺度」は「内容」に対して無頓着な「同語反復」である——しかるにヘーゲルの検討するところによれば、たとえば「所有権」であれ「非所有権」であれ、それ自体として「自己矛盾」（Ibid., S. 282）していないわけではない。そもそも私が何かを「自己矛盾していない」と見出すから、その何かが「正しいこと」であるわけではない。それは「正しいこと」だからこそ「正しいこと」（Ibid., S. 287）なのである。

V 「理性」は「あらゆる実在である」という「確信」が「真理」へと高まり、「それ自身」を自らの「世界」として、また「世界」を「それ自身」として意識することによって、「精神」（Ibid., S. 288）となる。精神とは「自己自身を担う絶対的な実在的本質」であり、「これまでのすべての意識諸形態」は、精神の「諸抽象」もしくは「諸契機」（Ibid., S. 289）なのである。そして精神は「直接的真理」たるかぎり、「一民族の人倫的生」[68]であり「一つの世界たる個体」なのだという。その諸形態は「意識の諸形態」ではなく「世界の諸形態」である。そして「生き生きとした人倫的世界」が「その真理における精神」（Ibid., S. 290）なのである。

それゆえまず考察されるのは「人倫性」[69]なのだが、ヘーゲルは人倫的実体を「人間的な」法則と「神的な法則〔＝掟〕」（Ibid., S. 291）とに区分する。「人間的な法則」とは「一民族」とか「民族の市民」とかいった形での「周知の〔＝公開的な〕法則」であり、そしてこのような「人倫的な力や開顕性〔Offenbarkeit 公開性〕」には「神的な法則」（Ibid., S. 293）が対置される――つまり「家族」は、「無意識的な、まだ内的な概念」としては「自らを意識した現実性」に、「民族の現実性の要素」としては「民族それ自身」に、「直接的な人倫的有」としては「労働によって普遍のために形成され保持される人倫性」に、「ペナテス〔＝家庭の神〕」としては「普遍的精神」（Ibid., S. 294）に、対置されるのである。そしてこのような「ペナテス」には「女性的なもの」（Ibid., S. 299）が結びついているのに対し、「男性」は、「市民」としては、「普遍性についての自己意識的な力」（Ibid., S. 300）を有している。

ところで「アンティゴネー」（Ibid., S. 310）の物語にも見られたように、「自己自身を意識した精神」は「神的な法則」という「無意識的なもの」と「闘争」する。しかるに「顕わな精神」は「その力の根」を「冥界〔＝無意識的な神々の世界〕」（Ibid., S. 312）のうちに有している。したがってそれは「自らの勝利」がむしろ「それ自身の没落」であることを「経験」（Ibid., S. 313）するのである。

「人倫的実体のこの没落」によって、それは「或る別の形態」へと移行する。「精神の生」は失われ、人倫的実体は「形式的普遍性」となって、もはや「生き生きとした精神」（Ibid., S. 315）は全員のうちには住みつかず、「彼らの個性の単純な堅牢さ」が「多くの点」へと砕け散る。このような「死せる精神」が、「そこにおいては全員が各人として、人格として妥当するような平等性」という「法状態」（Ibid., S. 316）なのである。

けれども「人格的な諸々のアトム」という「絶対的多性」への拡散は、同時に「それらには疎遠で、同様に没精神的な一なる点」（Ibid., S. 318）へと集摂される――「世界の主」が「破壊的な暴力」のなかで、自らが「現実性の普遍的な力」であることを現実的に意識し、そして「法的人格性」はむしろ自らの「没実体性」を「経験」（Ibid., S. 319）することになる。

Ⅵ「自己疎外された精神の世界」のなかで「教養」(Ibid., S. 323) が取り上げられることにはいささか違和感を覚えないでもないのだが、ともかくもヘーゲルは「善と悪」(Ibid., S. 326)、あるいは「国家権力」と「富」(Ibid., S. 327) といった話題を取り上げ、さらには「無言の奉仕のヒロイズム」から「へつらいのヒロイズム」への移行を、おそらくは歴史的事実を念頭に置きながら主題化しつつ、「無制限の君主」(Ibid., S. 337) の登場を導き出す。そしてやはり論理的にというよりは歴史的背景を土台にしてか、ヘーゲルは「信仰」と「純粋洞見」(Ibid., S. 348) との対立へ、あるいは「啓蒙と迷信の闘争」(Ibid., S. 357) へと論を進める。「啓蒙」は「信仰」に対して「抗いがたき暴力」(Ibid., S. 377) を振るう――もっともヘーゲルによれば、啓蒙は「満足した」啓蒙、信仰は「不満足な啓蒙」(Ibid., S. 378) にすぎないのだが。そして「啓蒙の真理」(Ibid., S. 379) のなかには、「絶対的本質」を「述語のない絶対者」やたんなる「物質」(Ibid., S. 381) と見る見方とならんで、「現実性」を「有用性」(Ibid., S. 382) とみなす考え方がある。意識は「有用性」のうちに「自らの概念」を見出した。しかるにそれはまだ所有されていない「目的」にすぎず、その「内的変革」からは「現実性の現実的変革」つまり「絶対的自由」が「意識の新しい形態」(Ibid., S. 385) として歩み出て来る――周知のように、絶対的自由を求めるフランス革命は、結局のところ恐怖政治を招来することとなる。「個別的な自己意識」は「定在する実体としての絶対的自由の普遍的作品」のなかにも「その意欲の本来的な諸行為事実 (*Taten*) や個人的振舞い」のうちにも見出されない。「普遍的 (=一般) 意志」は「一者たる一人の自己」のなかでのみ「現実的な意志」であるということによって、「他のすべての諸個人」は、このような諸行為事実の全体からは排除され、ただ限定的に参与するにすぎない。「普遍的自由」に残されているのは、ただ「否定的な行為」にすぎず、それは「消滅の狂暴」(Ibid., S. 389) でしかない。

「自己意識」は「絶対的自由」の何たるかを「経験」する。「死の慄き」が絶対的自由の「否定的本質」(Ibid., S. 391) の直観なのである。そこで「絶対的自由」は「普遍的 (=一般)」意志と「個別的」意志とを「調停」する――このようにして成立した「新しい形態」が「道徳的精神」(Ibid., S. 394) なのである。

Ⅶ　ヘーゲルはまず「自己意識が義務を絶対的本質として知っている」ような「道徳的世界観」(Ibid., S. 395) へと移行する。「道徳的世界観」は「道徳的な即且対自有と自然的な即且対自有との関係」(Ibid., S. 396) のうちに存し、その特徴としてヘーゲルは、⑴「道徳的に完成された現実的な自己意識は存在しない」、⑵「道徳的に現実的なものは存在しない」、⑶「義務と現実性の統一」が自己にとって「完成された道徳性」としての「対象」となるのは、「その現実性の彼岸――とはいえ現実的であるべき (wirklich sein soll) ――として」であるという、三つの「命題」(Ibid., S. 404) を掲げている。

けれどもじっさいには「道徳的世界観」は、「根底に横たわるこのような矛盾を、その様々な側面にしたがって形成すること」以外の何ものでもなく、「意識」はこのような「展開」において、或る契機を確立したかと思うとただちに他の契機へと移行して最初の契機を廃棄し、第二の契機を提示したかと思うとそれもまた「置き換え」てしまう。そして意識は同時にその「矛盾」と「置き換え (*Verstellen*)」(Ibid., S. 405) とを意識してもいるのだという[72]。

そこで登場するのが、「ただちに自らを絶対的な真理や有として確信している精神」としての「良心の自己」(Ibid., S. 416) である[73]。「良心」とは「その直接的な知の内的な声を神的な声として知っている」ような「道徳的天才性」(Ibid., S. 430) である――けれどもこの意識には「外化 (Entäußerung) の力」が、すなわち「自らを物となして、有に耐える力」が欠けている。それは「自らの内面の壮麗さ」(Ibid., S. 432) が行為や定在によって汚されるのを恐れ、自らの心の純粋さを保つために、「現実との接触」を回避する。それが自らに産出する「虚ろな対象」は、それゆえ、それを「空虚さの意識」で満たすだけであり、その行為はただの「あこがれ (Sehnen)」にすぎない。そしてこのような純粋さのなかで、不幸ないわゆる「美しい魂」[74]が、「形もなきかすみ」(Ibid., S. 433) となって虚空に消え失せるのである。

ヘーゲル自身はと言えば、彼は「悪」と「赦し」[75]について考察しつつ、「和解」という言葉は「普遍的な本質としての自己自身についての純粋知を、その反対のなかで、〔すなわち〕絶対的に自己のうちにある個別性としての自らについての純粋知のなかで、直観するような定在する精神」つまりは「一つの相互承認」であって、これこそが「絶対精神」(Ibid., S. 441) だと主張するのである。

Ⅷ 「宗教」[76] に関しては、先にも述べたように、ごく簡単に触れておくだけにする。もし「宗教」が「精神の完成」であって、「意識」、「自己意識」、「理性」、「精神」というその個々の「諸契機」は、「それらの根底」としてのその完成のうちに「帰行し、帰行した」(Ibid., S. 446-7) というのであれば、それならばそれらは一緒になって「精神全体の定在する現実性」を形成している。「宗教一般の生成」が、「普遍的諸契機の運動」のうちに含まれているのである。「宗教の精神」という「精神全体」は、ふたたび「精神の直接性」から「精神が即自的に、もしくは直接的にそれで有るところのものについての知」に達するような、また「精神がその意識に対して現出する形態がその本質に完全に等しくなり、精神が如何にしてあるかを精神が自らに直観する」ことに到達するような、そのような「運動」(Ibid., S. 447) なのである。

かくして「精神の最初の現実性」は、「宗教それ自身の概念」もしくは「直接的な」ものとしての宗教であり、それゆえ「自然的宗教」である――そこでは「精神」は「自然的もしくは直接的な形態」のなかで自らを自らの対象として知る。「第二の」現実性は必然的に、「止揚された自然性もしくは自己」という形態のなかで自らを知る現実性であり、「芸術的宗教」[77] である――なぜなら形態が「自己の形式」にまで高まるのは、それによって意識が「対象」のなかに「自らの行為」や「自己」を「直観」するような、「意識の産出」(Ibid., S. 449) だからである。最後に「第三の」現実性は、「最初の二つの一面性」を「止揚」(Ibid., S. 449-50) する。そして第一において精神が「意識」の形式のうちにある。第二においては「自己意識」の形式のうちにあったのだとすれば、第三においては、精神は「両者の統一」の形式のうちにある。それは「即且対自有という形態」を持ち、そのように表象されることによって、それは「顕わな宗教(die *offenbare Religion*)」[78] である――しかし、たとえ精神が「その真の形態」に到達したのだとしてさえ、「形態」それ自身や「表象」は、まだ「超克されない側面」なので、精神はそこから「概念」(Ibid., S. 450) へと移行しなければばならないのだということになる。

(2)「絶対知」の生成とその構造

よく言われるように、『精神現象学』の最終章において、ついに「*für es*〔それにとって＝意識にとって〕と*für uns*〔我々にとって＝意識の観察者たるヘーゲル的哲学者にとって〕のあいだの区別」が「消失」(Kojève, p. 678) する――『現象学』はその大団円を迎える。しかしながらイッポリトなども言うように、「『現象学』のいかなる章も、著作を終え《絶対知》と題されている章ほど、昏くはない」(Hyppolite (1), p. 553)[79]。それゆえわれわれは二一の段落から成るこの「絶対知」の箇所を、八つの部分に区切って、詳述してゆくことにしたい――それについてのコメントは、先の項と同様、次節でまとめておこなうことにする。

I 「顕わな宗教の精神」は、まだ「意識としてのその意識」を「超克」してはいない、すなわちその「現実的自己意識」が「その意識の対象」となっているわけではない。そもそもこの精神やそのなかで区別されている諸契機は、「表象」の、つまりは「対象性の形式」のなかに落ちる。けれどもこの表象の「内容」は「絶対精神」なのだから、まだ問題とされているのは、ただ「〔表象、対象性の形式という〕このたんなる形式を止揚すること」だけである。しかるに形式は「意識としての意識」には属しているので、形式の真理はすでに「意識の諸形態化」のなかで、生じているはずである――そこでヘーゲルは「意識の対象の超克」に向かうのだが、そのまえに彼は、「自己意識の外化」は「我々にとって、もしくは即自的に」のみならず、「それ自身にとって」も「肯定的な意義」を有しているのだと述べ、「序論」とはいささかニュアンスを異にするかのような見解を示している。すなわち、「それにとって」も「対象の否定的なもの」つまり「それが自己自身を止揚すること」は、一方でそれが「自己自身を外化する」こと、他方でそれがこの「外化と対象性」を「止揚」して「自己のうちに帰来」し、かくして「他有としての自らの他有のなかで自己のもとにある」ということによって、「肯定的な意義」を有しているというのである――そしてこれが「意識の運動」であり、意識はそのなかで「その諸契機の全体性」(PhG^{B2}. S. 516) である。

Ⅱ　そこでヘーゲルは、これまで意識がたどってきた道を振り返る——ここで簡単に回顧されているのは、順に「直接的意識〔＝感覚的確信〕」、「知覚」、「悟性」、「観察する理性」およびその「無限判断」(Ibid. S. 517)、「啓蒙」の「純粋洞見」や「有用性」、「教養化された自己意識」や「自己疎外された精神の世界」、さらには「道徳的自己意識」や「良心」(Ibid. S. 518) である。そして「それ自身についてのこの純粋な確信」においては、「対象的エレメント」が「自己についての自己の純粋知」となり、またこの「これらの諸契機の最後のもの」は必然的にこれらの諸契機の「精神的統一」である。そのうえこの「その定在においてそれ自身を確信している精神」は、「義務についての確信」から「行為」しているのだということを言い表し、この言葉が彼の「行動」を妥当せしめる。「行動 (Handeln)」こそが「概念の単純性の最初の即自的に有る分離」にして「この分離からの回帰」なのだという。

Ⅲ　以上の流れからも予測されるように、ヘーゲルは「意識の自己意識との和解」は「宗教的精神」と「意識としての意識それ自身」との「二重の側面」から成立することが示されるのだと主張する。前者は「即自有」の、後者は「対自有」の形式で、このような「和解」(Ibid. S. 519) をおこなう。「両側面の統合」はまだ指し示されてはいないのだが、そこでは精神が「それが即且対自的に有るがままに」自らを知ることになるはずである。

このような「統合」は、「即自的には」すでに「宗教」において、「自己意識への表象の回帰」のなかで生じているとはいえ、まだ「本来的な形式」においてではなかった。それゆえ統合は「別の側面」に属している。ここに欠けている統合は、単純な「概念の統一」である。概念は「自己意識それ自身の側面」でもすでに現存してはいるのだが、しかし、それは「意識の特殊形態」という形式を持っていた。それは「美しい魂」[80]と呼ばれていたものなのであって、それに欠けていたのは、ただ「実現」(Ibid. S. 520) のみである。それゆえ「自らの実現を獲得した概念」は、一方では「それ自身を確信した行動する精神 (der *handelnde* seiner selbst gewissen Geist)」において、他方では「宗教」において、その「充実」を自らに与えていたのだということになる。ただし後者において精神は、「内容としての絶対的な内容」を「表象という形式」において獲得していたのだが、前者においては「形式」が「自己自身」(Ibid. S. 521) だということである。

「概念」は「内容」が「自己の固有の行為 (eignes *Tun* des *Selbsts*)」となるように「結合」する。なぜなら概念は「あらゆる本質性にしてあらゆる定在としての自己における自己の行為についての知」であり、「実体〔=即自〕としてのこの主観〔=対自〕についての、また自らの行為についてのこの知〔=対自〕としての実体〔=即自〕についての、知」だからである。そしてここで「我々」が「付加」したのは、「個々の諸契機の集摂 (*Versammlung*)」と「概念の形式での概念の堅持」(Ibid. S. 522. Vgl. S. 517) だけなのだという。

IV 「精神のこの最後の形態」が「絶対知」である。それは「精神の形態において自らを知る精神」もしくは「概念把握する知 (das *begreifende Wissen*)」である。ここでは「真理」は即自的に完全に「確信」と等しいのみならず、「それ自身についての確信という形態」を有してもいる。「真理」は「宗教」においてはまだその「確信」に等しくなかったような「内容」だが、このような「相等性」は、「内容」が「自己という形態」を保持していることのうちに存している。そしてそのことによって「定在のエレメント」もしくは「意識にとっての対象性の形式」にいたったのが「概念」であり、このエレメントのなかで意識に「現出する」精神が「学 (*die Wissenschaft*)」なのである。

このような「知」こそが「自我」なのだが、それは「この」自我であって「他の」自我ではないような「自我」であるのと同様に、ただちに「媒介」されている、もしくは「止揚された普遍的自我」でもあるような「自我」[81]である。そのさい「内容」は「自我がその他有において自己自身のもとにある」ということによってのみ「概念把握」される。そしてこの内容こそが上述の「運動」それ自身にほかならない。

V 「この概念の定在」に関するかぎり、「学」は「時間ならびに現実性」においては、「精神」がこのような「意識」にいたる以前には「現出」(Ibid. S. 523) しない。「精神」は、「自らが何であるかを知る精神」としては、「自らの不完全な形態化」を克服し、自らの意識に対して「その知の形態」を作り出し、このようにして「その自己意識」を

「その意識」と調停してしまうような仕事の完成のあとでしか、「実存」(Ibid. S. 523-4) しないのである。ヘーゲルによれば、「時間」とは「定在する概念それ自身(der *Begriff* selbst. der *da ist*)[82]」なのだから、「精神」は必然的に「時間のなかに」現出し、自らの「純粋概念」を把捉してしまわないかぎりは、つまりは「時間」(Ibid. S. 524) を駆逐してしまわないかぎりは、時間のなかに現出する。それゆえ「時間」は「自らにおいて完成されていない精神」の「運命にして必然性」として現出する。「精神」とは「即自」を「対自」に、「実体」を「主観」に、「意識の対象」を「自己意識の対象」もしくは「概念」に「変貌」させるような「運動」であり、自らの「始源」を前提として「終末」においてのみそれに到達するような「円環(Kreis)」である。それゆえ「精神」が「即自的」に「世界精神」として自らを完成してしまう以前には、それは「自己意識的精神」として「自らの完成」(Ibid. S. 525) に到達することなどできない。それゆえにこそ「時間のなか」では「宗教の内容」が、「学」以前に、「精神とは何で有るか」を言い表すのである。

Ⅵ　かくしてヘーゲルは「現実的歴史」(Ibid. S. 526) について語り、またふたたび「主観」と「実体」の関係や「精神」における「自己の運動」(Ibid. S. 527) について触れたあと、「緒言」を想わせるような言葉を呈示する。すなわち自我は、あたかも「その外化に対する不安」に捕えられたかのように、「実体性と対象性の形式」に抵抗して、「自己意識の形式」のうちに自らを堅持しようなどとしてはならない――「精神の力」とは、むしろ「その外化のなかで自己自身に等しいままにとどまること」なのである。また自我とは「相違を絶対者の深淵のなかへ投げ返し、その相等性をこのような深遠のなかで言い表す」ような「第三者」なのでもない。「知」はむしろ「如何にして区別されたものがそれ自身において動き、その統一へと帰還してゆくか」をただ「観察」するだけの「見かけ上の無為性(Untätigkeit)」のうちに存している。

Ⅶ　精神は「その形態化の運動」を「〔絶対〕知」において完結し、「概念」という「その定在の純粋エレメント」を獲得した。そして「概念」を獲得することによって、精神は「学」である。その「運動」の諸契機は、もはや「意識の特定の諸形態」としてではなく、「特定の諸概念」として、またそうした諸概念の「自己自身において根拠づけられた有機的運動」として呈示される。「精神現象学」において各々の契機が「知と真理との相違」であり、その相違が止揚される「運動」(Ibid., S. 528) なのだとすれば、「〔本来の意味での〕学」はこのような「相違」やその「止揚」を含まない。その契機が「概念の形式」だということによって、それは「真理と知る自己との対象的形式」を「直接的統一」のなかで統合しているのである——とはいえ「学の各々の抽象的契機」には、「現出する精神一般の一形態」が「対応」しているのだとヘーゲルは主張する。「定在する精神」が学より「豊か」でないのと同様に、それは内容においてより「貧しい」[83] わけではないのである。

Ⅷ　「学」は自らのうちに「純粋概念の形式を自らに外化するという必然性」と「意識のうちへの概念の移行」とを含んでいるのだという。なぜなら「自己自身を知る精神」は、自らの「概念」を把捉することによって「自己自身との直接的な相等性」であるのだが、このような相等性は、その「相違」においては「直接的なものについての確信」だから、すなわち「感性的意識」だからであると、いささか強引にヘーゲルは述べている——かくして我々は、我々がそこから出発した「始源」[84] に舞い戻る。

　しかしながら、このような「外化」は、まだ「不完全」である。なぜならそれは「それ自身の確信」の「対象」への「関係」を表現しており、そしてこのような対象は、それが「関係のなかに」あるということにおいて、まだ「自らの完全な自由」を獲得していないからである。「知」は「自己」を知るのみならず「自らの限界」[85] をも知る。しかるに「自らの限界を知ること」は「自らを犠牲にすることを知ること」でもあって、このような「犠牲」とは、そこにおいて「精神」が、その「純粋な自己」を「そのそとにある時間」として、またその「有」を「空間」として直観しつつ、「精神への自らの生成」を「自由な偶然的生起」という形式のうちで呈示するような「外化」(Ibid., S. 529) のことなのである——このうち、まず後者の生成たる「自然」とは、「精神の生き生きとした直接的な生成」であり、「〔空間的に〕外化された精神」[86] である。

前者の生成たる「歴史」とは、「知りつつ自らを媒介する生成」すなわち「時間において外化された精神」である。この生成は「諸精神の緩慢な運動と相互継起と」を呈示するので、そこには「内-化〔Er-Innerung 想-起〕」という意味での「想起（Erinnerung）」[87]が働いている。精神は最初から始源し直すように思えて、じつは「より高い段階」にいて、各々は「先行する」精神から「世界の王国」を「引き継いだ」のである。そしてその「目標」は「絶対的概念」（Ibid., S. 530）つまりは「絶対知」（Ibid., S. 530-1）であり、「自らを精神として知る精神」である。諸々の精神の「保管」は、「偶然性という形式のなかで現出するそれらの自由な定在」という面から見るなら「歴史」であり、「概念把握されたそれらの有機組織化」という面から見るなら「現出する知の学」である――両者一緒になって「概念把握された歴史（die begriffne Geschichte）」が、「絶対精神の想起にしてゴルゴタの丘〔＝聖なる遺骸の場所〕」（Ibid., S. 531）[88]を形成するのである。

第四節　暫定的結論――批判的諸検討と今後の課題

以上、われわれはまず「はじめに」で一応の問題提起をし、さらに「序論」や「緒言」を検討することによって本章の課題のいっそうの明確化を試み、その後「意識」から「自己意識」の前半まではわれわれの側からのコメントも若干交えながら比較的詳しく考察し、「自己意識」の後半から「宗教」までは――歴史的叙述が次第に顕著になってゆくということを念頭に置きながら――大雑把に概観しただけで済ませ、最後に「絶対知」のセクションもふたたび詳細に見てはいったが、しかしその検討は本節まで先送りにする、という手順を踏んできた。それゆえ『精神現象学』の全体において、或る程度われわれ自身の問題に関しても、検討材料を増やしてきたと言うことができよう。そこで改めて問うことにしたい――「意識の経験の学」において、誰が何を経験し、どのように学んでいったのだろうか。如何にして「意識の経験」は「意識の経験の学」となりうるのだろうか。そしてそもそも「自然的意識」や

「我々」とは、いったいどのような者のことを謂うのだろうか。

「経験」してゆく者がもともと「自然的意識」だったということは否みえないが、それが「経験」を積んでゆくためには、「我々の付加」が不可欠であった。しかるに「意識の経験」を注視することによって、「我々」もまた何かを学び、それゆえにこそ「意識の経験の学」もしくは「精神現象学」が成立するということもまた、たしかな事実なのである。しかしながら、そのようにして学んでゆき進展してゆく「我々」自身は、本来の「学」ないし「絶対知」もしくは「即自」と同定されうるような「我々」と同一なのだろうか。むしろわれわれは、「自然的意識」に対して「付加」という形で補助を与えつつ自ら何かを学びながら運動してゆく「我々」と、「絶対知」の立場に立ちつつそのような「付加」さえ可能にしているような「我々」とを、区別しなければならないのではないだろうか。つまりは経験する「自然的意識」も何かを学ぶ「我々」も、「絶対知」の補助がなければ何もできないのではないだろうか。そもそもそのような「絶対知」は、「絶対者」に対して、どのような関係に立っているのだろうか。そして「はじめに」でも触れたように、そのような「絶対者」が「同一性と非同一性との同一性」という構造を有しているというのは、はたしてどのかぎりで正しいのだろうか。

それゆえ本節は、以下のように分節される。(1)誰が何を学んだのか。(2)「自然的意識」、「我々」、「絶対知」の有論的・現象学的ステイタスという問題。(3)「絶対知」と「絶対者」。(4)課題――「同一性と非同一性との同一性」が成り立つために。

(1) 誰が何を学んだのか

「真なるものとは全体である。全体とは、しかし、その発展によって自らを完成する本質〔Wesen 存在者〕にすぎない。絶対者については、それは本質的に結果であり、それは終末において初めてそれが真にそれで有るところのものである、と言うべきである」(PhG^{B2}. S. 15)。

Ⅰ「自己意識」のセクション以降――「自己意識」というタイトルを冠しているにもかかわらず――誰が経験もしくは学習の主体たるべき「自然的意識」なのかという問題が、にわかに難しくなってくる。「主」と「僕」に関しては、どうやら「自立的意識の真理」の座を獲得するのは「僕」のほうらしいのだが、しかし、それにしてもヘーゲルの叙述は、両者のあいだを自由に越境し往来する。そして「自己意識の自由」に関しても、われわれには或る一人の特殊個体的な「自然的意識」が「ストア主義」から「懐疑論」を経て「不幸な意識」へと進展してゆくなど、とてもではないが考えられない。したがってすでにここには「世界精神」が介入しているのかとも思えるのだが、しかし現実の歴史がそのような道をたどってきたわけでもない。ここにあるのはせいぜいのところ「概念把握された歴史」であり、あるいはそのような「世界歴史の途方もない仕事」を引き受けてくれた「世界精神」という「普遍的個体」のおかげで、多くの労苦を省かせてもらった「特殊的個体」としての「自然的意識」なのであろう。

しかしながら、「絶対知」のところでも言われていたように、その経験の到達点においてさえ、「知」の当体は「この自我であって他のいかなる自我でもなく、そして同様にただちに媒介されている、もしくは止揚された普遍的自我であるような自我」(Ibid. S. 523)である。すでに「教養」を身につけているか否か、まだどれほど「教養」を身につけているかにかかわらず、少なくともまだ本当の意味では「学」的でない「意識」が、自ら「経験」を重ねてゆくという構図は、最後まで遵守されていると言うべきである――しかし、それでは如何にして「意識」は「経験」を積み、何かを学んでゆくことができたのだろうか。

Ⅱ そもそも「序論」においては、「真なる知へと迫ってゆく自然的意識の道」の途上で、まだじっさいには「実在的な知」ではない「自然的意識」が、自らを「実在的な知」と取り違えることによって、「それ(=自然的意識)にとって」はこの道は「否定的な意義」しか持たない、と言われていた。自然的意識にとってこの道は、むしろ「懐疑の道」、「絶望の道」である。けれども「現出する意識の広がり全体に向けられた懐疑論」が「いわゆる自然的諸表象、諸思想、諸思念への絶望」を実現させることによって、それは精神に「何が真理であるか」を適切に「吟味」させてくれる。意識がこの途上で踏破する「意識の諸々の形態化の系列」は、じつは「意識それ自身の学への形成の詳細な歴史」なのであった。

　もちろんいま見たばかりのように、「絶対知」の箇所では「自己意識の外化」は「我々にとって、もしくは即自的に」のみならず、「それ自身にとって」も「肯定的な意義」を有していると述べられている。つまり「それにとって」も「対象の否定的なもの」すなわち「それが自己自身を止揚すること」は、一方でそれが「自己自身を外化」し、他方でそれがこの「外化と対象性」を「止揚」して「自己のうちに帰来」し、「他有としての自らの他有のなかで自己のもとにある」ことによって、「肯定的な意義」を有している——たしかに、たとえばすでに「自己意識」のところでも、「労働」によって自らを外化した「僕」は、「対象」の自立性によって、かえって「それ自身としての自立した有の直観」を獲得しはする。しかし、はたして「対象の自立性」から「自立的意識の真理」への道は、それほど平坦であっただろうか。あるいはむしろ——もし「序論」と「絶対知」とが整合的に読まれるべきだとするなら——「自然的意識」が絶望の道の途上でそのつど「経験」しなければならないはずの「否定的な意義」は、「絶対知」のところで言われているような「自己意識の外化」が持つ「肯定的な意義」によって、一掃されうるような類《たぐい》のものだったのだろうか。

Ⅲ　「自然的意識」が独力で「経験」しうるのは、「我々からの付加」、「我々の付加」を必要としないところまでである。自然的意識は「概念」と「対象」、「尺度」と「吟味すべきもの」を自らのうちに有し、「両者の比較」や「本来の吟味」をも自らおこなう。そしてそこから意識に「新しい真の対象」が「発源」するかぎりで、意識が「その知」においても「その対象」においても自らに行使する「弁証法的運動」が、「経験」と呼ばれるものなのであった。しかるに「新しい対象」が「生成したもの」として示されるのは「意識それ自身の逆転」によってであり、そしてそれによって「意識の経験の系列」が「学的な歩み」へと高められ、かつまた「我々が観察している意識」にとって有るのではないような「事象についてのこのような考察」が、「我々の付加」だったわけである。しかもそれは「懐疑論」のところでも語られたような、「そのつどの結果」が「空虚な無」となるわけではないというのと、同じことである――そのことは自然的意識が単独では「懐疑の道」、「絶望の道」であったことと、平仄が合う。それゆえ自然的意識が「肯定的な意義」を独力で見出すのは、少なくとも「新しい対象」を「生成したもの」として把捉するという意味においてではない。それでは「意識それ自身の逆転（*Umkehrung*）」とは、いったい何を意味していたのだろうか。

　われわれが見てきたかぎりでは、「感覚的確信」のところで、「本質」が「対象」から「自我」へと転換されるときに、「逆転して（umgekehrt）」（Ibid. S. 72）[89]いるという言葉が用いられていた。しかしながらそれが「序論」における「意識それ自身の逆転」（Ibid. S. 67）を意味しているわけではないであろうことは、「序論」では「意識にとって以前には即自であったもの」が「それ〔＝意識〕にとって即自」（Ibid. S. 66）でしかなかったことが「意識」に判明するということが、まだ自然的意識それ自身の事柄であったことからも、明らかである。それゆえ「対象」と対象について意識する「自我」との水平的関係やその「逆転」は、まだ「我々の付加」を要しない。ここでは自然的意識は落胆するのみである。

　さしあたり「対象」として現出していたものが、「意識」にとっては「対象についての或る知」でしかないことが判明し、「即自」が「意識にとっての即自の有」となることによって、或る仕方で「新しい対象」や「意識の或る新しい形態」が歩み現れる。そしてこのような事情が「意識の諸形態の系列全体」をその「必然性」のうちに導くものであり、この「必然性それ自身」こそが、もしくは「如何にして〔そのことが〕意識に生起するかを〔意識自身が〕知ることなく、意識に呈示される新しい対象の成立」こそが、「我々にとっては言わば意識の背後で起こっているもの」である。「成立したもの」は、「それにとって」は「対象」として存在するにすぎないが、「我々にとって」は同時に「運動および生成」としても存在している――つまり自然的意識は、「新しい対象」をただ「対象」として捉えているだけなのであって、なぜ、また如何にしてそれが生起したのか、その間の事情が、独力ではまだまったく分かっていないのである。

それどころか、たとえば「感覚的確信」のところでも言われていたように、「自然的意識」はたとえ何が真であるかを「経験」したのだとしても、そのことを再三再四「忘却」し、この運動を最初から「始源（＝やり直し）」してしまう。あるいは「観念論」は、これまで意識がたどってきた道を叙述しないで、ただ自らの主張から始めるだけなのだから、「純然たる確言」にとどまってしまう。仮に「真なるもの」とは「全体」であり、「結果」や「終末」においてこそその真相が顕わになるのだとすれば、「運動」や「生成」を理解しない自然的意識は、そのつど「真なるもの」に到達したとは言えない。そしてもしたんに場当たり的に新しい対象に遭遇するのではなく、そこにいたる必然的な過程を踏まえて初めて真に何かを学習し、「経験」を積んだと言えるのだとするなら、「自然的意識」は何も学んではいないのだということになる。

「緒言」では「付加」については触れられていないが、「学」が「個体」に差し出す「梯子」のことが語られていた。そして「緒言」の直前に書かれたはずの「絶対知」のセクションでは、「ここで我々が付加した」のは「個々の諸契機の集摂」と「概念の形式での概念の堅持」だけだということであった。もちろん「概念の形式」は「学」のためには必要であり、それには学者の補助が必要なのかもしれない。しかしながら概念形式はおそらく「個々の諸契機の集摂」のためにも必要であり、そして「集摂（*Versammlung*）」のないところ、「新しい対象」は一段高い対象という真に「新しい」対象の意義を持ちえない。「自らの道を忘却しなかった知のみが〔…〕正当化されうる」(Fulda (1), S. 121) とフルダも述べている。蓄積や累積のない「経験」は、真に積まれた「経験」ではなく、たんなる未知との遭遇にすぎない[90]。

Ⅳ　たとえて言うなら、『精神現象学』で言われているような「経験」とは、幾つもの階段を一段ずつ上昇してゆくような経験である。「知」と「対象」とのあいだの横断は、つまりは「比較」や「吟味」は、放置されていても、自然的意識がいつでもそれをおこなうことができる。けれども真に一段高いところへ昇ったというには――空間的比喩ではなく、知の場合にはことさら――「我々」の補助が必要である。「梯子」を差し出すのは、結局は「絶対知」と称されるべき「学」なのである。「現象学全体が、《垂直的超越》を《水平的超越》に還元するための一つの英雄的な努力として現れる」(Hyppolite (1). p. 525) とはイッポリトの有名な言葉ではあるのだが、しかしこのような表現には、多少ともわれわれは違和感を覚える。『精神現象学』の各段階において、そのつど自力で水平運動をおこないうる意識は、そのつどの「我々」の支援によって、初めてそのつど新しい、より高い段階への垂直運動をおこないうるのである――ちなみに「ヘーゲルは矛盾を、その解決の約束から出発してしか考察しない」(Macherey. S. 258) とさえ、マシュレーは語っている。コジェヴが述べていた「*für es*〔それにとって〕と *für uns*〔我々にとって〕のあいだの区別が消失する」(Kojève, p. 678) ような『精神現象学』の最終段階でさえ、「我々」の指導や補佐がなければ、成り立ちえないであろう。要するに「自然的意識」は、そのつど新しい対象にただ偶発的に遭遇するだけで、何一つ学んでなどいない。そこへいたった必然性など知るよしもなく、気がつけば自然的意識は「我々」から見てのみ真に新しい、つまりはより高い段階での水平運動を再開する――「意識の経験の学」において、残念ながら「意識」はいかなる「経験」も積んではいないのである。それではここで経験を積み、何かを学んでいるのは、いったい誰なのだろうか。

V　たしかに「我々」は、一方では「絶対知」ないし「学」の立場に立って、自然的意識に「付加」や「梯子」を提供しつつ、自然的意識が「新しい対象」に出会いうるための援助をおこなうのでなければならない。それゆえにこそ「我々にとって (für uns)」は幾度となく「即自的に (an sich)」と同定されたのである。しかしながら「我々」は、必ずしもつねに、あるいは全面的に「即自」と同一とは言えないような相も、呈しているのではないかと思われる。なぜなら「意識の経験」にそのつど立ち会う「我々」は、そのつど「新しい真の対象」が「発源」するのを、逐一目撃してゆかなければならないからである。

たとえば「知覚」のところでも、「普遍性」という「原理」は「我々」には「成立した」(PhG^{B2}. S. 79) ものだと言われた。「超感性的な彼岸」もまた「成立した」(Ibid. S. 103) ものである。「観察する意識にとって」は「物がそれで有るところのもの」が、しかし「我々にとって」は「観察する意識それ自身がそれで有るところのもの」が、「生成」(Ibid., S. 165) するのである。いま振り返ったばかりのように、「新しい対象」が「生成した」ものとして示されるのは「我々の付加」によってであり、「意識」に呈示される「新しい対象の成立」は、「我々にとっては言わば意識の背後で起こっているもの」(Ibid., S. 67-8) である――つまり「我々」にとっては、あるいはむしろ「我々」にとってこそ、何か新しいものが「成立」し「生成」したわけである。「成立したもの」が「それにとって」は「対象」としてしか存在しないが、「我々にとって」は同時に「運動および生成」(Ibid., S. 68) として存在するということは、そういう意味であろう。

それゆえ「我々」こそがそのつど何かを経験し、何かを学習しているのだということになる。少なくとも自然的意識は如何に発展すべきかを、そのつど自然的意識以上に経験しているのは、むしろ「我々」のほうなのである。「我々」は経験を積み、発展する――それは「絶対知」それ自身が、たとえば『大論理学』や『エンチュクロペディー』において示すであろう概念の自己展開とは、たしかにそのステイタスを異にするはずである。

Ⅵ　それゆえわれわれは、『精神現象学』の「我々」においては、二つを区別すべきであると考える。一つはもちろん「発展」の「結果」ないし「終末」において現出すべき「絶対知」ないし「即自」としての「我々」であり、もう一つは自然的意識のそのつどの経験に寄り添い、過程のただなかにある「我々」である。もちろん両者はその存在を異にする「我々」だと言ってしまったなら、それではなぜ後者の「我々」が自然的意識を補佐しうるのかさえ、分からなくなってしまうだろう。それゆえここで区別されるべきは、二つの「我々」というより、むしろ「我々」の二つのステイタスとでも言っておいたほうがよいのかもしれない。「我々」にも何かが生起し、何かが経験される。しかし「即自」が、あるいは「結果」や「終末」や「絶対知」が経験を積んでゆくなどと述べるのは、明らかにおかしい。そのつどの自然的意識に伴走しつつ自然的意識を「観察」し、ただひたすら「注視」するからこそ気づきうる欠如を「絶対知」たる「学」の力を借りながら「付加」によって補い、新たなる段階に上昇させることによって「意識の経験」の学的・必然的な進行を「経験」しているのは、発展途上にある「我々」なのである。[91]

(2)「自然的意識」、「我々」、「絶対知」の有論的・現象学的ステイタスという問題

「精神とはその外化におけるそれ自身の知（das Wissen seiner selbst in seiner Entäußering）である」（PhG^{B2}. S. 494）。

次に「自然的意識」、「我々」、「絶対知」のそれぞれに関して、その有論的ないし現象学的なステイタスを考察しておくことにしたい――もちろんここで言われる「我々」とは、或る仕方で「絶対知」に参与しつつもそのつどの「意識の経験」に立ち会っているような「我々」であり、また「絶対知」とはそのような「我々」へと降りながら、「結果」や「終末」のみが享受しうるであろうと言われた完全性ないし絶対性を現に具えている「絶対知」のことである。

I　「自然的意識」がまだ本来の意味では「学」的ではないが、しかし何が真であるかを少なくとも気遣いつつ、ぼんやりと「学」ないし「哲学」への志向を持ち、またすでに多くを経験し、不完全な仕方で多くを蓄積している意識であることは、すでに見た。つまり、その意味では自然的意識は「自然的」ではなく、完全に歴史的とは言わないまでも、すでに文化的に沈澱した、或る程度教養のある意識である。またそれゆえにこそ、そこには「忘却」もあれば、多少とも「想‐起」さえありそうである――つまり自然的意識とは、すでに顕在性と潜在性とを有した意識なのである。

そのような「自然的意識」の構造を見てゆくなら、「精神の直接的定在」たる「意識」には、「知」と「知に対しては否定的な対象性」という「二つの契機」があること、すなわち意識は「自己」と「対象」（PhG^{B2}. S. 28）の二契機から成り立っていることは、すでに見た。フファの言うように、「意識」は「フッサールのターム」を用いるなら「極度に志向的」であり、それは「それ自身には外的な或る対象」に「関わる」（Foufas (2). p. 166）のである――もっとも、たとえば『エンチュクロペディー』でも述べられているように、「精神」は「本質的に意識」であり、「対象的にされた内容についての」意識なのだとしても、「感情」としては、それは「非対象的な内容それ自身」である。けれども

ヘーゲルによれば、感情は「意識の最低の段階」で、「動物と共同的な魂の形式」(W8. S. 24-5) にすぎない。また「知に対しては否定的な対象性」とは言っても、それは意識がつねに対象に対して「否定的」ないし「弁証法的」な態度を取ることを意味しないであろうことは、すぐに見る。ともかくも「意識」には、基本的には志向性という水平的な関係があり、それゆえにこそそれはほとんどの場合に対象化し、また顕在化もしくは主題化を核とした地平構造を持つ。

しかしヘーゲルにおける「意識」には、たんに水平関係のみならず、垂直の関係もまた見出されるということも事実である。すでに見たように、「意識」は「自己自身にとって自らの概念」であり、それは「制限されたものを越えゆくこと」、つまりは「自己自身を」越えゆくことなのであって、意識には「個別」とともに「彼岸 (Jenseits)」が「措定」(PhG^{B2}. S. 63. Vgl. S. 42) されている。『精神現象学』の本文冒頭の「感覚的確信」においてさえ、「本質と実例の相違」は、「我々」がそれをなすのみならず、「感覚的確信」(Ibid.. S. 70) それ自身においても見出されるのだと述べられていた——この場合、それは「このもの」としての「このもの」と「実例」としての「このもの」との「相違」となるはずである。それゆえ自然的意識は、たとえ本来的・本格的にではないにしても、「個別」を超える「彼岸」を意識するという垂直方向の志向をも有している——それがまだ漠たるものであるからこそ、自然的意識がそこへと本格的に上昇するためには「我々」の支援が必要だったのだが、逆に言うなら、たとえ漠然としてではあってもそれが意識されているからこそ、「我々」が補佐しさえすれば、自然的意識にも一段と高い「新しい対象」が顕在化されうるのであろう。

それゆえ自然的意識には、水平的にも垂直的にも、顕在性と潜在性の区別がある。われわれが見てきたかぎりでも、たとえば「自己意識」に関して、ブランダムは「単純な自己意識」と「強靭な自己意識」(Brandom. p. 259) を区別していた——ブランダムはまた「諸事物が暗黙的に (*implicitly*)、意識《に (*to*)》あるところのもの」と「それらが明示的に (*explicitly*)、意識《に対して (*for*)》あるところのもの」の「決定的な区別」を、ヘーゲル自身が「文法的に」(Ibid..

p. 88) おこなっているのだとも指摘する。そしてスアルによれば、「措定すること」が「顕在化すること」(Soual. p. 96) であり、ランドベールにしたがうなら、「措定すること」は「規定すること」(Lindberg (2). p. 90) に等しい。「知覚」のところでも見たように、学は措定し規定し顕在化しようとする。顕在化されないようなものは取るに足りないものであり、顕在化されてこそ「学」であり「概念」であるとおそらくヘーゲルが考えているであろうことは——その是非はともかくとして——読者なら誰でも気づくことである。

Ⅱ 「意識の経験」に寄り添う「我々」は、当然のことながら「絶対知」にも参与している。ただし、そのことは必ずしも「絶対知」をつねに対象化・顕在化・主題化しているということを意味しないであろう。それがつねに主題化し顕在化しているのは、あくまで「自然的意識」のそのつど現在の経験であり、また「自然的意識」が経験すべきもう一段高い対象である。「意識」の一種として、当然のことながら「我々」は、水平方向と垂直方向とに志向を有し、そして水平方向にも垂直方向にも、顕在性と潜在性の地平がある——そのような構造性のことを考えるなら、それが「近代ヨーロッパ文化の《我々》」だとか「普遍的な我々」や「類的な我々」だとか「〈賢者〉」だとか言うのは、まったく誤りというわけではないにしても、それだけでは大した意味を持たない。

「自然的意識」に対する「我々」の関係を、もう少し詳しく見ておこう。それは基本的には「注視」という志向的・主題化的意識だが——明らかにそれは「感情」ではない——ときには「付加」をもおこないうるし、おこなうのでなければならない。「はじめに」でも見たヴェッツェルによれば、「絶対知」——ここでは叙述する「我々」のこと——とは「純粋な対象関係」すなわち「意識のその対象への純粋な関係」(Henrich (2). S. 144) であり、このような「絶対知」の特殊性は、『現象学』のなかで取り扱われる「知の諸形式」を「そのつどただ制限された、一面的な、不完全な仕方で」表現しているような「根源的な非対称的対象関係〔＝対象への純粋関係〕」(Ibid. S. 144-5) を、ありのままに表記することのうちに存している。『現象学』は「或る一つの新しい、より内容豊かな知の形式が、新しい対象になる」という意味での「吟味」(Ibid. S. 145) なのだが、しかるに先にも見たように、我々のおこなう「叙述」は

「弁証法的」では「ない」(Ibid. S. 154)。そして『現象学』では「まさしく(もちろん最後を度外視して)そのつどただ多少とも制限され、それゆえ誤った相」のみが「対象」(Ibid. S. 168)である、等々。ところでわれわれが注目しておきたいのは、「我々」という意識は志向的な対象関係を有してはいても、その関係は「弁証法的」ではない、つまりは「否定的」ではないということである。自然的意識が自己否定を繰り返し、自己超越の運動を反復してゆくのだとすれば、それを見守る「我々」は、そこに否定とか止揚とかいった余計な「付加」をおこなうことなどできない。要するに「意識」のなかには、対象をことさらに否定するという意味での弁証法的意義を含まないような意識も、たしかに、しかも学にさえ不可欠な仕方で、存在しているのでなければならないのである。

Ⅲ　ヘーゲル的な「絶対知」もまた、当然のことながら、対象化の——自己対象化の——構造を有している。「絶対知」とは「精神の形態において自らを知る精神」もしくは「概念把握する知」であるような「精神の最後の形態」である。「概念」はそのことによって「定在のエレメント」もしくは「意識にとっての対象性の形式」にいたったのであって、このようなエレメントのなかで意識に「現出する」精神が「学」(PhG^{B2}. S. 523)なのであった。「精神」とは「意識の対象」を「自己意識の対象」に変貌させるような「運動」(Ibid. S. 525)である。「精神」とは「その外化におけるそれ自身についての知」(Ibid. S. 494)なのである。

「絶対知」が「概念」をその「定在のエレメント」にするような「学」であるからには、それが「対象性の形式」を持つことも、言わば自明の理である。しかしながら「絶対知」に参与する「我々」にも、たんに「注視」するだけの非弁証法的もしくは単純肯定的な対象関係が存していたように、「絶対知」それ自身にも——もちろん「絶対知」は『精神現象学』の到達点ではあっても『論理学』の出発点であるからには、「絶対知」自身にも今後の発展を孕むような、多様な要素が見られるではあろうが——「意識の経験」をそこにおいて完結させるような、非弁証法的で非否定的なものの存在が、当然のことながら想定されよう。

『大論理学』の「序論」によれば、「絶対知」は「意識のすべての仕方の真理(die *Wahrheit* aller Weisen des Bewußtseins)」(WdLS^{2}. S. 33) である——じっさい、顕在的にであるか潜在的にであるかはともかくとして、「絶対知」という「真理」がなければ、意識の各々の形態は、自らを止揚して発展を遂げてゆくことなどできないだろう。各々の意識のそのつどの「彼方」の背景に控えているのは、「絶対知」である。そしてそのような「絶対知」と個々の意識形態とを結んでいるのが「我々」である。「我々」は「絶対知」にもそのつど各々の「意識の経験」にも留意しながら、両者と非弁証法的な関係を結ぶ。

ところで『現象学』の「緒言」によれば、「絶対者」とは「精神」(PhG^{B2}. S. 18) であり、「精神的なものについての知」とは「精神としての自己についての知」である——「精神的なもの」は「自らに対象としてあらねばならない」(Ibid., S. 19) のである。しかし、それでは「絶対者」それ自身の自己対象化の構造とは、いかなるものなのだろうか。そして「精神的なものについての知」にして「精神としての自己についての知」たる「絶対知」は、「絶対者」とはいかなる関係のうちに立っているのだろうか。

(3) 「絶対知」と「絶対者」

「一八〇七年にヘーゲルが到達する解決においては、哲学者のほうに論弁的に降りてくるのが絶対者である。語るのは絶対者である!」(Quentin, p. 59)。

I 「絶対知」と「絶対者」の関係について、『精神現象学』で最も印象深いのは、「序論」の冒頭近くで呈示されている——ここでは「絶対知」という言葉は用いられていないが——「絶対者が一方の側に立ち、認識が他方の側でそれだけで、絶対者から分離されて、それでも何か実在的なものである」というような「表象」(PhG^{B2}. S. 58) に対するヘーゲルの批判であろう。そして同様の批判は、のちの彼の主著のなかにもたびたび登場する。たとえば『大論理学』では、「両者の一方としてのみ」あるような「無限」は「全体」ではなく、それは「一方の側」でしかない、それゆえそれは「有限な無限」であって、そこには「二つの有限」(WdLS^2. S. 143) しか存在しないと述べられている。「有限なものに対置」された「無限」などというものは、「悪無限 (das Schlechtunendliche)」(Ibid. S. 155) でしかない。また『エンチュクロペディー』のなかでも、何かが「制限」として「知られ」、「感じられる」のは、ひとが同時に「それを越えて」いることによってだと言われている。「認識の制限、欠如」が「制限、欠如として」規定されるのは、「普遍、一全体、完成されたものの現存する理念」と「比較」することによってのみなのであって、何かを「有限」ないし「制限されたもの」と表記することがまさしく、「無限、制限されていないものの現実的現在 (die *wirkliche Gegenwart*) の証明」(W8. S. 144) なのである。「制限」が「否定」たるのは、「第三者にとって」、つまりは「外的な比較にとって」のことにすぎないのだが、しかしそれが「欠如」であるのは「それを越えて有ること (das *Darüber-hinaussein*)」が現存しているかぎりにおいてでしかない。それゆえ「制限などという抽象」のもとにとどまるのは、「無思慮」(W9. S. 469) にほかならない。要するに「我々が或る制限について知っていること」自体が、かえって「我々が制限を越えていることの、我々の無制限性の証明」なのである。「無知なるもの」だけが「制限されている」のであって、「知られた制限」はもはや「知の制限ではない」(W10. S. 36) ——このように考えるなら、「絶対知」と「絶対者」を「分離」し「対置」すること自体が、すでにしてたいへんな「抽象」だということになるであろう。それではわれわれは「絶対知」において、完全に「絶対者」と合一して、そこには「有限」の一かけらも残されないのだろうか。

Ⅱ　しかしながら『大論理学』には、「有限性」は「自己を越えゆくこと (Hinausgehen über sich)」であり、有限性のうちには「それ自身の他」としての「無限性」が含まれていて、それゆえ「無限性」も「有限を越えゆくこと」としてのみあるという言葉もある。無限性は本質的に「それの他」を含み、また「それ自身の他」(WdLS^2. S. 145) なのであって、「自己自身を止揚すること」が「有限なものの無限性」(Ibid. S. 146)[92] なのである——このような考えにしたがうなら、「無限」はすでにそれ自身にとって「有限かつ無限」(Ibid. S. 155) であり、「無限」は「それの他をそれ自身において持つ」ことなしには「有らない」(Ibid., S. 156) ということにでもなるのだろう。「制限」について語っていた『エンチュクロペディー』の先の箇所も、「精神はそれゆえ無限でも有限でもあり、またただ一方だけでもただ他方だけでもない」と述べつつ、「悟性」が主張するような「固定した制限」(W10, S. 37) を批判している――それでは「有限」は相変わらず存続し、ただ「無限」との境界がつねに移動せしめられるだけなのだろうか。

たしかにそのような見方もありうるのかもしれない。たとえばピピンは「無限は有限に対置せしめられるのではなく、有限自身の自己 - 超越を表している」(Pippin (1), p. 198) と述べている。そしてそのような観点からは、絶えず自己超越する有限を不可欠の構成分として含んでいる無限こそが、真の絶対者だということになるのかもしれない。ヘンリッヒによれば、「過程それ自身が絶対者である」というのが「ヘーゲルの根本原理」(Henrich (2), S. 323) であり、ラバリエールは「運動 - における - 体系」(Labarrière (2), p. 40) もしくは「全体性 - 運動」(Michalewski, p. 293) を強調する。あるいはマルタンにとってヘーゲルの「絶対者」は「不完全性なしには」(Martin, p. 235) ありえず、またカンタンにとってヘーゲルは「逆説的」にも「他性の哲学者」(Quentin, p. 268) であり、さらにはランドベールにとって、ヘーゲルは「有限性の思索者」(Lindberg (1), p. 148-9. Cf. Quentin, p. 235, 291) である、等々。

Ⅲ　けれども他方ではヘーゲルは、「悪無限」に触れつつ、「一なる過程としての、このような無限〔＝悪無限〕や有限の自己 - 止揚が――真無限である」(WdLS^{2}, S. 135) と語ってもいるのである。つまり「自らを越えゆき、自らの否定を否定して、無限になる」というのが「有限それ自身の本性」なのである。「有限性一般の止揚」において「無限性一般」が生成するのではなく、「有限なもの」とはただ「その本性によって自らそれ〔＝無限性〕になる」ということだけなのであって、「無限性」が「有限なものの肯定的な規定」であり、「有限なものが真に即自的にそれで有るところのもの」なのである。要するに「有限」は「無限」のうちで「消失」し、有るのはただ「無限のみ」(Ibid., S. 136) だということになる――しかしこのように考えるなら、無限と有限の区別そのものが、結局は消滅してしまうことになるのではないだろうか。

このような意味で、ヴテは「神が有るのは〔神の宇宙論的証明のように?〕有限が有るからではなくて、有限が有らぬからである」と述べている――もっともただちに彼は、「有限が有らぬということが意味しているのは、有限はそれ自身において有るのではなく、それは神のうちで有り、実存するということだ」(Vetö, p. 213)と付け加えてはいるのだが。あるいはブルジョアによれば、「矛盾的であるものは、それだけで取られるなら、有らない」(Bourgeois (2), p. 15)のであり、そして「全体以外すべては矛盾的である」(Ibid., p. 214)……。

おそらく「意識の経験」の途上にある意識、つまり「懐疑」と「絶望」との道を一歩一歩たどらなければならない意識にとって、「有限」が「有らぬ」などということは、思いも寄らぬことであろうし、じじつそれを観察している「我々」にとっても、「有限なもの」を捨象していたのでは、「意識の経験」の「叙述」など成り立たないだろう。したがってまた「意識の経験の学」も、無意味になってしまうかもしれない。しかしながら本項が主題化しているのは、「絶対知」と「絶対者」の関係である。「意識の経験」の最後に「絶対知」にたどり着くということは、すなわち途上にあった「有限」が「自己自身を止揚」して「消失」し、かくしてそれ自身が「無限」となり、「絶対者」との区別もなくなるということではないだろうか。

Ⅳ　しかしながら、そのような「絶対者」が現れるのは、「結果」や「終末」においてだけのことではないだろう。『大論理学』の序論で「絶対知は意識のすべての仕方の真理である」(WdLS^2, S. 33)と述べられていることは、先の項でも見た。「絶対知」は、たとえそれほど顕在的にではなくても、あらゆる意識形態の「彼岸」にある、もしくはそのつどの「彼岸」の背後に潜んでいるのでなければならないはずである。そしてもし究極的な「絶対知」がもはや「絶対者」と「分離」も「対置」もされえないというのであれば、あらゆる自然的意識にはそのような「絶対者」が住みつき、これを支え、導いているのでなければならないはずではないだろうか。

「絶対者のパルーシア〔臨現〕」(Heidegger, S. 131, usw.)については、高名なるハイデッガーの論攷《ヘーゲルの経験概念》のなかで、幾度も語られ、強調されているところである。ヘーゲルは、たしかにまだ一八〇一年の『差異』のなかでは、「絶対者はその現出のなかには有らない。両者はそれら自身、対置されている」(W2, S. 48) というような言葉も残してはいる。しかし成熟期のヘーゲルは、むしろ「絶対者の解き示し〔Auslegung 陳列・解釈〕」は「それ固有の行為」だと考えるのである。もちろんここ、『大論理学』においては——おそらく一時期のシェリングにおいてのように——たんに「絶対的同一性」でしかないような「絶対者」は、斥けられている。それは「外的反省の絶対者」もしくはたんなる「属性」でしかなく、「絶対的 - 絶対者」ではない。真の「絶対者」はむしろ「有と本質との同一性」もしくは「内と外との同一性」(WdLW. S. 165) である。しかしながら、ともかくも「自らを顕現すること」こそが「絶対者の内容」であり、その「内容」とは「自己自身にとって自らを絶対的に顕現すること」(Ibid., S. 169) なのである。

「絶対者」は、「もしそれが即且対自的にすでに我々のもとに有り、有らんと欲しているのでなければ (wenn es nicht an und für sich schon bei uns wäre und sein wollte)」、道具の利用などという「術策 (List)」を「嘲笑う」(PhG^{B2}, S. 58)[93] だけであろうという『精神現象学』の「序論」の言葉は、本章第一節のなかでも取り上げた。接続法第二式の利用は、婉曲ではなく、明らかに非現実の仮定を示している。さればこそハイデッガーは、「絶対者はすでに即且対自的に我々のもとに有り、我々のもとに有らんと欲している (Das Absolute ist schon an und für sich bei uns und will bei uns sein)」と直説法に置き換えつつ、「パルーシア」(Heidegger, S. 126) について語り出すのである。曰く、「絶対者の認識がおこなうべき第一歩は、絶対者をその絶対性において、すなわちそれが我々 - のもとに - 有ること (Bei-uns-sein) において、単純に受け取り、受け入れることに存している。このような我々 - のもとに - 有ること、パルーシアが、即且対自的に絶対者に属している」(Ibid., S. 127)。あるいは「学はその第一歩とともに、すでに絶対者のパルーシアのうちへ到達している、すなわちその絶対性のもとに有る」(Ibid., S. 133)、等々。そしてハイデッガーとは対照的に穏健な解釈を旨とするカッシーラーでさえ、こう述べているのである。「絶対者は本質的に結果であるべきであり、それゆえ過程全体の終末において初めて歩み出るべきである。しかしまさしくこの結果がすでに、過程の各々の位相のなかで、各々の新しい移行のなかで、本来的に規定し・前方に駆り立てる原理として、働いている。全体についてのすでに完成された直観からのみ、諸部分の、特殊的諸契機の一面性が、超克されうるのである」(Cassirer, S. 367)。

「絶対者」は「意識の経験」の各々の段階において、つねにすでに自己顕現してしまっている。有限的意識に臨現しているのは「絶対者」であり、またその自己顕現としての「絶対知」なのである――しかしながらヘーゲルは、シェリングを批判しつつ、「絶対的同一性」を斥けていたのではなかったか。

本章の「はじめに」でも言及しておいたように、ヘーゲルは「絶対者」の構造を「同一性と非同一性との同一性」として捉えている。しかし、そこにはいったいどのような意味が込められているのだろうか。そして「同一性と非同一性との同一性」は、本当にそれだけで成り立ちうるのだろうか。

(4) 課題――「同一性と非同一性との同一性」が成り立つために

「じっさい矛盾に耐えうるほど強いのは、精神である。しかし精神は、矛盾を解消するすべを知っているものでもある。しかるにいわゆる世界は〔…〕どこでも矛盾なしに済ますことはないというのに、矛盾に耐えることができず、それゆえ生成消滅に曝されている」(WdLS^2, S. 256)。

「矛盾はしかしあらゆる運動と生動性との根である。何かが自己自身のうちに一つの矛盾を有しているかぎりにおいてのみ、それは動き、衝動と活動性とを持つ」(WdLW. S. 60)。

「総じて世界を動かすのは矛盾であり、矛盾は思惟されないなどと述べるのは、笑止の沙汰である」(W8. S. 247)。

I 周知のように、すでに一八〇一年八月の「教授資格試験のための諸テーゼ(Habilitationsthesen)」のなかで、

「矛盾ハ真ナルモノノ尺度デアリ、無矛盾ハ偽ナルモノノ尺度デアル（Contradictio est regula veri, non contradictio falsi.）」（W2, S. 533）とヘーゲルは述べている。「同一性と非同一性との同一性」などはそのような「矛盾」の典型的表現であろう。ヘーゲルにおける「真理」は、コジェヴのように語るなら「訂正された誤謬」（Kojève, p. 542）なのであって、それには必然的に〈否定〉や〈否定の否定〉がつきまとう。「精神」とは「否定的なもの」（WdLS^2. S. 7）であり、「否定的なもの」は「真に弁証法的なもの」（Ibid. S. 40）を形成すると『大論理学』でも述べられている。『エンチュクロペディー』第七九節の有名な定式化によれば、「論理的なもの」は「形式」にしたがって「三つの側面」を有している。すなわち「抽象的もしくは悟性的」な側面、「弁証法的もしくは否定的 - 理性的」な側面、「思弁的もしくは肯定的 - 理性的」（W8. S. 168）な側面。それゆえにこそ「直接性」と同様に「媒介」を含まないようなものは「何も存在しない」（WdLS^2. S. 56）と言われるのである。すでに一八〇五／〇六年の《自然哲学と精神哲学》のなかで、こう述べられている。「哲学のこのような知は、回復せしめられた直接性である——哲学それ自身が媒介の、概念の形式である」（JSE III. S. 261）[94]——しかしながら、「否定的」もしくは「弁証法的」なものだけが意識の真実ではないことは、『精神現象学』の「観察」ならびに「叙述」を担当する「我々」の有り方、すなわち「絶対知」に参与しつつ「意識の経験」をひたすら「注視」しなければならない「我々」の有り方が実証している。それでは「同一性と非同一性との同一性」という考えは、いかなるかぎりで正当であり、またいかなるかぎりで自らの限界を有しているのだろうか。

Ⅱ　とりあえず「同一性と非同一性との同一性」がヘーゲルの恒常的な思想であったことを示すために、類似の表現ないし考え方を、『精神現象学』の以前、『精神現象学』それ自身、そして『精神現象学』以降のヘーゲルの諸著作において、押さえておくことにしよう。

まず一七九七年から一八〇〇年にかけての彼のフランクフルト時代には、「胚芽」に関して「その発展の各々の段階は、生それ自身のまったき豊かさをふたたび獲得するための、一つの分離である」（W1. S. 249）とか、「死せる者の王国において矛盾たるものは、生の王国においては矛盾ではない」（Ibid. S. 376）といった、いかにもヘーゲルらしい言葉とならんで、「はじめに」の或る註のなかでも見た「生は結合と非結合との結合（Verbindung der Verbindung und der Nichtverbindung）である」（Ibid., S. 422）という表現が見出される。

一八〇一年の『差異』では、「反省」は「絶対的綜合」を、「悟性」にとって妥当すべき「本来的命題」であるような「一命題」のなかで「表現」することは「できない」と述べられている。それゆえ反省は「絶対的同一性のなかで一であるもの」を「分離」し、分離された「綜合」と「反定立」とを、一方は「同一性」、他方は「分断」という「二つの命題」のなかで「表現」（Ibid., S. 37）するのでなければならない。「思弁」が「たんなる反省」の側面から見られるかぎり、「絶対的同一性」は「対置されたものどもの綜合」のなかで、それゆえ「二律背反《アンチノミー》」のなかで現出する。「絶対的」同一性がそこへと差異化されるところの「相対的諸同一性」は、たしかに「制限」され、そのかぎりではそれは「悟性」にとってあり、「二律背反的」ではない。同時にしかしそれらは「諸同一性」でもあるので、「純粋な悟性諸概念」ではない。そして哲学においてはいかなる「措定されたもの」も「絶対者への関係」なしには立ちえないからこそ、それらは「諸同一性」（Ibid., S. 41）であらねばならないのだという。先にも触れたように、「絶対者の現出」は一つの「対置」であるので、「絶対者はその現出のなかには有らない」のだと、ヘーゲルはここで述べてはいるのだが、しかしこうも続けられている。「絶対者はそれゆえ、自らを現出それ自身のうちに措定せねばならない、すなわち現出を無化するのではなく、同一性へと構築するのでなければならない」（Ibid., S. 48）。さらに『差異』によれば、「自我＝自我」は「同時に同一性かつ二重性」であり、「自我＝自我における一つの対置」（Ibid., S. 55）である。「絶対者それ自身」が「同一性と非同一性との同一性（Identität der Identität und der Nichtidentität）」なのであって、「対置すること」と「一で有ること」とが同時に「絶対者のなかに」（Ibid., S. 96）ある。そして「観念的対置」が「絶対的同一性をまったく捨象する反省の作品」だとするなら、逆に「実在的対置」は「対置されたものどもをたんに認識の形式のうちに置くのみならず、有の形式のうちにも置き、同一性と非同一性とを同一的に措定するような理性の作品」（Ibid., S. 98）なのだという。

一八〇二年七月の『信と知』のなかでは、「真無限」は「無限と有限それ自身との、すなわち有限に対置されるかぎりでの無限の、同一性」(Ibid. S. 352) であると言われ、同年秋の『人倫性の体系』では「有機的全体性としての民族」が「実践的なものや人倫的なもののすべての諸契機の絶対的無差別」であると述べられたあとに、このような無差別の「諸契機」とはまず「同一性、無差別の形式」であり、次いで「差異(=差別)の形式」であり、最後に「絶対的な生き生きとした無差別の形式」(SdS. S. 50-1) であると語られている。「全体の生動性」とは「差異における絶対的同一性」(Ibid. S. 67) なのである。

一八〇三年の『自然法の学的取り扱い方』によれば、「絶対者」は「異なるものどもの同一性」として認識されるのだが、その「異なるものども」の「規定性」とは、「一方は一性 (Einheit)、他方は多性 (Vielheit) であること」(W2. S. 456) である。それゆえ「絶対者」とは「無差別と関わり合いとの統一 (Einheit der Indifferenz und des Verhältnisses)」なのであって、「絶対者の現出」は「無差別」と「そこにおいては多が第一のもの、積極的なものであるような、関わり合い、もしくは相対的同一性」との「統一」(Ibid. S. 457) として規定される。

最後に一八〇四/〇五年の『論理学、形而上学、自然哲学』では、「無限性のなかで関連づけられているもの」とは「単純な一と多」ではなく、「一と多の関係 (eine Beziehung des Einen und Vielen) と一と多の無関係 (die Nichtbeziehung des Einen und Vielen)」、もしくは「単純に措定された一と多 (das einfachgesetzte Eine und Viele) と多様に措定された一と多 (das vielfachgesetzte Eine und Viele)」(JSE II, S. 36) だという、やはりいかにもヘーゲルらしい表現が用いられている。「絶対精神」とは「単純な、もしくは自らを自己自身に関係づける無限性」なのだが、このような「単純な本質」は、「無限的」なものとして、ただちに「他」あるいは「それ自身の反対」(Ibid. S. 184-5) なのだという。つまり「それ自身において同時にそれ自身の他」であるような「自己自身への精神の関係」が「無限」(Ibid. S. 185) なのであって、「自己自身を他において自己自身として直観する」のが「精神」(Ibid. S. 188) なのである。

Ⅲ 「自己自身へ関係づけること」はむしろ「分断すること」であり、「自己相等性」とは「内的な相違」であるという、『精神現象学』の「力と悟性」の箇所にあったヘーゲルの言葉は、すでに見た。我々は「如何にしてこのような純粋本質から、如何にしてそこから出て（*heraus*）相違や他有がやって来るのか」を、問う必要などない。なぜなら「分断はすでに生起していた」（PhG^{B2}. S. 115）からであり、「自己自身に等しいものであるべきだったはずのもの」は、「絶対的本質」であるというより、むしろすでに「分断されたものの一つ」だからである。「そこからは相違など出来《しゅったい》しえないとよく言われる一性は、じつはそれ自身、分断の一契機にすぎない」（Ibid. S. 116）、等々。

また「理性」のセクションのなかの「快と必然性」の箇所では、「統一性、相違、関係」といった諸カテゴリーは「その各々が即且対自的には何ものでもなく、ただその反対への関係においてのみあり、それゆえ別れ別れになりえない」ような「諸カテゴリー」であると述べられていて、『論理学』への近さを想わせる。それらは「それらの概念によって、相互に関係づけられている」（Ibid. S. 242）のである。

Ⅳ 『現象学』以降、たとえば『大論理学』において――「区別されて有ることと区別されて有らぬこととの統一」として――「同一性と非同一性との同一性（Identität der Identität und Nichtidentität）」（WdLS^2. S. 63）という言葉が用いられているのは、すでに見た。同書第二巻「本質論」によれば、「同一性は一つの相違するもので有る」、なぜなら「同一性は異別性から相違するもので有る」（WdLW. S. 29）からである。「真理」はただ「同一性の異別性との統一」においてのみ「完全」であり、それはこのような「統一」のうちにのみ存する。「同一性」とは「異別性からの分離として、もしくは異別性からの分離において、本質的な同一性」（Ibid. S. 30）なのである。逆に「相違」もまた「自らに関係づける相違」であり、それは「それ自身の否定性」、つまり「他からの」相違ではなく「自己自身からのその」相違である。しかるに「相違」から「区別」されたものとは「同一性」である。したがって相違はそれ自身「同一性」であり、両者が一緒になって「相違」を形成するのだという。それゆえ「相違」とは「相違と同一性との統一」（Ibid. S. 34）なのである。

『エンチュクロペディー』の「論理学」のなかでも、「真無限」はむしろ「それの他において自己自身のもとに有ること」あるいは「それの他において自己自身にいたること」(W8, S. 199) のうちに存しているのだと述べられている。「如何にして同一性は相違にいたるのか」などと問うのは、「まったく無思慮」である。なぜならこのような問いは、それだけで存在しているような「抽象的同一性」としての「同一性」と、同様にそれだけで存在しているような「相違」とを、「前提」(Ibid., S. 239) してしまっているからである。「根拠」とは「同一性と相違との統一 (die Einheit der Identität und des Unterschiedes)」(Ibid., S. 247-8) である。けれどももし「根拠」が「同一性と相違との統一」と言われるのであれば、そのさいこのような「統一」のもとに、「抽象的な同一性」を理解してはならない。なぜならヘーゲルによれば、「根拠」は「統一」であるばかりでなく、「まったく同様に (ebensowohl auch)」、「同一性と相違との相違 (der Unterschied der Identität und des Unterschiedes)」(Ibid., S. 248) でもあるからだという。

V 「『エンチュクロペディーの論理学』のなかで同一性と差異に対する第三の項として現れているのは、矛盾ではなくて根拠である」(Longuenesse, p. 125) と、ロングネスは語っている。そしてそのような「根拠」の箇所において、「同一性と相違との統一」とならんで「同一性と相違との相違」について語られているのが見られるのは、興味深いことである。

スアルによれば、ヘーゲルが拒絶しているのは「同一性」ではなく、「その抽象的な唯一的形式の固定」(Soual, p. 191) のみである。「同一性は……から異なる」などと言う者は、同一性が「それ自身において差異である」(Ibid., p. 196) ことを知らない。そのプラトン講義のなかで、ヘーゲルは『ソピステース』のなかの「他であるものは同じものであり、同じものであるものは他なるものである」という言葉を引用している。彼はプラトンにおいて「差異と一であるような同一性の、具体的な、生ける統一の思想」を見、その「新プラトン主義的解釈の重要性」(Ibid., p. 222) を強調している。そしてスアルは、ヘーゲル哲学は「綜合の思想」ではなく、それはむしろ「同一性と差異との同一性としての根源的同一性の思想」(Ibid., p. 188) だと言明するのである——しかしながら、「綜合」ではなく「根源的同一性」であるような「同一性と差異との同一性」とは、いったいいかなる同一性なのだろうか。

もし「同一性と相違との相違」を「同一性と非同一性との非同一性」と読み替えることが許されるのだとするなら、「同[1]一性と非[1]同一性との同[2]一性」は、ただちに「同[1]一性と非[1]同一性との非[2]同一性」と並置されることになるだろう。しかし、もし両者がまったく同一レヴェルで――「まったく同様に」――成り立つというのであれば、われわれはさらに「〈同[1]一性と非[1]同一性との同[2]一性〉と〈同[1]一性と非[1]同一性との非[2]同一性〉との同[3]一性」や「〈同[1]一性と非[1]同一性との同[2]一性〉と〈同[1]一性と非[1]同一性との非[2]同一性〉との非[3]同一性」を併せて問わねばならないことになってしまって、このようなことが無限に続くであろう――われわれは、無意味な形式的議論を展開しようなどと考えているわけではない。われわれはむしろ、このような無限進展など起こらないであろうし、起こってはならないと考えている。しかし、もしそうであるならば、最初の「同[1]一性と非[1]同一性との同[2]一性」において、「同[1]一性」と「同[2]一性」とは、まったく異なる有論的ないし現象学的ステイタスを有しているのでなければならないはずである――そのような相違の根拠を述べることなしに、ただ「同一性と非同一性の同一性」や「同一性と非同一性との非同一性」を説くだけでは、それこそ「無思慮」や怠慢の誇りを免れえないだろう。それでは「同[2]一性」は、いったいどのような有り方をしているのだろうか。あるいは現象学的に語るのであれば、「同[2]一性」は、「同[1]一性」や「非[1]同一性」とは別様に、いかなる仕方で受け取られ、現象化せしめられるのだろうか。

Ⅵ　ただしわれわれが問いたいのは「同一性と非同一性との同一性」の有論的・現象学的ステイタスなのであって、「同一性と非同一性との非同一性」のそれではない。なぜなら『自然法の学的取り扱い方』のなかでヘーゲル自身が述べているように、われわれもまた「ポジティヴなものは、本性にしたがって、ネガティヴなものより先にある」(W2, S. 505) と考えているからである。あるいはフランクフルト時代のヘーゲルの言葉を借りるなら、「抗争するもの (das Widerstreitende) が抗争するものとして認識されうるのは、すでに統合されてしまっているということによってのみ」(W1, S. 251) だからである。

しかしながら「統合」や、「ポジティヴなもの」といった表現自体、このような場面ではすでに手遅れなのかもしれない。同じく『自然法の学的取り扱い方』のなかで、ヘーゲルはこう語っている。「+Aが−Aへの関係なしにいかなる意味も持たないということから証明されるべきは、+Aとともにただちに−Aが有るということであり、敵対者はそれからそのことを、ここでは+Aよりむしろ−Aが現存するというように捉えている。しかし彼の−Aには、まさにこのこと〔＝同じこと〕が言い返されうる」(W2. S. 515) ――われわれは先に、『現象学』それ自身のなかで、「統一性、相違、関係」は「その各々が即且対自的には何ものでもなく、ただその反対への関係においてのみあり、それゆえ別れ別れになりえない」ような「諸カテゴリー」だと言われているのを見た。そしてそのことは、たしかに「+A」や「−A」、あるいは「同一性[1]」や「非同一性[1]」についてては当てはまるだろう。しかしもし同じことを「同一性[2]」に求めるのであれば、ただちにわれわれは先の無限進展ないし「悪無限」に陥ってしまうことになる。それゆえわれわれがここで求めなければならないのは、「+」も「−」もないただの「A」、すなわち「肯定」や「否定」の手前にあるものである。しかるにそのようなものを考えるためには、われわれは対象化や顕在化や主題化といった行為を、要するに「比較」や「関係」や「規定」に留意することによってしか成り立たないような措定的態度を、放棄するのでなければならないだろう。しかしそのようなことは、そもそも可能なのだろうか。

Ⅶ　そのことを示すために本章が戦略的に取ったのが、『現象学』における「叙述」と「意識の経験」との関係を探るという道なのであった。もちろん「叙述」は対象化の一種であり、それなりに顕在化かつ主題化ではあり、規定も比較もおこなっている。けれどもここには観察される自然的意識とはちがって、自らの対象に対して否定的ないし弁証法的な態度で臨むのとは別の態度が要求されていた。しかも最終的な「絶対知」においては、「絶対者」と「認識」とのあいだに「分離」や「対置」の関係は排除されているのでなければならず、またそのような「絶対知」がなければ、そのつどの「我々の付加」も、それに応えるそのつどの自然的意識の自己超越も、けっして成り立ちえないのだということになる。「絶対者のパルーシア」がなければ、「意識の経験」は「意識の経験の学」とはなりえない――それゆえ求められているのは、「否定」も「対置」も「媒介」も要しない、絶対的な自己顕現の体制なのである。

Ⅷ　同一性と非同一性との「綜合」ではなく、「根源的同一性」であるような一性、否定や弁証法のみならず、対象化や同一化さえ拒むような根源的一性とは、いったいどのようなものなのだろうか。

仮に〈多〉を〈多〉として受け取り、これを現象化せしめるのが〈意識〉という〈一〉であるとするなら、意識は〈多における一〉という現象学的構造を有しているはずである。そして〈多〉が〈多〉として成り立つためには、もちろんそこに「同一性」と「非同一性」の関係が、並立的に確立されているのでなければならないだろう。しかしながら、〈多〉を受け取り〈多〉を集摂している〈一〉それ自身は、今度は如何にして自らを受け取りつつ自らを現象化しうるのだろうか。そこには「同一性」と並置されるような「非同一性」も、また「非同一性」とならび立つような「同一性」さえ、もはや存在するのであってはならないのだし、そもそも〈多〉や〈多〉の「比較」があってはならない――そこにあるのはただひたすら自己を受け取るだけの〈一〉であり、〈一における一〉である。それゆえ「根源的同一性」とはむしろ、「同[1]一性」も「非同[1]一性」も消え去ったようなところで初めて自己顕現するような、そのような〈一〉なのである。そしてそもそもそのような〈一〉もしくは「根源的同一性」がこのように自己顕現しないとするなら――「綜合」の道が絶たれている以上――いったい如何にしてわれわれは、〈一〉や「根源的同一性」について、現に語りえたのだし、現に語りえているというのだろうか。

カッシーラーによれば、「つぼみ」は「花の出現」のなかで「消失」し、これによって「反駁」される、また「果実」も「花」を「植物の誤った定在」と説明する、というような「ヘーゲル論理学の諸命題[95]」は、ゲーテの眼には、「あたかもひとが自然の永遠の実在を、一つの悪しき詭弁的な冗談によって、破滅させせんと欲しているかのよう」に、「端的に奇怪」(Cassirer, S. 375-6) に映ったのだという。或るものを説明する言葉が、そのものを正確に伝えているか否かには、つねに疑問の余地がある。しかし、だからといってその不足分を補う命題が前者を否定し、さらにその第二の命題が自己否定を繰り返して「真理」を形成するというのでは、方便のうえにさらに方便を重ねるというような陥穽に陥る可能性もなくはない。そして問題は、「綜合」ではない「根源的同一性」を、如何にして余計な「術策」なしに記述するかということではないだろうか。

ブルジョアによれば、「カント以上にさらに明白に、近代人たちのなかでヘーゲルが、まずもって合一（*unification*）の哲学者なのではなく、〈一者〉（l'*Un*）の哲学者であり、そしてこの〈一者〉のみが合一を成功させる」（Bourgeois (2), p. 375）のだという。「合一」ではない「〈一者〉」の哲学を求めるということに関しては、たしかにわれわれにも異存はない。しかしながら、はたしてそのことは、ヘーゲル自身のテクストから確証されうることなのだろうか。

ところでヘンリッヒによれば、「反省の論理学についての章」のなかで「『大論理学』の最も重要な説明手段」が「分析の主題」（Henrich (2), S. 228）とされており、しかも「反省論理学」においては「統一と差異との統一」が直接的に「主題」（Ibid. S. 229）とされているのだという。それゆえわれわれの次なる課題とは、とりわけ「反省」の論理に着目しつつ、ヘーゲルの『論理学』を批判的に検討し直すこととなる。

第二章　「同一性と非同一性との同一性」の論理学

――ヘーゲル『大論理学』に関する一考察――

「ヘーゲルは『論理学』を思惟したり書いたりすることによって、神になる。あるいはお望みなら――神になることによってこそ、彼は『論理学』を書いたり思惟したりする」(Kojève, p. 414)[1]。

「『現象学』はその読者たちをいささか困惑させていた。というのも彼らには、それが性格上いちじるしく非シェリング的でもある一冊のシェリング的著作であるように思えたからである。けれども『論理学』とともに、ポスト‐カント主義者たちの非シェリング的な後継者まさにそのひと (*the* non-Schellingian successor to the post-Kantians) としてのヘーゲルの地位が、確保され始めた」(Pinkard (2), p. 351)。

「ヘーゲル哲学は綜合の思想ではない。〔…〕反対にそれは、同一性と差異との同一性としての根源的同一性の思想なのだ」(Soual, p. 188)。

はじめに――「絶対者」と「同一性と非同一性との同一性」と「有と非有の統一」と

I

「『大論理学』の出版後、ひとはここで何が起こっているのかを認識し始め、一八一六年にはその哲学者〔＝ヘーゲル」をハイデルベルクへと呼び寄せた」(Dath. S. 64)――『大論理学』は『精神現象学』とならんで、あるいは『精神現象学』以上にヘーゲルの特徴をいかんなく発揮した大著であり、ヘーゲルの名声を決定づけた著作でもある。しかしながら、一八一五年八月二七日付のターデン(N. v. Thaden)のヘーゲル宛書簡を見ると、彼がヘーゲルの『論理学』のことを「本のなかの本」(cité in Vetö. p. 43)と呼びつつも、まだそれが一般には評価されていない旨を伝えていることが分かる。(2)

ヘンリッヒによれば、二〇世紀初頭にヘーゲル哲学が経験した「ルネサンス」ののち、長いあいだ「ヘーゲル研究の注目の中心」にあったのは『精神現象学』であった。しかしながら、そうこうするうちに、このような判断は見直しを迫られるにいたり、『大論理学』とその諸問題との理解からのみ、『現象学』それ自身の内容や議論形式でさえ、真剣な熟慮の対象とされるようになってくる。そこで一九六〇年以降、ヘーゲル思想の動向をただ「再生」するだけでなく、「或る距離」を置いて記述するような註釈も「試み始められた」(Henrich (2). S. VII)のだという。そしてそのような事情はフランスにおいても同様らしく、ジャン・ヴァールやコジェヴやイッポリトたちの著作が学界を賑わしていた「おおよそ一九三〇年と一九六〇年のあいだ」、『大論理学』や『エンチュクロペディー』は『精神現象学』ほど「読まれたり註釈されたりすることはなかった」(Henrich (3). S. 94)と、ラバリエールは伝えている。けれども『精神現象学』の構造に関する二冊の著書のなかできわめて精緻な分析をおこなったそのラバリエールも、『大論理学』のことを「おそらく〔…〕最も重要な著作」(Labarrière (2). p. 23)と評価し、同じく『精神現象学』の読解にあれほど情熱を燃やし続けたイッポリトでさえ、ヘーゲル論理学のことを「哲学文献全体のなかで最も豊かで最も深い著作の一つ」(Hyppolite (1). p. 561)と賞讃しているのである。

「とりわけヘーゲルは新しい論理学に、人間的思索の歴史のなかで蓄積された膨大なカテゴリー素材の習得という課題を立てる」(Henrich (3). S. 51)とモトゥロシロヴァ(N. W. Motroschilowa)は述べている。それゆえ「自然の論理」にせよ何にせよ、いやしくも現代において「哲学」というものに携わりつつ「論理」について語る者は、その独特の論理展開の特異性に賛同するか否かは別として、ともかくも一度はヘーゲル論理学を参照し、これについて論ずるという経験を通過してみるのも、悪いことではないだろう……。

Ⅱ　前章の末部でわれわれは、「同一性と非同一性との同一性」というヘーゲルの考えを、彼の『大論理学』を用いて続章で再検討するという課題を立てた。とりわけ「同一性」と「相違」と「矛盾」は、それぞれ『大論理学』の第二巻「本質論」の第一篇「それ自身における反省としての本質」の第二章「諸本質性もしくは反省諸規定」のなかの三つの節の表題として、直接主題化されている。そのうえたとえ「同一性と非同一性との同一性」という言葉は『差異』と『大論理学』においてしか見出されないのだとしても、その考えそのものは、ヘーゲルの初期思想から成熟期の思想を通して、一貫して維持され続けていることも、われわれが前章で確認したとおりである。そして「同一性」に関しては、たとえばピピンは「〔ヘーゲルの〕思弁哲学は、〈理性〉、全体性（totality）、全体（the whole）の哲学であり、初期の諸文書を通じていたるところ、同一性の哲学である」（Pippin (1), p. 69）と述べ、また「フィヒテの『知識学』やシェリングの初期観念論」は言うに及ばず、「ヘーゲルの『論理学』」においても「われわれは彼らが同一性理論（*Identitätstheorie*）と呼ぶ問題の核心部にいる」（Pippin (2), p. 108）と語っているのである。しかし、それではフィヒテやシェリングの同一性理論とヘーゲルの同一性理論とのちがいは、奈辺に存しているのだろうか。

　われわれは前章で、一八〇〇年の『体系断片』のなかにある「生は結合と非結合との結合（Verbindung der Verbindung und der Nichtverbindung）である」（WI. S. 422）というヘーゲル自身の言葉を見た。ペゲラーによれば、彼は「そのフランクフルト時代の最後の年〔＝一八〇〇年〕に「無限的生への有限的生の宗教的高揚の構造を、またそれとともに生それ自身の構造を、或る《形而上学的》研究によって解明する」ことを要求しつつ、この構造を「結合と非結合との結合」と規定したのだが、そのさいヘーゲルは「非結合の契機を強調」し、そしてこのことは「或るフィヒテ批判を含んでいる」（F/H. S. 381）のだという。

　そして同様のことは、シェリングに関しても言われえよう。たとえばヘーゲルにおける「生」の概念に捧げられた或る著作のなかで、一方ではたしかにコーディネーターたるヴェイヤール－バロンは、「たとえヘーゲルがまだ絶対〈精神〉についての自らの反省を完成していなかったのだとしても、ひとはすでに、絶対〈精神〉が絶対的同一性ではなく、自らの〈他〉における自己自身との同一性であるという意味で、絶対〈精神〉が同一性と非同一性との同一性というシェリング的原理に取って代わるのを認めうる」(V-B (2), p. 76) と述べてはいるのだが、他方ではしかしまさにその同じ本のなかで、ドゥプレ (O. Depré) は「《同一性と非同一性との同一性》という定式は、シェリング的インスピレーションのものではありえない」(Ibid., p. 45) と、正反対のことを述べているのである――じっさいわれわれの検討が正しければ、それはヘーゲルが生涯を通じて堅持し続けた彼の根本思想なのである。それゆえここでもわれわれは、たとえばスターンが「彼〔＝ヘーゲル〕は喜んで《差異－における－同一性》[3]を受け入れるが、しかるに〔彼の見解では〕シェリング主義者は実在を、基本的には自己－同一的で、差異化を欠いたものとみなしている」(Stern, p. 42) と述べたり、あるいはカンタンが「シェリング哲学に対してヘーゲルがおこなうことになる全体的な非難とは、同一性と非同一性との同一性についての論証――それは辛抱強いものでなければならない――におけるその欠陥である」(Quentin, p. 65) と主張したりするのを、目撃することができるのである。

ところでそのカンタンによれば、ヘーゲルにとってシェリングが産出しなければならなかったのは、「理念についての或る哲学、すなわち一つの〈論理学〉」である。「逆説的にもシェリングの同一性体系を完成することになるのは、ヘーゲル」なのである。そしてカンタンは、ヴテの次の言葉を引用する。「おそらくシェリングはこの時代から、のちに彼がヘーゲルに対して異議を申し立てることになることを、つまり、〈論理学〉から開始することによっては、もはやひとはそれを脱することができないことを余儀なくされているのだということを、予感していた」(Ibid., p. 67) ……。

Ⅲ　しかしながら、じっさいのところ「青年期の汎悲劇主義から成熟期の汎論理主義へと移行することになる一つの弁証法的哲学」(Hyppolite (1), p. 341)[4] というイッポリトの高名なる定式が逆に示しているように、青年期のヘーゲルにはむしろ論理至上主義に対しては批判的な態度が垣間見られるということもまた、一つの事実なのである。たとえばベルン期の彼は、こう述べている。「生き生きとした自然は、その概念とは永遠に別のものであり、それとともに概念にとってはたんなる変様、純然たる偶然性、或る余計なものであったものが、必然的なものに、生き生きとしたものに、ひょっとして唯一自然的で美しいものになる」(W1, S. 219)。あるいはフランクフルト期においても、「思想は生き生きとした神ではない」(Ibid., S. 304) とか、あるいは「諸々の徳の生き生きとした絆、生き生きとした統一は、概念の統一とはまったく別のものである」(Ibid., S. 361) 等々と述べられたりしている。それゆえフファによれば、「分裂の調停、同一性と差異との同定、普遍と特殊の統合、疎外の具体的な除去」など、のちに「概念」の仕事となるはずのものを完遂するように思われるのは、この時期のヘーゲルにとっては、「愛」(Foufas (1), p. 130) なのである。けれどもこのことを逆に言うなら、「対置と疎外を超出しようとする気遣いは、成熟期のヘーゲルの思索にとっても中心的となろうが、しかしながらこの期〔＝成熟期〕にこのような移行を実行しなければならないことになるのは、哲学と概念との実現としての絶対知であって、けっして愛と宗教ではない」(Ibid., p. 145)。

Ⅳ　いわゆる「汎論理主義」や「概念」至上主義の哲学がどのかぎりで妥当で、どのかぎりでその有効性を失うのかという問題については、われわれは次著『自然の論理の根底へ』で主題的に考察する予定であって、本書はどこまでも「論理」の枠内にとどまる――そして本章の目的は、あくまでヘーゲルの『大論理学』を中心に、彼の「同一性と非同一性との同一性」の「論理」をより詳らかにすることであった。それゆえもう一度、「同一性と非同一性との同一性」が出現する箇所を再確認することによって、本章が探求すべき主要な諸問題を、もう少しだけ正確に標定しておくことにしよう。まず『差異』論文では、「絶対者それ自身は〔…〕同一性と非同一性との同一性である。対置することと一で有ることとが同時に絶対者のなかにある」(W2, S. 96) と言われ、また「観念的対置が絶対的同一性をまったく捨象する反省の作品だとするなら、それに対して実在的対置は、対置されたものどもをたんに認識の形式のうちに置くのみならず、有の形式のうちにも置き、同一性と非同一性とを同一的に措定するような理性の作品である」

(Ibid., S. 98) とも述べられている。そして『大論理学』はその第一巻「有論」の冒頭部分「学の始源は何からなされなければならないか」のなかで、こう語っている。「始源の分析は〔…〕有と非有の統一の——あるいは反省された形式においては、区別されて有ることと区別されて有らぬこととの統一の——もしくは同一性と非同一性との同一性の——概念を与えるであろう」(WdLS^2. S. 63)。それゆえ、ともかくも主題として必ず取り上げておかねばならないのは、「絶対者」、「同一性と非同一性との同一性」それ自身、そして「学の始源」における「有と非有の統一」という、三つないし四つの問題構制だということになる。

V　本章の課題は、基本的には前章末部で示されたものと変わらない。本章は、ヘーゲルの「同一性と非同一性との同一性」の有論的・現象学的ステイタスを、前章と同じ問題意識、また同じ角度から、ただし主題化の中心を『精神現象学』から『大論理学』に移しつつ、そこにおける「絶対者」、「始源」もしくは「有と非有の統一」を主として考察しつつ、批判的に検討することを、その目的とする。そのさいわれわれは、まず『大論理学』の二つの「緒言」や「序論」を参照しつつ、ヘーゲルの哲学体系のなかでの『大論理学』の位置づけや、その区分などについて確認し、また「同一性と非同一性との同一性」という言葉が登場する第一巻「有論」の冒頭部分「学の始源は何からなされなければならないか」を検討することによって、本章の課題を再確認することから始める。次いでわれわれは、本章の直接の検討課題たる「同一性」、「相違」、「矛盾」と、さらには『大論理学』においてはそれらの統一とみなされている「根拠」の問題構制について、第二巻「本質論」の第一篇第二章「諸本質性もしくは反省諸規定」と、また第三章「根拠」の冒頭部分を参照しつつ、考察する。[5] 第三に、「学の始源」における「有と非有の統一」という問題に関しては——ちなみにイッポリトによれば、「有と無の対立、次いで最初の具体的綜合たる生成は、論理学全体の基盤を構成する」(Hyppolite (2), p. 223) のだということになる——第一巻「有論」の第一篇「規定性(質)」の第一章「有」を中心として、やはり批判的に検討する。そして最後にわれわれは、第二巻「本質論」第三篇「現実性」第一章の表題として取り扱われている「絶対者」を取り上げるのだが、しかし同じ関心からそれ以上に、第一巻第一篇第二章の「C

無限性」で論じられている「無限」や、さらには第三巻「概念論」の第三篇「理念」の第三章にして『大論理学』全体の結論部たる「絶対理念」について考察することも、避けて通ることなどできないであろう。

それゆえ本章は、以下のように分節される。

第一節　『大論理学』における「同一性と非同一性との同一性」
第二節　「反省諸規定」としての「同一性」、「相違」、「矛盾」、「根拠」
第三節　「有」と「無」と「生成」と
第四節　「絶対者」と「無限」と「絶対理念」と

第一節　『大論理学』における「同一性と非同一性との同一性」

> 「論理学の圏内では、神は可能性にして絶対的な形式である。それはあらゆる被造物に先立つところの、そしてまさにそのことによって潜在的に万物を含むところの、有である。それは父なる神である。／自然の圏内では、神は外的で可視的な実在の原理であり、時間、空間、運動、光等々の原理である。それは御子たる神である。／〈精神（聖霊）〉の圏内では、神は自らを永遠の可能性と可視的実在との絶対的原理として承認し、その愛とその思惟のうちに両者を包括し、かくしてそれらの融合と統一とを遂行する」（Vera, p. 170）。

「はじめに」でも予告しておいたように、本節ではわれわれは、(2)で『大論理学』において「同一性と非同一性との同一性」という言葉が見出される「学の始源は何からなされなければならないか」の箇所を検討するまえに、(1)においてまず第一版、第二版の二つの「緒言」と一つの「序論」において見られるような、ヘーゲル哲学における「論理学」の位置づけとその一般的区分とを確認することから始めることにしたい。

イェーナ時代初期、ヘーゲルは「まだ論理学と形而上学を区別し、論理学を形而上学への序論として捉えていた」(Pöggeler, S. 275. Vgl. S. 272 : F/H, S. 344) のに対し、『精神現象学』の執筆期には「論理学と形而上学」はますます強力に一つの「論理学」へと「統合」され、当然の帰結として「論理学」(Pöggeler, S. 269) という表題のもとに立てられるようになっていったのだという――ちなみにかく言うペゲラーによれば、ヘーゲルが「論理学と形而上学とを体系の先頭に立てる」のは、「彼の原則的なシェリング批判」(Ibid., S. 144) である。そしてヴテもこう語っている。「イェーナ期の初めには論理学は形而上学への一つのたんなる序論としてしか現れえないのだとしても〔…〕のちには論理学は形而上学の《姉妹》となり、そのうえそれは本来の意味での形而上学である」(Vetö, p. 43)。

それゆえわれわれとしては、ブルジョアのように「ヘーゲルは〔…〕形而上学を全面的に否定する」(Bourgeois (2), p. 183) と断定することに対しては、逆に全面的に異議を申し立てたいと思う。われわれが述べうるのは、せいぜいのところ、ピピンの言うように「ヘーゲルは近代の独断的形而上学には反対する」(Pippin (2), p. 4) という程度までであろう。なぜならヘーゲル自身が、たとえば『エンチュクロペディー』のなかで、「論理学は〔…〕形而上学と一致する」(W8, S. 81) と言明しているからである――そしてそのことをわれわれは、『大論理学』の冒頭近くの箇所で、さっそく確認することになる。

(1) 「論理学」の位置づけと一般的区分

I　つまり一八一二年に公刊された『大論理学』第一巻「有論」の「緒言」は、形而上学や論理学の現状について述べたあと、「本来的な形而上学もしくは純粋な思弁哲学を形成する論理学は、これまでまだまったくなおざりにされているのが見られた」と、はっきり語っているのである。そしてそのさい問題とされているのは、「学的な扱いについての或る新しい概念」である。哲学はその「方法」を、たとえば「数学」のような「下位の学」から借りるわけにはゆかない。「学的認識」において自らを動かしているのは「内容の本性」なのであって、「悟性」が「諸規定を規定し堅持する」のに対し、「理性」は「悟性の諸規定を無へと解消する」ことによって「否定的で弁証法的」であり、しかしまた「普遍を産出し特殊をそのなかで概念把握する」ことによって「肯定的」（WdLS^2, S. 6）でもある。その真実において、「理性」とは「精神」なのだが、「概念の内在的運動」たるこのような「精神的運動」こそが「認識の絶対的方法」であり、同時に「内容それ自身の内在的な魂」なのである。

『精神現象学』でも、このような仕方で「意識」を叙述するような試みがなされた。意識とは「具体的な、しかも外面性のうちに囚われた知としての精神」のことなのだが、しかるにこのような「対象」の前進は、「論理学の内容を形成する純粋諸本質性の本性」（Ibid., S. 7）にのみ依拠している。そして『精神現象学』と「論理学」との「外的な関わり合い」に関して言うなら、前者を含むのが「学の体系の第一部」だとすれば、それに続く「第二部」が「論理学」と、また「自然哲学」と「精神哲学」という「哲学の二つの実在的諸学」（Ibid., S. 7-8）とである――前章でも見たように、「学の体系の第一部」という表題は、結局は完成されることのなかった『精神現象学』の第二版では、「もはや添加されない」（Ibid., S. 8）であろうことが、『大論理学』の「有論」の第二版では書き記されることとなる。ちなみに『エンチュクロペディー』の一八二七年の第二版や一八三〇年の第三版では、「私の『精神現象学』」は「その出版のさいに学の体系の第一部と表記された」（W8, S. 91-2. Cf. Encl, p. 291）と、すでに過去形で語られている。また同じく『エンチュクロペディー』第三版に加えられた或る附論のなかでは、「自然哲学」や「精神哲学」が言わば「一つの応用論理学（eine angewandte Logik）」（W8, S. 84）として現れる旨が語られているのだが、すでにニュルンベルク時代のギムナジウムでの《上級のための哲学的エンチュクロペディー》のなかで、「自然と精神とについての諸学は、純粋学もしくは論理学とはちがって、応用的学（die *angewandte* Wissenschaft）と、実在的ないし特殊的な諸学と、みなされうる」（W4, S. 11）と言明されているのである――。そして『大論理学』第一版の「緒言」は、第一冊客観的論理学の第一巻「有論」のあとには第二巻「本質論」と、また第二冊たる「主観的論理学」つまりは「概念論」（WdLS^2,

S. 8）が後続するであろうことを予告して終わっている。

Ⅱ　一八三一年に書かれた『大論理学』の「第二版への緒言」のなかで目立っているのは、「思惟諸形式はさしあたり人間の言語のなかで外置され〔＝外に置かれ〕、とどめ置かれる」（Ibid., S. 9-10）という主張である。人間を動物から区別するのは「思惟」であり、人間に生ずるあらゆるもののなかには「言語」が殺到していて、人間が言語となし言語のなかで表出するものは、一つの「カテゴリー」を含んでいる。「論理的なもの」は人間の「固有の本性〔*Natur* 自然〕」そのものなのだが、しかし論理的なものは、むしろ「超自然的なもの（das Übernatürliche）」（Ibid., S. 10）と言うべきかもしれない。

しかし――前章でも引用したように――「よく知られているものは、だからといって認識されているとはかぎらない」（Ibid., S. 11）。「自然的論理学[6]」と名づけられるような「カテゴリーの使用」は、まだ「無意識的」（Ibid., S. 14）でしかないのである。それゆえ「精神を活性化し、精神のうちで駆り立てて働いているこのような論理的本性〔自然〕を意識にもたらすこと」こそが「課題」となる。「本能的行為」が「知性的で自由な行為」から区別されるのは、後者が「意識を伴って」生起することによってであり、衝動的に駆り立てるものの内容が「主観との直接的統一」を脱して主観のまえで「対象性」へともたらされるとき、「精神の自由」（Ibid., S. 16）が始まる。「衝動としてただ本能的にのみ働いていて、さしあたり個別化され、それとともに可変的で混乱したまま精神の意識のなかにもたらされ、そのようにして個別化された不確かな現実性を精神に与える諸カテゴリー」を「浄化」しつつ、精神を「自由と真理」へと高めることが、「より高次の論理的な仕事」（Ibid., S. 17）となるのである。

なお第二版の緒言は「〔物自体のように〕われわれを超え、またそれに関わる思想を超えて他の極端に立つべき諸事象」（Ibid., S. 15）という考えを批判したり、また「内容」（Ibid., S. 18）を考察の対象とすることの重要性を説いたりもしているのだが、そのことは次の「序論」においても確認されることとなろう。

Ⅲ　すなわち「論理学の一般的概念」と題された「序論」前半部は、「論理学においてほど事象それ自身について

ているのだが、ただちにヘーゲルは、「論理学はあらゆる内容を捨象する」というのがすでに「まずい言い方」だと断じているのである。「論理学のこれまでの概念」は、「認識の内容とその形式との分離」という前提に依拠していた。そこでは第一に、「認識の質料（Stoff）」が「出来合いの世界として思惟のそとに」現存するものとして、また「思惟」はそれだけでは「空虚」で「かの素材（Materie）に形式として外的に付け加わる」（Ibid., S. 26）ものとして前提され、第二に「客観」は「完成した出来合いのもの」、「思惟」は「何か欠陥のあるもの」という「序列」のゆえに「思惟」は「対象」に適合しなければならないとみなされ、第三に「素材と形式」もしくは「対象と思惟」が「相互に分断された圏域」とされることによって、「対象」が「物自体」として「思惟の彼岸」に置かれたりする――しかしながらこうした「先入見」は、すべて「誤謬」（Ibid., S. 27）なのである。

Ⅳ　この点については、「古代の形而上学」は思惟に関して、現代より「いっそう高い概念」を有していたのだとヘーゲルは考える。つまり、それは「諸事物について、また諸事物において、思惟によって認識されるものだけが、諸事物において真に真なるものだ」と考え、「諸事物」と「それについての思惟」とは「即且対自的に合致する」と主張していたのである。

しかるに今日では、「反省的悟性」が哲学を簒奪している。たとえば「矛盾」とはまさしく「悟性の諸制限を越えて理性を高めること」であり、「悟性の諸制限の解消」であるというのに、「〔カントにおいてのような〕悟性の諸形式の批判」はこれらの諸形式の適用を「物自体」（Ibid., S. 29）に対して禁ずるという結果を伴いつつ、「客観的思惟の諸形式」を「物」から遠ざけ、それを「主観」のうちにのみ残すというような「〔悪しき意味での〕主観的論理学」（Ibid., S. 30）に陥ってしまっているのである。けれども論理学は「形式的で、内容に満ちた真理を欠くような学」などではない。「論理的理性」とはむしろ「すべての抽象的諸規定を自らのうちに束ね、それらの堅実で絶対的に－具体的な統一であるところの実体的なもの、もしくは実在的なもの」（Ibid., S. 31）なのである。

Ⅴ 『現象学』が確立しようと申し出ているのは、そこから〈論理学〉が出発するところの〈自己〉と〈有〉との同一性である」(Hyppolite (1). p. 570) とイッポリトは述べている。現に前章でも見たように、『精神現象学』は、そこではもはや「有と知の対立」が存在せず、「精神の諸契機」が「それらの対象を自己自身として知るような単純性の形式」のなかで繰り広げられるような「知のエレメント〔＝境位〕」が準備されると述べつつ、これらの諸契機の運動がこのエレメントのなかで全体へと組織化されたものが「論理学もしくは思弁哲学」(PhG^{B2}. S. 29) なのだと言明していた。そこでイッポリトは「〈論理学〉の弁証法的言説は〈有〉の言説そのものとなろう」(Hyppolite (2). p. 50) と述べるのである。

前章でも触れたように、『大論理学』の「序論」でも、「純粋な学の概念とその演繹とは、本書では〔…〕精神現象学がその演繹にほかならないかぎりで、前提されている」と述べられている。それゆえ「純粋な学」は「意識の対立からの解放」を前提としつつ、「同じ程度に即自的事象それ自身であるかぎりでの思想」もしくは「同じ程度に純粋思想であるかぎりでの即自的事象それ自身」を含んでいる。そしてこのような「客観的な思惟」こそが「純粋な学の内容」なのである。「論理学」は「純粋理性の体系」として、あるいは「純粋思想の王国」として捉えることができ、そしてこの王国は「覆いなく即且対自的に有るがままの真理」(WdLS^2. S. 33) である。かくして「この内容は自然と有限精神との創造の以前にその永遠の本質のうちに有るがままの神の叙述である」(Ibid. S. 33-4)(7) というヘーゲルの有名な言葉が発せられることとなる。

Ⅵ アナクサゴラスは「ヌース、思想が世界の原理であり、世界の本質は思想として規定されるべきである(8)」という思想を最初に言い表した思想家として賞讃される。彼は「宇宙についての知的見解」を根拠づけたのだが、その純粋な形態が「論理学」なのである。何かは「その概念」のうちにのみ「現実性」を有する。そしてそれが自らの概念から異なるとき、それは現実的であることをやめて、「取るに足りないもの」(Ibid. S. 34) となってしまうであろう。

なるほどすでに「批判哲学」は「形而上学」を「論理学」となしはしたが、先にも見たように、「客観をまえにしての不安」から、それは「論理的諸規定」に「或る本質的に主観的な意義」を付与してしまい、かくして「〔カントにおける〕物‐自体」や「〔フィヒテにおける〕無限の衝突」が、「彼岸」に取り残されることとなってしまった。カントはアリストテレス以来「論理学」は進歩も後退もしなかったと述べている。けれども「精神の二千年の継続的労苦（Fortarbeiten）」は「精神の思惟とその純粋本質性とについてのより高い意識」（Ibid., S. 35）をもたらし、じっさいヘーゲルによれば「論理学の或る改造の必要」（Ibid., S. 56）が、とうに感じられ始めているのである。

Ⅶ　しかしながら哲学は、これまでその「方法」を見出していなかった。そして「それのみが哲学的な学の真の方法たりうるものの呈示」は「論理学それ自身の論攷」のうちにある。なぜなら「方法」とは「その内容の内的自己運動の形式についての意識」だからである。『精神現象学』でも見られたように、「学的進行を獲得するための、そしてまったく単純な洞見が本質的にその獲得をめざして努力すべき唯一のもの」とは、以下のような「論理的命題の認識」、すなわち「否定的なものは同じ程度に肯定的である」、もしくは「自己矛盾するものはゼロに、抽象的な無に解消されるわけではなく、本質的にはただその特殊的内容の否定のうちにのみ解消される」、あるいは「このような否定は全否定ではなく、解消される特定の事象の否定であり、それとともに特定の否定である」、それゆえ「結果においては結果がそこから帰結するところのものが本質的に含まれている」という、「論理的命題の認識」（Ibid., S. 38）なのである。帰結するものが「特定の否定」であることによって、否定は「或る内容」（Ibid., S. 38-9）を持つ。それは一つの「新しい概念」だが、しかし「先行するものより高次で豊かな概念」である。なぜならそれは、その「否定」もしくは「対置されたもの」のゆえに、より豊かになったからであり、「自らと自らの対置されたものとの統一」を含んでいるからである。内容を前進させるのは「内容」それ自身であり、「内容がそれ自身において有する弁証法」（Ibid., S. 39）である。「概念それ自身がそれによって先へと導かれるもの」とは「概念が自己自身のうちに有する否定的なもの」なのであって、これが「真に弁証法的なもの」（Ibid., S. 40）を形成する。そしてこのような「弁証法的なもの」のうちに、あるいは「対置されたものをその統一のうちに、もしくは肯定的なものを否定的なもののうちに捉えること」のうちにこそ、「思弁的なもの」(Ibid., S. 41) が存するのである。

われわれは前章でも、『エンチュクロペディー』の第七九節のなかでヘーゲルが「論理的なもの」の「形式」の「三つの側面」を、すなわち「抽象的もしくは悟性的」な側面と「弁証法的もしくは否定的 - 理性的」な側面と「思弁的もしくは肯定的 - 理性的」(W8, S. 168) な側面とを区別していることには触れた——ちなみにこれら三つの側面は、同書では第八〇節から第八二節にかけて、詳述されている——。けれども「抽象的もしくは悟性的」、「弁証法的もしくは否定的に理性的」、「思弁的もしくは肯定的に理性的」という「論理的なもの」が持つ「三つの側面」(W4, S. 12) については、すでにニュルンベルク時代のギムナジウムにおいて語られ、また一八一二年にニートハマーに提出された個人的所見のなかでも、「哲学的内容」は「その方法と魂」とにおいて「三つの形式」を持ち、それは「抽象的」、「弁証法的」、「思弁的」(Ibid., S. 412) である旨が語られているのである。

Ⅷ 『大論理学』に戻ろう。「論理学の体系」は「影の王国 (das Reich der Schatten)」、すなわち「あらゆる感性的具体化からは解放された単純な諸本質性の世界」であり、この学を研究し、この「影王国 (Schattenreich)」にとどまりつつ活動することは、「意識の絶対的な教化にして訓育」となる——かくして「序論」の前半部は、その冒頭で「しかるにとりわけ思想はそのこと (=偶然性や恣意を遠ざけること) によって自立性と独立性を獲得する」(WdLS², S. 44) と述べる最終段落とともに、閉じられるのである。

Ⅸ 「論理学の一般的区分」と題された「序論」後半部でも、「論理学の概念」は「彼方にある或る学 (=『精神現象学』) の結果」として、それゆえ「一つの前提」(Ibid., S. 45-6) として、先に告げられた旨が喚起されている。つまり論理学は「純粋知」を原理として持つような「純粋思惟の学」として規定されたのだが、この学は、そこにおいては主客という「意識の対立」が超克されたものとして知られ、また「有」が「即自的な純粋概念それ自身」として、「純粋概念」が「真の有」として知られる、ということによって、「抽象的」ではなく「具体的な生き生きとした統一」なのである。したがって、これら (=有と純粋概念) が「論理的なもの」のなかに「不可分的」に含まれている「両契機」（Ibid. S. 46）だということになる。

それゆえ概念全体が考察されるのは、あるいは「有るところの概念（*seiender* Begriff）」として、あるいは端的に「概念」としてである。前者は「実在や有の即自的概念」であり、後者は「概念としての概念、対自的（＝自覚的）に有るところの概念」である。したがってさしあたり論理学も「有としての概念」の論理学と「概念としての概念」の論理学とに大別される。すなわち「客観的」論理学と「主観的」論理学とである。

ただしここには或る「媒介の圏域」が生じてきて、ヘーゲルによれば、それは「反省諸規定の体系としての概念」であり、まだ概念として「対自的（＝自覚的）に」措定されてはおらず、「直接的有」にも囚われたままの概念である。そしてそれが「本質論」だという。けれども「概念」にこそ「主観という性格」が表明的に取って置かれるべきであるかぎりで、有論と概念論との中間に位置する本質論は、同書の一般的区分のなかでは「客観的論理学」（Ibid., S. 47）のもとに置かれることになる。

ちなみに『エンチュクロペディー』によれば、「弁証法的過程」は「有の圏域」においては「他のうちへの移行（Übergehen）」であり、「本質の圏域」においては「他のうちへの仮現（Scheinen 仮象たるかぎりで現象すること）」なのだが、「概念の運動」は「発展（*Entwicklung*）」（W8, S. 308）なのだという。

X 『大論理学』の「序論」後半部では、ここで「客観的論理学」と名づけられたものは、カントにおける「超越論的論理学」に「部分的に対応するであろう」と続けられている。カントはそれを「一般論理学」（WdLS², S. 48）から区別したとヘーゲルは述べているのだが、ピピンも指摘するように、「一般論理学」と「超越論的論理学」との「区別」は、ヘーゲルにおいてはカントほど「厳しく固定的」ではない。むしろそれは「人為的な区別」なのであって、ヘーゲルの考えにしたがうなら、「一般論理学はすでに超越論的論理学で有らねばならない」（Pippin（2）, p. 76）[9]とでもいうことになるだろう。

ところでヘーゲルによれば、カントの「主要思想」とは「諸カテゴリーを主観的自我としての自己意識に返還請求

（vindizieren）すること」（WdLS[2]. S. 48）なのだが、もちろんヘーゲルは、それには反対する。「意識の対立」から解放された行為は、もはや「意識」とさえ名づけられるべきではない——「意識」という名前は「思惟」という表現以上に、このような行為に「主観性という仮象」を投げかけてしまうことであろう。しかるにここでの思惟とは「無限な、意識の有限性には取りつかれていない思惟」であり、手短に言うなら「思惟としての思惟」（Ibid., S. 49）なのである。

「客観的論理学」はむしろ「かつての形而上学」に代わるものであり、まずそれは、「有」と「本質」との双方を含んだ「*Ens*（有るもの）一般の本性」を研究する形而上学部門としての「有論（*Ontologie*）」に取って代わる。しかしまたそれは形而上学の残部（＝特殊形而上学）を、これが「魂、世界、神」を「純粋思惟形式」でもって捉えようとするかぎりで、含んでもいる——つまり論理学は、かの「表象の基体や主体」からは自由に、「これらの諸形式を考察する」（Ibid., S. 50）のである。したがって「客観的論理学」は、ヘーゲルによれば、かつての形而上学の「真の批判」だということになる。

「主観的論理学」は「概念の論理学」、すなわち「有」やその「仮象（Schein）」への関係を止揚してしまって、その規定においてもはや「外的」ではなくて「自由な、自立的な、自己において自らを規定する主観的なもの」であるような、あるいはむしろ「主観それ自身」であるような本質についての論理学である。

かくして論理学は「客観的」論理学と「主観的」論理学とに大別されはするのだが、しかしいっそう規定的には「有の論理学」と「本質の論理学」と「概念の論理学」（Ibid., S. 51）とに区分されるのだと繰り返すことによって、「序論」全体が閉じられるのである。[10]

(2)「学の始源」の問題と「同一性と非同一性との同一性」

今度は「有論」の冒頭部分「学の始源は何からなされなければならないか」を見てゆくことにしよう。

I　同所は「現代になって初めて、哲学において一つの始源を見出すことが一つの困難であるという意識が成立した」という言葉で始まっている。「哲学の始源」は「媒介されたもの」であるか「直接的なもの」であるかのどちらかであらねばならないが、しかし、「一方でも他方でもありえないことを示すのは容易」だとヘーゲルは述べている。しかしまず語られているのは、たしかに「哲学の原理」は――水、一者、ヌース、理念、実体、モナド等々、あるいは思惟、直観、感覚、自我、主観性のように――「万物の始源」を表現しはするが、しかし原理が「何らかの特定の内容」であることによって、「始源すること」が偶然的な仕方という意味での「主観的なもの」(Ibid. S. 55)にとどまってしまうということである。しかしながら「始源をめぐる現代の困惑」は、「独断的」に原理の挙示を問題にしたり、「懐疑的」に独断哲学に対する主観的な規準を問題にしたりする者たちがまだ知らないような、また「ピストル」からぶっ放しでもするかのように「内的啓示」や「信仰」や「知的直観」等々から始源して「方法や論理学」が免除されることを欲した者たちがまったく否定するような、「或るさらなる欲求」(Ibid. S. 55-6)から生じているだという。

ここで考察されるのは「論理的始源」のみなのだが、前章でも触れたように、ヘーゲルは「天や自然や精神やどこであれ、媒介と同様に直接性を含んでいないようなものは何も存在しない、したがってこれら両規定は分離されず不可分なものとして、また、かの対立は取るに足りないものとして、示される」と述べている。そして「学的究明」に関しても、「各々の論理的命題」のうちには「直接性と媒介の諸規定が、それゆえそれらの対立とそれらの真理との究明が、現れる」(Ibid. S. 56)のである。

Ⅱ　すなわちヘーゲルによれば、「始源」はそれが「純粋知」のなかでなされるべきかぎりで「論理的」なのだが、しかしこのような始源は、『精神現象学』の示したように「純粋知」が「意識の最後の、絶対的な真理」であることによって、「媒介」されている――「論理学」は「現出する精神の学」を「前提」としているのである。つまり、『現象学』においては「直接的意識(=感覚的確信)」が「学において最初にして直接的なもの」という「前提」だったとすれば、「論理学」が「前提」とするのは、『現象学』が「結果」として示していた「純粋知としての理念」である。

「論理学」とは「純粋な学」、つまり「その展開の広がり全体における純粋知」(Ibid. S. 57) なのである。

ところで「純粋知」では「他へのあらゆる関係」が止揚されているので、それは「没相違的なもの」となるのだが、しかるに没相違的なものは「知」であるということさえやめてしまって、それは「単純な直接性」にすぎないのだとヘーゲルは主張する。しかるに「単純な直接性」もまた「媒介されたものとの相違」に関係するような「一つの反省の表現」なのであって、ヘーゲルによれば、それは「その真の表現」においては「純粋有」なのだという。そして「純粋知」が「知としての知」しか意味しないように、「純粋有」が意味するのも「有一般」のみである。「有であって、それ以外に何もなく、あらゆるそれ以上の規定や充実を欠いている」。

「始源するもの」としての「有」は、ここでは「媒介」によって成立したものとして叙述されたのだが、しかしもし「始源」というものが「直接的に」受け取られるべきものであるとするなら、それは「論理学の始源」であるべきだということによってのみ規定され、そこには「ひとは思惟としての思惟を考察せんと欲する」という「決断(Entschluß)」[11] のみが現存する。それゆえ始源は「絶対的な」、あるいは同じことだが「抽象的な」始源であらねばならない。それは何ものも「前提」してはならず、また何ものによっても「媒介」されてはならず、「根拠」を有してさえいてはならない。それはむしろそれ自身が「学全体の根拠」たるべきものなのであって、端的に「直接的なものそれ自身」であらねばならない。それは「他」に対して或る「規定」[12] を有しえないのと同様に、自らのうちにいかなる「内容」(Ibid. S. 58) も含みえない。「始源はそれゆえ純粋有である」。

Ⅲ　「絶対的に-真なるもの」は「一つの結果」であり、逆に「結果」は「最初の真なるもの」を前提としている。しかし最初の真なるものは、「最初のもの」であるがゆえに、客観的に考察されるなら「必然的」ではなく、主観的にはまだ「認識されていない」――以上のような洞見は、ヘーゲルの時代ではラインホルトにおいてのように、「哲学はただ仮定的で問題的な真なるものからのみ始源しうる」(Ibid. S. 59) という思想を招来してきた。ヘーゲル自身、「前進すること」とは「そこから始源がなされるものがそれに依存し、じっさいそれによって産出されるところの根拠への、根源的で真なるものへの、帰りゆき」だということは、論理学自身の内部でもいっそう明らかとなるであろうような「一つの本質的な考察」(Ibid., S. 59-60) だと考えている。すでに「意識」がそうだった。それゆえ学にとって本質的なことは、「或る純粋に直接的なものが始源である」ということよりも、むしろ「学の全体」が「そこにおいては最初のものが最後のものでもあり、最後のものが最初のものでもあるというような、自己自身のうちへの一つの循環 (ein Kreislauf)」だということなのである。しかしながら、他方ではもちろん、「最初のもの」が「根拠」であり、「最後のもの」は「派生したもの」でもある――始源からの「進行」は始源の「さらなる規定」とみなすべきなのであって、「始源するもの」は「あらゆる後続するもの」の根底にあり、そこから消失することはない。「哲学の始源」もまた「後続するすべての発展のうちに現在し、自らを保持する基礎 (Grundlage)」であり、「自らのさらなる諸規定にまったく内在的にとどまるもの」(Ibid., S. 60) なのである。

このような進行を通して、「始源」は「媒介されたもの」となってゆく。「学的前進」は「一つの円環 (*ein Kreis*)」[13]を描いてゆくのである。同時に明らかとなるのは、「始源をなすもの」は「まだ未展開で没内容的なもの」であるということによって、始源においてはまだ真に「認識」されず、そのまったき展開における学が初めて「その完成され、内容に満ち、初めて真に根拠づけられた認識」だということである。

そして「結果」が初めて「絶対的根拠」として現れるがゆえに、このような認識の前進は「暫定的なもの」でも「問題的にして仮定的なもの」でもないのだと、ヘーゲル自身はそう考える。「始源」は「恣意的なもの」ではないのである。そしてこの点からするなら、「絶対的に‐直接的なもの」たる「純粋有」とて「絶対的に媒介されたもの」なのだが、しかし、ここではそれが「始源」としてあるがゆえに、それは「純粋に‐直接的なもの」という「一面性」(Ibid., S. 61) のなかでも受け取られなければならないのだという。

Ⅳ　しかし「有」でさえ除去されうるのかもしれない。そうすると要求されるのは、ただ「一つの純粋な始源がなされる」ということだけであり、「始源」(Ibid., S. 62) 以外の何も現存しないだろう。

しかしそうすると、「まだ何もない〔無がある〕」が、「何かが生成すべき」だということになる。始源は「純然たる無」ではなく、「そこから何かが出来《しゅったい》すべき一つの無」であり、それゆえすでに「有」が始源のなかに含まれているのだということになる。始源は「有」と「無」の双方を含んでいて、それは「有と無の統一」、あるいは「同時に有である非有」、「同時に非有である有」なのである。

さらには「有と無」は始源において「区別されたもの」として現存している。なぜなら始源は「何か別のもの」を指示しているからである。それは「他としての有に関係づけられた非有」である――「始源するものはまだ有るのではない。それは初めて有に歩み寄る」のである。

それゆえ「始源するもの」はすでに「有り」、しかし同じ程度に「まだ有らなくもある」のだということになる。「有と非有」という「対置されたものども」は、そこでは「直接的統合」のうちにあり、始源は両者の「区別されない統一」である。

かくして「はじめに」でも見たように、「始源の分析は〔…〕有と非有の統一の――あるいは反省された形式においては、区別されて有ることと区別されて有らぬこととの統一の――もしくは同一性と非同一性との同一性（Identität der Identität und Nichtidentität）の――概念を与えるであろう」と述べられることになる。そのうえこの概念は、ここでも「最初の、最も純粋な、すなわち最も抽象的な、絶対者の定義としてみなされうるであろう」と続けられていて、『差異』論文との関連性は十分に肯《うべな》われうる――「同一性と非同一性との同一性」という「絶対者」の有り方の「最初の、最も純粋な、すなわち最も抽象的な」定義が、「有と非有の統一」なのであろう。そしてヘーゲルは、「かの抽象的な概念」が「最初の」定義であるように、「すべてのさらなる諸規定や諸展開」は、ただ「この絶対者のいっそう規定され、いっそう豊かな諸定義」（Ibid. S. 63）にすぎないのだと考える。

V　ちなみに始源（＝「万物の始源」）にまつわる先の分析は、「他の諸学の実例」に倣って、「始源の表象」を「周知のものとして前提」してしまっているのだという。しかしもしそれが或る「具体的な」ものであり「自らのうちで多様に規定されたもの」であるなら、すでに「媒介」された「関係」が「何か周知のもの」として前提されているということになってしまって、直接的でないものが「何か直接的なもの」として申告されているのだということになる。そのうえ「具体的なもの」には分析や規定における「偶然性や恣意」が混入してしまうであろう。

「始源がそれからなされるもの」は、それゆえ、「具体的なもの」すなわち「それ自身の内部に或る関係を含むようなもの」ではありえない。なぜならそのようなものは「最初のものから他のものへの一つの媒介と移りゆき（Herübergehen）と」（Ibid., S. 64）を前提としているが、しかし始源はすでに「進行してしまっていること（Fortgegangensein）」を含んでいるような「自らにおいて最初のものかつ他のものであるようなもの」であってはならないからである。「始源それ自身」はむしろ「その単純な、充実されない直接性のうちにある一つの分析不可能なもの」であり、つまりは「まったく空虚なもの」たる「有」でしかない。

Ⅵ　しかるに近世には「自我」を「始源」とするというような、言及されざるあたわざる或る考えがある。このような始源は、一つには「最初の真なるものからあらゆる後続するものが導出されなければならない」という反省から、もう一つには「最初の真なるものは周知のもので、さらには一つの直接的に確実なものである」という必要性から生じてきた。しかしながら、「無限に多様な世界としての自らについての意識」という意味で、自我はむしろ「最も具体的なもの」（Ibid., S. 65）であり、それゆえ自我が「哲学の始源にして根拠」たるためには、このような具体的なものを「隔離」（Ibid., S. 65-6）する必要がある。つまり、「純粋自我」は「直接的なもの」でも「周知のもの」でもなく、そしてまさにそのことによって、このような「哲学の始源」から出発すべきであったという「利点」（Ibid., S. 66）そのものが、失われてしまうのである。そのうえ出発点とされた「自我」は、ヘーゲルに言わせれば、「意識の対立を真理のうちで超克した純粋知」ではなく、むしろ「現出」に囚われたままの「一箇の主観的な自我」にすぎない。

Ⅶ　「知的直観」であれ、その対象たる「永遠なるもの、神的なもの、絶対者」であれ、そこで問題とされるべきは「最初の、直接的な、単純な規定」のみであって、「たんなる有」以上に豊かな「名前」（Ibid., S. 67）は、それが何であれ、「具体的なもの」であり、それゆえ「自らのうちに様々な諸規定を含んだもの」となってしまう。ゆえにこのような叙述においても、そこから始源さるべきものは「具体的なものそれ自身」ではなく、やはり「単純な直接的なもの」のみだということになる。したがって「有」を超えて「絶対者」とか「神」とか、より豊かな表象形式のなかで言い表されるようなものは「空虚な言葉」でしかなく、つまりは「有」にすぎない。そこで「それ以上の意義」を含まない「単純なもの」、この「空虚なもの」こそが、端的に「哲学の始源」(Ibid., S. 68) だということになるのである。

第二節　「反省諸規定」としての「同一性」、「相違」、「矛盾」、「根拠」

「始源」の問題についてはまた第三節で取り上げ直すこととなろう。ここでは「同一性」、「相違」、「矛盾」、「根拠」といった反省の基本的諸カテゴリーについて、『大論理学』第二巻「本質論」の、とりわけ第一篇第二章「諸本質性もしくは反省諸規定」と、第三章「根拠」の冒頭部分を中心に見てゆくことにしたい。

Ⅰ　ヘーゲル自身が『エンチュクロペディー』のなかで「『論理学』の第二部全体、本質論は、直接性と媒介との本質的に自らを措定する統一についての論攷である」(W8, S. 156) と述べているのだが、ヘンリッヒはとりわけ「反省の論理学」の章を「論理学全体にとっての本来の鍵」(Henrich (1), S. 148) とみなしている――われわれは前章でも本章の「はじめに」の或る註のなかでも、「反省の論理学についての章」のなかで『大論理学』の最も重要な説明手段」が「分析の主題とされている」(Henrich (2), S. 228) と、また「反省論理学」においては「統一と差異との統一そのもの」が「直接的に主題とされている」(Ibid., S. 229) と、ヘンリッヒが述べていることについては触れた――。そしてヘーゲル自身は『小論理学』の冒頭近くの或る箇所で、「論理学のこの(最も難しい)部門(＝本質論)は、とりわけ形而上学と諸学一般の諸カテゴリーを含んでいる」(W8, S. 236) と語っているのである。

Ⅱ　「有の真理は本質である」という言葉で『大論理学』第二巻「本質論」は始まっている。「有」は「直接的なもの」だが、「知」は「有が即且対自的にそれで有るところの真なるもの」を認識しようとして、「この有の背後にはまだ何か有それ自身とは別のものがある、この背後が有の真理を形成する」という「前提」のもとに、これを貫き通す。このような認識はもちろん「媒介された知」である。なぜならそれは「有」という「他」から開始して、有のうちへと貫入するからである。知が「直接的な有」から「想起する〔sich *erinnern* 内化する〕」という「媒介」によって、初めて知は「本質」を見出す。ドイツ語では「本質〔Wesen〕」が動詞「有る」の過去形≪*gewesen*〔有った〕≫のうちに保持されているように、本質は「過ぎ去った、しかし無時間的に過ぎ去った有」なのである。「有」はその本性によって「想起〔内化〕」しつつ、この「自己内行〔Insichgehen 自己のうちへ帰ってゆくこと〕」によって「本質」となる。そしてこの歩みは「有それ自身の運動」（WdLW. S. 3）なのである。

ロングネスによれば、「有論」は「思惟された有の論理学」（Longuenesse, p. 87）に席を譲るのでなければならない。ゆえにヘーゲル論理学のなかで呈示されている「有から本質への移行」は、「形而上学における革命とみなされたカントのコペルニクス的〈転回〉」（Ibid., p. 151）なのであって、それゆえとりわけ「『大論理学』の第二巻」こそが「カントの〈超越論的論理学〉の真の後継者」（Ibid., p. 11）なのだという。

Ⅲ　「絶対者」はさしあたり「有」として規定されたが、いまやそれは「本質」（WdLW. S. 3）として規定される。しかし「有の自己のうちへの完全な回帰」としての本質は、さしあたりは「未規定の本質」でしかなく、「自己との単純性」のうちにあるこの「絶対的本質」は、いかなる「定在〔*Dasein* 規定された有〕」も有してなどいない。けれどもそれは定在へと「移行」しなければならず、それが「即自的に〔＝潜在的に〕」含んでいる「諸規定」を「区別」（Ibid., p. 4）してゆくのでなければならない。ただし「本質の諸規定」は、「有の諸規定」とは別の性格を有している。つまり「本質」においては、規定性は「有る」のではなく、ただ本質それ自身によって「措定〔＝顕在化、主題化〕」されるだけである。そしてそのさい働く「本質の否定性」が「反省」[14]であり、諸規定は「反省された」（Ibid., p. 5）諸規定なのである。

「本質論」第二章の冒頭も「反省は〔ここでは〕規定された反省である。それとともに本質は規定された本質である」という言葉で始まっている――ちなみにヘーゲルはそれを「本質性」という言葉で呼んでいる――。そして「反省」とは「自己自身のうちへの本質の仮現（das *Scheinen des Wesens in sich selbst*）」[15]である。本質は「自己のうちへの無限の回帰」として「否定的な単純性」であり、「絶対的な自己媒介」である。そしてその「諸契機」もまたそれら自身「自らのうちへ反省された諸規定」だということになる。

Ⅳ　本質は第一に「自己自身への単純な関係」すなわち「純粋な同一性（*Identität*）」である。それはむしろ「没規定性」であるような「規定」である。第二に「本来的な規定」とは「相違（*Unterschied*）」である。そしてもしそれが「外的もしくは無頓着（gleichgültig）な相違」なら、それは「異別性（*Verschiedenheit*）一般」であり、逆に「対置された異別性」が「対立（*Gegensatz*）」と呼ばれる。第三に、対立は「矛盾（*Widerspruch*）」として自己自身のうちで自らを反省し、自らの「根拠（*Grund*）」（Ibid., p. 24）へと帰行する。

ちなみに『大論理学』第三巻「概念論」では、「概念」において形成され続けると、「同一性」は「普遍性」に、「相違」は「特殊性」に、「根拠のうちへと帰行する対置（Entgegensetzung）」は「個別性」（WdLB, S. 50）になると述べられていて、「同一性」、「相違」、「対置」、「根拠」をめぐるヘーゲルの意図は、このようなところにも現れている。

Ⅴ　ところで「反省諸規定」はよく「諸命題の形式」[16]のうちに取り入れられて、諸命題は「すべてについて妥当する」と言明されつつ、「普遍的な思惟法則」（WdLW, S. 24）とみなされている。たとえば「同一性の本質的規定」は「すべては自己自身に等しい、A＝A〔同一律〕」と、あるいは「否定的には」それは「Aは同時にAかつ非Aではありえない〔矛盾律〕」[17]と言い表される。

しかし、それではなぜ「反省のこれらの単純な諸規定」のみがこうした特殊的形式のうちへと捉えられて、他の、たとえば「有」の圏域の諸規定性ではそうではないのだろうか。ヘーゲルによれば、「有の規定性」は本質的に「対置されたものへの移行」であって、それゆえもしこれらの諸カテゴリーが「諸命題」の形で捉えられると、「対置された諸命題〔＝対立諸命題〕」もまた同じ程度に前面に出てきて、両者が「等しい必然性」でもって呈示され、直接的主張としては「少なくとも同等の権利」を有してしまうことになろう。しかるに「反省諸規定」は「自己に関わり、それとともに同時に他に対する規定性から取り出された諸規定」であり、かくして即自的に「諸関係」であるような諸規定であることによって、すでに「命題の形式」(Ibid., S. 25)を含んでいるのだという。

Ⅵ　しかしながらそれで終わるなら、ヘーゲルはヘーゲルではない。「より詳細に考察すれば〔aus ihrer näheren Betrachtung. näher betrachtet〕」、「同一性」や「異別性」や「対置」といった「反省諸規定」は、「相互に対して規定されている」(18)ことが、ただちに明らかとなる。ゆえにそれらは「移行」や「矛盾」を免れているわけではなく、「絶対的な思惟法則」とみなされている多くの諸命題が「相互に対置されて」いて、互いに「矛盾」し合い「止揚」し合うのである。たとえばもしすべてが「自己と同一的」なら、それは「異なる」のではなく、「対置される」ことがないのだから、いかなる「根拠」も持たないことになってしまうのだし――後述されるように、〈根拠〉とは〈同一性と相違との統一〉である――またもし「二つの等しい物が存在しない」なら、すなわちもし「すべては相互に異なっている」なら、AはAに等しくなく、Aは「対置」されることもなくなってしまうであろう――これも後述されるように、〈対置〉とは〈同一性と異別性との統一〉である――。かくしてもしこれらの諸命題の一つを仮定するなら、他の仮定が許容されなくなってしまう。そしてそれらを「継起的に」(19)列挙して、「相互関係」を見えなくしてしまうようなやり方は、ヘーゲルにしたがうなら「無思想的な考察」(Ibid., S. 26)なのである。

Ⅶ　前置きが少々長くなってしまったかもしれない。『大論理学』第二巻第一篇第二章は「A　同一性」、「B　相違」、「C　矛盾」の三つの節から成るのだが、ロングネスも言うように、『エンチュクロペディー論理学』〔＝『小論理学』〕において「同一性と差異〔相違〕」に対する第三の項」として現れるのは、「矛盾」ではなく「根拠」(Longuenesse, p. 125)である――もっとも『大論理学』の「矛盾」の箇所でももちろん「根拠」についての言及がなされ、また『小論理学』の「相違」の箇所でも「矛盾」について触れられてはいるのだが――。それゆえわれわれは、本節では以下、主として『大論理学』の第二巻第一篇第二章から、(1)まず「同一性」を、(2)次いで同章から「相違」を、(3)最後にやはり同章から「矛盾」と、併せてまた同篇第三章「根拠」の冒頭部分から「根拠」を、順に取り上げてゆくことにしたい。

(1)「同一性」をめぐる諸問題

「同一性」の諸問題に関しては、まず『大論理学』第二巻「本質論」第一篇「それ自身における反省としての本質」第二章「諸本質性もしくは反省諸規定」の「A 同一性」を、次いで『小論理学』第二篇「本質論」の「a 純粋反省諸規定」の「α 同一性」を見てゆき、最後にわれわれの側から若干の批判的コメントを加えておくことにする。

Ⅰ 『大論理学』における「A 同一性」の節は、「本質は止揚された直接性としての単純な直接性である」という言葉から始まっている――「止揚された直接性」における「直接性」とは、もちろん「有」の「直接性」のことであり、その最初のものだから、本質は「単純な直接性」から始まるのである。それゆえヘーゲルは「その否定性（＝否定されているもの）は、その有である」と続ける。本質はまだその「絶対的な否定性」のなかで自己自身に等しく、「他有」や「他への関係」は「純粋な自己相等性」のうちへと端的に消失してしまっている。本質はそれゆえ「自己との単純な同一性」なのである。

このような「自己との同一性」は、先にも見たように、「反省の直接性」である。つまりそれはもはや「有」や「無」の「自己との相等性」ではなく、自己自身から自己自身のうちへと復元するような「本質的な同一性」なのである。ちなみにそれは「抽象的な同一性」ではないが、まだ「本質と同じもの」だという。

Ⅱ そこで同節の「註記一」では、「外的反省」に囚われて「相違」を同一性とならんで同一性のそとに置いてしまうような「抽象的同一性」（WdLW, S. 27）しか知らない思想が、まず批判されている。つまり「相違のそとにある同一性」とか「同一性のそとにある相違」とかは、ヘーゲルによれば、「外的反省と抽象との産物」でしかないのである。

また「同一性」はさしあたり「本質それ自身」であり、まだ本質の「規定」ではない。つまり「まったき反省」であって、「反省の区別された一契機」ではない。そのような「絶対的否定性」として、それは「自己自身を直接的に否定する否定〔＝否定がただちに否定されてしまうような否定〕」であり、「その生起のなかで消滅する非有にして相違〔＝非有や相違がただちに消滅するような非有や相違〕」であり、「それによって何ものも区別されず、ただちに自己自身のうちへと崩壊するような区別すること」である。それゆえそこには「自らを自己に関係づける、反省された相違」が、つまりは「絶対的な相違〔＝相対的に何か自己のそとにある別のものを区別するのではない相違、内在的な相違〕」（Ibid., S. 28）が現存する。

「有」と「無」についてのヘーゲルの叙述をあと回しにしてしまったので、このあたりの論述はいささか唐突に見えたかもしれない。同一性は相違ではなく、相違とは相違するという意味で、直下に相違であり、しかもただちに自らを否定してしまうような絶対的相違なのである。それゆえ「同一性こそが自らを差異化するのであって、諸々の差異〔相違〕が統合されるのではない」（Quentin, p. 133）というカンタンの言葉は、後半部はともかく、前半部はいささか不適切であるように思われる。ピピンも言うように、「ヘーゲルが《同一性から差異を派生させ》ようとしていると述べるのは、誤り」なのであって、このような「演繹的モデル」は「ヘーゲルのものではない」（Pippin (2), p. 231）。むしろロース（P. Rohs）の言うように、「同一性と差異は相互に転換する〔umschlagen 転覆する、ひっくり返る〕」（Henrich (2), S. 47）のであり、あるいはスアルの語るように、「差異は同一性に外的ではなく内的で、その表現に必要である。〔…〕それゆえ差異は自己との同一性に内在的である」（Soual, p. 182）のだということになる。「自己との同一性は自己媒介であり、それゆえそれはその絶対的差異によってしかそれ自身ではない。／同一性と差異のあいだには、分離も混同もない」(Ibid., S. 183)。

「註記一」を続けよう。「同一性」は「ただちに自らを自己のうちに取り戻す突き離し」という「内的な突き離し(innerliches Abstoßen)」としてのみあるような「自己自身のうちへの反省」(WdLW, S. 28-9)であり、それゆえそれは「自己と同一的な相違としての同一性」である。しかるに「相違」もまたそれが「同一性」ではないかぎりでのみ「自己と同一的」であり、そしてそのような「非同一性」はそれとは別のものを含んでいないかぎりで、つまりは「自己との絶対的同一性」であるかぎりで、やはり「絶対的」である。かくして「同一性」はそれ自身において「絶対的な非同一性」だということになるのだが、しかるにそのような同一性は、ヘーゲルによれば、すでにして「同一性の規定」なのだという。つまり同一性は、自らの「契機」となって初めて、「絶対的な相違」に対する「自己自身との単純な相等性という規定」としての「同一性」[20]となるわけである。

Ⅲ 「註記二」は「最初の思惟法則」としての「同一律」に焦点を合わせる。この命題は、その「肯定的な表現」においては「A＝A」と言い表されるのだが、さしあたりそれはいかなる「内容」も持たない「空虚な同語反復」でしかない。このような「空虚な同一性」に固執するような人たちは、彼らがすでにここで「同一性は一つの異なるものである」と述べていることに気がつかない。なぜなら彼らは「同一性は異別性とは異なる」と語っているからである。それゆえ「同一律」は「或る一面的な規定性」(Ibid., S. 29)を表現しているにすぎず、前章でも取り上げたように、ここでヘーゲルは「真理はただ同一性の異別性との統一(Einheit der Identität mit der Verschiedenheit)においてのみ完全であり、それゆえそれはこのような統一のうちにのみ存する」と、あるいは「同一性は異別性からの分離(Trennung)として、もしくは異別性からの分離において、本質的な同一性である」と言明することになる。そしてこのような同一性は「分離の契機」としてあることに存しているのである。

Ⅳ 同一律の真理を証明するために「経験」(Ibid., S. 30)を引き合いに出すのは空しいと、「註記二」は続けている。それは証明などにはなっていないのだし、そもそも「経験」はむしろ「同一性」とともに「異別性」を含んでいるのがつねだからである。そのうえ、たとえば「植物とは何であるか」とか「神とは何であるか」と尋ねられて、「植物とは——植物である」、「神とは——神である」などと答えたなら、そのような回答によっては「何も言われていない〔＝無が言われている〕」（Ibid., S. 31）のだと異口同音に非難されてしまうだろう。そしてもしここに「無」が出現したとするなら、このような「同一的な話」は、むしろ「自己矛盾」しているのだということになる。

それゆえ「同一性の表現される命題の形式」のうちには、すでに「単純な、抽象的な同一性以上のもの」が含まれている。「Aがある」が端緒にあり、そこに「異なるもの」が念頭に浮かび上がってくるのだが、「AはAである」とまでは言われておらず、「異別性」が消失して、「運動」は自己自身のうちへと帰行する。けれども「内容」はAであろうと植物であろうと他の基体であろうと、何ら問題はなく、「同一性は同一性である」と言われても構わない——つまりは「同一性の表現」のなかではただちに「異別性」が現れてもいるのである。もっとはっきり言うなら、先にも述べられていたように、この「同一性」は「無」であり「否定性」であり、やはり「自己自身からの絶対的相違」なのである。

V 「註記二」は最後に「同一律の別の表現」にして「否定的形式」たる「矛盾律」、すなわち「Aは同時にAかつ非Aではありえない」について扱う。「同一性」にやって来るこのような「否定の形式」は、「反省の純粋運動としての同一性は単純な否定性である」ということに存していて、ここには「否定性」（Ibid., S. 32）がいっそう発展した仕方で含まれている。つまり、「同一性」はこの命題においては「否定の否定」として表現され、Aと非Aは区別されつつ、区別されたものどもが同じ一つのAに関係づけられている。ここでは同一性は「一つの関係のうちなる異別性」もしくは「それら自身における単純な相違」として呈示されているのである。

ヘーゲルは「同一律」も「矛盾律」も、たんに「分析的」なだけでなく、「綜合的な」本性のものだと付け加えているのだが、それはまず矛盾律がその表現にうちに「空虚な、単純な自己相等性」だけでなく、「絶対的な不等性、即自的な矛盾」も含んでいるからであり、また同一律も、ともかくも「他有の消失としての同一性」という「反省運動」を含んでいるからだという。

結局のところ、「相違とは対立する抽象的な同一性」を真なるものとして表現するような同一律や矛盾律は、「思惟法則」であるどころか、「その反対」でしかないとヘーゲルは批判する。これらの諸命題は、思念されている以上にその「反対」を、つまりは「絶対的な相違それ自身」(Ibid., S. 33)を含んでいるのである。

Ⅵ　今度は『小論理学』における「同一性」の節を見てゆくことにしよう。それは以下の言葉で始まっている。「本質は自己のうちで仮現する、もしくは純粋な反省である、それゆえ本質はただ、直接的な関係としてではなく、反省された関係としての、自己への関係でのみある——それは自己との同一性である」。

「相違」を捨象するような同一性は、ここでは「形式的」な、もしくは「悟性同一性(*Verstandesidentität*)」と呼ばれている。よく「絶対者とは自己と同一的なものである」と言われたりもするのだが、しかしこのような命題においては、いったい何が思念されているのかが「曖昧」であるか、少なくともその表現において「不完全」(W8, S. 236)である。なぜならここで思念されているのが「抽象的な悟性同一性」なのか、それとも「自らにおいて具体的なものとしての同一性」であるのかが、分からないからである。

「同一律」は「すべては自己と同一的である、A＝A」と、「否定的」には「Aは同時にAかつ非Aではありえない」と言い表されるのだが、このような命題は「真の思惟法則」ではなく、「抽象的悟性の法則」にすぎない。すでにして「命題という形式」がこの命題に矛盾している。なぜならそもそも命題とは「主語と述語との相違」を約束するものだからである。そのうえいかなる意識もこのような法則にしたがって思惟するという「馬鹿げた」(Ibid., S. 237)ことなどしない。

「同一性」はさしあたり「有」と同じものだが、しかし「直接的規定性の止揚によって生成したもの」であり、したがって「理念性としての有」である。そして「真の、有とその諸規定とを止揚されたものとして自らのうちに含んでいる同一性」を、「抽象的な、たんに形式的なだけの同一性」と混同してはならないのであって、「概念」や「理念」が「自己と同一的」だとしても、それらは自らのうちに同時に「相違」(Ibid., S. 238)をも含んでいるのである。

なお前章でも取り上げたことだが、次節「相違」のなかでは、「如何にして同一性は相違にいたるのか」などと問うのは、「まったく無思慮」だと述べられている。なぜならこのような問いは、それだけで存在しているような「抽象的同一性」としての「同一性」と、やはりそれだけで存在しているような「〔抽象的な〕相違」とを、「前提」してしまっているからである。もちろん「同一性」は「否定的なもの」ではあるのだが、しかしそれは「抽象的な、空虚な無一般」ではなく、「有とその諸規定との否定」である。そしてそのようなものとして、「同一性」は「関係」であり、しかも「自己への否定的な関係」もしくは「自己自身からの自らの区別」(Ibid., S. 239)なのだという。

Ⅶ　先に予告しておいたように、ここでわれわれの側から若干の批判的考察を付け加えておくことにしたい。われわれが本章で主題化したかったのは、ヘーゲル論理学における「同[1]一性と非[1]同一性との同[2]一性」の論理である。しかるにここで主題的に扱われている「同一性」とは、あくまで「相違」とは「相違」するものいう仕方で「否定性」を含んだ「自己同一性」、要するに「同[1]一性」でしかなく、「同[2]一性」に関しては、少なくとも「同[1]一性」と同程度ほどにも論じられていない。しかるにすでに『差異』論文では、「相対的な諸同一性」から区別されるような「絶対的同一性」(W2, S. 41. Vgl. S. 37)が強調されていた。スアルは「ヘーゲルの本質的同一性」は「新プラトン主義的〈一者〉の同一性」ではなく、それはむしろ「知性〔英知〕」という「第二のヒュポスタシス〔本質、存在〕」(Soual, p. 172)に対応しているのだと語っている。しかしながら、『論理学』全体のなかでまさに「同一性」を主題化すべき場所で、「同[1]一性と非[1]同一性との同[2]一性」という自らの思想の頂点をなす「同[2]一性」ではなく、もっぱら「非[1]同一性」もしくは「相違」との関係性のうちにしか立たない「同[1]一性」についてだけ論ずるというのは、少なくとも配慮不足ではないだろうか。

もう一つ問題がある。いま見たように、ここでもヘーゲルは、一方で「同一性の異別性との統一」を語りつつ、同時に他方では「同一性は異別性とは異なる」とも述べている。しかしもしここで顕在的には「同[1]一性」しか主題化しないというのであれば、前章でも見たように、「同一性^{1}と非同一性^{1}との同一性^{2}」の問題は、さらに「〈同一性^{1}と異別性^{1}との同一性^{2}〉と〈同一性^{1}と異別性^{1}との異別性^{2}〉との同一性^{3}」と「〈同一性^{1}と異別性^{1}との同一性^{2}〉と〈同一性^{1}と異別性^{1}との異別性^{2}〉との異別性^{3}」等々の問題を巻き込むこととなってしまって、このようなことが無際限に続いてゆくであろう――このような「悪無限」を免れるためには、どうしても「同一性^{1}」とは異なる「同一性^{2}」の論理的ないし有論的もしくは現象学的なステイタスを明らかにしておくのでなければならないのだが、しかるにそのような主題化がここではなされていないということが、やはり問題になるのではないかと思われるのである。

逆もまた然り。もしそもそも「同一性」というものが必然的に「同一性」と「異別性」とを自らの契機として含んでいなければならないのだとするなら、今度は「同一性^{2}」のみならず「同一性^{1}」も「同一性$^{-1}$」と「異別性$^{-1}$」を、「同一性$^{-1}$」は「同一性$^{-2}$」と「異別性$^{-2}$」を含んでいなければならないのだということになってしまって、同様の「悪無限」は避けられないことになってしまうであろう。

(2) 中間者としての「相違」

『大論理学』第二巻第一篇第二章「諸本質性もしくは反省諸規定」の「B　相違」に関しては、分量的にも「A　同一性」の三倍近くあり、かつ「一　絶対的相違」、「二　異別性」、「三　対立」の三項に分けて詳述されているということでもあるので、『小論理学』その他の箇所に関しては『大論理学』の当該箇所の理解に役立ちそうな箇所を註のなかで参照するだけにとどめ、また批判的コメントも――「同一性」の箇所と同様の疑問点や、そもそも「非同一性」そのものが表題として取り上げられていないことに対する不満などもあるのだが――ここでは省くことにする。

Ⅰ　「一　絶対的相違」は先の「同一性」の節をそのまま継続しつつ、次の言葉で始まっている。「相違は反省が自らのうちに有する否定性であり、同一的な語りによって述べられる無であり、同時にそれ自身の否定性として規定され、相違から区別されるところの同一性それ自身の本質的な契機である(21)」。

相違はまずもって「本質の相違」として「絶対的な相違」であり、「外的なものによる相違」ではなく「自らを自己に関係づける、それゆえ単純な相違」（WdLW. S. 33）である。つまりそれは「自己自身からの自らの」相違なのだが、しかるに「相違」から区別されるものとは「同一性」である。それゆえ相違は相違「それ自身」かつ「同一性」なのであって、「両者一緒になって」相違を形成する。つまり「同一性」が「その全体」かつ「その契機」であったのと同様に、「相違」もまた「全体（das Ganze）」かつ「それ自身の契機（*Moment*）」なのである。[22]

ところでヘーゲルによれば、「自らと同一性との統一」としての「相違」は「自己自身において規定された相違」（Ibid., S. 34）である。つまり「同一性」と「相違」という相違の両契機が「措定されて有ること」が「規定性」なのだという。そしてこのように措定されていることにおいて、各々は「自己自身への関係」となる。つまり両者は「反省」されるのだが、そのような両契機を有した「相違」を、ここでヘーゲルは「異別性〔*Verschiedenheit* 端的に異なっていること、たんに異なっていること〕」と呼ぶ。

Ⅱ　それゆえ「同一性」がそれ自身において「異別性」のうちへと「崩壊する」のだと、「二　異別性」は述べている。そのさい「区別されたもの」は、まずもって「互いに無頓着に異なるもの〔異別的なもの〕」として存している。なぜならそれは「自己と同一的」だからであり、「同一性」がその基盤やエレメントを形成しているからである。「異なるもの」はその「反対」たる「同一性」においてのみ「それがそれで有るところのもの」であり、「異別性」が「反省の他有としての他有〔=反省され自覚された他有〕」（Ibid., S. 35）を形成する。「異なるものども〔異別的なものども〕」は、それゆえ、互いに「同一性」と「相違」としてではなく、互いや互いの諸規定には無頓着な「異なる〔異別的な〕ものども一般」としてのみ振舞い合う。

けれども「相違の無頓着性」としての「異別性」[23]において、「同一性」と「相違」との各々が「全体」として「措定」され「反省」されると、「反省」は「外的」なものとなる。そしてヘーゲルは、「相違をまったく持たないのではなく、相違に対して自己と同一的なものとして振舞う」べく規定されている「同一性」であり、かくして「異別性」

でもあるような「即自的反省〔＝自体的に考察する反省〕」から、このような「外的反省〔＝外から考察する反省〕」（Ibid., S. 36）を区別する。

Ⅲ　そしてそのさい「外的同一性〔＝外から反省された同一性〕」が「相等性（*Gleichheit*）」であり、そして「外的相違〔＝外から反省された相違〕」が「不等性（*Ungleichheit*）」なのである。ゆえに「相等性と不等性としての同一性や非同一性」は、それらのそとにいる「第三者」(24)が顧慮するものでしかない。

つまり「外的反省」は「異なるもの」を「相等性」と「不等性」とに関係づけるのだが、このような関係が「比較」(25)なのであって、比較は相等性から不等性へ、また不等性から相等性へと往き来する。しかるにこのような往来の関係は、これらの諸規定それら自身には「外的」であって、各々はただ「第三者」に関係づけられるのみである。

「自己疎外的な反省」――とヘーゲルは呼んでいる――においては「相等性」と「不等性」とが互いに無関係に現れ、それは両者を「〔……の〕かぎりで」とか「〔……の〕面〔で〕」とか「〔……を〕顧慮〔して〕」とかによって「一にして同じもの」に関係づけることによって「分離」する――「一にして同じもの」たる「異なるものども」が、「一面では」互いに等しく、しかし「他面では」（Ibid., S. 37）不等であるというように。けれどもこのような「分離」によっては、両者は「止揚」（Ibid., S. 37-8）されてしまうだけだとヘーゲルは述べている。「等しい」は「等しくない」のではなく、「等しくない」は「等しい」のではないのであって、両者はこのような「関係」のそとではいかなる意味も持たないのである。

「外的反省の諸契機」としては、それゆえ「相等性」と「不等性」は、等しく消滅してしまう。しかるにそのような「否定的統一」がさらに「両者において〔＝即自的に〕措定」（Ibid., S. 38）されてしまうと、「比較されたもの」ないし「異なるもの」は、このような「即自的に有る反省」によって、「両者に対する自らの規定性〔＝両者を結ぶ関係性のなかでの自らの規定性〕」を失ってさえしまうだろう。かくして「たんに異なるもの」は「措定されて有ること」を経て「否定的反省」のうちに入ってゆく。そして「その無頓着な諸側面が同じ程度に端的に、或る否定的統一のものとしての諸契機にすぎないような異別性（＝その諸契機が端的に否定の関係にもたらされた異別性）」が「対立（*Gegensatz*）」なのである。

Ⅳ　「三　対立」の項に入るまえに加えられた「異別性」の「註記」は、「異別性は同一性と同様に、或る固有の命題のなかで表現される」という言葉で始まっているのだが、「万物は異なる」もしくは「互いに等しい二物など存在しない」という仕方で言い表されるこの命題は、「同一律」には「対置」されてしまうのだという。なぜならそれは「Aは一つの異なるものである、ゆえにAはAでなくもある」と、あるいは「Aは他のものに対して不等である、それゆえそれはA一般ではなく、むしろ或る特定のAである」（Ibid., S. 39）[26]と言明しているからである。「自己同一的なA」としては、Aは「規定されないもの（＝不特定のもの、抽象普遍的なもの）」だが、しかるに「特定のもの（＝規定されたもの）」としては、それは自己同一的なAの「反対」となってしまう。それはもはやただ「自己同一性」を有するだけでなく、一つの「否定」をも、それゆえ「自己からのそれ自身の或る異別性」をも有するのだということになる。

「万物は互いに異なっている」は「きわめて余計な命題」だとヘーゲルは述べている。なぜなら複数の物のうちには、ただちに「数多性（Mehrheit）」と「まったく不特定の異別性」とが存在しているからである。それに対し「互いに完全に等しい二物など存在しない」という命題は、それ以上のことを、つまりは「特定の異別性」を表現しているのだという。すなわち「二物」は「二」――「数的な多性（Vielheit）」は「単調性（Einerleiheit　一様性）」でしかない――であるのみならず、「或る規定」によって異なるのである。「異別性の命題」が表現しているのは、「諸物は不等性によって相互に異なる」ということ、また「諸物には不等性の規定が相等性の規定と同じだけ帰属する」ということである。なぜなら不等性と相等性が一緒になって、初めて「特定の相違」を形成するからである。しかしながら、「すべての物には不等性の規定が帰属する」という命題は、「証明」（Ibid., S. 40）を要する。このような証明は「同一性」から「異別性」への、また異別性から「特定の異別性」、「不等性」への「移行」を示さなければならないであろう……。

しかしながら結局のところヘーゲルが示すのは、「異別性の命題の解消にして無なること」である。つまり、「二物」は「完全に等しく」はないのだが、しかし「同時に等しく、かつ不等」なのである――「等しい」というのはなぜなら、各々は「物」であり「一」だからである。また「不等」だというのは、「〔二物という〕仮定」によってそうだからである。それゆえこのような規定のうちには「相等性と不等性という両契機が一にして同じものにおいて異なる」ということが、あるいは「ばらばらになる相違（der außereinanderfallende Unterschied）が同時に一にして同じ関係である」ということが、現存している。それは「対置（*Entgegensetzung*）〔＝対立〕」へと移行したのである。

「両述語の同時に」は、二物が「〔……の〕かぎりで」等しく、「〔……の〕かぎりで」等しくない、等々の仕方で区別されるのかもしれない。しかしそうなると、「相等性と不等性との統一」が「物」から遠ざけられてしまい、即自的な反省であったものが「物には外的な反省」として堅持されてしまうことになる。しかしながら外的反省は、「一にして同じ活動において相等性と不等性という両面を区別」しつつ、「一方を他方のうちへと仮現させて反省する一なる活動において、両者を含んでいる」（Ibid. S. 41）のである。

Ⅴ　「対立において特定の〔＝規定された〕反省、相違が完成される」のだと「三　対立」は述べている。対立は「同一性と異別性との統一」なのであって、そこではその「諸契機」が或る「同一性」のうちで「異なる」ものである――それらは「対置された」諸契機である。

「同一性」と「相違」は「相違〔＝この場合、対立〕の諸契機」である。それらは「相違の統一〔＝対立という形での統一〕の反省された諸契機」である。しかるに「相等性」と「不等性」は「外化された反省」であった。それらの「自己同一性」は互いに無頓着であるのみならず、「即‐且‐対自有〔＝第三者の比較によらないもの〕」に対しても無頓着である。

Ⅵ　ところで「対立の諸契機」も、「より詳細に考察される」なら、それぞれが「措定」されたものであり、両者が「自己のうちへと反省」されて「対立の諸規定」を形成する。そしてそれぞれがそれ自身において「同等性と不等性の統一」――Aの相等性にも非Aの不等性にも相等性と不等性の統一が含まれる――であり、各々がこのような規定においては「全体」でもある。つまり、各々が「自らの非有」に関わりつつ「自己のうちへの反省」でのみあり、あるいは「本質的に自らの非有に関わるものとしての全体」（Ibid., S. 42）である。

　そして「それ自身のうちに不等性への関係を含んだ、自らのうちで反省された自己相等性」が「ポジティヴなもの（積極的なもの・肯定的なもの）」であり、「それ自身のうちに自らの非有を、相等性を含んだ不等性」が「ネガティヴなもの（消極的なもの・否定的なもの）」である。両者はもちろん「被措定有（＝措定されたもの、自立化されたもの）」である。そして「自己との相等性のうちへと反省された被措定有（＝ポジティヴなもの）」が「不等性」を有しているように、「自己との不等性のうちへと反省された被措定有（＝ネガティヴなもの）」も「相等性」を有している。

　それゆえ「ポジティヴなもの」と「ネガティヴなもの」は「対立の自立的となった諸側面」である――それらが「自立的」なのは、それらが「（他との統一としての全体ではなく）自己における全体についての反省」だからであり、そしてそれらが「対立」に属しているのは、全体として自己のうちへと反省されているのが「規定性（＝ポジティヴなもの、ネガティヴなものとして規定され限定されていること）」だからである。各々は「自らの他に関わる」ものとしてのみ「自己自身に関わる」（Ibid., S. 43）のである。

　つまり第一に、「ポジティヴなもの」と「ネガティヴなもの」とは「対立の絶対的な諸契機」であって、各々は他方の非有によってのみ有る。ということは、各々は一方では「他が有る」かぎりでのみ「有る」、すなわち「措定されて有る」（北は南がないと北ではない、北として措定されない）のであり、他方ではしかし「他が有らぬ」ことによって「有る」（北は南のないところでしか北ではない）のだということになる。しかるにこれら両面は、それらがそこにおいてのみそもそも「対立」である（南北という対立はもともとこれら両面を含んで初めて南北という対立である）ところの「対立一般の一なる媒介」である。

　第二に「ポジティヴなもの」と「ネガティヴなもの」は、「外的反省」にとっては、両者がそこにおいてはその諸契機であるにすぎないような両者の「最初の同一性（＝統一関係）」に対しては「無頓着」である――つまりヘーゲルの説明によれば、各々の側面が「ポジティヴなもの」とも「ネガティヴなもの」とも受け取られうるのであって、それらの諸規定は「混同」[27]されうる〔外的な反省にとっては、北をポジティヴなものとみなすか南をポジティヴなものとみなすかは、どうでもよい〕。

第三にしかし、「ポジティヴなもの」と「ネガティヴなもの」は、たんに「措定されたもの」でもたんに「無頓着なもの」でもなく、それらの「非措定有」や「統一における他への関係」は各々のうちに「取り戻され」、各々がそれ自身において「ポジティヴ」や「ネガティヴ」(Ibid. S. 44) である、つまりは各々が「自立的」である。「ポジティヴなもの」と「ネガティヴなもの」は「即且対自的」(Ibid. S. 45) にポジティヴやネガティヴなのである……。

Ⅶ　この最後の点はいささか難解であったかもしれない。そこで「算術」における「ポジティヴなもの」と「ネガティヴなもの」の概念を引き合いに出している「三　対立」の「註記」によって、この点を補足しておくことにしよう。まず+aと−aは「対置された大きさ一般」であり、aは「両者の根底に存し、即自的に有る単位」にして「対置それ自身に対して無頓着なもの」なのだが、ここではそれは「さらなる概念」なしに「死せる基礎」(Ibid. S. 46)[28]の役割を果たしている。−aは「ネガティヴなもの」、+aは「ポジティヴなもの」と表記されるが、両者とも同様に「対置されたもの」である。

しかるに+aと−aのどちらをポジティヴなものと、どちらをネガティヴなものと表記するかは「どうでもよい〔gleich-gültig 無頓着〕」ともヘーゲルは述べている。たとえば先の観点からは＋y−y=0であり、あるいは−8＋3で3はポジティヴなもの、8はネガティヴなものであったのだが、しかし東に向かって歩まれた一時間と西に向かって歩まれた一時間や、負債と財産では、どちらをポジティヴとみなしどちらをネガティヴとみなすかはどうでもよいことなのであって、それを定めるのは両者のそとにいる「第三者」――たとえば後者の場合では「債務者」であるか「債権者」(Ibid. S. 47)であるか――である。そこで東と西とに歩まれた道でも、それを「二重の努力の和」あるいは「二つの時間の和」とみなすのであれば、＋y−y=2yが成り立つのだし、−8＋3のなかには一一の単位が現存しているという言い方もできるのである。

しかしながら、「対置された大きさ」でさえ、たんに「対置されたもの一般」でも「実在的もしくは無頓着」でもないケースが考えられる。つまり、たとえ「定量（Quantum）」それ自身は「無頓着的に限定された有」なのだとしても、そこに「即自的にポジティヴなもの」や「即自的にネガティヴなもの」が現れることもあるのであって、たとえばaは、そこに何の記号も付加されなければ、「ポジティヴなもの」（Ibid., S. 48）とみなされるのがつねである。また8－（－3）という表現において、「最初のマイナス」は「8に対して対置されている」ことを意味するのだが、「第二のマイナス」は、このような「関係」のそとで「即自的な対置されたもの（＝即自的なマイナス）」（Ibid., S. 48-9）として妥当しているのである。

(3)　「矛盾」と「根拠」とに求められるべきもの

先にも述べたように、『大論理学』の「諸本質性もしくは反省諸規定」の章は「A　同一性」、「B　相違」のあとに「C　矛盾」の節を後続させ、『小論理学』の「純粋反省諸規定」の節では「α　同一性」、「β　相違」のあとに「γ　根拠」の項が続く。『小論理学』によれば、「矛盾として措定された対置の直近の結果」が「根拠」（W8, S. 247）であり、またランドベールにしたがうなら、「矛盾を思惟すること」を許しているのがまさしく「根拠」（Lindberg (2), p. 129）である。そのうえ『小論理学』の第一二〇節は、本文と附論の二箇所で、「根拠」が「同一性と相違との統一」（W8, S. 247-8）である旨を強調している。それゆえ「矛盾」と「根拠」とをめぐる諸議論は、「同一性と非同一性との同一性」の諸問題を追っているわれわれにとって、不可欠の考察事項となるであろう。

それゆえ本項ではわれわれは、まず『大論理学』における「C　矛盾」の箇所を見たあと、同書の「根拠」の章の冒頭部分も併せて考察する。しかしながら「根拠」は「『大論理学』のなかで特に難しい概念」（Lindberg (2), p. 129）であるとも言われているので、本項ではわれわれは、『小論理学』における当該部分も扱う。しかしながら「根拠」

についての諸議論がわれわれの期待に応えうるものであるか否か、最後にわれわれは、多少とも批判的なコメントを付加しなければならなくなるであろう。

Ⅰ　『大論理学』の「C　矛盾」の項は、「相違」の章のこれまでの議論を振り返ることから始まっている。すなわち「相違一般」は「その両面（＝相違するものども）」を「（相違の）諸契機」として含んでいた。それらは「異別性」においては「無頓着に」ばらばらになっていたのだが、「対立」においては一方が他方によって規定されるような相違の両面であり、「諸契機」である。そしてそれらが「自立的な反省諸規定」として「それら自身において」も規定されると、一方が「ポジティヴなもの」に、他方が「ネガティヴなもの」になる。しかしながら各々は「それの他の契機への関係」を「それ自身において」持つことによって、「無頓着な自立性」を有することになる。つまり、各々は他方によって自己と媒介されつつ他方を「含み」、かつ他方の非有によって自己と媒介されつつ他方を自己から「排除」（WdLW. S. 50）する——自らの自立性において自らの自立性（をなすもの）を自己から排除してしまうこのような反省規定は、「矛盾（*Widerspruch*）」なのである。

「相違一般」がすでにして「即自的な（＝潜在的な）矛盾」だという。なぜならそれは「一でないかぎりでのみあるようなものどもの統一（Einheit　一性、一体性）」だからであり、また「同じ関係において分離されたものどもとしてのみあるようなものどもの分離」だからである。けれども「ポジティヴなもの」と「ネガティヴなもの」はさらに、「措定された（＝顕在化され自立化された）矛盾」である。

もう少し詳しく両者を見てゆくなら、まず「ポジティヴなもの」とは「自己との相等性のうちへと反省されたものとしての被措定有」であり、それゆえそこにある「矛盾」とは、それが「ネガティヴなものの排除による自己との同一性の措定」であることによって、自己自身を「或るもの（＝ネガティヴなもの）の否定的なもの（ネガティヴなもの）」に、つまりは「それが自己から排除する他なるもの」に、なしてしまっているということである。

けれども「ポジティヴなものの絶対的矛盾」はまたただちに「ネガティヴなものの絶対的矛盾」でもある。「ネガティヴなもの」は、「ポジティヴなもの」に対して「対自的に〔＝それだけで〕」考察されるなら、「自己との不等性のうちへと反省されたものとしての被措定有」であり、「ネガティヴなものとしてのネガティヴなもの」(Ibid., S. 51)である。しかるに「ネガティヴなもの」とは「或る他のもの〔＝ポジティヴなもの〕の非有」なのだから、「自らの不等性のうちへの反省」はむしろ「自己自身〔＝非有とみなされたポジティヴなもの〕への自ら〔＝ネガティヴなもの〕の関係」だということになる。ネガティヴなものは「自らの他〔＝ポジティヴなもの〕」に関係づけられてしまうのである。

そもそも「ネガティヴなもの」は「直接的なもの」ではないのだから、「ポジティヴなもの」が「即自的〔＝潜在的〕」にのみ「矛盾」であるようなところで、「ネガティヴなもの」は「措定された〔＝顕在化された〕矛盾」である。なぜなら「ネガティヴなものとして自己と同一的である」というその自己反省のなかで、ネガティヴなものはそれが「非同一的なもの」であり「同一性の排除」であるという「規定」を有してしまっているからである。

Ⅱ　けれども「矛盾は解消する」。いま考察されたばかりの「自己自身を排除する反省」においては、「ポジティヴなもの」と「ネガティヴなもの」とは、それぞれがその「自立性」において自己自身を「止揚」し、各々がその「反対」への移行ないし置き換えとなって、このようなたゆまぬ消滅が「矛盾によって成立する直近の統一」(Ibid., S. 52)なのだが、しかし「矛盾の結果」は「ゼロ」にすぎないわけではない。「両者の両者自身による否定」が「止揚」するのは両者の「自立性の被措定有〔＝自立性が措定されていること〕」なのであって、「排除する反省」はこのような「止揚」によって「自立的な統一〔＝両者の個別的自立性を止揚することによって成立する統一としての自立的統一〕」(Ibid., S. 53)となる。かくしてそのような「自立性」は「それ自身の否定を介して自己のうちに帰還する統一」であり、「或る他なるものの否定によってではなく、それ自身の否定によって自己と同一的であるような本質の統一」(Ibid., S. 54)なのである。

ロングネスの表現を借りるなら、「矛盾の結果とは《自己自身と一致すること》、もしくは根拠」(Longuenesse, p. 127)である。あるいは『小論理学』の言い方に倣うなら、「ポジティヴなもの」と「ネガティヴなもの」の両者は、各々が「他のものとそれ自身との止揚」であることによって、「措定された矛盾」でありつつ「没落する〔zu *Grunde gehen* 根拠へゆく〕」。「対置されたもの」とはそもそも「一なるものとそれの他とを、自己とそれの対置されたものとを、自己自身のうちに含むもの」なのであって、そのような「本質の自己内有」こそが「根拠（*Grund*）」（W8, S. 247）なのである。

Ⅲ　『大論理学』でも、「対立は没落したのみならず、自らの根拠のうちへと帰行した」と続けられている。「被措定有」は「自己とのその統一のうちへと帰還した」のであって、それが「根拠としての本質」という「単純な本質」なのである。

それゆえまず「自立的な対立」が「自らの矛盾」を介して「根拠」のうちへと帰行するのであるからには、自立的対立が「最初のもの、直接的なもの」であり、「根拠としての本質」は「一つの被措定有〔＝措定されたもの〕」、一つの生成したもの〔＝結果〕」である。しかし逆にまた「対立」が「止揚されたもの」であることが「措定」（WdLW, S. 54）された。ゆえに「自己矛盾するもの」は「自らの根拠としての本質」のうちにとどまっている。そして「解消された矛盾」が「根拠」であり、「ポジティヴなものとネガティヴなものとの統一としての本質」なのであるからには、「対立とその矛盾」は「根拠」のうちで「止揚」も「保存」もされている。つまり根拠は「自己とのポジティヴな同一性」なのだが、この同一性はしかし、同時に「否定性〔＝諸契機の自立的被措定有の否定〕」として自らに関わり、そしてこのように自らを「規定」しつつ、自らを「排除された被措定有〔＝諸契機の自立的被措定有を排除した結果としてのそれ自身の自立的被措定有〕」にする。このような被措定有は「まったく自立的な本質」であり、「根拠」とはそのような仕方での「完成された自立性」である――「自己矛盾する自立的な対立」も、すでにそれなりに「〔関係として〕根拠」だったのだが、しかしここに「自己自身との統一」という規定が加わったのである。

Ⅳ　「C　矛盾」の「註記一」は、「ポジティヴなものとネガティヴなものとは同じものである」という表現は「外的比較」を旨とするような「外的反省」に属すが、それらは「それら自身において考察されるべき」だという話題を継続する。けれども「それらの固有の反省」においても示されたのは、「各々は本質的に他における自らの仮現であり、それ自身が他としての自らの措定だ」(Ibid., S. 55) ということである。

「外的反省」にとってさえ、「ポジティヴなもの」は「ネガティヴなものに対して対置されたもの」なのだから、その概念のうちには「ネガティヴなものそれ自身」が存している、あるいはそれは「否定的〔ネガティヴ〕なもの」の「否定」という意味では「自らにおいて絶対的否定」である。また「ネガティヴなもの」もその概念のうちに「ポジティヴなもの」を含んでいて、さらには「ポジティヴなものへの関係」なしにさえそれは「固有の存立」を有しつつ「自己と同一的」であり、「ポジティヴなものがそれで有るべきようなもの」(Ibid., S. 56) である、等々。かくしてヘーゲルは「光」と「闇」、「徳」と「悪徳」、「善」と「悪」、「真理」と「誤謬」などの諸実例を検討しつつ、ポジティヴと思われているものにもネガティヴなものが、逆にネガティヴなものと思われているものにもポジティヴなものが含まれていることを――たとえば「徳」とて「最高の、完成された闘争」(Ibid., S. 57-8) である、等々――示してゆく。そして〈そのような反省諸規定の真理は「各々が自らの概念それ自身のうちに他の規定を含む」ということに存している〉という「考察された反省諸規定の本性」を洞見し堅持することは、「最も重要な認識の一つ」であり、このような認識なしには、哲学において「いかなる歩みも」なされないのだという。

V　「註記二」は「何かはAであるか非Aであるかのいずれかである、第三者は存在しない」という「いわゆる排中律」を扱う。この命題がまず含んでいるのは、「すべては一つの対置されたものであり、ポジティヴなものかネガティヴなものかのいずれかとして規定されたものである」ということである。そしてここでのヘーゲルによれば、それは「同一性が異別性のうちに、そして異別性が対置のうちに移行する」ということのうちにその必然性を有する「重要な命題」(Ibid., S. 58) なのだという。

つまり、「排中律」は「同時にAかつ非Aであるような何かは存在しない」という「同一律もしくは矛盾律」とは区別され、「Aでも非Aでもない何かは存在しない」ということ、つまりは「対立に対して無頓着であるような第三者は存在しない」ということを含んでいる。けれどもこの命題それ自身のうちに、じつは「対立に対して無頓着な第三者」すなわち「A」それ自身が排除されるべき「第三者」なのであって、このAは、+Aでも−Aでもないが、+Aでも−Aでもある。つまり「何か」それ自身が現存しているのであって、「対置された諸規定」が「何か」のうちで措定されも止揚されもしているということによって、ここで「死せる何か」の形態を有している「第三者」は、「より深く」理解されるなら、「対置」がそこへと帰行するところの「根拠」としての「反省の統一」[29]なのである。

Ⅵ 「註記三」では「最初の反省諸規定」たる「同一性、異別性、対置」が「命題」のうちで提示されたのなら、むしろそれらが「それらの真理」としてそこへと移行するような反省規定が、つまりは「矛盾」という反省規定が「命題」のうちで捉えられ、「万物は自己自身において矛盾的である」と言われるべきであろうと述べられている。しかもヘーゲルによれば、この命題は残りの諸命題以上に「諸事物の真理と本質と」(Ibid., S. 59) を表現しているのだという。

「従来の論理学や通常の表象の根本先入見の一つ」とは、「矛盾」が「同一性」ほど「本質的で内在的な規定」ではないかのように捉えられていたことであった。しかしながら両規定を分離したまま堅持しつつ「序列」から言うなら、「矛盾」をこそ「より深く、より本質的なもの」とみなすべきなのである。なぜなら「同一性」が矛盾に比してたんに「単純な直接的なもの、死せる有という規定」にすぎないのに対し、「矛盾」は「あらゆる運動と生動性との根」であり、「何かが自己自身のうちに一つの矛盾を有しているかぎりにおいてのみ、それは動き、衝動と活動性とを持つ」[30]からである。

よく「矛盾するものは何一つ存在しない」とか「矛盾するものは表象も思惟もされえない」とか言われたりする。しかしながら逆にヘーゲルは、その「矛盾」がたんに「外的反省」のうちにだけでなく「それら自身」のうちに現存するような「少なくとも多くの矛盾する諸事物が、矛盾するEinrichtungen〔諸設備、諸装置、諸行事〕等が、存在する」のだと主張する。矛盾は「あらゆる自己運動の原理」(Ibid., S. 60) でさえあるのであって、たとえば「外的な感性的運動」でさえ「矛盾の直接的定在」である——何かは「一にして同じ今において此処に有り、かつ此処にないこと、また「この此処において同時に有り、かつない」ことによってのみ「運動する」のであって、「運動」は「定在する矛盾それ自身[31]」なのである。同様にまた「内的な、本来的な自己運動」たる「衝動一般」は、「何か」と「それ自身の否定的なもの」という「欠如」とが「一にして同じ顧慮点において有る」ということにほかならない。何かはそれが「矛盾」を自らのうちに含み、しかも「矛盾を自己のうちに捉えて矛盾に耐える力」であるかぎりでのみ、「生きている」のである。「思弁的思惟」は思惟が「矛盾」を、そして矛盾のうちに「自己自身」を、堅持することのうちにのみ存している。

運動や衝動等においては矛盾が規定の「単純性」のゆえに表象にとって覆い隠されているのだとすれば、「関わり合いの諸規定（*Verhältnisbestimmungen*）」においては矛盾が直接的である。「上と下」、「右と左」、「父と息子」等々はすべて「一において対立を」含んでいる。「上」は「下がそれでは有らぬもの」では「有る」のだが、しかし「下が有る」かぎりでのみ「有り」（Ibid. S. 61）、逆もまた然り。「上下」は「関係」のそとでは「上下」ではなく、「場所一般」でしかない、等々。「表象」はそれゆえ、いたるところで「矛盾」をその内容として有してはいるのだが、しかしそれを意識するにはいたらず、「相等性」と「不等性」とのあいだを往き来するような「外的反省」にとどまってしまう。しかるに「精神豊かな反省」は「矛盾を把捉し言い表すこと」（Ibid. S. 62）のうちにこそ存しているのである。

「物」や「主観」や「概念」は「自己自身において矛盾するもの」だが、「解消された矛盾」でもある。そしてその諸規定を担い含んでいるのが「根拠」である。しかるに物や主観や概念は、自らの圏域のうちで自らのうちへと反省されたものとしては「その解消された矛盾」ではあっても、その「圏域全体」はふたたび「〔高次の圏域のなかでは〕特定の、異なる」ものであり、「有限な」ものであって、つまりは「矛盾する」ものである。このような「高次の矛盾」については、当の圏域全体それ自身が「解消」（Ibid. S. 63）なのではなく、その「根拠」として「より高次の一つの圏域」を持つ。そしてこのような仕方で、「その無頓着な多様性における有限な諸事物」とは、「自己自身において矛盾しつつ、自己において屈折して有り、自らの根拠のうちへと帰行すること」である――「偶然的な有」はその「根拠」へと帰行し、そこにおいてこのような仕方で「止揚」されるのである。「〔神の宇宙論的証明のような〕通常の推論」においては、「有限なものの有」が「絶対者の根拠」として現れる。しかしながら真実は、有限者は「自己自身において矛盾する対立」であり「有らぬ」からこそ、「絶対者」が「有る」。先の推論では「有限者の有は絶対者の有である」と言われるが、本当のところ、「有限者の非有は絶対者の有である(32)」が正しいのである。

Ⅶ　そこで「第三章　根拠」は「本質は自己自身を根拠として規定する」という言葉から始まる。われわれの叙述では順序が逆になってしまったが、「無」がまず「有」と「単純な直接的統一」のうちにあったように、ここでも「本質の単純な同一性」が「その絶対的な否定性」と「直接的統一」のうちにあり、本質は「純粋な反省」というその「否定性」でのみあった。本質は「自己のうちへの有の回帰としてのこの純粋な否定性」であり、それは「即自的には、もしくは我々にとっては(33)」そこへと有が解消されるところの「根拠」として「規定」されるのだが、しかしながらこのような「規定性」は、「それ自身によって」はまだ「措定〔＝顕在化〕」(Ibid. S. 64) されているわけではない。そこで本質の「反省」は、自らを「本質が即自的にそれで有るところのもの」として、つまりは「否定的なもの」として「措定」して自らに「規定」することとなる。「ポジティヴなもの」と「ネガティヴなもの」は、本質がその否定としてそれへと失われてしまうような「本質的な規定」を形成していたのだが、これらの「自立的な諸規定〔＝ポジティヴなものとネガティヴなものが自立的なものとして規定されていること〕」が「止揚」され、「没落した規定」が「本質の真の規定」となってゆく。

それゆえ「根拠」はそれ自身、「本質の反省諸規定の一つ」ではあるのだが、ヘーゲルによれば、それは「最後の」反省規定であり、むしろ「反省規定が止揚された規定である」という「規定」なのだという。本質は「根拠」として規定されることによって、むしろ「規定されないもの」として規定される。「規定されて有ること」の「止揚」

のみがその「規定」なのである――ヘーゲルが言いたいのは、「根拠」として「規定」されることによって、「本質」が「自己にのみ由来する〔＝自立する〕」ということであり、本質が「自らを本質として措定する」（Ibid., S. 65）ということである。

そのうえ「反省」は「純粋媒介一般」だが、「根拠」は「自己との本質の実在的媒介」だとヘーゲルは付け加える――根拠が「実在的媒介」なのは、それが「止揚された反省としての反省」を含んでいるからである。換言するなら、それは「自らの非有によって自己のうちへ帰還し、自己を措定する本質」なのだという。

ヘーゲルによれば、「根拠（Grund）」は第一に、そこにおいて本質が「根拠関係にとっての基礎（*Grundlage*）一般」としてあるような「絶対的根拠〔＝端的に根拠一般〕」であり、そのうえそれは「形式と素材」として規定され、自らに或る「内容」を与える。第二に、根拠は「或る特定の内容の根拠」として「特定の〔＝規定された〕根拠」であり、「根拠関係」はその「実現」一般のうちで自らに「外的」になることによって、「制約する〔＝特定の仕方で条件づける〕媒介」へと移行する。そして第三に、根拠は条件を前提とするが、条件もまた根拠を前提する。「無条件的なもの〔＝自立するもの〕」が「両者の統一」たる「即自的事象〔*Sache an sich* 事象自体〕」なのであって、それは「制約する〔条件づける〕関係という媒介」を通って「実存〔Existenz 現実存在〕」（Ibid., S. 66）へと移行する……。

まだ言いっ放しの感の否めないこの箇所について詳述するより――そのことに関しては、いくぶんなりとも本書第四章で触れる――むしろ「根拠」の内実としてヘーゲルが何を念頭に置いていたのかということだけを確保しておき、先にも予告しておいたように、『大論理学』のなかで特に難しい」この概念を多少とも明確にするために、次に『小論理学』の当該箇所を見ておくことにしたい。

Ⅷ　その「γ　根拠」の項の冒頭では、「根拠は同一性と相違との統一である」（W8, S. 247-8）[34]と言明されている。それは「他‐のうちへの‐反省」でもあるような「自己‐のうちへの‐反省」であり、つまりは「全体性として措定された本質」なのである。

「根拠律」は「すべてはその十分な根拠を持つ[35]」と述べる。つまり「何か〔或るもの〕」は「その有を或る他のうちに持つ」のであって、「根拠」はそれが「何かの、或る他なるものの根拠」であるかぎりでのみ「根拠」なのである。「根拠」は「同一性と相違との統一」ではあっても、この「統一」は「抽象的な同一性」と解されてはならない。それゆえヘーゲルは、根拠は「統一」であるのみならず、「同一性と相違との相違」でもあるのだと付言する。かくしてさしあたりわれわれには「矛盾の止揚」として生じていた「根拠」が、ここでは「新たなる一つの矛盾」として現れてくることになる。根拠は「静止的に自らのうちに執存するもの（das ruhig in sich Beharrende）」ではなく、「自己自身から自らを突き放すこと（Abstoßen seiner von sich selbst）」なのである。根拠は「根拠づける」かぎりでのみ根拠なのだが、根拠から生じたものは根拠それ自身であり、ここに「根拠の形式主義」がある——つまり「根拠づけられたもの」と「根拠」とは「一にして同じ内容」ではあるのだが、両者の相違は「自己への単純な関係」と「媒介もしくは被措定有」との「たんなる形式の相違」にすぎないということである。いわゆる「十分な根拠の思惟法則〔=充足理由律〕」が言うのは、「諸物は本質的に、媒介されたものとして考察されるべきである」（Ibid., S. 248）ということにすぎない。

ところで根拠はたんに「単純に自己と同一的なもの」であるだけではなく、「区別されて」もいるのだから、「一にして同じ内容」に対して「異なる諸根拠」が申告されもする。そしてさらにこのような「諸根拠の異別性」は、「同じ内容への賛成（*für*）と反対（*wider*）の諸根拠という形式における対置」へと進展してゆく。かくして「あらゆる根拠」が一方では「十分」ではあっても、他方では「いかなる根拠」も「十分」ではないのであって、根拠はそれだけではまだいかなる「即且対自的に規定された内容」も持たず、「自己活動的にして産出的」（Ibid., S. 250）なのではない——「いかなる諸根拠が妥当すべきか」についての「決断」は、「主観」（Ibid., S. 251-2）に委ねられているのである。

つまり「根拠」がまだいかなる「即且対自的に規定された内容」も持たず、「活動的」でも「産出的」でもないのであるからには、「実存〔現実存在〕」は「根拠からただ出て来る〔*hervorgeht* 由来する〕だけ」（Ibid., S. 252-3）なのである。あらゆるものには「或る根拠」が見出され申告されうるものなのであって、「すぐれた根拠」が何かを引き起こしたり引き起こさなかったり、帰結を有したり有さなかったりする。根拠が何かを引き起こす「動機〔Beweggrund運動根拠〕」となるのは、たとえば初めてそれを「活動的」にしたり「原因」にしたりする「或る意志」(Ibid., S. 253)を採用することによってである。

Ⅸ　以上、われわれは「矛盾」と「根拠」とに関わる『大論理学』と『小論理学』の主要部分を、駆け足で見てきた。それはわれわれの期待に沿うものだっただろうか。

「何かがそこにおいて成立する運動は、成立するものにとって根拠として表記される」とロースは言う。「この運動のなかで成立するもの、ヘーゲルが《媒介》と名づけるこのような過程の結果、それゆえ媒介されたものは〔…〕つねに統一と差異でのみありうる」(Henrich (2). S. 48)。それゆえ統一と差異との矛盾のあるところ、それは必ず根拠へと遡る。根拠は「同一性と相違との統一」なのである。

ヘーゲルの「根拠」をカントの「統覚の超越論的統一」の「相続人」とみなす解釈者もいる。もっとも「カント的統覚」は「認識理論」に囚われたままであるのに対し、ヘーゲルの「根拠」は「或る新しいジャンルの形而上学的概念」(Longuenesse. p. 158. Cf. Pippin (1). p. 225) ではあるのだが。そしてもしそのように考えるなら、相対的な同一性をも相対的な相違をも「根拠」づけるような「統一」そのものが、ここに見出されたと言えるのかもしれない。しかしながら、それは「根拠と根拠づけられるものとの統一」(Longuenesse. p. 163. Cf. Soual. p. 352) でもあるのであって、そこには一性ならざる二元性が、どこまでもつきまとう。

それだけではない。ヘーゲル自身の言により、「同一性と相違との統一」はそのまま「同一性と相違との相違」でもあって、「矛盾の止揚」を求めていたわれわれは、ふたたび「新たなる一つの矛盾」に巻き込まれてしまうのだということとなる。そのうえ「根拠」に関してとりあえず主題化された「形式と素材」や「内容」、あるいは「内容」に関して述べられた未決定性は、「根拠」の根源性を疑わせるに十分である。つまりここで主題化されているかぎりでのヘーゲル的「根拠」は、けっして「同一性と非同一性との同一性」の問題を最終決定的に解決してくれるような「根源的同一性」ではないのである。

『精神現象学』の「顕わな宗教」のなかで、ヘーゲルは「善がそれで有るところのものと悪が同じものであることによって、まさに悪は悪ではなく、善も善ではなく、両者はむしろ止揚される」(PhG^{B2}. S. 508) と語っている。「我々にとって、もしくは即自的には、対置された諸意義は先に統合され、同じものと同じでないもの、同一性と非同一性との抽象的諸形式さえ、止揚されていた」(Ibid. S. 510) のである。対立するものどもの矛盾的関係の真の解決は、両者の消失もしくは解消のうちにこそ、求められるべきなのではないのだろうか――しかしながらヘーゲル『論理学』の当該箇所で主題化されている「根拠」にそのような役割を求めるのは、依然として困難であるように思われる。

『大論理学』における「同一性と非同一性との同一性」の問題構制は、もともとは「有と非有の統一」のそれのなかに位置づけられていた。そして「同一性」と「非同一性」もしくは「相違」、「異別性」、「対立」、「矛盾」とをめぐる「本質論」の諸議論がようやくたどり着いた「根拠」は、しかし、まだ論理学の展開の途上にあるものでしかなかった。それゆえわれわれは、次節ではいったんは遡って「有と非有の統一」をめぐる問題を、さらに次々節では究極の場所に位置しうることが期待されそうな「絶対者」や「無限」や「絶対理念」に関する諸問題を、『大論理学』において検討してゆくことにしたい。

第三節　「有」と「無」と「生成」と

『大論理学』第一巻「有論」の第一篇「規定性（質）」は、第一章「有」に入るまえの冒頭の導入部を、「有は未規定的な直接的なもの (das unbestimmte Unmittelbare) である」という有名な言葉から始めている。それは「本質に対する規定性」や「有がそれ自身の内部で含みうる各々の規定性」を免れ、そしてこのような「没反省的な有」は、「直接的にただそれがそれ自身において有るがままの有」であるにすぎない。

それは「未規定的」であるがゆえに「質のない有」だが、「即自的」には「未規定性という性格」がそれに帰せられるのは、ただ「規定されたもの、もしくは質的なものに対する対立[36]」においてのみであり、「有一般」には「規定された有」が立ち向かうのであるからには、その「未規定性」それ自身が有の「質」を形成するのだということになって、「最初の有」が「即自的」には「規定されたもの」となり、それは〔第二に〕「定在（*Dasein*）」へと「移行」する。そして「有限な有」としてのこのような定在が自らを止揚して「自己自身への有の無限の関係」へと移行するなら、第三に有は「対自有（*Fürsichsein*）」へと「移行」（WdLS². S. 71）する……。

同篇は「有」、「定在」、「対自有」という三つの章から成るのだが、われわれがここで取り上げるのは第一章「有」のみである。同章は「A　〔有〕」、「B　無」、「C　生成」の三節から成り、その第三節はまた、四つの註記を持つ「一　有と無の統一」と、註記をまったく含まない「二　生成の諸契機」、そして一つの註記を有する「三　生成の止揚」という三つの項から構成されている。われわれは本節を――その分量に鑑みて、便宜的に区分するという面もないわけではないのだが――「C　生成」の「註記二」までを扱う⑴と、それ以降を扱う⑵との二項に分け、前半では主として〈有と無の同一性の問題構制〉について考察し、後半では主に〈第三者としての生成の問題〉について検討しつつ、最後に同章全体が孕むであろう幾つかの諸問題に関して、若干の考察を加えておくことにしたい。

⑴「有と無の統一」をめぐって

Ⅰ「A　〔有〕」は「有、純粋有――それ以上のあらゆる規定なしに」という無動詞文から始まっている。その「未規定的直接性（unbestimmte Unmittelbarkeit）」において、それはただ「自己自身に等しい」だけで、「他に対して不等」でさえなく、それ自身の内部でも、外に対しても、いかなる「異別性」も持たない。それは「純然たる未規定性」であり「空虚」である。そしてもし「直観」についてここで語りうるとするなら、「それ〔＝有、純粋有〕においては何も直観されない〔＝無が直観される〕、もしくはそれはこの「純粋な、空虚な直観それ自身」（WdLS². S. 71）である。またそこにおいては「何か〔或るもの〕」が「思惟」もされず、同様にそれはこの「空虚な思惟」でしかない。「未規定的な直接的なもの」たる「有」は、じっさい「無」であり、それ以上でもそれ以下でもない。

「B　無」[37]も次のように開始されている。「無、純粋無。それは自己自身との単純な相等性であり、完全な空虚性、没規定性、没内容性であり、それ自身における非区別性である」。けれども「何ものも直観したり思惟したりしない〔＝無を直観したり思惟したりする〕」ということにも「意味」があり、「無」は「われわれの直観や思惟のうちに有る〔実存する〕」、あるいはむしろ、それは「純粋有と同じ空虚な直観もしくは思惟」である。ゆえに「無」は「同じ規定」を、あるいはむしろ同じ「没規定性」を有しつつ、総じて「純粋有がそれで有るのと同じもの」である。

そこで「純粋有と純粋無はそれゆえ同じものである」という言葉で「C　生成」の「一　有と無の統一」が始まる。真理とは、有も無も有るのではなく、「有は無のうちへ、無は有のうちへ――移行する（übergeht）のではなく――移行してしまっている（übergegangen ist）」ということなのである。しかし、同じ程度に真理は両者の「非区別性」ではなく、むしろ「それらは同じものではない、それらは絶対的に区別されている、しかし同様に分離されず不可分であり、ただちに各々がその反対において消失する」のだという。それは「そこにおいて両者が区別されるが、しかしただちに同様に解消されてしまった或る相違によって区別されるような運動」であり、「生成」（Ibid. S. 72）なのである。

難解ではあるがすっかり有名になってしまったがゆえに当たりまえのようにみなされがちのこの箇所について、もう少し確認しておくために、他の幾つかの箇所を参照しておくことにしよう。まず『小論理学』の或る「附論」のなかでは、こう言われている。「ところでいまや有は、まさしく端的に没規定的なものにすぎず、無もまた同じ没規定性である。これら両者の相違は、それゆえ、一つの思念された相違、同時にいかなる相違でもないまったく抽象的な相違でしかない。〔…〕有と無においては〔…〕相違はその没基盤性（Bodenlosigkeit）のうちにあり、まさにそのゆえに、それはいかなる相違でもない。なぜなら両規定は同じ没基盤性だからである」（W8. S. 187）。またニュルンベルク時代のギムナジウムでの《上級のための哲学的エンチュクロペディー》においても以下のように語られていて、有と無の表裏一体性が強調されているように思われる。「一、学の始源は有という直接的な、没規定的な概念である。——二、この概念はその没内容性において、無と同じほどのものである。それゆえ無は反対に、それ自身、かの空虚性の思惟として、一つの有であり、その純粋性のために、有と同じものである。——三、それゆえそのいかなる相違も存在せず、そうではなくて、有るところのもの（was ist）は、これとともに、ただ区別されたものどもとしての両者の措定にして各々のもののその反対への消失にすぎない、もしくはそれは、純粋な生成である」（W4. S. 13）——こうした叙述は『大論理学』の叙述とみなされても、何の違和感も覚えさせないであろう。

それに対し、一八〇八／〇九年や一八一〇／一一年の《中級のための論理学》には、多少ともニュアンスの差が認められるように思われるかもしれない。「質的なものにおいて〔…〕有は完全に没内容的で没規定的な抽象である。それゆえそれは無と同じものであり、無は思惟のうちで同様に有り、したがって有それ自身と同じ有を有している。それゆえ有と無は分離された悟性諸規定として一つの真理を持つのではなく、それらの真理はそれらの移行（Übergehen）であり、生成である」（Ibid. S. 91）。「有は単純な没内容的直接性であり、この直接性はその対立を純粋無において持ち、両者の統合が生成である。有のうちへの無の移行（Übergehen）として、それは生起（*Entstehen*）であり、逆は消滅（*Vergehen*）である」（Ibid. S. 166）——何に違和感を覚えるのかというと、『大論理学』では「移行」ではなく「移行してしまっている」[38]という表現がことさらに用いられていたのに対し、ここでは堂々と「移行」という言葉が使用されているということである。両者の差異は奈辺に存するのであろうか——その問題については本節の最後にまた取り上げ直すことにしよう。

Ⅱ　『大論理学』の「一　有と無の統一」の「註記二」では、「無」はよく「*Etwas*〔或るもの、何か〕」に対置されるが、「或るもの」はすでにして「他の或るものから区別される或る特定の〔＝規定された〕有るもの」なのであって、それゆえ「或るものに対置される無」もまた「或る特定の〔＝規定された〕無」ということになるのだが、しかしここでの「無」は、「その不特定の〔＝規定されていない〕単純性」において受け取るべきだと述べられている。「有」には「無」の代わりに「非有（*Nichtsein*）」が対置されるべきかもしれない。なぜなら「非有」のうちには「有」への関係が含まれていて、「有」と「有の否定」とが一度に言い表されているからである。しかしながら、さしあたり問題とされているのは、「対置」という形式ではなく、「抽象的な、直接的な否定（Negation）」であり、「純粋に対自的な〔それだけである〕無」、「没関係的な否定（Verneinung）」なのだという。

「純粋有という単純な思想」を最初に「絶対者」にして「唯一の真理」として言い表したのは、エレア派の人たち、とりわけパルメニデスなのであって、「有のみが有り、無はまったく有らぬ」という言葉が残されている。東洋の体系では、周知のように仏教が「無、空」を「絶対的原理」とした。ヘラクレイトスはそのような「単純で一面的な抽象」に対して「生成というより高次の全体的概念」を際立たせ、「有は無と同じほど有らぬ」あるいは「すべては流転する」と、つまりは「すべては生成である」（WdLS^2. S. 73）と述べている。

「無カラハ何モ生ジナイ（Ex nihilo nihil fit）」という命題には、形而上学のなかで大いなる意義が認められているのだが、しかしヘーゲルによれば、それは「無は無である」という「没内容的な同語反復」であるか、あるいは「無は〔…〕無にとどまる」というようにして「生成」を否定してしまうかである。なぜなら生成は「無は無にとどまらず、自らの他のうちへ、有のうちへ移行する」ということを含んでいるからである。キリスト教形而上学が「無からは何も生成しない〔＝無が生成する〕」という命題を非難したとき、それは「無から有のうちへの移行」を主張していたのである。エレア派の人たちやスピノザにおいて見られるような「有はただ有である、無はただ無である」を原理とするような哲学的見解には、「同一性体系」の名がふさわしい。しかるにこのような「抽象的同一性」こそが「汎神論の本質」（Ibid., S. 74）[39]なのである。

先に「直接性」と「媒介」とに関しても見たように、ここでもヘーゲルは「天にも地にもどこにも、自らのうちに有と無の両方を含んでいないような何かなど、存在しない」と言明する——もちろんここで話されているのは「何か或るもの〔*ein irgend Etwas*〕」であり、「現実的なもの」ではあるのだが。しかし「神」においてさえ「質、活動、創造、力」等は本質的に「否定的なものの規定」を含んでいる。それらは「或る他なるものの産出」（Ibid., S. 75）なのである。

Ⅲ　或る推論は、こう述べるかもしれない。「有と非有は同じものである。ゆえに私が有ろうと有るのでなかろうと、この家が有ろうと有るのでなかろうと、この一〇〇ターレルが私の財産状態のうちに有ろうとなかろうと、同じことである」——このような「推論」もしくは「かの命題の応用」はしかし、かの命題の意味を完全に変質させてしまう。かの命題が含むのは、「有と無という純粋諸抽象」である。しかるに「応用」のほうがそこから作り出しているのは、「或る特定の有と特定の無」である。そして「或る特定の、或る有限な有」とは「他に関わるようなもの」であり、「或る特定の内容」や「何らかの特定の定在」にとっては、それの関係する「或る他の内容」が「有るか有らぬか」は、どうでもよいことではない。それはこのような「関係」によってのみ「それがそれで有るところのもの」（Ibid., S. 76）[40]なのである。

周知のように「神の存在〔Dasein 定在〕の有論的証明」に対するカントの批判は、「実存もしくは有」は「特性〔*Eigenschaft* 属性〕」や「レアールな〔＝物《レース》に属する、実在的な〕述語」ではないと主張する。つまり有は「或る物の概念に付け加わりうるような何かについての概念」などではなく、いかなる「内容規定」でもないというのである。「現実の一〇〇ターレル」が含んでいるのは「可能的一〇〇」ターレル以上でも以下でもなく、それらは同じ「内容規定」（Ibid., S. 77）を有している……。

そして「混乱した鈍重さ」——とヘーゲルは言う——のなくもないカントのこのような表現に対するヘーゲルの批判もまた、有名である。「有と無という諸抽象」は「或る特定の内容」を得ることによって、「諸抽象」たることをやめてしまったのである。さらには「有る」ということが「財産状態」とみなされてしまうと、一〇〇ターレルが「有るか有らぬか」は、けっしてどうでもよいことではない。「定在〔*Dasein* 特定の有、規定された有〕」が初めて「有と無の、つまりは或る何かと或る他なるものとのレアールな相違」（Ibid., S. 78）を含むのである。かくして「一〇〇ターレル」は「可変的にして移ろいやすきもの」だということになる。

「或る特定の有」すなわち「定在」にのみ固執するような思惟や表象は、パルメニデスが作り出した「学の始源」へと立ち返るべきだとヘーゲルは主張する――パルメニデスはそのような表象を「有としての有」という「純粋思想」へと高めつつ、「学のエレメント」を創造したのである。「学において最初のものであるもの」は、「歴史的」にも「最初のもの」[41]であらねばならないということが示された。エレアの「一者」もしくは「有」は「思想の知の最初のもの」とみなされるべきであり、「〔タレスの〕水」等々の「物質的諸原理」は、「普遍」ではあっても「物質」なのであって、「純粋思想」ではなく、また「〔ピュタゴラス派の〕数」は、「自己自身にまったく外的な思想」（Ibid., S. 79）にすぎない。

「概念」と「有」が異なり、「概念」と「実在」、「魂」と「肉体」が分離可能で、それゆえ「移ろいやすく可死的」であるということが「有限な諸事物の定義」である。それに対し「神の抽象的定義」とは、「その概念とその有とが分離されず、分離不可能」だということである。諸カテゴリーや理性の「真の批判」とは、この「相違」についての認識を知らしめ、「有限なものの諸規定や諸々の関わり合い」を「神に適用」（Ibid., S. 81）させないようにすることである。

『小論理学』によれば、「あらゆる有限なもの」とは「その定在がその概念とは異なる」ということであり、それのみであるのに対し、「神」は表明的に「ただ《実存するものとして思惟》のみされうるもの」であり、「そこにおいては概念が有を自らのうちに含むところのもの」である。つまり、「概念と有とのこのような統一」こそが「神の概念」を形成するものなのである。しかるに「有」のような規定は「最も貧しい、最も抽象的な」（W8, S. 136）規定なのである。しかし、それでは神にのみふさわしい有とは最も貧しく最も抽象的な有であり、有限な諸事物にこそ――もし存在するのであれば――より豊かでより具体的な有が付与されるということになるのだろうか。この問題に関しても、本節の最後に検討し直すことにしよう。

Ⅳ 「註記二」は命題形式について検討する。すなわち「有と無は一にして同じものである」という「命題」による表現は「不完全」だというのである。そこでは「判断一般」のように、アクセントがとりわけ「一‐で有り、同じもの‐で有ること」に置かれていて、あたかも「相違」が否定されてしまったかのようである。しかしながらその命題は、「有」と「無」という「両規定」を言い表しつつ、両者を「区別されたもの」として含んでもいるのである。そして「有と無は同じものである」という命題が「これらの諸規定の同一性」を言い表しつつ、両者を「異なるもの」として含んでいるということによって、この命題は「自己自身において矛盾」しつつ「解消」される。この命題は「自己自身によって消失するという運動」を持ち、それとともにこの命題それ自身において「その本来の内容」を形成すべきものが、すなわち「生成」(WdLS^2. S. 81)が、生起するのである。

そもそも「一つの判断という形式」は「思弁的諸真理」を表現するのにふさわしくない。判断とは主語と述語とのあいだの「同一的な関係」なのだが、そのさい主語が述語より多くの諸規定を有することや述語が主語より広いことが、「捨象」されてしまっている。けれどももし内容が「思弁的」なら、「主語と述語とが持つ非同一的なもの」もまた「本質的な契機」だというのに、しかるにそれが「判断」においては表現されていないのである。

「有と無は同じものではない」という反対命題を付加することによって欠陥を補完しようとしても、これらの諸命題は結合されず、ゆえにただ「二律背反《アンチノミー》」を呈示するにすぎないという「さらなる欠陥」が生起してしまうだけである。両命題において表現される諸規定は、端的に統合されるべきなのだが、このような「統合」は「同時には両立しえないものどもの一つの不安定(*Unruhe*)」として、あるいは「一つの運動」(Ibid., S. 82)として言い表されることができる――ちなみに「統一(*Einheit*)」という語は「同一性」以上に「主観的反省」を表記する「言わば不幸な語」なのであって、それはとりわけ「比較」という「外的反省」から発源する関係として受け取られてしまうのだという。それゆえ「統一」の代わりに「非分離性(*Ungetrenntheit*)」とか「不可分離性(*Untrennbarkeit*)」とかのほうがよいのかもしれないが、しかしそれでは「全体の関係が持つ肯定的なもの」が表現されない。

V　それゆえここで生じた「全体的な、真の結果」とは「生成」であり、それは次のような「運動」のうちに存する。つまり「純粋有」は「直接的にして単純」であって、ゆえにそれは「純粋無」でもあり、両者の相違は「有る」のだが、しかし同じ程度に「自らを止揚して、有らぬ」――結果は「有と無の相違」を主張するが、ただしそれをただ「思念された」(Ibid., S. 83) だけの相違として主張するのである。

「有と無がそこにおいてそれらの存立を有するところの第三者」とは「生成」である。生成においてそれらは「区別されたものども」としてあり、それらが区別されるかぎりでのみ「生成」がある。このような「第三者」は、有や無とは「別のもの」である。有と無は「或る他なるもの」のうちでのみ存立し、「対自的に（＝それらだけで）」は存立しない。「生成」こそが「有」と「非有」の「存立」なのである。

「有」は「純粋な光」という像のもとで、「無」は「純粋な夜」(Ibid., S. 84) として表象されることがある。しかるにひとは「絶対的な明るさ」のなかでも「絶対的な闇」のなかでも「見る」ことはない。「純粋な光」と「純粋な闇」とは「同じもの」たる「二つの空虚」なのであって、「曇らされた光」や「照らされた闇」が初めて「相違」を有し、「定在」という「特定の（＝規定された）有」なのである。

(2)「生成」とそのステイタスの諸問題

I　「註記三」は、「有と無というその諸契機が不可分なものとしてあるところの統一」は、両者それら自身から同時に異なるような「第三者」であって、それは「その最も固有の形式」においては「生成」だという言葉から始まっている。「移行」は「生成」と「同じもの」なのだが、ただし前者においては、そこからそこへと移行のおこなわれる両者が、より「相互外在的に安らう」ものとして、また移行それ自身が「両者のあいだで生起する」ものとして、「表象されている」のだという。「有」や「無」について語られるところ、このような「第三者」が現存しているのでなければならない。なぜなら両者は「対自的に〔＝それらだけで〕」存立しているのではなく、「生成」というこの「第三者」（Ibid., S. 85）のうちにのみあるからである。「有」も「無」も「真なるもの」ではなく、「生成」だけが「両者の真理」である。

そこでヘーゲルは、有と無が切り離されることによって生じ、ゆえに「移行」が否定されてしまうような若干の諸現象について語り出す。たとえばパルメニデスは「有」を堅持しつつ、「無はまったく有らぬ、有のみが有る」と主張した。しかしそのような有は「未規定的なもの」であり、「他への関係」を持たない。それゆえこのような「始源」からは「これ以上先へ進まれえず」、「進行（Fortgang）」はただ「何か異他的なものが外からそれに結合されることによってのみ生起しうるように思われる。それゆえ「進行」は「第二の、絶対的な始源（ein zweiter, absoluter Anfang）」として現れ、このような「移行」は「有」に外的に付け加わるにすぎない。そもそも「有」は何か「規定性」を有していたら「絶対的な始源」ではないのだが、しかるにもしそれが「未規定」で「真の始源」であるなら、それはそれによってそれが「或る他」へと導かれるような何ものも持たず、それは同時に「終末（*Ende*）」（Ibid., S. 86）でもあるだろう。パルメニデスにおいてもスピノザにおいても、「有」や「絶対的実体」からは「否定的なもの、有限なもの」への進行はなされるべくもない。しかるにもし「没関係的な、これによって没進行的な有」からただ「外的な仕方」でのみ生起しうるものが、それでも進行するのなら、このような進行は「第二の、新しい始源（ein zweiter, neuer Anfang）」なのであった。かくしてフィヒテの「絶対的に第一の、無条件的な原則」たる「A＝A」が「措定」であるのに対し、「第二の」原則は「対置」であり、対置は「最初の同一性の否定」である。しかるにもし「進行する」、すなわち「第一の始源（der erste Anfang）を止揚する」ような権限が存するなら、そのような始源のうちには「或る他なるものがそれに関わりうる」ということが存しているのでなければならず、それゆえそれは「或る規定されたもの」でなければならないだろう。けれども「有」や「絶対的実体」はそのように自称してなどいない。それは「直接的なもの」であり、「まだ端的に未規定的なもの」（Ibid., S. 87）なのである。

以下、ヘーゲルは、ヤコービの次のようなカント批判、つまり「純粋」で「絶対的」な「意識」や「空間」や「時間」といった「あらゆる多性や多様性なき一」からは「他への進行」が、つまりは「有と無の内在的綜合」としての「生成」が生じえないという「不可能性」を説き、こうしたものが「抽象の結果」でしかない旨を記述するヤコービのカント批判、すなわち「アプリオリな自己意識のカント的綜合に対する論争」(Ibid. S. 87-91) について詳述しているのだが、結果は同じことである。

Ⅱ　自らの論理学において「有」からなされた「始源」についての「純粋反省」のなかでは、まだ「移行」は「覆蔵されている」のだとヘーゲルは述べている。「有」は直接的なものとしてのみ措定されているのだから、「無」は有においてただちに「突然現れる (hervorbricht)」だけなのである。しかるに「定在」等々、「すべての後続する諸規定」は「より具体的」であって、たとえば定在のうちにはすでに「かの諸抽象の矛盾」や「それらの移行」を含んでいるようなものが措定されている。しかるに「かの単純な、直接的なものとしての有」においては「それが完全な抽象の結果であり、ゆえにすでにそこからして、抽象的な否定性、無である」という「想起」が、「学の背後に置き去りに」されてしまっている。学は学それ自身の内部で、表明的には「本質」から、かの「一面的な直接性」を「媒介されたもの」として呈示することになろう――そこでは「実存としての有」や「この有を媒介するもの」たる「根拠」が「措定」されることになる。

「無からの始源」(Ibid. S. 92) という逆転をおこなおうとしても、ひとが「逆転 (umkehren)」するまえに、無は有のうちへと「転倒 (verkehren)」してしまっているのであった。そのうえもし「あらゆるものの捨象」の「あらゆるもの」が「有るもの (*Seiendes*)」であり、そしてそのような「捨象」が前提されているのだとすれば、ヘーゲルによれば、「あらゆる有るものの捨象の結果」とは、まず「抽象的な有」であり、「有一般 (*Sein* überhaupt)」なのである。もちろんこのような「純粋有」を捨象することもでき、そうすると残るのは「無」である。けれどもそれならばひとは「無」を捨象することもできるのであって、その場合には無さえ残らない。ひとはふたたび「有」に舞い戻ってしまうだけであろう。

プラトンが『パルメニデス』における「一者」を扱ったさいの「弁証法」では、「有」と「一者」は「同じもの」だが、「区別」(Ibid. S. 93)すべきでもある。つまり「一者は有る」という命題は「一者と有」を含んでいるのだから、そこにはたんに「一者」と言う以上のものが含まれている。そして両者が「異なる」ことのうちには、「否定の契機」が示されているのである。

ヘーゲルは、ここでも「無」が「思惟、表象、語ること等々」においてその「有」(Ibid. S. 94)を有してはいるのだが、それらは「区別」されてもいるのだということ、また「純粋な光」においても「純粋な闇」においても、ものは「見られない」(Ibid. S. 95)ということ等々を繰り返してはいるのだが、繰り返しゆえに省略する。ただ、「有と無の相互移行(Übergang von Sein und Nichts ineinander)」という規定に関して、いまの段階ではこれらの諸契機には「他なるものの規定性」は「措定」されていないのであるからには、かの「移行」はまだいかなる「関わり合い(Verhältnis)」(Ibid. S. 96-7)でもないのだというヘーゲルの言葉は、記憶しておこう。ヘーゲルによれば、それゆえにこそ「無は有の根拠である」とか「有は無の根拠である」とか「無は有の原因である」といった言い方は、許されないのである。

Ⅲ 「註記四」は「世界の始源」や「物質の永遠性」に関する「弁証法(=カントにおける「弁証論」)」、つまりは「空間と時間とにおける世界の有限性もしくは無限性についてのカントの二律背反《アンチノミー》」について扱う。ただしこのような「弁証論」は、「有と無の対立」を「堅持すること」に依拠している。けれどももしそのように考えるなら――先にも見たように――「何か(或るもの)が有る」場合にも「何かが有らぬ」場合にも、何も始源せしめられないということになってしまうだろう。つまり、もし何かが有るなら、初めて始源するのではないことになり、逆にもし何かがないなら、やはり何も始まらない。そして同じ理由から、何かが「終わる」こともできなくなってしまうであろう。なぜならもし何かが終わるなら、「有」は「無」を含んでいなければならないことになってしまうのだが、しかるに

——仮定により——「有」はただ「有」でしかなく、「それ自身の反対」(Ibid. S. 97) ではないとされているからである。「無からの有の絶対的分断性」という前提のもとでは、「始源」も「生成」も「何か概念把握しえないもの」となってしまうのだが、同じことは「無限小の大きさ」に関しても言えよう。つまり、無限小の大きさは「その消失〔=ゼロになること〕以前」には無限小として規定されない。なぜならそれでは、それはやはり「〔或る減少可能な〕有限な大きさ」なのだから。しかしそれは「その消失の以後」にも無限小として規定されない。なぜならそれでは、それは「無」になってしまうであろうから。そこでヘーゲルは、「状態」という言葉は「不適切で野蛮な表現」だと断りつつも、「有と無のあいだの中間状態ではないようなものは、まったく何も存在しない」(Ibid. S. 98) と述べるのである。

以上のような議論は、「弁証法〔弁証論〕」というより、「詭弁」と名づくべきだとヘーゲルは語っている。弁証法とは「より高次の理性的運動」なのであって、そこへとこのような端的に分離されて現れるものは、自己自身によって相互に移行し、前提が自らを止揚してしまう。そして有と無は「生成」というそれらの「統一」を「それらの真理」として示すというのが、「有と無それら自身の弁証法的な内在的本性」なのである。

Ⅳ「生起と消滅」という「生成」は、「有と無の非分離性」なのだと「二　生成の諸契機」では述べられている。それは有や無を捨象するような統一ではなく、「有と無の統一」として、そこにおいて「有も無も有る」ような「規定された統一」である。ただし有と無がこのような統一のなかで「有る」のは、「消失するもの」としてであり、「止揚されたもの」としてである。それらはそのさしあたり表象された「自立性」から、「まだ区別されてはいるが、しかし同時に止揚されている」ような「諸契機」へと、降りゆくのである。

生成が含む有と無は、区別して捉えられるなら、各々がそれ自身「有と無の統一」である。すなわち一方は「直接的なものとしての、また無への関係としての有」であり、他方は「直接的なものとしての、また有への関係としての無」である。そして無から始まって有へと移行するのが「生起」だとするなら、有から始まって無へと移行するのは「消滅」(Ibid. S. 99) なのである。

ヘーゲルによれば、両者は同じ「生成」ではあるのだが、区別された「方向」として互いに「麻痺」させ合う。つまり「消滅」においては「有」が「無のうちへ移行」するのだが、無は「それ自身の反対」でもあって、「有のうちへの移行」であり「生起」である。また生起においては「無」が「有のうちへ移行」するのだが、有は自己自身を止揚しもして、むしろ「無のうちへの移行」であり「消滅」である。そして両者が互いに止揚し合うというより、各々が「自己自身において自らを止揚」し、それ自身において「自らの反対」なのだという。

Ⅴ 「三 生成の止揚」では、「生成」それ自身が「静止的な統一（*ruhige Einheit*）」へとともに向かうのだと述べられている。そしてヘーゲルの説明は、こうである。つまり、有と無は生成においてはただ「消失するもの」としてのみあるのだが、しかし生成としての生成は両者の「区別性（Unterschiedenheit）」によってのみある。それゆえ両者の消失は「生成の消失」でもあり、「消失の消失」だというのである。生成は「落ち着きのない不安定（eine haltungslose Unruhe）」だが、それが「静止した結果（ein ruhiges Resultat）」へと崩れ落ちるのである。

「生成」は自己自身において「自己矛盾」して、その「結果」が「消失してしまって有ること」なのだが、しかしそれはもとに戻ってしまった「無」ではなく、「静止した単純性へと生成してしまった、有と無の統一」である。「静止した単純性」とは「有」ではあるのだが、しかしもはや「対自的な〔それだけである〕」有ではなく、「全体の規定」（Ibid., S. 100）としての有である。そしてそのようなものをこそヘーゲルは「定在（*Dasein*）」（Ibid., S. 101）と呼ぶのである――ちなみに『小論理学』では、このような「過程」の「結果」は「空虚な無」ではなくて「否定と同一の有」であり、それが「定在」と名づけられ、その意義としてまず「生成してしまっていること（*geworden* zu sein）」（W8, S. 195）が示されるのだと述べられている。

Ⅵ 「三 生成の止揚」の「註記」は「止揚」について詳述する。「止揚されるもの」は、だからといって「無」になるわけではない。つまり「無」は「直接的なもの」だが、「止揚されたもの」は「媒介されたもの」である。それは「或る有」から出発した「結果」として、「そこからそれが由来しているところの規定性」を、「即自的」にはまだ有している。

『精神現象学』に関する前章でも見たように、ここでもヘーゲルは、「止揚」には「保管する」と「終わらせる」の「二重の意味」があることを強調する。何かはそれが「その対置されたものとの統一」のうちに歩み入るかぎりでのみ「止揚される」のだが、このようなより詳細な規定のなかでは、それは「契機（*Moment*）」（WdLS^2. S. 101）と名づけられるのが適切であろう。「有」と「無」は「諸契機」となった。「生成」においては、それらは「生起」と「消滅」であった。「別様に規定された統一」としての「定在」においては、それらはふたたび「別様に規定された諸契機」である。この統一は諸契機の基礎のままにとどまり、そこから諸契機は、もはや「有と無の抽象的意義」へと歩み出ることはない。

第二章「定在」の冒頭部分を少しだけ見ておくことにしよう。「定在」とは「規定された有」なのだが、その規定性は「有る（＝存在する）規定性」であり、「質」である。その質によって、「或るもの」は「他なるもの」に対してあり、「可変的」かつ「有限」である。そして或るものは他なるものに対してのみならず、それ自身において端的に「否定的に」（Ibid. S. 102）規定されているのだという……。

Ⅶ　ここからはわれわれの側からの幾つかのコメントを付け加えておくことにしたい。第一は「始源」の問題に、第二はそれとも関連して「移行」と「生成」の問題に、第三は第二とも関連して「神」の有の「有論的証明」に、そして最後に第四は「生成」と「時間」との関連の問題に関わる。

ヘーゲルが「有」や「無」を「純粋諸抽象」とみなし、それらは「真なるもの」ではなく「生成」こそが「両者の真理」だと述べていたことは、いま見たとおりである。「生成は最初の具体的な思想であり、それとともに最初の概念であるが、それに対し、有と無は空虚な諸抽象である」（W8. S. 192）と『小論理学』でも述べられている。それゆえトイニセンのように「私にとって〔…〕ヘーゲル論理学の始源において直接的に接近しうる純粋有は、そもそもただ形而上学的思惟の仮象的な産物としてのみ存在するにすぎない」（F/H/T. S. 66. Vgl. S. 28）と言明するをはばからないような者たちもいる。そして「H・G・ガダマーがヘーゲルの『大論理学』を、ただ非本来的にのみ有から、本来的にはしかし生成から開始させるよう提案した」(Henrich (2). S. 111) ということもまた、有名な話なのであって、現代においてもマルタンのように「ヘーゲルの『論理学』が真に始源するのは、〈有〉論からではなく、その最初の配置は、否定的なものがその間隔を見出すところの〈無〉によって運動化された生成のそれである」(Martin. p. 28) ということを強調する研究者がいる。しかしながら、「純粋有」が「空虚な」抽象や「形而上学的思惟の仮象的な産物」でしかないとするなら――Ⅷでも詳述するように――それを用いてなされた神の有の有論的証明などは、いったいどうなってしまうのだろうか。

「ひとがそのカテゴリーから開始するところのものが有であるのか、始源であるのか、生成であるのかは、重要ではない。なぜなら三つすべてがそれらの相互関係のうちで考察されるべきであろうからである」(Stekeler (3). S. 269) と、シュテケラーは述べている。しかしながら「始源」の問題は、それら「三つ」の「相互関係」だけにはけっして収まらないようにも思われる。なぜなら「純粋有」という「始源」にいたる以前に、ヘーゲルは「未規定的直接性」という概念を用いていたのだし、さらには「抽象(=捨象)」の必要性をさえ強調していたからである。

「未規定的直接性」は「有と無との上位概念」ではないかとの「反論」に対し、ヘンリッヒは、それでもこうした反論は、このような上位概念に対しても有と無に対してと同様に「直接性」という性格を取り上げて、それを「他なるものへの対立」のうちで規定し、かくしてそれを「媒介されたもの」(Henrich (1). S. 78) にせざるをえないであろうと答えている。しかしながら、それではやはり「直接性」という始源の規定そのものが間違っていたのだということになりかねないのだし、そもそもなぜ「有」ならよくて「直接性」[42]ではだめなのかということの説明には、全然なっていない。あるいはカッシーラーの言うように、「《純粋有》を確認するための手段はただ、どのように規定されているのであれ、各々の内容からのその抽象的な切り離しのうちにのみ存していた」(Cassirer. S. 332) というのでは、「純粋有」という「始源」の以前に何らかの諸内容の存在が認められていなければ、始源そのものが見出されないということになってしまう。ヘーゲル自身が認めていたように、かの「一面的な直接性」は、じつは「媒介されたもの」なのである――しかし結局のところ、それでは『エンチュクロペディー』で言われていたように、「始源」は「哲学することを決断せんと欲するかぎりでの主観に対してのみ関係を有する」のであり、「学としての学に対して関係を有しているわけではない」(W8. S. 63)ということになってしまって、それでは「始源」を求める『大論理学』の試みはいったい何だったのか、ということにもなってしまおう。つまり、もし哲学が別の始源を持ち、そしてそこから別の過程を経過して、別の結論にいたったとしても、ヘーゲルの立場からそれに反論することに、はたしてどれほどの意味が認められるのか、ということである。[43]

VIII　第二にそれとも関連して、ヘーゲルは有と無の表裏一体性という意味での「有と無の統一」を強調するときには「有は無のうちへ、無は有のうちへ――移行する(übergeht)のではなく――移行してしまっている(übergegangen ist)」と述べ、しかるに「生成」の意味での「有と無の統一」を語るさいには「有のうちへの移行」としての「生起」と「無のうちへの移行」としての「消滅」について語っていた。しかし、もしすでに「有」が「無」のうちへ、そして「無」が「有」のうちへ、「移行してしまっている」のであれば、なぜ改めて「有」は「無」のうちへ、「無」は「有」のうちへ、「移行」しなければならないのだろうか。また或る箇所ではヘーゲル自身が、「有」からなされた「始源」についての「純粋反省」のなかでは、「移行はまだ覆蔵されている」のだと述べていた。「有は直接的なものとしてのみ措定されているのだから、無は有においてただちに突然現れる(hervorbricht)だけ」なのだという。しかし、それでは「移行してしまっている」有と無の以前にさえ、何らかの「移行」が即自的には存在していたということなのだろうか。あるいはそれは「生成」としての「移行」のことを先取り的に意味しているのだろうか。

　仮に「有」と「無」は相互に「移行してしまっている」というのが真実だとしてみよう。その場合、すでに「移行」がおこなわれてしまっているのだから、「有」と「無」はいかに矛盾し合っていても、さらに相互へと「移行」する必要などないのだということになる。しかしもしそうであるならば、この「第一の始源」は永遠に「第一の始源」のままで、それは「始源」であると同時に「終末」だということになってしまう。それゆえそこには「第一の始源」を「止揚」してくれるような「第二の、絶対的な始源」もしくは「第二の、新しい始源」が必要だということになってしまって、ヘーゲルのパルメニデス批判やスピノザ批判、あるいは彼のフィヒテ批判は、ヘーゲル自身に降りかかってきてしまうことになるだろう。

しかしもし逆に、「有」と「無」は「生成」において初めて「有」と「無」なのであるからには、「生成」という意味での、具体的には「生起」と「消滅」という意味での「移行」が、「有」と「無」のあいだには是非とも存在しなければならないのだとするなら、今度は「有と無は同じものである」ということから「無」の突然の出現を説明したヘーゲルの手順そのものに偽りがあったということになりかねず、そもそも「始源」を「純粋有」と定めたこと自体が誤りだったということになってしまうかもしれない。つまり「第一の」始源は真の始源ではなく、「第二の」始源こそが真の始源である。いずれにせよ「有」と「無」の直接的な関係と移行的な関係とのあいだには区別が必要となってくる――すなわち「純粋有」と「純粋無」との直接的関係にとどまって、そこから一歩も前進できないのか。それとも「純粋有」は「純粋無」と「同じもの」だなどという発言は撤回して、両者は初めから「同じものではない」という移行的側面のみを強調するのか。

ちなみに「定在」の意義とはまず「生成してしまっていること（*geworden zu sein*）」だとも述べられていた――「定在とは生成してしまっていること（Gewordensein）だ」（Cassirer, S. 335）と、カッシーラーも述べている。しかしながら、もし有と無との最も直接的な関係が――たとえ「直接的」ということが論理的叙述の順序にしたがってのことにすぎないのだとしても――「移行する」ことではなく「移行してしまっている」ことなのだとすれば、なぜ「生成」することより直接的な仕方で「生成してしまっていること」が現れないのかという疑問が生じてくる。つまり、「有と無は同じものである」と「有と無は同じものではない」とからただちに出現するのは、「生成」ではなく「定在」ではないのかという疑問である。なぜなら以下のXでも述べるように、「生起」や「消滅」という意味での「生成」

には、「時間」が関与しているのではないかという疑問が生じてきてしまうからである。

逆に「生成」から「定在」への移行には、「生成」のなかにある「有」と「無」が消失してしまうからという理屈があった。しかし「有」と「無」は相変わらず「諸契機」として「保管」されているのではないだろうか。そして「生成」の諸契機には消失することが求められ、「定在」の諸契機には「別様に規定された諸契機」が認められるというのは、いささか身勝手にすぎる論理である。いずれにせよ「有」から「無」へ、また両者から「生成」へ、さらには「定在」へと進展させるヘーゲルの手順には、多少とも強引さを感じざるをえない。

Ⅸ「神の存在〔Dasein 定在〕の有論的証明」へのカントの批判に対するヘーゲルの反批判に関しては、すでに若干のコメントを加えておいた。そもそもヘーゲルの反批判の核心は、神にこそふさわしい「有と無という純粋諸抽象」と一〇〇ターレル等々に帰属すべき「或る特定の有と特定の無」とを混同してしまうという、表現上のカントの「混乱した鈍重さ」にあった。「概念」と「有」が異なるということが「有限な諸事物の定義」であるのに対し、「神の抽象的定義」とは「その概念とその有が分離されず、分離不可能」だということである。肝要なのはそれゆえ、「有限なものの諸規定や諸々の関わり合い」を「神に適用」しないことである——しかしながら、もし有限な諸事物の「有」と神の「有」の意味が異なるということが初めから前提されているのだとするなら、まず承認されているのは「有」の二義性ないし多義性なのであって、それにもとづいて神の存在証明を展開するということは、ヘーゲルがつねに批判しているような「同語反復」に陥ることと変わりない。

そのうえ先にも述べたように、このような「有」の意味の区別を前提としつつ有限的諸事物の規定を神の概念から遠ざけるというのであれば、ほかならぬ神の「有」こそが「最も貧しい、最も抽象的な」ものになるという帰結は、免れえないであろう。それにもし他の有限諸事物には認め難い「純粋有」が神にのみ認められるということが有論的証明の枢要だとするなら、そのような「有」はたちまち「純粋無」へと裏返ってしまって、有神論は直下に無神論へと転じてしまうことになるのではないか。

あるいはもしそのような「純粋有」こそが「止揚」さるべきたんなる「始源」であって、有論的証明によって立てられるような「有」は「無」と「生成」とを経て「規定された有」としての「定在」等々へとさらに進展してゆくというのであれば、今度は神の有と有限諸事物の有とがどう区別されるのかが分からなくなってしまう。あるいは逆に有限的諸事物のほうからするなら、「始源」論でも述べられていたように、「哲学の始源」は「後続するすべての発展のうちに現在し、自らを保存する基礎」であり、「自らのさらなる諸規定にまったく内在的にとどまるもの」なのであるからには、「純粋有」の規定は当然のことながら有限諸事物の諸規定にも内在するのだということになってしまうだろう。そしてその場合、有限諸事物のそのような「有」と「純粋有」を始源として発展した神の「有」とは、いったい如何にして区別されるというのだろうか。

『小論理学』のなかで、ヘーゲル自身がこう述べている。「具体的なものは抽象的な規定そのものとはなお何かまったく別のものである。しかし有において話されているのは具体的なものではない、なぜなら有はまさしくただまったく抽象的なものにすぎないからである。そこでこれにしたがって、自らのうちで無限に具体的なものたる神の有についての問いも、ほとんど興味のないものである」(W8. S. 192)。それゆえわれわれとしても、カントの用意周到な試みに対するヘーゲルの木で鼻をくくったような反批判は、批判の精度やその志の高さという点に関するかぎり、やはり「ほとんど興味のないもの」と言わざるをえないだろう。

X 最後にわれわれとしては、ヘーゲルの「生成」がはたして「時間」と無関係に語りうるものなのか否か、若干の考察をおこなっておくことにしたい。たしかにノエルは「われわれがここで有している生成は一つの論理的な生成である。〔…〕ときおりなされたように、それを時間のなかの或る変化という形式のもとに想像してはならない。時間と空間は〈自然〉とともにしか現れないであろう」(Noël, p. 24-5) と述べ、カッシーラーもまたこう語っている。「ここで有と非有の統一として規定されている生成は、明らかにいかなる種類の時間的な副次的意味も含んではならない。なぜなら時間への各々の関係は、ヘーゲル論理学一般の歩みから逸脱するからである。時間と空間は自然哲学とともに初めて歩み出て来る」(Cassirer, S. 333-4)。しかしながら、そのカッシーラー自身が「すでに生成の概念を規準にして尺度として適用することなしには、有における矛盾は、無とのその一致は、けっして指し示されない。〔…〕有がヘーゲルによって《無》として把握されるのは、ただ彼が有を《まだない》と解釈することによってのみである」(Ibid., S. 366) とも述べているのである――けれども「まだない」は、すぐれて「時間的」な規定ではないだろうか。

「生成」は「生起」や「消滅」という「移行」とみなされている。しかも「生成」という「落ち着きのない不安定」が崩れ落ちるときに登場する「定在」は、「静止した結果」なのであった。そのうえヘーゲルがパルメニデスの「有」との対比で「生成」について語るときに指示しているのは、「すべては流転する〔万物流転〕」のヘラクレイトスなのである。こうした状況は、じつは「自然哲学」で主題化されるはずの「時間」が、暗黙のうちに、しかもすでにかなりの初期段階において、『論理学』の諸カテゴリーのなかで活動していることを物語っているのではないだろうか。

『エンチュクロペディー』の「自然哲学」によるなら、「時間」とは「それが有ることによって有らず、それが有らぬことによって有るような有」であり、「直観された生成」(W9, S. 48) である。しかも「すべてが時間のなかで生起し消滅するのではなく、時間それ自身が生成であり、生起と消滅」なのだという。もちろんヘーゲル自身の考えによれば、「時間」が「概念の力」なのではなく、また概念が「時間のなかに」あったり「時間的なもの」であったりするのでもない。むしろ概念こそが「時間の力」(Ibid., S. 49) なのである。しかしながら、「過去」と「将来」との説明に用いられている「無のうちへの移行としての有」と「有のうちへの移行としての無」(Ibid., S. 51-2) というヘーゲルの表現は、「生起」と「消滅」に関する「有論」のそれを想起させるに十分である。

ロースは「ハイデッガーにつながる私のテーゼ」として、「有には――概念、理念の現実性にも――時が属す」(Henrich (2), S. 53) という命題を掲げ、その主張の様々な根拠を示している。曰く、ヘーゲルは「概念の運動」を叙述するとき、「有った」とか「有るであろう」とか「まだない」とか「もはやない」等々について語りつつ、幾度も

「時間諸規定」を用いている。これらの諸規定はヘーゲルが明示的に「概念の運動」のなかに持ち込んでいるものには連れ戻されない。たとえば「同一性、差異、直接性」だけから「まだない」はけっして「合成」(Ibid. S. 55) されない。「時間」なしには、「同一性と差異が互いを諸契機として含む」ということからは、いかなる「運動」(Ibid. S. 57) も生成しない。「止揚する (aufheben)」、「保つ (bewahren)」、「想起する〔erinnern 内化する〕」、「最終決定的である (endgültig sein)」等々の諸規定は、つねに「或る時間的関連」(Ibid. S. 57-8) を含んでいる、等々。そしてロースはこう述べるのである。「ハイデッガーはヘーゲルに決定的な問いを立てた。《否定一般を否定することとしての精神の本質体制は、根源的時性を根拠とするのでなければ、可能だろうか》(*Sein und Zeit.* 435)[44]。否定を否定することはもちろん、根源的時性を根拠としてのみ可能である。しかし後者もまた前者にもとづいてのみ〔可能である〕」(Ibid. S. 58)。

　われわれとしては、少なくとも有と無のあいだの「移行してしまっている」ことから「生成」における「生起」と「消滅」という「移行」を区別するためには、「時間」ないし「根源的時性」の考察が不可欠になってくるのではないかと考える。そしてそのことは「論理学」と「自然哲学」との関係の見直しということも含んでくるであろう――本章はそこまで主題化しえない。われわれは「同一性と非同一性との同一性」の問題構制を明らかにするために、本節では「有と無の統一」の問題に携わってきた。しかるにどうやら「生成」は、「同一性と非同一性との同一性」の問題に最終決着をつけうるようなものではなさそうである。それゆえわれわれは、本章の主旨にしたがって、最終節では『大論理学』における「絶対者」や「無限」や「絶対理念」の問題を検討し、この問題構制にいささかなりとも光を当てるべく努めることにしたい。

第四節　「絶対者」と「無限」と「絶対理念」と

「神秘的なもの〔思弁的なものと同義のものとしての〕とは、しかし、悟性にはただそれらの分離と対置とのなかでのみ真とみなされるような諸規定の、具体的な統一である。〔…〕それとともにあらゆる理性的なものは、同時に神秘的なものとして表記されることができるのだが、しかしながらそのことで言われているのは、あらゆる理性的なものは悟性を越えゆくというほどのことであって、理性的なもの一般が思惟には近づけず、概念把握できないものとみなされるべきだということではけっしてない」(W8. S. 179)。

「ヤコービは、認識されるような神など真の神ではない、という逆説を提唱した。ところでまさしく〈ドイツ観念論の第二の道〉は、認識されないような神など神ではないというテーゼのなかで、頂点に達する」(Vetö. p. 467)。

本章の最終節たる本節では『大論理学』における「絶対者」や「無限」や「絶対理念」の問題群を扱う旨を先に述べたが、『大論理学』における叙述の順序から言うなら、まず「無限性」が第一巻第一篇第二章Cの、次いで「絶対者」は第二巻第三篇第一章の、最後に「絶対理念」は第三巻第三篇第三章の、それぞれ表題とされつつ、主題的に考察されている。しかしながら、以下見るように、「絶対者」の章の問題構制はむしろ「実体」論と呼んだほうがよいくらいで、われわれの期待に沿うものではなく、また「絶対理念」の章で扱われているのは主に「方法」論であって、これまでヘーゲルが同書で取ってきた方途の説明といった趣きが強い。したがってわれわれの関心を最も惹くのは「無限性」の節なのであり、重要度から言うならこれを最後に持って来るというのがわれわれの意図には適うかもしれない。しかしながら、「絶対理念」の章はまぎれもなく『大論理学』全体の最終章にして結論部分という地位を占めているので、これには一定の敬意を払うべきであろう。ゆえにわれわれは以下、「絶対者」、「無限」、「絶対理念」の順に主題化してゆくこととして、最後に本章全体を締めくくるという意味で、『自然の現象学』に続いて『自然の論理』を探求しつつあるわれわれ自身の側からの若干の批判的コメントを付け加えるという手順を取ることとしたい。

ゆえに本節の構成は、以下のようになる。

(1)「絶対者」とその問題構制
(2)「有限」と「無限」の諸関係
(3)『大論理学』の最終章としての「絶対理念」
(4)「同一性」についての現象学的考察とその課題――「自然の論理」の構築に向けて

(1)「絶対者」とその問題構制

Ⅰ「絶対者」の章はA、B、Cの三つの節から成るが、Aに入るまえに、ヘーゲルは「絶対者の単純な堅牢な同一性」は「未規定的」である、あるいはむしろそのうちでは「本質」や「実存もしくは有」一般の、また「反省」の「あらゆる規定性」が「解消」されてしまっているのだと述べている。そのかぎりでは「絶対者とは何であるか」の「規定」はネガティヴに抜け落ちてしまい、また「絶対者それ自身」が「すべての述語の否定」にして「空虚なもの」としてのみ現出する。しかしながら絶対者は同じ程度に「すべての述語の定立」としても言い表されなければならないのであって、それは「最も形式的な矛盾」として現出する。つまり「絶対者とは何であるか」が、やはり叙述されるべきなのである。このような叙述はしかし、「外的な反省」の規定であることなどできず、それは「絶対者の固有の解き示し〔Auslegung 陳列、解釈〕」であり、「それが何であるかを示すこと(ein *Zeigen dessen, was es ist*)」なのだという。

Ⅱ「A 絶対者の解き示し」では、まず「絶対者」は「有」だけでも「本質」(WdLW. S. 162) だけでもなく、「内」としての「本質」と「外」としての「有」との統一、すなわち「両者の絶対的統一」だと言われている。絶対者とは、「総じて〔有と本質の〕本質的な関わり合いの根拠を形成するもの」なのだが、ただし、そのようなものはまだ「関わり合い」としてはこの「同一性」のうちに帰行してはおらず、「根拠」はまだ「措定」されてはいないのだという。絶対者の規定とは、ここでのヘーゲルによれば、「絶対的な形式」であることなのだが、それは同時にその諸契機の各々が「全体の完全な内容」であるような「同一性」としてであり、逆に言えば、「絶対者」とは「絶対的な内容」なのだが、その内容は、それによってその「多様性」が「一なる堅牢な同一性」であるような「否定的な形式関係」を有している。

それゆえ「絶対者の同一性」が「絶対的」なのは、「その諸部分の各々がそれ自身全体である、もしくは各々の規定性が全体性である」ということ、すなわち「総じて規定性〔＝限定性〕が端的に透明な一つの仮象に、その被措定有〔＝自立したものとして措定されていること〕においては消失した一つの相違となってしまった」ということによってである。つまり「本質、実存、即自的に有る世界、全体、諸部分、力」といった「反省された諸規定」に対しては、「絶対者」は「そこにおいてそれらが没落してしまったところの根拠」である。「絶対者」においては、「形式」はただ「自己との単純な同一性」でのみあるのだから、絶対者は「規定」されない。なぜなら「規定」とは、ヘーゲルによれば一つの「形式の相違」だからである。ゆえに「絶対者それ自身」は「絶対的な同一性」であり、それが絶対者の「規定」(Ibid. S. 163) なのである。絶対者それ自身のうちには「生成」は存在しない。かくして「反省の運動」は、「絶対者の絶対的同一性」には対立してしまうのだということになる。それは「絶対者の否定的な解き示し」でしかない。

このような「解き示し」は、「有限者」が「没落」することにおいて「絶対者に関係づけられる、もしくは絶対者をそれ自身において含む」というその「本性」を示すかぎりで、「或るポジティヴな側面」を有してもいるのだという。しかしながらこのような側面は、「絶対者それ自身のポジティヴな解き示し」というよりは、「〔反省的〕諸規定の解き示し」でしかない。それは「絶対者がそのうちで仮現する」かぎりでの「仮象」(Ibid. S. 165) なのである。そして「真にポジティヴなもの」は「絶対者それ自身」でしかない……。

Ⅲ　しかし、ここからヘーゲルは論調を一変させる。「じっさいにはしかし、絶対者の解き示しは絶対者自身の行為である」。つまり「絶対的同一性」とのみ規定された「絶対者」それ自身が、じつは「対置」や「多様性」に対して「反省」によって「措定」された「同一的なもの」でしかない。換言すれば、「絶対的同一性」としてのみあるような絶対者」とは、ヘーゲルに言わせれば、「或る外的な反省の絶対者」にすぎないのである。ゆえにそれは「絶対的‐絶対者〔das Absolut-Absolute 絶対的に‐絶対的なもの〕」であるどころか「或る規定性における絶対者」でしかないのであって、つまりは「属性（*Attribut*）」でしかない。しかるに「絶対者」が「絶対者」であるのは、それが「抽象的同一性」であるからではなく、「有と本質の同一性」もしくは「内と外の同一性」であるがゆえにのみである。そしてヘーゲルによれば、絶対者を自らのうちで「仮現」させ、それを「属性」へと規定しているのも、じつは「〔絶対者それ自身の〕絶対的形式」（Ibid., S. 165）なのである。

Ⅳ「B　絶対的属性」で、ヘーゲルは「絶対的‐絶対者」という表現は「その形式において自己のうちに帰還した絶対者」もしくは「その形式がその内容に等しい」絶対者だと述べている。「属性」は「たんに相対的な絶対者（das nur *relative Absolute*）」にすぎず、「或る形式規定における絶対者」を意味する「一つの結合」でしかない。しかるに形式は同時に「絶対者の形式」としてあるので、属性は「絶対者の内容全体」である。絶対者のうちでは「区別された諸直接性」は「仮象」へと引き下げられ、「属性」という「全体性」は「絶対者の真にして唯一の存立」として措定されるのだが、ただし属性がそこにおいてあるところの「規定」は「非本質的なもの」として措定される。

「絶対者」は「単純な絶対的同一性」として「同一性という規定」のなかにあるから「属性」なのだが、しかし「規定一般」にはいまや「他の諸規定」が結合されうる――たとえば「多くの属性がある」という規定のように。しかるに「絶対的同一性」は「すべての諸規定が止揚されている」という意味のみならず、「それは自己自身を止揚した反省でもある」という意味をも有しているのだから、絶対的同一性においては「すべての諸規定」が「止揚されたものとして措定」（Ibid., S. 166）されている。「解き示し」が属性によって自らに与える「ポジティヴな仮象」は、属性が属性であるということまで止揚してしまう。解き示しは「属性およびその区別的行為」を「単純な絶対者」のうちへと埋没させてしまうのである。

しかしながら、「反省」は「真の絶対者」にいたったわけではない。反省が到達したのは「未規定的な、抽象的な同一性」にすぎない。あるいは反省は、「内的形式」として絶対者を属性へと規定すると、この規定は「まだ外面性とは異なるもの」であることによって、かえって「内的規定」が「絶対者」に浸透しない。

それによって「絶対者」が「属性」であるような形式は、外的なものと受け取られようと内的なものと受け取られようと、「自己自身において〔＝即自的に〕無的なもの、外的な仮象、あるいはたんなる仕方〔*Art und Weise* ＝様態〕」であることが同時に措定される。

V　そこでヘーゲルは「C　絶対者の様態」へと移行する。「属性」は、第一に「自己との単純な同一性のうちにあるものとしての絶対者」であり、第二に「否定〔＝規定〕」であった。後者は「否定的なものとしての否定的なもの」であり、「〔真の〕絶対者には外的な反省」である。そして属性の固有の規定が「自らを様態（Modus）として措定すること」であるかぎりで、様態とは「絶対者の自己外有」であり「有の可変性と偶然性とのうちへの絶対者の喪失」（Ibid. S. 167）、あるいは「自己のうちへの回帰なく対置されたもののうちへ絶対者が移行してしまっていること」（Ibid. S. 167-8）であり、そのようにしてまた「形式と内容諸規定との全体性なき多様性」である。

しかしながら「絶対者の外面性」たる「様態」は、それだけでなく、「外在性として措定された〔＝顕在化された〕外在性」、「たんなる仕方（*Art und Weise*）」、それゆえ「仮象としての仮象〔＝仮象たることが自覚・反省されている仮象〕」もしくは「自己のうちへの形式の反省〔＝形式として自己のうちへ帰っていること〕」であり、したがって「絶対者がそれで有るような、自己との同一性」なのだという。ヘーゲルによれば、「様態」において初めて絶対者が「絶対的同一性」として「措定」されるのである。

それゆえ「絶対者の解き示し」が「絶対者の絶対的同一性」から始源して「属性」へ、またそこから「様態」へと移行することによって、それはそこにおいて完全に自らの「諸契機」を走破したのだということになる。「最初の無差別的な同一性としての絶対者」がそれ自身「規定された〔＝特定の〕絶対者」もしくは「属性」でしかなかったのは、ヘーゲルによれば、それが「運動しない、まだ反省されない〔＝自己のうちへ帰らない〕絶対者」だったからである。しかるにこのような「規定性」は、じつは「反省的運動」に属し、この運動によってのみ絶対者は「最初の同一的なもの」として「規定」され、しかしまた同様にこの運動によってのみ絶対者は「絶対的形式」を有しつつ、「自らに等しく有るもの（das sich *Gleichseiende*）」ではなく、「自己自身を等しく措定するもの（das sich selbst *Gleichsetzende*）」になるのだという。

それゆえ「様態の真の意義」とは、様態が「絶対者の反省的な〔＝自己のうちへ帰る〕固有の運動」（Ibid., S. 168）だということである。それは一つの「規定」なのだが、それによって絶対者は「或る別のもの」になるわけではなく、それはむしろ「絶対者がすでにそれで有るところのもの」（Ibid., S. 168-9）の規定なのである。

それゆえ、もし「絶対者がいったい何を示すのか」というように「解き示しの内容」が問われたとするなら、「形式と内容の相違」は、絶対者においてはどのみち解消されているのだと答えなければならない。つまりは「自らを顕現すること（*sich zu manifestieren*）」こそが「絶対者の内容」なのである。絶対者は「自らの分断として端的に自己と同一的であるような絶対的形式」であり、このような「自己との絶対的な同一性」は、同じ程度に「自らの相違に対して無頓着」であり、つまりは「〔相対的ではなく〕絶対的な内容」である。それゆえ「内容」とは「自己自身とのその絶対的同一性」であるような「仕方」としてのこのような「解き示し」であり、「表出」ではあるのだが、それは「内」の表出でも「他」に対する表出でもない。内容は「自己自身に対する絶対的な自己顕現（absolutes sich für sich selbst Manifestieren）」としてのみある。そしてヘーゲルは、そのようなものをこそ「現実性」とみなすのである。

Ⅵ　きわめて難解で、むしろ説明不足とさえ言いたくなるが、しかしいかにもヘーゲルらしいと言えなくもないこのような論述のあとには、比較的容易な一つの「註記」が付加されていて、その前半はスピノザの実体論に関するものである。すなわち――われわれの予想通り――これまで叙述されてきた「絶対者の概念と絶対者に対する反省の関わり合い」には「スピノザの実体概念」が対応するというのであるが、ヘーゲルはもっぱらそれへの批判に終始する。

つまり、まず「スピノザ主義」は「反省およびその多様な規定」が「一つの外的な思惟」であるような「欠陥のある哲学」である。この体系の実体は「不可分の一つの全体性」としての「一なる実体」であり、また「規定性とは否定である」ということが「スピノザ哲学の絶対的原理」（Ibid., S. 169）である。しかしながらスピノザは「規定性もしくは質としての否定」（Ibid., S. 169-70）のもとにとどまったままで、「自らを否定する否定」としての規定性の認識にまで進んでいない。それゆえ彼の「実体」はそれ自身「絶対的な形式」ではなく、その認識は「内在的な認識」ではない。実体には「人格性の原理」[45]が欠けており、またその認識は「外的反省」にすぎない。スピノザが実体について与えている「それ自身の原因（＝自己原因）」の諸概念は、どれほど深く正しいものであろうとも、まっさきに学のうちでただちに受け入れられた「諸定義」にすぎないのだが、しかしヘーゲルの立場からすれば、「絶対者」は「最初のもの、直接的なもの」ではありえず、それは本質的に「自らの結果」（Ibid., S. 170）なのである。

「属性」は「絶対者の規定」であるはずなのに、それは実体には外的に歩み現れる「悟性」（Ibid., S. 170-1）に依存せしめられている。さらにスピノザは属性を「無限の多性」という意味で「無限」と規定しているのに、そこに現れるのは「思惟」と「延長」の「二つ」のみであり、そのうえ如何にして無限の多性が「対立」に、しかも思惟と延長という「特定の」対立にだけ自らを必然的に規定するのかが、示されていない。それゆえこれら二つの属性は「経験的に」受け入れられたのである。そしてそれらの「相違」をなすのが「外的反省」であるのと同様に、この相違を「絶対的同一性」へと連れ戻すのも外的反省なのであって、こうした運動全体が「絶対者のそとで」進行する。スピノザはすべてを「永遠ノ相ノモトニ（*sub specie aeterni*）」考察するという「崇高な要求」を思惟に対しておこなう。しかるに「運動しない同一性」でしかない「かの絶対者」のうちでは、属性は様態と同様に、「生成する」ものとしてではなく、ただ「消失する」ものとしてあるにすぎず、そしてかの「消失」はそのポジティヴな始源を、ここでも「外から」受け取るにすぎない。

「第三者」たる「様態」は、スピノザにおいては「或る他のものにおいて有り、この他のものによって捉えられるもの」（Ibid., S. 171）とされている。様態において初めて本来的に属性の規定が措定されるのだが、しかし様態は「直接的に与えられたもの」でしかなく、またその「無なること」が「自己のうちへの反省」として認識されていない。それゆえ「絶対者」についてのスピノザ的解釈は、なるほどそれが「絶対者」から始源してそれに「属性」を後続させ、「様態」とともに終わるかぎりでは「完全」なのだが、しかしこれら三つは「展開の内的継続〔Folge 帰結的連続性〕」なしにただ「継起的に（*nacheinander*）」数え上げられているだけで、第三者は、それによって否定がそれ自身において「最初の同一性への回帰」にしてこの「真の同一性」であるような「否定としての否定」ではなく、「自らを否定的に自己に関係づける否定」ではない。それゆえここには「非本質性への絶対者の進行の必然性」も「同一性へのその非本質性の即且対自的な解消」も欠けている、あるいは「同一性の生成」も「同一性の諸規定」の生成も欠けているのである。

Ⅶ　同じような仕方で、「流出（*Emanation*）」についての東洋的な表象においては、「絶対者」は「自己自身を照らす光」なのだが、絶対者の「諸々の流れ出〔Ausströmungen＝流出〕」は「その曇りなき明るさからの遠ざかり」でしかなく、「流れ出」はただ「生起」としてのみ、「生成」はただ「進行する喪失」としてのみ、理解されている。それゆえ「有」はますます暗くなり、「否定的なもの」という「夜」は「最初の光に帰還することのない系列の最後のもの」なのだとヘーゲルは断じている。

「絶対者についてのスピノザ的解釈」をも「流出説」をも特徴づけている「自己のうちへの反省の欠如」は、ライプニッツの「モナド」の概念によって「補完」される。モナドは「一なるもの」であり、「自己のうちへと反省された否定的なもの」である。それは「世界の内容の全体性」であり、様々な多様性はモナドのうちで「消失」するのみならず、否定的な仕方で「保管」（Ibid., S. 172）されもする。それゆえにこそモナドは本質的に「表象的」なのである。モナドは「自己のうちへと閉ざされた一つの絶対者」なのだが、しかし「諸モナドの相互関係」としての「調和」は諸モナドのそとにあり、「或る外的な存在者」によって、もしくは「即自的」に「予定」（Ibid., S. 173）されている。

つまり「神」こそが「諸モナドの実存と本質との源泉」なのだが、このような諸規定においては、「哲学的展開」なく放置されたままに「思弁的諸概念」にまで高められることのない「通常の諸表象」が、示されるだけである。かくして「個体化の原理」が深くは詳述されず、「様々の有限な諸モナドの諸区別」や「それらの絶対者へのそれらの関わり合い」についての諸概念は、ヘーゲルによれば、この存在者それ自身から、もしくは絶対的な仕方で、発源するのではなく、「小賢しい理屈をつける独断的な反省」に属し、それゆえ「内的な整合性」(Ibid. S. 174) となってはいないのだという。

Ⅷ　『大論理学』のなかで特別に「絶対者」と題された章のなかで展開された以上のような内容だけを見るかぎり、先にも述べておいたように、これは真にヘーゲル的な「絶対者」というより、いまだ「主観」への途上にあるような「実体」にすぎない。ちなみに『小論理学』のなかでの対応する箇所、すなわち第二篇「本質論」の「C　現実性」のaでは「実体性の関わり合い」が主題化されていて、こちらのほうがヘーゲルの意図は明瞭である——反対に『大論理学』の本質論第三篇では、ここ第一章で「絶対者」が取り上げられたあと、第三章「絶対的な関わり合い」のAでは「実体性の関わり合い」が主題化されるという、ちぐはぐが見られる——。それでは〈実体‐属性‐様態〉という構造のなかで把握された「絶対者」は、〈同[1]一性と非同[1]一性との同[2]一性〉というわれわれが追い続けている問題構制に、光を当てうるものだったのだろうか。

先にわれわれは、『大論理学』の「概念論」では、「概念」において形成され続けると、「同一性」は「普遍性」に、「相違」は「特殊性」に、「根拠のうちへと帰行する対置」は「個別性」(WdLB. S. 50) になると述べられているのを見た。〈実体‐属性‐様態〉の構造は〈普遍‐特殊‐個別〉のそれと対応していると、一応はみなせなくもないのかもしれない。そしてもしそのように解釈するなら、もともとの「単純な絶対的同一性」もしくは「抽象的同一性(＝同[1]一性)」であった「実体」が、「属性」が持つ「否定(＝「非同[1]一性」)」を経て、「自らを否定的に自己に関係づける否定」たる「様態」にいたるという「絶対者の反省的な固有の運動」のなかで、「様態」こそが「最初の同一性への回帰」にして「真の同一性（＝同一性^2）」だということにもなるのだろう。しかしながら、ヘーゲル自身が述べていたように、「様態」という言葉にはもともとあった「絶対者の自己外有」、「有の可変性と偶然性とのうちへの絶対者の喪失」、あるいは「形式と内容諸規定との全体性なき多様性」といったニュアンスは、依然として拭い切れない。それに「属性」の位置づけが「同一性^1」と表裏一体の「非同一性^1」のそれかと言われると、「属性」の数多性等々に鑑みて、なかなかそのような判断は下し難い。またそもそも〈実体‐属性‐様態〉の構造が〈同一性^{1}と非同一性^{1}との同一性^2〉をそのまま継承しているという確証さえない。「自らの分断として自己と同一であるような絶対的形式」を具えた「真の絶対者」とは、ここで言われているような「実体」でも「属性」でも「様態」でもなく、強いて言うなら、それらすべてを含んだ全体の運動だということにでもなるのだろう。

しかし、それでは「絶対者^1」が自らの否定を経て自己自身に帰ってきたところの当体たる「絶対者^2」は、それが「様態」と呼ばれるのであろうとなかろうと、「同一性」のステイタスの問題に最終回答を与えつつ、ついにはそこに自らの完成形を見出してしまったと言えるのだろうか。

「様態」は「現実性」へと移行するのでなければならない。それゆえわれわれは、まだ真にヘーゲル的な意味での「絶対者」に到達する途上にある。それに「絶対者」は「無限性」の箇所にも「絶対理念」の箇所にも登場する。それゆえ「実体」論に終止した感のあるこの章をあとにして、われわれは次の問題構制へと歩みを進めるのでなければならない。

⑵「有限」と「無限」との諸関係

「真の無限性とは無際限という潜在的なそれではなく、有限それ自身のうちなる現勢的な無限である」(Kervégan (1), p. 83)。

「無限性」は『大論理学』第一巻第一篇第二章「定在」のCの表題をなす。しかしながらそのまえに、そこで展開される議論をより正確に把握するためにも、「B　有限性」のなかから若干の問題構制について、つまりは「限界」、「制限」、「当為」について、多少とも見ておくことにしたい。そして本項の中心課題として「C　無限性」を重点的に扱ったのちには、やはり幾つかの点に関して考察を加えておきたいと思う。

I　まず「限界（Grenze）」について。限界は「或るもの（Etwas）」と「他なるもの（Anderes）」という諸契機を自らのうちに「〔実在的にではなく〕理念的に（*ideell*）」含み、また「区別された諸契機」としての両者は定在の圏域のなかでは「実在的に（*reell*）、質的に区別された」ものとして措定される。「或るもの」とは「直接的な、自らを自己に関係づける定在」であって、さしあたり「他なるもの」に対して或る「限界」を有するので、限界とは「他なるものの非有」である。しかしながら、「他なるもの」もまた「或るもの」なのであるからには、限界は「かの（＝第一の）或るものの非有」でもあり、限界とは「或るもの一般」の「非有」（WdLS^2. S. 122）である。けれども限界が「他なるものの非有」であるのと同様に、「或るもの」はその限界によってこそ「有る」（Ibid. S. 122-3）のだから、限界とは「それによって或るものと他なるものとが有りも有らなくもあるような媒介」である。つまり「或るもの」は「自らの定在」を「自らの限界のそとに」（つまりはその「内部に」）持ち、「他なるもの」も同様である。限界とは「そこにおいて両者が終わる両者のあいだの中間」（Ibid. S. 123）なのである。

しかしながら、「点」が「線の限界」であるのみならず、「点」において「線が始源しもする」ように、自らの「限界」のうちにある「或るもの」は、自らを越えて「自らの非有」を指し示し、この非有を「自らの有」と言い表して、このうちへと「移行」しもする。「或るもの」はその限界において「不安定」であり、ヘーゲルによれば、「矛盾」（Ibid. S. 124）している。そして「それによって自己を越えて指し示され、駆り立てられるようなそれ自身の矛盾」として立てられた「その内在的限界を伴った或るもの」こそが、ヘーゲルの言う「有限なもの（das *Endliche*）」（Ibid. S. 125）なのである。

「有限な諸物」は「有る」が、しかしこのような有の真理とはそれらの「終末（Ende）」である。有限者は「変化」するのみならず、「消滅」（Ibid., S. 126）しもする。しかし――とヘーゲルはヘーゲルらしく主張する――「消滅、無は、究極のものではなく、消滅する」。

Ⅱ　つまりこのような「矛盾」は、「或るものが有限で有る」もしくは「有限なものが有る」（Ibid., S. 128）というところに存している。そのさい「或るもの」によって「同時に本質的である否定的なもの」として措定された「或るものの固有の限界」は「制限（*Schranke*）」と呼ばれる。そして「制限としての自己」への「否定的な関係」として、「Bestimmung（規定、使命）」の「即自有（或るものの本来の有、潜在性・可能性としてだけの有、有るべき有）」が「当為（*Sollen* そう有るべきこと）」である。そしてヘーゲルは「限界」が「制限」であるためには、「或るもの」は同時に自己自身において「それ（＝限界）を越えゆく」のでなければならないのだと主張する。そしてまさにそのことによって「或るもの」は「自己自身を越えゆく（geht *über sich selbst* hinaus）」のである。

「有限なもの」は、それゆえ、「自らの規定（＝使命）の自らの限界への関係」として規定されたのであって、この関係のなかでは前者が「当為」、後者が「制限」である。両者とも「有限なものの諸契機」であり、それら自身「有限」ではあるのだが、しかし「制限」のみが「有限なもの」として「措定」され、「当為」はただ「即自的」にのみ、つまりは「我々にとって」のみ「制限されて」（Ibid., S. 129）いる。

「有るべきものは、同時に有り、かつ有らぬ」。「当為」は本質的に一つの「制限」である。しかるに「当為」として、「有限者」は「自らの制限を越え」ゆく。その「限界」は「限界」でなくもある。「当為」として、「或るもの」は「自らの制限を越えて高められ」、逆にまた「或るもの」は「当為として」のみ「自らの制限」を持つ。両者は「不可分」（Ibid., S. 130）である。

「当為」とともに「有限性の越えゆき（Hinausgehen）」が、つまりは「無限性」が始まるのだが、それは「無限進展（Progreß ins Unendliche）」でしかない。つまり限界が「制限」として規定されるのは、「自らの他」に対する、それゆえ「その無制限的なもの」に対する「対立」においてのみなのだが、「制限の他」とはまさしく「制限の越え(*Hinaus*)」(Ibid. S. 131)である。しかるに「当為」それ自身が、すでにして「不完全な越えゆき」にして「有限的な越えゆき」(Ibid. S. 133)でしかない。なぜなら「有限なもの」が「自らを止揚」しても、さしあたりそれは「或る別の有限なもの」になっただけなのであって、後者はまた「或る別の有限なもの」へと移行し、そしてそのようなことが「無限に」続くからである。

しかしこの結果をより詳細に考察するなら、有限なものは「自己を越えゆき」つつも、「自己と連携している(geht mit sich zusammen)」。このような「自己との同一性」は、ヘーゲルによれば「否定の否定」すなわち「肯定的な有」であり、「有限的なものの他」(Ibid. S. 134)である——それは「無限なもの」なのである。

最後の箇所はさすがに難解であった。以下、予告しておいたように「C　無限性」を見てゆくことによって、ヘーゲルの主張を確認することにしよう。

Ⅲ「無限(＝無限者)」はその単純な概念において、さしあたり「絶対者の一つの新しい定義」とみなされうる。しかし、まだそれだけでは「無限」からすでに「制限性」や「有限性」が取り除かれたことにはならない。大切なのは「無限性の真の概念」を「悪無限性」から、「理性の無限」を「悟性の無限」から、区別することである。後者は「有限化された無限」なのであって、ヘーゲルによれば、「無限」は「有限」から遠ざけられることによってこそ「有限化」されてしまうのだという。そこでCは以下のように区分される。すなわち「無限」は、「a、単純な規定においては有限者の否定として肯定的なもの」であり、「b、しかしそれとともにそれは有限者との相互規定のうちにあって抽象的な、一面的な無限」であり、「c、一なる過程としての、このような有限や無限の自己 - 止揚が——真無限(das *wahrhafte Unendliche*)」(Ibid. S. 135)である。

Ⅳ「a　無限一般」では「無限」は「否定の否定(＝有限という否定的なものの否定)」すなわち「肯定的なもの」であり、「制限性から回復された有」だと言われている。「自己を越えゆき、自らの否定を否定し、無限になること」が

「有限者それ自身の本性」なのである。「無限性」は「有限者の肯定的な規定」であり、「有限者が真に即自的にそれで有るところのもの」である。かくして「有限」は「無限」のうちで消失してしまった。「有るところのもの」は「無限のみ」(Ibid. S. 136) である。

Ⅴ　けれども「b　有限と無限の相互規定」のなかでは、「無限は有る」、そしてこの「直接性」のなかで同時にそれは「他なるものの、〔すなわち〕有限なものの否定」なのだから、それは「或るもの」のカテゴリーのなかに「逆戻り」してしまったのだと言われる。このようにして「無限」は「有限に対する対立」(Ibid. S. 137) に取りつかれ、無限は「未規定的な空虚、有限者の彼岸」である――このような無限は「悟性の無限」であり、「悪無限 (das *Schlecht-Unendliche*)」なのである。

このような「矛盾」は、「無限」には「有限」が定在として対峙したままであるということに存している。つまり無限と有限という「二つの世界」が存在し、無限は有限の「限界」でしかなく、要するにそれは「或る特定の、それ自身有限な無限」(Ibid. S. 138) でしかない。

そのような関係においては、有限が「此岸的定在 (das hiesige Dasein)」として、無限は「彼岸 (Jenseits)」として、「隔離」されつつも相互に「関係づけ」(Ibid. S. 139) られている。両者は「不可分」だが、両者の「統一」は「覆蔵された」ままであり、「両者の移行の過程」において、「越えゆき」は「外的な行為」として現れる。ゆえに「新しい限界」が生起しても、それはふたたび越えゆかれなければならない体《てい》のものであり、そのようなことが「無限に」(Ibid. S. 140) 続くのだが、このような「無限進展 (*Progreß* ins *Unendliche*)」はもちろん「解決されない矛盾」でしかない。そしてこのような「悪無限性」こそが、かの「回来する当為 (das perennierende *Sollen*)」だということになる。「有限」に取りつかれたままのこのような「無限な過程の無限性」は、それ自身が「有限」(Ibid. S. 141) なのである。

Ⅵ　しかしこのような有限と無限との往復的な「相互規定」のなかで、「即自的」にはすでに両者の「真理」が「現存 (*vorhanden*)」(Ibid. S. 142) しているのだと「c　肯定的無限性」では述べられる。

「無限」は「両者の一つ」であった。しかし両者の一つにすぎないなら、それは「全体」ではなく「一面」にすぎない。それは「有限な無限」であり、そこに現存するのは「二つの有限」（Ibid. S. 143）のみである。しかしながら「有限性」は「自己を越えゆくこと」としてのみあり、それゆえそこにはそれ自身の「他」たる「無限性」が含まれている。同様に「無限性」は「有限を越えゆくこと」としてのみあり、ゆえにそれは自らの「他」を含んでいて、自らにおいて「それ自身の他」（Ibid. S. 145）である。「無限過程」のうちには両者の「関係」が現存し、両者が持つ「肯定的なもの」は両者の「否定」を含んでいて、それは「否定の否定〔＝自らを否定するものの否定〕」（Ibid. S. 147）である。「有限」と「無限」は「過程の諸契機」であることによって「共同的」に「有限者」ではあるのだが、しかし過程や結果において「否定」されることによって、この「結果」は「かの両者の有限性の否定」としては「無限」と謂われるのだという。

それゆえ両者はともに「二重の意味」を持つ。まず「有限」は、第一に、ただ「それに対立する無限に対して有限である」という、第二に、「同時に有限とそれに対立する無限とである」という「二重の意味」を持つ。次に「無限」もまた「かの両契機の一つ」であり「悪無限」であるということと、「かの両者、〔すなわち〕それ自身とそれの他とが、そこにおいてはただ諸契機にすぎないような無限」であるという「二重の意味」（Ibid. S. 148）を持つ。それゆえ「無限」が「じっさいに現存する仕方」とは、まず「ただその諸規定の一つにすぎず、有限者に対して有り、それゆえそれ自身有限者の一つであるにすぎない」という、次いで「自己自身からのこの自らの相違を自らの肯定へと止揚する」という、そして最後に「このような媒介によって真無限（*wahrhaft Unendliches*）としてある」という、「過程たること」なのである。

「真無限」のこのような規定は、「有限と無限の統一」というような定式では捉えることができないのだとヘーゲルは述べている。なぜなら「統一」とは「抽象的な、没運動的な自己相等性」であり、その諸契機も「運動しない有るもの」でしかないのだが、しかるにヘーゲルによれば、「無限」も「その両契機」も本質的にはただ「生成」としてのみあるからである。そしてこのような「無限」は「有り、現に、現前的に、現在的に有る（ist, und ist da, präsent, gegenwärtig）」。なぜなら「悪無限」のみが「彼岸」だからである。そして例の「到達不可能性」は「高さ」ではなく「欠陥」でしかない。けだし「真ならざるもの」こそが「到達不可能なもの」なのだから。そしてそのような「無限進展」が「直線」（Ibid. S. 149）にたとえられるのだとすれば、「真無限性」は「始源点や終末なしに、閉じられてまったく現在的である」ような「円環」（Ibid. S. 149-50）にこそたとえられるのだという。

Ⅶ　「C　無限性」はその「c　肯定的無限性」のあとに「移行」と題されたつなぎの箇所を持つのだが、その「註記一」のなかから若干補足しておくことにしよう。そこでは「思弁的思惟の本性」は「対置された諸契機をそれらの統一（!）のうちで把捉すること」（Ibid. S. 153）のうちに存するのだと言われている。そして――『精神現象学』においても「分断」への問いに関して、また『大論理学』の「本質論」においても「同一性」に関して類似の検討がなされているように――「如何にして無限は自己から出て有限性にいたるのか」という問いへの回答に「一つの哲学が存在するか否か」（Ibid. S. 154）がかかっているのだという。そしてこのような問いへの回答とは、もちろん、「最初は無限的であり、あとから初めて有限的となり有限性へと出て来ることが必要になるような無限など、存在しない」ということである。無限はそれだけですでに「有限的」でも「無限的」でもあるのである。先の問いは両者の分離を想定しているのだが、このような「分離」こそ「概念把握できない」ものである。隔離された「有限」も「無限」も「真理」を持たず、そして「真ならざるもの」は「概念把握できない」。それゆえ先のような問いをこそ「否定」（Ibid. S. 155）すべきなのである。

このような「非真理」が認識されたからには、「無限」は有限性へと「出てゆく（herausgehen）」のだと、そしてまた「有限」は無限のうちへと「入りゆく（hineingehen）」のだと、あるいはむしろ「無限は永遠に有限性へと出ていってしまって（herausgegangen）いる」のだと言うべきなのである。「無限」は「即自的」に「有限」を自らのうちに含み、ゆえに「即自的」に「それ自身とそれの他との統一」(46)である。困難は「分離」にこそ関わるのだが、しかしもちろん「両者の区別」は現存する。「無限と有限との統一」ならびに「両者の区別（*Unterscheidung*）」もまた「不可分なもの」（Ibid. S. 156）なのである。

Ⅷ　さて、ヘーゲルは「無限」は「〔有限と無限という〕かの両契機の一つ」であり、「悪無限」であるということと、「かの両者、それ自身とそれの他とが、そこにおいてはただ諸契機でしかないような無限」であることという「二重の意味」を持つと語っていた。しかるにわれわれが先の註のなかで引用した言葉によると、「真無限」は「それ自身と有限との統一」である。それでは〈真[2]無限〉とは〈悪[1]無限と有[1]限との統一〉なのだろうか、それとも〈真[1]無限と有[1]限との統一〉なのだろうか。あるいは「同時に契機でも全体でもありえつつ、そのとき無限はそれ自身に忠実である」（Lardic. p. 116）[47]というラルディックの言葉を借用するなら、「全体」としての「無[2]限」は「契機」としての「無[1]限」とそのステイタスを同じくするのだろうか、それとも両者のステイタスは異なるのだろうか。

仮に両者の論理的ステイタスは同じものだとしてみよう。すると「無限と有限との統一」ならびに「両者の区別」は「不可分なもの」という、いま見たばかりのヘーゲルの言葉により、「統一」と「区別」は同じレヴェルで語られることとなってしまって、いつもわれわれが疑問視している「〈無[1]限と有[1]限の統[2]一〉と〈無[1]限と有[1]限の区[2]別〉との統[3]一」と「〈無[1]限と有[1]限の区[2]別〉との区[3]別」等々の「無限進展」もしくは「悪無限」の問題は、避け難いように思われる。しかし、もしそのような無限進展が生じえないのだとするなら——前章でも述べたように、われわれはそう考えている——「無[2]限」はけっして「無[1]限」とは同じステイタスを有しえず、両者は構造的に区別されなければならないはずなのに、ヘーゲルが相変わらず「それ自身と有限との統一」などという「同一性と非同一性との同一性」を想起させる表現を用い続け、それ以上問題点を深めようとしないのは、残念なことである。

もう一つの疑問点。シュテケラーは「問題とされているのは«und so weiter〔等々、そしてそのようにさらに〕»の正しい理解であって、何か各々の«und so weiter»を《悪無限》として非難することではない」（Stekeler (3). S. 515）と解釈する。それゆえ「無限進展」はそれ自身「真無限」であって、「無限は第一に、有限な、限定された境域とは対照的に無際限な境域であるという、同時にしかし〔第二に〕無限な全体でもあるという、二重の意味を持つ」(Ibid., S. 522) のだという。たしかにヘーゲルは、「無限」も「その両契機」も本質的にただ「生成」としてのみあると考えている。しかし、それは「無限進展[48]」の擁護と捉えうるものなのだろうか。

言葉のうえだけで言うなら、「無限性」の節のあとも、「無限進展」や「無限系列」(Vgl. WdLS^2, S. 242-4, 257, 268, 269, usw. : WdLB, S. 300-1, usw. : W8, S. 219, 220, usw.) は、むしろ悪無限として非難の対象でしかない。それに「無限進展」という言葉は、ヘーゲル哲学全体にあっては、カントやフィヒテの無限の課題や当為や知の制限といった、ヘーゲルが批判してやまなかった考えを、必然的に想起させてしまう。

「制限」に関しては前章でも多々取り上げてきたのだが、『エンチュクロペディー』の「論理学」では「何かを有限もしくは制限されたものと表記することがまさしく、無限、制限されていないものの現実的現在の証明を含んでいる」(W8, S. 144) と言われ、そのことは「無限は有り、現に、現前的に、現在的に有る」という『大論理学』のいま見た言葉とも平仄が合う。「自然哲学」でも「無思慮は制限などという抽象のもとにとどまる」(W9, S. 469) と言われている。たしかに「精神哲学」ではその「序論」において「無知なるもののみが制限されている。〔…〕それに対し、知られた制限は知のいかなる制限でもない」(W10, S. 36) と述べたあとに、こう続けてはいる。「悟性がこの有限性を硬直したものと――制限と無限性との相違を絶対的に固定したものとみなし、したがって精神は制限されているか、それとも制限されていないかのどちらかであると主張するのは、正しくない。有限性は、真に把捉されるなら〔…〕無限性のうちに含まれ、制限は、制限されぬもののうちに含まれている。それゆえ精神は無限でも有限でもあり、一方のみでも他方のみでもない」(W10, S. 37)。しかし、すでに「主観的精神」のなかで、「理性の制限について語るのは〔…〕木製の鉄について語るよりなおひどい」(Ibid., S. 233) と語られているのである。それゆえヘーゲルの語る「生成」とは、おそらくは論理学内部での論理的展開のことを意味しているのであって、少なくとも悪無限の意味での「無限進展」のことではない。つまりヘーゲルが先に強調していた「無限」の「過程」性格とは、「無限進展」の意味での過程というよりは、「有限」や「悪無限」の「止揚」を経て「真無限」へいたるという過程のことにすぎないのではないだろうか。

そして〈無[1]限でも有[1]限でもあり、一[1]方のみでも他[1]方のみでもない〉ような「真[2]無限」の論理的なステイタスがどうなってしまうのかについては、われわれが先に疑問視したとおりである。

(3) 『大論理学』の最終章としての「絶対理念」

「『精神現象学』を閉じる《絶対知》に対応するのは、一方では『大論理学』の最後にある《絶対理念》であり、他方では『エンチュクロペディー』の最後にある《絶対精神》である。〔…〕絶対理念は絶対知と絶対精神とのあいだの媒辞として介入する」(P.-J. Labarrière, in Michalewski, p. 294)。

「絶対理念、もしくは《論理的理念》は、われわれの関心にとっては啓示的なことに、《思惟それ自身の理念》とも呼ばれている。すなわち、その必然的な諸契機についての思惟の自己規定は、十分な自己意識、ノエーシス・ノエーセオース〔思惟の思惟〕に到達したのである」(Pippin (2), p. 316)。

「絶対理念」は『大論理学』第三巻第三篇「理念」の第三章を、すなわち『大論理学』全体の最終章をなす。しかしながら「理念」とは何であるかについてあらかじめ知っておくために、われわれは、まずここで「理念」の篇がその第一章に入るまえの冒頭部分で「理念」について説明している箇所を見て、それから「絶対理念」の章を見たのちに、例によって多少の考察を加えることとしたい。

Ⅰ 「理念」の篇の冒頭部分では、「理念」とは「十全的な概念、客観的なる真なるもの、もしくは真なるものとしての真なるもの」だと述べられている。もし何かが「真理」を持つなら、それはその「理念」によってこそ真理を持つ。つまりは「何かはそれが理念であるかぎりでのみ真理を持つ」のである。

カントは「無条件的なものの概念」であって諸現象に対しては「超越的」であるような「理性概念」を「理念」と呼んだ。しかしながらヘーゲルによれば、「理性概念」という表現は適切ではない。なぜなら「概念」とは総じて「何か理性的なもの」だからである。悟性から区別されるかぎりで、理性とは「概念と客観性との全体性」であって、この意味ではたしかに「理念」は「理性的なもの」[49]であり「無条件的なもの」(WdLB. S. 205)である。しかしながら理念が諸現象に対して「超越的」だからそれは「真理の価値」を持たないと主張するのは、「奇妙な誤解」である。理念は「概念と客観性との統一」[50]であり、「真なるもの」なのである。それゆえにこそ「あらゆる現実的なものは、それが自らのうちに理念を持ち、理念を表現するかぎりでのみ有る」(Ibid. S. 206)。対象や客観的世界や主観的世界は、総じて理念と「合致(*kongruieren*)すべき」であるのみならず、それらはそれら自身「概念と実在との合致(*Kongruenz*)」なのである。反対に、「概念に対応しない実在」こそがむしろ「たんなる現出(現象)」もしくは「主観的で偶然的で恣意的なもの」なのであって、これは「真理」ではない――「国家」や「教会」のような全体は、もし「概念」とそれらの「実在」との統一が解消されるなら、「実存することをやめて」しまうのだし、「魂」と「肉体」が分離されるなら、「人間」や「生けるもの」は「死んで」しまうのである。

理念が「概念と実在の統一」であることによって、「有」は「真理の意味」に到達した。有はいまや「理念がそれで有るところのもの」である。「有限な諸事物」が「有限」なのは、それらが「それらの概念の実在性」(Ibid. S. 207)を、それら自身において完全に有してはいないからである。

理念は「真の有、概念と実在との統一」という「より一般的な意味」のみならず、「主観的概念と客観性との」統一という「より規定された」(Ibid. S. 208) 意味をも持つ。そしてこのような「同一性」が「主観 - 客観(das *Subjekt-Objekt*)」(Ibid. S. 209) と規定されたのは正しい。

Ⅱ　ところでヘーゲルによれば、「理念」とは、第一に「単純な真理」であり、「普遍」としての「概念と客観性との同一性」(Ibid. S. 209-10) なのだが、第二にそれは「単純な概念の対自的に(=それだけで隔離的に)有る主観性」と

「それから区別されたその客観性」との「関係」である――第二のケースでは、主観性は本質的に「このような分離を止揚しようとする衝動」であり、客観性は「〔主観の衝動には疎遠な〕無頓着な被措定有」である。このような関係として、理念は「自らを個体性とその非有機的な自然とへと分離し、この自然をふたたび主観の権能〔Gewalt 暴力〕のもとに連れ戻して、最初の単純な普遍性へと帰還しようとする過程」なのだという。「自己自身との理念の同一性」は「過程」[51]と一体なのである。理念は「対立」を「永遠に産出」しては「永遠に超克」し、対立のなかで「自己自身と連携」しようとする。

さしあたり理念はただ「直接的」でのみあり、ただ「その概念のうちに」のみある。概念はなるほど「魂」ではあるのだが、それはまだ「魂に満ちた」魂ではない――理念は第一に、「個別性」を「その実存の形式」とするような「生」(Ibid. S. 210)である。しかしこのような直接的な個別性は止揚され、「内」たる「概念」が「外面性」を普遍性とする。それゆえ第二に理念は「認識および意欲」としての「真と善との理念」である。それはさしあたり「有限な認識」と「有限な意欲」とではあるのだが、しかし第三に「精神」は理念を「即且対自的に有る真理」としての「自らの絶対的真理」として認識する。そして「それ〔＝理念〕自身についての絶対知」であるようなこの「無限的理念」(Ibid. S. 211)こそが、最終章で「絶対理念(absolute Idee)」と呼ばれるものなのである。

Ⅲ　第三章「絶対理念」では、その流れを受けて、「絶対理念」は「理論的理念と実践的理念との同一性」だと述べられている。「自らの実在において自己自身と連携する理性的概念」[52]としての「絶対理念」(Ibid. S. 283)は、一面では「生への回帰」だが、しかし他面ではこのような「その直接性の形式」を止揚して、自らのうちに「最高の対立」を有してもいる。その概念は「魂」であるのみならず、「人格性」[53]を有するような「自由な主観的概念」でもある。そして「絶対理念」のみが「有」であり「不滅の生」であり、「自らを知る真理」であり「あらゆる真理」[54]なのだという。

絶対理念は「哲学の唯一の対象にして内容」である。それは「あらゆる規定性」を含み、その本質は「その自己規定もしくは特殊化を通って自己へ帰還すること」なのだから、それは様々な形態化を有し、これらの形態化のなかで絶対理念を認識することこそが「哲学の仕事」である。そもそも「自然」や「精神」は理念の「定在」を呈示する様々な仕方であり、「芸術」や「宗教」は「自らを把捉して一つのふさわしい定在を自らに与える」その様々な仕方である。哲学は芸術や宗教と同じ内容や同じ目的を持つが、しかしその仕方は「概念」という「最高の」仕方なので、それは「絶対理念を把捉する最高の仕方」(Ibid., S. 284) なのである。

「論理的理念」は「無限の形式としての自己」をその「内容」とする。「絶対理念」それ自身が、「形式規定がその固有の完成された全体性、〔すなわち〕純粋概念である」ということのみをその「内容」として持つのである。「理念の規定性」と「この規定性の経過全体」とが論理学の対象をなし、このような経過から「絶対理念」それ自身が「対自的に〔＝自覚反省的に〕」出現したのであった。しかるにこの規定性は、「或る内容という形態」を持つのではなく、端的に「形式」としてのみあり、したがって「理念」は「端的に普遍的な理念」としてあることも示された。それゆえこれから考察すべきは「内容としての内容」ではなく、「その形式の普遍」であり、そしてヘーゲルによれば、それこそが「方法」(Ibid., S. 285)[55] なのである。

Ⅳ 「方法」は「自己自身を知り、自らを主観的なものでも客観的なものでもある絶対者として対象化する概念」として、それゆえ「概念とその実在との純粋な対応」として、あるいは「概念それ自身がそれで有るところの一つの実存」として出現した。そしてここで「方法」として考察すべきは、「概念それ自身の運動」のみである。あらゆるものの概念とその運動とは「自己自身を規定しそれ自身で実現する運動」という「普遍的な絶対的活動」なのである。方法はそれゆえ、「制限なく普遍的な、内的また外的な仕方」として、また「端的に無限な力」として承認することができる。それはヘーゲルの表現によれば「魂にして実体」であり、何かは「方法に完全にしたがう」かぎりでのみ概念把握され、その真理において知られるのである。そしてそれが「各々の事象の固有の方法」であるのは、その活動が「概念」だからであり、またそのことが方法の「普遍性」の「真の意味」である。

「理念の普遍性」ということにしたがうなら、方法は「認識の、主観的に自らを知る概念の、仕方」であるとともに、「客観的な仕方」であり、あるいはむしろ「諸事物の実体性」である。それゆえ方法は「理性の唯一にして絶対的な力」であるのみならず、「自己自身によってすべてのうちに自己自身を見出し認識する理性の最高にして唯一の衝動」(Ibid., S. 286) でもある。なるほど「探求する認識」においては「方法」は「道具」すなわち「それによって方法が客観に関わるところの、主観サイドに立つ手段(56)」としても立てられるのかもしれない。「主観」が一方の端にあり、「客観」が他方の端にあって、両端は「異なるまま」であるというように。しかしながら「真の認識」においては、方法とは「概念が即‐且‐対‐自的に‐規定されて有ること (das An-und-für-sich-Bestimmtsein des Begriffs)」でもあるのであって、概念は「客観的なものの意義」を有してもいる。そして客観的なものは方法によって「外的規定」に達するのみならず、「主観的概念との同一性」のうちにも立てられるのである。

V　ヘーゲルはまず「始源」から「始源」する。そして「論理学それ自身の始源」も「始源」なのだから、その内容は「直接的なもの」なのだが、ただし「抽象的普遍性」(Ibid., S. 287) という意味と形式とを持った直接的なものである。しかも「認識」は「概念把握する思惟」なのだから、その始源は「思惟のエレメント」のうちにのみあり、「単純にして普遍的なもの」、つまりはヘーゲルの言うところの「有」である。有はまさしく「自己自身への抽象的な関係」であり、いかなる「他の導出」(Ibid., S. 288) も必要としない。

始源は方法にとって「単純にして普遍的なもの」であるという規定性しか有していない。「普遍性」は「純粋な、単純な概念」であり、概念の意識としての方法は、普遍性は契機でしかなく、そこにおいて概念はまだ即且対自的に規定されていないことを、知っている。「始源の直接的なもの」はそれ自身において「欠陥的なもの」なのであって、「さらに前進する (sich weiterführen)」という「衝動」を与えられているのでなければならない――ちなみに「現実」においても「思想」においても、「そのように単純でそのように抽象的なもの」など存在せず、それは「たんなる思念」であるにすぎないのだが――。「普遍の直接性」は、ここでは「対自有なき即自有」と表現されるのと同じものである。たしかにひとは「絶対者とともにあらゆる始源はなされるのでなければならない」と言いうるのかもしれない。しかしながら、それは「最初は即自的に有るにすぎない」（Ibid., S. 289）のだから、それは「絶対者」でなくもあり、いずれにせよ「措定された概念」や「理念」ではない。それゆえ「進行」は「〔流出説の言うような〕一種の過剰」ではなく、それはむしろ「普遍が自己自身を規定して〔ゆき〕、対自的に〔＝自覚的に〕普遍である、すなわち同じ程度に個別にして主観である〔ようになる〕」という点に存している。ただその「完成」においてのみ、それは「絶対者」なのである。

「即自的には〔＝可能性としては、潜在的には〕具体的な全体性であるところの始源」は、そのようなものとして「自由」でありえ、その直接性は「或る外的定在という規定」を持つことができる。「生けるものの胚芽」や「主観的目的一般」はこのような始源として示され、それゆえにこそそれらは自ら「衝動」なのである。始源をなす「〔即自的な〕具体的全体性」は、それ自身のうちに「進行と発展との始源」を有している。それは「具体的なもの」としては自己のうちで「区別されて」はいるのだが、最初の区別されたものどもは、さしあたりまだ「〔対立や矛盾ではなく〕異別的なもの」にすぎない。しかるに「直接的なもの」は「主観〔主体〕」として「これらの異別的なものの統一」（Ibid., S. 290）でもある――かくしてヘーゲルは「絶対的認識の方法」は「分析的」でも「綜合的」でもあると述べることになるのだが、そのことはもう少し先でいっそう明らかとなろう――。ともかくも、彼は「始源的な普遍」がそれ自身から「自らの他」として自らを規定するような判断の「綜合的でも分析的でもあるこの契機」をこそ「弁証法的なもの」（Ibid., S. 291）と名づける。「有限と無限」、「個別と普遍」といったすべての「諸対立」は、「外的結合」によって「矛盾」するのではなく、むしろそれらは「移行」なのである。

Ⅵ　「普遍的な第一のものは、即且対自的に考察されるならば、自らをそれ自身の他として示す」のだということは、「先に表記された立脚点」でもある。「さしあたり直接的なもの」は、これによって「媒介されたもの」あるいは「他に関連づけられた」ものとして措定される、もしくは「普遍」が「特殊」として措定されるのだという。それゆえこれによって成立した「第二のもの」は、「第一のものの否定的なもの」であり、「最初の否定的なもの」である。しかしながら、「他なるもの」とは「空虚な否定的なもの」つまりは「無」(Ibid., S. 294) ではなく、「第一のものの他」であり「直接的なものの否定的なもの」である。それは「〔第一のものによって〕媒介されたもの」として規定され、自らのうちに「第一のものの規定」を含んでいる。第一のものは他なるもののうちに本質的に「保管」され、「保存」されているのである。

「第一のもの」が「第二のもの」のうちに保存されていて、後者が前者の「真理」であるからには、この統一は、そこにおいては「直接的なもの」が「主語」で「媒介されたもの」がその「述語」であるような或る「命題」として表現されえよう。しかしながら、ここでもまたヘーゲルは、「判断」の形式一般は「思弁的なもの」や「真理」を自己のうちに捉えることができないのだと繰り返す。

「否定的な、もしくは〔第一のものによって〕媒介されているもの」という「第二の規定」はさらに、同時に「〔第三のものへと〕媒介するもの」(Ibid., S. 295) でもある。「他なるもの」とは、どうでもよいものの他のものではなく、「或る他なるものの他のもの」なのである。つまり、それは自らのうちに「それの固有の他」を含み、「矛盾」として「それ自身の措定された弁証法」である。「第一のもの」においては「弁証法的契機」は、それが即自的に含んでいた「相違」が「措定」されるというところに存していた。「第二のもの」はそれ自身「規定されたもの」であり、「相違」もしくは「関わり合い」であるので、そこにおいては「弁証法的契機」は「そのうちに〔即自的に〕含まれている統一」を「措定」することに存している。

Ⅶ　いま考察された「否定性」は、「概念の運動の転回点」を形成する。それは「自己への否定的な関係の単純点」であり、また「あらゆる活動の、生き生きとした精神的な自己運動の、最も内的な源泉」なのであって、「あらゆる真なるものがそれ自身において有する弁証法的な魂」(Ibid., S. 296) である。「第二の否定的なもの」(Ibid., S. 296-7) すなわち「否定的なものの否定的なもの」は「矛盾の止揚」なのだが、矛盾と同様、それは「外的反省の行為」

ではなく、「生と精神との最も内的な、最も客観的な契機」である。「自己自身への否定的なものの関係」は「推論全体の第二の前提」とみなされうる。「第一の」前提は、「直接的なもの」がただちに「それの他」のうちへと「移行してしまっている（übergegangen ist）」かぎりでは「分析的な契機」とみなしうるのだが、しかしこの関係は、移行先が「それの他」であるかぎりで「綜合的」でもある。そしてここに考察される「第二の前提」は、「区別されたものとしての区別されたもののそれの区別されたものへの関係」であるかぎりで「綜合的」なものと規定されうる。また第一の前提が「普遍性と通知〔Mitteilung 中間分割〕との契機」だったように、第二の前提は「個別性」によって規定されるのだという。「絶対的否定性」として、「絶対的媒介の否定的契機」は「主観性と魂とであるような統一」なのである。

このような「方法の転回点」において、「認識の経過」は同時に「自己自身のうちへと帰還」する。そしてこのような「否定性」は「自己を止揚する矛盾」として「最初の直接性の復元（Herstellung）」である。なぜならものの否定的なもの」は「肯定的なもの、同一的なもの、普遍的なもの」だからである。そしてこの「第二の直接的なもの」は、経過全体のなかでは、「最初の直接的なもの」と「〔第二の〕媒介されたもの」とに対する「第三のもの」（Ibid., S. 297）である。

ただしこの「第三のもの」は「媒介の止揚」による「直接的なもの」であり、「相違の止揚による単純なもの」、「否定的なものの止揚による肯定的なもの」（Ibid., S. 298）であって、「他有によって実現され、この実在の止揚によって自己と連携し、自らの絶対的実在性を、自らの単純な自己関係を、復元した概念」（Ibid., S. 298-9）である。そしてこのような「結果」こそが、ヘーゲルの言う「真理」なのである。それは「媒介」であるのと同じ程度に「直接性」なのだが、ここでもヘーゲルは、それを言い表す「判断の形式」にはそれを捉えることができない旨を繰り返している。

「始源するもの」が「普遍」であったように、「結果」は「個別、具体、主観」である。後者は「対自的」にも前者が「即自的」に有るところのもので有り、「普遍」は「主観」のうちに「措定」されている。つまり、「三重性」のうちの「最初の二契機」は「抽象的な、真ならざる諸契機」だったがゆえに「弁証法的」であり、それらの「否定性」によって、自らを「主観」となすのである。「概念」それ自身はさしあたり、「我々にとって」は、「推論のすべての諸契機を貫通する普遍」なのだが、「第三のもの」とは、ヘーゲル流の表現によれば、「そこにおいて概念が自らの否定性によって自己自身と媒介され、これをもって対自的に普遍として、また自らの諸契機〔＝上述の三つの契機〕の同一的なものとして、措定される結論（Schlußsatz）」（Ibid., S. 299）だということになる。

そしてここで初めて「認識の内容」が考察の圏内に入って来るのだという。つまり、「方法」は「一つの体系」へと拡張されるのである。

Ⅷ　ところで「始源」は、「結果の規定性」に対して考察されるなら、それ自身が「一つの規定されたもの」であり、「直接的なもの」ではなく「媒介され導出されたもの」（Ibid., S. 300）とみなされるべきであるのだと、ここでもヘーゲルは主張する。「無限進展」は「没概念的な反省」（Ibid., S. 300-1）に属すとはいえ、しかし「結果」だった「規定性」は、その「単純性の形式」のゆえにそれ自身が「一つの新しい始源」となって、認識は内容から内容へと転じてゆく。このような進行は「単純な諸規定性」から出発し、後続のものが「ますます豊かで具体的」となるのだが、それは「結果」がその「始源」を含んでいて、その「経過」が「新しい規定性」で始源を豊かにするからである。そしてこのような「拡張」が「内容の契機」とみなされうるのである。ただし「自己外行〔*Außersichgehen* 自己のそとに出てゆくこと〕の各々の新しい段階」は「自己－内－行〔In-sich-gehen 自己－のうちへ－帰ってゆくこと〕」でもあり、「より大きな延長〔広がり〕」は「より高い強度」でもあって、「最も豊かなもの」とは「最も具体的なものにして最も主観的なもの」であり、頂点は「純粋人格性」（Ibid., S. 302）なのだという[57]。「方法」は一つの「円環」（Ibid., S. 303）のうちに絡め取られる。「方法の本性」によって、「学」は「自己のうちで巻きつけられた一つの円環」なのだが、もちろんこのような円環は「諸円環の一円環（ein *Kreis von Kreisen*）」なのであって、個々の諸学は、その各々が「前方

（*Vor*）を持つ」と同時に「その後方（*Nach*）を示す」のである。

Ⅸ　「論理学」もまた「絶対理念」のなかで、その「始源」だった「単純な統一」へと帰行した。ただし「有」はいまや「充実した有」であり、「自らを把握する概念（der sich *begreifende Begriff*）」（Ibid., S. 304）である。かくして論理学は、それ自身の「概念」を把捉した。しかしながらこのような「理念」はまだ「論理的」なものでしかなく、それは「純粋思想」のうちに閉じ込められたままで、「ただ神的な概念だけについての学」であるにすぎない。そして「認識の純粋理念」が「主観性」のうちに閉じ込められたままであるかぎりで、それはこのような主観性を止揚しようとする「衝動」であり、「〔論理学の〕最後の結果」としての「純粋真理」はまた「他の圏域と学との始源」ともなる。

　つまり「理念」が「純粋概念と純粋実在との統一」として自らを措定するかぎりで、それはこのような形式における「全体性」としては「自然」（Ibid., S. 305）である。そのさい理念はまだ「たんなる客観性にして外的な生」としてあるにすぎないのだが、しかし、このような「媒介」から「概念」は「自由な、外面性から自己のうちへ〔帰って〕いった実存」として高められ、「精神の学」において「自己による自らの解放」を完成させる。それは「自らを把握する純粋概念としての論理学におけるそれ自身についての最高の概念」（Ibid., S. 306）[58]を見出すのである。

Ⅹ　最後にわれわれの側から、簡単なコメントを加えておくことにしたい。「絶対理念」に関する諸議論は、いままで『大論理学』がおこなってきた過程をそれこそ「理念」的ないし「論理」的に整理し直したという感があるので、それほど新しいことを含んでいるとも思えない。とりわけ「第一のもの」、「第二のもの」、「第三のもの」をめぐる諸議論は、〈有－無－生成〉や〈同一性－相違－根拠〉等々の箇所でも目撃したというような既視感のあるものであって、それゆえそこで展開したわれわれの批判、たとえば「移行してしまっている」ことに対するわれわれの疑問等々も、縷々反復する必要もないだろう。「分析的」関係と「綜合的関係」は、同一ではない。もし分析的関係のみが存するなら、第一者と第二者は相互に「移行してしまっている」ような直接的関係には立ちえても、そこからさらに「移行」することは不可能である。しかしながらもし第一者と第二者のあいだの「移行」が真に「綜合的」な関係を指し示すなら、第一者はただちに第二者であるということはもはや言えなくなってしまう。要は突然の飛躍が第一者と第二者のあいだにあるのか、それともそれが第二者と第三者のあいだに置き移されるかのちがいだけである。そして仮に「分析的」と「綜合的」が「同一的」だと言うなら、なぜ「分析的」と「綜合的」とを「区別的」に言わなければならないのかが、やはり説明されなければならない。そして例のごとく「分析的」と「綜合的」は「区別」されつつ「同一的」だとでも強弁するなら、われわれはいつもの図式に――〈同と異との同〉と〈同と異との異〉から生起する無限累乗形式に――舞い戻ってしまう。かくして少なくともこの種の議論それ自体が無限進展的・悪無限的に、果てしなく反復されてしまうことになるであろう。

『大論理学』で「同一性」は「普遍性」に、「相違」は「特殊性」に、「根拠のうちへと帰行する対置」は「個別性」(WdLB. S. 50)になると述べられていることは、いままでにも繰り返し見てきた。そして「第三のもの」たる「結果」が「個別、具体、主観」とみなされていることも、いま見たとおりである。ちなみに『小論理学』の或る箇所では、以下のように語られている。「概念としての概念は、〔第一に〕その規定性における自己自身との自由な相等性として、普遍性の契機を――〔第二に〕そこにおいては普遍が曇りなく自己自身と等しいままにとどまる規定性たる特殊性の契機を、そして〔第三に〕普遍性と特殊性という諸規定性の自己‐のうちへの‐反省としての個別性の契機を、含んでいる。〔…〕個別は現実的なものがそうであるのと同じものだが、ただし前者は概念から生じたものであり、それゆえ普遍として、自己との否定的な同一性として措定されている。〔…〕概念の各々の契機はそれ自身まったき概念なのだが〔…〕しかし個別性、主観は全体性として措定された概念である」(W8. S. 311)。

このように見てゆくなら、要するに「同一性[1]と非同一性[1]との同一性[2]」のなかの「同一性[2]」という「根拠」の役割を担うのは、やはり「個別」ないし「個別性」や「主観」ということになるのだが、先に「様態」ないし「現実性」のところでも見たように、それだけでは究極根源的な「同一性」について語られうるのか否か、そしてそこにおいて

「悪無限」が生じえないとされる根拠とは何なのか、依然として判断するのは難しい。そもそも「個別」が真に究極的な「個別」だということを、如何にしてわれわれは知りうるのだろうか。ヘーゲルの言う「個別」は、あまりにも理想化された「個別」であって、むしろ「現実的なもの」からはかけ離れてしまった「個別」ではないだろうか。あるいはヘーゲルは「個別」ということを「同一性と非同一性との同一性」のほうから規定し、逆に「同一性と非同一性との同一性」を規定するときには「普遍」と「特殊」を経た「個別」を概念的に利用しているだけではないだろうか、等々。

それゆえわれわれとしては、前章でも問うたように、なぜ「同[2]一性」が「同[1]一性」とは異なる論理的ないし有論的もしくは現象学的なステイタスを持ちうるのかを、最後にもう一度総括的に問うてゆきたいと思う。

(4)「同一性」についての現象学的考察とその課題——「自然の論理」の構築に向けて

「絶対者は本質的に結果であるべきであり、それゆえ過程全体の終末において初めて歩み出るべきである。しかしまさしくこの結果がすでに、過程の各々の位相のなかで、各々の新しい移行のなかで、本来的に規定し・前方に駆り立てる原理として、働いている。全体についてのすでに完成された直観からのみ、諸部分の、特殊的諸契機の一面性が、超克されうるのである」(Cassirer, S. 367)。

Ⅰ　「同一性と非同一性との同一性」という表現や考えそのものに着目する研究者が多数いることは、いままでわれわれが見てきたところからも明らかとは思うが、たとえば『小論理学』の仏訳への解説文のなかで、訳者兼解説者たるブルジョアは、その表現を二度(Encl. p. 22, 23)用いたあと、今度は「同一性と差異との同一性」(Ibid., p. 23 sqq)という形で、幾度もその表現を繰り返している。そしてロングネスは、「判断」においては「根源的統一が、推論形式のもとに同一性と非同一性との同一性として回復される以前に、自らをそれ自身から分離する」(Longuenesse, p.

339. Cf. p. 343) と述べている。「同一性と非同一性との同一性」として展開される「概念の統一」への「判断という区分」からの回帰、つまりは「概念と判断との統一の明示化」とは、「推論」(Ibid., p. 363) なのだという。

しかしながら、判断や命題が思弁的なものを表現するのにふさわしくないとあれほど繰り返していたヘーゲルが、はたして諸判断から構成された「推論」という形式には「根源的同一性」あるいは「絶対的同一性」というものを認めえたのか、われわれにはいささか疑問に思えるのだし、少なくとも「推論」に関してヘーゲル自身が「同一性と非同一性との同一性」という表現を用いていたという形跡は、われわれの知るかぎり見出せない。そして仮にヘーゲル自身がそのような表現を認めえたのだとしても、われわれとしては諸命題から成る言語形式をもとに「絶対者」を考えようとすることには、やはり違和感を覚える。たしかに哲学は学の一つとして言語や命題を用いなければならないかもしれないが、しかし、言語を用いて思索することと、言語モデルにしたがって思惟することとは、同じことではない。

ちなみに、たしかにヘーゲルの「概念論」において、「推論」は「概念」と「判断」のあとに位置しつつ、「両者の統一にして真理」(WdLB. S. 104) とみなされてはいるのだが、しかしながら「概念論」のなかでさえ、第一篇第一章「概念」、同第二章「判断」、同第三章「推論」のあとには、まだまだ第二篇「客観性」も第三篇「理念」も後続する。

Ⅱ　ついでながら、「汎論理主義」とも形容されるヘーゲル哲学の用いる「概念」に対しても、全幅の信頼を置いてよいものか、われわれとしてはいささか疑問に思うところがある。すでに一九世紀末にノエルが「不当にもヘーゲルは、明らかに経験から抽出された幾つかの諸概念を、純粋な諸カテゴリーとみなさなかったか」(Noël, p. 112) という疑問を呈しているのだが、近年ではとりわけ「自然哲学」に関する諸概念をめぐる異議申し立てが顕著なように思われる。たとえば小著『ヘーゲルにおける植物的本性〔自然〕』のなかで、ドゥヴォは「人間が動物から出発して発展したのでもなければ、動物が植物から出発して発展したのでもない。各々は一挙にそれがそれで有るところのものである」という「自然哲学」のなかにあるヘーゲルの言葉を引き合いに出しながら、「ヘーゲルは進化論を、単純化しすぎる一つの見解として批判している」(Devaux, p. 19) と指摘する。ヘーゲルは「キュヴィエの生物不変理論」(Ibid., p. 20) に甘んずるのであって、それは「生物不変説が、ヘーゲルにおいて見出される本質主義と、一致していた」(Ibid., p. 21) からである。「あらゆる生物変移論や進化論に対するヘーゲルの拒絶は、よく知られている」(Bourgeois (2), p. 300) とブルジョアも述べている――しかしながら、現状として眼前に見出された諸事物の本質ないし本性をそのまま固定的に是認してしまうことは、彼自身が批判していたように、属性や概念をただ「経験的に」(WdLW. S. 171)[59] 受け入れてしまうことではないだろうか。

そもそもヘーゲル概念論の中心たる「普遍」、「特殊」、「個別」の区別に関してさえ、じっさいには或る程度の相対性を認めておかなければならないであろうことは、誰しもが感ずることではないかと思われる。たとえば何が「普遍」で何を「個別」とみなすかは、それほど決定的なことではないのだし、それほど明晰判明なものとも言い難い――〈脊椎動物〉は〈人類〉という〈特殊〉に対しては〈普遍〉かもしれないが、〈哺乳類〉という〈普遍〉に対しては〈特殊〉でしかないのだし、〈ソクラテス〉は〈人類〉という〈普遍〉のなかの〈白色人種〉という〈特殊〉に対しては〈個別〉であるかもしれないが、〈老いたソクラテス〉や〈若きソクラテス〉という〈個別〉ないし〈特殊〉に対しては〈普遍〉である、等々――。そしてそのような不確かな区分にもとづいて「同一性と非同一性との同一性」を考えること自体、すでにして問題なのではないかと思われる。

しかしながら経験的な論点からではなく、アプリオリな問題構制として「概念」というものをどう捉えるかについては、現段階ではそれは次著の主要テーマになるとしか言えない。

Ⅲ　ヘーゲル自身が『大論理学』で主題化している「同^{1}一性と非同^{1}一性との同^{2}一性」や、それと関連して同書が孕むであろう諸問題、またそれに対するわれわれの――経験的ではなく論理的な――批判に関しては、すでに本章のこれまでの叙述で十分明らかになったことと思う。「同一性」や「根拠」や「無限性」、あるいは「絶対理念」における「方法」等々の問題群で明らかになったのは、概して言えばヘーゲルは「非同^{1}一性」と相関関係に立つべき「同^{1}一性」に関しては十分に考慮を重ね続けてはいるのだが、しかし「絶対者」の規定たるべき「同^{2}一性」に関しては、その有論的あるいは現象学的なステイタスについての構造論的な考察を、怠っているのではないかということである。そしてもしこのままの形で「同^{2}一性」と「同^{1}一性」とに同じ論理的ステイタスを与え続けるのだとするなら、ひとは「同$^{+\alpha}$一性」の方向にも「同$^{-\alpha}$一性」の方向にも、「真無限」にではなく「悪無限」に陥ってしまうであろうことを、われわれは幾度も警告してきた。そしてもしそうでないなら、(60) なぜそうなのかを示さなければならないはずなのだが、残念ながらヘーゲルにはそのような問題意識が皆無であるか、少なくともきわめて希薄であると言わざるをえない――しかしながら、それではスアルの言う「根源的同一性」やヘーゲル自身が『差異』論文のなかで語っていた「絶対的同一性」の論理的、有論的、あるいは現象学的ステイタスとは、いったいどのようなものであらねばならないのだろうか。

前章でも触れたが、もう一度『差異』論文が「絶対的同一性」について語っていた箇所を振り返っておくことにしよう。「反省はしかし絶対的綜合を、一命題のなかで表現することはできない――つまりもしこの命題が、悟性にとって本来的命題として妥当すべきであるならば。反省は、絶対的同一性のなかで一であるもの(was in der absoluten Identität eins ist)を分離し、分離された綜合と反定立とを、一方は同一性、他方は分断(Entzweiung)という二つの命題のなかで表現するのでなければならない」(W2. S. 37)――ここに見られるのはは「反省」や「命題」形式に対するいつもの彼の批判である――。「思弁がたんなる反省の側面から見られるかぎりで、絶対的同一性は対置されたものどもの綜合のなかで、それゆえ二律背反《アンチノミー》のなかで現出する。絶対的同一性がそこへと差異化されるところの相対的諸同一性(die relativen Identitäten)は、なるほど制限され、そのかぎりでは悟性にとってであり、二律背反的ではない。同時にしかし、それらは諸同一性でもあるからには、純粋な悟性諸概念ではない。そしてそれらは諸同一性であらねばならない。なぜなら哲学においてはいかなる措定されたものも、絶対者への関係なしには、立ちえないからである」(Ibid., S. 41)――けれどもこのように考えるなら、「同一性」と「分断」という「相対的諸同一性」へと「分離」

されること自体が「悟性」や「反省」のなせるわざなのであって、もともと「絶対的同一性」は、「対置されたものどもの綜合」であるどころか、「一であるもの」だということになるだろう。「同[1]一性と非同[1]一性との同[2]一性」という言葉は、それゆえ、その表現自体がすでにして自らのうちに或る固有の困難を蔵しているような言葉なのである。

　しかし、このような考えは、まだシェリングの影響下にあった若きヘーゲルの思想でしかないのだろうか。あるいはむしろ、もし「絶対的同一性」を「相対的諸同一性」とは別様に、それ自身において思索しなければならないのだとするなら、どのみちそれは端的に「一なるもの」であって、関係や媒介には無頓着にあるのでなければならないということになるのではないだろうか。

Ⅳ　「ヘーゲル哲学」を「媒介の哲学」と定義するのは、すでに「古典的」(Houcine, p. 42) とさえ言われていた。本章でもわれわれは「同一性と差異は同時に媒介され、かつ媒介するものである」(V-B (2), p. 151) というマビユの言葉を見た。例えば『エンチュクロペディー』のヘーゲルによれば、「このうえなく複雑な、最高に媒介された諸考察の結果」であることが分かっている諸真理が、このような認識が「馴染み (geläufig)」のものとなってしまっているような者にとっては、「直接的に彼の意識に現前化される」のであって、そのようなことはむしろ「このうえなくありふれた経験」(W8, S. 156) なのだという。たとえば「私がベルリンにいる」という「この私の直接的現在」でさえ、ちょっと考えてみるなら、「ここへとなされた旅」によって「媒介されている」(Ibid., S. 157) のである。あるいは同じく『エンチュクロペディー』の言葉を借りるなら、「赤はそれに対して黄と青が対向的に立つ (entgegensteht) かぎりでのみ現存する」(Ibid., S. 117. Cité in Arantes, p. 124)、等々。

　しかしながら、「私がベルリンにいる」ということが「旅」との関連で「媒介」されたものとして現れるためには、私はすでに対象化された客観性の地平のうえに立っているのでなければならないのだし、そこにはヘーゲルの言うところの「外的反省」というものが必要となってくるであろう。また「赤」は「黄」や「青」がなければ「赤」ではないというのは、たしかに一つの有力な考え方ではあるけれども、しかしそれだけではそれが「赤」でなくても「緑」

でも「紫」でも「茶」であっても言いうることなのであって、「赤」が「赤」たるゆえんの説明としては明らかに不十分である。それゆえにこそヘーゲルもまた「天や自然や精神やどこであれ、媒介と同様に直接性を含んでいないようなものは何も存在しない」(WdLS². S. 56)と述べつつ、「媒介」だけでなく「直接性」も同時に強調せざるをえなかったのである。

仮に諸部分や諸々の有限者を措定したとしてさえ、そこには「媒介」だけでは片づかない問題が生じてしまう。そのうえわれわれがいま考察しなければならないのは、「絶対者」ないし「無限者」の「同一性」の論理的ステイタスである。しかもヘーゲル自身が、「有限者の非有は絶対者の有である」(WdLW. S. 64)とさえ述べていた――ブルジョアによれば、「弁証法」の「基礎的原理」とは「矛盾的なものは有らぬ」(Bourgeois (2). p. 301)ということであって、彼によれば「全体以外すべては矛盾的」(Ibid. p. 214. Cf. p. 275)なのだという。そしてわれわれがいま考察しなければならないのは、このような「全体」についてではないだろうか。

V　そのような「全体」について、ヘンリッヒはこう述べている。「対置のなかにある関係諸項は、なるほど一つの全体から理解されなければならないが、しかしこのような全体は、有として、もしくは知的直観として、関係諸項に先立つのではなく――それは関係自身の発展した概念にすぎない、というのがいまやヘーゲルの固有の思想である」(Henrich (1). S. 36)。たしかにテクスト的には、ヘンリッヒの言葉はヘーゲル思想の固有性を言い当ててはいる。しかしながらわれわれは、前章でカッシーラーの以下の言葉を見、本項冒頭でもエピグラフとして利用した。「絶対者は本質的に結果であるべきであり、それゆえ過程全体の終末において初めて歩み出るべきである。しかしまさしくこの結果がすでに、過程の各々の位相のなかで、各々の新しい移行のなかで、本来的に規定し・前方に駆り立てる原理として、働いている。全体についてのすでに完成された直観からのみ、諸部分の、特殊的諸契機の一面性が、超克されうるのである」(Cassirer. S. 367)。カッシーラーがまた「すでに生成の概念を規準にして尺度として適用することなしには、有における矛盾は、無とのその一致は、けっして指し示されない」(Ibid. S. 366)と述べていることも、われわれは本章の第三節で確認した。もう一つだけ彼の言葉を引くなら、「自己運動」は「開始しうるためにはそれ自身の結果を前提し先取りしなければならない」という点で、「その始源は問題的」(Ibid., S. 368) なのである。

ヘーゲル自身、フランクフルト時代には「抗争するもの (das Widerstreitende) が抗争するものとして認識されうるのは、すでに統合されてしまっているということによってのみである」と述べていることは、われわれも前章で見た。彼はこう続けている。「統合は、そこにおいて比較が生じ、そこにおいて対置されたものどもが対置されたものどもとして、満たされぬものどもとして、現出するところの尺度である」(W1, S. 251)。そして『精神現象学』においてさえ彼が「善がそれで有るところのものと悪が同じものであることによって、まさに悪は悪ではなく、善も善ではなく、両者はむしろ止揚される」(PhG^{B2}, S. 508) のだと、また「我々にとって、もしくは即自的には、対置された諸意義は先に統合され、同じものと同じでないもの、同一性と非同一性との抽象的諸形式さえ止揚されていた」(Ibid., S. 510) と語っているのも、やはり本章第三節で見た。「統合」はあとから「対置されたものども」を統合するのではなく、「尺度」として「対置されたものども」に先立って「現出」していなければならないというのが道理ではないだろうか。

『大論理学』でも「Aでも非Aでもない何かは存在しない」あるいは「対立に対して無頓着であるような第三者は存在しない」という「排中律」に関する箇所で、しかしこの命題それ自身のうちに、じつは「対立に対して無頓着な第三者」が、すなわち「Aそれ自身」が現存していて、このAは「+Aでも-Aでもないが、同じ程度に+Aでも-Aでもある」と、そしてこの「第三者」は「対置」がそこへと「帰行」するような「根拠」(WdLW, S. 59) なのだと言われていた。そして+Aも-AもAがなければ考えられないどころか、存在さえしえないのであるからには、Aが+Aにも-Aにも論理的に先立つことは、自明の理である。それはもし「ポジティヴなもの」が「ネガティヴなもの」との対比のうちにあらねばならないのだとしたら、もはや「ポジティヴなものは、本性にしたがって、ネガティヴなものより先にある」(W2, S. 505) という言葉でさえ手遅れとなってしまうような、超ポジティヴないし原ポジティヴなものなのであろう。けれどもこのような「根拠」は、いったい如何にして「現出」するのだろうか。

Ⅵ

「自らを顕現すること（*sich zu manifestieren*）、まさにそのことが絶対者の内容である」と『大論理学』では言われていた。それゆえその「内容」は「自己自身に対する絶対的な自己顕現（absolutes sich für sich selbst Manifestieren）」（WdLW. S. 169）としてのみある——しかしながら、「自己自身に対する」とはこの場合、いかなる意味を有しているのだろうか。

若き日のヘーゲルが、たとえば『差異』論文のなかで、「絶対者の現出は一つの対置である」と述べていたことは、前章でも見た。「絶対者はその現出のなかには有らない」のであって、「両者〔＝絶対者とその現出〕はそれら自身、対置されている。〔…〕絶対者はそれゆえ、自らを現出それ自身のうちに措定せねばならない、すなわち現出を無化するのではなく、同一性へと構築するのでなければならない」（W2. S. 48）。そしてこのような考えは、先の「自己自身に対する（für sich selbst）」においても堅持されているように思われる——それは「対置」にもとづいた「現出」の構造なのである。そしてイェーナ時代の或る講義でも、こう述べられている。「絶対精神は自らを絶対精神それ自身として認識するのでなければならない。それは生き生きとした神であるためには、絶対精神として〔…〕或る他なるものとなり、この他なるもののうちに自己を見出すのでなければならない。もしくはそれは、それ自身の他なるものとして〔…〕同じ程度に絶対的に自己に等しいかぎりでのみ、生き生きとした神である」（JSE II. S. 199）。

おそらくこの種の言明は、成熟期のヘーゲルにおいても、いたるところに見出せるであろう。「他」のうちにこそ「自己」を見出すのだということ、これこそがまさにヘーゲル思想の真髄なのである。しかしながら、いかなる意味でも現出しない〈絶対者〉[a]が、自らに自己を「対置」させることによって、現出する〈絶対者〉[b]となったとしても、もともと現出しない〈絶対者〉[a]があとから現出した〈絶対者〉[b]と「等しい」などということを、いったい誰が如何にして何を根拠として確証しうるというのだろうか。

現象化の構造を「対置」のうちに求めるような思想は、現象化の作用それ自身の非現象性という背理に陥ってしまうであろうことは、現代ではミシェル・アンリなども強調するところである。そしてもしそのような対象化ないし差別化もしくは他化の構造を遵守するなら、結局のところわれわれはヤコービのように「認識されるような神など真の神ではない」(Cité in Vetö, p. 467. Cf. p. 252) と言わざるをえなくなってしまうであろう。しかし、もしそうでないとするなら、われわれは対置も他もないところにこそ、原初的なものの根源的な自己顕現を認めるのでなければならないのだということになる。

Ⅶ　しかしながら「他なるもの」も「対置」もないところに「始源」を置いたなら、はたしてそこから何かが本当に始まりうるのか、という疑問が、ヘーゲル哲学の側からは提出されるかもしれない。「移行する」ことと「移行してしまっている」こととの関係についてはわれわれもすでに詳述したので、くどく反復するつもりはない。始源にある「有と無の相互移行」には、むしろ「移行してしまっている」という表現のほうがふさわしい。なぜならそこにはまだ「他なるものの規定性」の「措定」も、「関わり合い」さえも存在してはいなかったからである。しかしながらそこから如何にして「生起」と「消滅」という無から有への、もしくは有から無への「移行」が、つまりは「生成」が導き出されるのかというと、そこには突然の飛躍というものがなければならないであろうと、われわれ自身としてもそう考える。「如何にして無限は自己から出て有限性にいたるのか」という問いについて、それは問いそれ自身を「否定」しなければならないというヘーゲルの回答を、われわれも全否定するつもりはない。しかし、それでも「無限」は最初から「有限性」と表裏一体であったかというと、そのような考えに立つかぎり、「根源的同一性」も「真無限」も、結局は不可能になってしまって「悪無限」に陥ってしまうであろうというのが、われわれが本章で主張し続けてきたことなのである。

われわれは、それゆえ、「始源」という言葉にも二つの意味があると考える。つまり何かを生み出す、あるいは少なくとも他なるものを生ぜしめるという意味での「始源」と、何も生み出さず何も生ぜしめない「始源」とである。そしてもしここでヘーゲルの言葉を用いることが許されるなら、前者が「第二の、絶対的な始源」もしくは「第二の、新しい始源」だとすれば、後者こそが「第一の始源」である。もう少し古典的な言い方を借用するなら、前者が「創造シ創造サレナイ（creat & non creatur）」自然だとすれば、後者は「創造シモ創造サレモシナイ（nec creat nec creatur）」自然だということにでもなるだろう。そして後者においてはまだ「時間」も「時性」も存在しないのだとすれば、前者にはすでに「時間」や「根源的時性」の考察が必要となってくる。しかしながら、「第一の始源」は何ものも始源せしめないのだから、それには「始源」という名はもはやふさわしくないのかもしれない。しかし、そうするとそれは「始源以前」とか「原始源」とか名づけねばならないということにでもなってしまって、やはり問題の難しさは残る。いずれにせよ「第一の始源」は何も創造せず何も生ぜしめないのであるからには、「第一の始源」と「第二の、新しい始源」のあいだには断絶があり、飛躍がある。

ハイデッガーが次第に「有るものの有」の主題化を離れ、「有それ自身」の思索へと中期・後期の思想を展開するようになってきたことは、周知の事実であろう。そしてもし「有るものの有」が「有るもの全体」という多性の一を含んだ一だとすれば、「有それ自身」は、おそらくは多性なしに思索された一である。ヘーゲルの「同一性と非同一性との同一性」は、もちろん哲学史のなかで孤立して現れる思想ではない。それは後期ハイデッガーの問題構制ともつながってくるはずだし、はるか遠くエリウゲナの「創造シモ創造サレモシナイ」自然のことなども自ずから想起させる。

Ⅷ　たしかにヘーゲルは『大論理学』では、「自然と有限精神との創造の以前にその永遠の本質のうちに有るがままの神の叙述」について語ってはいる。しかしながら本章の或る註のなかでも引用したように、ランドベールは「おそらく『論理学』は〈創造〉以前の神学というよりも、むしろ〈創造〉の作用そのものの論理学である」（Lindberg (2), p. 69）と述べているのである。そしてわれわれが『大論理学』全体を通覧するとき、そこには「純粋有」という「始源」から始まって「絶対理念」にいたるまで、壮大な「創造」の作用が働いていると形容することも不可能ではない。そしてそのような創造作用は、『大論理学』を越えて『エンチュクロペディー』の「自然哲学」や「精神哲学」まで、その歩みを止めないであろう。ブルジョアも「ヘーゲル哲学は結局創造の哲学であることが明らかとなる」（Bourgeois (1), p. 171）と語っている。

ちなみにブルジョアはさらにこうも述べている。「創造すること、それはヘーゲルによれば神は創造しないこともできることである。それこそが創造と産出とのあいだの差異全体である。後者はそのようなものとして、それ自身の内部で、徹頭徹尾必然性に従属している」（Ibid., p. 227）――しかしながら、「創造しないこともできること」は、むしろ中期以降のシェリングの思想を想わせる表現であり、またヘーゲル論理学全体を見るかぎり、それはむしろ自ら「必然性に従属」したものであることをはっきりと意図したものであり、またそのことを自負していたものであったとさえ言うことができるかもしれない。

「創造」にせよ「産出」にせよ、いずれにせよもしそれが他を創造ないし産出するものであるなら、それは「第二の」始源以降に生ずる働きである。しかしながらわれわれが喚起し続けてきたのは、まだそのような他の生ずる以前の一であり、「同^{1}一性」も「非^{1}同一性」もない「同^{2}一性」である。あるいはそのような言い方がすでにして不自然だというなら、それは「同^{1}一性」も「非^{1}同一性」も出現する以前の、端的なる「同^{0}一性」である。

Ⅸ　〈同^{1}一性と非^{1}同一性との同^{2}一性〉のステイタスを真剣に考察するためにこそ、〈同^{1}一性も非^{1}同一性もない同^{0}一性〉を真に思索すべきだというのが、本章でのわれわれの一応の結論となる。〈同^{0}一性〉は、〈同^{1}一性〉と〈非^{1}同一性〉との何らかの――同一的なのであれ非同一的なのであれ――関わり合いから思惟されるのではなく、〈同^{0}一性〉それ自身において思索されるのでなければならない。それはまだ〈同〉と〈他〉の、あるいは〈一〉と〈多〉の関わり合いが生ずる以前の〈一〉であるからには、その有論的かつ現象学的なステイタスは〈一における一〉だということになる。つまり、もしそれが有り、そして「自己顕現」するのだとするなら、それは〈他〉も〈多〉も含まない仕方で有り、また〈他〉も〈多〉も要さない仕方で現象する――それは〈自ずから立ち現れる〉のである。そしてそのような有り方や現れ方をするものを、われわれは「自然」と呼ぶ。

かくしてわれわれの次なる課題は、〈自ずから立ち現れる〉という意味での自然の論理を構築することとなるであろう。しかしながら、それはヘーゲル流の「論理」にもとづく彼の「自然哲学」とは似ても似つかぬものとなるであろうことは、あらかじめ覚悟しておかなければならないが。

第三章　〈自然〉の論理

はじめに——自然の現象学と論理

I　前著『自然の現象学入門』のなかで、われわれは、あらゆるものはそれなりの仕方で「現象」しているのだと主張した——隠れているものは隠れているものとして、未知なるものは未知なるものとして、不可知と言われるものでさえ不可知なものとして。(1)あらゆるものは「現象学」の対象となりうるのであって、現象学を限定的に、伝統的な形而上学や哲学一般の一部しか扱わないような特殊的一領域として扱う必要などない。ただし現象学は、すべてを「現象」として扱おうとするかぎりで、どうしてそれが現象なのか、つまりは如何なる仕方でそれが現象するのかをも、併せて主題化するのでなければならない。そしてもし現象の「如何に」にも様々な仕方が見出されるのだとするなら、そのなかでいったいどのような「如何に」が最も根源的な現象の仕方であるのかを、やはり探求しなければならない。そしてわれわれの「自然の現象学」が長年主張してきたのは、最も根源的な仕方で現れる現象とは、他によって——たとえば意識によってとか、現有の超越によってとか、超越論的地平によってとか——あるいは他のなかで

――諸関係の網目というシステムのなかでとか、函数関係においてとか、力動的な構造のなかでとか――現象せしめられるのではなく、「他」に依存することなく「自ずから」立ち現れるもの、つまりは「自然」だということである。そして「他」を要することなく「自己」によって自ら現象するという、そのような自然の現象仕方を、われわれは、〈多における一〉や〈一における多〉と対比しつつ、〈多なき一〉や〈一における一〉と呼んできた。〈一における一〉が意味するのは、たんに〈一なるもの〉ということだけではなく、それが〈自ずから現象する〉ということである。そしてそのように規定されるかぎりで、すでにして〈多なき一〉や〈一における一〉は一つの論理であり、簡単に言って「自然の論理」である。

〈自ずから立ち現れる〉という仕方は〈他によって現象せしめられる〉という仕様との比較のなかで初めて規定されうる仕方なのであって、そこにはすでに「媒介」の働きが介入しているのだと、ヘーゲルのような語り口で主張してしまうのであれば、そのような「媒介」の論理がすでにして〈自ずから〉を侵害してしまっているのだと言わざるをえない。後追い的な哲学は、すでに出来上がった諸関係の体系という枠組みのなかに、強引にものごとを押し込めようとしがちである。しかしながら、もう少し事柄の順序を尊重するすべを心得た思索というものも、当然のことながら存在する。

すべてはそれなりの仕方で「現象」であるとわれわれが述べるときでさえ、そこには「現象」という〈一〉がその現れ方の〈多〉によって分化せしめられるという一つの道筋が、含意されているのだということになろう。もちろん如何にして〈一〉が〈多〉になるのか、われわれは〈一〉から〈多〉を導出することなどできないのだし、或る意味では今度はヘーゲルとともに、ただしヘーゲルとは異なる仕方で、われわれはそのような問いは似而非問題とみなすべきだとさえ考えている。しかしながら、「自然の論理」が〈一〉とその〈一〉にもとづいた〈多〉とをめぐって展開されうるし、展開されるのでなければならないということに、変わりがあるわけではない。

Ⅱ　われわれはまず「時間・空間の論理」という形で〈多なき一〉もしくは〈一における一〉の論理を導き出し、それを〈多における一〉や〈一における多〉という考え、あるいは〈一なき多〉という無謀な思想とさえ、対比してきた。六部から成るわれわれの『自然の現象学』の当初の構想では、それが「論理」部門の主題化すべき当面の対象であり、そしてそのような「論理」が各々の領域で確証されるなら、それで十分だと考えられていた。しかしながら『自然の現象学』の進行中に、当然と言えば当然のことながら、「論理」に関しても幾つかの大きな問題が出来《しゅったい》してくることとなる。たとえばそれは「場所」という考えであり、「場所」にまつわる「水平」の論理と「垂直」の論理との区別である――われわれが「場所」という概念を導入したのは、西田幾多郎の思想に影響されたからではなく、むしろそれは他者問題の検討などを通じて、自ずから現れてきたものである。しかしながら、その後われわれは西田哲学をも研究対象に加えることとなって、ますます「場所」や「場所の自己-触発」といった考えに傾斜してゆくとともに、一つの「場所」のうえでの「於てあるもの」と「於てあるもの」同士の「水平」の関係や、「場所」と「場所」との「垂直」の関係についても、さらに思索を深める必要性を感じるようになってくる。たとえば、⑴場所のうえにあるもの同士の関係、⑵場所と場所のうえにあるものとの関係、⑶或る場所と或る別の場所との関係、⑷或る場所のそれ自身との関係、とりわけ最も根源的とみなされるべき場所の自己関係、以上のような諸関係をどう区別し、そしてそれぞれの論理をどう考えるべきなのか、等々。つまりわれわれは、「論理」というものを、なかんずく「自然の論理」というものを、まだ十分に思索し尽くしたとは言い難い。「自然の現象学」における「論理」の再考を余儀なくされるゆえんである。

Ⅲ　論理とは、ものごとを思惟するさいに遵守しなければならない道筋であり、同時にまた事象のしたがうべき秩序でもある。つまりそれは「思惟する技（l'art de penser）」であるとともに、世界を統べる「摂理」でもある。しかしながら「自然の論理」とわれわれが言うとき、それが意味するのは、形式論理学や記号論理学が言うような思惟一般の規則のことでも、もちろん自然科学の管轄に属すべきいわゆる自然法則のことでもない。「自ずから然り」という意味での自然の現象の仕方には、それ固有の理《ことわり》があり、そしてもしそのような現れ方をする自然こそが最も根源的な現象だとするなら、それにもとづいてそれから区別されるような諸現象にも、それ固有の理というものがある。われわれが「自然の論理」で取り上げたいと思うのは、そのような基本的な事柄のみである。

それゆえわれわれは、ヘーゲルのように、まず「論理学」を構築しておいてから、しかるのちに「自然哲学」や「精神哲学」に向かうというような手順は取りえない。われわれは、すべては「現象」として扱われるのだと述べた。しかしもしそうなら、「論理」もまた一つの現象である――つまり、もし「現象」にも「論理」があるとするなら、「論理」にもそれなりの「現象」というものがある。そしてもし最も根源的な現象が「自然」だとするなら、「論理」は「自然」に先立ち「自然」から切り離されて独立的に叙述さるべき現象などではありえない。むしろ論理は、その原初的な有り方において、あくまで「自然」に即して考えられるべきものであろう。

それゆえわれわれは、相変わらず、「自然の現象学」とは別個に「自然の論理」を確立しようなどと考えているわけではない。むしろわれわれは、「論理」は現象学的に扱われるべきであり、「現象学的論理学」というものが優先されるべきだとさえ考える。そして「自然の論理」とは、自然が遵守すべき摂理であり、〈自然の本性〉であり、言わば〈自然の自然〉である。逆に不自然な自然がどのようなものになってしまうのかは、言わずと知れたことであろう。思惟は必ずしもつねに思惟から出発して真の思惟たりうるわけではない。

われわれはまた『ポール・ロワイヤル文法』やヘーゲル『大論理学』の「概念論」のように、「観念」ないし「概念」、「判断」、「推論」、「方法」について、逐一本章で取り上げたいとも思わない。たとえばヘーゲルは「特殊が普遍と個別という両端を連接する媒辞である」という意味での「推論の形式」は「万物の普遍的形式」(W8. S. 84)であり、「すべては一つの推論である」(Ibid., S. 332)と主張し、西田などもこれにしたがう。[2] しかしながら、カッシーラーやメルロ＝ポンティなども示すように、たとえば物を見るのに「推論」を必要とするのは、健常者の態度ではなく、むしろ精神盲などに見られる病理学的現象に近い。[3] そしてわれわれに関心があるのは、そのような不自然な態度ではなく、より自然的な意識現象である。

Ⅳ　ところで前著でわれわれは、今後の〈自然の現象学〉が果たしてゆくべき課題として、以下の一一の点を——正確に言うと一四点だったが、最後の三点は、テーマと言うよりテーマの扱い方に関する心構えのようなものでしかない——挙げておいた。

① 〈一なる自然〉と〈多なる自然物〉との関係について、どのように考えるべきか。
② 如何にして〈諸々の自然物の多〉が生まれてくるのか。
③ 〈内なる自然〉と〈外なる自然〉との関係については、どのように理解すべきか。
④ 「自由」は本当に個体的で相対的な概念なのか。
⑤ 〈分からない〉、〈理解できない〉、〈隠れている〉ということに関しては、いかなる現象学的かつ構造論的な諸研究がなされるべきなのか。
⑥ 〈一から多へ〉の様々な類型相互間の関係は、どのように理解すべきか。
⑦ 〈多における一〉の諸類型については、如何に考察すべきか。
⑧ 〈最初の他〉とは何か。それは他者か、物か、それとも神か。
⑨ 特に「他者」問題に関して、〈一なる全体〉から〈個体〉への収縮や隔絶、そしてそこからの再放射については、如何に思索すべきか。
⑩ 同じく〈一における一〉という構造を持つ〈非脱自的な印象の非脱自的な自己印象〉と〈場所の自己‐触発〉との関係を、どのように考えるべきか。
⑪ 〈普遍と個物の根底〉や〈一と多の根底〉は、存在するのか。[4]

そしてそのうち⑪は次著の、そして⑤は次々著の主題となり、本書で取り上げられるべきは残りの九点だということも、そのとき述べておいた——その点に関しては、以下、可能なかぎり答えてゆきたいと思う。しかしながら⑪に関しては、ここでももう少し説明を要するかもしれない。

V　「〈自然〉の論理」は、〈一〉と〈多〉という言葉を既得のものとして用い、そのかぎりで〈一における一〉、〈多なき一〉、〈多における一〉、〈一における多〉といった考え方のそれぞれや、それらの相互関係に関して考察する。しかし「論理」というものが、思惟の道筋だけでなく、事象の摂理をも意味しうるのであるからには、自然について考察する「論理」は、それに該当する様々な事象のことをも考慮に入れるのでなければならず、そしてそのなかには〈多〉とは言い難いものも当然のことながら出て来るであろうことは、あらかじめ予期しておかねばならない。たとえば「身体」に関して、われわれは右手で左手に触れるなどと簡単に述べて、あたかも身体諸部分が〈多〉であるかのような言い方をするのがつねであるが、しかし右手は右手だけで左手に触れうるわけではなく、左手も左手だけで触れられたと感じうるわけではない。右手が何かに触れるには、主観的身体の全体が必要であり、左手に関してもまったく同様である。つまりここでは〈多〉という言葉がふさわしいのかどうか、少なくとも問題とはなりうるわけである。その他、流体とか気体とか雰囲気とか感情のような、いっそう単純なものも同様。そのさいどのようなものが考察されようと、それを考察するため、あるいは意識するためだけでも、そこにはそれらを包み込む全体というものが前提されなければならないのであるからには、われわれの述べる〈一〉に関しては、それほど問題とはならないであろう。けれども〈多〉に関しては、問題点が幾らでも指摘されうる。

しかしその点に関しては、いまはただ、それは次著『自然の論理の根底へ』の主題となるとしか言えない。本章はあくまで〈多〉と〈一〉の論理にとどまる。しかしわれわれは、そのような「論理」が或る制限ないし限界のなかでのみ成り立ちうるのだということを、つねに念頭に置いておくのでなければならないのだし、そのことに関しては、また本文のなかでも触れる。ともかくも『自然の論理』は、いずれ『自然の論理の根底へ』へと移行することを余儀なくされている著作なのである。

Ⅵ　本章はまず——前章まででヘーゲル哲学について検討してきたということも踏まえつつ——「自然」の問題を「始源」の問題と絡めながら、結局は〈一における一〉に焦点を合わせる。次いでわれわれは、そのような〈一における一〉を根底としつつ、如何にして〈他〉や〈多〉が出現するのかについて——〈一〉が〈他〉や〈多〉を創造したり導出したりするというのではなく、〈他〉や〈多〉の出現とみなされる諸事象のなかで、何が基本となりモデルとなりうるのか、また最初の〈他性〉は如何なる仕方で考えられるのか、等々について考察するというような仕方で——検討を加える。第三に本章は、ひとたび〈多〉が成立したなら、〈多における一〉や〈一における多〉といったそれらの関係を、われわれの立場からはどう考えるべきかについて考察し、また〈場所〉にまつわる論理を、いささかなりとも深化させる。そして最後にわれわれは、そのような場所のうえに初めて成り立つ〈多〉や〈他〉が、結局は始源の〈一〉を遡源的に指し示すことを明らかにする。それゆえ本章は、以下のように構成されることとなろう。

第一節　始源と自然——〈一における一〉をめぐって
第二節　〈一なるもの〉から〈他〉や〈多〉へ
第三節　〈多における一〉と〈一における一〉
第四節　〈一〉への回帰

このような分節において、多少ともわれわれは、エリウゲナの『ペリピュセオン』における「創造シ創造サレナイ(creat & non creatur)」自然、「創造サレ創造スル(creatur & creat)」自然、「創造サレ創造シナイ(creatur & non creat)」自然、「創造シモ創造サレモシナイ(nec creat nec creatur)」自然という「〈自然〉の区分(divisio Naturae)」における「四つの区別」(5)を参考にしている。すなわち以下の第一節は「創造しも創造されもしない」自然に、第二節は「創造し創造されない」自然に、第三節は「創造され創造する」自然や「創造され創造しない」自然に、第四節は「創造され創造する」自然や「創造され創造しない」自然から「創造しも創造されもしない」自然への回帰に対応すると、一応は言えなくもないのかもしれない。しかしながらわれわれは、第一節と第四節で思索する〈一における一〉を、エリウゲナのように「原理」とは言いえたとしても、けっして「原因」や「目的」とは形容しえないのだし、また第二節における〈一〉から〈他〉や〈多〉への移行や、第三節における〈多における一〉の関係を、もっぱら「創造」の言葉で捉えようとしているわけでもない。先人の思索はつねに無限の糧とはなろうが、だからといって他人の思想をそのまま借用するだけで自らの思索を表現しうるなどと考えるなら、そのことはむしろ自らの無思想を露呈することにしかならないであろう。

それではまず「始源」としての「自然」について考察することから始めることにしよう。

第一節　始源と自然――〈一における一〉をめぐって

本節は、まず「始源」について――「根源」という意味においても、「起源」ないし「始まり」もしくは「出発点」という意味においても、あるいは「きっかけ」や「動機」という意味においてさえ――考察することから始め、そして「始源」についての考え方の幾つかのモデルについて批判的に検討したのちに、われわれ自身の考えを提示する――それは何から出発しても〈一〉なる中心にして根拠たる場所として遡行的に指示されるような「始源」という考えへと、導くことになろう。ゆえにそれは、〈多〉であれ何であれ、その根底に横たわるような〈一における一〉である。そしてそれこそが〈自ずから立ち現れるもの〉としての「自然」とわれわれが呼んでいるものの有り方や現れ方を、端的に示しているのだということになる。

(1)始源と哲学の始源と論理学の始源と

Ⅰ　「始源」という言葉にも幾つかの意味が、しかも同じ一つの哲学のうちにおいてさえ、見出されるように思われる。たとえばデカルトの場合、ふつうに彼の哲学の始源とみなされるべきは、『方法序説』や『哲学原理』において見られるような「われ思う、ゆえにわれ有り」や、あるいは主著『省察』の「第二省察」のなかにある表現では「私は有る、私は存在する」である。『哲学原理』第一部の第七節では、「われわれが疑っているあいだにわれわれが存在していることは、われわれによって疑われえないということ、そしてそれが順序立てて哲学しつつわれわれが認識する最初のものであるということ」という表題のもとに、こう述べられている。「〔…〕なぜなら思惟するものが、思惟するまさにそのときに存在しないとわれわれがみなすことは、矛盾しているからである。それゆえわれ思う、ゆえにわれ有り（*ego cogito, ergo sum*）というこの認識は、誰であれ順序立てて哲学する者に生ずる、すべてのなかで最初にして最も確実な認識である」[6]。

しかし、他方ではデカルトは、同じ『哲学原理』第一部の第二四節では、こう述べてもいるのである。「じっさい神のみが、有ったり有りえたりするすべてのものの真の原因であるからには、もしわれわれが神自身の認識から神によって創造された諸事物の説明を導出することに努め、そのようにして原因による結果の知識という最も完全な知識を獲得するのであれば、われわれが哲学する最上の途をたどることになるのは、明らかである」[7]。

哲学の出発点たるべき第一の真理が、必ずしもつねに諸事物の根源たるべき第一の根拠（＝「真の原因」）と同一であるとはかぎらない。しかし、それだけではない。デカルトの場合、「われ有り」の認識以前には三段階を踏んで遂行された懐疑があり、そのうえ懐疑の実践の以前にさえ、実生活上の様々な錯誤の経験や、幼少時から学んでいた諸学に対する不信の体験というものが、たしかに存在する――そしてそのことは、すべてを疑い否定しさえすることから始めようとした彼の哲学にも、ポジティヴな仕方であれネガティヴな仕方であれ、無関係で済まされる問題ではありえない。

われわれが本書の前章までで見てきたヘーゲル哲学についても、『大論理学』のなかで公言された彼のいわゆる「始源」は、じつは『精神現象学』が示したような「意識の最後の、絶対的な真理」たる「純粋知」によって「媒介」されていた――つまりは「論理学」は、「現出する精神の学」を「前提」とせざるをえない。それどころかヘーゲル自身の言により、「結果」が初めて「絶対的根拠」として現れるのであるからには、「始源」としてここで提示された「絶対的に‐直接的なもの」たる「純粋有」とて、じつは「絶対的に媒介されたもの」なのである。ただしそれは「始源」としてあるがゆえに、「純粋に‐直接的なもの」という「一面性」のなかでも受け取られなければならないのだという。しかし、それではそのようにして受け取られた「始源」とは、ただのフェイクかフェイントではないだろうか……。

そして『現象学』のなかで「学において最初にして直接的なもの」という「前提」とみなされた「直接的意識（＝感覚的確信）」それ自身が、すでに多くの前提を抱え込んでいたのだということは、われわれも本書第一章で見たとおりである。

Ⅱ　どれほど体系的に全体を網羅しえたことを自負する哲学であろうとも、あらゆる思想には、それ自身が自覚的に問うた諸問題と、問わぬまま多少とも無自覚的に素通りしてしまった諸問題というものがある。たとえばヘーゲルは、彼以前にすでにフィヒテが、現代の他者論を十分に予感させるような仕方で、本格的に他者問題について論じていたというのに、『精神現象学』の「感覚的確信」や、あるいは「自己意識」の章においてさえ、「他者」の「存在」については問うことさえなく、ただそれを周知の事実として無条件的に前提しているだけである。そのうえヘーゲルの「感覚的確信」は、言語の存在や言語を用いた他者とのコミュニケーションの可能性すら、自明のものとして前提しているのであった――彼の「感覚的確信」は、ただの感覚的意識ではなく、あくまで相互主観的な言語意識に支えられた「感覚的確信」である。

たしかにデカルトは、他者の存在については疑ったかもしれない。しかし彼もまた「われ有り」の第一真理に到達する以前に言語の存在について疑うことはなく、しかも彼の「われわれ」はただちに「私」と等置され、思惟する「私」が他者の存在を前提することなくすでに個別的なこの「私」でありうるかなど、彼は問題にさえしていない――デカルトの場合、やはりフィヒテにおいて見られることになるような、一般的な自我から個体としての自我への収斂・収縮というような問題や、あるいは現代哲学におけるハイデッガーや、とりわけメルロ＝ポンティが探究した「ひと」の問題構制など、予期すべくもないというような時代状況にあったと言えるのかもしれない。しかし、それにしても、もし哲学というものが或る問われざる暗黙の前提のもとに始まり、そして諸哲学の各々がそれぞれ別個の前提のもとに自らの思想を構築せざるをえないというのであれば、哲学と哲学が一致しえないのは、むしろ当然のこととなってしまうであろう。しかしながら、そもそも何も前提することなく始源しうる哲学など、存在しうるのだろうか。

Ⅲ　ここではむしろメルロ＝ポンティ的な意味での「完全な還元の不可能性」について、論ずるべきなのかもしれない。哲学はゼロから出発するわけではない。或る哲学の以前には、先行哲学というものがあったのだし、哲学以前にも、あるいはむしろ哲学以前にこそ、哲学が解明しなければならない当の諸問題が存在する。「ミネルヴァの梟は、夕暮れかけて、初めてその飛翔を開始する」（W7, S. 28）というヘーゲルの有名な言葉は、そのかぎりでは正しい――もっともわれわれは、ヘーゲルのように、「各人はその時代の子」であって、「哲学」もまた「その時代を思想において把捉する」（Ibid., S. 26）よりないがゆえに、「哲学は〔…〕つねにあまりにも遅くやって来る」（Ibid., S. 28）とのみ考えているわけではないのだが。

哲学の「始源」が「驚き」であるとか「限界状況」であるとか、あるいは西田の言うように「深い人生の悲哀」[8]であるとか言われる場合、やはり哲学は哲学自身から、そして哲学だけから始まるわけではないということが、示唆されている。われわれは哲学的思考に誘われるはるか以前から、生き、悩み、迷い、そしてときには有や生について反省している。そしてそのような思索のなかでこそ、先人たちの言葉もまた生きてくる。けれどもそのような〈哲学以前〉は、哲学が「無」から出発することをけっして許さず、新たに始源し直そうと企てる哲学にとってさえ、もちろん強力な手助けともなりうるが、しかし危険な先入見ともなりえよう。そしてそのような先入見は、それが自明なものとみなされているときにこそ最も危険なのであって、「すべてを疑う」などということが語られているときほどそのことが顕著に現れることはない。

Ⅳ　デカルトの「永遠真理創造説」は、或る意味では、すべての先判断を廃棄してゼロから始源しようとする彼自身の哲学の有り方に似ている。しかしながら、そのデカルトにおいてさえ「非被造的」な「永遠真理」[9]の存在が多々指摘されえたように、デカルト哲学の本街道においても、懐疑以前の諸概念の存在は、懐疑以後の彼の思索に、深い影を落としているように思われる。

「デカルトが中世のスコラ学に《依存》し、その術語を用いているということは、中世の専門家なら誰でも気づいていることである」[10]とは、ハイデッガーの有名な言葉ではあるが、しかしわれわれがここで問題にしているのは、もちろんその種の専門的な事柄だけではない。『省察』を初めて読んだ者なら誰しも怪訝に思うであろうと思われるのは、デカルトが「第一省察」であれほど徹底した懐疑を実践し、そして「第二省察」でようやくアルキメデス的一点のごとき「思惟するもの」としての「私」の存在の絶対確実性に到達したばかりだというのに、「第三省察」ではいきなり「観念」の存在の不可疑性を唱え出しているということである。曰く、「しかしいまでもたしかにそのような諸観念が私のうちに有ることを、けっして私は拒否しない」、「じっさい諸観念に関するかぎり、もしそれらがそれらだけで自己において考察され、それらとは別のものに私が関係づけないのであれば、ほんらいそれらが偽であることは、ありえない」[11]、等々。もちろんデカルトにも「質料的虚偽（falsitas materialis）」と呼ばれる偽観念の存在は認められてはいるのだが、しかしながら、たとえば「第三省察」のなかで呈示される「私の諸観念」の第二分類において見られるように、「私自身」、「神」、「物体的で無生の諸事物」、「天使たち」、「動物たち」、「私と同類の他人たち」[12]の観念が存在することは、まったく疑われていない――しかしながら、そのような観念が懐疑以前の日常生活の影を引きずっていないなどと、どのようにして証示しうるというのだろうか。たとえばそれらの諸観念の区分そのものに再考の余地があるとは、考えられないのだろうか。あるいはデカルトは外界の存在を疑いつつも、外界の観念そのものは相変わらず維持し続けているのではないだろうか。さらには私が疑っているかぎり私が存在することは疑いえないのだとしても、しかし私が疑ったということは、依然として疑いうるのではないだろうか。そして私はいま本当に疑っているのだろうか。また私が何かを「望んでいること（optare）」は「真」であるから「意志（voluntas）」や「欲望（affectus)」が「偽」であるなどと「恐れるべきではない[13]」とも「第三省察」では述べられているのだが、「懐疑」とか「意志」とか「欲望」とか、言語によって画定されたその種のコギタチオネスの分類もまた、懐疑以前から無批判的に確立されていた彼にとっての常識だったのではないだろうか、等々。

V　けれどもわれわれは、そのことでデカルト哲学を批判したいなどとは思わない。無前提の哲学など、所詮無理な注文なのである。そしてそれらの前提のなかには、それなくしては何も始まらないというような必要不可欠な最低限の前提もあれば、もちろんあらずもがなの悪しき先入見というものもあるだろう。そして問題は、それらを選り分ける判別基準を確保するのが、あるいはそのような問題性を自覚すること自体が、容易ではないということなのである。たとえばスピノザは、その主著をいきなり「自己原因」の定義から始め、そこでは自らの哲学以前については一切の言及をおこなわない[14]。しかしそれは、自らの哲学の正規の「始源」に入る以前にすらその前段階について叙述していたデカルトやヘーゲルにおいてさえ、暗黙の諸前提が存在していたということ以上に、はるかに危険な態度ではないだろうか。

いずれにせよ哲学には、哲学以前に「与えられたもの」から出発するよりほかに途はない。少なくとも哲学の営為そのものにおいては、「受動性」が「能動性」に先立つ。もちろんそれは、哲学は歴史的相対主義を免れえないということを意味するものではないのだし、西田のように「作られたものから作るものへ」ということでもない。歴史的に作り出されたものには、歴史以前に天から与えられた自然が前提とされている。「作る」に先立つものがあるとすれば、それは「作られた」ものではなく、「作られない」ものである。

しかしわれわれは、われわれが本当に正しい仕方で〈哲学以前〉に接しえているのか、哲学しつつ、つねに疑うことができる。それゆえにこそ哲学は「愛知」のままにとどまる。「哲学」が「知への愛」という名を脱ぎ捨てて、「哲学を学へ高めるべき時が来ている」(PhG^{B2}. S. 6) などと述べるのは、いかにもヘーゲルらしい物言いではあるが、しかし「時(=時代)」に訴えること自体、すでにしてそのような試みの有限性を示唆している。

Ⅵ　哲学が何の前提もなしに無から始源するなどということは、ありえない。けれどもデカルトにおいてさえ「観念」が偽なるものとみなされることなく温存されたということは、われわれに一つのヒントを与えてくれるかもしれない。或る意味ではわれわれは、観念を疑うこともできよう。しかしもしあらゆる観念を疑うのであれば、たとえば「私」とか「思惟する」とか「存在する」とかいった諸観念をさえ否定してしまうのであれば、デカルト哲学は最初の一歩さえ踏み出しえなかったであろう。「観念」とは、問われざる前提にして一つの先入見なのかもしれない。しかしもしそうだとしても、それは必要不可欠の前提である。そして「観念」とは、言い換えれば一つの「現象」である。何かが現象している――それが絶対的な出発点なのである。そしてそれぞれの現象には、それぞれに固有の現れ方というものがある。そのさい、すべては志向的意識の対象になることによって現象化されるなどと言ってしまえば、そこにはすでに現象化の体制に関する一つの悪しき先入見が指摘されるべきなのかもしれない。しかしながら、たとえば空間的なものは空間という場所において現象し、時間的なものは時間という場所において現れる。神には神の、私には私の、他者には他者の、物には物の、それぞれ固有の現象様式というものがあるのであって、それぞれの場所のうえで現出するということは、否定しえないように思われる……。

　けれども先にも見たデカルトにおける観念の分類のように、そのような区別でさえ、すでにして一つの先入見であるかもしれないのである。ひとは自己と他者や神や物との確固たる区別から出発してよいのだろうか。それともそれは最後に画定されるべきものなのだろうか、等々。そしてひとたび誤った先入見を出発点として、そこから哲学体系なり思想なりを構築しようとしてしまうのであれば、われわれは取り返しのつかない失敗のなかに投げ込まれてしまうような危険に曝される。哲学は、しかし、ともかくも何かから始めるのでなければならない。それでは哲学の「始源」とは、いったいどのようなものでなければならないのだろうか。

⑵直線モデルと円環モデル

始源と始源に後続するもの——始源から順に導出されるのであれ、始源をただ根拠としてのみ出現するのであれ——との関係について、ここではまず直線モデルと円環モデルの二つについて、考察してみることにしたい。

Ⅰ　直線モデルの代表格は、やはりデカルト哲学であるように思われる。そしてもし「われ思う」もしくは「われ有り」をデカルト哲学の「始源」とみなすのであれば、それ以後に導出される「神」の存在や「物質的事物」の存在のみならず、始源以前の懐疑にさえ、周到に仕組まれた順序というものが見出される。

始源以降にかぎったとしても、そこには「神」の存在証明と「物体」の存在証明だけではなく、デカルトの形而上学全体を貫く幾つかの要素が、やはり厳しい秩序にしたがって導き出されていることは、『省察』の読者なら誰でも知っていることである。高名なゲルーの著書『諸理由の順序にしたがったデカルト』で示された「諸理由の分析的順序にしたがった、デカルト形而上学の《主要な諸点》の演繹」の一二の主要点を、やや端折って紹介するなら、⑴「思惟としての私の自我の存在の絶対確実性」、⑵「純粋知性としての私の本性についての確実な認識」、⑶「物体の認識に対する魂の認識の確実な優位」、⑷「私」のうちにある「完全なものの観念」の「原因」としての「神」の「絶対に疑いえない存在」、⑸「自己原因にして私の有の創造者としての神の疑いえない存在」、⑹「神の誠実の確実性。明晰で判明なすべての諸観念のただちに確実な客観的価値」、⑺「神の誠実と人間の誤謬との両立可能性」、⑻「人間の誤謬のメカニズムについての認識」、⑼「明晰判明な諸観念の客観的価値に関するわれわれの確実性の諸帰結」、すなわち「これらの諸観念が諸本質へと転換されること」、「これらの諸本質の諸特性が〔…〕諸事物の諸特性そのものであることの絶対確実性」、「神の存在のアプリオリな証明の妥当性」、「神の必然的な、それゆえ永遠の存在の絶対確実性」、⑽「魂と身体の実在的区別の絶対確実性」、⑾或る限界内での「感性的諸観念の客観的価値」、⑿「（昏く混乱したものの）性質の客観的価値（この価値の代用品）。魂と身体の実体的合一の絶対確実性」[15]——直線モデルと言うのは、もちろん、後戻りすることも脇道に逸れることもなく、先のものがあとのものを理由づけるという形で、「演繹」が順序通りに粛々と進行しているからである。

Ⅱ　しかしながらデカルト形而上学においては、先ほども取り上げた「第三省察」に話をかぎったとしても、「第四反駁」のなかでアルノーが指摘した「疑惑（scrupulus）」を嚆矢として、有名な、いわゆるデカルトの「循環（circulus）」というものが存在する。すなわち、「われわれによって明晰判明に知覚されるものが真であるとわれわれに確立される」のは、デカルトの理論では「神が有る〔＋神は欺かない〕から」だということになるのだが、しかるに「神が有るということがわれわれに確立されうる」のは、「それがわれわれによって明晰明証的に知覚されるから[16]」でしかない。そしてそれに対するデカルトの答弁は、「われわれがそれ自身を明晰に知覚するもの」を「われわれが以前に明晰に知覚したことを思い出すもの」から「区別すること」によるものである。「なぜならまず、神が存在することがわれわれに確立されるのは、そのことを証明する諸理由にわれわれが注意を向けるからだが、しかし続いて、或るものが真であることをわれわれが確信するためには、われわれがそのものを明晰に知覚したことを思い出すだけで十分なのであって、このことは、もし神が有り、神が欺かないということをわれわれが知っているのでなければ、不十分だからである[17]」――しかしながら、「第三省察」の当該箇所においても、デカルトの形而上学全体に関しても、「記憶」の位置づけやその妥当性の根拠づけがどうなっているのかがきわめて曖昧であることは、誰しも感ずることなのである。しかし、そもそもデカルトは、「第一省察」で懐疑したことを「記憶」しておかなければ、「第二省察」の「思惟としての私の自我の存在の絶対確実性」にさえ、到達できなかったはずではないだろうか。

以前にわれわれも触れたように、「第三省察」における神の第一証明は、「ところでいまや、作出的で全体的な原因のうちには、その原因の結果のうちにあるのと、少なくとも同じだけのものがあるのでなければならないということは、自然の光によって明白である」という、いわゆる「デカルトの因果律」を利用し、そしてその第二証明もまた「普遍的で不特定の原因が問われているときには、より大きいことを能うものは、より小さいことをも能う（*quod potest plus, potest etiam minus*）ということや、全体はその部分より大きい（*totum est majus sua parte*）ということは、きわめて明証的な一つの共通概念であるように、私には思える[18]」という、メラン神父宛書簡のなかで語られているような原理を、当然のことのようにして利用している。しかしそれならば、神が存在することが証明される以前や、おそらくは私が存在することからは独立にさえ、絶対に疑いえない永遠真理が存在していたということになるのであって、それゆえそのような真理を第一原理としてそこから始源する或る別の哲学ないし形而上学が存在するかもしれないという可能性は、依然として捨て切れないのである。

あるいはデカルトは、「諸観念」が現前していることを疑おうとはしない。しかしそれが「私」の諸観念だということは、どのようにして知られるのだろうか――「個人あって経験あるのではなく、経験あって個人あるのである[19]」と、『善の研究』の西田なら言うであろう。デカルトは、相変わらず「われ有り」以前の懐疑の状態を引きずっている。しかし、もし疑っているのが「私」だという反省的な自覚がなければ、「観念」はただ「観念」のままに、疑いえない真実として存続するだけであろう。

Ⅲ 直線型のもう一つの例として、フィヒテの『全知識学の基礎』に少しだけ触れておくなら、その本文は「われわれはあらゆる人間的な知の絶対的に‐第一の、端的に無条件的な根本命題〔Grundsatz 原則〕を、探し出さなければならない」という言葉から始まっている。しかるにもしそれが「絶対的に‐第一の根本命題」たるべきであるなら、それは「証明されたり規定されたりすることはない」のだという。周知のように同書は「AはAで有る」という、一般論理学で言うところの同一律から出発しつつ、そこから「私＝私（*Ich* = *Ich*）」もしくは「私は私で有る（Ich bin Ich）」という彼の第一根本命題を導き出すのだが、そもそも「一般論理学の諸法則」は、ここではまだ妥当なものとして「証明」されてはおらず、暗々裏に周知のものとして「前提」されているだけである。それらの諸法則は、それが正しいという条件のもとでのみその呈示もまた正しいことになるであろうような根本命題から、かえって「導出」されることになるのであって、ここには「不可避の循環[20]」がある――もちろんフィヒテの『知識学』は円環型ないし循環型の哲学ではなく、ひとたび第一原理が発見されたなら、彼はまっすぐに、彼一流の「演繹」の道を歩んでゆく。

しかしまず「A＝A」を手引きにしなければならなかったということは、もちろん証明されていない。フィヒテの言葉によるなら、それは「われわれ誰もが異論なく認める」命題であり、しかも「われわれの目標への道がそこからは最短であるような[21]」命題である――しかしそのことは、別の「目標」を持って別の事実ないし命題から出発する哲学の可能性を、否定しうることにはならないだろう。そして現に中期や後期のフィヒテは、「自我」より「神[22]」を第一原理に据えるような道へと、驀進していったではないか。

Ⅳ　円環型ないし循環型を公言していた哲学者の代表格は、本書の前章まででも見てきたヘーゲルであろう。しかし『大論理学』の始源たる「有」が本当にそこからの「移行」を導き出しうるものなのか否か、われわれとしても幾つかの疑問を呈してきた。少し付け加えるなら、そもそもヘーゲルの『大論理学』において、「有」は多様な意味で用いられている――たとえば「絶対理念」についてのその最終章においてさえ、「それ（＝有）はいまや充実された有でもある」（WdLB. S. 304）と言明されている――。それゆえ「有」が「純然たる未規定性」であり「空虚」であると言われ、さらには「完全な空虚性、没規定性、没内容性」によって特徴づけられる「無」と同定されるのは、それが「純粋有」だからでしかない。つまりここでヘーゲルが呈しているのは、純粋は純粋である、あるいは無内容は無内容であるという、一種の同語反復的な分析命題でしかない。そしてもし両者が無内容的な「同じもの」でしかないなら、そこに矛盾が生じて両者から「生成」へと移行しなければならないというような謂われもまたない。逆にもし「有」が「無」から、それでも「絶対的に区別されている」のだとするなら、両者は各々すでに互いから区別されうるだけの何らかの「内容」を有しているのでなければならないはずである。つまり「純粋有」は、少なくとも「無」の「没規定性、没内容性」からは区別されるだけの何らかの規定や内容を、すでに有しているのでなければならない――かくしてヘーゲルの始源は、真の始源ではなかったことになってしまうであろう。

そもそも「純粋有」が「始源」として導き出されるために、あらかじめ「未規定的直接性」という先行条件が示されていた。そして「未規定的直接性」が始源でないのは、「単純な直接性」もまた「媒介されたものとの相違」に関係するような「一つの反省の表現」でしかないからだという。しかし、それではなぜ「有」は、あるいは少なくとも「純粋」と形容される「有」は、「無」との関係のうちに立つ「一つの反省の表現」とはならないのだろうか。あるいは「有」と「無」がじっさいに有論のなかで並置され関係づけられた瞬間に、どうしてそれは反省概念になってしまわないのだろうか――「有」と「無」を対概念とみなすのは、むしろ常識的な態度なのである。

　同様に、「自我」を「始源」とするような考えに対して、ヘーゲルは、それは「最初の真なるものは周知のもので、さらには一つの直接的に確実なものである」という必要性から生じてきたものであるにもかかわらず、自我はむしろ「無限に多様な世界としての自らについての意識」という意味では「最も具体的なもの」であり、それゆえ逆に「純粋自我」は「直接的なもの」でも「周知のもの」でもないのだと反論していた――しかしながら同様のことは、当然のことながら「充実された有」と「純粋有」との関係についても述べうるであろう。それとももし「純粋自我」より「純粋有」のほうが空虚で抽象的だからこそ始源にふさわしいと言いたいのだとするなら、それより始源にふさわしいのは「無」とか「空虚」とか、あるいは先にも述べた端的なる「純粋性」だということにでもなってしまうのではないだろうか。

V

『精神現象学』の「感覚的確信」がすでに多くの前提のもとに初めて成り立つ意識であることについては、本書第一章でも詳述した。ヘーゲルの「自然的意識」は、最初からフッサール的な意味での「自然的意識」にすぎず、そこには「感覚的確信」の頑なな信念を反駁するに足るだけの材料が、いつでも思いのままに引き出せるような状態でストックされている――だからこそ『精神現象学』に生成の哲学の迫力を、あるいは始源哲学の根源性や徹底性を求める者は、多少とも落胆せざるをえないのである。

　しかし最も問題であるように思われるのは、『精神現象学』における「意識の経験」は、カッシーラーやハイデッガー、またミシェル・アンリなども指摘するように[23]、最初から「絶対者」の「臨現（Parusie, Parousie）」なしには成立しえなかったのではないかということなのである。そしてそれは、循環もしくは円環ということにでもなるのだろうか。

Ⅵ　ヘーゲルの言う「円環」もしくは「諸円環の円環」は、われわれには本当の意味での「円環」ではないように思われる。否定の否定として生じてくる肯定は、もともとの端的にして直截な肯定と、けっして同一ではありえない。ヘーゲル論理学は、つねにA→B→C／A´→B´→C´／A″→B″→C″……というようなステップを踏んで進展してゆく。そしてそのような展開がそれほど必然的なものなのか、たとえばC（「生成」とか）の代わりにA´（「定在」とか）がA→Bの直後にやって来る可能性はないのか、等々の批判は、われわれとしてもおこなってきた。そのうえ円環モデルには、何を出発点として持ってくるかによって、体系全体の構成がまったく変わってしまうのではないかという危険が、つねに隣り合わせに待機している。そしてそのような体系自身は、たとえ自らが整合的であることは示せたとしても、それとは別の体系がその外部に存在するかもしれないという可能性を、自己自身から否定することなどできないのである。

ともかくも、AがA´と、A´がA″と、完全に等しいわけではないことに変わりない。ヘーゲルの円環は、元に戻って再始源するような円環ではなく、むしろ一周してきたときには一段だけ上昇しているような運動を反復する、螺旋状のものである。だからこそそこでは、ともかくも一つの始源というものが定められえたのであり、また最終段階というものも存在しうるのである――しかしながら、もしそうだとするなら、われわれには絶対者の臨現を各々の形態の傍らに見出すことが、ますます難しくなってくる。つまりヘーゲル的「円環」には、その円運動を牽引しているような中心を見出すことが、困難なのである。

(3) 中心としての無と場所

そしてわれわれとしては、あらゆるものが中心を指し示すことによって、それらの帰着先に始源ないし根源を見出そうとするタイプを、根源遡行モデルもしくは遡及型と呼びたいと思う。

Ⅰ　先にも述べたように、哲学は無から始めうるわけではない。哲学を始源する以前に、われわれはポジティヴにもネガティヴにも、様々な知識や経験や信念や臆見などに取り囲まれながら生きている。哲学は、或る与えられたものをきっかけにして、その活動を開始する。そしてその出発点が不可避的に恣意的なものであるならば、それをカヴァーしうるような仕方でこそ、哲学は自らの始源を見出すのでなければならない。つまり端緒の偶然性を補いうるためには、どのような出発点を取ったとしても、それが最終的にはつねに一つの共通の根源を指し示しているということが望ましい。つまり何を想定しても、それが何かにもとづいているというような仕方で遡源してゆくのが、ここでわれわれの言う根源遡行型なのである。

デカルトの場合、感覚であれ自己の身体であれ数学的・論理的な真理なのであれ、何を疑おうとも疑っている「われ」の存在が導き出されるのだとするなら、或る意味ではそれは遡行モデルに近いとみなしうるであろう。そしてどのような存在が確立されたのであろうと、結局は神の存在が証明されるのだとすれば、そこだけ取り出すなら、ここにも遡源型が再発見されると言えるのかもしれない。しかしながら部分的な処理はともかくとして、ゲルーも詳述したような全体の流れを見るなら、その成否の問題は別として、デカルト哲学が表面上は直線モデルにしたがっていることは、誰にも否み難いことのように思われる。

円環型には、中心がないと言った。しかし絶対者はその結果においてだけではなく、最初から、しかもいかなる過程においてもつねに、寄り添っているのでなければならないともわれわれは述べた。そのうえ円環型の場合、或る出発点が或る終着点を導き出し、その終着点が出発点を正当化するという形で循環がおこなわれるさいには、或る別の出発点から演繹された別の終着点がその別の出発点を妥当せしめるということによって、まったく異なる二つの体系が整合的に完成して、両体系間の対話が成り立ちえないままに、両者が自足し自己完結してしまう可能性が、依然として残されている。閉じられた循環型は、開かれた求心型に席を譲るのでなければならない。

Ⅱ　そしてわれわれは、あらゆるものは「現象」として扱いうるとも述べた。何らかの仕方で現れているのでないようなものについては、われわれは何も語りえないのだし、意識さえしえない。何か得体の知れぬものが潜んでいるとわれわれが感じるとき、それは得体の知れぬものとして現象しているのである。「現象」と呼ばずに「意識」と呼んでも構わないのかもしれないが、しかし「意識」という言葉には哲学史上、とりわけ近世・現代哲学において、様々な先入見が付帯しすぎている。

現象にも様々なものがある。現象は雑多である。そこには〈多〉が見出される。しかしながら、世のなかには〈多〉と数えられえないものも〈多々〉存在する。とはいえ〈多〉と言えるものにも〈多〉と言えないものにも共通していることがある。それは両者とも全体としての〈一〉を指し示すということである。

〈多〉と言われる場合、そこにはすでに二つの〈一〉が述べられている。すなわち、〈多〉の構成要素としての〈一〉と、〈多〉と言われることによって総括的に捉えられている一全体としての〈一〉である。そして後者の場合の〈一〉であれば、それは数えられないものの全体についても妥当しよう――流体のようなものであっても大気・雰囲気のようなものであっても、全体としての〈場所〉の一性は保たれる。二種類の液体や気体が混じり合っているというのであれば、それは二つの流体ないし気体と言われるだけの一全体を形成している。漂う気配の限界が確定しえないのだとしても、それはぼんやりとした全体という〈一〉である。

それゆえわれわれは、いかなる現象から出発しようとも、必ず〈一〉に帰着する。それはそこで感じられ思惟され意識された全体という場所である。そしてもしそこに〈多〉が見出されるのだとするなら、それは〈一〉なる〈場所〉のうえで初めて〈多〉として成立する――西田風に言うのであれば、「徳」と「三角」が有意義な〈多〉を形成しえないのは、それは両者が同じ一つの土俵のうえには立ちえないからである。

仮にあらゆる現象は意識されるのだから、〈多〉を集摂するのは意識という〈一〉であると述べたとする。しかしこのような「意識の志向性」の立場からは、今度は如何にしてその意識それ自身が意識され、現象化されうるのかが、つねに問われうることになるであろう。意識が真に現象たりうるためには、そこには主観-客観関係から成る志向的意識では解明しえないような自己意識の構造が、現に存在しているのでなければならない。つまり「意識するもの」と「意識されるもの」とが区別されたままでは、真の自己意識は成立しえない。ゆえに両者は「一」でなければならない。そして「意識するもの」と「意識されるもの」とのこのような一性の構造を、ミシェル・アンリは「自己‐触発」と呼ぶのである。〈多〉は〈一〉へと送り返し、〈一〉は〈一〉において自己‐触発する。このような自己関係を、われわれは〈一における一〉と呼んでいる。かくして〈場所〉は自己‐触発する。つまりこのような究極の場所は、他によって現象せしめられるのではなく、〈自ずから立ち現れる〉のでなければならない。そして〈自ずから立ち現れるもの〉は、昔から〈自然〉と呼ばれている。

Ⅲ　何から始めようと、行き着く先は〈一〉である。哲学の始源も論理学の始源も、とどのつまりは〈一〉である。しかしそれは、たとえばライプニッツの「モナド〔単子〕」とは、どうちがうのだろうか。

『モナドロジー』の最初の三節だけ見ておくことにしよう。「一、ここでわれわれが語ろうとしている〈モナド〉とは、諸々の複合体のうちに入ってくる一つの単純な実体にほかならない。単純というのはすなわち、諸部分を持たないということである。／二、そして諸々の複合体が存在するのであるからには、単純な諸実体が存在するのでなくてはならない。なぜなら複合体とは単純なものどもの寄せ集め（amas）もしくは寄セ集メラレタモノ（*aggregatum*）にほかならないからである。／三、諸部分のないところ、延長も形態も可能的可分性も存在しない。そしてこれらのモナドは自然の真の原子《アトム》であり、一言で言えば、諸事物の諸要素なのである[24]」。単純なモナドが存在することが証されるのは、複合体が存在するからであり、複合体が存在するのは、それを合成するモナドが存在するからである。複合体の存在は、モナドの存在を遡行的に指し示す——しかしながら、ここで記述されているかぎりで語るなら、ライプニッツのモナドは〈多〉の構成分としての単子でしかなく、〈多〉を包むような〈一〉ではない。そしてそのような「単純実体」に関してなら、カントの『純粋理性批判』がその「第二二律背反《アンチノミー》」で示したように、はたしてわれわれは本当にこれ以上分割できないそのような単純体に到達しうるのか、いつでも問いただすことができるであろう。そしてそもそも「延長」を持たないようなものが、どうして寄せ集まって「延長」を作り出すことなどできるのだろうか。

われわれはむしろ、〈全体〉としての〈全体〉こそが分割不可能で単純な〈一〉であると考えたいと思う。たとえば全体としてのメロディーや絵画や風景は、明るいとか暗いとか、静謐とか陰鬱とか殺風景とか、全体としてそれなりの表情を有してはいるのだが、しかしそのような表情が諸要素のどこに位置づけられるかなどと局在化することは不可能なのだし、そもそも全体を諸要素へと分解してしまった瞬間に、当の表情は消え失せてしまう。表情は全体としての全体にしか宿りえず、しかも全体として〈一〉である。「単純」なのは、本当に分割不可能なのか否かをどこまでも追求し続けなければならない要素などではなくて、むしろそのつど生き生きと現在し現前しているそのような〈全体〉なのでないだろうか。

Ⅳ　その点ではスピノザの「唯一実体」のほうが望ましい——もっとも「実体」という言葉や「実体-属性-様態」という古色蒼然たる硬直した諸カテゴリーが適切であるか否かは、また別問題ではあるのだが。そのうえ「自己原因」という概念は、もしそれがデカルト「第三省察」における神の第二存在証明においてのように、或るものの存在原因からこの原因の原因へ、さらにはまた原因の原因の原因へ……と遡りつつ、最終的に自己原因にたどり着くような代物であるとするなら、それはオンティッシュなものでしかありえず、「場所」という意義を失ってしまうであろう。「自己原因」や「自己-触発」といった概念を用いる場合、われわれはそのような誤解を極力避けるのでなければならない。「於てあるもの」と「於てあるもの」との関係や、「於てあるもの」の自己関係というものも、もちろん存在する。しかし場所には場所の自己関係というものがある。

ちなみにスピノザの「それ自身の原因〔*Ursache seiner selbst*＝自己原因〕」に対するヘーゲルの批判に関しては、前章でも見た。それは最初に学のうちに受け入れられた「諸定義」にすぎないのだが、しかしヘーゲルの立場からすれば、「絶対者」は「最初のもの、直接的なもの」ではありえず、それは本質的に「自らの結果〔*sein Resultat* 自己結果〕[25]」でなければならないのだという——しかしながら「自己結果（*sui effectus*）」という概念に対しては、スピノザ以前に「自己原因（*sui causa*）」[26]の概念を用いたデカルト自身による批判の言葉がある。もちろんデカルトの言う意味は、ヘーゲルのそれとはニュアンスを異にしているのかもしれない。しかしわれわれも見たように、絶対者は「最初」から臨現しているのでなければ、真の絶対者ではありえないだろう。そしてもしそれがいついかなるところでも真に現前しているのであれば、あらゆるものは根源を指し示しうるはずである。

Ⅴ　そして直線上であれ円環上であれ螺旋上であれ、そのうえにある何かはつねに何らかの仕方で中心たる場所を遡及的に指し示しているのだとするなら、場所はそのいずれのものの根拠でありつつ、そのいずれでもないという意味では「無」である。西田が「無の場所」とか「絶対無の場所」とか言うのには、そのような意味も込められている。もちろん西田の「絶対無の場所」には、明鏡止水、無心となって「見るものなくして見る」からこそ、場所のうえにあるものがありのままに映されるのだという意味も、当然のことながら含まれていよう。それはヘーゲル『精神現象学』の「我々」が、自らは弁証法的運動を展開することなく、「自然的意識」の「経験」に対して「純然たる注視」を向けるだけにとどめているのに似ている——もっとも『精神現象学』の「我々」は、「それ（＝自然的意識）」に対して、結構ちょっかいを出し、また出さざるをえないような体制のもとにあったのだが。

〈一〉がもし「無」と言われうるのだとするなら、それはその〈一〉が〈多〉の構成要素としての〈一〉ではなく、〈多〉の構成要素のどれでも「無い」が、しかしそれらの根底にあるような「場所」だからである。それゆえにこそそのような「無」は、場所のうえには何も「無い」と言われるような「無」とは、趣を異にする。そして「於てあるもの」なしに「場所」を「場所」として考えるということは、じっさいに「場所」のうえに「於てあるもの」が有るか有らぬかということとは、まったく別の問題である。

Ⅵ　われわれは「無カラノ創造」という考えに与するものではない。「創造」とは基本的に「創造するもの」と「創造されるもの」との二元性を堅持する立場である。それは或る特定の場所のうえでおこなわれるであろうが、「無」はむしろ究極の場所である。それゆえ或る場所が場所のうえにあるものを「創造」するとか、あるいは或る別の場所を「創造」するとかいうことさえ、考え難い。古代人の言うように、「本当の意味での一からは多は生じ得ない」[27]のである。

それゆえときとしてわれわれは、〈一〉ばかり強調したのちに、〈多〉を忽然として登場させている等々の非難を浴びることがある。しかしながらわれわれの考えでは、〈一〉から〈多〉を導出するには、あらかじめ〈多〉を措定しておかなければならない。それは〈多〉のなかの〈一〉であり、構成要素としての〈一〉である。そしてそのような〈一〉と〈多〉なら、ヘーゲルにおいてのように、それらは初めから相関関係のもとにしか成り立ちえないと言うことができるだろう。けれどもわれわれが根源の場所に置いたのは、その種の後発的な〈一〉ではない。そして根源としての〈一〉からは〈多〉の出現が「説明」も「導出」もされえないということに関しては、フィヒテであろうとシェリングであろうと、誰が試みても同じことであろう。説明しえないものを無理に説明しようとしてわれわれをもひとをも欺くくらいなら、最初から説明などできないと告白しておいたほうが、よほどましである。

多元論の立場に立つひとは、非導出的な仕方であらかじめ〈多〉を措定しておくことから出発する。しかしながら、もしそうであるならば、われわれが〈一〉を根源に置いたうえで〈多〉を非導出的な仕方で登場させたとしても、非難される筋合いのものではないだろう。われわれが説いているのはただ、〈多〉がなくても〈一〉はあり、そして〈多〉があるときには必ず〈一〉があるといった類《たぐい》の〈一〉の根源性にすぎない。われわれは、ともかくも〈多〉のあるようなところから遡行して、いつでも〈一〉にたどり着く。しかし〈一〉から〈多〉に舞い戻るさいに、「原因」や「創造」や「導出」といった諸概念を用いようとは思わない。つまり〈多なき場所〉のうえに〈多ある場所〉が出現するなら、当然のことながら、そこには突然の飛躍とか非連続的な断絶や断裂といったものがある。

『一般者の自覚的体系』の「総説」のなかで、西田は「個物的自己同一を越えた自己同一」たる「自覚的自己同一」に関して、「〔…〕自覚とは包むものと包まれるものとが同一なること、場所と「於てあるもの」とが同一であると云うことが出来る。而して全体と部分と同一ということから自覚の無限なる過程ということも出て来るのである[28]」と述べている。しかしわれわれの考えでは、場所が真に場所それ自身を顕示するとき、そこにおいて「場所」と「於てあるもの」との同一性が確立されるためには、両者のあいだに「全体と部分」の関係も、「無限なる過程」もあってはならない。「於てある場所」と「於てあるもの」とが完全に一致するとすれば、それは或る意味では「於てある場所」も「於てあるもの」も消え去って、ただ両者不可分の「場所」だけが残るようなところにおいてのみであろう。われわれが〈場所の自己‐触発〉とか〈自ずから立ち現れるもの〉とか言っているのは、そのような意味においてである。

(4)〈多〉と〈一〉——概念化されうるものとされえないものと

しかしわれわれは先に、〈一〉や〈多〉という「概念」を用いることについての問題点に関しても、触れておいた。それでもそのような「言葉」を用いなければならないとき、われわれはどのようなことに留意しなければならないのだろうか。

Ｉ　〈一〉と〈多〉をめぐる問題構制は、われわれが『自然の現象学』のシリーズを開始したときからの中心テーマの一つでもあった。それゆえシリーズ第一作のなかから、いささか長くはなるが、ベルクソンの考えを紹介・解釈した以下の文章を、ここに転記しておくことにしたい。

> ベルクソンがそのほとんどの著作において「多」や「一」のカテゴリーを批判していることは、よく知られていよう。批判されているのは、「多（multiple）」、「一（un）」、「複数（plusieurs）」、「多様性（multiplicité）」、「一性（unité）」（Cf. ED, p. 91 ; EC, p. 490, 494, 646, 716, 723 ; ES, p. 831 ; PM, p. 1256, 1258, 1273, 1408, etc.）といったカテゴリーのみならず、「多と一の組み合わせ」（PM, p. 1417）も、すなわち「多様なる一性（unité multiple）」や「一なる多様性（multiplicité une）」（EC, p. 714）も、そうなのである。「惰性的な物質のために作られた」（EC, p. 723）これらのカテゴ

リーは、「人為的」（PM. p. 1258）に過ぎず、もはやこのような「出来合いの考え」は、「真の形而上学」には「役に立ちえない」（PM. p. 1408）。

しかしそれは、『試論』緒言を「言葉」への批判から開始したベルクソンにとっては、しごく当然の結論のように思われるかもしれない。それでも哲学者ベルクソンは、言葉を用いなければならない。或る意味では、たとえば「持続」も「一性」であり、「多様性」なのである（Cf. PM. p. 1402）。ただ、たとえば「傾向」というようなものは「非区分の多様性の推力」だと言うとき、この「推力」は「回顧的に」しか「非区分」ではなく「多様性」ではないのだということを忘れてはならないのである（DS. p. 1225）。そして「哲学にとって真に大切」なのは、「抽象的な一と抽象的な多とを超えたどのような一性、どのような多様性、どのような実在が、人格の多様な一性であるのか」を知ることなのである（PM. p. 1409）。それでは「抽象的な一性と抽象的な多様性」（EC. p. 713）を超えて、真に実在的なものはどのような言葉で表現されるべきなのだろうか。

『試論』の表面的な読解が示唆し、ドゥルーズのような人が強調するのは、「多様性」という表現である（Cf. p. ex. B, p. 36）。しかしわれわれが本章におけるベルクソン解釈の全体を通じて主張しようとしたのは、それとは正反対の解釈である。たとえば、ベルクソンにとって「感覚」は「単純な状態」（ED. p. 46）であり、「生の飛躍」、「意識の飛躍」を分析から免れしめるのはその「単純性」である（ES. p. 930）ということを、われわれはどのように理解すればよいのだろうか。ベルクソンが真に批判したのは「空虚で惰性的な枠組みの作為的一性（l'unité factice d'un cadre vide, inerte）」であり、逆にベルクソンが真に認めさせようとしたのは「生ける一性（l'unité vivante）」（MM. p. 320）なのではなかったか[29]。

われわれ自身のこのような考えやベルクソン解釈に関しては、いまでもわれわれはまったく変更の必要を感じていない。ただし「多様性」は「多性」と訳したほうが明快だったかもしれないし、またここでの「一」や「一性」に関しては、当時はまだ「場所」の考えは芽生えていなかったことだけ告白しておく。

Ⅱ　ところでたいていの論理学は、〈多〉や〈多〉のもとにある〈一〉を、自明のもののようにして措定することから始めている。たとえば一般論理学は同一律や矛盾律や排中律を、前章で見たヘーゲルの表現を借りるなら、「すべては自己と同一的である、A＝A」、「Aは同時にAかつ非Aではありえない」、「何かはAであるか非Aであるかのいずれかである、第三者は存在しない」などと表現し、記号論理学もAやB、pやqなどの記号を用いることを当然のこととしつつ、これを疑うことから始めようとはしない――そしてそのことは、ヘーゲル論理学それ自身においても同様である。しかしながら、もしヘーゲル自身が認めているように、「ヌース、思想が世界の原理であり、世界の本質は思想として規定されるべきである」（WdLS^2. S. 34）ということが真だとするなら、論理は世界の諸事象においてこそ見出されるのでなければならない。けれども先にも見たように、世界には〈一〉とも〈二〉とも、〈多〉とさえ言い難いものが――Aとかpとか決めつけてしまうだけで問題が生じてしまうようなものが――それこそ山のようにある。そしてそのことについての反省や言及がないかぎり、そのような論理学は十分に哲学的とは言えない。

カントの「超越論的論理学」は「悟性や理性の諸法則に、ただしそれらが諸対象にアプリオリに関係づけられるかぎりでのみ、関わる」[30]のだが、周知のように、それは判断を手引きとして「諸カテゴリー」を見出そうとしたことによって、「それらが経験的に受け入れられていたような主観的論理学」から「借用」（WdLB. S. 47）しているのだと、ヘーゲルによって非難されることとなる。われわれに言わせるなら、既存の判断表というのは、一種の文化的所産である。そしてそこから入手された、たとえば「一性（Einheit）」、「多性（Vielheit）」、「全性（Allheit）」という「量」の諸カテゴリーが「対象」の無条件的な制約たりうるのかに関しては、依然として疑問が残る。

そのヘーゲルが「措定」的態度を貫き通していることは、誰しも気づくところであろう。彼は措定し、比較する。「ネガティヴなものは総じて直接的なものではない」（WdLW. S. 52）と彼は言う。しかるに「直接的」でないものは、それだけことさらに媒介され措定され比較されなければならないだろう。そして翻ってそこから思惟するヘーゲルにとっては、「ネガティヴなもの」のみならず「ポジティヴなもの」でさえ「被措定有（＝措定されたもの）」（Ibid., S. 43）だということになってしまう。それどころか、その冒頭において「無はまだ有において措定されて」おらず、「逆もまた然り」（WdLS^{2}. S. 96）と述べられていた有論においてさえ、「有」は「直接的」なものとして、すでに「措定」（Ibid., S. 92）されている。あるいは「有限」が「無限の否定」であるのと同様に、「無限」は「有限」の「否定」（Ibid., S. 137）なのである[31]——けれどもそのような否定という顕在的な措定、否定の否定による輪をかけて顕在的な措定等々から構築され、網の目のように張り巡らせられた体系からは、当然のことながら抜け落ちてしまうものが頻出する。

Ⅲ　たとえばヘーゲルは、「有と無は同じものである」という命題が、「有」と「無」という「諸規定」の「同一性」を言い表しつつ、両者を「異なるもの」として含んでいることによって、「自己自身において矛盾」しつつ「解消」されるということから、「生成」（Ibid., S. 81）を導き出し、また「外的な感性的運動」を「矛盾の直接的定在」と、「運動」を「定在する矛盾それ自身」（WdLW. S. 61）と呼ぼうとする。しかしながらそこに見出されるのは、「矛盾」が「運動」や「生成」を招来するということよりも、むしろ「運動」や「生成」といった動的諸現象においては、「〔純粋〕有」や「〔純粋〕無」といった硬直したヘーゲル的諸概念が、不適合だったということだけではないだろうか。

概念や概念を表す言葉は、概して言えばものごとを思惟するさいの手段であり術策であり、言うなれば一種の方便である。或る意味でわれわれは、ロゴスが世界を統べていると言うことはできる。しかしながらわれわれがいま用いている概念が、そのようなロゴスそのものだと言い切るのは或る種の予断であり、危険な賭けでさえある。われわれはつねに、概念の実体化には用心してかからなければならない。世のなかにはけっして概念化されえないものも、既成の概念には十全的に適合しえない諸事象も、多々ある。しかし、だからといってわれわれは、懐疑論に陥る必要もない。なぜならもし何かが言葉や概念の枠には収まり切らないのだとするなら、そのことを教えてくれる非概念的もしくは非言語的な意識が、たしかにわれわれのもとに存在していなければならないはずだからである。

Ⅳ　言葉や概念は、もしそれらが自己完結した独立自存的な小宇宙、あるいは自閉的な抽象世界のうちに閉じこもってしまうのではなく、外へと自らを展開したいというのであれば、少なくとも自らが一種の方便であることを、自覚しているのでなければならない。しかるにひとたび概念を実体化してしまうのであれば、現実との齟齬を補うために、それは方便のうえに方便を重ね、命題のうえに反対命題を積み上げ、前言撤回ののちにさらに前言撤回を繰り返すようなはめになりかねない。ヘーゲルの場合、「世界」が「矛盾に耐えること」ができないのに対し、「矛盾に耐えうるほど強い」のは、そして「矛盾を解消するすべを知っている」のも、「精神」(WdLS^2. S. 256)である。「精神」とは「否定的なもの」(Ibid., S. 7)なのである——しかしながらそのことは、否定性を持ち込んだのは精神であり、そしてそのようにして構成された矛盾こそは人為的なものだということを、暗に物語っているのではないだろうか。

　道端で見つけたのが蛇だと思ったら朽縄だった、遠くに見えていた丸い塔がじつは四角い塔だったというように、われわれの経験のうちに「否定的なもの」が見出されることを、われわれとしても全否定するつもりはない。しかし、たとえば蕾が花になり花が果実になることや、ピッチャーの投げたボールが宙に軌道を描きつつキャッチャー・ミットに収まったということを、「否定」の言葉を用いて表現しようとするのは、記述の仕方として適切ではない。むしろわれわれは、便宜上用いられた言葉の概念を、その由来を忘却しつつ本質実体化し、それが実態にそぐわないと見るや否やその反対概念によって補完し、かくして「矛盾」だの矛盾の「解消」だのと騒いでいるだけなのではないだろうか。

　反対命題の付加は、それが最初の命題とともに不完全であることを自覚しているかぎりでは正しいが、それは諸命題によって言い表されている事象そのものがそのようにして動いてゆくということを意味するものではない——もっともレヴィナスの「前言撤回」[32]においては、話の内容よりもむしろ、互いに声を掛け合うという、相互主観的な対話の重要性のほうが強調されるべきなのかもしれないが。

V　諸事象のなかには概念化しえないもの、概念化しづらいものがあるのと相関的に、概念のほうにもともと許容範囲というものが存在する。たとえば桜の蕾が花になったというとき、どこまでが蕾でどこからが花なのか、それほどはっきりしているわけではない。絶対音感の持主や正確なリズムを刻むと言われるピアニストにも、精密機械で測定すれば幾ばくかのズレは見出されるのかもしれないが、人間の感覚では許容可能な誤差の範囲内に収められてしまうケースも多々ある。そのような場合、概念はやはり便宜的で実用的な意義を帯びてくるのだが、その種の概念は、もちろん概念それ自体のためにあるのではなく、該当すべき事象のためにこそ存在する。

〈多〉や〈多〉の構成分としての〈一〉という概念にも、じっさいの外延に対しては許容範囲というものが認められるのがふつうである。細胞分裂の瞬間など、いつから〈一〉が〈二〉になるのか、よく分からない。まだつながっていても、すでに〈二〉と言いたくなるような瞬間がある。

諸事物に概念を適用しようとするときには、それゆえ、諸事象の側にも「節度」というものが存在する。周知のようにヘーゲルは「節度〔Maß 尺度〕」を「質的に規定された量」(Ibid. S. 69)と規定する。たとえば「頭」から一本の毛をむしり取るだけなら、それはその頭を「禿頭」にはしないし、穀物の「堆積」から一粒取り除くだけでも、それは「堆積」のままである。しかし同じことが繰り返されるなら、いつしかそれは「禿頭」となり、「堆積」[33]ではなくなってしまうであろう、等々。しかしながら節度というものは、「たんに量的なものとして現出する変化が一つの質的な変化にも転化する」(Ibid. S. 373)というようなケースだけにかぎられているわけではない。たとえばこれは動物か植物か、彫刻か建築か、音楽か雑音か、赤か橙か、善か悪かとか、いまは初夏か盛夏か、宵か夜か、晴れか曇りか等々、氷から水へ、水から水蒸気への変化ほどにもはっきりしていないものは多々あり、そのような「質」の変化や相違には、それを測る「節度」というものが要求されるように思われる。そのうえ「概念」の許容範囲は、それが置かれた状況によっても左右される。

Ⅵ　十全的に言い表されえないもの、完璧には概念化されえないものがあるからこそ、それは同時に肯定されも否定されもしたりする。そして『精神現象学』の「感覚的確信」においてのように、「言語」は「いっそう真なるもの」であり「普遍」が「感覚的確信の真」(PhG^{B2}. S. 71-2)であると断定してしまうのは、事柄の順序が逆ではないかと思われる。繰り返すが、諸概念が諸概念だけで自己完結した論理的世界のうちに閉じこもりたいというのであれば、それはそれで構わない。しかしそれが自然哲学や精神哲学へと自己発展してゆくというなら、もちろん話は別である。哲学は、あくまでロゴスを用いるのでなければならない。しかしながらロゴスを用いるということは、プロクルステスの寝台のように、ロゴスで世界を縛らなければならないということではない。哲学は、それが事象に即した論理をめざすかぎりは、諸概念の限界というものをつねに意識したうえで諸概念を用いるのでなければならず、方便は方便として自覚したうえで、それを糊塗するためにさらに方便を重ねるというような愚は、絶対に慎むのでなければならない。

われわれが〈多〉や〈一〉という言葉を使用するときも、もちろんそのような自覚は要求される。そしてそのような自覚のもとにのみ、それらは最も基本的なカテゴリーとしての地位を承認されうるであろう。

(5)〈一における一〉と自然

I　言語には言えないものがあると言うのも言語だと述べることによって、言語の優位を主張する立場というものも、もちろん存在する。しかしわれわれは先に、言いえないものがあることを教えてくれるのは、非言語的な意識だと述べた。われわれは、たしかにヘーゲルのように、「制限」というものは「制限」を越えていなければ知られないのだと主張することはできる。しかしそのさい、それが何にとっての制限であり、何にとっての非制限なのか、そしてそれが非制限であるということが何を意味しているのかを、きちんと理解しておく必要がある。

以前われわれは、『全知識学の基礎』を中心とするフィヒテの初期哲学において、最終的には放棄されることになるはずの「物自体」が、なぜ執拗に追求され、或る意味では必然的に措定されなければならないのかについて、考察したことがある。そしてわれわれは、その問題の起源を〈理論的自我〉、〈実践的自我〉、〈絶対的自我〉のあいだの葛藤・抗争のうちに求めつつ、少なくとも『基礎』における「物自体」は「絶対的自我のうちにある何かだが、しかし実践的自我にとってはそのうちに有るべきではない何か」[34]だという結論にいたった。理論的自我には端的に存在する制限、実践的自我にはその理想の裏側にあるような制限ではあっても、しかしそれが意識されうるかぎりは、絶対的自我がそれを包含する——そうでなければフィヒテの『知識学』は『知識学』たりえなかったであろう。

　前章でも前々章でも見たように、『エンチュクロペディー』のヘーゲルは、何かが「制限」として「知られ」、「感じられる」のは、ひとが同時に「それを越えて」いることによってだと考える。「認識の制限、欠如」が「制限、欠如として」規定されるのは、「普遍、一全体、完成されたものの現存する理念」と「比較」されることによってのみなのであって、何かを「有限」ないし「制限されたもの」と表記することがまさしく、「無限、制限されていないものの現実的現在（*wirkliche Gegenwart*）の証明」（W8. S. 144）なのだという。「知られた制限は〔…〕知のいかなる制限でもない」（W10. S. 36）のである。そしてヘーゲルの場合、「理性の制限について語るのは〔…〕木製の鉄について語るよりなおひどい」（Ibid. S. 233）という『エンチュクロペディー』のなかにある表現や、「矛盾はまさしく悟性の諸制限を越えて理性を高めることであり、悟性の諸制限の解消である」（WdLS^{2}. S. 29）という『大論理学』のなかの言葉が端的に示しているように、「悟性」にとっての諸制限を越えているのは、悟性それ自身ではなく、「理性」である。そして問題は、理性において如何にして「無限」が自己自身を顕示しているのかということである。

　われわれはヘーゲルの「真無限」が「それ自身と有限との統一」（W9. S. 21）と言われる場合の「それ自身」が、「真無限」それ自身なのか、それとも「悪無限」なのかを問うてきたが、そのどちらの解釈に対しても、困難は見出されうる。たとえばもし「真無限^{1}」が「真無限^{2}と有限との統一」なら、「真無限^{2}」もやはり「真無限^{3}と有限との統一」だということになり、そして「真無限^{3}」は「真無限^{4}と有限との統一」ということになってしまうのだから、このような事態は「無限進展」という「悪無限」——「真無限」は「〈〈真無限と有限との統一〉と有限との統一〉〉と有限との統一……」である、等々——をしか招来しえないだろう。しかしもし逆に「真無限」が「悪無限と有限との統一」だというなら、ヘーゲル自身によって「悪無限」はじつは「有限」だと言明されていたのであるからには、今度はいったい如何にして「二つの有限」（WdLS^2. S. 143）の統一が「真無限」を形成しうるのかということが、また問題となってくる。

われわれが言いたいのは、「真無限」は「真無限」なのであって、そこに「悪無限」や「有限」が諸契機として含まれているか否かの問題は、二次的な問題にすぎないということである。つまり、たとえそれが諸々の有限者を含んでいるのだとしても、その「統一」を「有限」のほうから思惟するかぎり、そこから「真無限」はけっして出て来ないであろう。「統一」の「一」は、それ自身において自らを顕示するのでなければならない。さもなくばそもそもわれわれは、「真無限」について真に語ることなどできないであろうし、「無限は有り、現に、現前的に、現在的に有る（Es *ist* und *ist da*, präsent, gegenwärtig）」（Ibid., S. 149）というような『大論理学』の言葉も、発せられえなかったことだろう。そして本当に問題であるのは、そのような「無限」がどのような諸契機から構成されているかということではなくて、如何にしてそれが、何ものにも対置されることなく、また何ものとも比較されることなしに、それ自身において自己顕現しているのか――自ら「現前」し、「現在」しているのか――ということなのである。

かくしてわれわれは、〈一における一〉の議論に舞い戻ってくることになる。

Ⅱ　そして〈一における一〉という現れ方が〈自ずから立ち現れる〉という仕方以外にはありえないということは、自明の理であろう。あるいはむしろ、もしわれわれが本当に〈自然〉というものについて考察したいのであれば、われわれはそれを、ヘーゲルにおいてのように「その他有における理念」と考えたり、前期ハイデッガーのように「世界内部的な有るもの」と、あるいは中期ハイデッガーのように「世界」との「闘い」のなかにある「大地」とみなしたりするのでもなく、それを〈自ずから立ち現れるもの〉として、〈一における一〉というその現象の仕方のほうから思索するのでなければならないだろう。それゆえそこには、まだ「世界企投」のようなものも、「於てある場所」と「於てあるもの」との区別さえ存在しない。時間・空間における区別はまだ存在せず、生命あるものと生命なきもの、善と悪、私と汝、主観と客観、個物と個物の区別等々、二元性や多元性を示唆するものは、当然のことながら、いったんは括弧に入れられるのでなければならない。「分かつ」のは勝手だが、分かつまえには分かたれないものがある。「分かつ（Scheiden）という活動は、悟性の力にして労苦（Arbeit）である」（PhG[B2]. S. 25）と『精神現象学』の「緒言」は述べている。「力なき美は悟性を憎む、なぜなら悟性は美に、それができないことを要求するからである」（Ibid., S. 26）――しかしながら「美」は、直観や感情、あるいは理性をさえ、憎むことはないであろうし、「力なき」ものが「力」あるもの以上に根源的である可能性すら、われわれは否定し切れないのである。「分かつ」作業は、それが分かとうとしているものがあらかじめ与えられていることを前提とする。悟性は自立しえない。分かちてのちに縫合したとて遅八刻。そこにはもはや原初の一性は見出せない。

それでは「自然」と「文化」を分かつことさえできないのだろうか――しかしながら、「文化」という概念は、当然のことながら「多様性」を前提としている。つまりもし異文化というものがなければ、すなわち唯一の文化しか存在しないというのであれば、われわれはそれを「自然」から区別することができなくなってしまうであろう。「文化」は「分化」でしかない。つまり「自然」と「文化」を不可分的に考察しようとした瞬間に、「文化」は自己消滅してしまう。

Ⅲ　逆にわれわれは、「神」を「自然」から排除すべきものと考えてはいない。むしろ「無限」と言われるほどの「神」であるなら、それは〈自ずから然り〉の体制のなかに入ってくるであろう――われわれが言いたいのは、太陽神とか海神とかいった自然神や自然信仰が重要だということではない。そのような考えがあっても悪いとは思わないが、とりあえず哲学の問題は、宗教の問題とは別である。そうではなくて、〈自然〉にもとづいた場所を考えるうえで、〈神〉が必要になってくる場面も現れてくるであろうことは、われわれとしても考えてきたということである。たとえば人と人とが出会う場所について考察しなければならなくなるようなとき、レヴィナスならば「神」の存在をそこに見るであろうし、われわれも「神」とはそのような「場所」[35]であるとみなしてきた。

キリスト教の伝統では、神は「超自然的」なものと言われている。しかしながら、神はけっして「文化的」とも

「超文化的」とも言われない。なぜならもともと範疇が異なりすぎているからである。それゆえわれわれとしては、神のいわゆる「超自然的」は、広義の「自然」の一部とみなして差し支えないと思う。あるいはむしろ、或る種のいわゆる「自然主義」が唱えるような偏狭で頑なな「自然」ではなく、神の「超自然的」を含みうるような「自然」をこそ、真に思索しなければならないのだと考える。けれどもそのさい、もちろん「創造主」と「被造物」の区別や「創造」という考えそれ自身、あるいは「能産的自然」と「所産的自然」の区別などを前提してはならないのだし、マルブランシュのように「われわれは神においてこそ万物を見る」[36]と述べつつ、「叡知的延長」を強調する必要もない。

Ⅳ　根源的な場所を見ている者があるとするなら、それは見られているものと区別されてはならない。そしてもし〈見〉ということを、どうしても〈見る者〉と〈見られるもの〉との二元性によって規定したいというのであれば、〈場所〉は〈見えないもの〉となる。しかし、それでももしそのような場所が〈自ずから〉〈立ち現れる〉のだとするなら、当然のことながら、場所には〈自己〉というものが〈現象〉する。あるいはむしろ、〈場所〉という〈現象〉こそが〈自己〉である。〈自ずから立ち現れる場所〉は〈自然〉であり、〈自己〉である。つまり〈自然〉が〈自己〉であり、〈自己〉が〈自然〉である――〈一における一〉ということによって言い表されている〈一なるもの〉とは、そのようなものである。

第二節　〈一なるもの〉から〈他〉や〈多〉へ

前節ではわれわれは、〈一における一〉という有り方・現れ方をする〈自然〉について、主題的に論じてきた。それはいかなる〈他〉や〈多〉も考慮に入れることなく自ずから立ち現れるような、真に根源的な〈一〉であり、つまりは〈第一の始源〉である。しかしながら、それでは今度はそのような始源から出発して、如何にして〈他〉や〈多〉が成立しうるのだろうか。

何度も繰り返したように、われわれはヘーゲルとともに、「如何にして同一性は相違にいたるのか」とか「如、何、に、し、て、無、限、は、自、己、か、ら、出、て、有、限、性、に、い、た、る、の、か」といった問いに、演繹とか導出とか創造とか生出とかいった仕方で答えうるなどと、考えているわけではない――その意味では、このような問いは問いそのものとして「否定」しなければならないというヘーゲルの考えに、われわれとしても同意するにやぶさかではない。しかしながらわれわれは、ヘーゲルのように、あらかじめ「同一性」と「相違」もしくは「無限」と「有限性」とは、不可分的に一体であったなどと答えるつもりもない。始源はあくまで〈一における一〉なのであって、そこにはまだいかなる〈他〉も〈多〉もない。したがってそこから先へと前進するには、ヘーゲル自身は否定的に言及していたような〈第二の始源〉が、どうしても必要となってくる……。

本節ではわれわれは、〈第一の始源〉と〈第二の始源〉の存在を認めることから始め、〈一〉から〈多〉を導出・産出するわけではないにしても、如何にして〈第一の始源〉を根底としつつ〈第二の始源〉が〈他〉や〈多〉を生み出してゆくのか、そもそも最初の〈他〉とは何であるのか、そして如何にして〈多〉が措定されるにいたるのか等々、その大まかな道筋だけは示しておきたいと思う。〈一〉から〈多〉の誕生にかけては、もちろん飛躍や断絶というものが存在しはするのだが、しかし、ひとたび或る領域で〈多〉が見出されたなら、他領域にそれを適用することは、さほど困難なことではないだろう。われわれはもっぱら時間・空間という領域で最初の〈多〉の成立を検討し、また本節の最後では多少とも〈他者〉問題にも触れる――そしてそれにはもちろん、或る理由というものがある。

(1) 第一の始源と第二の始源

或る種の伝統的な考えにもとづきつつ、われわれは「始源」にも、何ものも創造しない〈第一の始源〉と、何かを創造し始める〈第二の始源〉との二つを認める、つまりは『大論理学』でヘーゲルが否定的に論じた事柄を、肯定的に扱いたいと思う。なぜならそうとでも考えないかぎり、真の意味での〈一〉の存立と〈多〉の成立との関係が、分からなくなってしまうからである。

I　前章でも見たように、『大論理学』の「有論」のなかでのヘーゲルの議論は、たとえばパルメニデスのように「有」を堅持しつつ「無はまったく有らぬ、有のみが有る」と主張するのであれば、そのような「第一の始源」からは一歩も先へは「進まれえず」、つまりそのような「始源」はただちに「終末」となってしまって、ゆえにそこからの「進行」には「第二の、絶対的な始源」もしくは「第二の、新しい始源」が必要となってしまうであろう、というものであった。しかしながらわれわれが検討したところによれば、ヘーゲルは、あるいは「純粋有と純粋無は〔…〕同じものである」と、あるいは「それらは同じものではない、それらは絶対的に区別されている」と述べ、つまりは両者のあいだに、一方では「分析的」な関係を、そして他方では「綜合的」な関係を認めようとする。けれども両者はまったく同じ観点から「一にして同じもの」かつ「異なるもの」であるのではないはずである。そしてもし両者が「一にして同じもの」なら、そのような「始源」はパルメニデスにおいてと同様、ただちにそこで「終末」を迎えていたであろう。しかしもし逆に両者が「異なるもの」なら、今度はどうして「有」から「無」が導き出されたのかが分からなくなってしまって、「終末」はただちに「有」において生じてしまっていたはずである。ゆえにヘーゲル自身も「第一の始源」のあとに「第二の」始源を置くか、それとも初めから「第一の始源」のなかにこっそりと「第二の」始源を忍び込ませておくか、しなければならなかったということになるであろう。

「有」ではなく「無」から出発したとしても、同じ困難が反復されるだけではないかと思われる。それではガダマーなどの言うように、「生成」から出発するのが正解だったのだろうか。しかしながら、「生成」を「始源」としたのであれば、やはりそこから「進行」することができなくなってしまうかもしれない。なぜなら「生成」だけでは、そこにはヘーゲル的な進展原理たる「否定の契機」が、見出せなくなってしまうからである。それゆえ「生成」は、自らのうちに「有」と「無」を「諸契機」として含んでいることを、改めて示し直さなければならなくなってしまって、われわれはまた振り出しに戻されてしまうだけだろう。

何かを産み出す始源というものがある。しかしそのような始源は、産み出すものと産み出されるものとの二項関係のうちに立つことになってしまって、最初から相対的なものだということになる。それゆえ始源それ自身がそれ自身においてどのようなものであるのかが、相変わらず問い直されなければならなくなってしまって、結局われわれは、何ものも産み出さない始源という考えに立ち返ってゆかねばならなくなるだろう。なぜなら二項関係のあるところ、そのような関係がそこにおいて初めて成り立つような〈一〉が、どうしても要請されざるをえないからである。

Ⅱ　シェリングの『人間的自由の本質について』のなかにも、「第一の始源」と「第二の」始源という言葉が見出される――前者は「自己自身を産み出そうとする一者の憧憬」という「創造への第一の始源」、つまりは彼の言うところの「根底の意志」であり、後者は「それによって言葉（das Wort）が自然のうちへと言い表され、またそれによって神が初めて自らを人格的なものとなすところの、愛の意志[37]」である。しかしながら、われわれがここで探求している「第一の始源」と「第二の」始源とに関しては、『世界年代（*Weltalter*）』における「何ものも意欲しない意志」と「何かを意欲する意志」という同趣の問題構制を参照したほうが、いっそう明確かもしれない。

すなわち『世界年代』のシェリングによれば、「端的に最初のもの」とは「不動で神的」な、それどころか「超神的」な「無頓着さ」としての「安らう意志」であり、つまりは「純真な意志」、「何ものも意欲しない意志（der *Wille der nichts will*）」である。けれども「何ものも意欲しない意志」が「最高のもの」なのだとしても、そこからは何の「移行」もないのだとシェリングは言明する。そこで最初にそれに続くのが、「何かを意欲する意志（der Wille der Etwas will）」である。そしてそれは「自己自身を生産し、絶対的に発源」するのでなければならない。換言すれば、「最初のもの」が「安らう意志」だとすれば、「第二のもの」は「無意識的で静かな自己‐自身の‐探求」である。この「自立した意志」は、「自己自身を生産」し、それゆえ「或る無条件の、自らにおいて全能の意志」である――それは「端的に」、すなわち「自ずから」、自らを生産する。要するに「何かを意欲する特定の意志」とは、「実存への意志」なのである。

そしてここで肝要なのは、「何ものも意欲しない意志」からは「いかなる移行（Uebergang）も」なく、ゆえに「何かを意欲する意志」は、「自己自身を生産（erzeugen）し、絶対的に発源（entspringen）」するのでなければならないということである。つまり前者は後者を「生出（zeugen）」さえしえずに、ただ「受胎（empfangen）」するだけなのだという。「純粋な純真さ」は、それだけでは「生出も創作（schaffen）も」なしえない。あるいはむしろ、「原初的な純真さ、純粋な永遠性」のうちでは、いかなる「行為（Handlung）」も、いかなる「活動（Thätigkeit）」も考えられない。ゆえにそこからは何ものも「行為（That）」や「自己の運動」によっては帰結しえない。そこに見出されるのは、「まったく無為なる無差別（eine ganz unthätige Indifferenz）」であり、「いまはまだ無為なる意志（der nun noch unthätige Wille）」である――それはまだ「無力（kraftlos）」であり、「無為（ohne That）」なのである。しかるにこのような「非-有の飢え」こそが「行為の母（die Mutter der That）」となって、「永遠にして本来的なる始源[38]」なのだという。

ところで『人間的自由の本質について』では、「根底」は「神のうちなる――自然」と呼ばれていた。そして同書で「あらゆる根底」と「あらゆる実存者」との以前に、つまりは「あらゆる二元性」の以前にあって、「絶対的な無差別」と言い表されている存在者とは、「元底（Urgrund）」であり、あるいはむしろ「無底（*Ungrund*）[39]」である。しかし、それにしても、なぜシェリングは、ここでは一者を〈元実存者〉や〈無実存者〉等々とは呼ばずに、「元底」、「無底」と呼んでいるのだろうか。それは「元底」や「無底」にもやはり秘められているはずの「自然」こそが、強調されるべきだったからではないだろうか。

Ⅲ　メーヌ・ド・ビランにおいても意志的努力とそれに対する抵抗とが「原初的二元性」と名づけられた主客関係を構成しはするのだが、しかしそのような「二項関係」以前にも、「アフェクション」や「直観」と呼ばれる単純な「生」もしくは「自然」が認められている。そしてこのような単純性から二元性へとどのようにして進展してゆくのかを明らかにするために、ビランの選んだのが「自発性」の問題構制である。すなわち、たとえば「生まれたばかりの幼児」はまだ専一的にアフェクションに囚われたままに生きているのだが、しかし「自発的」に声を上げたり動き回ったりすることがある。そしてこうした運動が「知覚」され「覚知」されることによって、それが「意志」へと移行してゆくのだという。

しかしながら、以前からわれわれも指摘し続けているように[40]、ビラン自身の理論構制により、「知覚」や「覚知」には「意志」の介入が要請されている。それゆえビランは説明をおこなうために、説明されるべきはずの当のものを、あらかじめ利用してしまっているのだということになる。したがって「アフェクション」と「自発性」とのあいだには、すでに飛躍ないし断絶というものがある。あるいは逆に、われわれ自身がビランの「アフェクション」に対して、或る特異な——特異というのは、志向的二項関係ではなく、一項からなる意識性格を容認しなければならなくなるからだが——体験性格を認めたように、もしわれわれが「自発性」における「知覚」や「覚知」にも、二元性を免れうるような特殊な経験性格を認めるとするなら、今度はそのような単純な「自発性」と顕在的二元性から成る「意志」とのあいだにこそ、断絶ないし断裂が見出されるのだということになる。

要するに、〈単純〉原理から〈二性〉もしくは〈多性〉原理を導き出そうとしても、そこにはどうしても飛躍のようなものが必要となってしまうのである。しかるに〈多性〉が〈多性〉であるかぎり、そこには〈一性〉が前提されなければならないのは、自明の理であるように思われる。それゆえにこそわれわれは、〈第一の始源〉と〈第二の始源〉の両者を要請せざるをえないのだということになる。

けれどももし原初に二つの根源的事実を認めるなら、われわれはやはり二元論を主張しているのだということになるのだろうか。しかしながら他方では、われわれはつねに〈一〉は〈一〉だけで自足するのだとも述べ続けている。そして如何にしてかは分からないが——ヘーゲルの「無」が有において「突然現れる」ように——〈多〉が突発したときにも、その根底には〈一〉があるのでなければならないのだと主張し続けてもいる。ゆえに〈第一の始源〉と〈第二の始源〉のあいだに相互性や可逆性は存在しえず、前者は時間的にも論理的にも、後者に先立つのでなければならない。そしてもしそれでもそのような主張を「二元論」と呼びたいのであれば、それはそれで構わない。肝要なのは呼称ではなく、事象そのものである。

Ⅳ 「始源」には、それゆえ、何かを始源せしめる始源〔=第二の始源〕と、何ものも始源せしめない始源〔=第一の始源〕とがある。何ものも始源させない始源とは、形容矛盾ではないだろうか――しかしながら「始源」には、最初にあるもの、元にあるもの、あるいは不可欠の土台や前提、すなわち「基底」もしくは「根底」――ベーメに続いてシェリングのように「元底」や「無底」と呼んでもよいような――という意味もあるのであって、それはエリウゲナにおいて「創造し創造されない」自然の根底〔?〕にも「創造しも創造されもしない」自然があると解されうるのと同断である。

〈創造以前〉とは、そこには何もない、そこでは何も考えられない、というような意味での〈無〉ではない。なぜなら逆に考えてみれば分かるように、〈創造〉とは〈創造するもの〉と〈創造されるもの〉とが区別される立場であり、二元性から成る関係なのであって、そのような二項関係には両者を結ぶものが、あるいは両者や両者の関係がそこにおいて成り立つような場所が、必要とされるからである。そして〈創造するもの〉と〈創造されるもの〉とが、少なくとも〈創造〉という関係で結ばれているのだとするなら、〈創造〉という関係がそこにおいて成り立つ場所それ自身は、両者を創造するものではありえない――さもなくばわれわれは、両者と両者を創造する〈場所^{1}〉とを結びつける創造の関係〔=二項と一項との二項関係〕がそこにおいて成り立つような〈場所^{2}〉をさらに想定しなければならないということにでもなってしまって、無限進展もしくは無限遡行という悪無限は、避けえないであろうからである。場所とは両者がそこにおいて見出されるような根底であり、西田のように語るなら、両者をただ映すだけ、見ているだけの自己である。そして問題は、そのような場所それ自身が如何にして現れているのかということである――たとえ密やかな仕方ではあったとしても、もし場所が現れているのでなければ、もちろんわれわれは〈創造するもの〉も〈創造されるもの〉も両者の関係も、考えることさえできなくなってしまうだろう。

もしそのような場所を、「於てあるもの」からではなく「場所」それ自身において思惟するのであれば、そこには二項関係や多項関係は存在しない。それゆえそれは、自ずから立ち現れるよりない。ゆえにそのような場所は〈一〉なる〈自然〉であり、「創造しも創造されもしない」自然なのである。

V　「根源的なものは炸裂する」と『見えるものと見えないもの』のメルロ＝ポンティは述べている。「根源的なものは炸裂する、そして哲学は、この炸裂、この不-一致、この差異化に、同行するのでなければならない」。もちろん後期の彼は、「分離」以前の「〈有〉」を「非区分」ないし「無-差別」による「一性」によって特徴づけようとしてはいた。曰く、「私の身体の、私の身体と世界の、私の身体と他の諸身体の、そして他の諸身体相互間の、非区分（indivision）がある」、「私-世界の、世界とその諸部分の、私の身体の諸部分の、あらかじめの一性（unité *préalable*）、分離以前の、多数の諸次元以前の一性――そして同様に、時の一性――相互のうえに置かれ合い、合一に成功することなく相互に相対化し合うような、ノエシス-ノエマの建築物ではない。そうではなくて、まず無-差別（*non-différence*）による両者の深い絆がある」、等々。しかし、それでも「分離」は生起する。それは「感じる者と感じられるものとの根本的な分裂、ないしは分離」あるいは「一種の裂開」、「《内》と《外》の分離」であり、それこそがまた「《意識》への〈有〉の奇跡的な昇進[41]」なのである。

けれどもわれわれの考えでは、「根源的なもの」は「炸裂」などしない。つまり、もし「場所」をこそ「根源的なもの」とみなすのであれば、「根源的なもの」は自己-触発こそすれ、「炸裂」も「裂開」もしない。「分離」し「差異化」されるのは、せいぜいのところ「於てあるもの」すなわち〈場所のうえにあるもの〉のみなのであって、「場所」それ自身が炸裂すると考えるのは、裂開したあとも分かれたものどもがそこにおいてある場所が存続するのだということを、忘却した物言いにすぎない。

仮に〈場所$_1$〉が炸裂したのちに、裂開し差異化されたものどもの於てある第二の〈場所$_2$〉が〈場所$_1$〉に代わって新たに出現するなどと強弁するのであれば、そもそももとの〈場所$_1$〉が「根源的なもの」などではなかったのだということとになりかねないのだし、さらには〈場所^{1}〉と〈場所^{2}〉とを結ぶ〈場所^{3}〉のようなものが考えられるということにでもなってしまって、われわれは無限進展の悪無限に陥ってしまうだけである。炸裂が炸裂であるためには、炸裂がそこにおいて成り立つ〈一〉があるのでなければならない。そして何かが炸裂して「差異化」されたものどもが出現するときにも、そこにおいて「差異化」されたものどもが成り立ちうるような〈一〉なる場所が、やはり存続するのでなければならない。「炸裂」が生じた瞬間に、おそらく「於てあるもの」と「於てある場所」との区別が、少なくとも顕在化されはするだろう。しかしながら「於てある場所」を「於てあるもの」からではなく、「場所」それ自身において考察するかぎり、そこには〈於てあるものなき場所〉が要請されることに変わりがあるわけではない。場所はもともと炸裂などせずにあり、場所のうえで何らかの裂開が生じたときにも炸裂しないままにとどまるからこそ、「根源的なもの」なのである。

(2) 創造・自由・媒介——非創造・非自由・直接性

〈何かを産み出す始源〉が能動性によって特徴づけられるのだとすれば、〈何ものも産み出すことのない始源〉は、むしろ受動性によって性格づけられる。われわれは〈第一の始源の直後に出現するもの〉がただちに創造・能動性・媒介を旨とするとまで主張するつもりはないのだが、しかし、少なくとも〈第一の始源〉を特徴づけるのは非創造・受動性・直接性だということは、現段階でも述べることができよう。それに対し〈第一の始源の直後に出現するもの〉についていまわれわれが述べうるのは、少なくともそれが顕在的な創造・能動性・媒介性への移行の途上にあるということくらいであろうか。

Ⅰ　〈創造〉の問題は、西洋哲学では特に〈神の創造〉の問題とも絡んで、或る特有の問題圏を構成してきた。たとえば前章までで見てきたヘーゲル哲学に関しても、彼の『大論理学』はきわめて印象的な仕方で「自然と有限精神との創造の以前にその永遠の本質のうちに有るがままの神の叙述」について語っていた——もっともわれわれも見たように、彼の論理学には、むしろ「〈創造〉の作用そのものの論理学」という言葉が贈られることもあるようなのだが。しかし、それにしても〈神の創造〉以前には、いったい何が有るのだろうか。それともそこには「無」しか見出しえないのだろうか。

ドイツ観念論のなかでは、たとえばフィヒテがその中期や後期の思想において、「創造」を「あらゆる誤れる形而上学と宗教論との絶対的な根本誤謬」とみなしていたことが知られている。なぜならフィヒテによれば、初めに神は創造せず、創造を必要となどしていなかったからであり、ヨハネの言うように、すでに「御言（Wort）」が——「ロゴス」、「理性」、「知恵（Weisheit）」が——あったからであり、そして御言によって初めて「万物」が作られるからである。このようにしてフィヒテは、最近の解釈者たちの言うように、「無カラノ創造（création *ex nihilo*）」という考えを廃して、「〈御言〉のうちにあらかじめ形成された或る永遠の創造[42]」に置き換えようとする。

そして「無からの創造[43]」を否定したことに関しては、『世界年代』のシェリングにおいても同様である。すでに『人間的自由の本質について』のなかで、「没規則的なもの」、「没悟性的なもの」の存する「根底」から「悟性」が生まれ、悟性が根底の憧憬と一緒になって「自由に創造する全能の意志」となる旨が語られていたのだが、そのような「神的悟性」のうちには「一つの体系」があり、そして「根底」のうちにさえ「神の本質にしたがってのみ可能な世界の原型（Urtypus）」が、すでに「含まれている」のだという。つまりこのような原型は、「現実の創造」においては、ただ「潜勢」から「現勢[44]」へと高められるだけなのである。そして後期シェリングも、たとえば『啓示の哲学』のなかで、神は「世界以前に」すでに「世界の主（Herr der Welt）」、すなわち「世界を措定したり措定しなかったり」することのできる「たんなる潜勢の主[45]」だと述べている。「ひとはそもそも神が一つの世界と掛かり合うことのうちに、すでにして一つの神的愚行〔eine göttliche Thorheit 神の愚かさ〕を見ることができる。なぜなら神は永遠に自足しつつ、彼によって可能な世界のたんなる観照を、楽しむことができたからだ[46]」。

ドイツ観念論の哲学者たちは、「創造」以前に「御言」ないし「ロゴス」を、あるいは「原型」や「論理」のようなものを認めようとする。そしてそのような考えに真っ向から対立するのが、例のデカルトの「永遠真理創造説」であろう。そして最初はデカルトの考えにしたがっていたマルブランシュが、「一六七七年の危機[47]」以降には「永遠真理創造説」を批判することになったのも、有名な話なのである。

Ⅱ　デカルトの「永遠真理創造説[48]」に関しては一六三〇年のメルセンヌ宛の三通の書簡が有名だが、ここではマルブランシュも批判的に言及した「彼の『形而上学省察』に対する第六反駁に対する彼の答弁[49]」のほうを簡単に見ておくことにしたい。「第六答弁」によれば、「三角形の三つの角〔の和〕が必然的に二直角に等しい」のは、そのことを「神が欲した」からであり、それゆえにこそ「そのことがいま真であり、別様にはなりえない」のであって、かくして「神における至高の無差別〔の自由〕」こそが「神の全能の至高の証明[50]」なのである。つまり、もしひとが「神の広大無辺さ」に注意を向けるのであれば、「神に依存しないものなど何ものもまったくありえない」ということは「明らか」であり、またそのことは「存続するもの」のみならず「いかなる秩序、いかなる法、真や善のいかなる根拠[51]」についても妥当する。そしてデカルトは、こう述べる。「いかなる理由で神が永遠の昔から、2×4が8である、等のことが真でないようになしえたかを問うのは、無益である。なぜなら私は告白するが、そのようなことは、われわれには理解できないからである。これに反し、他方では、いかなる類《たぐい》の有るものであれ、神に依存しないようなものは何もありえないということを、また神には或るものを、われわれ人間にはそれが〔いま〕あるのとは別様にありうることが理解できないように、創設するのが容易だったということを、私は正しく理解する〔…〕。それゆえ永遠真理が人間の悟性に、あるいは諸事物の他の諸存在に、依存するとみなすべきではなく、ただ至高の立法家として諸事物を永遠の昔から創設した神にのみ、依存するとみなすべきなのである[52]」。

それに対し、マルブランシュはこう語る。「世界が創造される以前には神しか存在せず、神は認識や観念なしには世界を産出しえなかったということ、したがって世界について神が有していた諸観念が神自身と異ならないということとは、疑いえない[53]」。神は「2×2が5に等しいということを、見ることも〔そのように〕なすこともできない[54]」のであって、そのことは「永遠で必然的な諸真理」についてのみならず、「諸精神は諸物体より高貴である」というような「不変で必然的な秩序[55]」に関しても同断である。「われわれの崇拝する神は、明らかに秩序に反しているとわれわれに思われることを、なすことなどできない[56]」――ちなみに神が「不変の〈秩序〉」を創造できないのは、それが「〈神的な御言〉[57]」だからである。

「マルブランシュの哲学全体が、神の諸属性についての一つの省察である[58]」とアンリ・グイエは述べている。じっさい、どれほど神が「全能（tout-puissant）」であろうとも、「2×2≠4」にすることなどできず、「理由なしに、より高貴なものたちをより高貴でないものに、諸精神を諸物体に、従属させせんと欲することなどできない」のは、彼が「自らの知恵（sagesse）に反することができない[59]」からである。かくしてマルブランシュにおいては、「古典期のカトリック思想家のペンのもとでは前代未聞」と言われる「神的無力[60]」という主張が出現する。曰く、「神の知恵、もしくは神が自己自身に負う正義が、神を言わば無力（impuissant）にする[61]」、「もし神を言わば無力にする、もしくは神が欲するものを神がなすことを妨げる何かがあるとするなら、それは神から区別された何ものでもありえない。なぜならその場合、神は真に全能ではないことになってしまうであろうからである[62]」、等々。

しかしながら、前節でも触れたように、われわれはデカルト哲学においてさえ「非被造」的な「永遠真理」というものが存在し、そして結局はそちらのほうが永遠真理創造説よりはるかに重要ではないかと主張し続けてきた。神の創造は、超越論的観念論の立場からするなら、純粋自我による超越論的地平の企投に相当するでもあろう。そしてアプリオリな企投という営為は、自我の意志的能動性や自由といった考えにつながってゆくのかもしれない。しかしながら非被造永遠真理説を唱えるということは、どうしても自由に創出しえない自然の――人間的自然や、シェリングの言うような「神のうちなる――自然」をも含めて――受動性の経験を指し示しているのではないだろうか。

Ⅲ　しかし、それにしてもなぜ、神であれ自我であれ、創造／創造以前の問題が、西洋哲学ではかくも特権視されるのだろうか。思うに、そこには精神の働きを重視する考えが、つまりは意志的能動性の強調というものがある。

「無からの創造」を否定するなら、「創造」以前に見出されるのは、せいぜいのところ没精神的で受動的な素材であり、そのような意味での自然であろう。そしてもしそれが「精神」を称揚する哲学には気に入らないというのであれば、そのような哲学は、創造以前にさえ「潜勢」的な状態で「ロゴス」の存在を認めようとする。いずれにせよ、もし「自然」が低評価を被るとするなら、それはそこには精神の顕在的能動性が見出せないからではないだろうか。

　しかしながら、神であれ絶対精神であれ純粋自我であれ、無から「何か」を創造するのだとしても、そこではそこにおいて「創造」がおこなわれるような舞台が整っていなければならないはずである――「舞台」といって悪ければ、やはりそこには「場所」のようなものが必要となってくる。前節でも述べたように、「創造」には「創造するもの」と「創造されるもの」との二元性が不可欠なのだから、そこには両者がそこにおいて成り立つような場所が要請されるのは必然である。つまり、もし神とは無関係に、ただ孤立し断絶した世界が神のあとに突如出現したとでも言うのであれば、そのような生成は「創造」でも何でもない。

　そのうえ神が何かを意志したのだとしても、そのような神の意志それ自身は、神によって意志されて初めて誕生したわけではないだろう――もし神の意志を神自身が意志したのであれば、今度は後者の意志を意志した意志が必要となってきてしまって、われわれはやはり無限遡行に陥ってしまうことになる。神は神自身の意志を無から創造したわけではないのだし、神の知恵についてここで語るなら、知恵に関しても同断である。つまり、神が「創造」をおこなうさいには、すでに神の意志なり知恵なりといったあらかじめの舞台装置が、つまりは或る種の先行規定が、設定されているのでなければならないはずなのであって、要するにすべてを意志の能動性によって説明しようなどとするほうが、かえって不条理なのである。

　いずれにせよ「無からの創造」など、ありえない。神が無から世界を創造したとするなら、それは「無」からの創造ではなく、「神」からの創造でしかない。すなわち創造以前というものは、端的な無ではありえない。受動性の先立たない能動性とは、いったい何であろうか。

地上界の「創造」に関しても、人工物の制作は、あらかじめ素材や身体や、そもそも何かを作らんとする人間的意志の存在を前提としていなければ成り立ちえない。生命体が生命体を生出するときには、そのような意志がなくても構わないのかもしれないが、原初的生命にはそれなりの原初的な本能というものがある。そしてそもそも生命は、あらかじめ生命の存するところ以外には生まれえない。将来、たとえわれわれ人類のように、生命体が機械や機械的構成分を摂取・同化することがありうるのだとしても、逆に機械や人工知能が生命体のないところから生命体を産み出すことなどありえない。

それゆえもし「無からの創造」ということを言いうるのだとしても――そのようなことをわれわれ自身が承認しているわけではないのだが――せいぜいのところ「無」は「場所」である。「創造」は、「場所」のうえで初めて成り立つ。それゆえ場所が物を創造するのではなく、場所のうえにある何かが或る別の何かを創造するというのが、「創造」の基本構造である。仮に一時期の西田のように場所を「一般者」と考え、スピノザの実体のように一般者の自己限定が個物を産み出すと考えるのだとするなら、たとえば空間図形が自己変様を起こして三角形や四角形へと収斂するというような言い方が許されるのだとしても、そのような空間図形は空間という全包括的な場所のうえでしか成り立たないのだと言わざるをえない。そのうえ自己変様は、「創造」ではない。マルブランシュに言わせるなら、「哀れなスピノザは、創造は不可能だと判断した[63]」のである――もっとも「創造」を否定したという点では、スピノザのほうがマルブランシュよりも先鋭であったと言いうるのではないかと、われわれならそう考えるのだが。

Ⅳ　同様に、何の拘束もない無差別の〔選択の〕自由などというものは、たんに程度が低い自由であるどころか、むしろ存在しえないのではないかとさえ思われる。デカルトの神による永遠真理の創造の無差別的自由に関しても、やはり越えられない限界というものは見出された。同様に『シュトゥットガルト私講義』のなかでは「自然からの人間の独立性」のみならず「神からの人間の内的独立性」を示すことが肝要だと強調する中期のシェリングにおいてさえ、肝心の『人間的自由の本質について』のなかでは、「被造物の意志は、もちろん根底の外にあるが、それでもやはり、それはたんなる特殊意志であって、自由ではなく、縛られている」と言明されている。それどころか「根底においては、神は自らの自由意志や自らの心にしたがってではなく、ただ自らの諸属性にしたがってのみ動く」のである。そもそも「根底の意志」は「意識的な、もしくは反省と結びついた意志」ではないのだから、それは「愛の意志がそうであるという意味においては、自由ではありえない」[64]――逆に何の「根底」もないようなところで「自由」[65]を叫んだとしても、そのようなことに何の意味があるというのだろうか。

たとえばフッサールの『内的時間意識の現象学講義』において、「自由」が強調されるのは、根源的な意識流についてではなく、「回想（Wiedererinnerung）」においてである。すなわち「再生（*Reproduktion*）」には、「より速く」とか「より遅く」、あるいは「より判明で明示的に」とか「より混乱して」、われわれが「準現在化（Vergegenwärtigung）」を遂行しうるという「何か自由なもの」があるのだが、意識の「流れ（Fluß）」においてわれわれが見出す「変化」には、「それが経過するがままに正確に経過し、《より速く》も《より遅く》も経過しえない」という「不条理な〔＝どうにもならない〕こと」[66]がある。あるいはメーヌ・ド・ビランの空間構成論を振り返るなら、諸部分へと区別され局在化された空間は「非区分で不可分の一つの全体」としての「原初的空間」を出発点としなければ構成されえないのだが、しかるにそのような原初的空間は「すべてに先立つ独立した一つの所与」[67]でしかない。その他、身体の構成さえ、最初は「諸限界も諸形態もない漠たる延長」から始まって、そこに「共通的努力」や「個別的努力」[68]が加わることによって、次第に身体の局在化が進行してゆく――このように、始源にあるのはわれわれが自由に構成しうるものというより、むしろわれわれには受動的に与えられたものである。与えられたもの、受動的なものから出発してこそ、われわれの自由な能動性は、初めてその本領を発揮しうるのである。無条件的な能動性の自由を望むのは、空気抵抗を受けない真空のなかならもっと自由に飛翔することができるのにと、空しくも夢想するカントの「鳩」[69]の想いに似ている。

V

最後に〈直接性〉と〈媒介〉との関係について一言述べておくとするなら、本書の前章まで見てきたヘーゲルにおいても論じられていたように、両者を裁断することは、たしかに難しい。つまり直接的と思われていたものが、じつは高度な媒介の結果であったり、またたとえ幾重にも媒介されたものであったとしても、そこに直接性の契機が見出されなければ、任意の他のものと置換可能になってしまったりする、等々。

しかしここでわれわれが述べておきたいのは——〈媒介〉の構造については改めて次節でも検討するが——〈媒介〉には少なくとも〈媒介するもの〉と〈媒介されるもの〉との二項が必要だということである。それゆえたとえ〈自己媒介〉について語られることがあるのだとしても、そこには〈媒介する自己〉と〈媒介される自己〉との二項が——あるいはひょっとして互いに媒介され合う二つの〈自己〉と両者を媒介する〈自己〉という三項が——必要となってくるだろう。しかるにここで問題とされているのは、そこにおいてこのような媒介が初めて働きうるような〈一なる場所〉である。そして〈一〉しかないところ、そもそも媒介の働く余地などない。逆にもしこのような〈場所〉がすでにして〈多〉であると仮定してみるなら、媒介は同じ一つの土俵のうえに立つ媒介ではないことになるからには、それは媒介でも何でもないことになってしまうであろう。

〈根源的なものは炸裂しない〉とわれわれは述べた。何かを一つの全体として捉えるとき、それが多項によって媒介されたものであると述べるなら、そのときわれわれは、根源的な場所を、空しくも捨象してしまっているのだということになる。そして根源の場所に回帰するなら、場所のうえに立つものではなく、場所それ自身には、関係も関係諸項も、媒介作用さえない。それゆえそのような場所を特徴づけるのが直接性であり、そしてそれはまた、いま見たように、非創造や根源的受動性という性格を有することとなろう。

(3) ひずみとずれ——時間・空間の場合

それでは、如何にして〈他〉や〈多〉が生じてくるのか——われわれはそれを創造や導出といった形では語りえないと述べたが、具体的にはいったいそれはどのような道筋を描いてゆくのか、そして最初にそのような異他性が生じてくるのはいかなる現象においてなのか、等々に関する、多少とも具体的な問題にここでは着手することにしたい。そもそも最初の〈多〉や〈他〉が現れるのは、物体においてなのか、それとも観念においてなのか、あるいは時間や空間においてなのか、もしくは身体や他者や神においてなのか、はたまたコギトの内部においてなのか。あるいはそのように区分してしまうこと自体、すでに抽象の領域への移行を意味しているのだろうか——いずれにせよここで問題なのは、やはり原初的な経験であるように思われる。

Ⅰ　第一節でも述べたように、またわれわれが他の諸著作のなかでも主張し続けているように、哲学そのものの営為においては、受動性の経験が能動性の経験に先立つ——〈自然の現象学〉や〈自然の論理〉といった構想は、それ自身がそのような考えの発露でもある。それゆえ〈概念〉や〈観念〉を精神や思惟の自発性の産物という意味で捉えた場合、そのようなものが最初の異他性を与えるとは考え難い。最も直接的な他性や多性は、それゆえ、空間・時間的な経験によって最初に与えられるように思われる。たとえば自己の身体という現象は、根源的なものと考えられるかもしれない。しかしながら自己の身体の局在化は発生論的におこなわれるのであって、ビランなども唱えるように、そこには特殊的・個別的努力の介入が要請されるのだし、また非区分の全体としての身体を意識する以前には、まだ身体の内的空間とは区別されていないような「原初的空間」というものが存在する。そのうえ身体についての原初的意識は、たとえ根源的な経験であったとしても、それはまだ漠然とした非措定的な意識なのであって、そこに〈他〉や〈多〉をことさらに覚知するためには、むしろ措定的・顕在的あるいは主題化的な能動的自己反省というものが必要になってくるであろう。そして同様の関係は、コギトの内在的多性についての非措定的意識と措定的自己反省との関係についても述べられうる。また異他的物体が異他的物体として覚知される以前には、あらかじめ原初的な空間が経験されているのでなければならないはずである。他者問題もまた同様。そして神に関しては、われわれはむしろそれを、究極的には〈場所〉とみなしている……。

〈他〉や〈多〉が顕在的意識にもたらされるとき、そこには区別や比較の意識が必要とされ、そして区別し比較するためには、差異ないし相違もしくは変化や変様の意識が、あらかじめ与えられているのでなければならない。能動的な区別に先立つのは、受動的な諸所与である。ゆえにわれわれは、この問題に関しては、まず時間・空間的な経験から着手するのでなければならない。

それでは時間経験と空間経験では、どちらが先立つべきであろうか。あるいは両経験を区別してしまうこと自体、すでにして一つの抽象なのだろうか。

他化や多化が最も顕在的に意識されるのは、空間的・物体的な〈ひずみ〉や〈ずれ〉においてであると考えられるかもしれない。しかしながら時間的な変化においても、まだ異他的物体の意識が確立されていないような段階においてさえ、たとえばまだ他化の意識のないようなだらかなメロディーを聴いているさなかに突然雷鳴やクラクションやベルの音が聞こえてくる場合のように、違和感を引き起こすような差異や相違が、顕在的に覚知されるケースもあろう。そのうえ空間的な経験において差異を見出し確認し措定するためには、たとえ焦点合わせのような原初的なものであっても、そこには自ずから時の流れというものが前提されているのでなければならない。それゆえここでは時間意識が先立つ。

もちろん時間意識と空間意識が渾然一体となっているような経験というものも、たしかに存在しはする。しかしながらそれは、目のまえにいるのが他者なのか物なのかよく分からないといったケースや、幼児においてのようにまだ他者経験と異他的物体の経験との区別が生まれていないようなケースとは、明らかに異なる。なぜなら他者と物とがその相互区別を曖昧にしてしまうようなことがあるのだとしても、時間と空間の相互浸透・相互交流の関係は、けっして両者のステイタス交換を意味するようなものではありえないからである。

それゆえわれわれは、まず時間の〈ひずみ〉や〈ずれ〉が意識され始めるという事態から考察し始めることにしたい。すなわち、時は如何にして流れ始めるのか。

Ⅱ　現在瞬間は、過去へと流れ去る。フッサールの術語を用いるなら、原印象はただちに過去へと滑り去るが、しかし過去把持される。けれどもそのときわれわれは、やはり一つの現在瞬間のなかにあり、一つの原印象を持つ。われわれは立て続けに「今」のうちに立ち、それでも時は「流れて」ゆく。それは一つの事実、あるいは「立ち止まる今（nunc stans）」と「流れる今（nunc fluens）」という表裏一体の二つの事実であって、われわれがそれを概念によって導出しようとしても無駄である。つまりそれらは、原事実である。

　なぜわれわれはいつも現在にいるというのに、時が流れ出すのかという問題は、それゆえ、先にわれわれが〈始源^{1}〉と〈始源^{2}〉とを区別したのと類似した事態を想起させる。つまり、もし何かを始源せしめる〈始源^{2}〉の根底に何もなしで済ませられるなら、そもそも〈始源^{1}〉など必要ではなかっただろう。しかしながら、二元性から構成される〈始源^{2}〉をそれ自身において考察しようとするなら、われわれにはどうしても一性を旨とする〈始源^{1}〉が必要となってくる。しかし、だからと言って〈始源^{1}〉が〈始源^{2}〉を始源せしめるなどと言ってしまえば、元の木阿弥であろう。したがって〈始源^{1}〉はあくまで〈始源^{1}〉のままであり、〈始源^{2}〉はどこまでも〈始源^{2}〉のままである。そこには二つの原事実がある――それは常立的に「立ち止まる今」にいるわれわれが、「立ち止まる今」から出発して〈如何にして時が流れ出すのか〉を説明も導出もしえないのと、同じことである。

　しかし時が流れ出す瞬間にあるのは、おそらくはまだ〈ひずみ〉や〈ずれ〉といった生成・変化・自己変様・自己成長の意識であって、顕在的な多性や他性の措定が生起しうるのは、もう少しあとのことであろう。それゆえにこそわれわれは、たとえばすでに措定され区別されてしまった「有」と「無」から「生成」を導き出し、そのあとで初めて「時間」を「直観された生成」と規定しつつ、「概念」をこそ「時間の力」とみなすヘーゲルのような考えには、賛同しえないのである――この点に関しては前章で詳述した。ここで一言付け加えるなら、もし「有」と「無」が「同じものである」ことと「同じものではない」ことから導き出された「生成」が、まだ時間的な「生成」ではないとするなら、そこからは「直観された生成」が「時間」であって、たとえば「空間」ではないなどということは、永遠に証明されえないことになってしまうであろう。

原印象〔現在瞬間〕と過去把持との不可分的連続性を論拠として、フッサール流の「生ける現在」を批判しつつ、「差延〔différance 遅延にして差異化〕」の概念を導入したのは、周知の『声と現象』のデリダなのだが、そのような考えに対しては、われわれとしても幾度となく反批判を試みてきた。[70] そしてデリダが「同じ瞬間」のなかでの「原印象」と「過去把持」との、あるいは「現前」と「非‐現前」との共存ないし並存を、ヘーゲル的な「同一性と非‐同一性との同一性」[71]という言葉で表現しているのは、興味深いことである――しかしながら、このような表現が含む問題点に関しては、われわれはすでに本書の最初の二つの章のなかで、繰り返し指摘してきた。

現在印象もしくは原印象は、どこまでも対象化されえない。それゆえそれを表現するには、どうしても概念の側の不備が、たとえば「有」と「無」や「同一性」と「非‐同一性」といった言葉の一面性が、つきまとうのだということになる。それはちょうど円を理解ないし表現しようとして、円に内接・外接する正n角形のnを無際限に増やしてゆく作業に似ている。もちろんそれは円周率の計算等々において円の性質を近似的に知るための有力な手段とはなりえよう。しかしながら、逆に正n角形のほうを措定し実体化しておいて、曲線など存在しないなどと言ってしまえば、本末転倒となるであろうことは、誰にでも容易に理解できる。

とりわけ前節でも述べたように、「否定」は「肯定」以上に顕在的な措定的態度であり、それゆえ「否定の否定」は輪をかけた措定であろう。ヘーゲル自身、たとえば「否定は規定である。〔…〕否定のないところ、相違、規定もまたない」（W17, S. 518）等々と述べている。しかしそれは危険な賭けでもあって、もしわれわれが〈措定的なもの〉は必然的に〈非措定的なもの〉を前提しているのだということに思いを致すのであれば、『見えるものと見えないもの』のメルロ＝ポンティも語っているように、われわれはむしろ「あらゆる措定以前にあるもの」を、換言すれば「肯定と否定の手前」[72]にあるものをこそ、まずは尊重することを学んでゆくのでなければならない。

如何にして時は流れ出すのか。たとえばその高名なる著作『生ける現在』のなかで、ヘルトは時間意識の働き〔＝「われ機能す」〕の瞬間毎の自己受容の受動性を強調しつつ、こう説明している。「《われ機能す〔Ich fungiere〕》は固有の先所与性〔＝あらかじめ与えられていること〕の前時間的な常立的〔ständig 立て続けの〕受容である。それは自らの先所与的な唯一性〔＝あらかじめ与えられた自我の唯一性〕を、けっして或る保証された志向的所有（Intetional*habe*）として覚知することなどできない。それは自らが堅持しえないものを、受容するのでなければならない。受容はそれゆえ、保証された所有へとけっして変貌することがなく、それ自身ふたたび、匿名的な先所与性として受容されるのでなければならず、そしてそのようなことが続く。このような更新必要性（Erneuerungsbedürftigkeit）のうちに存しているのが、保持-され-え-ないこと（ein Nicht-gehalten-werden-können）、つまりは原初的な滑り去ること（Entgleiten）なのである。《われ機能す》における自己受容（Selbsthinnahme）は、自らにおいて脆弱（*hinfällig*）であり、更新される必要があり（erneuerungsbedürftig）、したがって絶えず追い越されるのでなければならない。それゆえ自己共同体化は執拗な変遷のうちに、自己受容の立ち止まり・恒存する更新という前時間的な運動のうちにある」[73]——しかしながらヘルトは、自我の働きのこのような脆弱性を強調しつつも、時の流れ〔＝「滑り去ること」〕を「自己受容」の「更新」という、自我の働きのほうから説明ないし理解しようとすることをやめようとはしない。けれども「ふたたび」とか「更新」とか「絶えず追い越される」とか「変遷」といった言葉が示しているのは、「前時間的な運動」と言われているにもかかわらず、そこにはやはり時の流れが想定されているということである。つまり時が流れるということが前提されているのでなければ、そもそも「更新必要性」など、生じえなかっただろう。そのうえ「保持-され-え-ないこと」から「滑り去ること」にかけては、明らかに論理的な飛躍というものがある。それゆえ時の流れは自己受容の脆弱性によっては説明も解明もされえず、かえって自己受容の脆弱性のほうが、時の流れによって説明されるのでなければならない——「滑り去ること」は概念や観念や自我の働きによっては、説明も導出もされえないのである。

ともかくも、時が流れ始めると、変化が覚知される。しかしながら、現段階ではそれは、まだ〈多〉の顕在的措定にはいたっていない。或る意味ではたしかにそれは〈他化〉なのかもしれないが、しかしそれはまだ〈他〉の措定というよりは、〈自己変様〉とか〈自己成長〉とか言ったほうがよいような変化であり、あくまでそのような意味での他化である。

Ⅲ　ちなみに空間経験の場合、そこに他化ないし多化が見出されるためには、時間の変化が必要だとわれわれは述べた。たとえば閉じられていた目が開かれた瞬間、そこにはまだベルクソンの「万華鏡」のような、確然たる区分なき漠とした一種の全体経験しか、存在していないのかもしれない。そしてそこに〈中心‐周縁〉あるいは〈図と地〉の構造のようなものが確立されるのにさえ、焦点合わせのような、或る程度の時間の持続というものが必要となってくるであろう。そして眼の運動を伴う持続とともに、〈中心‐周縁〉構造もまた推移してゆき、変化の意識が芽生えてくる――それゆえこの段階の変化は、時間経験とほとんど一体である。

もし空間経験が他化や多化において時間経験より先に進むようなことがあるとするなら、それはおそらく異他的物体の、あるいは少なくとも同定可能な〈図〉の画定・確定によって、異他性が強固に固定される場合であろうかと思われる――しかしそれはまだ、もう少し先の話である。

時間、たとえばメロディーの経験の場合、あとから振り返ってそれが多くの音から成り立っていると反省することは、いつでもできる。しかしながら、音が流れ出した瞬間には、われわれはまだそのような「再現前化」もしくは「準現前化」の態度を取ることのほうが稀である。そしてその場合、われわれは多くの音を聴いているというよりは、一つのメロディーを聴いているという印象を持つ――一つのメロディーを聴いているからこそ、あとからそこに多くの楽音を区別しうるようになるのであって、雑音混じりの〔楽〕音をいくら加算しようとも、一つのメロディーは生れえない――。つまりこのような自己変化・自己変様のなかで、〈他〉や〈多〉の意識は、まだそれほど顕著とは言えない。

Ⅳ　それゆえ〈他〉を感じさせるのは、或る特異なる瞬間がわれわれを不意打ちするときであろう――われわれはそれを、或る留保条件つきで、「不意打ちする現在」と呼ぶことができるかもしれない。

もちろんそれは、それまでの持続から変化したと思わせるから〈他〉なのであって、現在瞬間という観点からするなら、それは〈自己〉であり、それゆえにこそわれわれはそれを、「不意打ちする将来」とは呼ばずに「不意打ちする現在」と呼んでいるのである。たとえばもしここで〈不意打ちするもの〉と〈不意打ち〔surprise 驚き〕[74]〉と〈不意打ちされるもの〉の三契機について考察してみるなら、〈不意打ち〉が〈不意打ち〉であるのは、それが予期されてはいなかったという点に存する。つまりもしそれが予期されていたなら、そもそもそれは〈不意打ち〉などではなかったことになろう。それゆえ〈不意打ち〉は現在に属し、〈不意打ちされるもの〉と一体化されている。そしてもし〈不意打ちするもの〉が〈不意打ち〉それ自身や〈不意打ちされるもの〉から区別されるなら、時間論的にはそれは現在から区別されつつ、将来に予期されるか、あるいは過去において回顧的に不意打ち瞬間の以前に対投されるかのいずれかである。前者の場合、それは予期だから真に〈不意打ちするもの〉とはならない。そして後者の場合、それはあとからの反省によって投影されたものでしかないのだから、やはり真に〈不意打ちする将来〉とはなりえないであろう。

　われわれは、或る意味ではあらゆる瞬間が新鮮で新しく、つまりは「不意打ちする現在」だと主張してきた。しかし現在瞬間はそれまでの持続と切り離された現在瞬間ではなく、瞬間のなかに持続を孕んだ現在であるとも主張してきた。その意味では各々の「不意打ちする現在」は、現在という全体のなかに飲み込まれたままである。それゆえ〈他〉を感じるためには、そのなかに特に異質的なものをことさらに感じさせるような「不意打ち」が、ただし本質レヴェルにおいてではなく、むしろ経験的・心理的なレヴェルにおいて、存在しているのでなければならないだろう。しかしながらそのことは、逆に言うなら、本質的にはいかなる瞬間にもその権利はあるのだということをも意味しえよう。そのうえそのような異他性の経験は、ひとにより、また状況により、異なってくるかもしれない。そしてもう一つだけ付け加えるなら、そのような特異な瞬間を、つまりは何かが変化したと感じられる瞬間を——それがいかなる瞬間かはアプリオリには定め難いにしても——経験したことのない者など、一人もいない。

Ⅴ　ともかくも、時が流れ始める。そして各々の現在瞬間を受け取ることがすぐれて受動性の経験であったように、時が流れるということも、「回想」のごとくわれわれの「自由」に委ねられた経験ではなくて、依然としてやはり受動性の経験である。われわれは人為を孕んだ〈文化的意識〉や〈歴史的意識〉のなかで、初めて時の流れを経験するわけではない。その意味で、時が流れるということは、現在瞬間を受け取ることと同様に、やはり自然の経験なのである。

時の始源は人為的には創造されない。その意味で「立ち止まる今」は「第一の始源」であり、〈自然[1]〉である。しかしながらそのような「今」は、やはり人為的に構築されることなく――〈概念の力〉によって強制的に動かされることなどなく――自然に流れ始める。「流れる今」は近似的には「第二の始源」であり、〈自然[2]〉である。われわれは〈なぜ時は流れるのか〉は、「第二の始源」が「第一の始源」から導出も創造もされないのと同様に、「立ち止まる今」からは説明も演繹もされえないのだと述べた。もちろん時の流れという意味での〈自然[2]〉は、まだ何かを創造するという強い意味での「第二の始源」とは、完全には等しくないのかもしれない。しかし、少なくともそれはその途上にあることは確かである。なぜなら時の流れがなければ〈他化〉も〈多化〉もなく、われわれはそのまま〈一〉にとどまり続けてしまうであろうからである。

そしてわれわれは、いつものように、最初から二つの始源があるという言い方はしない。一方が「第一の」始源もしくは〈自然[1]〉なら、他方はあくまで「第二の」始源あるいは〈自然[2]〉なのである。時間の問題について思索するときも、われわれは「立ち止まる今」と「流れる今」の両面について考えるのでなければならないことは当然なのだが、しかし、それでもわれわれは「流れる今」の根底に「立ち止まる今」を置くのでなければならない。なぜなら、もしそうではなく、両者を並置し区別してしまってから両者をともに考えようとするのであれば、その瞬間にわれわれはふたたび両者を結ぶ第三のものをも思惟しなければならなくなってしまうのは、必定だからである。そしてそのような悪無限を避けたいと思うなら、われわれは、結局は西田のように、究極の「場所」を「絶対現在[75]」のうちに求めなければならなくなるであろう。

(4) 〈多〉の措定と〈多における一〉の誕生

いま、ようやく変化が始まった。しかしそれはむしろ〈自己変様〉や〈自己成長〉とでも言うべきものであって、まだ〈自己〉とは区別された意味での〈他〉ではないのだし、ましてや〈多〉がことさらに措定されているわけでもない。それでは〈他〉や〈多〉は、如何にして措定されるのだろうか。

I　〈一〉から〈多〉へという方向は正しいが、何度も繰り返すように、それは前者から後者が導出されるという意味ではない。先にも見たように、ヘーゲルは「同一性」から「相違」への、あるいはまた「無限」から「有限性」への問いを否定したという点では正しかったが、しかしそれは、たんに演繹や導出が不可能という意味においてだけではなく、「同一性」には「相違」が、「無限」には「有限性」が、すでに含意されているから、というような考えからであった。しかしながらわれわれも指摘したように、それは「同一性」や「無限」を「相違」や「有限性」のほうから思惟することなのであって、「同一性」や「無限」をそれ自身において思索することではない。そしてそのような思惟は、結局は究極の「同一性」――「同一性と非同一性との同一性」と呼ばれようと呼ばれまいと――や真の「無限」――「悪無限」や「有限」を内に含むと否とにかかわらず――に到達することなどありえないだろう。そしてその意味では、〈第二の始源〉は自ずから「発源」して、〈第一の始源〉からは「産出」も「生出」も「創作」もされないのだと考えるシェリングのほうに理ありとせねばならない。

『全知識学の基礎』のフィヒテも、「第一の、端的に無制約〔無条件〕的な根本命題〔原則〕」たる「私＝私（*Ich = Ich*）」もしくは「私は私で有る（Ich bin Ich）」が「証明されたり規定されたりすることはない」のと同様に、「第二の、その内容にしたがって制約された根本命題〔原則〕」たる「自我には端的に非我が対置される（*wird dem Ich schlechthin entgegengesetzt ein Nicht-Ich*）」もまた証明も導出もされないのだと言明する。「第一根本命題が証明も導出もされえなかったのと同じ根拠から、第二根本命題もそうではありえない[76]」。じっさいわれわれは、どれほどこねくり回そうとも、あらかじめ「-A」や「非我」を想定することなしには、「A＝A」から「-A」を、あるいは「私＝私」から「非我」を、導き出すことなどできないであろう――それはちょうど中期や後期のフィヒテが「として」構造や「反省」から「分離」や「分裂」の成立を説明しようとして、論点先取の誤謬に陥ってしまったのと同断である[77]。

たとえばまだ一なる場所――現在瞬間であれ、未区分で不可分の空間であれ――しか存在しないのだとする。その場所には「於てあるもの」さえまだない。それゆえ、たとえば〈一としての一〉などという定式を勝手に編み出しておいて、そこに区別か分離の端緒を見出そうとしても、無駄である。われわれ自身は〈一における一〉あるいは〈場所の自己‐触発〉という言い方をする。しかしそうした表現は、〈一〉や〈場所〉が、他によってではなく自己自身によって〔＝自ずから〕現象するという事態を言い表すために用いているにすぎないのであって、そこから「二元性」を――シェリングの『自由論』における「無差別」の「Weder―Noch〔……でもなく……でもない〕[78]」からのように――出現させるためなどではけっしてない。そしてそのような試みは、必ずや自己欺瞞に陥るであろう。

しかしいま、なぜだかは分からぬままに、時は流れ始めた。他化や多化を指し示す方向は、すでに示されている。

Ⅱ　現在が流れる。しかし、それは誤解を招きやすい言い方であって、時間の流れを生きているわれわれは、それでも現在にいる。つまり、さきほど現在と言われていた内容をいま過去把持しつつ新しい内容を受容しているのは、やはり現在である。そして先の内容は、いま現在の内容に、無頓着ではありえない。ド・ミ・ソ・ドのあとのミはラ・ド・ミ・ラ・ドのあとのミと同じ内容を有しているわけではけっしてない。つまり現在瞬間は、それだけですでに過去の持続を含んでいる。もっともフッサールの術語を借りて、それは「実的に」とか「志向的に」とかいった仕方で過去を含んでいるわけではないのだけれども、ともかくもニュアンス的ないし表情的には含んでいる――それが「瞬間のなかの持続」とわれわれが呼んでいるものなのである。それゆえ時が流れ始めるとき、或る意味では〈全体^1〉が〈全体^2〉へと移行してゆく――或る意味ではというのは、措定的に区別された〈全体^1〉と〈全体^2〉とを結ぶ〈全体^3〉が必要だということではなく、反省的に言うなら〈全体^1〉それ自身が〈全体^2〉へと変貌したという意味なのだが――。とはいえ1や2のような表現はすでに多性を前提とした表現なのだから、要注意ではある。つまりいま問題とされているのは、如何にして〈全体[1]〉や〈全体[2]〉といった表現が成立しうるのか、ということである。

そしてわれわれは、このような表現には固執したいと思う。なぜなら、たとえば一にして非区分・不可分の空間の或る種の変様について語りたいときにも、それはやはりAを中心ないし図としつつ、それ以外を周縁ないし地とした空間なのか、それともBに焦点を合わせつつ他を背景とした空間なのかというような問題になるのであって、けっして単独のAやBだけの問題とはなりえないからである。また身体の諸部分について語るときも同様。先に述べたように、われわれは右手で左手に触れるなどとふつうに言いはするのだけれども、しかしわれわれは右手だけで単独に、これまた単独の左手に触れているわけではけっしてない。右手は右手を主役とした身体全体（=〈全体[1]〉）で左手に触れているのであり、左手は左手を中心としつつも身体全体（=〈全体[2]〉）を背景ないし地として伴いながら右手の触れを感じている、あるいはもっと端的に言うなら、左手も右手に触れている——〈区別〉の開始とは、このようなものである。

たとえばベルクソンは、「絶対的に特定された輪郭を持つ独立した諸物体への物質のあらゆる区分は、人為的な区分である」と述べている。空間の本質的性格は「連続性」であり、視野全体が色づいており、触覚においても諸固体は互いに隣接しているので真の中断はない。そしてこのような連続性は刻一刻とアスペクトを変えてゆくのだが、それは「万華鏡」をひっくり返したように「全体」[79]が変化したままのことである——あるいは心理学の分野でも、たとえばカッツなどは色彩にも、対象的な「基体」に結びつけられることなくたんに特定の明るさと色調とを伴っただけの「光の形成体」すなわち「平面色（*Flächenfarbe*）」と、特定の客体に内属する質としての「対象色」つまりは「表面色（*Oberflächenfarbe*）」と、特定の三次元空間を充たしているとみなされる「空間色（*Raumfarbe*）」という「三つの《現出仕方》」を区別する。そしてヘルムホルツの実験によれば、われわれが片腕の下方から、あるいは両脚のあいだから、或る風景を——天橋立のように——見るなら、そのような尋常ならざる状況にあっては、風景の色彩は「はるかにいっそう輝いて、くっきりと[80]」見える——もちろんそれは、通常は物体に付着した「表面色」をしか見ないわれわれが、「平面色」を見るべく強いられたからである。

しかし、もしベルクソンの言うように、「あらゆる区分」が「人為的」にではあってもわれわれは「区分」しうるのかということが、また問題になってくるであろう。ベルクソン自身がよく述べているように、われわれ人間は、人間特有の生物的本能にもとづいて、何かと何かを実用的《プラグマティカル》に区別しているのだとしてさえ、それでも完全な一様性から区別が生まれることなどありえない。われわれは、たとえばモニター画面を見て、明滅するドットを〈多〉と認識することなど、ふつうはない。つまりわれわれが区別するにも、それなりの根拠というものがある。要するに、区別は相違を前提としている。それは「時」が〈概念の力〉によって流れ出すのではなく、「時」が流れるからこそ「概念」があとからそこに、多少とも強引に「否定」や「否定の否定」を適用しうるのと同断である。

仮に〈全体^{1}〉と〈全体^{2}〉が措定的に区別されたとするなら、そこにはもちろん両者を包む〈全体^{0}〉というものの存在が要請されるのでなければならない。そのさい〈全体^{0}〉はもちろん、措定的に意識されているわけではない。しかしもし〈全体^{0}〉が現象することがなければ、そもそもわれわれが〈全体^{1}〉と〈全体^{2}〉を関係づけ、比較し、そして区別するということさえありえなかったであろう。つまりここには非措定的な意識というものが存在し、それがここでは根拠・根底であり、つまりは〈場所〉である。

Ⅲ　〈多〉の顕在的措定には、対象同定が前提条件であるように思われる――「対象」とは言っても、もちろんそれはまだ〈異他的物体〉という意味での〈物〉である必要はなく、或るメロディーやメロディーのなかの一音、あるいは平面空間中の地のうえの一つの図のようなものであっても構わない。

たとえばフッサールの『時間講義』では、「対象の総体統握（Gesamtauffassung）」は「その時間外的諸規定にしたがった客観」を構成するものと「時間位置（Zeitstelle）」を構成するものという「二つの構成分」を含むと述べられている。そして「あらゆる客観化」は「時間意識」のなかで遂行され、そのうえ「時間位置の同一性の解明」なしには

「時間における或る客観の同一性のいかなる統握も」与えられるべくもない。そして「一つの統一的、等質的、客観的な時間についての意識」が成立するために「或る重要な役割」を果たしているのが、「再生的な記憶」なのだという――それは「反省（内在的知覚）もしくは回想」[81]とも言い換えられうるであろう。そして『時間講義』は、こう述べる。「私は過去の持続のみを、反復された諸作用のなかで、《原的に（originär）》直観し、現実的に直観し、同定して、多くの諸作用の同一的客体として対象的に有することができる。〔…〕もし私が、いつでもなしうるように、一にして同じ継起に帰来して、それを同じ時間客観として同定するのであれば、私は一つの伸び広がる継起意識の統一のなかで、一継起〔＝一連〕の回想された諸体験を、遂行しているのである。それゆえ、／(A―B)―´(A―B)―″(A―B)……」[82]。このように、原印象と過去把持だけでは、われわれが時間地平上の対象同定をおこなうことは難しい。それには回想という反省的意識が、しかもおそらくは幾度かのその反復が、必要となってくるであろう。つまりは時間的な対象同定は、はっきりと過ぎ去ってしまった過去の記憶のなかでしかおこなわれない。それゆえにこそそれは、空間的な対象同定とは別種の困難を伴うのだということにもなる。

しかしながら、空間的な対象同定も、手続きとしては同じようなことをおこなっているのではないかと思われる。すでにベルクソンの「万華鏡」やカッツの「平面色」のところでも見たように、たとえばフッサールの『物と空間』においても、「最初の客観構成」は「奥行なき或る二次元的客観のそれ」であり、「第二段階」において初めて「奥行次元の構成」[83]が始まるのだと語られている。そのうえ「現象学的にわれわれに与えられた領野」は「非等質的」[84]で、そこでは「像」は「周縁部分」に近づくにつれて「内的な諸相違ないし内的な諸区別可能性」において「貧しく」なってゆく――そしてこのような強弱ないし濃淡の関係は、近似的には「図」と「地」の構造についても当てはまるであろう。対象同定、たとえば「図」の同定も、おそらくは視野の揺さぶりによる或る特定の対象への焦点合わせの反復作用によって遂行されるように思われる。つまり「図」が確固とした形態を、或る程度の持続のあいだ、保持し続けるなら、われわれはそこに或る種の対象同定を完遂しうるのだということになる――いずれにせよ空間的な対象同定もまた、時間の流れとそのなかでの確証行為の反復とを前提としている。

対象同定がまだ三次元物体のレヴェルではなくても起こりうることは、たとえば反転図形などの例を見ても、すぐ分かることである。メーヌ・ド・ビランは触覚的な〈努力‐抵抗〉の関係と〈直観〉との協力によって異他的物体の存在を確証しようとしたのだが、しかるにこと〈多〉の措定に関するかぎり、そこに必要とされる対象同定は、とっくの昔に完遂されているのだと言わなければならない。異他的物体の構成のなすことと言えば、そのような対象同定を、いっそう確固たるものにすることくらいであろう。たとえばテレビの画面上ですでに対象同定をおこないえないような者には、テレビを見ることなど初めから不可能なのだし、そこでおこなわれた対象同定を触覚の〈努力‐抵抗〉関係によって確認しなければ気がすまないような者がいたとするなら、狂気の沙汰でしかない。

Ⅳ　仮に一本の樹木のようなものが、枝分かれせずにまっすぐに伸びているのだとする。そのような自己成長は、まだ〈多〉とは言わない――〈変化〉即〈多化〉というわけではない。その樹木が枝分かれし始めると、場合によっては〈多〉と言うが、言わない場合ももちろんある。つまり、〈多〉の措定には、対象の有り方だけでなく、受け取る側の見方も問題となってくる――もっとも基本は前者にあるのだが。

植物や生命体が成長し、運動する。伸びようとするのは「矛盾」があるから、つまり内に「否定」を含んでいるからだろうか。しかしながら、伸びようとするのは自己肯定でもある。あるいはむしろ、端的に自己肯定である。なぜなら生命体の自己否定とは、自死や自壊、あるいはせいぜいのところ成長をやめたり衰弱したりすることでしかないからである。それゆえ変化というものを「否定」の言葉で一様に言い表すのは、少なくとも唯一可能な途ではない。そこには一定の事象を扱うさいの解釈者自身のものの見方というものが、色濃く反映されている。

「否定」とは端的な肯定――もしくは後期メルロ＝ポンティの述べていた「肯定と否定の手前」――以上に措定的な態度であり、「否定の否定」は輪をかけた措定だと先にも述べた。なぜ「措定」が問題視されるのかと言えば、それは変化や成長を、たとえ一瞬ではあっても、そこで概念的に定着させ固定してしまうからである。つまりそれは、A

でも非Aでもないものを、とりあえずはAと言ってしまったあとで、改めて非Aと言い直し、そして両者を縫合するような態度に似ている――「肯定」・「否定」・「否定の否定」といった哲学的キュビスムのような表現には、どこかそのようなぎこちなさが感じられる。

そのうえいったん「否定」の表現を用いると、言葉に乗じた思索には、勝手に独り歩きする危険すら生じえよう。ヘーゲルやサルトルの他者論に見られる〈主‐僕〉や〈相剋〉の関係など、そのようなケースの典型であろうかと思われる。西田でさえ「歴史的世界は矛盾的自己同一として、何処までも種と種とが相対立し相争う闘争の世界である」[85]などと述べたりする――しかしながら、私と汝の関係は、そのような相互否定で尽くされるのだろうか。あるいはむしろ、たとえ「否定」のようなものであったのだとしても、もし両者間に何らかの関係が成り立つというのであれば、そこには「矛盾を越えて矛盾を包むもの」がなければならないというのが道理ではないだろうか。

V　いずれにせよ、〈多〉が措定されたからには、〈多〉を〈多〉と言わしめるだけの包括的な〈一〉が、その根底には存しているのでなければならない。つまり〈多〉は、それが成立したとたんに〈多における一〉を基底とし、そしてそれら自身が〈一における多〉という構造を持たざるをえないのである。

レヴィナスの或る考えにしたがうなら、「他者」の他性のみならず、たとえば「死」もまた〈同〉には同化されず、それは「不意打ちする将来」のままとどまるのだとされている。しかしながら、かつてわれわれも示したように、「死」は「生けるもの」にしか到来しえない。それゆえ「不意打ち」が「不意打ち」として現象しうるためには、それは「現在」において経験されるのでなければならないのみならず、そもそもそれは「生」という「場所」においてしか生起しえないのだということになる――「死」は非生命体の事象ではなく、もっぱら「死すべき者」の事柄なのである[86]。それゆえレヴィナス自身は〈一〉に同化されるような〈多〉や〈他〉という考えを嫌うのだとしても、われわれはそのような〈一なき他〉や〈一なき多〉という考えには同調しえない――もし他者に私との共通性が何も見出せないのだとするなら、そもそもそれは「他者」とみなされることさえありえないだろう。そしてもし〈多〉が如何にして生成してきたかという、そのもともとの過程を想起するなら、〈多〉があるかぎり〈多における一〉があるという考えは、否定しえないように思われる。そして何度も繰り返しているように、大切なのは〈多における一〉の〈一〉がどこから出て来たのか、それは〈多〉から出発してしか考えられないのか、それとも〈一〉は〈一〉それ自身において思惟されなければならないのか等々の問題について、真剣に思索することなのである。

(5) 他性と他者——最初の〈他〉をめぐって

〈多〉の措定は、まだ〈私〉と名づけられた狭い意味での〈自己〉とは区別された〈他〉あるいは〈他者〉の措定ではない。むしろそのような〈他我〉や〈自我〉は、自他の分裂とともに、相互に対して初めてともに生まれてくるであろう。それまでは、存在するのは広い意味での〈自己〉であり、あるいはよく言われるように、まだ自他の区別されていないような意味での「ひと」である。そして問題は、それでは自我から区別された意味でのそのような〈他〉は、如何にして現れてくるのかということである——もちろんここでも〈導出〉とか〈産出〉とか〈創造〉といった考えは、望むべくもない。それゆえここでわれわれが問うてゆきたいのは、最初の〈他〉が如何にして出会われるのか、ということである。

I　いまわれわれが手中に収めているのは、〈全体〉としての時間・空間的な場であり、そして反省的に語るなら、それが〈全体[1]〉や〈全体[2]〉といった形で変化し、その意味では、またその意味においてのみ〈他化〉し、〈多〉の措定を許すということである。そしてそのような〈全体〉は、〈諸部分の措定〉以前的に有るという意味では、表情的・表現的に、あるいは感情や雰囲気のような仕方で現れてくるであろう。

表情、雰囲気は変化し、そしてわれわれはその多性にもすでに気づいている。それは感情的なものである。しかしながら感情・表情の多性がすでに存立しているのであるからには、先ほどまで私の有していた感情が、その場の雰囲気の持つ——たとえば異様な——空気とは異なるということが覚知されることは、現段階でも可能である。そしてそのようなとき、われわれは違和感のようなものを、つまりは異他性の雰囲気ないし気配を感じる。他者問題に接するとき、出発点となるのは、そのような〈ひずみ〉や〈ずれ〉を孕んだ全体感情であろうかと思われる。

そのさいわれわれは、最初から〈物〉や〈生命体〉や〈他者〉や〈神〉を区別することから始めようとは思わない。なぜならわれわれは、特に幼児期において、いたるところに生命を見出す傾向にあるからである。あのフィヒテでさえ「人間には無生の物に生命や理性を付与する傾向さえある」(87)と述べているのだし、フッサールもまた「樹木」や「鳥」に「〔自己〕移入」(88)する可能性について語っている。

前著でも本章の前節でも、われわれは「前提」なしの哲学などありえないと主張し続けてきた。それでは〈多〉をあらかじめ措定してしまうことや、〈他者〉と〈物〉とをまえもって区別してしまうようなことは、その種の必要不可欠な「前提」とはみなされえないのだろうか――しかしながら、どうしても避けえない諸前提があるということを認めることは、もちろん、何でもかんでも前提してよいということではありえない。われわれが哲学なるものを試みているかぎりは、どんなに理屈をつけようとも、やはり〈根源的なもの〉への志向を失うことなどできない。そしてもし〈他者〉と〈物〉との区別がまだ截然としていないような経験がたしかに存在するというのであれば、われわれはそのような原初的経験を無視するわけにはゆかない。「最初の〈他〉とは何であるか」は、それゆえ、考察するに値する問いであろうかと思われる。

最初に〈他性〉の雰囲気がある――それがわれわれの出発点である。それは一つの全体性感情である。そしてわれわれはいま、この違和感の正体を突き止めようとしている。

Ⅱ　仮に「他者」問題に着手したいとする。それでもその出発点は、いまだ自他の区別が成立する以前の「ひと」である――われわれはこれまで、「ひと」については多くの考えがあると主張してきた。たとえば他者の存在を何らかの仕方で――その成否はともかくとして――確証したあとでも、「ひと」はこう感じるだろう、あるいはこう考えるだろう等々、匿名の他者の存在を自覚的・無自覚的に想定するケースは多々ある。そのような場合、「ひと」は可能的他者一般であったり、特定の領野の他者一般——日本人ならこう考える、関西人ならこう反応する、等々——であったりする。しかし、それはあくまで匿名の可能的他者一般なのであって、たとえそこには自己の存在が含まれていようとも、またじっさいに他者が存在するか否かは別としてさえ、「他者」の可能的存立はすでに前提されている。けれども、たとえば幼児がまだ「私」の意識さえ持たないような段階では、そのような自他の区別もまた、まだ存在してはいない。そして他者問題で出発点となるのは、そのような無区別の〈ひと〉[1]なのであって、すでに他者意識を前提とした〈ひと〉[2]ではないのだし、ましてやハイデッガーの語るような、文明社会のなかを生き、その知識や情報や作法や習俗等々にどっぷりと浸かってしまっているような「ひと（das Man）」ではありえない。

異他性の雰囲気が感じられるとき、われわれはその正体を特定しようとする。すでに対象同定や〈多〉の意識は成立しているのだから、ちょうど私が——まだ「私」という顕在的な意識はないにせよ——私の視点という中心点から世界全体を見ているように、その正体が別の中心点から世界全体を統括しているとみなされうるなら、そこで他者の特定の試みが始まる。サルトルの言うように、それはそこから出発して「距離」が測られるような焦点であり、私の中心を「脱中心化」するようなもう一つの中心点である——もっとも私の中心点が完膚なきまでに否定されてしまうなら、自他関係もまた生じえないことになってしまって、サルトルの言うような「相剋」の関係すら成り立ちえなくなってしまうであろう。またサルトルが主張するような他者を中心とした世界の「道具」化も、まだもう少し先の話である。

いずれにせよ、「他者」の存在が想定されて、初めて「私」の意識も確立される。しかしそのためには、じっさいの他者同定が正しかったのか、それともそれは私の早とちりだったのか否かは——人間と思ったが案山子だった、猿だった、たんなる樹木だった、等々——さして問題ではない。

しかし逆に言うなら、現実の他者同定が本当に正しいのか否か、最終的な理論的な確証は、残念ながら得られないのだと言わなければならない。なぜなら他者が他者であるためには、それは意識を有していなければならないはずなのだが、しかるに意識には視覚や思惟のような志向的意識と、感情や情感性のような非志向的意識とが考えられる。そして志向的意識の場合、それは当事者以外、外からは検証できないというのが宿命なのだし、そして情感性や表情のようなものは、絵画のような無生物にさえ見出されうるであろうからである。それゆえ、たとえ現段階では、われわれが人間を人間以外のものと――案山子や蝋人形だけでなく、３Ｄホログラムや精巧に製作されたアンドロイド等々と――混同するようなことはほとんど考えられないのだとしても、哲学的な理論のうえでは、他者問題は、ベルクソンの言うように「実践的には〔pratiquement　ほとんど〕確実性に等価であるほど高度」な「蓋然性」ではあっても、それでもたんなる「蓋然性」[89]にしか到達しえないのだし、あるいはマリオンの言うように、「他者認識」は真の意味での「確実性」ではなく、ただたんに「消極的確実性」[90]をしか要求しえないのだということになる。

Ⅲ　われわれは〈ひと〉[1]と述べた。しかしそれさえも、いまだ誤解を与える言い方であったかもしれない。たとえば狼少年は、〈ひと〉ではなく〈狼〉を肉親とみなしてしまう。また幼児は多くの無生物に生命を感じてしまう。つまり他者同定の前提となるべきは、〈ひと〉というよりは、自他の区別の以前にある〈生〉一般の感情とでも言っておいたほうが正確なのかもしれない――もちろん狼少年にとっては狼こそが〈ひと〉なのだという言い方も、できないわけではないのだが。

その点も含めて、われわれはアプリオリな相互主観性もしくは〈ひと〉[2]を出発点とするような立場には、与しえない。他者問題の鍵は、異他性の雰囲気も含めて、あくまで事実的な他者との事実的な遭遇なのである。そしてその成否はともかくとして、もし私が他者としての他者に出会いえたとするなら、その時点から他者一般の意識すなわち〈ひと〉[2]の意識も芽生えうるであろう――他者問題にかぎらず、それがあらゆる対象意識の基本構造なのである。そして現象学は、そのような意識の成立を、「原創設」と呼んでいる。

どのような形であれ内から他者問題を解決しようとする試みには、それゆえ、われわれは賛同することができない。たとえばフランクやドゥプラッツは「ヒュレー」のようなものにも「自己への他性」を認めようとし、そのうえそこに他者問題への鍵を――「自我‐に‐異他的なものの鍵」や「自己自身への他性の原細胞[91]」を――見出そうとする。しかしながら、たとえ感覚的ヒュレーが異他性の感覚を自己に与えてくれることを認めるのだとしても、そのような異他性を他者問題の基礎とするなら、何が〈異他的なものを孕む自己〉の他性から〈端的なる他人としての他者〉の他性を区別するのかという問題が、かえって曖昧にされてしまうことになりかねない。〈自己のなかの他者〉というような考えは、それなりに有力ではあるのだけれども、しかしそこには事実的・現実的な他者との真の出会いを軽視ないし無視してしまうというような危険もまた、含まれているのだと言わなければならない。

われわれ自身、六部から成る「自然の現象学」という構想のなかで、当初は〈自然における他者〉と〈文化的他者〉との関係を主題的に考察しようと意図していた。〈文化的他者〉とは、たとえばサルトルならこのような場合、どう考えるだろうか等々と心のなかで私が思いめぐらすなら、すでにして自己のなかに他者が潜んでいる、というような考えである――そのような経験は、じっさいにサルトルの著作等々といった文化的所産に接したことがなければ、思いも寄らぬことであろう。しかしながら、そのような〈文化的他者〉とは、幾重にも媒介された諸経験の産物であろう。そして媒介された経験の以前には、もっと直接的で自然的な他者との出会いというものがある。

〈自己のなかの他者〉というものは、たしかに存在する。しかしわれわれは、いかなる意味においても、〈自己のなかの他者〉を他者問題の第一の出発点とすることはできない。

Ⅳ　同様にわれわれは、〈努力‐抵抗〉のビラン的二元性を、異他的物体のみならず他者問題にも適用しようとするひとたちの考えに同調することもできない。そもそも異他的物体の存在証明にビランの手順が成功しているか否かに関してさえ、われわれは懐疑的なのだが[92]、ましてやわれわれには、目のまえにいるのが他者なのか否か、能動的触覚による圧迫とそれに対する抵抗とを経験するまでは分からないというような理屈のほうが、かえって実態からはかけ離れすぎているように思われる。そもそもたんなる〈努力‐抵抗〉の関係からは、他者の心の存在はけっして確証されえないのだし、逆に実践的には他者に触れる以前にさえ、われわれは、好意や親密性によってなのであれ、敵意や殺気によってなのであれ、他者の存在を十分すぎるほど感じている――もちろんそこには錯覚の可能性が皆無だとは言い切れないのかもしれないが、しかし、そのような錯覚は、能動的触覚の行使によって訂正されうる類《たぐい》のものではない。それに接触が最初の他者経験であるならば、幼児は早々に他者の存在に気づいているはずなのに、しかしじっさいのところ、ワロンによれば、「新生児」は三ヶ月までは「自己の身体についての概念」さえ持たないのだという。そして二ヶ月と五日で初めて「他者の視覚的経験」(父親の承認)が生じ、六ヶ月で幼児は他の幼児を「凝視」することができるようになる。「〈我〉の獲得」が「完全」になるのは、ようやく「二年目の終り」なのであって、真に「エゴ」が出現したとき、それは「他者の眼で見たもう一つのエゴ」によって「二重化」されて、いまや「自我‐他者関係」は「無差別化」であることを「やめる」(93)のだという。

異他性の雰囲気そのものを、或る種の〈抵抗〉とみなすことはできないのだろうか――しかしながら、そのような違和感は、主観の意志的努力に対する抵抗というよりも、突如として自己に襲いかかってくるような、ビランの術語を用いるなら、むしろ「アフェクション」に近いような性質のものではないかと思われる。そのうえビラン的な抵抗は、爪先の一点においてさえ覚知されうるような局所的なものなのであって、せいぜいのところ身体全体に対する「共通的努力」すなわち「非意図的な努力」が、局在化される以前のものとして存在するのみである――つまり異他的物体に関しては、局在性が全体性に先立つ。それゆえ異他性の気配に〈努力‐抵抗〉の関係を適用しようとするのは、概念の濫用でしかないように思われる。そして違和感の正体が突き止められ、他者同定がおこなわれるさいにも、必ずしも能動的触覚は――握手や抱擁、体当たりや殴り合い等々は――用いられないであろうことはすでに述べた。そもそもわれわれは、相手をまず他者とみなしてからでないと、握手も抱擁も体当たりも殴り合いも、しようとさえ思わない。

V　ともかくも他者同定の試みが――まだ他人か否かは決定されていない――なされるとき、それは全体から中心への収縮という形でおこなわれる。それは違和感の収縮、異他性の雰囲気の収斂とでも呼びうるようなものであろう。

したがってそこにはまだ人間と動物やただの物や神、生命体と無生物等々の区別さえ存在しないのは、或る意味では当然のことである。そしてそれが他の物ではなくたしかに他の人間であるということは、おそらくは様々なものや自他の比較等々の過程を経て、蓋然的にのみ確証されうる事柄となろう。おそらく最初は人間と物等々とはまだ無区別状態の〈生〉の覚知のようなものから始まり、次いでまずおこなわれるのが生命体と無生物との区別であって、そこから徐々に人間と動植物の区別等々へと進展してゆくのではないかと思われる。そして或るひとたちが場所全体に神々しさの雰囲気を感じたり、あるいは逆に神を髭の生えた老人のように表象してしまったりするのも、ゆえなきことではない。

いずれにせよ〈私‐汝〉の問題は、〈私〉と〈汝〉だけの問題ではない。それは〈世界〉の問題をも巻き込んで、〈私‐世界〉と〈汝‐世界〉の関係という問題となるであろう。そしてもちろん〈私‐世界〉や〈汝‐世界〉や両者の関係の根底には、そこにおいてそれらが成り立つところの〈場所〉というものがある。

異他性の雰囲気の全体が収縮して他者へと収斂してゆくからこそ、逆にサルトルの言うような「脱中心化」、すなわち私のみならず他者を中心として世界が広がるということも、可能となるのではないかと思われる――そのことについては、本章第四節でまた触れる。そして「自然」と「自然物」との関係を考えるときにも、このような〈収縮‐放射〉の関係にもとづいて思索することが、肝要となるように思われるのだが――だからこそわれわれは、ここでは主として異他的物体の問題よりも他者問題のほうを優先的に主題化しようとしてきたわけである――それについてもまた第四節で取り扱うことになる。

第三節　〈多における一〉と〈一における一〉

〈多〉が成立すると、関係諸項とその関係の論理――ふつうに論理学で言われる論理――というものが生まれてくる。

そしてヘーゲルならば「否定」や「媒介」という名で呼ぶであろう諸問題は、「否定」も「媒介」も諸項の〈多〉を想定しているからには、ここにおいてこそ主題化され、そしてそのような関係や関係の論理そのものが〈多における一〉を形成する。しかしながらわれわれ自身の立場からするなら、そのような〈多における一〉の根底には、つねに〈一における一〉という場所が存在する。そして〈多〉の成り立つ場所が見出されたいま、少なくとも〈多における一〉と〈一における一〉という二つの場所が、すでに確立されている——〈多における一〉の設定次第で、〈一における一の場所〉を根底とする〈多における一の場所〉は、ほとんど無際限に形成され続けうるであろう。

しかし、もしそうであるなら、〈場所〉と〈場所〉との関係がいかなるものであるのかが、当然のことながら問われるのでなければならない——われわれはそれを、或る場所のうえにあるもの同士の水平の関係からは区別して、場所と場所との垂直の関係と呼ぶことができるであろう。そしてもちろん両関係は〈場所〉と〈場所のうえにあるもの〉との、あるいは西田の言葉を借りて「於てある場所」と「於てあるもの」との、場所の基本関係とも言うべきものからは、区別されなければならない。

しかるに各々の〈場所〉には、〈場所〉それ自身の自己関係というものがある。なぜならそもそも場所は、現象しなければならないからである。しかもそのような自己関係には、もちろん潜在的なものと顕在的なものとの、あるいは非主題的なものと主題的なものとの、もしくは内在的・自己‐触発的なものと志向的・対象化的なものとの相違がある。そしてそのように考えるのであれば、〈於てある場所〉の根底には、やはり〈於てあるものなき場所〉の存在が、現象学的に要請されるのだということになろう。

(1) 〈於てある場所〉と〈於てあるものなき場所〉

なぜ〈於てあるものなき場所〉の考察が必要になるのかと言えば、それは〈場所〉というものを〈於てあるもの〉から思惟するのではなく、〈場所〉それ自身から思索するのでなければならないからである。そのことは、とりわけ後期のハイデッガーが「有それ自身（Sein selbst, Seyn selbst）」を「有るものの有（Sein des Seienden）」から区別して思索しようとしていたことに似ている——もし「有」を「有るものの有」としてのみ思惟しようとするのであれば、そのような「有」は「有るもの」のほうから思惟されることとなり、つまりは「有るもの性（Seiendheit）」としてしか思惟されないことになってしまって、「有の思索」は挫折してしまうことになるだろう——。しかしながら、〈於てあるものなき場所〉を主題的に思索しうるためには、〈於てあるものなき場所〉それ自身が、まずは非主題的に自らを顕現しているのでなければならない。そしてわれわれはそのような非主題化的な自己顕現を、〈場所の自己‐触発〉と呼んでいる。

Ｉ　以前にわれわれは、拙著『他性と場所Ⅱ——《自然の現象学》第六編——』第五章の末部で、以下のように述べたことがある。「われわれの考える〈場所における場所〉とは、西田の考えているような「更に大なる場所に於てあるもの」という意味での「場所に於てある場所」のことではなくて、端的に〈場所それ自身として自らをあらわにする場所それ自身〉のことである」[94]——しかしながら、それはいささか誤解を招く表現であったかもしれない。

『一般者の自覚的体系』所収の《述語的論理主義》（一九二八年）の西田は、「場所が場所自身に於てある」ことは「自覚」を意味し、「更に大なる場所に於てあること」を意味すると考えている。そしてとりわけ「厳密なる意味に於て場所が場所に於てあると云うこと」とは、「単に意識ということ」を意味する。すなわち「真に自覚的なるもの」は「自己自身を見るもの」として「最後の場所に於てあるもの」なのだが、「我々の単なる意識面」とは「自覚面の不完全なもの」ではあっても「既に自覚を予想したもの」なのであって、それゆえ「場所が場所自身に於てある」とは、この場合、「場所がその於てある場所に接着し、自覚者を包む場所に於てあると云うこと」[95]を意味しうるのだという——このような西田の言葉を見るかぎり、「場所が場所自身に於てある」とは、この文章の主語たる「場所」が「更に大なる場所」としての「自覚面」という「最後の場所」もしくは「自覚者を包む場所」に「於てあると云うこと」を意味している。つまり西田自身は〈場所[1]が場所[2]自身に於てある〉というような述べ方はしていても、ここでの

〈場所^{1}〉と〈場所^{2}〉は同一ではない。あるいはもしここで西田がミシェル・アンリと同様に、「単なる意識面」が自らを「自覚」する作用はもはや「単に意識ということ」ではないと言いたいのであれば、文字通り〈場所^{0}が場所^{0}自身に於てある〉ということになるのだが、しかしそのような読み方は、いささかアンリ化しすぎのきらいがあるかもしれない。

いずれにせよわれわれが〈場所の自己‐触発〉と述べるとき、それは場所それ自身の非主題的な自己顕現を意味しているのだから、そこに〈場所^{1}〉と〈〔更に大なる〕場所^{2}〉との区別はない。しかしながら〈於てあるものなき場所〉を主題化するときには、非主題的な〈場所^{1}〉を主題化するための〈場所^{2}〉というものが、当然のことながら要請されることになろう。そしてわれわれの用いた〈場所における場所〉という表現は、むしろそのような主題化の場所のことを想わせてしまうかもしれない。それゆえわれわれは先の拙著の表現を訂正して、場所それ自身の自己顕現を意味する場合には〈場所における場所〉に類した表現は控えて、もっぱら〈場所の自己‐触発〉という表現にとどめておくことにしたい。

Ⅱ　〈於てあるもの〉と〈於てある場所〉と〈於てあるものなき場所〉とは、それぞれ後者が前者の根拠であるというような関係のうちに立つ。しかし、それはどのような意味での根拠なのだろうか。

自己意識がなければ意識はないと言われるとき、自己意識は意識がいかなるものについての意識であるのかを決定しているわけではない。たとえばそれがオレンジについての意識であるのか、それともミカンについての意識であるのかを定めているのが自己意識だというわけではない。けれども自らがオレンジやミカンを見ていることを知っているのでないような意識は、ただ物を映すだけの鏡やレンズと変わりなく、それは本当の意味での意識ではない。自己意識は意識が意識であるための条件であり、根拠である。しかし、それだけではない。アンリにおいて超越の根拠たる内在が情感性であるからこそ、あらゆる意識がそれなりに情感的となるように、現れの根拠はそれ自身が特異なる現れ方を有しつつ、それによって現出へと根拠づけられるものの現れ方に、或る特有の仕方で影響を及ぼす。

西田によれば「於てあるもの」は「自己のある場所の性質を分有するものでなければならぬ」のだという。「「於てある場所」の性質によって「於てあるもの」の内容が定まる」[96]のである。そしてそのことは、西田哲学における最終の場所たる〈絶対無の場所〉についても当てはまる。つまり、「絶対無」とは「何物もないということ」ではなく、それは「心の本体」を意味し、「西洋の有形文化」に対して「形なくして形あるもの、声なくして声あるもの」を、つまりは「真に創造的なる生命」、「主客未分の純真なるもの」を謂う。そのうえ「「無」の自覚」は「Agape〔アガペ〕の意味を有するもの」であり、西田の「無」とは「各人の自由を認めいかなる罪人をも包む親鸞の如き暖い心」[97]なのだという。

〈於てあるものなき場所〉は〈於てある場所〉の現象化の実質的条件であり、現れの根拠たる現れである。そしてそこには〈於てあるものが無い〉と言われる場合の〈無〉は、〈於てある場所〉のうえにじっさいに〈於てあるもの〉が有るか無いかの〈無〉ではなく、〈於てあるもの〉を度外視した〈場所〉の自己現出としての端的な〈無〉である。それゆえそれは、ヘーゲルの「有論」冒頭の「有」と「無」のように、「同じもの」であると同時に「異なるもの」として区別され、たちどころに「転化」してしまうような「有」や「無」ではありえない。それどころか〈於てあるもの〉との対比では「無」[98]と言われうるような〈於てある場所〉の「無」でさえ、〈於てあるもの〉とのあいだにヘーゲル的な「有」と「無」の「転倒」を引き起こしうるようなものではない。ここには弁証法的な関係は、まったく成り立ちえないのである。

Ⅲ　超越論的なものはあくまで経験的なものの条件であって、経験的なものと立場が入れ替わることなどありえない。しかしながら、〈場所〉は〈地平〉とは等しくない。もちろん〈場所〉のなかには——たとえば西田における「対立的無の場所」のように——超越論的地平と言い換えても差し支えないようなものも多々存在するではあろう。けれども「絶対無」の場所は、けっしてそのような〈地平〉と混同されることなどあってはならない。

まず〈地平〉の場合、たとえば一九二〇年代後半の前期ハイデッガーにおいてのように、そこには主観的企投という考えが不可欠となる。あるいは後期ハイデッガーの「性起（Ereignis）」の考えにおいてすら、たとえば《Es gibt Sein（それ（＝性起）は有を与える、有がある）》などと言われる場合、「有」は「それ」によって初めて与えられるのだということになる。つまり前期ハイデッガーにおいても後期ハイデッガーにおいても、超越論的地平として捉えられるか否かは別として、ともかくも「有」は〈自ずから（von sich selbst）立ち現れる〉のではなく、ただ何かによって──「主観」であれ「現有」であれ「それ」であれ──現象せしめられるにすぎないのだということになってしまう。ゆえに〈自ずから立ち現れる〉ものとしての〈自然〉は、〈地平〉とみなされることなどありえないのだし、あってはならない。〈自然〉は自然的であると同時に、またそれ以上に、最も根源的な〈場所〉なのである。

〈地平〉が自ずから立ち現れえないのは、それが主観によって企投され受容されるから、つまりそれが〈自己〉からは区別されざるをえないからである。それに対し、たとえば西田においても、究極の〈場所〉は真の「自己」と同定される。「自己がその場所となる」のであり「場所其者が真の自己」[99]なのである。もちろんその場合の「自己」とは、狭い意味での自我のことではありえない。それゆえにこそ西田は、「真に自己を見るということは自己を失うことでなければならぬ」とか、「知るものがなくなる時、真に知る」等々と述べるのである。或る書簡〔一九三九年一一月三〇日付木村素衞宛〕に曰く、「修行して真に公案三昧となった時パット火が出て自己も天地も焼き尽してしまう様だ即ち絶対の無に入る　我もなく人もなく天地もない　そういう絶対の無に絶対の死に入った時そこから絶対の宗教的生命が溢れ出て来る　真の自己の生まれて来る　それを蘇生するという　真に死して生まれることだ[100]」──もっともそれは、われわれがもともとそこにいる場所なのであろうが。いずれにせよ「見るものなくして見る」ということは、「自己が」が「自己に於て」となることであり、「場所其者となること[101]」なのである。

地平上に対投された自己や地平それ自身は、それを企投し受け取る自己の存在を前提とする。つまりそのような自己や地平も、それらを見る自己でさえ、相関的なもの、つまりは相対的なものでしかないのであって、絶対的なものではありえない。それらの関係は被造物と創造主との関係に似ている。しかしながら、もし絶対的なものがあるとするなら、それは創造するものでも創造されるものでもあってはならないだろう。それゆえ〈自ずから立ち現れる〉ような〈場所〉には、地平構造は一切関与しえない。

Ⅳ　一九二〇年代末のハイデッガーが「世界」を超越論的地平として構想していたのに対し、三〇年代を中心とする中期の彼は、「世界と大地の闘い」という考えに傾斜するようになってゆく。そしてわれわれの考える「自然」という「場所」は、人間主観的な色合いの濃い「世界」よりは、むしろ「自然」や「物的なもの」の肩代わりをする「大地」のほうに近いのかもしれない。しかしながら中期ハイデッガーの「大地」は、「世界」同様、「歴史的」なものでしかなく、「或る歴史的な民族の大地」[102]でしかない。

西田の「無にして有を包むもの」に特徴的なのも、それが「Materie〔質料〕にしてPlotin〔プロティノス〕のdas Eine〔一者〕を含むもの」とみなされているということである。それは「父の方向」すなわち「イデヤの方向」ではなく、「母の方向」つまりは「質料的方向」を持ったものであり、「絶対無の立場」とは「絶対に質料即形相的なる立場」なのだという。「私の絶対無の自覚というのはプロチノスの一者の如く主語的方向に考えられたものではない、有にして自己自身を限定するものではなく、無にして自己自身を限定するものを意味するのである、イデヤ的限定の意味を有ったものではなくして、却って質料的限定の意味を有ったものである」[103]——西田自身はけっして「場所」を「自然」と同定しているわけではないのだが、しかし、少なくとも西田の「場所」も、中期ハイデッガーとの関連で見てゆくなら、「世界」よりは「大地」に近いと言えそうである。

われわれは以前、「大地」は「世界」と闘い合う必要などないと主張したことがある。なぜならほんらい「大地」には、〈自ずからなる立ち現れ〉が認められるべきだからである。大地が世界と闘い合わなければならないのは、われわれの考えでは、それがハイデッガー自身の言葉を借りて「ことさらに（eigens）」現象しなければならないとき、つまりは対象化され主題化されねばならないときのみである。〈自ずからなる立ち現れ〉は、密やかなる現象であり、それゆえにこそ主題化的・対象化的なまなざしに対しては〈隠れること〉を好む。したがってまた「世界」が「大地」をことさらに現れ出でさせようとするなら、「世界」と「大地」は「闘い」のなかに突入せざるをえないのである。けれども「世界」が「世界」として、たとえば「芸術作品」のなかで「大地」をことさらに顕わにしようと思い立ちうるためにも、それ以前に「大地」がそれ自身によって自ずから立ち現れていなければならないというのが道理であろう。ことさらなるものの現出は、ことさらならざるものの現象を、必然的に前提とする。

そのうえハイデッガーの「大地」には、西田の「場所」とはちがって、究極の「自己」というものがない。それゆえにこそ「大地」は自足しえず、「世界」との「闘い」にこそ依拠せざるをえないのである。しかし、それでは「自己」は、いったいどこに所在しうるのだろうか。

「大地」が「世界」との闘いのうちに自らの所在を見出さねばならないからこそ、それは「歴史」化され、「民族」化せしめられるのである。しかしそのような「大地」は真の「自然」ではなく、真の「大地」ではありえない。なぜならそれは、そのような仕方では、「自ずから立ち現れる」ことなどできないからである。

V　オントローギッシュな創造や企投という考えと或る意味で対蹠的な立場に立つのは、破壊や脱構築といった考えかもしれない。そして破壊的な脱構築が意味を有するのは、すでに構築されたものがあらかじめ想定されていたからであり、そしてそのような構築が不十分とみなされているからである。その意味で脱構築の考えは、西田の「作られたものから作るものへ」のそれに似ていなくもないかもしれない――もっとも西田の思想には、デリダのそれのようなシニカルなニュアンスは、認め難いのではあるが。

しかしながら、構築されたものが真に不十分とみなされうるためには、そこに構築されないもの、作られないものが、やはり前提されているのでなければならないだろう。歴史や文化の所産を脱構築しようと試みるのには、たしかに意味がある。けれども自然に対して脱構築を試みるのは、まったく無意味である。もちろん特定の自然観に対しては、脱構築の試みがなされうるかもしれない。しかしそのような自然観は、自然そのものではなく、むしろ文化の所産でしかない。そのうえ或る自然観に対して別の自然観が批判的に立つことが可能となるためには、もともとの自然の自ずからなる立ち現れというものが、前提されているのでなければならない。さもなくばわれわれは、結局のところ謂われなき空虚な自己正当化の争いに巻き込まれてしまうのがオチである。

自然観とは、或る特定の場所を構成し、そこにおいて自然を見ようとするような見方である。それゆえもしわれわれが自然というものを根源的な場所とみなしうるのだとするなら、自然観一般は、もはや絶対的な場所など形成しえないことになる。文化は自立しえないのだし、自足しえないのである。

絶対者の認識、もしくは絶対者の顕現に関して、ヘーゲルには、一方で「道具」や「手段」や「媒体」、あるいは「制限」という考えに対しては批判的な態度を取り、しかるに他方では「媒介」の立場を称揚していることを、われわれは前章までで見てきた。それゆえ表立ってはヘーゲル自身が絶対者は「結果」[104]においてしか絶対者でないと述べているのとは裏腹に、絶対者は最初から自らを顕現しているのでなければならないと解釈する者たち――カッシーラーやハイデッガーやアンリなど――も多く、そのうえヘーゲル自身の言説にも、そのような考えを示唆するものは少なくない。たとえば本書第一章でも見たように、『エンチュクロペディー』はその「序論」のなかで、こう述べていた。「批判哲学の一つの主要観点は、神、諸事物の本質等々を認識することに取りかかる以前に、認識能力にそのようなことがなしうるか否か、認識能力それ自身をあらかじめ探究すべきだということである。ひとはそれを介して成立すべき仕事に着手する以前に、あらかじめ器具（*Instrument*）を知るようになっておかねばならない。〔…〕しかるに認識の探究は、認識しつつよりほかには生起しえない。このいわゆる道具（Werkzeug）において、道具を探究することが意味するのは、道具を認識することにほかならない。けれどもひとが認識する以前に認識せんと欲することは、敢えて水のなかに入る以前に、泳ぐことを学ぼうとした、かの付属神学校長の賢明なる意図と同様に、馬鹿げている」（W8, S. 53-4. Vgl. S. 114 : W16, S. 58-9 : W20, S. 334, 430）。そして「認識能力の探究」が「それがいたりたいと欲しているところにいたりえない」のは、「それがそれ自身、このものだから」であり、「自己にいたりえない」のは、「それが自己のもとにいるから」（W20, S. 334）なのだという。

しかしながら、認識には道具や媒体を必要としない直接知もあれば、媒介があって初めて成立するような間接知というものも、当然のことながら存しよう。そして最初から水のなかにいるからこそ、敢えて水のなかに入る必要のないのは、絶対者にまつわる直接知の特権である。逆に媒介知に関しては、媒体の多性ということに鑑みて、そこにはその数多性やそれらのあいだの程度差というものが、当然のことながら容認されうるであろう——泳げぬ者は、いきなり大海のただなかに飛び込んでから、泳ぎを学ぼうなどとはしない——。逆にもし媒介知に程度差も数多性も認められないというのであれば、カントやカント直後のドイツ観念論がめざしていたような「知の知」としての「超越論的哲学」の構想など、初めから不可能であったはずであるのみならず、ヘーゲル自身の『精神現象学』や『大論理学』、あるいは『エンチュクロペディー』の試みでさえ、不可能になってしまうだろう。

反対に、最初からわれわれの住みついている場所が絶対者の場所なら、もちろん媒介知はそのような直接知を前提として初めて成り立つのだと主張しなければならなくなるのではないだろうか。そしてそのようにしてようやく成立する知においてこそふさわしいのが、「否定」や「媒介」といった考えなのである。

(2) 否定と媒介の構造と場所

すなわち〈否定〉や〈媒介〉は、多項を想定することが、構造的に決定されている。それゆえわれわれは、まず〈否定〉や〈媒介〉の構造を探ることを余儀なくされるであろう。そしてそのような〈否定〉や〈媒介〉の場所については、当然のことながら、〈肯定と否定の手前にあるもの〉や〈直接性〉の場所との関連が問われるのだということになる。

I　先にわれわれは、〈多〉がなくても〈一〉はあり、そして〈多〉のあるところにはつねに〈一〉があると述べた。しかしながら〈多〉が登場したとき、スポットライトを浴びるのは全体としての〈一〉ではなく〈多〉のほうであり、せいぜいのところ〈多〉の構成分としての〈一〉である。なぜなら〈多〉がことさらに出現した時点でそちらにまなざしが向かうのは、むしろ当然の趨勢だからである。しかし、それでも〈多〉は、〈多〉が成り立つ場所としての〈一〉

なしには、〈多〉としてさえ存立しえない。そこで〈多〉についての意識が措定的・主題的な意識、ことさらなる意識だとすれば、〈一〉についての意識がますます非措定的・非主題的な意識、ことさらならざる意識となるということは、必然的であるように思われる。

サルトルが措定的な〈自己〔についての〕意識〉を非措定的な〈自己〔の〕意識〉から区別したことは有名な話だが、措定的／非措定的の区別は、自己意識に限らず、意識一般に存在するように思われる。そして何度も言うように、ヘーゲルの読者には、彼がもっぱら措定的意識のみを称揚し、非措定的意識を過小評価し続けたということも、やはり公認の事実であろう。しかしながら、そもそも措定的意識は非措定的意識なしに存在しうるだろうか。

たとえば「ミュラー＝リヤーの錯視」についてのメルロ＝ポンティの有名な言葉によれば、「二本の線分」は「等」でも「不等」でもなく、そのような「二者択一」が課されるのは、「客観的世界」においてでしかない。「視野」とは「矛盾した諸概念」が交叉するような「特異な場」なのであって、なぜならそこでは「諸対象」は「比較が可能であるような有の領分」のうえに「措定」されるのではなく、各々があたかも「同じ宇宙」には属していないかのように「自らの私的コンテクストのうちで」[105]捉えられているからだという。「措定」的態度は素朴な経験の世界を強引に変質させてしまう。そしてわれわれに必要なのは、いわゆる「客観的」分析の結果人為的に生じたものを、もともとあった自然的な場所のうちに持ち込まないことであろう。

〈多〉を〈多〉として措定すること自体、そのような分析的・比較化的・区別化的態度の介入を示唆している。そしてそれゆえにこそ、もともとわれわれがそこにいるはずの〈一〉をことさらに見ようとするときには、われわれは〈根源遡行〉のような道を余儀なくされてしまうのである。そして〈否定〉や〈媒介〉は、むしろ分析的で区別化的な措定的態度の典型ではないだろうか。

Ⅱ　たとえば私が最初はオレンジだと思っていたものがじつは夏ミカンだったと気づくとき、私は〈これはオレンジではない〉という否定表現を用いる。このように否定には、〈最初は肯定され、のちに否定されるもの〉、〈否定という作用〉、〈そのために否定がなされるもの・最初の肯定に代わって肯定されるもの〉の三つが、最低限必要であるように思われる――オレンジでないことだけは分かったが、本当は何であるかが分からないのだとしても、少なくとも正体不明の果実なり物体なり映像なりが肯定されている。そしてこれらの三項は、そこにおいてそれらが成り立つところの〈場所〉――視野とか、味覚や嗅覚や触覚をも含めた知覚野全体とか、あるいはそれにもとづいた判断や解釈の領野とか――を前提としている。そしてそれらの諸項は、明らかに区別されている。〈否定〉は〈多〉の措定なしにはありえないのである。

このように否定は、二重の意味で肯定を要求する。それでは懐疑論のように、ただ疑うだけ、否定するだけで、〈最初の肯定に代わって肯定されるもの〉を伴わないような態度はどうなるのだろうか――しかしながら、懐疑論は〈疑いえないものは何もない〉という主張を肯定するためにこそ否定を繰り返すのであって、そこにも〈そのために否定がなされるもの〉が皆無であるわけではけっしてない。本書第一章でも引用したブルジョアの言葉にもあったように、「懐疑論者」とはじつは「疑わない者」なのである。

かくして否定は肯定以上に、あるいは〈肯定と否定の手前にあるもの〉とははっきりちがって、ことさらに措定的な態度を取り続ける。なぜならヘーゲルも言うように、「否定的《ネガティヴ》なものはそもそも、直接的なものではない」(WdLW. S. 52)からである。そのうえ前節でも見たように、「否定」は「規定」であり、「否定」のないところ、「相違、規定もまたない」(W17. S. 518)――ヘーゲルはよく「規定性は否定である」というスピノザの命題を引きつつ、「スピノザの実体の一性、もしくはただ一つの実体のみあるということ」は、この命題の「必然的帰結」(WdLS^2. S. 108. Vgl. WdLW. S. 169 : W4. S. 434)だというような言い方をするが、しかしこのような考えにしたがうなら、それこそ「一なる実体」以外はすべて「否定」によって構成されているということにでもなってしまうだろう。つまり、たとえば〈一〉と言っているあいだはよいのだが、〈二〉とか〈多〉とか述べた瞬間に、あるいはAとならんでBと言ってしまった瞬間に、そこには〈否定〉が介入しているのだと言わざるをえなくなってしまう。しかし、それは事柄についての唯一正しい記述の仕方であろうか。

先にわれわれは、植物や生命体の自己成長に〈否定〉の言葉を用いるのは適切ではないと述べた。もちろんそのような記述も可能ではあろうが、しかしそれだけが唯一可能な表現法や解釈法だと断定するのは性急すぎる。あるいはAとならんで非Aではなく、ただBとだけ述べたり、端的に〈多〉と言ったりするだけで、「否定」を強調することにも問題はあろう。それはきわめて作為的な一つの解釈の仕方ではあろうが、少なくとも自然な解釈とは言い切れない。たとえば成長を「否定」の言葉で述べたいのだとするなら、それには状態A[1]と状態A[2]の措定的な区別やそれを踏まえた比較というものが、当然のことながら必要となってくるであろう。もちろんそういう見方もあるのだが、しかし、それにはほんらい連続的にあった各々の状態をあらかじめ他から切り離して固定するというような作業が、つまりは人為的な作用が、必要となってくる。それはずいぶんと作為的な構築物ではないだろうか。そのうえ前章でも見たように、ヘーゲル自身が「異別性（*Verschiedenheit*）とは、区別されたものが自己自身によって他に関わらないかぎりでの相違である。〔…〕異別性としての異別性一般は、たんなる多性（Vielheit）である」と述べていた。「多の各々はただ〈一〉一般（Eines überhaupt）でしかなく、したがって他と同じものなのであって、これでもって本来的にはいかなる相違も措定されていない」（W4. S. 129）——つまりはまだ「他」との顕在的な比較も「相違」も「措定」されていないような「異別性」や「多性」というものも、当然のことながら思惟されうるのであって、先のヘーゲルの表現を逆転して、「相違」のないところ「否定」もないと言うことさえできるかもしれない。そしてたとえ「区別」があるのだとしても、だからと言ってただちにそれが「否定」であると、言う必要などあるのだろうか。

オレンジだと思っていたものが、じつはオレンジではなく夏ミカンだったというような明らかな否定作用と、気がつけば植物が成長していたとか、オレンジの横に夏ミカンがあるとかいった事態は、必ずしも同一ではない。「否定」には「否定」特有の構造と、それにふさわしい役割というものがある。たとえば『自覚に於ける直観と反省』のまだ若い西田は、「創造する神は同時に創造しない神である、肯定の意志は即ち否定の意志である[106]」と述べている。

しかしながら、「創造しない」だけで「否定」と言うのは、言語形式としてはともかく、この種の事柄の言説に関しては明らかに不適切である――神は〈創造せんとする肯定の意志〉を否定したから「創造しない」わけではないのだし、そもそも〈意志の否定〉でさえ「否定の意志」ではない。事象的にはこのような場合、「否定の意志」とはむしろ無化や破壊や毀損を意味することにでもなるだろう。いずれにせよ言語形式だけにもとづいて議論を進めようとすると、大切なものを見失う恐れがある。

Ⅲ 「対象論理というものは、要するに媒介の論理であって、実在そのものの論理ということはできないと思うのです[107]」と、一九三六年の或る書簡のなかで西田は述べている。そして『精神現象学』のヘーゲルによれば、「媒介」とは「純粋否定性」(PhG^{B2}. S. 16) である。

「媒介」も「否定」と同様に構造化されうる。つまり「媒介」にも〈それによって媒介されるもとのもの〉、〈媒介するもの(=媒体)〉、〈その媒介作用〉、〈媒介された結果現れるもの〉という、少なくとも四項が、それらがそこにおいて成り立つ〈場所〉のうえで措定されるのでなければならない――〈否定〉より一つ多いようだが、ここで〈媒介作用〉を加えたのは、〈否定〉とはちがっていかなる仕方の〈媒介作用〉がここで働いているのかが、さらに問われうるであろうと思われたからである。

否定は媒介の一種である。つまり媒介は否定だけにかぎられず、否定よりは広い。何かが何かと関係するとき、そこに〈媒介〉を見ることは可能だし、場合によっては〈自己媒介〉のようなものを考えることさえ不可能ではない――ただしその場合、〈自己$_1$〉と〈自己$_3$〉とが〈自己$_2$〉によって媒介されるというような措定的区別がなければ、意味をなさないことになろうが。

それゆえ〈否定〉と同様、〈媒介〉は多項の存在とそれらの区別とを前提とする。そしてそのような〈多〉が可能であるためには、もちろんそれらが〈一なる場所〉のうえに措定されているのでなければならない。しかるに〈一なるもの〉しかないところ、そこに〈媒介〉が成立する余地はない。つまり〈媒介〉は〈直接的なもの〉なしにはありえない。したがって〈媒介〉のない〈直接性〉は存在しえても、〈直接性〉なき〈媒介〉などというものは存在しえない。

Ⅳ　しかしながら、〈媒介〉にもいろいろな意味が認められるのと同様に、〈直接性〉にもいろいろな考えが指摘されうるであろう。たとえばMがAとBを媒介すると言われるとき、MとAやMとBは直接的な関係にあると言うこともできようし、さらに新たな媒体M^2をAとMのあいだに見出そうとするなら、今度はAとM^2が直接的な関係に立つ、等々。しかしそれだけではなく、以下のⅤでも詳しく検討するように、或る意味ではAとBのあいだにさえ直接的な関係がなければ、Mの媒体としての存在意義さえ疑われてしまうことにもなるだろう。

　そもその大前提として、もし最初に〈一なる全体^a〉が与えられているのだとするなら、そこには〈媒介〉を可能ならしめるような〈多〉がまだ存在しないのであるからには、それは〈直接的なもの〉である。そしてその〈全体〉を説明するために、そこに〈諸要素〉を措定してそこから〈全体〉を再構成しようと試みるなら、そのとき初めて〈全体^b〉は〈諸要素〉によって媒介されたものとなり、同時に〈諸要素〉は〈全体^b〉によって媒介されたものとなる。けれどももし〈全体^a〉がなければ、〈諸要素〉への分解とそこからの〈全体^b〉の再構築の作業を導くものがなくなってしまって、分析も綜合もまったく意味をなさなくなってしまうであろう。ゆえに〈全体^a〉は初めからあり、途上にもあり、最後までである。〈直接的なもの〉がなければ、〈媒介〉など無意味なのである。

　あるいはヘーゲルの『美学講義』の「序論」には、子供が川に石を投げ込んで、水のなかに描かれた輪を「そこにおいて彼が自分のものの直観を獲得するところの作品」として賛嘆するという印象深い一節がある。それは「外物のうちでの自己自身の産出」(W13, S. 51) なのであって、「芸術の一般的欲求」もまた「人間が自らに内界や外界を、そこにおいて彼が彼自身の自己を再認識(wiedererkennt)するところの或る対象としての精神的意識へと、高めなければならない」という「理性的な」(Ibid., S. 52) 欲求なのだという――しかしながら、自己を媒介的に「再」認識するためには、あらかじめ自己をもっと直接的な仕方で「認識」しておかねばならないというのが、道理ではないだろうか。たとえば幼児に媒介的自己再認を可能ならしめている直接的自己認識あるいは自己感覚・自己感情とは、いかなるものであろうか。

〈媒介〉はとりわけ「上と下」、「右と左」、「父と息子」のような「関わり合いの諸規定（*Verhältnisbestimmungen*）」（WdLW. S. 61. Vgl. S. 44 : W16. S. 62. usw.）において不可欠であるように思われるかもしれない。しかしながら本書第一章でも見たように、たとえば「プラス」は「マイナスへの関係」としてのみ存在しうるがゆえに、「プラス電気」が措定されると必然的に「マイナス」電気も措定されるが、しかし電気がこのように区分されるということは必然的なことではなく、それはプラス・マイナスの法則には無頓着な「単純な力」（PhG[B2] S. 107）だと述べていたのは、『精神現象学』のヘーゲル自身なのである。ヘーゲル自身の解釈はさておき、そもそも「関わり合い」が成立しうるためには、まずもってそれが成り立つための〈場所〉というものが存在していなければならないのではないだろうか。

たとえば〈教師〉は〈生徒〉がいなければ〈教師〉ではなく、〈生徒〉は〈教師〉がいなければ〈生徒〉ではない。ゆえに〈教師〉は〈生徒〉によって媒介され、〈生徒〉は〈教師〉によって媒介される、等々と考えられるかもしれない。しかし、そこにも教育の現場という場所がある。逆に見てゆくなら、〈生徒〉というものは数限りなく存在しうるのだし、〈生徒〉にとっての〈教師〉もまた数多く想定しうる。そのうえ〈教師‐生徒〉の関係が成り立ちうるためには、学校関係者やその家族、そのまた関係者等々、結局は過去や現在や将来の世界中の無数の要素を勘案しなければならなくなってしまうであろう――そのような発想自体、不可能ではないのだが、しかしそれだけが唯一の考察法なら、有限なる存在たるわれわれにとって、実質的には何の役にも立たないことになってしまう。

媒介とは本質的に「多様な媒介」（Ibid. S. 69）である。つまり「媒介」の道はけっして一本道ではなく、そこに必然性を見出すことにはつねに困難が伴う。つまり直接性の立場と媒介の立場との最も顕著な相違とは、後者はけっして自らを唯一決定的なものとして示すことができないということなのであって、そこに必然性が押しつけられるとき、われわれは何かしら恣意的なものを感じずにはおれないのである。

V　よく言われることだが、シュテケラーは「或る人格の本質は、諸人格の共同体ないし社会のなかでの彼の位置である」(Stekeler (1). S. 530) と述べている。しかしそのような考えからは、社会という機械装置のなかの一箇の歯車としてのその人格の役割存在しか導き出されず、かけがえのない個人の有は見失われてしまうかもしれない。そのうえそのような導出は無際限の過程を、つまりは非現実的で不可能な課題を、要求しさえすることになってしまうであろう。禅宗では「父母未生以前の本来の面目」などと言う。ゆえに西田は「子は親から生まれないという意味」もしくは「親も子を生まないという意味」を強調する。「私の人格は私の親から生まれるものではない」[108]――それは「一人の子供を作るより一箇の道具を作るほうが理性的である」(SdS. S. 18) などと平然として言ってのけるヘーゲルとは、たしかに異なる立場であろう。

「道具」はもちろん一箇の媒体であり、すぐれて媒介の役割を果たす。しかしながら『精神現象学』の「序論」の冒頭で「道具」としての「認識」の有り方が批判されていたように、媒体による間接的な媒介という働きは、それが媒介するはずの当のものへの直接的な関係がすでに存在しているのでなければ、己の役割を全うすることさえできなくなってしまうだろう。「たしかにそれ〔絶対者〕は、もしそれが即且対自的にすでにわれわれのもとにあり、あらんと欲しているのでなければ、このような〔道具の利用などという〕術策(List)を、嘲笑うであろう」(PhG^{B2}. S. 58)――それゆえ一般的に言って、AとBのあいだにはMという媒体がなければならないといった類《たぐい》の思考からは、AとMのあいだにはM^2が、さらにはAとM^2のあいだにはM^3が要請される、等々の無限進展という悪無限が招致されるというだけではなく、そもそもMそれ自身が、最初から存在するAとBのあいだの直接的な関係を前提としているのでなければ、存立しえないのである。

たとえば『精神現象学』のⅣの「A　自己意識の自立性と非自立性。支配と隷属」のなかで、「主《あるじ》」は「物」に対しても「僕《しもべ》」に対しても、「直接的」にも「間接的〔媒介的〕」にも関わるのだと述べられていた。仮に僕が主に代わって物を入手〔収穫や採取や狩猟や交換等々〕し、それを「加工」することによって主の「享受」という「欲望」を満たしてやるのだとする。その場合、たとえば僕は、主とのあいだには使用・命令／賦役・奉仕という関係を、また物とのあいだには入手・加工といった関係を形成することによって、主と物とのあいだを媒介する。しかしながらそのような媒介は、あらかじめ主と物とのあいだに「享受」の「欲望」という関係が存在していなければ、成り立ちえないであろう。逆に、仮に主と僕とのあいだに支配／服従という関係が存立するのだとすれば、そのような関係には命令する言葉という媒体が必要となり、言葉という媒体が成立するためには言語世界やそれを成立せしめている歴史的・社会的環境のみならず、空気という音響媒体もしくは紙とインクという視覚的伝達手段が不可欠となり、それを産出し受容する人体には、発声や運筆や視覚や聴覚の諸器官のみならず、それらを脳とつなぐ神経組織が要求されるであろう、そして神経の或る刺激が脳に到達する以前には、刺激された箇所と脳とを結ぶルートのちょうど半分を通過せねばならず、そこを通過するためにはさらにその中間地点を通過しなければならない、等々。その気になれば媒体の分析に関しては無際限の考察が、質的にも量的にも随意に可能となるのではあるが、ただしそれらはそれらが媒介しようとしている当のもの同士の直接的な関係というものを前提としておかなければ、端的にその存在意義を失う。

Ⅵ　あと幾つか〈媒介の哲学者〉ヘーゲルの挙げる具体例を検討しておくことにしよう。たとえば前章でも見たように、『エンチュクロペディー』のヘーゲルは、「私がベルリンにいる」という「この私の直接的現在」でさえ「ここへとなされた旅等」によって「媒介されている」(W8, S. 157) のだと主張する。そしてそのときにもわれわれが付言したように、このような考察はすでに対象化された客観性の地平と外的な反省というものを前提としている。そのうえもちろんこの種の反省はいくらでも恣意的に拡張しうるのであって、いま私がベルリンにいることの説明に、これまでの私の全生涯を語ってもよいわけだし、私の両親、そのまた両親等々の歩んできた道を、すべて語り尽くさなければならないということにもなりかねない。

　けれどももちろんそのような考察は、たとえば私がいまベルリンにいるという事実とハイデルベルクにいたという事実等々を、いったんは切り離してからでしか成立しえない。しかしながら「私がベルリンにいる」という事実は、もともとそのような過去のすべてを含んだ全体としての一事実なのであって、それは分析されるか否かには関わらない――われわれが「瞬間のなかの持続[109]」と呼んだ考えは、大きく取ればそのような持続を包括的・含蓄的に含んだ一瞬の現在の有り様を示している。そして「ひとが自らの人生をたどるなら、彼には終末がきわめて制限されたものとして現出するかもしれない。しかし人生遍歴（*decursus vitae*）の全体が、そこに総括（zusammengenomenn）されている当のものなのである」（Ibid., S. 389）と語っているのは、ヘーゲル自身ではないだろうか。

もう一つ、ヘーゲルからの具体例。『宗教哲学講義』のなかの或る箇所では、こう語られている。「或る難しいピアノ曲は、しばしば反復〔練習〕され、個々に吟味されたあと、容易に演奏されうる。それはかくも多くの媒介的諸行為の結果として、直接的活動でもって演奏される。同じことは、われわれにとって第二の自然となった習慣にも当てはまる」（W16. S. 189）。もちろんこのような考察は、いつでも可能である。けれども或るピアニストの演奏を聴いている者は、そのような過去のことを逐一思い浮かべたりなどしないし、思い浮かべていたのでは音楽に集中できない――ピアニスト自身もそうなのであって、或る演奏の成否は、いまそれが如何にしてなされているのかの「直接的活動」にのみかかっている。

『知覚の現象学』のメルロ＝ポンティによれば、「盲人の杖」はいつしか「彼にとっての対象」であることをやめて、杖の先は「感性帯」へと変貌する。「タイピスト」は「言葉を構成している文字がキーボード上のどこにあるか」を逐一指摘しうることなくタイプが打てる。同様に「熟練のオルガニスト」にとって、「楽譜で指し示されているがままの楽曲の音楽的本質」と「オルガンのまわりでじっさいに鳴り響く音楽」とのあいだには「きわめて直接的な関係」が確立されているので、「オルガニストの身体」や「楽器」はもはや「この関係の通過地点」でしかないのだという。それゆえ以後は「音楽が自存的に存在し、残りの全体は音楽によってこそ存在する」のであって、ここにはもはや「音栓の位置についての《記憶[110]》」にとって、介入する余地などない――そして楽器を学ぶ者たちもまた、このような理想に導かれてこそ、厳しい練習を反復するのではないだろうか。ヘーゲル的に語るなら、それは媒介を忘れるための媒介作業であり、言わば〈媒介の自己止揚〉なのである。そしてそのつどの完遂態には、そのつどの直接性のみが残る。

それゆえいままでも見てきたように、ヘーゲル自身でさえ「天や自然や精神やどこであれ、媒介と同様に直接性を含んでいないようなものは何も存在しない」(WdLS², S. 56. Vgl. W8, S. 164-5, 167 ; W16, S. 63-4 ; W17, S. 367, usw.)といった言葉を繰り返すのである。しかしわれわれは、彼のように「直接性一般は媒介からのみ出て来る、それゆえそれは媒介へと移行するのでなければならない」(WdLB, S. 256)とのみ考えるのではない。むしろわれわれなら、いっそう根源的な意味での直接性は、媒介なしにもあり、そして媒介が出現するときには必ず直接的なものがその根底にあって、これを導いているのだと主張する。

一枚の絵画を観るとき、それが完成されるまでに置かれた一筆一筆の筆致を想起しなければ、その絵を観賞しえないというわけではない。もし或る筆の跡がいまも生き生きと覚知されるような画面が現前するなら、その効果は現在にこそ属している。あるいはもし或る筆の跡が過去から説明されなければならないと主張する者たちは、あらかじめ現在瞬間を過去から切り離したうえで、改めてそれを再構成しようとしている。しかしわれわれが主張したいのは、そのような分析‐綜合の道ではない。そして何度も言うように、瞬間毎の全体経験というものがなければ、あとからそれを〔無際限に〕分析し〔後追い的に〕綜合する努力も、結局は無益なものとなってしまうであろう。

(3) 関係の論理と場所

関係の論理に関しては、伝統的に扱われてきた論理学の論理はすべてこれに属すので、そのすべてについてここで言及したいとは思わない。われわれがここで述べたいのは、とりわけ関係の論理は〈場所〉の設定次第で、解釈がかなり自由に変更されうるであろうということだけである。そのために本項では、典型的な幾つかの考えを俎上に載せることによって、その点を明らかにすべく努めることにしたい。

Ⅰ　以前にも述べたことがあるのだが、関係諸項は関係を前提とし、また関係も関係諸項なしにはありえない。しかしながら関係というものを関係諸項からではなく関係それ自身において考察しようとするなら、関係諸項の消滅とともに関係そのものが消失してしまって、残るのは、関係や関係諸項がもともとそのうえに置かれていた〈場所〉のみである。

たとえば時間的なものどもの関係は、それがどのように考えられようとも、時間という場所においてのみ生起する。空間的なものどもとそれらの諸関係も、空間という場所のうえで生じることだけは譲れない。そしていかなる関係の諸カテゴリーであろうとも、そのような関係がそこにおいて成り立ちうるような場所がなければ、そもそも存立しえない。

けれどももし関係諸項の基本型としての〈多〉や、〈多〉の構成員としての〈一〉そのものが——現実存在に適用されるとして——便宜的な諸概念でしかないとするなら、そこに想定される論理形式もまた、便宜的にしか適用されないものだということになってしまうだろう。たとえば弁証法的論理を説明するために、巷ではよく〈蕾は蕾であって蕾ではない、なぜなら蕾は花になるからだ〉などと述べられたりする。しかしながらその場合の「蕾」や「花」とは、いったいどのような概念なのだろうか。もし「蕾」と「花」が初めから区別された固定的な諸概念でしかないとするなら、「蕾」が「蕾」であることをやめて「花」になることなど「矛盾」でしかない。しかしながらもともと「花」になることが「蕾」という概念のなかに含意されていたのだとすれば、「蕾」が「花」になることに何の矛盾もない。それゆえ『創造的進化』のベルクソンなどは、「実在」とは「子供から壮年への移行（*transition*）」であって、われわれは「子供が大人になる」と言うのではなく、「子供から大人への生成（devenir）がある」[11]と述べるべきだと主張する。要するにわれわれは、概念やその概念を性格づける場所の設定次第で、そこに適用される〈論理〉なるものも随意に姿を変えうるのだということを、肝に銘じておかなければならないのである。

ヘーゲルの『大論理学』や『エンチュクロペディー』のみならず、たとえばフィヒテの『知識学』やシェリングの『超越論的観念論の体系』等々、ドイツ観念論の思想家たちには、一般に、必ずしも必然的に演繹されるわけではないようなところでも強引に「必然性」を強調し、「演繹」を敢行しようとする性癖――必然病・演繹症――が、多々見受けられるように思われる。しかしもしそれが必然の道ではなく、可能な解釈の一つでしかないなら、彼らのいわゆる「演繹」もまたフェイクとかフェイントとか、あるいは出来レースといったものに堕してしまう危険を免れえないであろう。

Ⅱ　前章までで見てきたヘーゲル哲学に関して言うなら、たとえば「統一性、相違、関係」といった諸カテゴリーは「その各々が即且対自的には何ものでもなく、ただその反対への関係においてのみあり、それゆえ別れ別れになりえない」ような「諸カテゴリー」であり、それらは「それらの概念によって、相互に関係づけられている」（PhG[B2]. S. 242）という『精神現象学』の言葉や、「同一性」や「異別性」や「対置」といった「反省諸規定」は「相互に対して規定されている」（WdLW. S. 26）といった『大論理学』の言葉だけ取ってみるなら、そこに大した問題は生じないように思われるかもしれない。しかしながらヘーゲル的論理を特徴づけているのは、「同一性は異別性から相違するもので有る」（Ibid. S. 29）とか、「相違」はそれ自身「同一性」であり、両者が一緒になって「相違」（Ibid. S. 34）を形成する等々と述べつつ、「如何にして同一性は相違にいたるのか」などと問うのは「まったく無思慮」である、なぜならこのような問いは、それだけで存在しているような「抽象的同一性」としての「同一性」と、同様にそれだけで存在しているような「相違」とを、「前提」（W8. S. 239）してしまっているからだ、というような類《たぐい》の主張なのである。だからこそ「自らにおいて具体的なものとしての同一性」は「抽象的な悟性同一性」（Ibid. S. 237）からは区別され、「相違を排除した同一性」でしかない後者は「抽象的な、たんに形式的なだけの同一性」（Ibid. S. 238）とか「空虚な同一性」（WdLW. S. 29）等々と呼ばれることになる。またそれゆえにこそヘーゲルは、真の同一性を言い表すために、われわれがこれまでさんざん批判的検討を加えてきた「同一性と非同一性との同一性」やそれに類した表現を、好んで用いようとするのである。

しかしながら、前章でも示唆したように、それはヘーゲル自身が〈空虚で抽象的な同一性〉と〈空虚で抽象的な非同一性〉とを用いなければ、〈具体的な真の同一性〉を表現できないということをも意味しえよう。つまり、先にも述べたように、もし「同^{1}一性と非同一性との同^{2}一性」が無限進展という悪無限に陥ってはならず、そして「同^{2}一性」こそが〈具体的な真の同一性〉であらねばならないのだとするなら、「同^{1}一性」はむしろ逆に、必然的に〈空虚で抽象的な同一性〉であらねばならないことになってしまう。しかし、それではヘーゲルは、自らの論理の言葉のほかに、あるいはむしろ自らの論理が成り立つためにこそ、或る別の論理の言葉をどこかであらかじめ見出しておかなければならなかったということになるのではないだろうか。

「形而上学」は「理性諸対象を抽象的な、有限な悟性諸規定のうちへと捉え、抽象的同一性を原理とした」（W8. S. 106）と『エンチュクロペディー』では述べられている。「悟性」が「諸規定性」や「諸有限性」に与えるのは「堅固さ（*Festigkeit*）」であり、そして「このような固定的なもの（dieses Fixe）」はむしろ「抽象的普遍性」の形式のうちに存していて、それによってそれらは「不変的」（WdLB. S. 43）なものとなる。しかるに「具体的なもの」を「抽象的諸規定性」へと「分離」して「相違」の深さを捉えるのは、「悟性の無限の力」（Ibid. S. 44）でもあるのだという。それゆえにこそヘーゲルは、『精神現象学』の「緒言」のなかで、「分かたれたもの」は「非現実的なもの」であり、「分かつという活動」は「悟性の力にして労苦（Arbeit）」（PhG^{B2}. S. 25）だと述べつつ、「死せるものを堅持すること」は「最大の力を要求するもの」（Ibid. S. 26）だと、むしろ悟性を称揚していたのである。そしてそのような「悟性の力にして労苦」がなければ、ヘーゲル論理学は自らの言葉を失う。それゆえにこそまたヘーゲルは、「悟性は理性的思惟の必然的一契機である」（W10. S. 286）と語り続けざるをえなかったのである。「通常生じているように、悟性と理性を分離することは〔…〕斥けるべきである。〔…〕規定された抽象的な概念は理性の条件、あるいはむしろ本質的契機である」（WdLB. S. 45）――しかしながらそのことは、ヘーゲル的諸概念そのものが〈空虚で抽象的な諸契機〉から再構築された、きわめて人為的な構築物だということを、改めて示唆しているのではないだろうか。あるいは少なくとも、ヘーゲル的論理は一つの構築物であるからには、それは論理についての一解釈ではありえたとしても、唯一可能な論理ではないのだということを、露呈しているのではないだろうか。そしてヘーゲル自身、たとえば「同一性」のことを、「悟性の根本カテゴリー」（W9. S. 20）と呼んでいたではないか。

　前章でもわれわれは、「善がそれで有るところのものと悪が同じものであることによって、まさに悪は悪ではなく、善も善ではなく、両者はむしろ止揚される」（PhG^{B2}. S. 508）という『精神現象学』のなかのヘーゲルの言葉を見た。「我々にとって、もしくは即自的には、対置された諸意義は先に統合され、同じものと同じでないもの、同一性と非同一性との抽象的諸形式さえ止揚されていた」（Ibid. S. 510）のである。そしてわれわれは、本章の第一節で、「真無限」は「真無限」なのであって、そこに「悪無限」や「有限」が諸契機として含まれているか否かの問題は、二次的な問題にすぎないとも主張した。真の同一性もまた、そこに似而非の〔?〕同一性や擬似的〔?〕非同一性が含まれているか否かにかかわらず、端的に同一性だからこそ同一性だと言うべきだったのではないだろうか——それはたんなる〈同語反復〉にすぎないのだろうか。しかしながら、カント的道徳論を批判しつつ、そもそも私が何かを「自己矛盾していない」と見出すからその何かが「正しいこと」であるわけではない、それは「正しいこと」だからこそ「正しいこと」（Ibid. S. 287）なのだと主張していたのは、ヘーゲル自身ではなかったか。

Ⅲ　「対置されたものどもは、それらが同じ観点で互いにネガティヴに関わり合うかぎりで〔…〕矛盾を含む」（WdLW. S. 62）とヘーゲルは述べている。記号化すれば、矛盾律は「Aは同時にAかつ非Aではありえない」等々と言い表される。しかし、何をAとみなし何を非Aとみなすかによって、Aと非Aの両立可能性や両立不可能性の関係は、変化してしまうのではないだろうか。

　たとえば赤と三角は同時に両立可能だが、赤と青は同時には両立不可能だと述べるとする。しかし、たんに紫のように赤なのか青なのか、どちらとも言えそうな色が見つかるかもしれないというだけではない。仮に縦三本、横三本の格子状の模様があって、縦線が赤で、横線が青で描かれているとするなら、交叉点は青でもあり赤でもある。それは紫なのだから、青でも赤でもないのだと言うこともできる。しかしそのように述べるなら、今度は縦線も横線も中断されてしまって、われわれは三本の赤線と三本の青線を見ているとさえ言えなくなってしまうであろう。

同じことをもう少し具体的な或る別の実例を用いて言い直すなら、サン＝ミシェル大通りはサン＝ジェルマン大通りではない。記号で言い表すと、サン＝ミシェル大通りがAなら、サン＝ジェルマン大通りは非Aと記されるもののうちに含まれることになろう。しかしながら、両者の交叉点以外ではもちろんサン＝ミシェル大通りはサン＝ジェルマン大通りではないのだが、しかしまさにその交叉点はサン＝ミシェル大通りでもあり、もちろんサン＝ジェルマン大通りでもある――つまり、そもそも両者をAや非Aと表記した時点で、矛盾律は厳格には適用されなくなってしまうのである。しかし逆にまた、そもそもサン＝ミシェル大通りとサン＝ジェルマン大通りとは、「同じもの」かつ「異なるもの」として弁証法的に進展してゆくといった類《たぐい》のものではないのだし、矛盾に耐え切れずに没落を運命づけられているというわけでもない。

われわれが挙げたのはごくつまらない例かもしれない。しかし、たとえば排中律の妥当性の是非を問うときによく挙げられる円周率のなかの数字の並びのことなどを考えてみても、論理の諸法則は、適用先を考えないと、その成否を問うことさえできなくなってしまう。そしてヘーゲルのような論理は、一般論理学の諸規則とそれらの適用領域とを自らの構成分として利用することによってこそ成り立っているのだということも、忘れてはならないのである。

Ⅳ　本章第一節のなかの或る註のなかでも触れたように、かつてわれわれは、「私が考える故に私がある」ということは「自己矛盾」であり、「我々が身体を有つ」ということは「更に深い自己矛盾」であるという西田の考えを批判したことがある。西田によれば、「私が私を考えると云う時、私は私の外に居なければならない。併し私の外に居るものは私ではない。それは自己矛盾である。併しかゝる自己矛盾こそ、自己自身の存在を証明するものである」。あるいは「心身一如」が「矛盾的自己同一」というのは、「身体」は「見られるものたると共に見るもの」だからであり、そして「我々の身体」は、「物」としては「見られるもの」だが、同時に「働くものたると共に見るもの」[112]でもあるからだという――しかし、もちろんそこには「考える」ということが内‐外の主客関係ないし志向的関係のみから構成されているとか、人間は死せる物体と天使的意識との二実体から合成されているのでなければならないというような先判断／先入見が存在する。つまりこの種の「自己矛盾」は、〈空虚で抽象的な人為的諸観念〉をことさらに措定することにもとづいてしか成り立たないような類《たぐい》のものではないだろうか。

われわれは本書の第一章でも第二章でも、そして本章でもヘーゲルの次の言葉を引証し続けてきた。「じっさい矛盾に耐えうるほど強いのは、精神である。しかし精神は、矛盾を解消するすべを知っているものでもある。しかるにいわゆる世界は〔…〕どこでも矛盾なしに済ますことはないというのに、矛盾に耐えることができず、それゆえ生成消滅に曝されている」（WdLS^2, S. 256）。そしてわれわれは、そのような「矛盾」を持ち込んだものこそ「精神」ではないのかという疑問も呈してきた。『エンチュクロペディー』によれば、「それ自身の矛盾を自己のうちに有し、それに耐えうるようなもの」とは「主観」なのである。そして「このことが主観の無限性を形成する」（W9, S. 469）……。

じっさいヘーゲルによれば、「悟性」は「理性的なもの」たる「矛盾」には「耐え抜き」えず、ゆえに悟性の有するのは「矛盾し合わない諸規定」（W20, S. 164）でしかない。そして「悟性」が「規定し、諸規定を堅持する」のに対し、「理性」は「否定的で弁証法的」（WdLS^2, S. 6）なるがゆえに、「精神」は「否定的なもの」（Ibid., S. 7）である。さればこそ「直接性」が「自然的なもの」（W16, S. 253）だとすれば、「精神は総じて直接的ではない」（Ibid., S. 78）のだということになる。「思惟」にとっては「本質的にそこに媒介があるようなもの」（Ibid., S. 155）のみが存在する。「思惟の本質的規定」とは、それが「媒介する活動」（Ibid., S. 189）だということであり、「精神の道」とは「媒介、迂回」（W18, S. 55 ; W20, S. 507）なのである。

ヘーゲル的理性は、悟性が固定した抽象的諸規定を、どうしても使用せざるをえない。したがってそこに矛盾を見出したとしても、何の不思議もない。しかし、逆のことも言えるのではないか。つまり、もし理性や精神が矛盾を見出してしまったとするなら、理性はそこで空虚で抽象的な諸規定を、いったんは認めてしまったのだということになる。精神は自らが措定した諸概念でもって、矛盾を産出する。そしてそれが自らによって生み出された諸矛盾だからこそ、精神にとってはそれを「解消」しうるのも、当然だということとなる――ヘーゲル的な矛盾や媒介の道とは、そのようなものではないだろうか。

V　カントの超越論的論理学に関しては、カント哲学は「諸カテゴリー」を「それらが経験的に受け入れられたような主観的論理学」から「借用」（WdLB. S. 47）しているのだとヘーゲルが批判していることは、前章でも見た。カントは「これらの諸カテゴリーを導出するのではなく、不完全的に見出す」（W20, S. 345. Vgl. S. 346. 392-3 ; W8, S. 116-7. 147）のである。すでに『精神現象学』のなかで、ヘーゲルはこう語っている。「しかし諸カテゴリーの多性を何らかの仕方でふたたび一つの発見物（Fund）として、たとえば諸判断から受け取り、そのようにしてそれらを甘受することは、じっさい、学の屈辱とみなすべきである」（PhG^{B2}. S. 160-1）――われわれはこのような既存の判断表は、すでにして一つの文化的所産でしかないと述べた。それゆえそれにもとづいて見出されたカント的諸カテゴリーも、やはり一つの人為的構築物でしかない。

ヘーゲルが「いかなる真に客観的な規定も与えない」と述べた「様相」（W2. S. 10）のカテゴリーは除外して、カントのその他の諸カテゴリーについて、若干考察を加えておくことにしよう。まず「量」のカテゴリーたる「一性（Einheit）」、「多性（Vielheit）」、「全性（Allheit）」に関しては、それらが〈場所〉に関与するのか、それとも〈於てあるもの〉に適用されるのかによって、意味が変わってくるであろう。そしてたとえば〈於てあるもの〉に関しては、世のなかには〈一〉とも〈多〉とも言えないものが、それこそ多々あるということは、すでに述べたとおりである。ベルクソンも非難していたように、そのようなものに「一性」や「多性」といった純粋悟性概念を適用しようとすることは、事象にとってはむしろ迷惑な話であろう。「全性」に関しても、それが〈一なる全体〉を意味するのか、それとも相対的〈一〉の加算的全体集合を指し示すのかによって、その役割は劇的に変化する。

「質」のカテゴリーたる「実在性（Realität）」、「否定（Negation）」、「制限（Limitation）」に関しては、やはり世のなかには〈肯定と否定の手前にあるもの〉もあって、このような諸カテゴリーの適用を拒むということを忘れてはならないだろう。とりわけ「否定」という言葉を安易に用いることに対しては、われわれはおおいに疑義を呈してきた。そして「制限」に関しては、それが何にとっての「制限」であり、また何にとっては「制限」ではないのかを正確に把捉しておくのでなければ、やはり無用な混乱のもとになりかねない――ついでながら次章でも見ることになるのだが、「実在性」、「否定」、「制限」は、本当に「質」の諸カテゴリーと言えるのか否か、ドイツ観念論の哲学者たちのなかですら、或る問題が生じてくることになる。

「関係」のカテゴリー、すなわち「実体(substantia)と偶有性(accidens)」、「原因(Ursache)と結果(Wirkung)」、「行為者(Handelndes)と所動者(Leidendes)の相互作用(Wechselwirkung)」に関しては、そのような諸概念が適用される領域は、初めから限定されていると言うべきだろう。そもそも〈場所〉は「実体」でも「偶有性」でもないのだが、それでも或る意味で、すなわちけっして因果関係とか相互作用というような形式としては把握されえない仕方で、〈於てあるもの〉を――言わば超越論的に――制約する。あるいは「原因と結果」のカテゴリーがけっして心理現象には適用されえないことについては、学界でもずいぶん以前から周知の事実とみなされている。そしてたとえば右手と左手で手を組んだり合掌したり拍手したりする場合、どちらが「行為者」でどちらが「所動者」であるかなどと問うのは、初めから馬鹿げている。

Ⅵ　われわれはここで批判のための批判を試みているわけではない。われわれが言いたいのは、もともと関係の論理というものは、関係諸項の設定からは恣意性が拭い切れないからには、多少ともそれ自身が恣意的になるよりないということ、ただそれだけである。もちろんカントの超越論的論理学にせよヘーゲル的な論理学にせよ、あるいは旧来の形式論理学にせよ現代の記号論理学にせよ、まったく無意味というわけではなく、それらの各々は、物事の筋道についてのそれなりの一つの解釈ではありうる。しかしそれは、唯一可能な解釈ではなく、専一排他的な論理ではない。

ヘーゲルがニュートン物理学に対して誤った批判を繰り返したということは周知の事実だが、たとえば「自然哲学」のなかで、彼は「白い、すなわち無色の光」が「五つもしくは七つの色彩」から「存立」(W9, S. 246) しているというニュートンの理論を手厳しく批判している。「色彩については二つの表象が支配的である。一つはわれわれの有しているものであり、光は単純なものだということである。もう一つの表象、すなわち光は合成されているという表象は、あらゆる概念にまさしく対置され、このうえなく粗野な形而上学である。〔…〕それゆえ哲学が携わるべきは、合成されたものではなく、概念、区別されたものどもの統一である」(Ibid., S. 249)。しかしながら、一方ではヘーゲルが「合成されたもの」を批判したのは、或る意味ではそれを保持し続けた――止揚という形ではあっても――からである。他方、ヘーゲル自身の立場からは、分析された次元では「七つの色彩」となって現れるものが、分析の手前にある次元ではじつは「単純なもの」だというようなことが、理解できない。それはミュラー＝リヤーの錯視を分析しておいて、二本の線分は等しいからには等しく見えなければならないはずだと強弁するような態度に似ている。もちろん分析するにはそれなりの意味がある――客観的にはじつは等しいということがなければ、そもそも錯視の意味などないだろう。しかしながらそれらが等しく見えなければならないのだとするなら、やはり錯視の意味は失われる。それゆえ肝要なのは、一つの解釈はあくまで一つの解釈なのであって、関係の論理は専一的なものとはなりえず、ちょうど反転図形がそうであるように、じつは見方次第なのだということを忘れないことであろう。

可能なかぎり自然な諸関係というものは、存在しないのだろうか――この点に関しては、いささかなりともわれわれは、次節で検討することにしたい。

(4) 垂直の論理と水平の論理

関係の論理はもっぱら〈多における一の場所〉に関わるのだが、しかし、そこでもすでにそれが〈於てあるもの〉に関わるのか、それとも〈場所〉それ自身に適用されるのか等々の問題が生じていた。もちろん〈多における一の場所〉それ自身がその内実に鑑みて多様に設定されうるのだし、そのうえいかなる場合であろうとも、〈多における一の場所〉の存するところ、必然的に〈一における一の場所〉が要請されざるをえない。したがってすでに〈場所〉は確実に二つ以上あり、当然のことながら、今度は〈場所〉同士の関係というものが問題となってくる。われわれは〈於てあるもの〉同士の水平の諸関係に対し、〈場所〉と〈場所〉との関係を垂直の関係と呼んできた。もちろんそれは、通常それしか考えられていないような〈水平の論理〉を、その適用範囲を超えてしまうような〈垂直の論理〉にまで持ち込んで、無用の混乱を招くような事態を避けたかったからである。

I　拙著『身体の生成――《自然の現象学》第四編――』の最終章最終節最終項前半のメルロ＝ポンティに関する箇所で、われわれは「水平の論理と垂直の論理」について、大略以下のように説明してきた。

『行動の構造』はすでにその第二章のなかで、「上位の諸構造の独自性」を指摘しつつ、「下位のものによって上位のものを〔…〕説明しない」のみならず、「上位のものによって下位のものを説明しない」ようにも説いている。そしてこのような考えが際立った形で示されるのは、「物理的次元」、「生命的次元」、「人間的次元」の三つの次元を主題化した同書第三章である。そこではたとえば「生理学的形態と同じ諸特性を持つ物理的形態」や「心的形態の等価物であるような生理学的形態」などというものを考えるのは「不可能」だと述べられている。それゆえ「平等な権利を与えられた様々な種類の形態」のあいだに「派生（dérivation）や因果性（causalité）の関係」を想定してはならないのである。かくして「形態」という考えとともに、「非連続性の原理（principe de discontinuité）」が導入されるのであって、「跳躍（bonds）や急変（crises）による発展」の諸条件が整えられるのだということになる。「発展」は「非連続的（discontinu）」なのである。そのさい、下位のものは上位のものによって説明されないとはいえ、たとえば心身関係においてのように、上位のものが下位のものを「統合」しようとするときには、「上位の諸次元の出現」が「下位の諸次元」を「自律的なものとしては廃止」してしまう。それぞれの次元は「先行する次元の捉え直しにして《新たなる構造化》」なのであって、そこから「上位のものを下位のものから解放すると同時に、上位のものを下位のものに《基づけていた》分析の二重の相」が説明されるのだという。そして『見えるものと見えないもの』のメルロ＝ポンティは、こう語っているのである。「肝要なのは、新しいタイプの知解性（世界としての世界や〈有〉としての〈有〉による――《垂直的》であって水平的〔地平的〕ではない――知解性）を創造することである[113]」。

そのさいわれわれは、本章でも先に触れた『世界年代』のシェリングの考えも、併せて示しておいた。「もし何ものも意欲しない意志が最高のものとして認められるのであれば、そこからはいかなる移行（Uebergang）も存在しない。それに続く最初のもの、〔つまり〕何かを意欲する意志は、自己自身を生産（erzeugen）するのでなければならず、絶対的に発源（entspringen）するのでなければならない」。「それゆえもし安らう意志が最初のものだとわれわれが言うことができたのだとすれば、われわれは無意識的で静かな自己-自身の-探求が第二のものだと言うことができる。〔…〕この〔第二の〕意志は、自己自身を生産し、それゆえ或る無条件の、自らにおいて全能の意志である。それは端的に、すなわち自ずから（aus sich selbst und von sich selbst）自らを生産する。無意識の憧憬がその母だが、しかし憧憬は、この意志をたんに受胎しただけなのであって、この意志それ自身が自らを生産したのである[114]」。

要するにわれわれが述べたかった、そしていまでも述べたいと思っているのは、或る〈場所〉、とりわけ最も根源的な〈場所〉にもとづいた他の〈場所〉の出現を指し示すような〈垂直の論理〉は、「派生や因果性の関係」や「〔他による〕生産」の言葉によって説明されてはならないということである。それを特徴づけるのは、むしろ「跳躍や急変」、「自ずから」や「発源」といった「非連続性の原理」なのである。

Ⅱ　そして哲学史についてわれわれの持つ乏しい知識のなかでも、同様の問題意識が見出されることが想起されるのは、『自然法則の偶然性』のブートルーである。同書は段階的に「有[115]」、「類」、「物質」、「物体」、「生物」、「人間」の世界を検討し、各々の段階が下位段階から必然的に導出されるわけではないということ、また各世界がそれ自身のなかでその「保存[116]」等の必然的法則によって支配されているのではないということを、順に検討してゆく。そして同書が結論するのは、まず「必然性の絆」によって「上位諸形式」を「下位諸形式」に結びつけるのは、「分析の道」によっても「アプリオリな因果的綜合判断」によっても「アポステリオリな推論」によっても、「不可能[117]」だということである。「各々の世界」は「下位の諸世界」に対しては「或る程度の独立性」を有しているのであって、「与えられた上位の世界」と「下位の諸世界」とのあいだには、「精確な対応[118]」など存在しないのである。

そして「各々の世界」が「本質そのものの保存」という「特殊法則」によって支配されているということも、「アプリオリ[119]」にも「アポステリオリ」にも証明されない。いたるところで世界がわれわれに提供しているのは、「偶然性の観念」を排除するような「保存」のみならず、まさに「偶然性の観念」を含んでいるような「変化」である。したがって「保存法則」それ自身が「偶然的[120]」なのである。

そこでブートルーは、「諸存在の階梯」を上昇するにつれて発展するのが見られるような、「或る意味では必然性に類似」した「魅力〔l'attrait　牽引力〕」という「原理[121]」に着目する。「善」や「美」という「理想[122]」は、「偶然性説」によって準備された領分のうえに「自由説」を確立すべく「形而上学」を促してくれる。そしてこの説によれば、「諸事物の至高の諸原理」とは「道徳的で美的な諸法則[123]」なのだという。

われわれがメルロ＝ポンティやブートルーにおいて目撃するのは、上位の秩序は下位の秩序から導き出されるのではないということである。むしろブートルーなら、「上位の現象が自らの諸条件の実現に影響を及ぼさなかった」などということを証明するものなど「何もない[124]」と主張するであろう。そして下位秩序が上位秩序を必然的に導出も産出もしえないという関係は〈垂直の論理〉に、また各々の階梯は自己保存のような自らの必然的法則を持ちえないという考えは逆に〈水平の論理〉に、該当しうるであろう。

しかしながら、われわれの考えている〈自然〉がメルロ＝ポンティの言う「物理的次元」や「生命的次元」、あるいはブートルーの検討する「物質」や「物体」や「生物」に対応するわけではないということは、自ずから明らかなのであって、われわれにとっては「自然」こそが根底にして上位秩序だということになる――上位秩序こそが、根底にありつつも、しかし下位秩序を導出さえしえないというのが眼目なのである。ちなみにメルロ＝ポンティやブートルーにおいて見られたような仕方で、下位段階が上位段階を導出しも派生させも産出しもしえないという、或る意味では現代では常識的な考えを呈示することより、われわれ自身が考えているように、〈一における一〉が〈多〉や〈多における一〉や〈一における多〉の根底にありながら、それらを導出しも派生させも産出しもしえないということを示すほうが、哲学的にはいっそう有意義な課題であるようにわれわれには思えるのだが。

根源的なものは、根源的だからといって、それが制約するものを論理的に導出したり実質的に創造したりするわけではない。もちろん逆の関係も成り立たない。しかし、たとえ派生や産出の関係が成り立たないようなところではあっても、それでも根源的なものがそれ以降のもの根拠であり条件であるということに変わりがあるわけではない——そのような関係を言い表すためにこそ、われわれは〈水平の論理〉からは区別された〈垂直の論理〉を主張するのである。

Ⅲ　諸次元の階層秩序の存するところ、捉え方によってはいつでも〈垂直の論理〉のようなものを見出すことは可能である。古典的なところでは、西田も触れていたプロティノスの新プラトン主義においては、まず「叡智界」と「感性界」が区別され、叡智界は叡智界で「一者(ト・ヘン)」、「ヌース(知性)」、「魂(プシュケー)」の三層に分かれる。感性界は「形相」と「質料」から成り、そして質料は最下層にして諸悪の根源とされる。そして「一者」から「知性」、「魂」を経て「感性界」へと向かう運動は「流出」もしくは「発出」と呼ばれ、それは「技術的意図的」なものではなくて「自然的」なものだという。つまり「成熟し完全であるもの」は「力の充溢」によって自ずから次位者を生み、先位者の力はそのことによって「少しも減少しない」[125]のである——このような考えは、もちろん伝統的に言ってもきわめて有力な考えではあるのだが、多少とも言いっ放しの感が否めない。そして西田自身がこのような方向に対して反旗を翻していたように、われわれもまた先人の努力には敬意を払いつつ、しかし自らの思想は自らの力で切り拓いてゆくのでなければならない。

たとえば現代現象学の場合、意識の志向性は端的に水平の関係を表す。そしてたとえ前期ハイデッガーの言うところの「オンティッシュな超越」としての「志向性」に、「有るもの」を垂直方向に超越するような「超越論的地平」へと向かう「オントローギッシュな超越」を積み重ねてみたのだとしても、それでは伝統的な超越論的哲学の構想をハイデッガー自身の言葉で言い換えたにすぎないようなものになってしまって、たとえばそこで「超越論的地平」と「有るもの」との関係について問われることがあったとしても、或る地平とそれより上位ないし下位の地平との関係が問われるようなことはない。そこで述べられるのは、せいぜいのところ「世界」が変われば「有るもの」の相貌も一変するといった程度のことであろう。

フッサールの『イデーン』第二巻のように、もしそこで「物質的自然の構成」、「動物的自然の構成」、「精神的世界の構成」が区別されるのであれば、メルロ＝ポンティの『行動の構造』で示されていたような、言わば根底の〈場所〉とそれにもとづく〈場所〉との関係について、論じられる可能性もあるのかもしれない。しかしそこに見られるのは、やはり『行動の構造』でも述べられていたような「基づけ」の関係のみであろう。しかもフッサールの立場からは、それぞれの世界の「構成」が、つまりは意識の志向性の能作が最優先されることになってしまって、それは〈場所〉の考えにはふさわしくない。フッサールや前期メルロ＝ポンティのような立場からは、「物質的自然」が「動物的自然」を「基づけ」、「動物的自然」が「精神的世界」を「基づけ」るといっても、結局のところすべては志向的意識のはからいだということになってしまうであろう。

先のブートルーは、「二項間に存在しうる客観的諸関係」は「原因から結果への、手段から目的への、実体から属性への、全体から部分への諸関係」という「四つ」に連れ戻されるが、実体-属性の関係と全体-部分の関係は「相互因果性」と「相互目的性」に連れ戻されうるのだと主張する。しかもいかなる「目的」も「必然的に実現されねばならぬ」とは言われえないのであるからには、客観的であろうと主観的であろうと、「必然性」が属すのは「アプリオリな因果的諸綜合」[126]のみだということになる――ただしここでは、なぜ「二項間に存在しうる客観的諸関係」がこの「四つ」しかないのか、またなぜ実体-属性の関係と全体-部分の関係が「相互因果性」と「相互目的性」とに連れ戻されうるのかの説明が、まったくなされていない。このような扱いは、おそらく、もともと『自然法則の偶然性』が自然科学における「必然性」の概念に疑義を呈するために書かれたという、同書の意図から説明されうるでもあろうが、しかし、仮に〈垂直の関係〉が「因果性」ではなく「魅力」や「目的」だと述べうるのだとしても、すべての〈垂直の論理〉がそのようにしてロマンチックな仕方[127]で説明されうるわけではないことは、自ずから明らかであろうし、「魅力」や「目的」ならば、〈水平の論理〉においても十分に活用されうるであろう。つまりそれは、まだ〈垂直の論理〉の固有性を示すものではない。

Ⅳ　〈水平の論理〉のあらゆるタームが〈垂直の論理〉からアプリオリに排除されなければならないということではない。ただわれわれは、〈垂直の論理〉にうっかり〈水平の論理〉を当てはめてしまって、どうしようもない錯誤に陥ることだけは避けたいと考えているだけである。

　そもそも〈場所〉と〈於てあるもの〉とに関してとりあえずわれわれが考察しておかねばならないのは、本章の冒頭近くでも述べたように、以下の四つの関係であろうかと思われる。①〈於てあるもの〉と〈於てあるもの〉との関係。②〈於てある場所〉と〈於てあるもの〉との関係。③或る〈場所〉と他の〈場所〉との関係。④〈場所〉の自己関係。そして①②③④の各々において、主題的・顕在的な関係と非主題的・非措定的な関係とが存在するであろうとわれわれは考える。

　たとえばすでに述べたように、④の〈場所の自己関係〉について思索するとき、そのさいわれわれは〈場所〉というものを主題化し対象化していることになるのだが、しかしそのような作用が可能となるためには、あらかじめ〈場所〉それ自身が自己‐触発しているのでなければならない。そしてそれを主題化するさいにわれわれがおこなっているのは、〈非対象的な場所〉を〈対象化の場所〉において考察するという③の関係の一実践である。

　①の〈於てあるもの〉と〈於てあるもの〉との関係は、両者が同じ〈場所〉のうえに置かれていなければ成り立たない。それゆえ①の関係は②の関係によって必然的に制約されている。そしてそのさい、たとえ顕在的な仕方ではなくても〈於てある場所〉というものが現れていなければならないのであるからには、②は④の――密やかな――関係を前提としつつ、④を含んだ③の関係を形成する。

〈根源的なものは炸裂しない〉とわれわれは述べた。そもそも〈場所〉は炸裂しない。炸裂するのはせいぜいのところ〈於てあるもの〉のみである。もちろん、たとえば西田にも、〈場所〉それ自身が〈変様〉して〈於てあるもの〉となるというような考えが、まったく見出されないわけではない。しかしながら西田は「時々刻々に移り行く意識現象に対して、移らざる意識の野というものがなければならぬ[128]」等々と述べるのがつねなのであって、われわれとしても、「変ずるものの根底に変ぜざるものがなければならぬ」とか、〈場所〉それ自身の自己変様というような立場は採らない。もちろんわれわれは、或る〈場所〉が、たとえば最根底の〈一なる場所〉が炸裂して、〈主‐客関係の場所〉のような〈二元性の場所〉に変貌するというような立場も採りえない――〈二元性の場所〉があるからには、その根底に〈一性の場所〉が存続していなければならないはずである。

そうするとますます③の〈場所〉と〈場所〉との関係について考察する道が険しくなってくるであろう。つまり〈垂直の関係〉は、どのように捉えればよいのだろうか――ブートルーのように関係を一つに限定するのではなく、ここではわれわれは、いままでもたびたび検討してきた(a)創造、(b)原因、(c)導出、(d)根拠もしくは条件という四つに的を絞って、若干の考察を加えておくことにしよう。

まず(a)の〈創造〉と(b)の〈因果関係〉に関しては、それは或る特定の場所のうえでのみ可能となるのだと述べておきたい。したがってそれらは①にのみ適用される。すでにして②のように〈於てある場所〉と〈於てあるもの〉の関係を創造や因果性の言葉で述べるのは不適切だし、③に関しても同様である。そしてベルクソンの「自己による自己の創造」やデカルトやスピノザの「自己原因」の関係を④に当てはめようとするなら、〈創造するもの〉と〈創造されるもの〉の距たりや〈原因〉と〈結果〉の区別という体制を無視した〈創造〉や〈原因〉を考えなければならなくなってしまって、概念上の困難に陥る――それらは言わば〈創造でない創造〉、〈原因ならざる原因〉だということにでもなってしまうだろう。

神による〈無カラノ創造〉というきわめて特異なケースの場合、そこで考えられているのは〈於てあるもの〉と〈於てあるもの〉の関係ではない。そういうふうに考えることも不可能ではないが、われわれはむしろ神を〈場所〉と考える。したがって〈無カラノ創造〉はむしろ②の関係となろう。あるいはじっさいに思い浮かべられているのは、ハイデッガーやマリオンなどがよく槍玉に挙げる〈形而上学の有‐神‐論的体制〉に鑑みて、①と②の特殊混合形式――〈場所〉が〈有るもの〉へと実体化されてしまうというような――なのかもしれない。ちなみにもし〈無カラノ創造〉を①や②の関係として捉えようとするのであれば、①の根底には②が、そして②の根底には④があるのであるからには、われわれは〈創造する神〉の根底にこそ〈創造しない神〉[129]を見なければならないのだという理屈になる。

(c)の〈導出〉に関しては、それももっぱら①の〈於てあるもの〉同士の関係に該当するように思われる。しかしながら、或る〈場所〉を設定した場合、そこから比較的容易に或る別の〈場所〉が導き出されるようなケースも、見出せなくはないだろう――その点に関しては、次項で若干の検討を加える。

「原因と結果、根拠と帰結」の問題構制に触れつつ、「条件もまたより普遍的な一つの規定である」(WdLB. S. 144)と『大論理学』のヘーゲルは述べている。(d)の「条件」、あるいは条件という意味での「根拠」は、①にも②にも③にも④にも当てはまりうるであろう。ただし〈場所〉は多様に設定することができるので、メルロ＝ポンティ等々や、とりわけブートルーが例示していたような仕方で、すべてが順序通りに垂直に並べられるとはかぎらない。それゆえ或る〈場所〉――西田の例を借りて、たとえば「三角」が成り立つ場所――と他の〈場所〉――たとえば「徳」の成り立つ場所――とのように、ただ異なるというだけで、必ずしも一方が他方の条件や根拠となることのないような〈場所〉と〈場所〉との関係も、当然のことながら存在しうるであろう。

しかし何度も言うように、どのように〈場所〉を設定しようとも、それが現実に働きうるためには、それはそのうえに現れる〈於てあるもの〉に論理的に先立ちつつ、たとえ密やかにではあっても、現象しているのでなければならない。それゆえ各々の〈場所〉は、最根底の〈場所〉に対しては、それを〈条件〉とし〈根拠〉とするという基本関係だけは、免れえないであろう。

V　〈最根底の場所〉が〈残余の諸々の場所〉の根底にあり、それらを制約する――このような考えは、自ずから前期西田に見られる「アプリオリのアプリオリ」という思想を想起させる。

『自覚に於ける直観と反省』のなかで、一九一六年の西田は「自然科学的立場によって自然科学的世界ができ、歴史学的立場によって歴史学的世界ができ、芸術的立場によって芸術的世界ができると云うことができる」と述べ、翌年にはさらにこう語られている。「或一つのアプリオリに依って或一つの客観界が立せられる、数理のアプリオリに依って数理の世界が立ち、自然科学的アプリオリに依って自然科学的世界が立ち、歴史学的アプリオリに依って歴史的世界が立せられる。更に詳しく云えば、算術のアプリオリに依って有理数の世界ができ、解析論のアプリオリに依って実数の世界ができ、幾何学のアプリオリに依って幾何学的図形の世界ができ、又力学のアプリオリに依って機械的世界ができ、化学のアプリオリに依って化学の世界ができ、生活力のアプリオリに依って生物界ができ、心理学のアプリオリに依って心理学者の所謂意識界ができる」。そして「種々なる立場の統一、アプリオリのアプリオリとも云うべき」ものとは、この期の西田にとっては、「絶対意志の立場[130]」である。

直後の西田、つまりわれわれが〈前期の後期〉と呼んだ西田においても、たとえば『意識の問題』では「種々なる真理のアプリオリを結合するものは意志のアプリオリである、換言すれば種々なる作用を結合するものは意志の作用である[131]」と述べられていて、いかにもフィヒテの影響大であったこの期の西田らしい。他方で『意識の問題』には「感情」こそが「作用の作用たる意志の内容」だという考えも示されていて、この意味においては「感情」も「アプリオリのアプリオリ」と述べられることがある。要するに「感情」は「アプリオリのアプリオリの内容[132]」なのである。

もともと若き西田には「情意は凡て直接経験の事実である。情意は凡て意識統一の状態である」とか「我の我たる所以は知識にあらずして寧ろ情意にあるということができる[133]」というような考えが顕著であった。それゆえにこそ、たとえば『芸術と道徳』のなかでも、「私は感情というのは精神現象の一方面という如きものではなくして、寧ろ意識成立の根本的条件ではないかと思う」[134]と述べられているのである――「感情」に対するこのような西田の評価は、「言いえないもの、感情、感覚」を「最も取るに足りないもの、最も真ならざるもの」(W8. S. 74) とみなしつつ、「人間に悖るもの、動物的なものは、感情のうちに立ったままにとどまって、感情によってのみ伝わりうることのうちに存する」(PhG^B2. S. 51)[135]と断ずるをはばからなかったヘーゲルに比して、むしろアンリの内在と情感性の立場を思い起こさせて、興味深い。

ヘーゲルにとって、「感情」としての精神は「非対象的な内容それ自身」(W8. S. 24) であり、「感情の生」とはそこにおいて「主観的なものと客観的なものとの相違」が存在していないような「直接性の形式」(W10. S. 138) である。「ひとは通常、感情は何かたんに主観的なものであると言う。しかしながら私は、或る他なるものを私に対置することによって、直観や表象の或る客観に対して、初めて主観的なのである。それゆえ感情は、そこにはまだ主観性と客観性との相違が歩み入ってはいないのであるからには、主観的なものとは名づけられえないように思われる」(W16. S. 125)。そしてヘーゲルはこのような〈主客未分以前〉や「直接性の形式」を軽視しえたからこそヘーゲルたりえたのだということも、周知の事実であろう。しかしながら、「情意」なき知性がＡＩのそれと異なるところのないように、「感情」なき「精神」は、自らの根底を忘却した死せる精神にすぎない。

われわれは一時期の西田のように、「意志」が「アプリオリのアプリオリ」だと考えることはできない。いままでも論じてきたように、最根底の場所を形成するのは、むしろ最も受動的な経験であり、「自然」なのである。そしてわれわれの考えているような「自然」の自己顕現の仕方がむしろ「感情」に近いということは、自ずから明らかであろう。けれども最根底の場所のうえには、〈垂直方向〉に様々な〈場所〉が設定されうる。そしてそのすべてを挙げることなど土台不可能であり、われわれが本章の最初に提示したのも、直線モデルでも円環タイプでもなく、根源遡行型である。どのような場所を見出そうが、究極的にはその存立が〈一における一〉を指し示していることが示されるなら、それで十分である。

とはいえ幾つかの〈場所〉の設定の可能性を示しつつ、それらが根源の〈場所〉を遡及的に指示することを明らかにしておくことは、現時点でも可能だし、有益なことかもしれない。

(5) 多様な場所と一なる場所

われわれの考える最根底の場所、つまり〈一における一〉＝〈自ずから立ち現れるもの〉＝〈自然〉からは、いかなる残余の〈場所〉も、〈創造〉や〈産出〉や〈演繹〉といった仕方で必然的に導出されるわけではないとわれわれは述べてきた。しかしわれわれ自身のこれまでの諸々のアプローチから、幾つかの〈場所〉の存立の可能性に関しては、すでに語られていると言うことができる。

I 〈場所〉ということに関して、われわれが『自然の現象学』のシリーズのなかでとりわけ考察してきたのは、〈他性の場所〉についてである。〈他性〉は他者の他性にかぎられず、そこにはもちろん非我ないし異他的事物の他性、神の他性が含まれる。とりわけ物や他者や神がいかなる仕方で出会われるのか、いかなる場所で会遇されるのかが、われわれが〈場所〉についての考察を本格化しようとしたきっかけの一つであった——もちろんそのような考察のなかで、われわれは、神はむしろそれ自身が一つの、そしてかなり根源的な〈場所〉ではないかとの結論にいたったのではあるが。そしてわれわれが心身問題について論じたときも、身体がそこにおいて位置するところの〈場所〉について検討がなされたのだし、身体の分節化ということを考えるなら、身体それ自身を全体として一つの〈場所〉とみなすことさえ可能であろう。

正直言ってわれわれが『歴史と文化の根底へ——《自然の現象学》第二編——』を上梓したとき、われわれはまだ「歴史」や「文化」の諸世界やその根底にあるべき「自然」を〈場所〉として捉えようと意図していたわけではなかった。しかしもちろんそのように考えることは可能だし、〈場所〉についての諸議論が最も有効に展開される問題構制の一つは、おそらく〈歴史・文化／自然〉のそれであろうとさえ考えられる。しかしながら、たとえば西田の〈場所〉

が〈歴史〉を重視するのに対し、われわれは〈自然〉をこそ最も根源的な場所だと主張する。そしてその理由は、〈歴史〉や〈文化〉は幾重にも媒介された世界、そしてその意味で根源からすでに相当程度離れてしまった世界だと考えられるということである。

　西田の「場所」と「媒介」との関係については、幾つかの問題が指摘されうるであろう。まず一九二六年の《働くもの》は、「一般的なるものは特殊なるものを成立せしめる場所とか、相互関係の媒介者とか考えるの外はない[136]」と述べていて、ここでは「場所」と「媒介者」が並置されている。しかしながら二八年の西田には「於てあるもの」と「於てある場所」とのあいだに、たとえば「判断」というような「媒介者[137]」を置くというような発言もたびたび見られて、問題がいささか複雑化する。けれども三四年の『哲学の根本問題　続編（弁証法的世界）』の、同年に書かれた《序》のなかには、「個物と個物との媒介者Mというものが場所とか弁証法的一般者とかいうものであり〔…〕[138]」という言葉も見出されるのであって、ここでは「場所」こそが「媒介者」である――われわれとしては、「於てあるもの」と「於てある場所」とのあいだに「媒介者」を挿入しようとするような考えは、かえって「場所」の制約者としての役割を削いでこれを実体化し、また媒介の媒介、媒介の媒介の媒介等々、無用の複雑化を招致する恐れもあるので、「於てあるもの」との関係に関するかぎり、「於てある場所」こそが或る意味では直接的な「媒介者」だというのが西田の最終的な立場であったと考えておくことにしたい。

　しかしそうだとしても、ここでまた一つの問題が生じてしまう。つまり「於てあるもの」は「自己のある場所の性質を分有するものでなければならぬ」とか「「於てある場所」の性質によって「於てあるもの」の内容が定まる」といった西田の考えについては、本節でも触れた。二六年には「場所によって於てあるものの意味が種々に異なってくる」と西田は述べ、そして三一年には「絶対無の空間は曲率を有って居なければならぬ[139]」とさえ語られているのである――じっさい、西田の「無」は「心の本体」や「Agape〔アガペ〕」、「親鸞の如き暖い心」だと言われていた。しかし、それでは媒介は、結局は媒体の固有性に起因する相対性を、免れえないということになってしまうのではないだろうか。

しかしながら他方では、西田が「無媒介的媒介」という概念を用いつつ、「個物は絶対唯一者を媒介とすることによって個物であるのである。故に個物は無媒介的媒介によって、絶対無の媒介によって、個物であると云ってよい」[140]と考え続けたということもまた、周知の事実なのである。「場所」が「絶対無」となるとき、「之に於てあるものが対立なき対象となる」[141]のだが、われわれは先に西田が「対象論理というものは、要するに媒介の論理であって、実在そのものの論理ということはできない」と述べているのを見た。結局のところ西田がめざしたのは、それゆえ、恣意的な媒介を可能なかぎり排除した、このような直接性の世界だったのではないだろうか。

「最後の場所と考えられるものが我々に最も直接なる世界でなければならぬ」[142]と二八年の西田は述べている。そして最終的には西田が「絶対無によって媒介せられると云うことは、積極的には歴史的社会的世界の創造的表現、云わば具体的な言葉によって媒介せられると云うことである」[143]というような立場に落ち着いてしまったことも、やはり周知の事実であろう。それは「現実の世界の論理的構造」に関心を抱き続けた西田にとっては、或る意味では当然の帰結であったのかもしれない。

しかしわれわれ自身はそのような立場を採りえない。なぜならわれわれはすべてを〈現象〉とみなすことから出発し、最も根源的な意味での現象を〈自ずから立ち現れるもの〉としての〈自然〉と考えつつ、その現れ方を〈一における一〉と規定したからである。歴史的世界や文化的世界に度重なる偶発的にして相対的な特殊的諸媒介を想定しないことなど、われわれには考えられないことだし、「無媒介的媒介」によって成立するのが「歴史的社会的世界」などと述べるのは、やはり容認し難いことである。人為の世界の根底には、無為の世界が存するのでなければならない。「実は真の絶対は単に創造的なものでもない。それは一面に創造もせず、創造もせられないものでなければならない」[144]と、西田自身も語っているではないか。

Ⅱ　〈自ずから立ち現れる〉のであるからには、〈自然〉は〈自己〉であり、〈自己〉と〈自然〉とのあいだに、たとえば超越や志向性がもたらすような区別を設ける必要などない。しかしながらひとたび主観と客観とのあいだに区別が生じたなら、それに応じて〈場所〉の設定に関しても多様な可能性が生じてくる。たとえば主観の側を基準とするなら、〈思惟の世界〉、〈知覚的世界〉、〈想像界〉あるいは〈自由の世界〉、〈依存性の感情の世界〉等々の区別が生じうるであろう。また客観の側からしても、〈他性の場所〉のみならず、〈自然科学的世界〉、〈歴史的世界〉、〈文化的世界〉、〈人倫的世界〉、あるいはまた〈日常世界〉等々といった諸々の場所にもとづいて、様々な分析や記述が可能となるであろう。

〈他性の場所〉一つ取ったとしても、そこには〈他性一般の雰囲気との出会いの場所〉、〈生命一般との遭遇の場所〉、〈物との会遇の場所〉、〈他者との邂逅の場所〉等々、様々な〈場所〉の設定が可能であり、さらに限定して〈他者との出会いの場所〉だけ取り上げてみても、生身の人間との接触のみならず、学歴や偏差値や社会的地位や財産で測られた他者、敵か味方かで判別された諸民族、消費者や住民等々の統計学のサンプルとして扱われただけの人間、ハイデッガーの言うところの「用象（Bestand）」つまりは利用対象でしかない人／ひとといった見方など、その気になればいくらでも〈他性の場所〉は考えることができる。

要するにそのような個別事例は個別事例として、そのつどの必要に応じて考えるよりない。哲学はそのようなものすべてに携わりうるわけではない。われわれが求めているのも、根底に或る場所があり、その他の場所はそれにもとづいてこそ成立するといった程度のことだけである。

Ⅲ　しかしながら、われわれが第一に〈自ずから立ち現れること〉を根底に置き、第二にその形式を〈一における一〉と規定し、第三にその実質を〈自然〉と呼んだことによって、逆にそれ以外の〈場所〉を見出すための或る一つの道が、自ずから開かれてくることになろう。すなわち、〈自ずから立ち現れる〉と対比されるのは〈他を現象せしめるもの‐他によって現象せしめられるもの〉の、最も基本的な形式においては〈意識するもの‐意識させられるもの〉の対であり、現代現象学の言葉で多少複雑化すれば〈超越と志向性〉である。また〈一における一〉を根拠としつつもそのうえに現れるのは〈多における一〉と〈一における多〉であり、そして〈自然〉のうえに出現するのは、常識的に言えば〈歴史と文化〉である。

①〈超越と志向性〉、②〈多における一〉ないし〈一における多〉、③〈歴史と文化〉は、典型的な仕方で媒介概念を具現する。たとえば①〈意識されるもの〉は〈意識するもの〉によって媒介され、逆もまた然り。②〈多における一〉や〈一における多〉という表現が用いられる場合、ふつうに考えるなら、〈多〉は〈一〉によって媒介されることによって初めて〈多〉となる。そして③〈歴史と文化〉が人類の幾重にも重なり合い、蓄積され継承され再活性化され続けた媒介的諸営為の所産であることは、言うまでもないことであろう。そのうえ①と②と③は衝突せず、任意に組み合わせることも可能である。

①+②、つまり〈超越と志向性〉+〈多における一〉は、たとえば前期ハイデッガーの超越論的哲学の構想の図式にしたがうのであれば、〈有るもの〉の〈多〉を意識する〈オンティッシュな超越〉としての〈志向性〉の〈一〉とか、〈有るもの〉の〈多〉を統べる〈超越論的地平〉の〈多〉を集摂する〈オントローギッシュな超越〉の〈一〉という形式を取りうるであろう。①+③、すなわち〈超越と志向性〉+〈歴史と文化〉は、歴史的ないし文化的な諸事物を意識する志向性、ないしはそれらの諸事物を超越論的に統べる歴史的・文化的世界という超越論的地平を企投し受容する超越といった仕方となる。また②+③、〈多における一〉+〈歴史と文化〉は、歴史的／文化的諸事物の〈多〉を統合する歴史的／文化的世界の〈一〉という形となろう。そして①+②+③を考えるなら、有るものの〈多〉を統べる歴史的世界や文化的世界の〈多〉を集摂する超越の〈一〉や、そのもとで諸事物の〈多〉を意識する志向性の〈一〉という構造が考えられる——このような仕方で図式化するのであれば、それは、たとえばカッシーラーの『象徴形式の哲学』の構想のようなものとなるであろう。

もちろんいまの考察は一例でしかないのだし、われわれ自身がそのように構想された哲学を実践したいと考えているわけでもない。何度も言うように、最根底の場所以外に、何らかの必然性を伴いつつ別の場所を導き出そうとする意図は、われわれにはない。しかしながら、最根底の場所以外に何らかの場所が設定された場合、そこからは或る別の場所が容易に導き出せるようなケースも見出されるかもしれない。

Ⅳ　たとえば《場所》と同じ一九二六年に書かれた西田の《講案》では、「絶対無の場所の上に対立的無の場所があり、後者の上にまた有の場所があると考える。対立的無の場所がNormatives〈規範的なるもの〉となる」と述べられている。ここで規範的とみなされている「対立的無の場所」とは、「我々が普通に考えるBew.-Feld〈意識の野〉[145]」であり、《場所》の言葉では「普通に所謂意識の立場」である。しかるに「真の無はかゝる対立的なる無ではなく、有無を包んだものでなければならぬ。あらゆる有を否定した無といえども、それが対立的無であるかぎり、尚一種の有でなければならぬ[146]」。しかしながら西田によれば、「対立的なる無の立場から真の無の立場に進むということ」とは「所謂意識の立場を棄てる」ことではなく、かえって「此立場に徹底すること[147]」である。それではそもそも「有の場所」とは、いったいいかなる場所のことを意味するのだろうか。

《場所》ではこう述べられている。「有るものは何かに於てあると考えざるを得ない。無論、茲に有るというのは存在の意味ではない、極めて一般的なる意味に過ぎない。例えば種々なる色は色の一般概念に於てある、色の一般概念は種々なる色の於てある場所と考えるのである」。それゆえ、一方では「判断の立場」が「有の場所」とも言われ、しかし他方では「すべての実在を包含するスピノーザの本体」といえどもなお「無に対する有」であって、「すべて有るものを含むことができる」のだとしても「否定的意識作用を含むことはできない[148]」と述べられたりもする――砕いて言うなら、西田の「有の場所」とは〈……が有る〉と〈……で有る〉の両方を含んだ「有」の「場所」だということになる。

ちなみに《講案》では、「G. N.〈対立的無〉」において初めて「時間、空間が成立」すると述べられている。それはいわゆる対立的（＝志向的）意識において初めて時間意識が成立し、それとともに空間意識も成立するからであろう――「現在には有るものがあり、過去、未来には意味がある」――。それゆえにこそ《講案》では、「有と対立的無との関係に於て運動が成立する如く、対立的無と絶対無との間にはWillenshandlung〈意志作用〉が成立する[149]」と述べられ、《場所》でも「限定せられた有の場所に於て単に働くものが見られ、対立的無の場所に於て所謂意識作用が見られ、絶対的無の場所に於て真の自由意志を見ることができる[150]」と語られるのである。

〈一における一〉から〈多〉が導出も産出もされえないとわれわれが述べたように、おそらく「絶対無の場所」から意識の二元性によって特徴づけられるような「対立的無の場所」を導き出すのは、やはり困難であろうかと思われる——西田も最初からそのような場所がすでに存在していることを前提としてしか議論を進めていない。しかし同じく西田は何も言わないが、おそらく「対立的無の場所」が見出されたなら、そこから「有の場所」を導出するのは、さほど困難なことではないように思われる。なぜなら「有の場所」を設定するには、「否定的意識作用」を捨象して、反省的態度を括弧に入れてしまえばよいだけのことであろうからである。

プロティノスの「ヌース」は「対立的無の場所」にあると言えよう。われわれが新プラトン主義のような立場を採りえないのは、われわれは「一者」にこそ根源的な現象性を認めようとしているからである——さもなくば如何にして「一者」や「善なる者」について語りうるというのだろうか。そしてプロティノス自身、幾度か「善なる者」との合一を体験したというではないか。

「場所其者」を「真の自己」とみなす西田が、「絶対無の場所」の現象性を否定しないであろうことは、察するに難くない。われわれ自身も究極の場所を「真の自己」とみなしているのである——もっとも西田とはちがって、われわれは「真の自己」をこそ「自然」とみなしているのだが。

V　自己関係というものは、〈於てあるもの〉においてすでに存在すると考えられるかもしれない。たとえばたとえ対象的な仕方であったにせよ、事物の自己関係というものも、考えられないわけではない。しかしながら、それはまさしく対象的な仕方でしかありえないのであって、それゆえ〈於てあるもの〉の自己関係は、原則的に〈於てあるもの〉と〈於てあるもの〉との関係に準拠して考察されうるであろう。そして真の〈自己〉とはむしろ〈場所〉それ自身であるとわれわれは幾度も述べてきた。

場所の自己関係は、根源的には〈場所の自己‐触発〉という仕方でおこなわれる。もちろん場所が場所それ自身を対象的に考察するという可能性がないわけではない。しかしながら先にも述べたように、対象化的・主題化的・反省的な自己関係は、自ずから非対象化的・非主題化的・未反省的な自己‐触発を前提とする。顕在化する態度は、あらかじめ非顕在的なものが与えられていなければ、自らの活動を開始することすらできない。

改めて言っておかなければならないことだが、学は、あるいは哲学それ自身は、根源的なもの・究極的なもの・最高のものではありえない。根源は学や哲学の営為が始まる以前に、そしてその営為のさなかにもあり、直下にあってその営為を導いてさえいる。それゆえ哲学は根源に対して捧げる祈り、しかも諸々の祈りのなかの一つの祈りにすぎない。密やかにこそ現象しているものにことさらに光を当てようとするなら、或る面が明るくなると同時に、他の面はいっそう目立たなく（unscheinbar）なってしまう。哲学といえどもそのような宿命を免れえない。そして哲学は、つねにそのようなものであり続けてきた。

第四節　〈一〉への回帰

本章の「はじめに」のなかで、われわれは前著から引き継いだ課題として、以下の一一点を挙げておいた。①〈一なる自然〉と〈多なる自然物〉との関係についてはどのように考えるべきか。②如何にして〈諸々の自然物の多〉が生まれてくるのか。③〈内なる自然〉と〈外なる自然〉との関係についてはどのように理解すべきか。④「自由」は本当に個体的で相対的な概念なのか。⑤〈分からない〉、〈理解できない〉、〈隠れている〉ということに関しては、いかなる現象学的かつ構造論的な諸研究がなされるべきなのか。⑥〈一から多へ〉の様々な類型相互間の関係はどのように理解すべきか。⑦〈多における一〉の諸類型については如何に考察すべきか。⑧〈最初の他〉とは何か。それは他者か、物か、それとも神か。⑨特に「他者」問題に関して、〈一なる全体〉から〈個体〉への収縮や隔絶、そしてそこからの再放射については、如何に思索すべきか。⑩同じく〈一における一〉という構造を持つ〈非脱自的な印象の非脱自的な自己印象〉と〈場所の自己‐触発〉との関係を、どのように考えるべきか。⑪〈普遍と個物の根底〉や〈一と多の根底〉は存在するのか。

そのさいわれわれは、⑪は次著の、⑤は次々著の、それぞれ課題となろうとも付け加えておいた。そして残る九つの課題のうち、前節まででわれわれは、⑥⑦⑧に関してはすでにそれなりに扱いえたと思う。②に関しては〈多〉の成立という形で論じてきたが、〈自然物〉という仕方ではもう少し検討を加えたほうがよいかもしれない。また⑨についても簡単に取り上げてはいるのだが、②や①との関連で、もう少し詳しく論ずるべきだと思う。そして残りの①③④⑩の四点は、もちろん本節固有の課題となる。

しかしまたわれわれは、本節はもともと「〈一〉への回帰」を呈示することによって本章全体を締めくくることになろうとも予告しておいた。つまりわれわれは、以上六つの問題を、あくまで〈一なる自然への回帰〉という仕方で解決してゆきたいと考えているのである。そしてそのことは、以下、⑴歴史や文化からの自然への回帰、⑵〈他者の放射〉の根底としての〈全体からの収縮〉、⑶諸々の自然物の基底にある一なる自然、⑷ともに〈一における一〉の典型とみなされうる〈非脱自的印象の非脱自的自己印象〉と〈場所の自己‐触発〉との関係、⑸根源的なものの自由／非自由の問題の再検討、以上のような形で遂行されることとなる。

⑴歴史と文化の根底へ

〈自然〉について扱う哲学にとって避けられないのは、哲学それ自身はけっして〈自然〉ではないということである。〈自然哲学〉や〈自然主義〉、あるいは先にも述べたように或る特定の〈自然観〉でさえ、〈自然そのもの〉というよりは、すでに歴史的に形成された文化的所産の一部でしかない。そしてそのことは、たとえば一八世紀末から一九世紀の初頭にかけて形成されたシェリングやヘーゲルの「自然哲学」を、二〇世紀のハイデッガーにおける「自然」の捉え方と比較するだけでも、一目瞭然となろう。

I　たとえば一七九七年の『自然哲学への理念』のなかで、シェリングはこう述べている。「私の目的はむしろ自然科学（Naturwissenschaft）それ自身を初めて哲学的に成立させることであり、そして私の哲学はそれ自身、自然科学以外の何ものでもない」(151)。この時期のシェリングにとって、彼の哲学は「自然科学」そのものであり、それは一七九九年の『自然哲学の体系の企図への序論』の言葉を借りるなら、「思弁的物理学〔自然学〕（speculative Physik）」(152)だということになる。同様にして『エンチュクロペディー』のヘーゲルにとって、「自然哲学」とは「物理学〔自然学〕」（W9. S. 10）、しかも「合理的物理学〔自然学〕（*rationelle Physik*）」である。「物理学〔自然学〕と自然哲学」は、「知覚と思惟」のように区別されるのではなく、「思惟の仕方によって」区別されるだけなのであって、両者ともに「自然についての思惟的認識」（Ibid. S. 11）であることに変わりはない。「哲学」は「自然経験」と「一致」しなければならないのみならず、「哲学的学の成立と形成」は「経験的物理学〔自然学〕」を「前提にして条件」としてさえいるのである。ただし「学それ自身」において「基礎」となるべきは「概念の必然性」（Ibid. S. 15）であり、「自然哲学」は「物理学〔自然学〕」が「経験」から用意した「素材」を物理学〔自然学〕がもたらした地点で受け取り、「経験」を「究極の確証」として基礎に置くことなしに、「それをふたたび改造」する。なぜなら「物理学〔自然学〕の仕方では、概念は満足させられない」（Ibid. S. 20）からである。

もちろん「自然」のステイタスについての考えは、自然哲学期のシェリングと成熟期のヘーゲルとではおおいに異なる。たとえば『自然哲学への理念』のなかで「自然は可視的な精神、精神は不可視的な自然であるべきである」と記したシェリングにとって、「われわれのうちなる精神」と「われわれのそとなる自然」とのあいだにあるのは「絶対的同一性」(153)であり、一七九八年の『世界霊魂について』のなかでは「世界」が「一つの有機組織（*Organisation*）」(154)とみなされ、また一八〇四年の『全哲学の、特に自然哲学の体系』のなかでもまだ「神」は「能産的自然（Natura naturans)」と、そして「有限な世界」が「所産的自然（Natura naturata）[155]」と呼ばれているのだが、それに対し、周知のようにヘーゲルにとって、「自然」とは「他有の形式における理念」（W9, S. 24）、つまりは「自らを疎外した〔疎外された〕精神」（Ibid., S. 25）でしかなく、「精神」こそが「自然の真理にして究極目的」（Ibid., S. 36）だと言明されている。しかしながら、シェリングやヘーゲルの「自然哲学」の扱う題材を一見すれば、その内容に関して両者のあいだに大差はなく、それは当時の自然科学の素材そのものだったということがすぐ分かる[156]。

それに対しハイデッガーは、すでに一九二〇年代の前半から「自然主義[157]」を批判し始めている。たとえば前期ハイデッガーは「自然」に三つの意味を区別しているのだが、その第一は〈自然科学の意味での、もしくはVorhandenes〔直前的にあるもの〕の意味での自然〉、第二は〈道具とともに出会われ・それ自身道具的に発見される自然〉、第三は〈われわれを包み抱く自然〉あるいは〈現有が情態的に‐気分づけられた現有として有るもののただなかに実存していることによって、現有のうちで顕わとなっている自然〉である。そして第二の自然が「周界自然（Umweltnatur）」と呼ばれつつ、「森は営林、山は石切り場、川は水力であり、風は《帆に満つる》風である」等々の印象的な説明を受け、また第三の自然が「ロマン派の自然概念の意味での」あるいは「或る根源的な意味における」自然、「自然のちから（*Naturmacht*）」、「《躍動邁進し（weben und streben）》、われわれに襲来し、風景として心を奪うものとしての自然」等々と呼ばれつつ、「畦に咲く花」や「地に涌く泉」といった身近な具体例を挙げられているのに対し、第一の自然はむしろ周界の貧困化という意味での「脱世界化」という扱いしか受けていない。

また中期ハイデッガーにおいて「自然」に代わって登場する「大地」の実例として示されているのは、どっしりとした「岩石」、荒れ狂う「嵐」、煌めき輝く「岩」、「日の明け開け、天空の広がり、夜の暗闇」、「大気」、「海潮のうねり」、「樹木と草、鷲と雄牛、蛇とコオロギ」等々であって、明らかにそれらは先の第三の意味での「自然」である。そして後期ハイデッガーがときとして「近世自然科学の対象という意味での自然」もしくは「科学の技術的に統治しうる自然」と、「自然の自然的なもの」つまりは「太陽、月、諸星の昇り沈み」のような「自然的な自然（die natürliche Natur)」とを、「二つの疎遠な区域」として対置することがあるとしても、後期の彼はむしろ「近世自然科学」をこそ「技術の本質の応用」として捉えようとしていたことも、周知の事実であろう。したがって彼の後期思想における「自然」とは、一方では「用立て」体制の集摂としての「摂 - 立（Ge-Stell）」のもとにある自然——発電所のための、自然エネルギーの「徴発」のための用象にすぎないライン河や、「休暇産業」が用立てた「風景」でしかないライン河のような——であり、他方では「四方（Geviert）」と名づけられた「世界」のもとにある「四者」（大地・天空・神的な者たち・死すべき者たち）のうちの、「大地」——「水域と岩、植物と動物を育みつつ、建て担うもの、養い結実するもの」——と「天空」——「太陽の運行、月の走行、星辰の煌めき、一年の諸時節、昼の光と薄明、夜の暗闇と明み、天候の恵みと苛酷、雲の流れと蒼天の青みがかった深さ」——である。

このように見てゆくならば、「自然」へのアプローチの仕方そのものが、歴史のなかで種々に変遷してきたことが、よく分かる。それならば、たとえば古代ギリシア以来の「生ける自然」とか、あるいは「自ずから立ち現れるもの」という意味での「自然」さえ、すでに歴史化され、或る特殊な文化のなかでしか通用しないような概念、つまりは一つの「自然観」でしかないのだろうか。

しかしながら、ハイデッガーの挙げている実例を見ても明らかなように、自然科学的な自然や用象とみなされた自然が或る特定の時代以降に現れ、その意味では歴史的かつ文化的なものでしかないのに対し、「畦に咲く花」や「地に涌く泉」、「水域と岩、植物と動物」、「星辰の煌めき」や「蒼天の青みがかった深さ」などは、時代や地域には左右されない、それこそ「自然的な自然」である。そして「生ける自然」という考えは、大人にとっての無生物にさえ幼児が生命を感じてしまうような傾向のことを考えてみても、特殊で限定的な「自然観」というよりは、むしろ普遍的かつ根源的な現象の一つとみなしうるように思われる。

もちろん「自ずから立ち現れるもの」についてのわれわれの「自然の現象学」も、それ自身はけっして「自然」そのものではない。しかし前著でも述べたように、「自然の現象学」は哲学としての自らの「非根源性」を自覚しつつ、

「自然」の「根源性」について思索しようとする哲学である。あらゆる哲学は、哲学としては、つねに有限にして相対的であるかもしれない。しかしそれ自身は中心ではないものにも、遡行的に中心を指し示すくらいのことはできる。

しかしいわゆる「自然哲学」も、われわれの「自然の現象学」も、結局は〈歴史や文化の所産〉でしかないのだとするなら、具体的な哲学的営為において、如何にしてわれわれは、歴史や文化から自然を区別しうるというのだろうか。一つの可能性は、発生論的な観点から歴史や文化の生成の過程のなかで自然のステイタスを見定めたり、歴史や文化の根底にあって変化しないものを探ったりすることであろう――われわれはいま「自然」を卒業して「精神」の段階に入ったなどと、軽々しく言えるほど自然は表層的なものではありえない――。そしてそのような方法は、むしろきわめて常識的な手法でさえある。

もう一つの道は――われわれ自身が試みてきた方途でもあるが――〈自ずから立ち現れるもの〉や〈一における一〉といった諸観念から、〈自然〉の現象性を概念化しつつ、それによって〈自然〉を〈歴史や文化〉から区別するというやり方である。われわれはしばしば「観念」や「概念」に対しては批判的な態度を取ってきた。しかし、たとえばメーヌ・ド・ビランが「反省的抽象諸観念」と「一般的抽象諸観念」[158]を区別したように、観念のなかにはアポステリオリな外的経験には依存しないもの、根源的なものから直接読み取られるべきものも、存在しえよう――われわれはビランとまったく同じ意味でそのような「反省的抽象諸観念」について考えているわけではないのだが、その点に関しては次章でまた検討することとなる。

Ⅱ　歴史的・文化的なものはもちろん歴史的・文化的な現れ方をするが、しかしそのようなものから自然が透けて見えることもやはりある。たとえば音楽を聴いたり絵画を眺めたりするとき、その時代・その地域特有の一般的雰囲気や表現法などは専門家には一目瞭然であるかもしれないが、しかしそのような歴史的・文化的な表情は、その音・その色彩・その形等々が全体の配置のなかで有している自然的特性を利用しなければ、成り立ちえない。だからこそそれらは、われわれのような教養のない素人観賞者にも、或る一定の効果を及ぼす――歴史的経験や文化的体験でさえ、自然的経験にもとづきつつ、学習によって初めて形成されてゆくのである。そして歴史というものがゼロから生まれるわけではなく、そこには自然が前提されるということも、自明の理であろう。

文明が進展してゆくにつれ、「人為」というものも次第に増してゆくであろうことも、むしろ常識の教えるところである。それゆえ人類の初期段階や未開社会は、ちょうど生まれたばかりの幼児がそうであるように、自然により近い位置にあるであろうことは、察するに難くない――しかしながらこれは一つの考え方であって、人類の名に値する人類ならばすでに幾ばくかの文化の端緒を具えているであろうように、歴史のなかで「自然」を発見することは、それほど容易な仕事ではない。

他方、もし自然が真に根源的なものであるならば、当然のことながらそれは現代においてもわれわれの生の根底に存続しているはずである。シェリングやヘーゲルの「自然哲学」が「自然科学」と同じ素材を扱おうとしたことは、まったく見当違いのことではない。なぜなら「自然科学」の考える「自然」とは、歴史的・文化的な主観の多様性によって影響されることのないような相互主観性にとっての世界であり、それは西田が強調するような「実験」や「観測」の歴史性〔や地域性〕に依存するようなものであってはならないからである――実験や観測をおこなうのがバイデンであるかプーチンであるかによって結果が異なるというのであれば、そもそも自然科学など成り立ちえないだろう。しかしながら、自然科学の自然は「自ずから然り」の自然ではない。そのうえそれは、その成立やその発展の事実そのものによって、その意味での歴史性を免れえない。そして自然科学以外にも、歴史を通して変化しないものを探る道はあろう。

そもそも如何にして「歴史」というものをわれわれが理解しうるのかを考えてみるならば、そこにはやはり歴史を超えた現代と過去との共通性というものが存在しているのでなければならない。食べるということ、寒暖や雨露や外敵から身を守ること、人を愛し憎むこと、権力意志や名誉心、生きる希望や死の恐怖、寝たり遊んだり祈ったりすることの意味を同じくしているのでなければ、過去の文献を調べたり遺跡を発掘したりしても、その意味を理解することなどできない。それは抽象的に普遍的なものというより、同根から出て来る具体的・実質的な共同性である。もちろん他性に対しては他性に対するリスペクトというものが欠かせないであろう。しかしそもそも共同性なき他性というものは、比較の対象にさえなりえない。

あるいは逆に、過去の遺物——ラスコーの洞窟壁画のような——を見て、それを現代のわれわれが理解し、これは十分にわれわれと共通の「人類」の仕業だとみなしうるからこそ、その作者をたしかに「人間」として承認するというようなことも十分に起こりうるのであって、そのようなことは、たんなる差異の意識や他者超越の意識だけでは生じえない。

危機に面した文明や社会では、よく〈自然に帰れ〉などということが主張される。しかし、もちろんそれは文明以前の野蛮状態に帰れということではない。そうではなくて、人間は、いまいる文明や社会の歴史的状態が必ずしも絶対的なものではないということに気づくためにこそ、「自然」のことに思いを寄せなければならないのである。そして現代のように人類滅亡の危機が遠い未来の話ではなくなってしまっている時代にあっては、われわれは人類が存続すべきか否か、あるいは存続すべき真の人類の姿とはいったいどのようなものなのか、等々について考察するためにも、ことさらに人間本性つまりは人間の自然とは何であるかについて、思索しなければならないのである。

Ⅲ　文化もまたゼロからは生まれえない——それは身体的にも精神的にも何の制約もない者が、神の無差別的自由のように無からすべてを創造すると仮定するようなものであろう。そして文化の根底にはあらかじめ自然が存するからこそ、過去の人類の営為と同様に、異文化理解というものも成り立つのである。われわれと何の共通点も有さない者に関しては、どのような「異文化」をそれが形成しようとも、われわれにはそれを「文化」とみなす手立てさえ見出されえないであろう。

過去の遺物を見てこれが人類の作か類人猿の活動の痕跡かを判断するのにわれわれとの共通性を尺度とするように、たとえばビーバーのダムや蜘蛛の巣を「自然」と見るか「文化」と見るかも、われわれ自身の「自然」や「文化」との類比から考えられているとみなすことができる。ビーバーのダム制作や蜘蛛の巣作り、犬のお手やおすわり、猿やカラスが棒を道具として用いること、レッサーパンダやミーアキャットが直立すること等々をわれわれが「自然」の営為とみなすなら、それはわれわれがわれわれ自身の「文化」を彼らの営為から区別しつつ、しかしわれわれ自身の能作の一部、たとえば直立歩行それ自身等々を、「自然」とみなしているからである。あるいは逆に仮にわれわれがそうした動物の行動を敢えて「文化」と呼ぶとするなら、それはそれらの動物の残余の行為を「自然」とみなしているからであり、また人間の諸行為のなかに同類の区別をおこなっているからである。そしてわれわれが犬の嬉々とした仕草や怒りの表情、日照り続きのなかの植物のぐったりした様子を理解しうるのは、文化や学習の賜物ではない。

仮に人類より高度な知性と文化とを持つ生命体が現れたとして、そのような者たちには人類の営為などすべて「自然」に見えてしまうのではないだろうか――しかしながらわれわれは、そのような抽象的な観点を採択しえない。そのような観点に関しては何ら基準というものが見出せない以上、どのような観点を採ろうとも、それは恣意的なものに堕してしまうよりない。われわれにとって唯一確かな尺度とは、のちにも考察するように、或る意味では「内なる自然」と呼ばれうるようなわれわれ自身の「自然」である。

異なる諸文化のなかにあって変わらぬものを探ることは、それゆえ、〈人間にとって自然とは何であるか〉を知るための有力な一つの手段となりうる――もっともここでもまたそれは絶対的なものではなく、或る種の蓋然的な知識にとどまるであろうことは、あらかじめ予想しうることではあるけれども。ともかくも、歴史や文化が呈示するのは〈同一性のなかの差異〉か、あるいは少なくとも〈類似性のなかの相違〉といった構造である。文化は進展し、変化する。そして自然という根拠から遠ざかった文化ほど、すぐに飽きられる。なぜならもともと相対的でしかないものがどれほど勢力を得ようとも、そのようなものは最初から専一性や絶対性など主張しえないからである。しかるに真に自然に関する事柄は、飽きられることがない。たとえば食事の内容に関してはいつか飽きがくることがあるかもしれないが、何かを食べなければならないということ自体に飽きはこない。飽きがくれば、あとは死しか待っていないのだから。

ゆえに不自然な文化というものがたとえ成立しえたのだとしても、そのようなものはいずれ淘汰される。われわれ人類が今後なお生き残りうるか否かについて省察するときも、そのことを忘れてはならない。

もちろん何度も言うように、また後述もするように、「自然」と「文化」を実質的に区別することには、つねに或る種の困難が伴う。たとえばそこにはアリストテレス以来言われ続けている「第一の自然」と「第二の自然」という問題がある。

Ⅳ　つまり歴史や文化の生成の共通の発生論的源泉とみなされるべきものの一つに「習慣」がある。そしてもちろん生や自然のないところ、そもそも「習慣」など成り立ちえない――つまりは歴史も文化も生成しえない。

習慣は時間のなかで成立する。しかしまず、時間が流れ出すということ自体は自然的な現象だとわれわれは述べた。もちろん時間が速く経過したりゆったりと流れたりするという経験に、歴史や文化が関与することもありえよう。しかしそれは自然に起因することももちろんありうるのであって、そもそも時間が流れるということ自体が歴史や文化によって、あるいはヘーゲルの主張するように〈概念の力〉によって生起するわけではない。

自然とは受動性の経験である。しかし能動的になされた経験が沈殿し、いつでも再利用されうるような可能性が生じるとき、そこには習慣というものが形成される。メーヌ・ド・ビランにしたがうなら、生や自然やアフェクションといった受動的なものが本来の意味での習慣を形成しえないのに対し、正規の意味での習慣を形成し、文化の源泉となるのは、われわれの意志的・能動的な諸活動である。けれどもひとたび習慣が形成されたなら、それは第二次的な受動性の経験に――「第二の自然」に――なる。そしてそれゆえにこそまた初次的な自然を第二次的な自然たる文化や習慣から区別することが、難しくなるのである。

しかし、おそらくは能動的な作用が生まれたなら、ただちにそれが「文化」になるというわけではないだろう。文化には能動的になされたものを再利用しようとする実践的・実用的・技術的な意志が必要ではないかと思われる――

もちろんそれは強い意味での「意志」である必要はなく、ほとんど非意図的におこなわれるようなケースさえ多々あろう。しかし、それでも文化の形成には蓄積・継承・模倣といった諸契機が不可欠である。そして最も強い意味でそれが意志的におこなわれる場合、〈制度化〉という現象が生じる。

たとえば直立歩行するだけでは、まだ「文化」とは言えない。時間とともに成長してようやく現れるような諸事象のなかでも、特に教授されなくても万人に共通に、言わばひとりでに発生するような諸現象に、「文化」の名を与える必要などない。「文化」は、たとえば「異文化」とは異なる特有の歩き方、しかもその文化圏では汎通的に認められているような歩行の「作法」のうちにこそ、認められるべきであろう。

人間的諸現象のなかにはけっして習慣化されえないような自然的なものもあり、しかもそのような自然的諸現象にもとづかない人為的諸現象など存在しえない。たとえば前節で見たようなタイピスト、オルガン奏者、杖を用いる盲人といった諸実例は、文化的諸行為が習慣によって「きわめて直接的な関係」へと変貌してゆく様を描いたものであったが、しかし、たとえそのような道具がついには〈身体の延長〉とみなされるにいたったのだとしても、そのような言い方においては依然として〈身体〉それ自身がその〈延長〉からは区別されている。われわれの四肢が成長したとき、われわれはけっしてそれを〈身体の延長〉などという言い方をしない。デカルトが述べていたように、「幼児期からつねに足枷に縛りつけられていたということから、その足枷が自らの身体の一部であり、自分にはそれらの足枷が歩くのに必要だと思う[159]」というのでもなければ、われわれは〈身体それ自身〉と〈身体の延長〉とを区別し損なうことなどありえない。そして自然的身体の存立しないところ、そもそも習慣など成立しえないのだし、身体の自然な使い方に反するような習慣は、やはり長続きしない。それゆえ西田のように「第二自然」こそが「第一自然[160]」だと主張する立場には、われわれは与しえないのである。

V　メルロ＝ポンティに続いてわれわれが幾度も強調したように、歴史や文化と自然とを、概念的にではなく外延的ないし実質内容的に区別することは、たしかに難しい。しかしながらそのことは、前者と後者のあいだに区別が存しないということではないのだし、メルロ＝ポンティ自身、自然の優位ないし先位を唱えることをけっしてやめようとはしていない。そしてたとえばトーテミズムやアニムズムの社会は自然と文化を区別しないなどと主張するのは、或る特定の文化的立場から自然と文化の関係について考察することでしかなく、「自然的な自然」について思索することを初めから断念した態度でしかない。

生まれた瞬間に個人の歴史が始まるのだと仮定してさえ、それは無からの出発ではないことに関しては、われわれもさんざん述べてきた。それゆえ自然と歴史・文化は、けっして可逆的な関係や相互的な関係を構成しえない。歴史や文化のあるところ、必ずやその根底には自然がある。

たとえば文化を持ち、歴史や習慣を形成しうるということさえ、人間の自然本性にもとづいたものでしかない。自然的な生が歴史や文化を生ぜしめるのであって、自然的生のないところ、歴史や文化が生を作り出すことなどありえない。基本的な生命現象は、自然科学によってさえ製作されえないのである。ゆえにまず〈作られないもの・作らないもの〉が根底にあり、どのようにしてかは分からないがシェリングの言うように〈作らないものから作るものへ〉が突発し、しかるのちに初めて西田の言うような〈作られたものから作るものへ〉についても語りうるようになるのだが、しかし、〈作られたものから作るものへ〉の根底には、もちろん〈作られないもの・作らないもの〉が存続しているのでなければならない。

〈自然本性〉という言葉はあるが、〈文化本性〉という言葉は存在しない。もし〈自然的な文化〉というものが存在するのだとしたら、それはあくまで自然に根ざした文化、あるいは自らが自然に根ざしていることを十分に自覚した文化のことであろう。逆に〈文化的自然〉などというものは、一つの〈自然観〉もしくはたんなる〈人為・人造〉であって、それは文化に属するものでしかない。そして先にも述べたように、〈不自然な文化〉――アンリなら「野蛮」と呼ぶような――は、いずれ滅びざるをえないのである。

⑵他性一般の雰囲気と他者への限定――収縮と放射の関係のなかで

ここでわれわれがふたたび〈他者〉問題に言及するのは、或る意味では他性一般が歴史や文化の根底にあるからだが、しかしそれ以上に、他者への〈収縮〉と他者からの〈放射〉という問題は、〈自然〉と〈自然物〉との関係について考察したいと考えているわれわれにとって、一つのヒントを、つまりは或る一つの類比的なモデルを提供してくれるように思われるからである。最初の〈他〉はもちろん〈他者〉ではなく、それは〈他性一般の雰囲気〉のようなものである。しかしそこからの収縮は、〈個体〉としての〈他者〉を蓋然的な仕方で与えてくれる。

すでにフィヒテは「理性王国」からの「〈個体〉としての私」の「取り出し（Herausgreifung）」[161]や、「一なる生」からの「個体」への「収縮」としての「個体化ノ作用（*actus individuationis*）」[162]について語っていた。しかしながら、そこに登場するのは〈他者〉という「個体」ではないのだし、そのうえ出発点となるのは〈自然〉ではなく、「理性王国」や「一なる生」といった、すでに限定された場所でしかない。

われわれがここで考えているのは、サルトルに関して先にも言及したように、私の〈脱中心化〉としての他者という新たなる一中心への〈収縮〉であり、またそこからの〈放射〉である――もっともそこではサルトルは、〈放射〉という現象しか考えていなかったようではあるのだが。しかしわれわれの考えでは、そのような〈全体への放射〉は、〈全体からの収縮〉を背景としてのみ成立するのだということになる。

つまり出発点は他者の個体性の突然の出現ではなく、あくまで全体的な〈他性一般の雰囲気〉である。それはまだ人と物との区別さえないような、漠然とした違和感あるいは異質感のようなものであった。〈他者〉という個体への限定は、そのような全体からの〈収縮〉によってのみ、蓋然的に遂行されうるであろう。そしてわれわれはそのような〈収縮〉と〈放射〉を、次項では〈自然〉と〈自然物〉とのあいだにも認めたいと考えている。本項でそれをまず他者問題において確認するのは、自然物より他者においてのほうが、その関係がより鮮明に浮かび上がってくるのではないかと考えられたからである。

Ⅰ　他性の始源となる雰囲気は、違和感であれ、友好的な情感であれ、もちろん歴史化され・文化化されたものでもありうるのだが、しかし最初はやはり自然的なものであろう。たとえば怖いテレビや映画を見たあとでは、些細なことで恐怖を感じることもあるのだし、或る画面で見た情景に似た光景に出くわせば、ふだんなら何とも思わずに通り過ぎるところに過剰に反応してしまうようなこともある。しかし最初の経験そのものは、少なくとも当人には文化的に媒介されたものではないのだし、そもそも全体の雰囲気を感じ取りうるということ自体、歴史的かつ文化的にわれわれが学習して初めて獲得したものではない。

カントが「数学的崇高」や「力学的崇高」と呼ぶような自然の圧倒的な大きさや力は、異他性が勝りすぎていて、かえって〈他者〉への収斂を招きえないかもしれない。それでもそれは、たとえばウィリアム・ジェームズがサンフランシスコで体験した「一九〇六年四月の恐ろしい地震[163]」のように、或る種の個体化や人格化を招致することもある――日本人ならそれをナマズや龍や神に、あるいは怨霊や妖怪にさえ帰せしめるかもしれない。『判断力批判』の第二六節で、カントが「技術諸産物（Kunstprodukte）」においては示されないと言明した「崇高」の具体例として、「ピラミッド」や「ローマのサン・ピエトロ教会[164]」が挙げられているのは、いささか奇妙なことではあるのだけれども、しかし歴史的・文化的構築物に一種の自然的な感情を――途方もなく大きい、壮大だ、深遠だ、崇高だ、等々――抱くことは、よくあることである。歴史的・文化的雰囲気の根底にあるべきは、やはり自然的感情なのである。

異他性の雰囲気のなかには、サルトルが強調するような〈見られている〉という気配も含まれる。そしてそれはサルトル自身がついには認めざるをえなかったように、まだ特定の他者に限定されることのない不定のまなざしであり、「ひと」である。しかしながらそのようなまなざしは、そもそもサルトルが主として俎上に載せているような威嚇的・攻撃的なものであるとはかぎらない。われわれはそこに愛も憎悪も、警戒も憧憬も認めうるであろうし、自らをそれこそ「ひと」扱いするようなまなざしや、無機物でも見るような無頓着さ・無関心さを見出すことさえあろう――違和感・異質感といっても、多種多様である。

ともかくもそのような全体性の雰囲気から出発して、個体への収斂が始まる。そしてそのような収縮は、たんに蓋然的なものにとどまるのみならず、場合によっては最初の箇所とは別の箇所に収斂しつつ、〈多〉の形成に寄与することさえあるだろう。けれども出発点は〈一〉である。「真なるものは全体である」とヘーゲルも述べている——ただしヘーゲルは、あまりにも性急に分析と綜合という道に走ってしまって、〈諸部分なき全体〉という現象の存在を見損なっているように思えるのだが。

Ⅱ　仮に諸部分なき全体を〈全体〉[i]と、諸部分から成る全体を〈全体〉[iii]と名づけるとする。われわれはその中間段階として、まだ諸部分の措定を伴ってはいないが、一つの中心へと収斂してゆく全体を、つまりは図と地とから成ってはいても、しかし図と地を二項としてではなく、一つの全体として捉えているような段階を想定したいと思う——仮にそれを〈全体〉[ii]と呼んでおく。

たとえば視野にも中心と周縁とがあるように、〈全体〉[ii]は一つの中心とその周縁とを持つ。しかしちょうど焦点合わせで視覚が一つの中心へと収斂する以前には、まだぼんやりとした全体しかなかったように、〈全体〉[ii]はあくまで〈全体〉[i]を出発点として成立する。そして〈場所〉それ自身はけっして「炸裂」しなかったように、〈全体〉[ii]の根底には、その〈於てある場所〉として〈全体〉[i]が存続する。〈全体〉[ii]とは、たとえばリンゴを中心とした世界全体なのであって、スポットライトはリンゴにのみ当たっていて、他の箇所は言わば闇のなかに沈んでいる——じっさいに暗闇のなかにあるか否かは別として。ともかくもここには他の諸部分はまだ措定されていないのだから、区別や比較といった作用は生じえない。

たとえば隠し絵やだまし絵のように、歴史的・文化的な経験があるからこそ中心となるものの同定が容易化されるようなケースもあるにはちがいない。しかし、そのような経験とて視覚の自然的な性向を利用しなければ成り立ちえないのだし、そもそも視野に中心‐周縁構造が存するということ自体、学習を通じて歴史的‐文化的に初めて形成されたものではない。

〈全体〉[iii]は諸部分の措定を想定している。つまりは諸事物としての諸事物の顕在的区別を前提としている。しかしA、B、C……から成る全体が初めて措定されうるためには、まずAが、次いでBが等々、順に措定されてゆくのでなければならない――つまり〈全体〉[iii]は〈全体〉[ii]を前提としている。そして〈全体〉[ii]は〈全体〉[i]を根底として初めて成り立つのだから、〈全体〉[iii]もまた究極的には〈全体〉[i]を根拠としている。それが〈諸部分から成る全体〉は〈諸部分なき全体〉を前提するということの意味である。他性の違和感や異質感の場合、諸個体への蓋然的収斂は、そのような道を経て到達される。

〈個〉を考えるとき、全体からのこのような収斂という道が、特権的な地位を占めていると考えられる。なぜなら〈諸部分なき全体〉からいきなり〈諸部分が並列的に共存する全体〉が出現するということは、考え難いからである。まず〈全体〉は、〈一つの中心〉へと収斂する。そして〈個〉への収縮の場合、〈他者〉はやはり特権的な地位を占めているとみなされうる。なぜなら〈他者〉には収縮や中心化つまりは個体化への傾向が、あるいはまたそこからの放射の傾向が、なみの事物より強いと考えられるからである。あるいは逆に、われわれはそのような〈全体からの隔離〉と〈全体の支配〉との傾向の強い者をこそ、〈他者〉とみなす傾向があると言えるのかもしれない。他者とは全体の違和感を引き受けやすい存在であり、自ら一つの中心たるを強固に主張しうる存在である。そしてそれゆえにこそサルトルも言うように、ときとして他者は私という別の中心を「脱中心化」しようとして「相剋」の関係をもたらすことさえある。

Ⅲ　〈放射〉が成り立ちうるのは、まず〈収縮〉があるからである。〈全体〉[iii]の段階でなぜ中心たる〈一〉が〈多〉への特権的な関係を築きうるかといえば、それはこのような中心そのものが、〈一〉も〈多〉もそこにおいてあるような〈場所〉から収斂したものだからである。〈全体〉[ii]においてはまだ一中心しか存在しないのだから、ここでは〈収縮〉即〈放射〉のような関係しか成り立っていないのかもしれないが、しかしそもそも〈全体〉[ii]は〈全体〉[i]からの収斂の賜物である。

モナドのような〈個〉から出発したのでは、なぜそれが〈全体〉に対して或る支配的な地位を獲得しうるのかが、よく分からない。ましてやそれが他者であるとき、他者の志向的意識を直接的に知ることのできない私には、他者からの〈放射〉を内から意識することなど、土台無理な注文である。しかしながら〈全体〉から出発して〈全体の雰囲気〉が一点に〈収縮〉したと考えるなら、その関係にもとづきつつ逆にそこからの〈放射〉を見出すことは、不可能なことではないだろう。

自然科学においてさえ、何かが引力とか磁力とかを持つと言われる場合、それはそのもの固有の特性というより、むしろ他との関係のなかでようやく成り立つような性質のものである。それゆえにこそそれらは、重力場とか電磁場と呼ばれるような〈全体〉のなかに置かれて、初めて意味を持つ。

そしてもちろん歴史的・文化的な収縮・放射というものも考えられはするのだが、しかしそのような体制それ自身は自然のレヴェルですでに存在し、それが歴史的・文化的なレヴェルのものを支えている。たとえば放射の強い人にはオーラがあると言われたりするが、われわれがオーラを感じるのは、必ずしもその人が有名人であるとか要人であるとかを知ってからのことではない。つまりオーラとは、われわれがまず自然的に感じ取る或る特殊な異別性の雰囲気の一つであり、おそらくは精神的生のことさらなる輝きである。

Ⅳ　〈収縮-放射〉関係の経験は、一度きりではなく、反復運動によってその中心の同定の蓋然性は高まってゆく。逆に言えば、それが最終決定的には確定されえないからこそ、結局のところ他者経験は蓋然性を免れえないのである。フッサール的に語るなら、われわれは他者〔らしき者〕が樹を見、水たまりを避けているように思う。そしてそのような経験が度重なる毎に、このような動作は猿にもロボットにも不可能だと考える。他者経験とは、漠然とした生一般の経験からの一種の引き算である。そしてそのさいわれわれは、これまでの様々な過去の経験から学んできた知識を総動員する。しかしながらそのような知識は、最初の他者経験のおりには、残念ながらまだ用いえない。ゆえに幼児期には未分化の全体的経験しか存在しえない。

〈収縮‐放射〉の反復運動は、たとえば以下のような過程をたどって経過してしてゆくように思われる。①まず〈部分なき全体[i]〉があって、それを根底として〈中心への収縮と中心からの放射とを持つ全体[ii]〉が成立する。②そのような〈収縮‐放射〉の過程が反復されるにつれ、次第に〈中心A〉がことさらに同定されてゆく。③〈全体からの収縮〉はしかし〈中心B〉にも起こりうる――とりわけBがAと同じようなオーラを発するとき、もしくは〈Aからの放射〉がより具体的には何に向かっているかがことさらに探り出されるようなときにはそうである。④かくして〈多〉が措定され、同時に〈全体[iii]〉が成立する……。

しかしながらいま挙げたような反復作用はたんなる一例であって、たとえばAの同定がまだぼんやりしたままに視線がBやCに向かうようなケースも、当然のことながら考えられる。しかし過程が〈全体[i]〉から〈全体[ii]〉へ、そしてそこから〈全体[iii]〉へ向かうであろうことは、動かせないように思われる。そして「媒介」の関係は、〈全体[iii]〉の成立ののちにようやく語りうることなのであって、そもそもそれは〈A‐全体[a]〉や〈B‐全体[b]〉から〈全体〉を捨象して、AとBだけを主題化するさいに生ずる関係でしかないように思われる――「媒介」が妥当するのは、〈全体〉を前提するからであるにもかかわらず。

他者問題の場合、〈自然的他者〉との遭遇には雰囲気の収縮が絶対条件だが、〈文化のなかの他者〉との出会いには、それこそ様々な「媒介」が必要とされる。とりわけ歴史的・文化的他者との会遇には、言語ないし言語に代わる情報媒体の媒介が必須条件となろう。しかしながら、言語の成立は、理論的にも事実的にも、明らかに他者の存在を前提としている。それゆえわれわれは、他者との初次的ないし根源的な出会いについて考察するとき、言語を利用し言語に依拠することはできない。

V　他者においては個体化の傾向が顕著であるとわれわれは述べた。それゆえにこそ自然との一体感が他者の出現によって突然に乱されることもある――もっとも遠くにいる他者なら、特別に嫌悪感を抱く人物とか、すぐにでも声をかけたくなるような仲間とかは別にして、自然の風景のなかに溶け込んでしまうケースも多々あろうが――。他者からは生命感や身体／肉体の存在だけでなく、たとえば行為や意志や努力や自由や力といったものについての〔蓋然的〕印象を受け取ることが多く、それが〈収縮‐放射〉の当体としての他者の個体化を、すなわち周囲のものからの隔絶とそれらへの再関係化とを惹起する。

事物は他者ほど個体化の傾向を有していないと考えられるかもしれない。たとえば植物でさえ「それらの個体性はつねにそれらの特殊性のうちへと崩壊」（W9, S. 377）し、「本来的にはけっして自己へといたりえない」（Ibid., S. 419）と「自然哲学」のヘーゲルは述べている。そして「即自有」についてのサルトルのような考えにしたがうなら、諸事物に個体の地位が与えられるのは、あくまで「対自有」たる人間存在の「無化」作用のおかげだということにでもなってしまうのかもしれない。

しかしながら、メルロ＝ポンティなども主張するように、世界の側にも人間主観の恣意的なはからいに抗うような、形態化へのむしろ自然的な傾向というものが存在する。それは個体化への傾向、収縮し収斂し凝集しようとする傾向と言ってもよいであろう。そしてもしわれわれが或る自然物を不可分の一個体と見るのだとするなら、われわれはそれを人間なみに扱っているのだということになる。物は人間を模倣する。あるいはむしろ、われわれが他者を同定しようとするときにも、物〔身体を含め〕が持つ個体化へのそのような自然的な傾向を利用していると言ったほうがよいのかもしれない。

自然物にも〈収縮〉と〈放射〉の関係を見ることは可能である。そしてそのことが〈自然からの自然物の発生〉への問いや〈自然物の多の生成〉の問題に対する一つの回答を与えてくれるであろう。

(3) 自然と自然物――内なる自然と外なる自然

われわれは〈自ずから立ち現れるもの〉を〈自然〉と呼ぶ。バラは何故なしに有る。それは自ずから立ち現れる。しかしスミレやタンポポもまた自ずから立ち現れる。バラもスミレもタンポポも〈自然物〉である。しかし〈全体〉に当てはまるカテゴリーが、なぜ〈諸部分〉にも妥当するのだろうか。そしてもし、それでも〈自然物〉が〈自ずから立ち現れるもの〉の名を享受しうるのだとするなら、そもそもそのような〈自然物〉と〈自然〉との関係は、どうなっているのだろうか。またもしわれわれ自身が大自然の一部でしかないとするなら、〈内なる自然〉と〈外なる自然〉との関係については、どう考えるべきなのか。

I　まず出発点となるのは〈諸部分なき全体〉としての〈全体[i]〉であった。『省察』の「第二答弁」のなかで、デカルトは「物体的自然〔本性〕」が持つ「多くの不完全性」の一つとして、「物体が諸部分へと分割可能であること」を挙げている。なぜなら「分割されないことが分割されることより大きな完全性であることは、自ずから知られる」[165]からである。そして「一にして不可分の延長」について語るスピノザは、「物体的実体は、実体であるかぎりにおいて、分割されえない」と述べる。ゆえに「自然のなかには全体も諸部分も存在しない」[166]――しかしながら、ここで「存在しない」と言われている「全体」とは、あくまで「諸部分」から成る〈全体[iii]〉のことであろう。逆にもしわれわれが〈諸部分なき全体〉のことを考えるのだとするなら、「自然」とはそのような〈全体[i]〉である。

〈全体[i]〉としての「自然」にはまだ主客の区別も、「於てあるもの」と「於てある場所」の区別もない。したがってここには〈自然〉と〈自然物〉の区別もない。それは或る意味では〈於てあるものなき場所〉であり、〈自然物なき自然〉である。

〈主客の区別がない〉ということと〈於てあるものと於てある場所との区別がない〉ということは、当然のことながら連動する。〈於てあるものの多〉の出現するところ、〈一なる主観〉が〈多なる客観〉と一致するなどということはありえないのだし、〈於てあるもの〉が〈多〉となるとき、〈一なる於てある場所〉が〈多なる於てあるもの〉と一致することなど、やはり不可能である。

ここではしかし、〈自然〉はまだ茫漠とした大気・雰囲気のようなものなのであって、よく〈自然と一体となっている〉と言われるような〈自己〉も、特定の自我などではありえない。〈内と外の区別〉もなく〈部分と部分の区別〉もない自然の情感的経験は、〈場所の自己‐触発〉そのものである。

Ⅱ　しかし自ずから焦点が定まるとき、自然物らしきものが登場する。中心にあるのは、たとえばバラである。それではこのような〈全体[ii]〉の出現とともに、〈全体〉と〈諸部分〉とが分かれ、〈於てある場所〉のうえに〈於てあるもの〉が、〈自然〉のなかに〈自然物〉が、立ち現れるのであろうか。

しかしながら、ここにはまだバラを中心とした一つの世界しか現れていない。それゆえ〈諸部分〉の意識もまだない。それどころか、それはたまたまバラと名づけられた一つの世界であり、一つの〈全体〉である。バラが世界であり、全体なのである。それゆえここにはまだ〈全体と部分の区別〉や〈於てあるものと於てある場所との区別〉もなく、当然のことながら〈自然〉から区別された〈自然物〉などない。そのような区別は、〈於てあるもの〉の〈多〉が出現したときに、初めて措定されうるであろう。

他者問題に関しては周知のようにシェーラーが、或る有名なたとえを用いつつ、次のように語っている。「固有のものと異他的なものとを非区分で互いに混ざり合ったままに事実的に含んでいるような、我‐汝に関して無頓着〔＝無差別的〕な一つの体験流（ein *in Hinsicht auf Ich-Du indifferenter* Strom der Erlebnisse）が、《さしあたり》流れ去る。そしてこの流れのなかで、ようやく漸次的に、いっそう堅固に形象化された諸々の渦巻きが形成され、それらの渦巻きはゆっくりと、その圏域のうちに流れのますます新しい諸要素を引き込んで、この過程のなかで、継起的にきわめて漸次的に、異なる諸個体へと帰属せしめられてゆく[167]」――自然物の発生に関しても同様である。〈全体[i]〉から〈全体[ii]〉が生成するのは、コーヒーカップのなかのコーヒーに、ミルクを一滴注ぐようなものである。そのことによって液体は、一つの中心を持つ。しかし初次的な段階において、それは一つの中心を持つ液体という一全体のままである。ミルクとコーヒーを区別する見方もあるが、しかしそれを一つの全体として捉える見方もある[168]。

もともとバラの華やかさは、バラだけのものではない。絵画のうちであろうと想像界のなかであろうと、あるいは現実世界においてさえ、バラには必ず背景というものがある。しかしその背景はいま地の役割を引き受けていて、ちょうど黒いバックを配した安井曾太郎のバラや、暗闇のなかでスポットライトを浴びて浮かび上がる古畑任三郎においてのように、周囲は無頓着さの闇のなかに沈んでいる。

しかし〈多〉の出現のところでも述べたように、時間・空間には〈ひずみ〉や〈ずれ〉が生じ、視線には〈ぶれ〉が生起する。焦点はバラの花から葉に移り、また茎へと移動する。富士山のうえには青空が広がり、手前には湖や桜の樹が見える。そしてこのような〈多〉の存するところ、もはや〈自然〉と〈自然物〉は混同されえず、〈於てあるもの〉が〈於てある場所〉のうえに同定される――〈自然物の多〉の発生や〈全[iii]体〉の出現の過程とは、おそらく以上のようなものである。

「全体は〔…〕諸部分から成り、したがって全体は諸部分なき何かではない」（WdLW. S. 144）とヘーゲルは述べ、「全体は諸部分なしにも諸部分のたんなる集積によっても生じない」（K/S. S. 156）と或るヘーゲル研究家（Félix Duque）も敷衍する。しかしながらわれわれの考えでは、そのようなことは〈全[iii]体〉についてしか述べえない。そして〈全[iii]体〉についてしか語らないのは、〈直接的なもの〉なしに〈媒介されたもの〉についてしか語らないのと同じくらいに、アンバランスな態度ではないだろうか。

それゆえたとえ〈全[ii]体〉の段階であろうとも、われわれは、たとえばバラは宇宙全体の象徴や指標であるとか、ミクロコスモスがマクロコスモスを表出するというような表現は、用いえない。なぜならこうした表現はすべて、部分と全体との顕在的区別を前提としているからである。何度も言うように、〈全[ii]体〉の段階ではバラはまだ部分ではなく、バラそれ自身が世界である。そしてそのような〈全[ii]体〉から如何にして〈全[iii]体〉への移行が生ずるのか、われわれ自身の解明の試みにもかかわらず、究極的にはそこには依然として一つの飛躍や断絶というものがあると言わざるをえない。なぜなら焦点の〈多〉は、そして焦点を〈多〉とみなすこと自体、すでに〈多〉というものの存在を前提としているからである。

〈全[iii]体〉が現れたとき、そこでは自然物は〈自ずから立ち現れる〉とは、本来的にはもはや語りえない。しかし〈全[iii]

体〉は〈全体[ii]〉に依拠し、〈全体[ii]〉の根底には〈全体[i]〉があるとわれわれは述べた。バラは自ずから立ち現れ、桜もまた自ずから立ち現れるとわれわれが言うとき、それは〈全体[ii]〉の経験にもとづいた〈全体[iii]〉の経験として、或る一定の妥当性を保ちうるであろう。

Ⅲ　自然物もまた〈放射〉する。バラは輝きを放って周囲の雰囲気を華麗にし、苔むす岩は地味ながら四方《あたり》の空気を静める。それは〈他者〉ほど劇的ではないかもしれないが、それでも物を一つ置くだけで、四辺の空気が一変することさえありえよう。インスタレーションはそのような効果を利用する。

自己完結的な芸術作品でも、その諸要素は全体へと光を放ち、全体は諸部分のうちに宿る。〈収縮‐放射〉の関係を巧みに利用しているのは芸術作品のほうかもしれないが、しかしそのような素地が〈自然‐自然物〉のなかになければ、芸術家がそのような効果を生み出すことさえ難しい。

「各々の個別的実体はそれなりの仕方で宇宙全体を表現する」と『形而上学叙説』のライプニッツは述べ、「創造された各々のモナドは宇宙全体を表象する[169]」と『モナドロジー』でも語られる。しかし、なぜモナドが全宇宙を「表現」し「表象」しうるのか、その間の経緯が、『形而上学叙説』や『モナドロジー』ではいささか不可解である。われわれの考えでは、まずモナドが「単純実体」として存在して、それからモナドが表現・表象するのではなく、まず〈全体〉があり、そしてそこから収縮が生じるからこそ、〈諸部分〉は〈全体〉へと放射しつつ、「宇宙全体」の「生ける鏡」たりうるのである。

「ライプニッツは意識一般を《一における多の表現（Ausdruck des Vielen im Einen）》、一ニオケル多ノ表現（*multorum in uno expressio*）として特徴づけている」と述べつつ、カッシーラーは「時間の単純な《今（Jetzt）》のうちに同時に「以前と以後（das Früher und Später）」とが見出されるように、「われわれは各々の《此処（Hier）》のうちにすでに一つの《そこ（Da）》と一つの《あそこ（Dort）》とを措定する」のだと主張する。「それら（＝「意識の真正の諸綜合」）のうちでは全体は諸部分から初めて成立するのではなく、全体が諸部分を構成し、諸部分にそれらの本質的な意義を与える」

のである。ここで〈文化の哲学〉の旗手カッシーラーが、このような意識の働きに、「人為的象徴作用（künstliche Symbolik）」からは截然と区別された「《自然的》象徴作用（«natürliche» Symbolik）」[170]の名を与えているのは、興味深いことではあるのだが、しかし彼のような機能〔函数〕主義の立場からは、いかほど「諸部分」に対する「全体」の優位が唱えられようとも、そこにはまさしく「諸部分」がすでに「措定」されてしまっているのであって、このような解釈は〈全体[iii]〉には妥当しようとも、〈全体[i]〉や〈全体[ii]〉には適用されえないのだと言わざるをえない。

各々の個体が世界全体を表現・表出し、自然的また人為的な象徴作用によって全体へと放射しうるのは、それがもともと全体という場所のうえに置かれていたからであり、その意味で全体からの収縮というステイタスを得ていたからである。しかしながら「収縮」という言葉は、いささか誤解を招きやすい表現であったかもしれない。〈全体〉が〈中心〉へと収縮したとしても、もともとの〈全体〉が消失するわけではけっしてなく、〈全体〉は依然として根底に存し続けている。繰り返すが、〈全体[iii]〉は〈全体[ii]〉を前提とし、そして〈全体[ii]〉は〈全体[i]〉を根拠として、初めて成り立つのである。

Ⅳ　正直に言って、われわれには以前、〈最根底の場所〉つまりは〈自ずから然りの場所〉のうえに直接現れるような「於てあるもの」は、その体制にもとづきつつ、それ自身が〈自ずから立ち現れる〉のだと思惟することによって、〈自然〉と〈自然物〉との関係について考察しうると考えていた時期もあった。しかしながらそのように考えたのでは、或る超越論的地平のもとにあるものがその地平の制約下にあるというのと結果的にはたいして変わらないことになってしまって、そのような〈自然物〉は〈自ずから立ち現れる〉のではなく、〈他によって現れしめられる〉のだとみなされることになってしまうだろう。それゆえ「於てある場所」と「於てあるもの」とを区別するかぎり、「於てあるもの」が〈自ずから立ち現れる〉と主張するのは難しい。

現にわれわれは、大自然との一体感について語ることにはさほど違和感を覚えないかもしれないが、バラと一体となるなどと述べることには、多少とも逡巡したり、抵抗を覚えたりもしえよう。つまりそこにはコンディヤックの立像のような、何かしら人為的な臭いが嗅ぎ取れなくもないかもしれない。

しかしながら、たとえばわれわれが何かに——たとえばバラを見ることに——没頭しているとき、一体感について語ることが必ずしも完全に無意味であるとも言い切れないだろう。「バラは何故なしに有る、それは咲くがゆえに咲く」とシレジウスも詠う。客観的に見るなら、バラは太陽の恵み、大地の養分等々がなければ、咲くことなどありえない。しかしわれわれがバラをひたすら見ているとき、栄養のことを考えたり、その原因や目的のことを表象したりなどしているわけではない。そのような諸契機を措定することも不可能ではないのだが、しかしそれらが背景の闇のなかに溶け込んで、バラだけに集中するのでなければ経験できない世界というものもまた、たしかに存在する。というより、或る茫漠とした世界から何か一点への集中が生じるのでないと、そもそも個体というものさえ生じてこないのであるからには、〈多〉の措定を前提とする区別や比較や関係づけのほうが、ようやく事後的に生起するのでなければならない。つまり〈自ずから〉がまずあって、しかるのちに初めて〈他によって〉もまた生まれてくるのである。

あらかじめ〈多〉のみを措定してから始める立場には、「諸部分のたんなる集積」以外の「全体」を見出すことが、難しいとみなされるかもしれない。しかし、それでも〈多〉は〈多〉として捉えられうるかぎりにおいて、ただちに〈一における多〉へと変貌せしめられる。しかし〈一〉とは何かを改めて問い直すとき、それには〈多から〉ではなく、〈一それ自身において〉考察することが求められよう。〈自ずから〉ということについて思索するときにわれわれの採った道とは、そのようなものである。
V　すでに措定され・区別された諸々の〈自然物〉同士の関係については、〈自然〉を始めとして諸々の自然的・人為的な〈場所〉のうえで様々な関係が想定されうるであろうが、ここでは代表的な一例として、〈内なる自然〉と〈外なる自然〉との関係について考察しておくことにしたい。
たとえば〈われわれは自然の一部である〉等々と述べるとき、そこには全体と部分の相違とともに、〈自然〉という共通基盤の存在が、同時に思念されている。ハイデッガーの«In-der-Welt-sein〔世界-内-有〕»をフランス語に訳すとき、メルロ＝ポンティなどは《être au monde》というような表現を用い、そのなかの《au》がフランス語では「……へ」という超越の意味とともに、「……に属する」という内属の意味を併せ持つことが強調されることがある。しかしながら〈内属〉という意味は、〈世界〉以上に〈自然〉について語られうるであろうからには、われわれは《In-der-Natur-sein》もしくは《être à la Nature》という表現さえ用いうるであろう。それに対し、仮に〈われわれは世界の一部である〉などと言われたとするなら、そこには何か人間を組織の一部としてしか見ないような態度が感じられて、不快に思う者さえ出て来るかもしれない。

ひとたび〈内〉と〈外〉を区別したなら、〈内〉が〈外〉を直接知ることなど、もはや不可能になってしまうのだろうか。しかしながらこの場合、〈内〉と〈外〉はもともとつながっていたのであって、両者の根底には依然として〈一なる自然〉が控えていることも、忘れてはならないのである。〈知の制限〉について云々されるとき、それは何にとっての制限であり、何にとっての非制限なのかを、正確に知るのでなければならないとわれわれは述べた。志向的意識が必然的に区別するところで、〈内なる自然〉と〈外なる自然〉は根底において連続している。そしてそのような共通の場所たる〈自然〉こそが〈真の自己〉なのであった。そもそも区別というものは、連続性もしくは共通性の存するところにしか成り立たない。

それゆえ他者と私とのあいだには、或る固有の共感が生起しやすいのと同様に、〈内なる自然〉と〈外なる自然〉のあいだにも、〈自然〉という共通の基盤にもとづいて、一種の交感が成り立ちやすい状況にあると言うこともできる。たとえばシェーラーは、他者問題に関する「感情感染（*Gefühlsansteckung*）」や「一体感（Einsfühlung）」とならんで、「宇宙的一体感情（kosmisches Einsgefühl）」あるいは「宇宙‐生命的一体感（kosmisch-vitale Einsfühlung）」、つまりは「自然全体との人間の一体感（Einsfühlung des Menschen mit der ganzen Natur）」を強調する。そしてシェーラーにおいては前者が後者への「扉（Pforte）」[171]を形成していたように、われわれは前者を後者の一特殊例と、しかも或る意味では特権的な一特殊例とみなしうるであろう。

〈内‐外〉の分化と〈一から多へ〉の分化は、連動して進行する。つまり〈意識されるものの多〉が顕在化されればされるほど、それだけ〈意識するものの一〉もまた顕在的となり、〈内‐外〉の区別が画然としてくる。それゆえにこそ〈主客〉の区別のまだ截然としない〈感情〉は、ヘーゲルにおいてさえ或る特別な地位を――ヘーゲルにおいては残念ながら低評価という意味においてなのだが――得ていたのである。内外の区別のまだない自然感情においては、それゆえ、一と多の区別もまだ顕在化されていない。そして自然物に対する感情も、このような全体感情抜きには語りえない。

文化とは分化だと先に述べた。歴史的・文化的意識には〈差異〉の自覚がつきまとう。そしてもし〈差異〉や〈多様性〉の意識がなければ、われわれは自然と文化とを区別することさえできないだろうとも述べた。それゆえにこそ〈内と外〉の問題に関するかぎり、やはり自然は或る特権的な地位を占めている。〈内なる自然〉と〈外なる自然〉は、もともと未分化の状態にあったのである。したがって、たとえば志向的意識が差異化・分化の働きを押し進めようとするところ、もともとの「一体感」もしくは「一体感情」を回復しようとするのは、たしかに〈内なる自然〉の動向である。

〈内なる文化〉や〈外なる文化〉というものも、当然のことながら考えられよう。けれども文化が分化であるからには、それと同時に〈内なる文化〉と〈外なる異文化〉というものもまた存在するのでなければならない。つまりどっぷりと文化に浸ってしまえば、文化はなかなか自然から区別されない。それゆえにこそ自己の文化を知るためには、また真の自然をことさらに自覚するためにさえ、多様な異文化に接することはおおいに有益なのである。しかしながら、たとえば〈これぞ日本文化だ〉などと考えているときには、すでに文化と文化の相違のみならず、文化と自然との区別もまた意識されているのでなければならない。〈内‐外〉の共通の基盤を与えてくれるのは、それゆえ、文化ではなく、やはり自然なのである。

〈自然にしたがって生きよ〉と言われる場合、そのような言い方はすでに〈自己〉と〈自然〉との区別を前提としている。〈自然にしたがって生きるべきか否か〉、自然に没頭して生きているあいだは、そもそもそのような問いは――シレジウスのバラにおいてのように――生じえない。それゆえ逆に言うなら、このような問いが立てられるときには、〈自己〉は〈自然との無差別〉という根底を想起しつつも、あくまで〈自然からの差異〉を自覚しつつ〈生きよう〉としているはずである。ストア派においても「自然本性と調和しつつ生きること」は、けっして「われわれが獣のような仕方で生きなければならないということ」ではなく、むしろ「徳にしたがって生きること」や「ひとつの整合的なロゴスにしたがって生きること」[172]なのだという。そもそも〈人間の内なる自然〉は、神的なものを含みつつ、けっしてたんに動物的なものなどではありえないのである。

(4) 〈非脱自的印象の非脱自的自己印象〉と〈場所の自己‐触発〉

〈外なる自然〉から区別された〈内なる自然〉としての狭い意味での〈自己〉は、広い意味での〈自己〉すなわち〈場所の自己‐触発〉の〈自己〉からは区別されて、或る特有の〈自己‐触発〉の構造を有しているとみなされうるかもしれない。たとえば一九九二年以降のミシェル・アンリの後期思想において、「自己‐触発」の「強い」概念と「弱い」概念、すなわち「能産的自己‐触発」ないし「絶対的自己‐触発」と「所産的自己‐触発」もしくは「相対的自己‐触発」が、つまりは「自らを絶対的に自己‐触発し、かくして自らを自己‐生出する生の自己‐触発」と「自己‐触発され、かくして〈生〉のうちで〈自己〉として生出される〈自己〉の自己‐触発」という「二つの自己‐触発」[173]が、区別されるようになってくる。

われわれ自身、正確には〈自己‐触発〉に〈脱自的作用の非脱自的自己‐触発〉、〈非脱自的印象の非脱自的自己印象〉、〈場所の自己‐触発〉の三つを区別してきた。そしてそれらは、アンリの区別と重なり合う面ももちろんまったくないわけではないのだが、しかし精確に一致するわけではない。たとえば〈場所の自己‐触発〉は初めから広い意味での〈自己〉を特徴づけるために用いられた概念だが、〈脱自的作用の非脱自的自己‐触発〉はともかくとして、とりわけ〈非脱自的印象の非脱自的自己印象〉は〈自我〉という狭い意味での〈自己〉にも〈ひと〉という広い意味での〈自己〉にも適用されうる概念である。それではそれら三つの〈自己-触発〉は、いったいどのような仕方で区別されるべきなのだろうか。

Ⅰ　もともと〈脱自的作用の非脱自的自己-触発〉と〈非脱自的印象の非脱自的自己印象〉は、われわれがメーヌ・ド・ビランの「努力の感情」と「アフェクション」について論ずるさいに、アンリの或る考えを敷衍しつつ編み出した諸概念であった。つまり〈作用の自己-触発〉とは、フッサールの志向性であれ前期ハイデッガーの超越であれ、意識が脱自的に何かを志向し、何かに向かって超越するさいに、そのような意識の作用が自らを意識する働きそれ自身は志向性でも超越でもないということを示す概念である。たとえば〈見ること〉とは〈自己とは異なる何かを見ること〉――たとえ鏡で自己を見るのだとしても、見られた自己はもはや見る自己ではない――であるがゆえに一つの〈脱自的作用〉ではあるのだが、しかし〈見ること〉は〈自分が見ているということを知っている〉のでなければ、それこそ何かをただ映すだけの鏡やカメラのレンズと異なるところがなくなってしまって、それは真の意味で〈見ているという意識〉とはならない。ゆえに〈見ること〉のような〈脱自的意識〉が成り立つためには〈自己意識〉が必要条件となるのだが、しかるにそのような〈自己意識〉は〈見ることを見ること〉によって成立するのではない。なぜなら後者の〈見ること〉はふたたび前者の〈見ること〉から区別され、ゆえに〈究極的に見るもの〉はつねに意識されないことになってしまうからである。ゆえに〈脱自的作用〉が成り立つためには、〈非脱自的な自己意識〉というものが存在するのでなければならない。〈脱自的作用の非脱自的自己-触発〉はそのような自己意識の構造を示すために用いられた概念なのであって、ビランの「努力の感情」は――「努力」は〈努力-抵抗〉の二項関係から成るが、「感情」は二元性を排除する――そのような現象化の体制に属している。

しかしながらビランの「アフェクション〔情感〕」は、初めから「努力」のような志向的二元性を有してなどいない。そしてビラン自身は額面通りには「アフェクション」に意識性を認めようとはしなかったのだが、しかし実質的にビランが挙げている「アフェクション」の諸実例——快苦とか——に鑑みて、それが一種の体験性格を有していることは否定できない。それゆえにこそわれわれは、とりわけ「原印象」にまつわるフッサールの時間論に関するアンリの解釈をも参照しつつ、〈非脱自的印象の非脱自的自己印象〉という概念を案出したのであった。

そしてわれわれが〈非脱自的印象の非脱自的自己印象〉という考えにこだわったのは、そのときわれわれは、この概念によって、「自然」の問題について、より有効的に思索しうるのではないかと考えたからである。つまり〈脱自的作用の非脱自的自己‐触発〉という考えからは、たしかに〈自己〉は直接的・絶対的な仕方で知られはするが、しかしそれ以外の、たとえば自然物のようなものは、たんに志向的対象とみなされるにすぎず、それは表象の地位へと落とされてしまう。しかし、もしわれわれが〈非脱自的印象の非脱自的自己印象〉という概念を自然に関しても適用しうるのであれば、そこにおいて〈自然〉が〈自己〉と合致しつつ〈内在〉のなかに落ち、〈自然〉の実在性が保証されうるであろうと考えられたのである。

しかしながら、そのように考えたとしても、問題が一つ残る。つまり、われわれが「原印象」という現在瞬間のなかに閉じこもっているあいだは——たとえそれが「瞬間のなかの持続」を含みうるものであろうと——そこに困難を見出すことはなかったかもしれない。しかしながらわれわれは何かを予期し、想起する。過去把持や未来予持といった志向性はけっして無意味ではなく、それはわれわれの具体的生を形成する重要な諸契機でさえある。さらにわれわれは絶えず反省し、表象する——〈脱自的作用の非脱自的自己‐触発〉はけっして消え去ることはない。しかし、それでは〈脱自的作用の非脱自的自己‐触発〉と〈非脱自的印象の非脱自的自己印象〉は、たんに併存するだけなのだろうか。それとも両者のあいだには、或る種の〈根拠づけるもの‐根拠づけられるもの〉の関係が成立するのだろうか。

両概念をただ概念として単純に比較するだけでは、両者の関係をそこに見出すことは難しい。両者はそれぞれに自己根拠づけの構造と実質的な活動領域とを有しているのであるからには、それぞれが別個の領域を形成しているとみなすことさえできるかもしれない。しかしながらわれわれは——ちょうどわれわれがビランの「アフェクション」を意志的能動性の根底に置いたように――〈非脱自的印象の非脱自的自己印象〉をむしろ〈脱自的作用の非脱自的自己‐触発〉の根底に置きたいと思う。そして「根底」という概念は自ずから「場所」のそれを想起させる。それゆえわれわれは次第に〈非脱自的印象の非脱自的自己印象〉という考えから〈場所の自己‐触発〉という考えに、思索の重心をシフトさせてゆくことになる。

Ⅱ　けれどもわれわれが〈場所の自己‐触発〉の概念に、あるいはそもそも〈場所〉という考えに想到したのは、主として〈他性〉の問題を検討しているときであった。たとえば自己が他者に出会うのはいかなる条件においてであるかについて考察するとき、〈場所〉の概念はきわめて有力である。そしてたしかにわれわれは一時期、他者問題をも〈非脱自的印象の非脱自的自己印象〉と〈脱自的作用の非脱自的自己‐触発〉の両概念を用いることによって、解決できるのではないかと考えたこともあった。たとえば他者と自己の共通性は〈非脱自的印象の非脱自的自己印象〉概念によって、そして両者の異他性に関しては〈脱自的作用の非脱自的自己‐触発〉の概念を用いることによって、示しうるのではないか――しかしながら、「生ける現在」を「原印象」の「自己印象」によって表すことにそれほど違和感はないかもしれないが、他者との共同性を「印象」や「自己印象」の言葉で述べるのは、いかにも奇妙である。またいま述べたように、〈非脱自的印象の非脱自的自己印象〉と〈脱自的作用の非脱自的自己‐触発〉の両概念では、どちらが「根底」にあるのか、その根拠関係を言い表すのが難しい。それなら初めから「場所」の概念を用いたほうが賢明ではないか。

他性との出会いの場所というものがある。しかしそのような場所は、自ら現象しているのでなければならない。さもなくば他者と私は、そもそも〈ともに出会いうるもの〉であるという資格をさえ失ってしまうであろう。そして〈自ずから現象すること〉の構造が〈自己‐触発〉と呼ばれる。つまり他性との出会いを可能にしているのは、そのような大きな意味での〈自己〉である。

他方、〈場所〉という言葉には、たとえば西田の「絶対無の場所」においてのように、「真の永遠」とは「之に於て無数の時が成立する空間の如きもの」だと考えるようなニュアンスもまたつきまとう。つまり、「場所」には時間まで空間化してしまうという危険も付帯するのである。曰く、「過去未来が総べて現在に含まれている」、あるいは「過去」と「未来」が「現在に於て同時存在的[174]」である、等々。しかしながらそれは、たとえばメロディーの過去把持された諸音が現在の音と同時的に存在し、かくしてわれわれは一つの流れるメロディーではなく、不協和音の塊しか聞かないのだ、というような意味ではないだろう。どのような意味で「過去」や「未来」は「現在」と「同時存在的」であり、またいかなる意味でそうではないのか、フッサールの時間論を通過してきたわれわれには、もう少し緻密な表現が要求される。そしてそのようなときには〈場所の自己‐触発〉だけでなく、〈非脱自的印象の非脱自的自己印象〉や〈脱自的作用の非脱自的自己‐触発〉といった諸概念さえ、依然として有用となってくる。

Ⅲ　仮に現在印象のことだけを考えるなら、〈脱自的作用の非脱自的自己‐触発〉は必要ないかもしれない。そしてもしそこにはまだ他性が誕生してはいないというのであれば、〈狭い自己〉と〈広い自己〉とが区別される余地もなく、〈非脱自的印象の非脱自的自己印象〉と〈場所の自己‐触発〉は、同じ事態を指し示す。ゆえに両者を区別する必要もまたなくなるであろう。

〈瞬間のなかの持続〉を勘案しようがしまいが、現在瞬間が現在瞬間をそのまま受け取る〈非脱自的印象の非脱自的自己印象〉は、〈一における一〉の構造を典型的な仕方で具現する。そして同じことを〈場所の自己‐触発〉を用いて表現するなら、西田の言うような「絶対現在」の場所が、「過去」や「未来」を、志向的な仕方や実的な仕方ではないにしても、それでも「現在」の実質を形成しているような仕方で含んでいるのが、「真の自己」だということにでもなるだろう。つまり〈場所〉即〈自己〉というのが〈場所の自己‐触発〉における〈一における一〉の真の姿である。

もちろん現在瞬間において〈非脱自的印象の非脱自的自己印象〉と〈場所の自己‐触発〉は未分化であるという主張は、「原印象」をどう捉えるかの問題にもかかっている。ディディエ・フランクのように、もし「原印象」を何かヒュレー的なもの、つまりは経験的にしてアポステリオリなものとしてしか把捉しないというのであれば、もちろんそのようなものは「場所」の意義を有しえない。せいぜいのところそれは「於てあるもの」の、あるいは〈多〉の構成分としての〈一〉のステイタスをしか占めえないだろう。それに対し、もし「原印象」を「生ける現在」と同様に超越論的自我の究極の有り方を示すものとして捉えるのであれば、それは西田の言うような「絶対無の場所」の意義を帯びうるであろうし、〈一における一〉や、将来的には〈多における一〉のステイタスをさえ獲得しうるであろう。

とりあえずの結論として、われわれは、現在瞬間においては〈非脱自的印象の非脱自的自己印象〉と〈場所の自己‐触発〉を区別する必要はないと述べておく。しかしながらそれはあくまで「現在瞬間においては」ということでしかない。もちろん若き西田の「純粋経験」のように、われわれがそのつど現在にだけ没頭して生きていて悪いということではない。しかしながらわれわれは、どういうわけか反省し、現在を過去や未来からことさらに区別する。そしてそのような措定や比較が始まったとき、〈非脱自的印象の非脱自的自己印象〉と〈場所の自己‐触発〉は、その意義を異にし始める。

Ⅳ

仮にフッサールにおける時間意識のように、過去把持や未来予持という志向的意識から過去・現在・未来の関係を考えるとしよう。さすればそこには客観的時間地平というものが誕生する。過去・現在・未来は、たとえ顕在的な意味では措定されていなくても、メロディーの継起的な一音一音のように区別されうる。つまりそれらは〈多〉を形成する。そしてそのような〈多〉は、それらを意識する〈一〉によって集摂されねば意識されない。それゆえそのような時間意識は、〈多における一〉の構造を形成する。しかし、そもそも意識は自己意識なしには成立しえないのであった。それゆえ過去把持や未来予持それら自身を意識する現在意識は、自己自身を意識する。ゆえにそれは〈一における一〉を形成する。したがってここには少なくとも〈多における一〉と〈一における一〉の二つの〈場所〉が成立し、それらが垂直の関係を形成するのでなければならない。

また他者問題の場合では、われわれがレヴィナスに対して疑義を呈し続けてきたように、もしそこに他性とならんで、あるいはむしろ他性の根底にこそ共同性というものが存しているのでなければ、そもそも他性の問題など生じえなかったことだろう。そして先にも述べたように、他者との出会いについて考察するとき、〈出会いの場所〉を用いることにさほど違和感は覚えないかもしれないが、これを〈脱自的作用の非脱自的自己-触発〉や〈非脱自的印象の非脱自的自己印象〉の概念を用いて説明することにはたいへんな困難が伴う。このようなとき、われわれは、むしろ他者と私の出会いの〈場所〉を設定しておいたうえで、改めて他我や自我の主観性について考察するとき、それぞれの自己意識を〈脱自的作用の非脱自的自己-触発〉や〈非脱自的印象の非脱自的自己印象〉の概念を用いて解明することを試みることになろう。ただし第一に、ここでは〈場所の自己-触発〉の広い意味での〈自己〉ではなく、狭い意味での〈自己〉しか問題とはならないことになる。そして第二に、そのように限定された意味で他者の意識を知ることはそもそも私には不可能なのだから——可能ならばむしろ他者の他性が失われて、他者は私の一部になってしまうであろう——ここでの他者の〈自己〉に関する〈自己-触発〉や〈自己印象〉は、むしろ〈みなし自己-触発〉とか〈みなし自己印象〉とか呼ばれうる類《たぐい》のものになってしまうであろう。

レヴィナスにおいてのように、われわれは他者との出会いの場所を、或る意味では「神」と考えることさえできるかもしれない。しかしながら、マルブランシュ等々の伝統にもとづいて「神」を「場所」と考えることはたしかに可能ではあるのだけれども、しかし神を「自己印象」と呼ぶのはいかにも不自然である。要するにわれわれは、他性の場所が現れた瞬間に、そのときから初めて狭いと言われることになる〈非脱自的印象の非脱自的自己印象〉を、広いと言われ始める〈場所の自己-触発〉から、区別しなければならなくなるのである。

V　それゆえ〈場所の自己-触発〉概念があれば〈非脱自的印象の非脱自的自己印象〉は必要ないかと言えば、そういう問題でもない。〈非脱自的印象の非脱自的自己印象〉は広い〈自己〉にも狭い〈自己〉にも用いうる概念である。それゆえひとたび〈場所の自己-触発〉を確立したあと、もしその場所のうえで狭い〈自己〉を扱いたいというのであれば、〈非脱自的印象の非脱自的自己印象〉という概念がやはり有効となる。

狭い〈自己〉が出現するのは、もちろんそれと相関して〈他性〉が出現するときである。それゆえ狭い〈自己〉とともに〈他性〉の場所を扱いたくなる場合には、当然のことながら広い〈自己〉といういっそう根底にある場所が、あるいはむしろ最根底の場所が、問題とされてくる。われわれが倫理的ないし人倫的な空間とか文化的世界とか歴史的空間とか、〈ひと〉[2]を含めて他性が関与するようなケースを主題化するときには〈場所〉の概念を用いることが有力となるのは、そこに〈場所〉と〈場所〉との垂直の関係が生じてくるからである。

先の結論をもう少しだけ発展させるなら、現在瞬間の〈自己〉に沈潜するとき、〈非脱自的印象の非脱自的自己印象〉の概念を用いても〈場所の自己‐触発〉のそれを用いてもどちらでも構わないが、〈場所の自己‐触発〉を根底として焦点を狭い〈自己〉に合わせようとするとき、〈非脱自的印象の非脱自的自己印象〉概念が有効となる。しかしながら狭い〈自己〉とともに〈他性〉のことを考え併せなければならないときには、とりわけ複数の〈場所〉を設定することが肝要となる。そして狭い〈自己〉は本来的には〈他性〉が生ずるときにしか現れないのだから、或る限定的な特殊研究を除き、全般的にはやはり〈非脱自的印象の非脱自的自己印象〉の概念より〈場所の自己‐触発〉のそれのほうが有力だということになる。

(5) 創造の根源としての創造しないもの

最後にここで、まだ残されている一つの問題について、考察しておくことにしたい。これまでわれわれは、〈創造〉に対しては〈創造しないもの〉を、〈行為〉に対しては〈無為〉を、〈能動性〉に対しては〈受動性〉を、そして〈自由〉に対しては〈非自由〉を強調してきた。しかし、それはすべて正しかったのだろうか。とりわけ〈自由〉は、〈意志〉や〈行為〉の〈能動性〉についてのみ語りうるものなのだろうか。つまり、究極的にはわれわれは、言わば〈無為自然〉や〈根源的受動性〉や〈安らい〉の〈自由〉を、認めることができないのだろうか。

I　先にわれわれは、哲学それ自身が無から始まるのではないと主張した。哲学が始源しうるためには、そもそも哲学が問いに付さなければならない不可解なものが、われわれに与えられているのでなければならない。哲学という行為の能動性に先立つのは、それゆえ、哲学それ自身にとっての受動性の経験である。そして哲学は自己自身の起点の不透明という汚点を、どこまでも拭い去ることなどできないであろう。

そしてそのようなことは歴史的行為、文化的行為、人倫的行為あるいは日常的行為についてすら、同じように語りうるのではないだろうか。そもそも人間的な意志や行為の能動性は、けっして無から生まれうるわけではない。そこでは主観サイドには何らかの動機があり、客観サイドにも行為が求められるような状況というものがある。もちろん外からのいかなる促しもない行動というものも、存在しうるであろう。しかし内発的な行為にも、内からの何らかの誘因というものは存在する。もし突発的に何の意味もないことをおこなってみたいと思ったとするなら、そういう気持ちにさせるだけの何かがやはり存在しているのでなければならない。受動性なき能動性というものは、少なくとも人間的生においては考え難い。

そのうえわれわれは、意欲したり行為したりしうるという能力を、無から生み出したわけではない。われわれは身体なり身体の活動能力なり、あるいは何かを思念し意欲するという精神的諸能力でさえ、天から――自然から――授かったのである。能動性の根底には、それゆえ、もはや固有の能動性にはいかんともし難い受動性の経験というものがある。

若きシェリングは、「絶対的受動性」は「まったく無意味な概念」だと述べている。「何らかの原因に対する受動性が意味するのは、ただこの原因に対する抵抗のマイナスということでしかない[175]」。しかしながら、「受動性」には、たんに能動性との相関関係のうちでのみ受動的とみなされるべきものもあれば、そもそも能動性が成り立つための前提条件のごとき受動性というものもある。そして後者の意味での受動性に対しては、「絶対的受動性」の名を与えても差し支えないようにわれわれには思われる。

われわれはわれわれの能動性の根拠を、どこから受け取ったのだろうか。われわれはそれを天からの贈り物と言う。しかしここではわれわれは「天」を擬人化もしくは実体化したいがゆえにそう語っているわけではない。われわれは気づいたときにはそのような状態のうちに投げ込まれている。根源的受動性が意味するのは、そのような意味での自己受容である。

Ⅱ　すでに見たように、シェリングにおいては神自身でさえ、自らの「根底」に「神のうちなる――自然」を抱えている。それはハイデッガーに言わせるなら「創造されない自然」であり、しかもシェリング自身の言により、「根底においては、神は自らの自由意志や自らの心にしたがってではなく、ただ自らの諸属性にしたがってのみ動く」のであった。「根底の意志」は「愛の意志が自由であるという意味では、自由ではありえない(176)」――それは神自身においてさえ見られる受動性の経験ではないだろうか。

デカルトの永遠真理創造説や、それに対するマルブランシュの批判についても、すでに見た。『エティカ』第一部定理一七の註解のなかで、スピノザはこう述べている。「他の人たちは、神は自由な原因であると考える。なぜなら彼らの考えるところによれば、神は神の本性から帰結するとわれわれが述べたものが、すなわち神の権能のなかにあるものが、生じないように、もしくは神自身から産出されないように、することができるからである。しかしそれは、あたかも彼らが、神は三角形の本性からその三つの角〔の和〕が二直角に等しいことが帰結しないように、あるいは与えられた原因から結果が帰結しないように、することができると言うのと同じことなのであって、そのようなことは不条理である」。そして『形而上学叙説』のなかで、ライプニッツもまたこう語っている。「〔…〕私は形而上学や幾何学の永遠真理が、したがって善良や正義や完全性の諸規則もまた、神の意志の諸結果でしかないと述べる幾人かの他の哲学者たちのこのような表現を、やはりまったく奇妙であるとみなす。それに対し私には、それらは神の本質がそうであるのと同様に、たしかに神の意志には依存しない神の悟性の、諸帰結でしかないように思われる」。あるいは『モナドロジー』に曰く、「〔…〕デカルトが、次いでポワレ氏がそう取ったと思われるように、幾人かの人たちとともに、永遠真理は神に依存しつつ、恣意的であって、神の意志に依存するなどと空想してはならない。そのようなことは、その原理が適合性もしくは最善のものの選択であるような偶然的諸真理についてしか、真ではない。それに対し必然的諸真理は、ひたすら神の悟性に依存し、その内的対象なのである」[177]。そしてわれわれは、とりわけ神自身の有に――「神の本質」に――関わる事柄に関しては、デカルトにおいてさえ非被造永遠真理が存在するのではないかと主張し続けてきた。それは神自身の有の自己受動性ではないだろうか。先にも述べたように、仮に「無からの創造」ということが言えるのだとしても、それは或る限定された領域においてのみ当てはまるのではないかと考えられる。そして非被造永遠諸真理に関しては、われわれ人間の根源的受動性と同様に、根源的事実性というものを認めるよりないであろう。

　幾度も述べてきたように、〈創造〉には〈創造するもの〉と〈創造されるもの〉との区別の二元性・相対性というものが、構造的につきまとう。そしてそのような相関関係の成り立つところ、両者を関係づけるための〈場所〉の一性というものが、どうしても要請されざるをえなくなってくる。そしてそのような場所においてあるものが〈創造するもの〉と〈創造されるもの〉であるなら、両者の根底にあるものは〈創造するもの〉でも〈創造されるもの〉でもありえない。〈創造し創造されない神〉の根底には〈創造しも創造されもしない神〉が存するのでなければならないゆえんである。

Ⅲ　それではそのような受動性は、やはり「非自由」と形容されねばならないようなものなのだろうか。そもそも「自由」とは、意志や行為の能動性に限定されなければならぬ類《たぐい》のものなのだろうか――以下、われわれはデカルト、カント、シェリング、ベルクソン、シェーラー、サルトル、メルロ＝ポンティ等々、われわれがいままで扱ってきた「自由」[178]についての幾つかの代表的な考えについて、ここで振り返っておくことにしたい。

　『省察』の「第三答弁」のなかで、デカルトは「意志的なものと自由なものとは一にして同じものである」と述べ、また一六四四年五月二日付のメラン宛書簡のなかでも、相変わらず彼は「私は一般に意志的であるものすべてを自由と名づける」[179]と語り続けている。意志と自由との同一視は、あるいは少なくとも両者の外延の重複は、むしろ古典的な考えに属する。

永遠真理創造説のデカルトが、神の「無差別」の自由を称揚したことは、よく知られていよう。有名な一六三〇年五月二七日付のメルセンヌ宛書簡では、こう述べられている。「〔…〕神は世界を創造しないことと同様に、〔円の〕中心から円周へと引かれたすべての線が等しいということが真でないようにすることにも自由であった。そしてこれらの諸真理が、他の被造物と同様、神の本質に必然的に結びついているわけではないということは、確実である」。そして『省察』の「第六答弁」のなかでは、彼はこう語っているのである。「意志の自由に関して言うなら、その性質は神において、われわれにおいてとはまったく異なっている。なぜなら神の意志が永遠に、なされたもの、あるいはいつかなされるものすべてに対して、無差別的ではなかったということは、矛盾しているからである。〔…〕かくして神における至高の無差別は、神の全能の至高の証明なのである[180]」、等々。

それに対し、少なくとも『省察』の時期までのデカルトが、人間における「無差別」の自由を低評価していたこともまた、周知の事実であろう。「第六答弁」ではこう語られている。「〔…〕人間はけっして、いったい何がより善きもの、もしくはより真なるものであるかを知らないとき、あるいは少なくともそれについて疑うことができないほどにも明らかには見ていないときにしか、無差別的ではない。かくして人間的自由には、神的自由とはまったく異なる無差別が適用される。〔…〕無差別は、人間的自由の本質には適合しない」。そしてデカルトにおける「無差別」の考えに変化があったとされるとき、引証されるのがつねである一六四五年二月九日付のメラン宛書簡のなかでも、こう述べられ続けているのである。「〔…〕無差別は、ほんらい私には、意志が真もしくは善のいかなる知覚によっても他方より一方に押し動かされないとき、意志が有る状態を意味するように思われる。そしてわれわれがそれに対して無差別的であるようなものに対して自らを決定するような自由の度合いが、最低度であると私が書いたとき、無差別は私によって、このように取られたのである[181]」。

そして無差別の自由とは反対に称揚されるべき人間的自由とは、真偽や善悪について悟性によって照明された自由である。「〔…〕人間に関するかぎり、彼はあらゆる善や真の本性が、いまや神によって決定されているのを見出し、また彼の意志は他のものにおいて生じえないのであるからには、人間がそれをより明晰に見れば見るほど、ますます進んで（libentius）、またそれゆえにますます自由に（liberius）さえ、善や真を追求することは、明証的である」（「第六答弁」）。「われわれの意志がまったく無差別的ではないほどにも強力にわれわれの悟性の光にしたがうようにするのは〔…〕善い行為である」（一六四四年五月二日付メラン宛書簡）。「かくしてわれわれは、われわれがアディアポラすなわち無差別と呼ぶものに関してより、われわれが悪よりはるかに多くの善を知覚するようなものに関して、つねにより自由に行為しうるのである」（一六四五年二月九日付メラン宛書簡[182]）。

人間の「無差別」の自由に「積極的な能力」が認められるのは、先に述べた一六四五年二月九日付のメラン宛書簡においてである。「しかしおそらく他の人たちは、無差別ということによって、二つの相反するもののうちのどちらにでも、つまりは追求するのでも避けるのでも、肯定するのでも否定するのでも、自らを決定する積極的な能力（positiva facultas）のことを知解する。〔…〕きわめて明証的な理由がわれわれを一方に動かすとき、たとえ道徳的に語るなら反対へと運ばれることができないのだとしても、絶対的にはしかし可能なのである。なぜならわれわれには、ただこのことによってわれわれの意志の自由を立証することが良いことだと考えるのでさえあれば、追求されるべき明晰に知られた善に対し、あるいは承認されるべき明らかな真理に対し、自らを制することがつねに許されるからである」。そしてビュルマンとの対話のなかでは、このような自由は「理論的なことども[183]」に限定されることとなろう。

しかしながら、神の無差別の自由であれ、われわれ人間の積極的・消極的な無差別の自由であれ、あるいは悟性の光によって照らし出された自由なのであれ、(1)それらが自己とは異なるものへの自由であること、(2)そしてそれが複数の選択肢のなかでの自由であることは、動かせないように思われる。たとえば神は世界を創造することも、創造しないこともできたのだし、三角形の内角の和を二直角にすることも、しないこともできた。われわれが善や真を知りつつ悪や偽に走ることは、あり難いことなのかもしれないが、しかし積極的な無差別はそれを許すのだし、そもそも消極的な無差別や照明された精神にさえ、選択肢そのものは残されている。そして同時にすべてを選ぶことのできない自由は、やはり有限な自由だと言わねばならないのではないだろうか。

カントもまた「無差別ノ自由（*libertas indifferentiae*）」には反対する。そしてあらゆる「実質」に対する「非依存性」が「ネガティヴな意味での自由」と名づけられるのに対し、純粋実践理性による「自己立法（*eigene Gesetzgebung*）」は「ポジティヴな意味での自由」と呼ばれる。「法則のもとへの意志の自由な服従の意識」が「法則に対する尊敬」なのである――しかしながら、道徳法則〔道徳律〕を立法し、そしてそれにしたがうことが、カント的な意味での真に積極的な「自由」と認められるのだとすれば、カント的「自律」が自己とは区別されたもの〔実質〕からの自由であるのと同時に、やはり自己とは区別されたもの〔道徳律〕への自由であるということに、変わりがあるわけではない。そしてそのような自由は、やはり有限な自由となろう。

「自然からの人間の独立性」のみならず「神からの人間の内的独立性」をも考察しようとしたシェリングは、『人間的自由の本質について』のなかで、「善と悪への生ける積極的な能力」、とりわけ「悪への能力」を主題化する。しかしながらそのような諸考察からは、見方を逆転すれば、「善」への意志が「神」に依存し、「悪」への意志が「自然」に依存する、というような結論も導き出せることになってしまおう。またその後のシェリングが神に認めたような、有ることも有らぬことも、自由であることも自由でないことも、自らを顕示することも顕示しないこともできるような「自由」もまた、彼自身が批判しているような「選択」という「きわめて従属的な自由」に、堕してしまうことになるのではないだろうか。

『試論』のベルクソンにとって、そのような二者択一の自由など、ほんらいなら存在しえない。「じつは二つの傾向も、二つの方向さえも存在せず、存在するのは、自らのためらいそのものの結果によって生き、発展してゆく一つの自我なのであって、ついにはそこから、成熟しすぎた果実のような仕様で、自由な行為（action）が離れ出て来るのである」。しかしながら他方では、『試論』は「自由な行為は稀である」と語り続ける。「多くの者たちは〔…〕真の自由を知ることなく生き、そして死ぬ」。じっさいわれわれが二者択一をおこなわざるをえない局面に直面するのは、むしろ日常茶飯事に属することなのであって、選択の自由とそれにまつわる自由の有限性とを否定することは、それほど簡単なことではないのだし、『試論』や『試論』以降のベルクソンが、ときとして功利的な意味での選択の自由を強調することがあるのも、ゆえなきことではない。

『自由の現象学と形而上学に寄せて』の第二章第二節「意欲の自由と選択の自由」のなかで、「選択しなければならないこと」一般は、むしろ「意欲しうること」に対する一つの「制限」であると言明するシェーラーは、同章第三節「意欲の自由ならびに行為しうることと行為との自由」のなかでは「意欲しうることの自由」、「行為しうることの自由」、「行為それ自身の自由」の三つを区別する。けれどもわれわれが検討したところによれば、それらはすべて「価値」をその対象とする志向的構造を有するものでしかない。つまり、それらはやはり自らとは異なる対象を志向し、シェーラーのいわゆる「優先（Vorziehen）」にしたがうのであれなかれ、ともかくもその「選択」による「制限」を免れえないのだということになろう。

「人間は、或るときには自由で、或るときには隷属的だ、などということはありえない。人間は、まったく完全に、そしてつねに（tout entier et toujours）自由であるか、さもなくば人間など存在しないかである」とサルトルは述べる。要するにサルトルにとって、人間の「自由」とは「全面的で無限（totale et infinie）」なのである。しかしながらそのような「自由」とは、サルトルにおいてもつねに「選択」の自由である。「あらゆる対自は、自由な選択である。これらの諸作用の各々は、最もつまらないものでも、最も重要なものでも、この選択を翻訳し、この選択から流出する。それが、われわれがわれわれの自由と名づけたものである」。かくして「自由、選択、無化、時間化」は「唯一にして同じ一つのもの」だと言明されることになる――しかしながら、そもそも「選択」ということ自体、有限性を含んだ表現ではないだろうか。

それゆえサルトルのこのような考えは、「全面的な自由か、いかなる自由もないか。その場合、行為も選択も《為すこと》もない」と述べる『知覚の現象学』のメルロ＝ポンティによって、ただちに批判されてしまうことになる。

メルロ＝ポンティの考える自由とは、もともと不自由との対照によって初めて述べられうるような、相対的なものでしかない。もし自由がわれわれのすべての《actions〔行為・能動〕》において、それどころかわれわれの《passions〔受動・情念〕》にいたるまで等しいというのであれば、たとえばもし奴隷が、恐怖のうちに生きているときも、鎖を破るときと同じだけの自由を証しているのだとするなら、ひとはいかなる「自由な行為」もあると言うことはできず、「ここに自由が現れる〔paraître〕」と宣言することさえできなくなってしまうであろう。というのも、「自由な行為」が発見可能であるためには、それは自由ではないか、あるいはそれほど自由ではない「生の基底」のうえに、浮かび上がってくるのでなければならないからである……。

われわれは「自由」に関するほとんど無限に多様と言えるような考え方のなかから、われわれがわれわれ自身の著作のなかで取り上げてきた幾つかの代表的な考えを、呈示してみた。そしてとりあえずいまわれわれが言明しうるのは、他に関わる自由はそれ自身が有限な自由であって、自由と不自由は同時成立するということである。つまり何かを選択する自由は、必然的にそれ以外の選択肢を排除せざるをえない。しかしそれは、「……からの自由」であれ「……への自由」であれ、もし自由が他に関わる自由であるならば、そこには二項関係が成立することになってしまって、自由それ自身が相対的なものとなるということからの、必然的な一帰結と言うべきではないだろうか――相対的なものは相対的なものにしか関わりえないのである。そしてそのことは、自由な諸個体のただなかにいる一個体の自由のことなどを考えてみても、自ずから明らかと言うべきであろう。しかしながら、それでは自己に関わる自由の場合はどうだろうか。そもそも自由の自己関係とは、いかなるものを意味しうるのだろうか。

Ⅳ　自由の自己関係に関しては、とりあえず二つの観点から考察することができる。第一に、自由は直接的に経験されると主張する哲学者たちは多い。たとえばデカルトは、以下のように述べている。「たしかに私は私の自由を享受するであろう。〔…〕私はそれを自己のもとで経験するであろう」（『第二答弁』）。「〔…〕われわれはわれわれのうちにある自由と無差別とを、これ以上明証的かつ完全に理解するようなものは何もないほどにも意識している」（『哲学原理』第一部第四一節）。「〔…〕われわれはわれわれの自由について内密に（intime）意識している」（『ビュルマンとの対話[184]』）。あるいはベルクソンには、次のような有名な言葉がある。「自由は〔…〕一つの事実なのであって、確証される諸事実のなかで、これ以上明晰な事実はない」（『試論』）。「ところでわれわれが自らを自由と感じ、それがわれわれの直接的な印象であることは、疑いない。それゆえこの感情が錯覚だと主張する者たちにこそ、証明の義務がある」（『精神的エネルギー』）。もちろんカントのように、「自由」は「道徳法則によって真っ先に知られる」のであり、それどころかわれわれは「われわれ自身の自由」を「道徳的命法によってのみ知る」のであって、「道徳法則」がなければ「自由」は「知られぬままにとどまった」と考えるような者もいる。しかしながらカント以降のドイツ哲学でも、たとえばシェーラーなどは「自由の直接的意識」を強調するのである。

それとも関係して第二に、もし自由が何か他なるものと関係するがゆえに自由なのであれば、自由が自己自身に与えられる働きは、もはや自由ではないことを強調する哲学者たちがいる。たとえばアンリは「現有の超越」と「自由」とを同一視する前期ハイデッガーの考えを俎上に載せつつ、「自由」は「地平への関係」においては自由だが、しかし「自己への関係」においては自由ではないと主張する。それは「有が自己に対して態度を取ることの不可能性」であり、「自己に対する根源的受動性」なのである。そしてもちろんサルトルも、「自由とは選択する自由だが、しかし選択しない自由ではない」、「自由は、自らの有の選択ではあるが、しかし自らの有の根拠ではない。〔…〕人間存在は、欲するままに自らを選択することはできるが、しかし自らを選択しないことはできない。それは有ることを拒絶することさえできない」等々と述べつつ、或る意味ではアンリの「非自由」のような考えを先取りする。「私は自由で有ることを、余儀なくされている。そのことが意味するのは、ひとは私の自由に対して、それ自身以外の限界を見出すことができないということであり、あるいはこう言ったほうがよければ、われわれは自由で有ることをやめるのには自由でないということである」。しかしながら、そこからサルトルが引き出したのは、人間はあくまで自由であり続けるということのみであった。「人間は、まず存在して、それから自由であるというわけではない。そうではなくて、人間の有と、人間が《自由で-有ること》とのあいだに、差異はない」。

自由の自己関係は、本当は自由なのだろうか。それともそれは、非自由なのだろうか。もし自由が意志や行為の能動性や、あるいはシェーラーにおける志向性やハイデッガーにおける超越によって規定されるのだとするなら、二項関係を生み出すそのような作用によっては、自己と自己とのあいだには乖離が生まれ、つまりは真に直接的な自己関係など成立しえないという理屈になる。しかしもし逆に自由が本当に直接的に自覚されているというのであれば、自由を意識する覚知の働きそれ自身は、もはや「自由」の構造を有しえないのだということになる。それはアンリの言うように、「非自由」でなければならないことになろう。

もちろん自由の自己関係といっても、たとえば自己の将来の有に関わるような関係なら、そこに現在の自己と将来の自己との距たりを見出すことによって、自己関係を「自由」によって規定するという可能性も残されていよう。しかしながらいま問題なのは、そのような志向的ないし超越的な自己関係ではない。そこに見出されるべきは、何の距たりもない真に直接的な自己関係である——さもなくばわれわれは、カントの道徳律の媒介による自由の知のように、結局は媒介知によってしか自由は知られないのだという立場に逆戻りしてしまうことになろう。しかしながら、そもそもアンリの言うような「根源的受動性」は、シェリングが「絶対的受動性」を否定するさいに思惟していたような、「能動性」に対して互いに相関関係にある通常の意味での「受動性」ではなく、むしろ両者の彼方に置かれるべき或る特異なる受動性である。それゆえそれは、通常の意味での「自由」や「不自由」の彼方ないし手前に位置づけられるべきものであろう。それでもそれには、やはり「非自由」の名がふさわしいのであろうか。そしてわれわれがそこに意志や行為の能動性の自由からは区別されたいっそう根源的な自由の可能性を見る道は、閉ざされているのだろうか。

V　伝統的に自由が意志・行為・能動性に、そして非自由／不自由は感情・無為・受動性に結びつけられ、ときとして等置されることが多いのは事実である。しかしながら、たとえばもしわれわれが或る行為を能動的に遂行しつつあるからこそ自由なのだとすれば、その行為をようやく達成して充足の境地に入った瞬間に、われわれは不自由／非自由に陥るのだということになってしまおう——その場合われわれは、非自由／不自由のためにこそ自由を行使しているのだということになる。あるいは大自然に抱かれて、われわれが無為のなか、解放感や開放感に浸っているときがある。そのようなときにこそわれわれは自由を満喫しうるということにはならないのだろうか。つまり、達成感とか解放感・開放感とかいった状態は、状態であるがゆえに、すでに行為の自由からは離れ、不自由／非自由と呼ばれなければならないのだろうか。

《場所》の或る箇所で、西田は「作用としての自由の前に状態としての自由があるのである[185]」と述べている。われわれの気づきえたかぎりでは、西田にこれに類した発言は頻出しない。しかしながら、「作用としての自由」があくまで有限で相対的なものであるのに対し、その根底にある絶対的なものが「非自由」というネガティヴな表現で形容されなければならないことには、いささか違和感を覚える者もあろう。つまり、もし根源的・絶対的受動性というものが存在しうるのであれば——ちなみにシェリングは生涯一貫して「絶対的自由」と「絶対的必然性[186]」とを同一視し続けている——それはむしろ〈無為の自由〉〈没意志の自由〉と、あるいは西田のように「状態としての自由」と呼ばれなければならないものなのではないだろうか。

もし大自然のうちに溶け込んでいるような感情が存在するなら、それは必ずしも〈個の自由〉である必要などない。むしろ〈個の感情〉や〈個の自由の感情〉などは、ここでは消滅していなければならないはずである。しかし、それでもそれは、〈無為自然の自由〉と呼ぶことができるのではないだろうか。

諸々の他から選択するのではなく、他に関わることもない自由を強調したのは、ベルクソンである。『試論』は「まったく純粋な持続とは、われわれの自我が生きるに任せられるとき、われわれの意識諸状態の継起が取る形式である[187]」と述べている。ここでの「自我」は余計かもしれないし、「生きるに任せられる（se laisser vivre[188]）」のなかの「任せる（laisser）」を強く取るなら、それは真の〈受動性の経験〉からは離れてしまうとみなされるかもしれない。しかしながら、ここでのベルクソンの文脈から言って、「任せられる」にそのような強い意味が込められているとも思えない。それはむしろあらゆる意志的な行為や作為や能動性からの解放という意味で、無為なる者の一切放下を意味しうるであろう。

先にわれわれは、有ることも有らぬことも、自由であることも自由でないことも、自らを顕示することも顕示しないこともできるような神の「自由」は、シェリング自身が批判しているような「選択」という「きわめて従属的な自由」に堕してしまうことになろうと述べた。しかしながら中後期のシェリングには、ティリエットも強調するような「何ものも意欲しない意志」や「《安らう》意欲」、つまりは「無為（inaction）のうちに引きこも」って〈啓示〉には直接「介入」せず、「創造のドラマ」でさえその「欄外」でしか演じられないような、神の「自由」というものがある。それは『顕現の本質』のアンリも称揚するような「安らい」や「静寂」、あるいは「無為（non-action）」[189]そのものではないだろうか。

もし意志や行為の能動性のみが「自由」とみなされるべきなら、その根底にある根源的受動性の経験は「非自由」と形容されなければならなくなるだろう。しかしながら、もし西田の言うように「状態としての自由」が存在し、シェリングやベルクソンも示唆するような「無為」や「放任」や「安らい」にも「自由」というものが認められうるのだとするなら、アンリの言う「非自由」こそが真に根源的な「自由」だということになる。そしてもし〈無為自然の自由〉というものが存在しうるのだとするなら、それはそのような仕方でのみ規定されうることになるであろう。

第四章　諸カテゴリーの演繹／読解
――ドイツ観念論とメーヌ・ド・ビランと自然の論理と――

はじめに――諸カテゴリーの必然的演繹か直接的読解か

「カントが思惟の全形式をただ帰納によって推察し、正当化しただけだったのに対し、ラインホルトはそれらを演繹しようと試みたと、彼〔フィヒテ〕はラインホルトを祝福している」(Gueroult, p. 100)(1)。

その『哲学史講義』の「カント」の項目のなかで、ヘーゲルはカントが「諸カテゴリー」を「経験的に受け取り、それらの必然性を認識していない」と批判している。「それらは論理学で整理されているがままに、経験から受け取られている」(W20, S. 346) にすぎないのだという。前章でも見たように、カントは「これらの諸カテゴリーを導出するのではなく、不完全的に見出」(Ibid., S. 345) しているだけなのである。そして同講義の「フィヒテ」の項目のなかでも、ヘーゲルはこう繰り返している。「カントは純粋知の諸規定、諸カテゴリーを、論理学から経験的に受け取っている――〔これは〕まったく非哲学的な、不当なやり方〔である〕」。フィヒテはもっと先へ進んだ、そしてこれが彼の大いなる功績である。彼は自我からの思惟諸規定の導出（Ableitung）、構築（Konstruktion）を要求し、そして成就しようと試みた」（Ibid., S. 392-3）――しかし、そもそも「純粋知の諸規定」にして「思惟諸規定」たる「諸カテゴリー」は、「受け取られ」るべきものではなく、本当に「導出」されたり「構築」されたりすべきものなのだろうか。

I　すでに『信と知』のなかでカントにおける「諸カテゴリーの演繹の平板性」（W2, S. 304）を難じていたヘーゲルは、前章でも見たように、『精神現象学』のなかでは「しかし諸カテゴリーの多性を何らかの仕方でふたたび一つの発見物（Fund）として、たとえば諸判断から受け取り、そのようにしてそれらを甘受することは、じっさい、学の屈辱とみなすべきである」（PhG^{B2}, S. 160-1）と断じていた。これも前章・前々章で繰り返し見てきたことだが、『大論理学』では「カント哲学」は「諸カテゴリー」を「それらが経験的に受け入れられていたような主観的論理学」から「借用」（WdLB, S. 47）しているのだと述べられ、そして『小論理学』でも以下のように語られている。「周知のようにカント哲学は、諸カテゴリーの発見（*Auffindung*）を、きわめて気楽におこなった。〔…〕フィヒテ哲学には、思惟諸規定はそれらの必然性において指し示されるべきであり、それらが本質的に導出されるべきであるということを想起させたという、大変な功績が存続する」（W8, S. 116-7）。「それ〔＝カント哲学〕が与えるのは、思惟についての一つの歴史的記述（eine historische Beschreibung）と意識の諸契機についての一つのたんなる枚挙（Herzählung）のみである〔…〕。ところでこの枚挙は、たしかに主要事象においてはもちろん正しいが、しかしそのさい、そのように経験的に把捉されたものの必然性については、語られていない。〔…〕それに対し、このような欠陥を認識し、また諸カテゴリーの演繹の要求を言い表すことによって、同時にこのような演繹を現実に提供しもするという試みをおこなったのは、フィヒテである。フィヒテ哲学は自我を哲学的展開の出発点としており、そして諸カテゴリーは、自我の活動の結果として生じるべきなのである」（Ibid., S. 146-7）。

じっさいフィヒテは、一七九三／九四年に書かれたとされる『根元哲学についてのわが省察』〔以下『省察』と略記する〕のなかで、すでに「ここで私は敢えて諸カテゴリーを、根本諸概念として受け取るのではなく、演繹する」（Me,

S. 41）と記している。そして初期フィヒテの主著と目すべき一七九四／九五年の『全知識学の基礎』〔以下『基礎』と略記することもある〕のなかでは「カントはその諸カテゴリーの演繹のなかで、あらゆる知の絶対的根本命題〔Grundsatz原則〕としてのわれわれの命題を指し示しはしたが、しかし、けっしてそれを根本命題としてはっきり呈示しはしなかった」（GL. S. 19）と、まだおとなしく〔?〕語っていたフィヒテは、ほぼ同時代の一七九五年の『理論的能力に関する知識学の特性綱要』〔以下『綱要』と略記する〕のなかでは「カントは『純粋理性批判』のなかで、そこにおいて時間、空間、直観の多様が与えられ、自我のうちで、また自我にとって、すでに現存しているような反省点から出発する。われわれはいまやそれらをアプリオリに演繹した」（Gr. S. 411）と豪語している。また彼は一七九七年の『知識学への第一序論』〔以下『第一序論』と略記する〕のなかでも「私の体系はカントの体系にほかならない〔…〕。すなわちそれは事象についての同じ見解を含むが、しかし、その手順においてはカントの叙述からまったく独立している」（1E. S. 420）と述べ続け、一七九八／九九年の『新たな方法による知識学』〔以下『新方法』と略記する〕では、相変わらず以下のように語っているのである。「カント哲学は〈帰納〉によって証明されているだけで、〈演繹〉によっては証明されていない」（NM. S. 5-6）、「知識学の諸結果はカント哲学の諸結果と同じものだが、ただしそれらを根拠づける仕方が前者ではまったく別のものである。人間的思惟の諸法則は、カントにおいては厳密に学的に導出されていないが、しかし知識学においては、このことが生起すべきである」（Ibid., S. 7）。

けれどもフィヒテとヘーゲルのあいだには、シェリングがいる。初期シェリングの代表作『超越論的観念論の体系』は、「如何にして超越論的観念論において諸カテゴリーが演繹されるのか」（STI. S. 138）という問題を、明示的に扱おうとする。そのうえ同書においてはカントにおける四つのクラスの諸カテゴリーのすべてが主題化されているのだが、これはフィヒテの『基礎』においては見られなかったことであり、諸カテゴリーの「演繹」ということに関するかぎり、初期シェリングは初期フィヒテ以上に網羅的かつ体系的であったとさえ言うことができるかもしれない。

他方、同時代のフランスには、メーヌ・ド・ビランがいる。そして中期〔＝ビラニズム期〕の彼の主著『心理学の諸基礎』〔一八一二年頃。以下『諸基礎』と略記する〕のなかで、彼はこう語っているのである。「何か生得的なものを想定することは、分析の死のようなものである〔…〕。自我以前には、もしくは自我がなければ、顕在的な認識も可能的な認識も存在しない。ゆえにすべてはこの第一次的な源泉から派生し、そこに再集結しにやって来るのでなければならない。もし有、実体、原因、一、同といった観念についての認識を持つためにはわれわれ自身の内を視るだけで十分だとするなら、してみればこれらの諸観念の各々は、自我の感情のうちにその直接的な起源を有するのである〔…〕。反省的で、いわゆる生得的なすべての諸観念が、その様々な性格のなかで分析され表現された意識の原初的事実でしかないということを示すことによって、われわれはこれらの諸観念が一つの起源を有することをも、見させてしまうことになろう。というのも、自我もしくは個体的人格性が、一つの起源を有しているからである」(Œ VII-1, p. 154)。あるいはビランは、こうも述べている。「どのような名前で指し示そうとも、アプリオリと言われるすべての諸観念、諸形式もしくは諸原理は、意識の事実からの、あるいは自我からの直接的諸演繹なのであって、意識の事実もしくは自我は、そのうえには何一つ持つこともなく、認識の秩序において真に原初的とみなされなければならない。〔…〕実体、原因、一性等々のあらゆる観念は、この事実のうちにその起源を持つ、もしくはこの事実の特殊な一表現、言語のなかで一般化された一形式でしかない」(Œ VII-2, p. 454)――《メーヌ・ド・ビランは「フランスのフィヒテ」か?》と題された或る論攷のなかで、ラドリザニは「フィヒテにおいてと同様、メーヌ・ド・ビランにおいて問題とされているのは〔…〕主観の顕在的構成に一つの根拠を見出すことである」(Radrizzani, p. 136)[2]と述べている。反省的諸観念は「自我の感情」のうちにその「直接の起源」を持つ、それらは「意識の事実からの、あるいは自我からの直接的諸演繹」である――しかしながら、それらの諸観念を認識するためには「われわれ自身の内を視るだけで十分」とは、いったいどういう意味なのだろうか。そして「直接的諸演繹」とは、この場合、何を意味しているのだろうか。

Ⅱ　ところで『小論理学』によれば、「論理的なもの」とは「思惟諸規定一般の体系」(W8, S. 81)であり、「論理学」とは「純粋思惟諸規定の体系」(Ibid., S. 84)[3]である。そのうえヘーゲルにとって、「学」とは「概念」の「自己展開」(Ibid. S. 31) であり、しかも「真の思索」とは「必然性の思索」(Ibid. S. 246) である。ゆえに『大論理学』の言葉を借りるなら、論理学で問題とされているのは、「その必然性における思惟の展開の叙述」(WdLS^{2}. S. 19) だということにでもなろう。ちなみに『哲学史講義』によれば、「哲学」のうちで「諸概念の展開」が「必然的」なのと同様に、「哲学の歴史」も必然的である。「進行はアプリオリに必然的」(W18, S. 55-6) なのである。

「知識学は必然的なもののみを含む」(BWL, S. 66. Vgl. 2E, S. 455) と、初期フィヒテもまた語っている。「知識学」が「他の諸学」から区別されるのは、「後者の客体はそれ自身、一つの自由な行為だが、前者の客体はしかし、必然的な諸行為だ」(BWL, S. 72) ということによってのみなのだという。ちなみに知識学の「客体」とは、もちろん「自我」(Ibid. S. 80) である。第一章でも触れたように、『知識学への第二序論』〔以下『第二序論』と略記する〕のなかで、フィヒテは「知識学」のなかに「哲学者が観察する自我の系列」と「哲学者の諸観察のそれ」という「精神的行為のきわめて異なる二つの系列」(2E, S. 454) を区別する。そしてちょうどヘーゲルの『精神現象学』が「意識それ自身の学への形成の詳細な歴史」(PhG^{B2}. S. 61) や「概念把握された歴史」(Ibid., S. 531) を唱えていたように、「知識学」もまた「人間精神の実用的歴史 (eine pragmatische Geschichte des menschlichen Geistes)」(GL, S. 141. Vgl. BWL, S. 77) たらんとする。

「自己意識の歴史」(STI, S. 3, 65, 66, 120) や「知性の歴史」(Ibid., S. 118, 152) について語る『超越論的観念論の体系[(4)]』のシェリングも、『精神現象学』でヘーゲルが«*für es*〔それにとって＝意識にとって〕»と«*für uns*〔我々にとって＝意識の観察者たるヘーゲル的哲学者にとって〕»を区別するはるか以前に、«für uns»と«für sich selbst〔自己自身にとって＝対自的に〕»(Ibid., S. 118, 122, etc.) を、あるいは«für das Ich selbst〔自我自身にとって〕»(Ibid., S. 55-6, 79, 87, 118. Vgl. S. 119) を、セットにして区別している。それは「我々 (wir)」と「自我という我々の客体 (unser Objekt, das Ich)」(Ibid., S. 73) との区別、あるいは「哲学者にとって (für den Philosophen)」と「自己自身にとって」(Ibid., S. 84, 90, 120) の区別でもあり、まとめて言うなら「哲学する我々にとって (für uns, die wir philosophieren)」と「自己自身にとって」(Ibid. S. 79. Vgl. S. 55) の区別である。そしてシェリングの「自己意識の歴史」もまた「様々な時期（Epochen)」[5]を持ち、「一なる絶対的な綜合」を「継起的に」(Ibid. S. 66) 形成してゆく。そこでは「いかなる必然的な中間項も省かれることなく」、「全体」には「一つの内的な連関」(Ibid. S. 3) が付与される。かくして「超越論的哲学は〔…〕自我が哲学者にとってそうなるのと同様に自己自身にとって客体となるときに、初めて完成される」(Ibid. S. 120) のだということになる。

けれどもフィヒテの『新方法』によれば、「哲学者」は「たんなる観察者」ではなく、彼は「意識の本性を〈実験〉し、自らに彼の特定の問いに答えさせる」(NM. S. 21) のだという。「知識学」は「この自我をそれ自身の諸法則にしたがって行為させ、そのことによって一つの世界を構築させる。これは分析ではなく、つねに前進してゆく一つの綜合である」(Ibid. S. 28)。そのうえ『第一序論』によれば、「或る哲学の諸結果が経験と一致しなければ、たしかにこの哲学は間違っている」(1E. S. 447)。そこで『第二序論』にしたがうなら、「全経験の体系がたんなる事実としてすでに現にある哲学者」が、このような体系の「成立の仕方」を学び知るために、このような体系が「自我によって哲学者の眼下で成立せしめられるべき」(2E. S. 458) だということになる。つまり「哲学者」は「全経験をすでになしてしまった」(Ibid. S. 459) のである。

しかしながら、哲学者があらゆる経験をすでに知り尽くしているなどと主張するのは、ずいぶん傲慢な物言いではないだろうか。また哲学者は、本当に自らが行為せしめる自我の道筋なり歴史なりにしたがって、自らの知見を得てきたのだろうか。そもそもそのような道程は、哲学者が想定しうるほど必然的で一本道の過程でありうるのだろうか。そしてそのような過程のなかに位置づけられるべき諸カテゴリーの「演繹」は、本当にそれほど必然的かつ網羅的な、つまりは体系的に完全なもの[6]でありえたのだろうか。あるいはドイツ観念論の哲学者たちが称揚するような「演繹」とは、真に論弁的〔比量的〕にして論証的な性格のものでさえありえたのだろうか。

ヘーゲルに関しては、すでにアドルノが「大論理学の思惟構造は、推論線にしたがって諸結果を提示する代わりに、問題提起のうちに解決を含んでいる」（Adorno. S. 72）と語っていたのだが、最近ではピピンも、たとえばヘーゲルが「差異を同一性から派生」させようとしていると言うのは「誤り」であり、「体系性の演繹的モデル」は「ヘーゲルのものではない」（Pippin (2). p. 231）と言明している。「彼の諸著作のいずれも、演繹的もしくは分析的な構造ではなく、つねに一つの発展的な構造を有している」（Ibid., p. 264）。

同様にわれわれは、先にビランの「直接的諸演繹」に関して、「われわれ自身の内を視るだけで十分」とはどういう意味かと問うた。『諸基礎』のなかでビランは、「同じ源泉から出発しつつ、われわれは一性、同一性、実体のような、形而上学者たちによって第一次的で主導的なものとして認められているこれらすべての概念は、内感（sens intime）の原初的諸事実の相当数の表現、もしくは様々な抽象的称号《タイトル》のもとで再生された同じ事実の直接的諸演繹でしかないことを見出すであろう」（Œ VII-1. p. 13）[7]とも語っている。つまりビランの「直接的諸演繹」とは、論理的な手続きによってなされた論弁的手順というよりは、むしろ様々な角度からの原初的事実の直接的な読み取りなのであって、それゆえにこそミシェル・アンリは「ビランの諸カテゴリーの演繹は、本当は演繹ではなくて、むしろ〔…〕エゴの現象学的諸性格のたんなる読解（une simple lecture des caractères phénoménologiques de l'ego）である」（Henry. p. 32）と述べるのである。

Ⅲ　本章のもともとの意図は、〈自然の論理〉が取り扱うべき基礎的諸概念やその導出方法に関して、いささかなりとも反省を加えておくことであった。われわれはドイツ観念論の哲学者たちの主張には反して、そのような「導出」の過程が〈経験からの受け取り〉や〈見出し・発見〉とは区別された意味での論理的に必然的な「演繹」であるとは思わないし、そもそもそうした基礎的諸概念ないし諸カテゴリーがそのような「導出」や「演繹」によって網羅的に汲み尽くされうるなどと考えているわけでもない。前章でも述べたように、われわれが哲学なるものを始めようとするとき、まったくゼロから始源することなどできないのだし、何かがまず与えられることなしに無からすべてを構築することなど、端的に言って不可能である。それゆえまず肝要となるのは、むしろ〈受け取る〉ことのほうなのである。そして最初に受け取った何かが先入見という形でその後の哲学の展開に、顕在的にであれ潜在的にであれ、影響を及ぼしているという可能性も、われわれはけっして排除できない。前章でわれわれが〈直線モデル〉や〈円環モデル〉を斥けて〈根源遡行モデル〉を主張したのも、そのような理由からである。

したがって本章ではわれわれは、諸カテゴリーないし純粋思惟諸規定に関して敢えて「演繹」を標榜し実践しようとしたフィヒテ、シェリング、ヘーゲル、そして同じく「演繹」という言葉を用いつつも彼らとは異なる意図からそれをおこなおうとしたメーヌ・ド・ビランの四人の哲学者たちを取り上げ、はたして〈発見・見出し〉や〈受け取り・受容〉とは区別された意味での必然的かつ論証的な「演繹」が可能なのか否かを検討し、しかるのちにわれわれ自身の取るべき道を探りつつ、われわれなりに〈自然の論理〉の基礎的諸概念の演繹／読解について考察してゆきたいと思う。

われわれの考えでは、道はけっして一つではないのだし、そして経験はつねに開かれたままである。そのうえわれわれが〈自然〉というわれわれにとっての〈根源〉について反省なり省察なりするときには、或る意味ではわれわれはすでに〈根源〉を離れている――「或る意味で」と言うのはもちろん、いっそう根源的な意味では、われわれはけっして〈根源〉を離れえないからなのだが。しかしもしわれわれが、たとえばドイツ観念論の哲学者たちが「演繹」しようとしたのと同様の諸概念を用いるのだとすれば、そのときたいていわれわれは、すでに〈第一の始源〉のみならず、〈第二の始源〉も通過してしまっているのだということ、またたからこそ根源遡行が肝要となるのだということを、忘れてはならないのである。

Ⅳ　それゆえわれわれは、まずフィヒテ、シェリング、ヘーゲル、そしてメーヌ・ド・ビランという四人の哲学者たちにおける諸カテゴリーの「演繹」の問題を扱い、しかるのちにわれわれ自身の立場からの発言をおこなう。しかしまず、この四名に関してどのような著作ないしテクストをターゲットとすべきか、あらかじめここで確定しておくことにしたい。

まずフィヒテについて言うなら、初期だけでなく中期・後期の彼の諸思想を併せて検討したとしても、この問題に関して中心となるのは、やはり『基礎』であろうかと思われる。そしてそこではヘーゲルとはまったく異なるアプローチという点でも、彼の「演繹」の独自性が鮮明に浮かび上がってくることになろう。

シェリングに関しては、われわれは上述の『超越論的観念論の体系』のみを取り上げるが、同書がカント的諸カテゴリーのいわゆる「演繹」に関してはフィヒテ以上に詳細にそれを実践していることについてはすでに述べたので、ここではシェリング哲学のなかでの同書の位置づけ、特にフィヒテの知識学との関係について、少しだけ検討を加えておくことにしたい。

カッシーラーは同書のことを「シェリングの最も成熟し、体系的に最も完結した文書」(Cassirer, S. 239)と呼び、そしてカッシーラーのこの言葉を引用しているカッタンによれば、シェリングは同書とともに「初めて或る完全性に、最初のきわめて暫定的な或る完成に、到達する」(Cattin, p. 117)のだという。「シェリングの哲学的キャリアのなかで初めて、問題とされているのは体系の全体を現実的に構築すること」(Ibid., p. 121)なのである。しかしながら同書を「『知識学』に対するシェリングの永別《ア・デュー》」とみなし、そのときにこそ「彼の哲学が始まることになる」(Marquet, p. 158)と述べるマルケは、他方では同書を『自由論』とならんで「最も独自性に欠ける彼の二つの著作」(Ibid., p. 415. Cf. p. 174 ; Vetö, p. 97)と断ずるをはばからない。現にクローナーが同書を「ところどころでまさしく一七九四年のフィヒテの知識学の註釈とみなされうる」(STI, S. X)と述べたというのは有名な話だし、現代でも、たとえばラウトなどは同書を「既刊の諸著作のなかで〔…〕知識学の一つの註釈とみなされうるもの」(Lauth, p. 151. Cf. p. 105)[8]の一つに数え上げている。そしてたとえばこのような解釈に反対するシュルツが挙げている根拠とは、フィヒテが「カント哲学によってまったく規定されている」(STI, S. X)のに対し、若きシェリングは「本質的にスピノザによって媒介されている」(Ibid., S. XI)ということを除けば、「シェリングの体系は、フィヒテが説いたように、実践的なものの或る絶対的な優位では終わらない」(Ibid., p. XLII)ということくらいなものである。しかしながら、同書がその後に展開する目的論的自然や芸術についての言説は、今度はカントの「三批判書」を「唯一の著作」のうちに「融合させる」(Cerutti, p. 138)という同書の試みを示すものでしかなく、結局のところシェリングは、まだカントとフィヒテの影響下にあったという事実は否み難い――フィヒテに関するかぎり、現に同書は「知識学」(Vgl. STI, S. 2, 27, 45, 46)をあからさまに幾度も、また『序論』――「知的直観」(Ibid., S. 38)に言及しているので、おそらくは『第二序論』――をも指示し、さらには「私のそとなる諸知性の諸行為」(Ibid., S. 215 ff.)に関して「教育」(Ibid., S. 219)を強調するなど、一七九六年のフィヒテの『知識学の原理による自然法の基礎』(Vgl. GN, S. 39)からの影響も顕著である。

しかしながら、フィヒテやカントの強い影響下にあったにせよ、カッシーラーやカッタンの指摘していたように、『超越論的観念論の体系』がきわめて完成度の高い著作であり、当時の哲学界を代表するすぐれたテクストの一つであることに変わりはない。それはきわめて早熟で聡明な青年の著した書であり、しかも先にも述べたように、そこにはわれわれ自身の関心事たる諸カテゴリーの演繹が、フィヒテ以上に系統立てて実施されている。それゆえわれわれが本章で同書を主題化することにも、それなりの意味はあろう。

ヘーゲルに関してはもちろん『論理学』が問題となるのだが、『大論理学』と『小論理学』を併せてそこに展開されているいわゆる「純粋思惟諸規定」をすべて検討しようとするなら、それだけですでに膨大な時間と大著のスペースとが要求されることになってしまおう――本章にそこまでの余裕はない。それゆえわれわれは、フィヒテ、シェリングとの関連も考慮して、とりあえず「概念論」は断念して、「有論」と「本質論」――以下の本論ではさらにターゲットを絞る――に論を限定することにしたい。その理由を、以下、簡単に述べておく。

ヘーゲルが提供しようとしていたのは「一つの有論でもあらんとする一つの超越論的論理学」(Taylor, p. 227)だとはテイラーの言葉だが、特に「ヘーゲルにおける客観的論理学」こそが「カントが超越論的論理学と呼んでいるもの」(Briceño, p. 109. Cf. p. 91)だという指摘がある。そしてニュルンベルク時代のギムナジウムでの彼の数々の論理学諸講義を参照するなら、そのなかでの「諸カテゴリー」の位置づけが興味深い。たとえば一八〇八/〇九年の《中級のための論理学》では、「客観的論理学」のなかで「諸カテゴリー」とは「有、本質、自立的関わり合いの諸カテゴリー」のことだと述べられている。すなわち「有の諸カテゴリー」とは「質、量、無限性」（W4, S. 87）であり、「本質の諸カテゴリー」とは「素材、形式、根拠」、また「自立的関わり合いの諸カテゴリー」とは「実体性、因果性、相互作用」（Ibid., S. 88）のことだという――ちなみに同講義は「客観的論理学」を「一　有の諸カテゴリーの弁証法」（Ibid., S. 91）、「二　本質の諸カテゴリーの弁証法」（Ibid., S. 96）、「三　無条件的関わり合いの弁証法」（Ibid., S. 99. Cf. Pinkard (2), p. 340）に分節したあと、概念や判断について扱う「主観的論理学」（W4, S. 103）に移行している――。このように同講義では「実体性、因果性、相互作用」という、ヘーゲルの本来の『論理学』では「本質論」に含まれるべきものが、まだ「本質の諸カテゴリー」からは区別されているという点で未成熟さが露呈されていると言えなくもないのかもしれないが、しかし、ともかくも「諸カテゴリー」について語られうるのは、「主観的論理学」からははっきりと区別された「客観的論理学」においてである。

　この傾向は一八〇九／一〇年の《下級のための論理学》や《上級のための概念論》でも続き、たとえば前者では「カテゴリーのうえにはなお概念が立つ」（Ibid., S. 127）と、また後者では「客観的論理学は即自的概念もしくは諸カテゴリーの学である。ここで取り扱われる主観的論理学は、概念としての概念もしくは何かについての概念の学である」（Ibid., S. 139）と述べられている。それに対し一八一〇／一一年の《中級のための論理学》では、「思想」が「一、諸カテゴリー。二、反省諸規定。三、諸概念」に区分され、最初の二つについての説の形成するのが「客観的論理学もしくは形而上学」であり、また「概念論」の形成するのが「本来の、もしくは主観的論理学」（Ibid., S. 164）だとされている。「主観的論理学がその対象として持つのは、もはや諸カテゴリーや反省規定ではなく、諸概念である」（Ibid., S. 192）――それではヘーゲルは、「諸カテゴリー」を有論に限定し、本質論からは排除する方向に向かってゆくのだろうか。

　しかしながら『小論理学』は、その冒頭近くで「論理学のこの（最も難しい）部門〔＝本質論〕は、とりわけ形而上学と諸学一般の諸カテゴリーを含んでいる」（W8, S. 236）と述べ、また附論のなかとはいえ、「本質のカテゴリー」（Ibid., S. 232, 234）や「根拠のカテゴリー」（Ibid., S. 250）といった言葉をじっさいに用い続けているのである。そのうえ事柄からすれば、ピピンの指摘にしたがうなら、ヘーゲルの「有の論理学」は「カントの質と量の諸カテゴリーについての考察」をその核とし、また「本質の論理学」は「関係と様相の諸カテゴリーについてのカントの考察をたどる」（Pippin (2), p. 128. Cf. Noël, p. 22）のだという。それゆえわれわれは、先にも述べたとおり、ヘーゲル『論理学』に関しては、その「有論」と「本質論」のなかから典型的な幾つかの問題構制を取り上げて、検討してゆくことにしたい。

ビランの「諸カテゴリーの構成」に関しては、われわれは三〇年以上もまえのフランス留学中に博士論文としてフランス語で書いてソルボンヌに提出し、その一〇年後にようやく邦訳して出版した拙著『メーヌ・ド・ビラン――受動性の経験の現象学――』の当該箇所〔第二部第二章第二節〕にもとづきつつ、議論を進めてゆくことにするが、そのときもそうだったように、中心となるのはやはり『諸基礎』である。

最後にわれわれは、フィヒテ、シェリング、ヘーゲル、そしてメーヌ・ド・ビランにおける諸議論を通過したうえで、われわれ自身の〈自然の論理〉の立場からは基礎的諸概念は如何にして形成されるのかについて、若干の検討を加えるが、それは〈第一の始源〉を遡行的にめざすものと、〈第一の始源と第二の始源との相互関係〉から初めて述べうるものとの二つに分けて考察されることとなろう。

第一節　初期フィヒテと初期シェリングにおける諸カテゴリーの演繹

それではまず、ともに「超越論的観念論(9)」の立場を標榜する初期フィヒテの『全知識学の基礎』と初期シェリングの『超越論的観念論の体系』のなかのカテゴリー論を見ることから始めることにしよう。

(1)フィヒテの『全知識学の基礎』より

「フィヒテは諸カテゴリーを自我の弁証法的な自己展開の諸契機として理解する」(Tschirner, S. 57) とチルナーは述べている。しかしながら『全知識学の基礎』のなかで「カテゴリー」の名で呼ばれて登場するのは、その第一部「全知識学の根本諸命題〔諸原則〕」のなかの「実在性（*Realität*）」(GL, S. 19)、「否定（*Negation*）」(Ibid., S. 25)、「規定（*Bestimmung*）（限定（Begrenzung）、カントにおいては制限（Limitation））」(Ibid., S. 43) のみであり、それ以外に主題的に取り上げられているのは、第二部「理論知の基礎」における「実体性（Substantialität）」(Ibid., S. 76, etc.)[10]、「因果性（Kausalität）」(Ibid., S. 57, etc.)、「相互作用（Wechselwirkung）」(Ibid., S. 52, etc.) という、いわゆる「関係のカテゴリー」[11] くらいのものである。

本章の意図にもとづき、以下われわれは、まず『基礎』第一部の大筋をたどりながら「実在性」、「否定」、「制限」の諸カテゴリーの導出について確認し、しかるのちに同書第二部から「関係のカテゴリー」の演繹について見てゆくことにしたい。

(a)第一部「全知識学の根本諸命題」における「実在性」「否定」「制限」の諸カテゴリーの導出

I　第一部の第一節「第一の、端的に無条件的な根本命題」は、われわれは「あらゆる人間的な知の絶対的に-第一の、端的に無条件的な根本命題」を探し出さなければならないが、しかるに「もしそれが絶対的に-第一の根本命題たるべきであるなら、それは証明されたり規定されたりすることはない」(Ibid., S. 11) という言葉から始まっている。そのような根本命題を探し出すために、前章でも見たように、フィヒテはまず「われわれ誰もが異論なく認める」、しかも「われわれの目標への道がそこからは最短である」ような、「ＡはＡで有る」(Ibid., S. 12) という命題を取り上げる。しかし、このような命題のうちでは「そもそもＡが有るか否か」は問われてなどおらず、そこでは「もしＡが有るなら、それならばＡは有る」と措定されているだけである。つまり問われているのは命題の「内容」ではなくて、その「形式」のみである。けれどももしこのような「もし〔…〕なら、それならば〔…〕」という「必然的連関」を「X」と名づけるとするなら、少なくともXは「自我のうちで、そして自我によって」(Ibid., S. 13) 措定されているのだし、Aもまた「自我のうちに」措定されているのでなければならない。つまり「端的に措定されたX」とは、「私＝私(Ich = Ich)」もしくは「私は私で有る(Ich bin Ich)」であり、「私は有る(*Ich bin*)」(Ibid., S. 14) である。要するに、「形式」のみならず「内容」にしたがっても「無条件的に、かつ端的に」妥当するのは、「私は私で有る」(Ibid., S. 14-5) という命題なのである。

そして「自己自身による自我の措定」が「自我の純粋活動(Tätigkeit)」であるからには、フィヒテは「私は有る」を「事行(Tathandlung)の表現」とみなすにいたる。「自我はそれが自らを措定したがゆえに有る」(Ibid., S. 16) のだし、「自我は端的にそれが有るがゆえに自己自身を措定する」のである。そしてそこに「自己意識」(Ibid., S. 17) という契機を付加し、「自己自身を措定すること」と「有ること」とが「自我」に関しては「まったく等しい」ということが言明されるのであれば、「私は端的に有る、すなわち私は私が有るがゆえに端的に有る、そして端的に私がそれで有るところのもので有る。両者は自我にとって〔そうである〕」という総括的な命題が呈示されることになる。

以上のように見てゆくなら、「A＝A」が「私は有る」(Ibid., S. 18) を基礎づけるのではなく、むしろ後者が前者を基礎づけることが明らかとなろう。同様にフィヒテは、もしひとが「特定の行為としてのあらゆる判断」を「捨象」して、ただ「かの形式によって与えられた、人間精神一般の行為の仕方」のみを見るのであれば、ひとは「実在性のカテゴリー(*Kategorie der Realität*)[12]」を得るのだと言明する。「各々のカテゴリーそれ自身がそこから導出されるところの何か」とは「絶対的主観としての自我[13]」であり、そのようなカテゴリーが適用さるべき「あらゆる可能的な残余のもの」についても、「それには実在性が自我から移送(übertragen)される」(Ibid., S. 19) ということが示されなければならないのである。

Ⅱ　これも前章で触れたように、第二節「第二の、その内容にしたがって制約された根本命題」もまた、「第一根本命題が証明も導出もされえなかったのと同じ根拠から、第二根本命題もそうではありえない」という言葉から始まっている。そこで同節が手がかりとするのが、「経験的意識の一事実」としての「-AはAでない」(Ibid., S. 21) という命題である。もちろんこのような「対置 (Gegensetzen)」の形式は、「措定 (Setzen)」(Ibid., S. 22) の形式のうちに含まれてはいない。しかしながら「対置の可能性」は「意識の同一性[14]」を前提とし、「措定から対置 (Entgegensetzen) への移行」ですら「自我の同一性」によってしか可能ではない。「対置されること一般」は端的に「自我によって措定される」(Ibid., S. 23) のであり、そして「自我に対置されるもの」とは「非我 (*Nicht-Ich*)」である――かくして「自我には端的に非我が対置される (*wird dem Ich schlechthin entgegengesetzt ein Nicht-Ich*)」という「形式にしたがっては端的に無条件的だが、しかし素材にしたがっては制約」された「あらゆる人間的知の第二の根本命題」(Ibid., S. 24[15]) が導出されることとなる。

そして「私は有る」という「実質的命題」から「その内容の捨象」によって「たんに形式的で論理的なA＝A」が成立したように、この節で呈示された命題からは同じような「捨象」によって「-AはAでない」という「論理的命題」――フィヒテはそれを「対置の命題 (*Satz des Gegensetzens*)」と呼ぶ――が成立するのだという。またもしひとが「判断の特定の行為」を捨象して「対置されていることから非有への推論の形式 (die Form der Folgerung vom Entgegengesetztsein auf das Nicht-Sein)」だけを見るなら、そのとき得られるのが「否定のカテゴリー (*Kategorie der Negation*)」なのである。

Ⅲ　第三節「第三の、その形式にしたがって制約された根本命題」(Ibid., S. 25) では、「第三の」根本命題には「或る証明」が可能だと述べられている。なぜならそれは「形式にしたがって」、しかも「〔上述の〕二つの命題」から「規定」されているからである。

つまり「非我」が措定されるかぎり、一方では「自我」は措定されない。しかし他方では「非我」は、それに対して非我が対置されうるところの「或る自我」が「自我のうちで」(Ibid., S. 26) 措定されるかぎりでしか、措定されない。「両推論」は「互いに対置」(Ibid., S. 27)され合う。それでは如何にして「有と非有、実在性と否定[16]」は、互いに「廃棄」し合うことなく「ともに考え」られるのだろうか――そこで予期されるのが「制限すること(*Einschränken*)」およびその産物たる「諸制限(*Schranken*)」(Ibid., S. 28)なのである。「何か〔或るもの〕を制限すること」が意味するのは、「その実在性」を「否定」によって、「全的に(*gänzlich*)」にではなく「部分的に(zum *Teil*[17])」廃棄することなのであって、「諸制限」の概念のうちには「実在性」と「否定」のほかに「可分性(*Teilbarkeit*)」の――フィヒテがわざわざ付加している補足によれば、「量可能性(*Quantitätsfähigkeit*)一般」ではなく「或る特定の量」の――概念が存している。かくして「自我」も「非我」も端的に「可分的(*teilbar*)」(Ibid., S. 29)なものとして措定されるのである。そして「絶対的自我」は「或るもの〔*etwas* 何か〕」ではなく、「それがそれで有るところのもの(*was* es ist)」としか言えなかったのに対し、いま呈示された自我や非我は、両者とも「或るもの〔*etwas* 何か[18]〕」である。「非我」は「絶対的自我」に対置されるなら「端的に無(*schlechthin Nichts*)」だが、「制限可能な自我(der einschränkbare Ich)」に対置されるなら「或る負の大きさ〔eine *negative Größe* 負量〕」である。そして「不可分」の「絶対的自我」と「可分的」な「自我」との関係に関して言うなら、「自我」は「非我」がそれに「対置」されるかぎりで、それ自身「絶対的自我」に「対置」されるのだということになる。ゆえに第三根本命題はこうなる。「自我は自我において、可分的自我に或る可分的非我を対置する(*Ich setze im Ich dem teilbaren Ich ein teilbares Nicht-Ich entgegen*)」(Ibid., S. 30)。

そしてもし「自我」と「非我」から「特定の内容」を「捨象」して「可分性の概念によって対置されたものどもの統合のたんなる形式」のみを残すのであれば、われわれは「根拠のそれ〔＝根拠律〕」と名づけられている「論理的命題」を得ることになるのだとフィヒテは主張する。つまり、「対置されたもの」同士は「或るメルクマール」においては「等し」く、「等しいもの」同士も「或るメルクマール」においては「対置」される。そしてこのようなメルクマールは、前者では「関係根拠」と、後者では「区別根拠」と呼ばれる。根拠律は、ここで呈示された「実質的根本命題」によって、「証明され、規定される」(Ibid., S. 31)のである――ちなみにこのような「根拠の論理的命題〔論理的根拠律」」は、この「実質的根本命題」によって「規定（besitemmt 特定）」されるのであるからには、その「妥当性」はそれ自身「制限」されている。要するに「それに対しては何ものも等しくなく、何ものも対置されえないようなもの」、つまりは「絶対的自我」についての判断は、「根拠律」(Ibid., S. 32) のもとには立ちえないのである。

「綜合」なしに「反定立」は可能ではなく、また「反定立」なしに「綜合」は可能ではないとはいえ、両者は「定立」(Ibid., S. 35) なしに可能ではない。そして「そもそも或る体系があるべきだということ」は「絶対的定立」(Ibid., S. 36) にもとづいているのだとフィヒテは主張する。そして「自我」にも「上位の」概念と「下位の」概念とがあったのだが、「可分性」という「下位概念」において「非我」と「等置」かつ「対置」されるがごとき「自我」に見られるのは、ふつう「綜合」において示されるような「上昇（*Heraufsteigen*）」ではなく「下降（*Herabsteigen*）」なのであって、ここでは「自我」も「非我」も「可分的実体としての自我」のうちなる「何か（偶有性）」でしかない。両者は「それに対しては何ものも等しくなく、何ものも対置されない」ような「絶対的な制限不可能な主観としての自我」によって「措定」(Ibid., S. 39) されるのである。

或る「対置するものや比較するもの」が或る「区別根拠や関係根拠」にもとづいて打ち立てられるという「判断」の「特定の」形式を「捨象」して、たんに「行為様式の持つ普遍」のみが残されるのであれば、われわれは「規定（限定、カントにおいては制限）のカテゴリー（Kategorie der *Bestimmung* (Begrenzung, bei Kant Limitation)）」を得る。つまり、「実在性」の量であれ「否定」の量であれ、「量一般の措定」が「規定」(Ibid., S. 43) と謂われるのである。

Ⅳ　それでは『基礎』第一部における「実在性」、「否定」、「制限」といった諸カテゴリーの「演繹」ないし「導出」は、どのようなものだったのだろうか。

まず注意しておかねばならないのは、それらはいずれも、前件から後件へと推論過程の手順を経て導き出されたものというより、「判断」の特定の振舞いを「捨象」して得られたものだということである。しかも「第一根本命題」や「第二根本命題」に関しては、それらはそれら自身「証明も導出も」されえないのであった。そもそもフィヒテがここで活用している「有と非有、実在性と否定」、あるいは「同一性」といった基礎的諸概念さえ、それなくしては第一、第二の根本諸命題の呈示さえ不可能になってしまうような、あるいは少なくともそれらの根本諸命題が定式化されうるときにはすでに含意されているような諸カテゴリーではないだろうか――つまりわれわれが言いたいのは、のちに改めて見るように、これらの諸概念の「演繹」は、フィヒテ自身の主張はともかくとして、実質的にはむしろビランの反省的抽象諸観念に関してミシェル・アンリが述べていたような「読解」に近いのではないかということである。

第二に「第三」の根本命題のところで主題化された「制限」ないし「規定」、「限定」のカテゴリーに関して述べるなら、留意しておかなければならないのは、ここでフィヒテは「或る特定の量」や「或る負の大きさ〔負量〕」について語り、「実在性」の量であれ「否定」の量であれ、「量一般の措定」が「規定」と謂われることを強調しているのだということである――しかし、もともとカントの『純粋理性批判』における「実在性」、「否定」、「制限」は、「量」ではなく「質」の諸カテゴリーだったのではないだろうか。

じっさいフィヒテはすでに『省察』のなかで、「実在性」と「否定」が「統合」されると「被制限性（*Beschränktheit*）」、「制限（Limitation）」を与えると述べつつ、「制限の概念は量のそれなしにはゆかない」（Me. S. 51）と言明しているのである。それゆえにこそ、たとえばチルナーは、こう述べる。「カントが判断諸形式を迂回して諸カテゴリーを再構築したとすれば、フィヒテは実在性、否定、制限という質の諸カテゴリーを措定、対置、分割から導出しようと試みる。これらのうちには〔…〕一性、多性、全性という量の諸カテゴリーが含まれている」（Tschirner, S. 85-6）――正直に言って、「一性、多性、全性」がそこに含まれているか否かに関しては多少とも疑念を抱かざるをえないが、しかし、そこに見られるのは「質の諸カテゴリー」というよりも、明らかに「量の諸カテゴリー」である。それゆえにこそパイマンは、こう語るのである。「フィヒテが最高のもの一般として導入する最初のカテゴリーは、《私は有る》の現実性から生じる実在性のそれである。もちろん彼は、それをカントのように質に数え入れるのではなく

――否定と制限という他の二つの根本命題諸カテゴリーと統合して――量に数え入れる」(Paimann, S. 95)。そして彼女は以下のように註記するのである。「質と量の交換を伴ったカントのカテゴリー表の変様は、フィヒテ内部で興味深いものであるのみならず、その哲学史的関連性においても同様に興味深いものであって、その最も判明な証拠を与えているのは、ヘーゲルの『大論理学』と、それが量より質を先に置いているということとである」(Ibid., S. 97)――われわれはヘーゲル『論理学』について扱う次節で、この問題を再検討することとなろう。

⒝第二部「理論知の基礎」における関係の諸カテゴリーの導出

『基礎』第二部「理論知の基礎」は、全体が第四節「第一定理」のなかに含まれつつ、AからEまでの五つの項に区分されている。そしてAで知識学の理論的部門と実践的部門とをそれぞれ基礎づける諸命題が呈示されたあと、Bでは「相互規定」の、Cでは「因果性」の、Dでは「実体」と「偶有性」という、いわゆる「関係」の諸カテゴリーが導出されているので、ここではわれわれはAからDまでを順を追ってたどり、Eから幾つかの補足をおこなったのち、これらの諸カテゴリーの演繹について若干の検討を加えるという手順を踏んでゆくことにしたい。

Ⅰ「A　分析すべき綜合命題の規定」のなかで、まず「自我は非我を自我によって制限されたものとして措定する」(GL, S. 46)を、次いで「自我は自己自身を非我によって制限されたものとして措定する」を、それぞれ「学の実践的部門」と「知識学の理論的部門」(Ibid., S. 47)を基礎づける命題として呈示したのち、フィヒテは「B　呈示された命題のなかに含まれている諸対立一般の綜合」を、「自我は自らを非我によって規定されたものとして措定する」という命題は、たったいま第三根本命題から導出された」という言葉とともに始めている。すなわち、一方では非我が自我を「規定すべき」であり、「自我の実在性」に「限界」を措定すべきである。しかしながら、他方では「あらゆる活動」は「自我から出発する」(Ibid., S. 48)のでなければならず、「自我は(絶対的活動によって)自己自身を規定する」。かくして「一にしてまさに同じ命題」のなかに含まれている「二つの諸命題」が、「矛盾」(Ibid., S. 49)し合うのだということになる。

「自我は自己自身を規定する」と言われるかぎりで、「実在性の絶対的全体性」が「自我」に帰せしめられ、「自我」には「非我」が「対置」せしめられるかぎりで、「非我」のうちには「否定の絶対的全体性」が措定されるのでなければならない。そして両者が「規定」によって「統合」されるべきであるからには、「自我」は「部分的に（*zum Teil*）自らを規定し、部分的に規定される」のである。そのさい「自我が規定される」とは、「自我のうちで実在性が廃棄される」ということであり、「一部のみを」（Ibid. S. 50）自我が「実在性の絶対的全体性」から「自己のうち」に措定し、「残り」を廃棄して「廃棄された実在性に等しい部分の実在性」を「非我のうちに」措定するということである。「自我が否定部分を自己のうちに措定する分だけ、それだけ多くの実在性部分を、自我は非我のうちに措定する」。かくして「規定一般」によって確定されるのは、たんに「量」（Ibid. S. 51）であるにすぎないのである。

「自我の実在性もしくは否定の規定」によって同時に「非我の否定もしくは実在性」が「規定」され、「逆もまた然り」。そのさい、ここでは「対置されたものどものどちらから」出発しようと構わない。フィヒテはこの「いっそう規定された規定」は、「相互規定（*Wechselbestimmung*）（相互作用（Wechselwirkung）との類比にしたがって）」[19]と正当に名づけうるのだと主張する。そしてそれは「カントにおいて関係（*Relation*）と謂われているもの」に等しいのだという。

Ⅱ 「C 対置された諸命題のうちの第一命題それ自身のうちに含まれている諸対立の、相互規定による綜合」（Ibid. S. 52）の第一命題とは、「非我は自我を規定すべきである」である。かくして「自己自身のうちに実在性を有している」のは、この場合「非我」だということになるのだが、しかし「あらゆる実在性は自我のうちに措定されている」のであった。この「矛盾」は先の「相互規定」（Ibid. S. 53）によってはまだ解決されていないのだとフィヒテは強調する。なぜなら「たんなる関係の概念」によっては、対置された両者のうちのどちらに「実在性」を、またどちらに「否定」を帰せしめようと、「まったくどうでもよい（gleichgültig）」（Ibid. S. 54）ことだからである。

この「両義性」を解消するために、フィヒテは「自我はそれが自らを措定するがゆえに有り、有るがゆえに自らを措定する」という、第一部で示したのと類似した命題を呈示する。「自己を‐措定すること」と「有ること」とは「一にしてまさに同じもの」なのだが、しかるに「自己を‐措定すること」の概念と「活動」の概念とも「一にしてまさに同じもの」である。ゆえに「あらゆる実在性」は「活動的」であり、「あらゆる活動的なもの」は「実在性」である。「活動」は「ポジティヴな、絶対的な〔…〕実在性」(Ibid. S. 55) なのである。

自我は「規定されるべき」なのであった。それはつまり、「実在性」もしくは「活動」が自我のうちで「廃棄」されるべきだということである。しかるに「活動の反対」とは「所動(*Leiden*)」である。「所動」とは「ポジティヴな絶対的否定」なのである。そして「活動」の概念が「量的」であるのと同様に、「所動」もまた「量的」な否定である。

「自我」のうちで直接的に「私は有る」のうちに存せず、「自己自身による自我の措定」によって直接的に措定されないすべては「所動(触発一般)」である。それゆえ自我が「所動」の状態にあるとき、「相互規定の法則」にしたがって、「等しい程度の活動」が「非我」のうちに「移送(übertragen)」されるのでなければならない。かくして先の矛盾は解消される。「非我は非我としては即自的にはいかなる実在性も持たない」が、しかし「それは自我が所動する〔*leiden* 被る〕かぎりでは実在性を持つ」(Ibid. S. 56) のである。

そして「いま導出された綜合的概念」は、「相互規定のより高次の概念」のもとに含まれているのだという。つまり「対置されたものどものうちのどちらが他方によって規定されるか」は、もはや「どうでもよい」ことではなくなる。「実効性(*Wirksamkeit*)(因果性(Kausalität))」と名づけられるこの綜合において、「活動」の帰せしめられるものは「原因」と謂われ、「所動」の帰せしめられるものは「引き起こされるもの(das *Bewirkte*)」もしくは「結果(Effekt)」と謂われる。両者結合して「作用(*Wirkung*)」と謂われるのだが、ここではフィヒテは「引き起こされるもの」をWirkung〔作用、結果〕と名づけるべきではないと主張する——ちなみに「実効性」の概念のうちでは、まだ「経験的な時間諸条件」(Ibid. S. 57) は完全に捨象されているのだという。「時間にしたがって作用に先立つ」のは

「原因としての原因」ではなく、むしろ「実効性の帰せしめられる実体」にすぎず、同様にまた「そこにおいて引き起こされるものに時間にしたがって先立つ」のもまた「作用の及ぼされる実体」(20)なのである。

Ⅲ 「D 対置された諸命題のうちの第二命題のうちに含まれている諸対立の、相互規定による綜合」のなかでも、「自我は自らを規定されたものとして措定する、すなわち自我は自らを規定する」という「第二命題」は、それ自身「諸対立」を含んでいるのだと述べられる。つまり「自我は自らを規定する」においては「自我」は「規定するもの」でも「規定されるもの」でもあり、「同時に活動的かつ所動的」である。そしてこの「矛盾」を解決するために思惟されねばならないのは、「自我は活動によってその所動を、もしくは所動によってその活動を、規定する」(Ibid. S. 58)ということである。

ところで「自我」は「実在性の絶対的な全体性」もしくは「実在性の絶対的な最大限(Maximum)」を、「一つの定量」として「自己自身のうちに措定する」のだが、しかし自我が「規定」しうるのは「その実在性の制限された量」(Ibid. S. 59)にすぎない。つまり「各々の規定された(=特定の)量」は「非全体性(Nicht-Totalität)」なのである。ここでは「所動」もまた「或る定量の活動」なのであって、「定量一般」が「尺度(Maß)」(Ibid. S. 60)となっている。そしてそもそも「自我」のうちに「あらゆる活動」が措定されていたのであるからには、「或る定量の活動の措定」は活動全体からの「減少」である。それゆえここには「同時に実在性かつ否定、活動かつ所動」(Ibid. S. 61)であるようなものが示されている。

そしていまや「如何にして自我は自らの活動によって、また自らの活動を介して自らの所動を規定しうるのか」、また「如何にして自我は同時に活動的かつ所動的でありうるのか」が、「完全に洞見される」のだという。つまり自我が「規定的(*bestimmend*)」なのは、それが「絶対的自発性」によって「その実在性の絶対的全体性のうちに含まれている全圏域」のもとで「或る特定の」圏域のうちに自らを「措定」し、しかも「圏域の限界」を「捨象」しつつ「この絶対的な措定」のみを反省するかぎりのことであり、また自我が「規定される(*bestimmt*)」のは、「この特定の圏域」のなかに措定されたものとして考察され、「措定の自発性」は「捨象」されるかぎりにおいてのことなのである。そしてフィヒテはここにおいて「或る新しい綜合的概念」が見出されたのだと主張する――それは先の「実効性（＝因果性）」の概念と同様に、「より詳細に規定された一つの相互規定」(Ibid., S. 62) である。

つまり、「因果性」の概念においては「活動」が「所動」によって規定されていたのだが、ここでは「所動」が「活動」によって規定される。つまり自我は「すべての諸実在性の端的に規定された範囲全体」を包括するものとして考察されるならば「実体」であり、この範囲の「端的には規定されない或る圏域」のうちに措定されるなら「偶有性」である。そしていかなる「実体」も「或る偶有性への関係[21]」なしには思惟されえず、「可能的諸偶有性」によって初めて「諸実在性」(Ibid., S. 63) というものもまた成立する。逆にいかなる「偶有性」もまた「実体」なしには思惟しえない。なぜなら何かが「或る特定の実在性」であるためには、それが「実在性一般」に関係づけられなければならないからである。

もともとは「自我」という「一なる実体[22]」しか存在しない。この「一なる実体」のうちで「可能的なすべての諸偶有性」が、それゆえ「可能的なすべての実在性」(Ibid., S. 64) もまた措定されるのである。

Ⅳ　次にわれわれは、「E　相互規定の呈示された二つの仕方のあいだで生ずる対立の綜合的統合」(Ibid., S. 66) のなかから、因果性における相互規定と実体性における相互規定との相違に関して、二点だけ補足しておくことにしたい。

第一に、「実効性の相互概念 (Wechselbegriff)」(Ibid., S. 74) に関して、「自我」のうちに「或る所動」が措定されるならば「自我の或る定量の活動」が廃棄されるのだが、この「減少」の根拠が「非我」のうちに措定されるとき、ここで語られるのはもはやたんなる「量」ではなくて「質」なのだと、フィヒテは急に言い出す。「所動」は「B」においてのようにたんに「より少ない定量の活動」として措定されるのではなく、「実在性に対置された質」として、つまりは「否定」として措定されるのである。しかるにフィヒテによれば、「或る質の根拠」とは「実在的根拠（*Real-*

-*Grund*)」である。そして「交互〔Wechsel 相互、交替〕から独立した、交互の可能性のためにすでに前提されている、非我の活動」こそが「所動の実在的根拠」(Ibid. S. 75)だというのである。「非我のうちなる或る実在的根拠への推論」は、「自我における所動」が「何か質的なもの」であることにもとづいている。しかし「第二の相互概念」、すなわち「実体性のそれ」においては、「所動」は「何か質的なもの」ではなく、たんに「何か量的なもの」として思惟されうるにすぎず、「非我」はふたたびたんに「理念的根拠」(Ibid. S. 76)となるにすぎないのだという。

もう少し先でフィヒテは、「非我」は「質」にしたがって「自我」に対置され、「自我の或る規定の実在的根拠」であるが、しかし「自我が自我のうちで何か〔或るもの〕を措定しない」が意味するのは、「自我が総じて非措定的である」ということではなく、「自我はただ部分的にのみ非措定的である」ということであって、自我は「質」にしたがってではなく「量」にしたがって「自己自身に」対置されるにすぎないのだと補足する。ゆえに自我は「自己自身における或る規定」の「理念的根拠」にすぎないのであって、「このいまや非我のうちにたんに理念的にのみ措定されたもの」が、「実在的に」は「自我における或る所動の根拠」(Ibid. S. 94)であるべきなのだという。フィヒテによれば、「実在的根拠」は「実効性の概念」においてのみ現れるのだが、しかるにその「実効性の概念」において、「理念的根拠」と「実在的根拠」とが「一にしてまさに同じもの」なのである――ちなみにこのような命題は「批判的観念論」を基礎づけ、そして批判的観念論によって「観念論と実在論とを統合する」(Ibid. S. 95)のである。

第二に、フィヒテは「実効性の交互」においては「自我における所動によって非我のうちに或る活動が措定される」のであるからには、その「純粋形式」は「或る非措定による或る措定」であり、したがって「実効性の綜合における交互の形式的性格」は――先にも出てきていたのだが――「移送〔*Übertragen*〕」(Ibid. S. 83)だと述べている。「自我は活動を自我から非我のうちへと移送する」(Ibid. S. 83-4)のである。それに対し「実体性の交互」の「たんに形式的な性格」とは「或る措定を介した或る非措定」(Ibid. S. 84)なのであって、ここに見られる「独立的活動」を、フィヒテは「外化〔*Entäußern*〕」と呼んでいる。「絶対的全体性のなかの或る特定の定量」が「減少したものとして措定された活動」から「排除」され、「そのそとにあるもの」(Ibid., S. 85) とみなされるのである。「外化」と「移送」の相違に関しては、まず後者においてももちろん「何か〔或るもの〕」が自我から「廃棄」されはするのだが、そのことについては「捨象」され、ほんらい反省されるのは、それが「対置されたもののうちに措定される」ということだけだと述べられている。そして前者においてはたんに「排除」がなされるだけで、「排除されたもの」が「何か別のもの」のうちに措定されるか否か、また「この別のもの」がどのようなものであるのかは、「少なくともここには属さない」(Ibid., S. 86. Vgl. S. 111) のだという。

ちなみにこのような見方からも明らかなように、フィヒテは「実体」を、まずもって「持続するもの (das *Dauernde*)」としてではなく「全包括的なもの (das *Allumfassende*)」(Ibid., S. 114)[23] として捉えようとする。「関わり合いの諸分肢」が個々に考察されると「諸偶有性」であり、「それらの全体性」が「実体」(Ibid., S. 123. Vgl. S. 120) なのである。

V 第二部「理論知の基礎」における「関係」の諸カテゴリーの演繹を以上のように概観してみるのであれば、すぐに気づかれるのは、そこで前面に出てきているのは、第一部の「質」の諸カテゴリーの演繹においてと同様に、じっさいには「量」の問題構制だということである。たとえばBの「相互規定」の箇所で問題とされていたのは、「自我」は「部分的に自らを規定し、部分的に規定される」ということであり、そもそも「規定一般」によって定められるのは、たんに「量」にすぎないと言明されていた。またCの「実効性」もしくは「因果性」の箇所でも、「活動」の概念が「量的」であるのと同様に、「所動」もまた「量的」な否定でしかない。そしてDの「実体」と「偶有性」の箇所でも「制限された量」や「或る定量の活動」について語られ、「定量一般」こそが「尺度」だと述べられていた。

Eで「実効性の相互概念」が俎上に載せられるとき、いきなり「質」について語り出されるときの唐突感はいかんともし難いのだが、そもそもなぜ「質」が登場するかについての理由は、おそらくここでは「交互 (Wechsel)」から独立した、交互の可能性のためにすでに前提されている、非我の活動」が問題とされていること以外には求めえないのではないかと思われる――フィヒテ自身の説明によれば、「非我におけるいかなる所動もまったく対置されない」ような「自我」における「活動」や、「自我におけるいかなる所動もまったく対置されない」ような「非我」における「活動」が、「独立的活動（*unabhängige* Tätigkeit）」（Ibid. S. 70）と名づけられる――。しかしながら、ここで「質」によって区別されているのは、「非我」と「自我」もしくは「実在性」と「否定」という、すでにわれわれが『基礎』第一部で目撃していたものにすぎず、なぜそれがここで改めて強調されなければならないのかが、よく分からない。そしてもし「自我」や「非我」がそもそも第一根本命題や第二根本命題で、証明や導出をされたというより、むしろ端的に「要請」[24]されたものでしかなく、また「実在性」や「否定」も「自我」や「非我」から演繹されたというより、それらを形容するために読み取られた諸カテゴリーと言うべきだとするなら、ここで言われる「質」そのものも、やはりカテゴリーとして演繹されたというより、たんに区別のために選ばれた言葉という役割以上のものを果たしているとは考えにくい。そのうえ結局のところ「或る質の根拠」とみなされた「実在的根拠」が「理念的根拠」と「一にして まさに同じもの」とみなされてしまうのであるからには、ここでの「質」は、むしろ「量」の方向ないし帰属先を示すものくらいにしか考えられない。本項(a)でも引証したパイマンが「実在性、否定、規定、相互規定」を「四つの（量的）主要カテゴリー」（Paimann. S. 98）と呼んでいるのも、しごくもっともなことなのである。

そしてそもそも「相互規定」、「因果性」、「実体性」の諸カテゴリーは、いかなる仕方で「演繹」されたのだろうか。まず「相互規定」に関しては、そこで述べられている「自我が否定部分を自己のうちに措定する分だけ、それだけ多くの実在性部分を自我は非我のうちに措定する」を、第三根本命題「自我は自我において、可分的自我に或る可分的非我を対置する」から直接読み取ることに、さほどの困難が認められうるとは考え難く、そして「因果性」は「相互規定」に「活動」と「所動」とを加味したものでしかないのだから、これもまた第三根本命題のうちにすでに含まれていると言わざるをえない。そして「すべての諸実在性の端的に規定された範囲全体」を包括するものが「実体」と、この範囲のなかの「或る圏域」が「偶有性」とみなされるのであれば、「実体性」のカテゴリーもまた〈全体と部分〉をめぐる「自我」と「非我」の可分的関係から導出されているにすぎないのだということになる。つまり「相互規定」、「因果性」、「実体性」の諸カテゴリーは、順に演繹されたというよりも、根本諸命題から直接読み取られうるものなのであって、そこに厳しく定められた導出の一定の必然的順序を指摘すべきか否かに関しては、いささか疑問が残る。

「フィヒテのカテゴリー論は、自我と非我とそれらの相互への関わり合いとについての一つの理論にすぎない」（Brachtendorf. S. 162）と、ブラフテンドルフは述べている。「一七九四年の知識学のカテゴリー論は——そうわれわれは要約する——一般有論や、たんに領域的なだけの有論でさえもなく、全体が自我と非我との或る形而上学に奉仕している。諸カテゴリーを自我のうちで基礎づけ、そのようにして諸カテゴリーを一つの厳密に演繹的な形而上学に従属させようとするフィヒテの企図は、一般有論の基づけにではなく、その喪失へと導く」（Ibid. S. 163. Vgl. S. 175）——結局のところわれわれは、初期フィヒテにおける諸カテゴリーの導出もまた、必然的な論理的秩序と手順とにしたがった「演繹」とは別の様相を呈しているのだと言わざるをえないであろう。それはもともと導出されえない「自我」と「非我」から出発して両者の諸性格ならびに両者の関わり合いの諸可能性を、そのつど取られた或る特定の相から表現したものにすぎないのである[25]。

(2) シェリングの『超越論的観念論の体系』より

「緒言」、「序論」と六つの「主篇（Hauptabschnitt）」から成るシェリングの『超越論的観念論の体系』のなかでは、カテゴリー論は三つの「時期（Epoche）」から成る「第三主篇　超越論的観念論の諸原則にしたがった理論哲学の体系」の「第二期」——五つの下位区分と註記とを持つ——のⅢと「第三期」——四つの下位区分と註記とを持つ——のⅡ、Ⅲ、Ⅳとに集中する。したがって以下、本項ではわれわれは、まず(a)では本章の趣旨を見失わない程度に、同書の全体構想とその理論部門の「第三主篇」までの構成の大筋とを追ってゆき、しかるのちに(b)で同書のカテゴリー論を見てゆくという手順を踏むことにしたい。

(a)『超越論的観念論の体系』の全体構想とその理論部門の構成

Ⅰ 「緒言」のなかで「哲学全体」を「個々の諸時期(Epochen)」を伴った「進行しつつある自己意識の歴史(fortgehende Geschichte des Selbstbewußtseins)」(STI, S. 3) とみなし、「実践哲学の諸真理」でさえ「超越論的観念論の体系」のなかでは「中間項」でしかありえないと述べつつ、「目的論」と「芸術哲学」(Ibid., S. 5) をそこに加えるシェリングは、「序論」を「あらゆる知は或る客観的なものと或る主観的なものとの一致に依拠する」という言葉から始めている。そして「客観的なもの」を「最初のもの」として「如何にして或る主観的なものが、それと一致する客観的なものに付け加わるのか」(Ibid., S. 7) を問うのが「自然哲学」の課題だとすれば、「主観的なもの」を「最初のもの」として「如何にしてそれと一致する或る客観的ものが付け加わるのか」(Ibid., S. 9) を問うのが「超越論的哲学」である。そこで超越論的哲学は、「最初にして絶対的なもの」としての「主観的なもの」から出発しつつ、「客観的なもの」を「それから成立させる」(Ibid., S. 10) のであるからには、まず「客観的なものの実在性への一般的な懐疑」から開始するのでなければならない――それは「絶対的な懐疑論」であり、「徹底的な懐疑論(der durchgreifende Skeptizismus)」(Ibid., S. 11) なのである。

それゆえ「主観的なもの」が「支配的なもの、もしくは最初のもの」だと前提したうえで、「如何にして知一般が可能であるか」を説明すべきなのが「超越論的哲学」(Ibid., S. 13) であり、「知それ自身」もしくは「知一般」がその「客観」となるのだが、そのなかでも「如何にして諸表象が、それからまったく独立して存在する諸対象と絶対的に一致しうるのか」という課題を解決するのが「理論哲学」(Ibid., S. 14) だとすれば、「必然性なしに、自由によって、われわれのうちで成立する諸表象が、思想の世界から現実的世界へと移行し、客観的実在性に到達しうる」という確信から課題を解決しようとするのが「実践哲学」である。しかるに両者のあいだには「矛盾」があり、それを「解決」（Ibid. p. 15）するためには「如何にして同時に諸表象が諸対象のほうに向けられたものとして、かつ、諸対象が諸表象のほうに向けられたものとして、思惟されうるのか」（Ibid. S. 15-6）という「超越論的哲学の最高の課題」が解決されなければならない。ところでシェリングによれば、「自由な行為においては意識的に（mit Bewußtsein）産出的である同じ行為」が「世界の産出においては無意識的に（ohne Bewußtsein）産出的」だとされるのであれば、先の「予定調和」が「現実的」なものとなって、「矛盾」が解消される。それをなすのが、まず「合目的に説明可能であることなく合目的的」であるような「自然」について扱う「自然目的の哲学」もしくは「目的論」（Ibid. S. 16）であり、次いで「同時に意識的かつ無意識的な、かの活動」が「意識それ自身のうちで」示されるような「美的」活動を対象とする「芸術哲学」[26]なのである――かくして「超越論的考察」の「唯一の器官」は「内官（der innere Sinn）」（Ibid. S. 17）もしくは「知的直観（intellektuelle Anschauung）」なのだが、その「本来の感官」は「美的」感官であり、「芸術哲学」こそが「哲学の真のオルガノン」（Ibid. S. 19）[27]だということになる。

Ⅱ　「第一主篇　超越論的観念論の原理について」のなかで、シェリングは「あらゆる知は或る客観的なものと主観的なものとの一致に依拠している」という考えを繰り返したあと、「われわれの知」のなかに「一つの体系」が存在するということは「仮定」（Ibid. S. 21）として認められるのだと主張する。そしてもし「知の或る体系」が存在するなら、その「原理」は「知それ自身の内部に」存しているのでなければならない。かくしてわれわれは、「あらゆる知の最高原理」もしくは「知の絶対的原理」（Ibid. S. 22）へと駆り立てられるのだということになる。ところで「われわれにとって」は「最初の知」というものが存在する。それは疑問の余地なく「われわれ自身についての知」すなわち「自己意識」であり、「自己意識」が「われわれにとっては一切がそれに結合しているところの確たる点」だということは、「いかなる証明も必要としない」（Ibid. S. 23）のだという。曰く、「それによって私の知のうちにあるすべてが規定されるところのものは、疑いもなく、私自身についての知である」（Ibid. S. 25）。

シェリングは「哲学の原理」とは「内容が形式によって、そして同様に形式が内容によって、制約されているようなもの」(Ibid., S. 27) だというフィヒテに類似した考えを呈示したあと、「最高原理の演繹」に向かう――もっともそれは「原理をより高い或る原理から導出すること」ではありえないのだが。そしてこのような演繹は様々な仕方で遂行されうると述べつつ、シェリングが選ぶのは「最も容易であることによって、同時に最も直接的に原理の真の意味をわれわれに見させてくれるようなもの」(Ibid., S. 29) である。

まず、「私が無条件的に知る」のは「その知が客観的なものによってではなく、主観的なものによってのみ制約されているもの」であり、それは「同一律」のなかで表現されているような知のみである。なぜなら「A＝A」のなかでは「主語Aの内容」がまったく「捨象」されているからである。けれどもあらゆる「知」においては「或る客観的なもの」が「主観的なものと出会う (zusammentreffend)」ものとして思惟されていたのであった。しかし「A＝A」という命題のうちにこのような「出会い」はない。そして主語と述語が「思惟の同一性」によってのみならず、「何か思惟に疎遠なもの」によって媒介されているような命題は「綜合的」である。しかるに「綜合的諸命題」は「無条件的」(Ibid., S. 30) ではない。そしてこのような「矛盾」が解決されるのは、「同一的なものと綜合的なものとが一であるような何らかの点」(Ibid., S. 31) が見出されることによってのみである――それは「自己意識」(Ibid., S. 32) においてのみ見出されるのである。

ちなみに「私は思惟する」は「すべての表象に伴うもの」だが、あらゆる表象から解放されるなら、成立するのは「私は思惟する」ではなく「私は有る」なのであって、後者こそが疑いもなく「より高い命題」(Ibid., S. 35) なのだという。また「無条件的 (unbedingt)」が謂うのは「端的に物 (Ding) と、事象となりえないもの」のことなのであって、このようなものはやはり「自我」のみである。

「その客観が知から独立していないような知」とは「同時に自らの客観の産出でもあるような知」(Ibid., S. 36) であり、「総じて自由に産出しつつ、そこにおいては産出するものが産出されるものと一にして同じものであるような直観」(Ibid., S. 36-7) である。そしてこのような直観をこそ、シェリングは「知的直観」と呼ぶのである。「知的直観」は「あらゆる超越論的思惟の器官《オルガン》」であり、「自我それ自身」が「一つの絶えざる知的直観」(Ibid., S. 37) である。「自我」は「自己自身に客観となる産出」にほかならないのだが、しかるにこのような「知的直観」は「絶対的に自由な行為」なのだから、それは「論証」されず、ただ「要求」されうるだけである。そもそも「自我」それ自身が、「哲学の原理」としては、ただ「要請される何か」(Ibid., S. 38) にすぎないのである。

「産出するものであるかぎりでの自我」と「産出されるものとしての自我」との「同一性」が「自我＝自我 (das *Ich* = *Ich*)」という命題のなかで表現されているのだから、この命題はけっして「同一」命題ではなく、それは一つの「綜合的」命題である。そして「自我＝自我」という命題によって「A＝A」でさえ一つの「綜合的」命題に転ずるのだという。かくしてシェリングは「同一性における根源的二重性 (eine *ursprüngliche Duplizität in der Identität*)」とか「二重性における根源的同一性の概念 (Begriff einer ursprünglichen Identität in der Duplizität)」(Ibid., S. 40) とかいった、いかにもドイツ観念論らしい表現をここで用いることになるのだが、この「原理」は同時に「理論的かつ実践的な哲学の原理」でもある。そして「理論的原理」が一つの「定理 (*Lehrsatz*)」、「実践的」原理が一つの「命令 (*Gebot*)」であるからこそ、両者の中間に位置しなければならないものが「要請 (*Postulat*)」(Ibid., S. 44) となるのだという。

Ⅲ 「第二主篇 超越論的観念論の一般的演繹」(Ibid., S. 45) では、「超越論的観念論の一般的証明」は「自己意識の作用によって、自我は自己自身に客観となる」という「先のものにおいて導出された命題」(Ibid., S. 47) からのみ遂行されるのだと述べられている。つまり、「自我」はそもそも「外的なもの」にとってではなく「自己自身にとって」のみ「客観」であるのだが、「自我は客観となる」、それゆえ「自我はもともと客観で有るのではない」のである。自我はむしろ「客観」には対置されたもので、もともとは「活動」でしかない。また「客観」の概念においては「限定されたもの」もしくは「制限されたもの」の概念が思惟されていて、「あらゆる客観的なもの」はまさしく「客観」となることによって「有限」となるのであるからには、もともと「自我」は「無限」であり、「無限な活動」である。しかしながら、このような無限な活動が自己自身にとって「客観」となること、すなわち「有限」で「限定された」ものとなることが、「自己意識の条件」なのである。つまり自我は「産出するもの」でも「産出されたもの」でもあるのであって、それは自らの産出に「限界」を措定するのでなければならない。しかるに「自我は自己に何か〔或るもの〕を対置することなしには自らの産出を限定しえない」(Ibid., S. 48) のである。

そこでシェリングは「自我はそれが限定されるかぎりでのみ自我として無限定でありえ、また逆に、それは無限定であるかぎりでのみ自我として限定される」ということを「証明」しようとする。まず「自我はそれが限定されることによってのみ自我として無限定である」ということを証明するために述べられるのは、「自我は自己自身にとってのみそれがそれで有るすべてである」のであるからには、「自我は無限である」は「それは自己自身にとって無限である」(Ibid., S. 50) を意味するのだということである。そして「自我は自己自身にとって無限である」が意味するのは、「それは自らの自己直観にとって無限である」ということである。けれども自我は「自らを直観する」ことによって、「有限」となってしまう。この「矛盾」は、自我がこの有限性において「自らに無限となる」こと、つまりは自我が自らを「無限の生成」として直観することによってのみ、解決されうるのだという。しかるに「生成」が「無限なもの」であるためには、「制限」は廃棄されるべきであり、それが「生成」であり続けるためには、制限は廃棄されてはならない。この「矛盾」を解決するのが「制限の無限の拡張」(Ibid., S. 51) という媒概念なのである。

他方、「自我はそれが無限定であることによってのみ限定される」のは、或る限界点が限界点であるのは自我がそれを越えようとすることによってでしかないからであり、「自我自身の無限の努力」こそが「自我が限定される条件」だからである。

そのうえ「制限」は「同時に実在的かつ理念的」(Ibid., S. 52) であらねばならない。「実在的」すなわち「自我から独立」しているというのは、さもなくば自我は「現実的に限定されない」からであり、「理念的」すなわち「自我に依存」しているというのは、さもなくば自我は「限定されたものとして自己自身を措定せず、直観しない」(Ibid. S. 53) からである。「超越論的観念論」は「観念的‐実在論 (*Ideal-Realismus*)」である。そしてシェリングによれば、「理論哲学」が「観念論」だとすれば「実践」哲学は「実在論」なのであって、両者併せて「超越論的観念論の完全な体系」(Ibid. S. 54) なのだという。

Ⅳ 先にも述べたように「第三主篇 超越論的観念論の諸原則にしたがった理論哲学の体系」は三つの「時期」から構成されているのだが、そのまえに、そのような自己意識の歴史を形成すべき原理についての重要な「前置き (Vorerinnerung)」がある。いま見たように、「自己意識の根源的作用」は「同時に理念的かつ実在的」(Ibid. S. 56) なのであった。「自我」とは「限定され」、限定されるがゆえに「制限」がそれには依存していないような或る〔実在的〕活動と、「限定し」、限定するがゆえに「限定されえない」ような他の〔理念的〕活動という「対置された二つの活動」があるような「一つの行為」なのである。

「意識にいたる」ということはすなわち「限定される」ということである。しかるに「限定する活動」は「意識にいたらず、客観とならない」(Ibid. S. 57)。それはあくまで「純粋主観の活動」(Ibid. S. 57-8) なのだが、しかし「自己意識の自我」は「純粋主観」ではなく「同時に主観かつ客観」である。他方、「限定される活動」は「自己意識におけるたんに客観的なもの」にすぎない。したがって「それによって自己意識の自我が成立するところの」活動とは、「両者から合成された第三の活動」だということになる。「自我」は「合成された一つの活動」であり、「自己意識」それ自身が「一つの綜合的作用」なのである。

それゆえそこには「対置された諸活動の闘い」というものがある。つまり、一方は「無限を産出しようとする傾向」であり、この方向は「外へ」と向かう。他方は「内へ、中心点としての自己へ帰行する活動」である。そして前者、「外へ向かい、その本性にしたがって無限な活動」が「自我における客観的なもの」だとすれば、後者、「自我へ帰行する」活動は「かの無限性のなかで自らを直観しようとする努力」にほかならない。「自己意識」においてはこのような「対置された諸方向の闘い」が「必然的」(Ibid., S. 58) なのであって、「自我」とは「自己自身に等しくあろうとする努力」(Ibid., S. 59) にほかならない。そのうえ「闘い」はむしろ「無限に対置されたものどもを統合することができないこと」と、それでも――もし「自己意識の同一性が廃棄されるべきでない」なら――「それをなすことの必然性」(Ibid., S. 60) とのあいだの闘いでさえある。

かくして「定立から反定立へ、そしてそこから綜合へ」の「〔不断の〕進行」が、「精神のメカニズム」(Ibid., S. 61) にもとづいているのだということになる。「自己意識」は「自我にとっては一切がそれによって措定されるような絶対的作用」であり、「絶対的自由」でさえあるのだが、それは「自我の本性の内的必然性」から出現する「絶対的必然性」でもある。しかるに「哲学者」はこのような「根源的作用」を、「直接に」ではなく、「推論」(Ibid., S. 62) によって知るよりない。そして「自己意識の一なる作用」が一連の諸行為のなかで「進化」してゆくのだとすれば、「哲学一般」はこのような「諸行為の根源的系列」の「自由な模倣、自由な反復」(Ibid., S. 64) にほかならない。「哲学」は「自己意識の歴史のなかで言わば諸時期をなす、かの諸行為」を列挙して、それらを「それらの相互連関」(Ibid., S. 65) のなかで呈示しうるにすぎないのである。

V　第三主篇の「第一期　根源的感覚から産出的直観まで」は、「自己意識の対置された諸活動が第三の活動のなかに浸透することによって、両者から或る共同的なものが成立する」という言葉から始まっている。それは「対置された無限の諸活動の産物」であるからには「有限なもの」であり、「固定された闘い」(Ibid., S. 66) もしくは「一つの均衡」である。それは「一つの実在的な非活動的なもの」あるいは「一つの非活動的な実在的なもの」と特徴づけられ、つまりは「たんなる質料 (der bloße Stoff)」である。またそれは「持続しない」(Ibid., S. 67)、なぜなら「共同的なものの持続」は「〔一方が限定されえない〕両活動の競合」(Ibid., S. 68) によって制約されているからである。ところで自我は「同時に直観し、かつ直観するものとして自らを直観する」ことができないので、「被限定有〔＝産物〕」(Ibid., S. 70) を「非我」によって措定されたものとして見出すだけ、つまりは「非我の触発」として直観するだけであるう。——「哲学者」ならこのような「感覚（Empfinden）」を、「物自体の触発」（Ibid. S. 71）によってしか説明しえないだろう。

「感覚の実在性」は「感覚されたものを自我が自己によって措定されたものとして直観しないこと」にもとづいているにすぎない。もちろん「我々」にはそれができる。しかし「自我という我々の客観」には、それが「自我によって措定されていること」（Ibid. S. 73）が、見えないのである。ゆえにここには「所動」の概念しか思惟されず、現段階では「自我」は、「自己自身にとって」は「感覚されたもの」でしかない。それが「感覚するもの」であるのは、「哲学する我々にとって」ではなく、「我々にとって」のみのことである。そのうえ「自我」と「物自体」の対立が措定されるのも、「自我自身にとって」ではなく、「我々にとって」のみである。そこで「課題」とは、「如何にしていままでたんに感覚されたものにすぎなかった自我が、同時に感覚するものかつ感覚されたものとなるか」（Ibid. S. 79）だということになる。

「自己自身にとって感覚するものであるため」には、「自我（理念的な）」が先の「受動性」を「自らのうちに措定」し、そのかぎりでは「限界を越えゆく」のでなければならない、つまりは「異他的なもの」を「自己（理念的なもの）のうちに取り込む」（Ibid. S. 80）のでなければならない。しかるに「限界が理念的活動のうちに落ちるべき」ということが意味するのは、「限界が限界の彼方に落ちるべき」ということである。そしてこのような「矛盾」を解決するのが「規定すること（*Bestimmen*）」なのであって、「私が規定すべきもの」は「私から独立して現存する」が、しかしそれは「私がそれを規定する」ことによってふたたび「私に依存するもの」（Ibid. S. 82）となるのである。このような行為は「一つの産出」であり、「この産出の質料」は「根源的受動性」（Ibid. S. 83）である。かくして自我は「自己自身にとって、感覚するもの」となる。またそれとともに自我は「感覚されたもの」であることをやめる。「導出された行為」は「産出すること（*Produzieren*）」であり、さきほど「哲学者にとって」だけ措定されていた「自我と物自体とのあいだの対立」もまた、「自我自身にとって」も「演繹」（Ibid. S. 84）されたのである——ちなみにシェリングによれば、「物自体」とは「理念的な、限界を越えていった活動の影」にすぎず、「自我の一産物」（Ibid. S. 89）でしかない。そして「理念的活動」が「物自体」になったのと同様に、「実在的」活動は「自我自体（das *Ich an sich*）」（Ibid., S. 90）となる。

ところでこのような「産出的直観」は「知性への自我の第一歩」（Ibid., S. 94）だとシェリングは述べている。しかしながら「知性のあらゆる産出」は「限定不可能な理念的活動と妨げられた（＝限定された）実在的活動とのあいだの矛盾」に依拠しているのだから、「産出」のなかには「一つの前進的な原理」が措定されることとなり、「あらゆる産出」は一時的には「有限」であるかもしれないが、「このような産出」によって「成立したもの」は、「新たなる矛盾の条件」を与えることとなってしまって、矛盾は「新たなる産出」へと移行する、等々のことが「無限に」生じるであろう。かくしてわれわれは「産出的直観」とともに、「感覚」においてと同じ「矛盾」（Ibid., S. 98）のなかに巻き込まれてしまうのだということになる。

なおシェリングは「自我」と「物自体」とのあいだにある「第三者」を「かの物の現出（Erscheinung）」（Ibid., S. 102）と呼びつつ、「物質の演繹」（Ibid., S. 108）――たとえば「物質の三つの次元の演繹」（Ibid., S. 112）とか、「磁気」（Ibid., S. 113）、「電気」（Ibid., S. 114）、「化学的過程」（Ibid., S. 116）等々の演繹――に進んでゆくのだが、それについては本章の趣旨に鑑みて、もう詳述する必要もなかろう。

Ⅵ　「第二期　産出的直観から反省まで」のなかでは、「自我」は「産出するもの」であることによってまだ「産出すること」に束縛され、ために「産出」は「完全に盲目的で無意識的」なものなのだと述べられている。それゆえ「如何にして自我は自己自身を産出的なものとして認識するか」という問いは、「如何にして自我は自己自身を自らの産出から引き離し、産出を越えゆくにいたるか」という問いと「同義」（Ibid., S. 122）なのだという。

つまり先ほども見たように、ひとたび自我が「産出的」となってしまったなら、われわれは（根源的感覚においてのように）自我が自らを「単純な活動」（Ibid., S. 123）として直観することを、断念しなければならない。しかるに自我が自己自身を「産出的なもの」として直観すべきであるなら、自我は必然的に「それが非産出的であるかぎりでの自己自身から、同時に自らを区別する」のでなければならない。したがって自我はそれが「産出的」であるかぎりは「合成された活動」であり、逆に「自我において産出しないもの」が「単純な活動」として「産出的なもの」に「対置」されるのでなければならないのだということになる。そして「産出的」な活動とこの「単純な活動」とは、互いに対置され合うためにこそ、同時にふたたび「より高次の或る概念」のなかで調和するのでなければならない。そして「第三の活動」(Ibid., S. 124) もまた必然的に「単純(=対置されたものどもを結ぶかぎりで一)」(Ibid., S. 124-5) なのである。

「単純な直観的活動」は「自我自身」のみを、そして「合成された」活動は「自我」と「物」とを同時に「客観」とする。そのようなものとは「内的直観」と「外的直観」もしくは「内」官と「外官」(Ibid., S. 126) である。「外官と内官」(Ibid., S. 126-7) は、もともとは「同一」であり、「外官」が必然的に「内」官でもあるのに対し、「内」官は必ずしも「外」官ではない。ゆえに「外官と内官を関係づけるもの」はふたたび「内官」(Ibid., S. 127) である。そして「それによって内官が客観となる直観」が「時間」だとすれば、「それによって外官が客観となる直観」は「空間」(Ibid., S. 134) なのである。

「客観」において「実体」であるものは「空間における或る大きさ」のみを持ち、「偶有性」であるものは「時間における或る大きさ」(Ibid., S. 136) のみを持つ。そして「継起」は「因果性の関わり合い」において「必然的」(Ibid., S. 138) なものとなり、かつまた「因果性の関わり合い」はそもそも「相互作用」(Ibid., S. 142) がなければ構築しえない。かくしてシェリングは「関係の諸カテゴリーの完全な演繹」(Ibid., S. 144) を試みるのであるが、先に述べたように、それについては本項の(b)で主題的に取り扱う。

「継起」における「知性の自己直観」は「相互作用」によって演繹されるのだが、しかし「相互作用」はこれまでまだ「相対的」なものにすぎず、「諸表象の継起全体の直観」(Ibid., S. 156) として概念的に把握されていないのだとシェリングは付け加える。つまり、これまでは「知性」と「継起」は「一(一体)」だったのだが、今度は継起のうちに自らを直観するために、知性は継起を自らに「対置」するのでなければならない。そのためには知性は、継起を

「〔無際限に伸長するのではなく〕自己自身のうちへ走り帰るもの（zurücklaufend）」として直観せねばならない。しかるにそのような「産物」とは「有機的自然」（Ibid., S. 157）である。「有機組織」とは「限界のなかに閉じ込められた、そして固定したものとして表象された継起」である――かくして「有機的自然の演繹」（Ibid., S. 158）が遂行されるのである。[28]

「直観の三つのポテンツ〔勢位、累乗〕」とは、「感覚」によって措定された「質料」、「産出的直観」によって措定された「物質」、最後に「有機組織」（Ibid., S. 163）であった。そしてシェリングは、「いまわれわれによって要請されているかの系列の諸行為」が「反省一般の圏域」に属していることは、あらかじめ知ることができるのだと述べている。われわれは「反省の時期（Epoche）」（Ibid., S. 169）へと駆り立てられているのである。

Ⅶ　「第三期　反省から絶対的意志作用まで」では、「いまや〔…〕綜合的諸行為の円環が閉じられ、先行する諸演繹によって完全に汲み尽くされている」（Ibid., S. 172）のだから、「反省の立脚点」は「分析の立脚点と同一」だと述べられている。そして「行為を産出されたものから隔離すること」は、通常の語法では「抽象」と謂われる。知性がその行為とは異なるものでないかぎり、そのような行為についての「意識」は可能ではないだろう。「抽象」によって知性は「自らの産出とは異なる何か」になり、この何かがいまや「産出されたもの」（Ibid., S. 173）として現出することができるのである。

われわれが「行為としての行為」を「成立したもの」から隔離するとき、われわれに成立するのは「概念」（Ibid., S. 174）だとシェリングは述べている。「概念」と「客観」は、もともとは「一致」している。したがって「両者の分離」には「或る特殊な行為」が必要であり、その行為とは「判断」である。「判断」においては「概念」が「概念」と比較されるのではなく、「概念」は「直観」（Ibid., S. 175）と比較されるのである。また「概念」が「それにしたがって客観一般が構築される規則」だとすれば、「客観」は「規則それ自身の表現」である。そして「規則それ自身」が「客観」として直観され、「客観」が「構築一般の規則」として直観されるような行為は「図式制（*Schematis-*

mus)」(Ibid., S. 176) と呼ばれる。

次いでシェリングは「諸カテゴリー」をも「直観」(Ibid., S. 181) との関係で考察しようとし、「関係」のカテゴリーを「根源的な」カテゴリーとして「導出」(Ibid., S. 182) しうると言明したあとで、「諸カテゴリーのメカニズム全体」を「導出」(Ibid., S. 185) すべく努め、じっさいに「関係のそれ」(Ibid., S. 187) のみならず、「量のクラス」の「一性」や「多性」(Ibid., S. 189)、「質の諸カテゴリー」(Ibid., S. 190) を主題化したあと、「可能性のカテゴリー」、「現実性のカテゴリー」、「必然性の概念」(Ibid., S. 194) にも言及するのだが、それについては(b)で扱うことにしよう。シェリングによれば、「可能性、現実性、必然性の諸概念」は「最高の反省作用」によって成立するので、それらは必然的に「それとともに理論哲学の丸天井《ヴォールト》全体が閉じられる諸概念」である。かくしてこれらの諸概念はすでに「理論哲学の実践哲学への移行」(Ibid., S. 195) のうえに立っているのだが、われわれには『超越論的観念論の体系』のそれ以上の進展を追ってゆくことができない。ここでは次に諸カテゴリーの演繹の具体的展開を見てゆくことにしよう。

(b) 諸カテゴリーの明示的演繹

いままでの言及からもすでに察せられることでもあろうが、フィヒテの『基礎』に比べても、シェリングの『超越論的観念論の体系』は、明白な意図のもとに、カントが『純粋理性批判』で呈示したすべてのカテゴリーを演繹しようとしている。以下われわれは、同書のカテゴリー論が集中的に考察されていると思われる第三主篇第二期解決Ⅲ〔若干の補足を同期解決Ⅳと「第二期に関する一般的註記」からおこなう〕、次いで同主篇第三期Ⅱ、Ⅲ、Ⅳの順に見てゆき、最後に、とりわけフィヒテの演繹との相違等々に着目しつつ、われわれの側から若干の検討を加えておくことにしたい。

Ⅰ　第三主篇第二期解決Ⅲは、「空間」は「客観となる外官」、「時間」は「客観となる内官」(Ibid., S. 135) であるという、すでにⅡで導き出されていた主張を反復しつつ、関係の諸カテゴリーを演繹しようと試みる。すなわち、まず「客観」において「内官」に対応するものとは「偶有的なもの」であり、「外官」に対応するのは「実体的なもの」である。「客観」は「同時に実体かつ偶有性」なのだが、しかし「自我」において「空間と時間」が、また「客観」において「実体と偶有性」が「区別」されるのは、まだ「哲学する我々にとって」(Ibid., S. 136)のことでしかなく、それゆえにこそ「如何にして自我自身にも空間と時間が、またそれによって実体と偶有性が、区別可能となるか」(Ibid., S. 137)が問われるのである。

研究を容易にするために、シェリングはここで「因果性の関わり合いの演繹」に着手する。なぜなら彼によれば、そこからは――すでに引いた言葉だが――「如何にして超越論的観念論において諸カテゴリーが演繹されるのか」、その仕方へと、他からよりいっそう容易に入り込めるからだという。そして彼は「因果性の関わり合い」を、「そのもとでのみ自我が現在の客観を客観として承認しうるところの必要条件」として「演繹」しようとする。すなわち、「因果性の関わり合いにおける継起」は「必然的なもの」なのであって、もともと「諸表象」のなかでは「恣意的な継起」(Ibid., S. 138)など考えられない。「すべてのカテゴリー」は「それによって客観それ自身が我々に初めて成立するような行為の仕方」なのだが、もし「因果性の関わり合い」がなければ、「知性(＝現段階で哲学者の観察する自我)にとっていかなる客観も存在しない」ことだろう。それゆえこの「関わり合い」は「諸客観から不可分」である――ただし「継起が客観的なものである」ということが観念論的に意味するのは、その根拠が「私の自由で意識的な思惟」のうちにではなく、「私の無意識的な産出」(Ibid., S. 139)のうちに存しているということにすぎないのだが。

たとえば二つの客観BとCがあるとする。各々はそれが「実体」であるかぎりは「固定された時間」であり、時間のなかに相互継起がある場合には「時間のなかで執存するもの(das in der Zeit Beharrende)」である。したがって「実体」は「生起」も「消滅」もしえない。それゆえ「後続する客観」の「偶有的なもの」のみが「先行する客観」によって規定されえ、逆もまた然りということになる。そしてBがCにおける「偶有的なもの」を規定することによって、客観において「実体」と「偶有性」が分離される。「実体」は執存するが「偶有性」は変化し、「空間」が安らうのに対して「時間」は流れる。それゆえ両者は「自我」には分離されたものとして「客観」となり、この段階では自我は「諸表象の非恣意的〔＝必然的〕な継起」の状態に置かれることになる。しかしながら「Bの偶有的なものがCにおける偶有的なものの根拠を含む」ということは「我々に」(Ibid., S. 140) のみ知られることなのであって、「知性自身」(Ibid., S. 140-1) には、BとCが「一にして同じ行為のなかで対置される」ことがなければ、それは「不可能」である。なぜならBはCによって「意識」から「押しのけられて」しまうからである。そして「実体」が「固定された時間」であり、いまや「時間」が「固定」されず「流れる」かぎりは、「実体」もまた「とどまりえない」。

それにもかかわらず、もし「CとBのあいだの対置」が可能であるべきなら、「諸実体」は「とどまる」のでなければならない。そしてこのことは「継起」のうちに「対置された諸方向」(Ibid., S. 142) が現れることによってしか可能ではない。そのことによってのみ「継起」が「固定」され、「諸実体」もまた固定されることになるだろう。かくして「CがBによって規定される一にして同じ不可分の瞬間」において、「BもまたCによって規定される」のでなければならないのだということになる――言うまでもなく、いま「導出」されたのは「相互作用の関わり合い」である。そもそも「因果性の関わり合い」は「相互作用」なしには構築しえない。なぜなら「諸実体」が「関わり合いの諸基体」として相互によって「固定」されなければ、「原因への結果の関係」は可能でなく、そして「因果性の関わり合い」が「相互的なもの」でなければ、諸実体は「固定」(Ibid., S. 142) されえないからである。

「相互作用」によって「継起」が固定され、それは「現在」となる。そしてそのことによって「実体と偶有性の同時有」が「客観」のうちにふたたび復元され、BとCは両者とも「同時に原因かつ結果」となる。つまり各々は「原因」としては「実体」であり、「結果」としては「偶有性」なのである。まただからこそ「相互作用」によって「実体」と「偶有性」とがふたたび「綜合的に統合」されたのだということにもなる。「自我にとって」は「客観を客観として承認する可能性」は、それゆえ、「継起と相互作用との必然性」によって「制約」されているのである――もっともシェリング自身の言により、BとCが「この瞬間のそとでも同時である」ということは、「まだ導出されていない」のだが。

「相互作用」と同時に「共存（Koexistenz）」の概念もまた「導出」される。「諸実体」は「共存と異なるもの」ではなく、「共存」とは「諸実体の相互的固定」（Ibid., S. 143）にほかならない。「空間」は「相互作用のカテゴリー」によって初めて「共存の形式」となるのであって、「実体のカテゴリー」においては、それは「延長性の形式」にすぎない。「空間」もまた「知性の一行為」にほかならないのである。

これまでの諸研究が含んでいるのは、「関係の諸カテゴリーの完全な演繹」（Ibid., S. 144）と、また――シェリングによれば、もともとは関係の諸カテゴリーしか存在しないので――「すべての諸カテゴリーの演繹」とであるのだが、しかし後者に関するかぎり、それらは「後続する時期」において初めて「説明」されうるのであるからには、それは「知性それ自身にとって」のことではなく、「哲学者にとって」のことでしかないのだという。いずれにせよ「カントにおけるカテゴリー表」を考察するなら、つねに「各々のクラスの最初の二つ」は「対置」され、「第三のもの」が「両者の統合」だということが見出される。たとえば「実体と偶有性の関わり合い」によっては「ただ一つの客観」が規定され、「原因と結果の関わり合い」によって「多くの諸客観」が規定されるのだが、それらは「相互作用」によってふたたび「一なる客観」へと統合される。さらには「最初の二つのカテゴリー」が「ただ理念的にすぎないファクター」であるのに対し、「第三」のみが「実在的なもの」なのだという。「相互性のカテゴリー」は「それによって初めて自我にとって客観が、同時に実体と偶有性、かつ原因と結果となるところのもの」なのである。

「因果性の関わり合い」がそれとして承認されうるのは、そこに含まれる「両実体」がふたたび「一なる」実体へと結合されるかぎりにおいてのことでしかないのだとシェリングは述べている。かくして「綜合」は、「すべての諸実体」が「自己自身とのみ相互作用のうちにある一なる実体」へと結合されるような「自然」（Ibid., S. 145）の理念にまで進んでゆく。ちなみにシュネルによれば、「世界におけるすべての諸実体の共存を可能にするもの」を説明するのは「第Ⅳと第Ⅴの解決の対象」（Schnell, p. 180）となるとのことであり、現にシェリングは解決Ⅳのなかで「有機的自然」(STI. S. 157)を演繹したあと、たとえばこう述べているのである。「すべての諸実体の同時有は、すべての諸実体を、自己自身との永遠の相互作用のうちにのみ把握される一なる実体へと変貌させる。これは絶対的な有機組織である。ゆえに有機組織は相互作用のカテゴリーのより高次のポテンツなのであって、相互作用のカテゴリーは、一般的に思惟されるなら、自然もしくは一般的有機組織の概念へと導く。この一般的有機組織への関連では、すべての個別的有機組織は、それら自身ふたたび諸偶有性なのである」(Ibid. S. 163)。

また「第二期に関する一般的註記」のなかで、シェリングは「あらゆる知の根本諸カテゴリー」とはすなわち「関係のそれら」(Ibid. S. 172)だと述べているのだが、そのことは「第三期」において、いっそう明示的に示されることとなろう。

Ⅱ 第三期Ⅱは、「概念」と「直観」との関係について問いつつ、「根源的な図式制」や「超越論的抽象」、また「概念なき直観」や「直観なき概念」について語ったあと、もし「諸カテゴリー」から「直観」が剥ぎ取られるなら、残るのは「論理的概念」と呼ばれる「たんなる純粋規定性」だと言明する。それゆえもし哲学者が「反省もしくは分析の立脚点」のうえにのみ立つなら、彼は諸カテゴリーを「たんに形式的な諸概念」として、「論理学」から演繹しうるのみだろう。しかしながら「超越論的哲学」が「論理学からの抽象物」であるどころか、むしろ「論理学」こそが「超越論的哲学」から「抽象」されねばならないのみならず、「直観の図式制」から切り離されるなら、諸カテゴリーはもはや「実在的諸概念」ではないのだとシェリングは述べる。逆に諸カテゴリーは、直観と結びつくと、むしろ「現実的な直観諸形式」なのである。

そのうえこのような「〔論理学からの諸カテゴリーの〕導出」は、「諸カテゴリーのメカニズム」(Ibid. S. 181)を明らかにしえない。たとえば「力学的諸カテゴリー」(Ibid. S. 181-2)の各々がその「相関者」を持つのに「数学的」諸カテゴリーにおいてそうでないのは、「力学的諸カテゴリー」においては「内官と外官」がまだ「分離されていない」のに対し、「数学的」諸カテゴリーでは一方〔=量の〕が「内官」にのみ属し、他方〔=質の〕は「外官」にのみ属しているからである（が、しかしこのことはたんなる論理学からの導出では明らかにならない）。同様に、「各々のクラス」において「三つのカテゴリー」があり、その「最初の二つ」が「対置」され、「第三」が「両者の綜合」だということは、「諸カテゴリーの一般的メカニズム」が「反省の立脚点」からはもはや観取されない「或る高次の対立」に依拠していることを、証明しているのだという。そしてこの対立が「すべてのカテゴリー」を貫き、すべての根底に存するのが「一なる類型」であるからには、疑いもなく「一なるカテゴリー」のみが存在し、また「直観の根源的メカニズム」からは「関係の一なるカテゴリー」のみが導出されえたのであるからには、関係のカテゴリーこそがこの「一なる根源的」カテゴリーだということが予期されうる。さらにはもし「反省の以前もしくは彼方」には「客観」は「数学的諸カテゴリー」によっては規定されず、むしろ数学的諸カテゴリーによって規定されるのは「主観」のみだということ、反対に「客観」は「反省」が向けられることがなくてもすでに「最初の直観」において「実体と偶有性」として規定されなければならないことが証明されうるなら、そこから帰結するのは、「数学的諸カテゴリー」は「力学的」諸カテゴリーに「従属する」、もしくは後者が前者に「先行する」(Ibid. S. 182) ということである。

また「直観の根源的なメカニズム」においては「最初の二つのカテゴリー（＝実体性と因果性）」は「第三のもの（＝相互作用）」によってのみ現れていたのだが、しかるに「数学的諸カテゴリーの第三のもの」はつねにすでに「相互作用」を前提としている——たとえば「諸客観の全性（Allheit）」は「諸客観の一般的な相互的前提」を思惟することなしには考えられないのだし、また「個別的客観の制限（Limitation）」は「互いによって相互的に制限された諸客観」を思惟することなしには考えられない。それゆえ「諸カテゴリーの四つのクラス」のうち、「力学的」諸カテゴリーのみが「根源的」なものとして残り、さらにはもしのちに「様相の諸カテゴリー」もまた「関係のそれら」と同じほど根源的には「諸カテゴリー」ではありえないことが示されうるなら、「唯一の根本諸カテゴリー」として残るのは「関係のそれら」のみである。ところで「直観の根源的メカニズム」においては現実に、各々の客観は「実体と偶有性」として現れるが、しかしいかなる客観も「可能的もしくは不可能的」として現れることはない。シェリングによれば、いままでまだまったく「導出」されていない「最高の反省作用」によって初めて「可能的、現実的、必然的なものとして」諸客観が現出するのであって、なるほど「最高の反省作用」に関しては「様相の諸カテゴリー」が「最高の」諸カテゴリーと謂われるかもしれないが、しかしそれらは「最初の直観において根源的に現れる諸カテゴリー」(Ibid., S. 183) ではないのである。

Ⅲ　同様に第三期Ⅲでは、「一方で純粋諸概念に対する、他方では純粋直観もしくは空間に対する時間のこの関わり合いから、諸カテゴリーのメカニズム全体が導出されなければならない」(Ibid., S. 185) と述べたあと、じっさいにシェリングは「諸カテゴリーのメカニズム全体」を「完全に」解明しようとする。

「残りすべての根底に横たわる最初のカテゴリー」とは、すでに見たように「関係のそれ」であり、それは「直観の唯一のカテゴリー」であるのだから、それのみが「外官と内官をまだ統合されたものとして表象」(Ibid., S. 187) しようとする。「実体と偶有性」は「内官と外官の最初の綜合」(Ibid., S. 187-8) を表記するのだが、実体の概念や偶有性の概念から「超越論的図式制」が取り除かれると、「主語と述語というたんに論理的な概念」しか残らず、逆に両者から「あらゆる概念」を除去するなら、「実体」は「純粋延長性」もしくは「空間」として、「偶有性」は「純粋限界(＝延長性の反対)」もしくは「時間」としてのみ残る。しかるに「論理的主語」や「論理的述語」といった「没直観的」な諸概念が「実体」や「偶有性」になるのは、両者に「時間の規定」が付け加わることによってなのだが、そのことは「第二のカテゴリー(＝因果性)」によって初めておこなわれる。なぜなら第二カテゴリーによって初めて「内官」だったものが「自我にとって」も「時間」となり、「第一カテゴリー一般」は「第二」カテゴリーによって初めて「直観可能」となるからである。すでに見たように、「実体」は「時間のなかで執存するもの」として直観されることによってのみ「直観」しうるようになるのだが、そのためには「因果性の関わり合いの継起」が必要であり、また時間のなかで「何らかの継起」が生ずることは、「実体」という「空間のなかで執存するもの」との対立のなかでのみ直観可能となる。それゆえ両カテゴリーは「相互作用」においてのみ可能なのであった。

以上の導出から、「残りすべての諸カテゴリーのメカニズム」がそこから把握しうるようになるような、「二つの命題」(Ibid. S. 188)が抽出されるのだという。すなわち、(一)「最初の二つのカテゴリーのあいだで生ずる対立は、もともと空間と時間のあいだで生ずるのと同じ対立である」(Ibid. S. 188-9)。そして(二)「各々のクラスにおける第二のカテゴリーは、それが第一のカテゴリーに超越論的図式を加えるがゆえにのみ、必然的である」。

そこでシェリングは、これら二つの命題を明らかにするためにのみ、まだそれとして「導出」されてもいない「数学的諸カテゴリー」に、それらを「適用」しようとする。すでに示唆されたように、数学的諸カテゴリーは「直観の諸カテゴリー」ではなく、「反省の立脚点」にもとづいてのみ成立する。しかし「反省」と同時に「外官と内官のあいだの統一」が廃棄され、そのことによって「関係の一なる根本カテゴリー」が、一方は客観において「外官」に属すものを表記し、他方は客観において「外的に直観された内官」に属すものを表記する、「対置された二つの」諸カテゴリーへと「分離」されることになる。つまり、たとえば「量のクラス」の第一たる「一性のカテゴリー」から始めるなら、「あらゆる直観」が除去されると、「論理的一性」のみが残る。そして論理的一性が直観と結びつくなら、「時間の規定」が付加される。しかるに「時間と結びついた大きさ」とは「数」である。それゆえ「(多性(Vielheit)という)第二のカテゴリー」によって初めて「時間の規定」が付け加わるのだということになる。「一性」は「数多性(Mehrheit)」によって初めて「数」(Ibid. S. 189)となるのである。「一性」は「多性」なしには「直観的」ではなく、「多性」もまた「一性」なしには直観的ではない。それゆえ両者は互いに前提し合う。要するに両者は「第三のもの(=全性)」によってのみ「共同的に可能」なのである。

「同じメカニズム」は「質の諸カテゴリー」においても示される。つまり「実在性」から「空間の直観」を取り去ると、残るは「措定(Position)一般というたんに論理的な概念」のみである。この概念をふたたび空間の直観と結びつけると「空間充実」が成立するが、しかし空間充実は「度(Grad 程度)」を持つことなしには、つまりは「時間における大きさ」を持つことなしには直観しえない。しかるに「度」すなわち「時間による規定」は「否定」という

「第二のカテゴリー」によってのみ付け加わる――いっそう判明に言うなら、もし客観における「実在的なもの」を無制限的なものとして思惟するのであれば、「強度(内包量)」は「延長性(外延量)」とは反比例するので、残るは「あらゆる強度を欠いた無限の延長性」すなわち「絶対空間」のみである。反対に「否定」を無制限的なものとして思惟するなら、残るは「延長性なき無限の強度」すなわち「点」あるいは「たんに内官であるかぎりでの内官」である。つまり「第一のカテゴリー」から「第二の」カテゴリーを取り去るなら「絶対空間」が残り、「第二」から「第一」を取り去るなら「絶対時間」(Ibid. S. 190)が残るのだということになる。

Ⅳ 第三期Ⅳでは、理論哲学から実践哲学への移行の過程のなかで、Ⅲでもまだ未導出とみなされていた数学的諸カテゴリーや、力学的諸カテゴリーのなかでも様相の諸カテゴリーが、おそらくは導出される――自我自身にとって成立する。すなわち、一般に「知性」の「反省」は、あるいは「客観」に向けられて「すでに導出」された「直観のカテゴリー」すなわち「関係」のそれを「成立」(Ibid. S. 193-4)させるか、あるいは「自己自身」に向けられるかだが、もし知性が「同時に反省し、かつ直観する(zugleich reflektierend und *anschauend*)」のであれば、知性には「量のカテゴリー」が「成立」し、またもし知性が「同時に反省し、かつ感覚する(zugleich reflektierend und *empfindend*)」のであれば、知性には「質のカテゴリー」が「成立」するのだとシェリングは主張する。

最後に知性は、それが「同時に理念的かつ実在的な活動」であるかぎりで、「最高の反省作用」によって「同時に客観と自己と」を反省する。そしてもし知性が同時に「客観」と「実在的な(自由な)活動としての自己」とを反省するのであれば、知性には「可能性のカテゴリー」が「成立」し、同時に「客観」と「理念的な(限定された)活動であるかぎりでの自己」とを反省するのであれば、知性には「現実性のカテゴリー」が「成立」する。ここでも「第二のカテゴリー」によって「第一の」カテゴリーには――この場合「現在的」という――「時間の規定」が付け加わるのだが、「時間の或る特定の瞬間」のうちで措定される客観が「現実的」だとすれば、「時間一般」のうちで措定されるものが「可能的」である。そして「あらゆる時間のうちに措定されるもの」が「必然的」なのである。

このクラスの諸カテゴリーの「否定的相関者」は、本当は「関係の相関者」のような「相関者」ではなく、むしろ「肯定的なもの」に対して「矛盾的に-対置されたもの」でしかなく、それらは「現実的な諸カテゴリー」(Ibid. S. 194)ではない。そして本項(a)でも触れたように、「可能性、現実性、必然性の諸概念」は「最高の反省作用」によって成立するのであるからには、それらは必然的に「それとともに理論哲学の丸天井《ヴォールト》全体が閉じられる諸概念」なのであって、これらの諸概念はすでに「理論哲学の実践哲学への移行」のうえに立っているのだということが、すでに読者には「予見」(Ibid. S. 195)されているのだという。

V　それでは先に予告しておいたように、『超越論的観念論の体系』における以上のような「諸カテゴリー」の「演繹」に関して、幾つかの疑問を呈しておくことにしよう。

まず、「関係」の諸カテゴリーの特権視は、フィヒテにおいてと同様、あるいはそれ以上に明示的に、シェリングにおいても指摘されうるところではあろうが、しかしフィヒテにおいてはまず「質」の諸カテゴリーが——それがじつは「量」の諸カテゴリーではないかという問題はさておき——演繹されていた。しかしながら、同じような演繹は、じつはシェリングにおいても可能だったのではないだろうか。つまり、「第三主篇　超越論的観念論の諸原則にしたがった理論哲学の体系」において、「自我」とは「限定され」、限定されるがゆえに「制限」がそれには依存していないような或る〔実在的〕活動と、「限定し」、限定するがゆえに「限定されえない」ような他の〔理念的〕活動という「対置された二つの活動」があるような「一つの行為」だと、また「それによって自己意識の自我が成立するところの」活動とは「両者から合成された第三の活動」なのであって、「自我」は「合成された一つの活動」であり、「自己意識」それ自身が「綜合的作用」だと言われていた。また第三主篇の「第一期　根源的感覚から産出的直観まで」の冒頭では、「自己意識の対置された諸活動が第三の活動のなかに浸透することによって、両者から或る共同的なものが成立する」が、それは「対置された無限の諸活動の産物」であるからには「有限なもの」だとも言われていた。このような条件下、ただちにそこからわれわれが「実在性」、「否定」、「制限」の諸カテゴリーを演繹する、もしくは直接的に読み取ることは、不可能だったのだろうか。

第二にそれとも関連して、「知性」が「同時に反省し、かつ感覚する（zugleich reflektierend und *empfindend*）」のであれば、知性には「質のカテゴリー」が「成立」するのだと言われていた。しかしそれは「実在性」、「否定」、「制限」に対するあまりにも狭い捉え方ではないだろうか。はたして「質」の諸カテゴリーを考察するとき、「感覚する」ことはその「成立」のための必須条件であろうか。たとえば感覚しても感覚されない自我には、「実在性」は認められないのだろうか。

第三に、フィヒテが「実体」を「持続するもの（das *Dauernde*）」としてではなく「全包括的なもの」として捉えようとしていたのとはちょうど反対に、シェリングは「実体」をまずもって「固定された時間」や「時間のなかで執存するもの（das in der Zeit Beharrende）」として、あるいは「とどまる」ものとして把捉しようとする。もちろんそれぞれの哲学者が自ら用いる諸カテゴリーをどのように定義するのかは、その哲学者の思索の自由に委ねられているという面も、否定できないのかもしれない。しかしながら、たとえばシェリングにおいては「執存するもの」としての「実体」は、「因果性」や「相互作用」の演繹においてもきわめて重要な役割を果たしている――われわれが言いたいのは、諸カテゴリーの「演繹」は、それらをどのように定義するかによって、その手順や順序がまったく異なってしまって、結局はそこに演繹の道筋の必然性に対して、異論の余地を残すことになってしまうのではないか、ということである。

第四に、関係の諸カテゴリーの演繹において、すでに「実体〔単数〕」と「諸実体〔複数〕」の区別がなされていた。しかし、そのような区別はすでに「量」のカテゴリーの使用を、要請してはいなかっただろうか。あるいは少なくとも「実体」や「諸実体」、また「すべての諸実体」が「自己自身とのみ相互作用のうちにある一なる実体」へと結合されるような「自然」について語られるとき、そこから直接的に「一性」、「多性」、「全性」のカテゴリーを導出ないし読解することは、できなかったのだろうか。

第五に、シェリング自身は「多性」と「一性」は互いに前提し合い、両者は「第三のもの（＝全性）」によってのみ「共同的に可能」だと考えてはいるのだが、しかしそのような考えからは、「多性」を超越するような「一性」は考えられなくなってしまう。また「全性」とは本当に「多性」と「一性」を「共同的に可能」にするような「第三のもの」なのだろうか――つまり、〈一なる‐全体〉というような考えは、そもそも原初的には成り立ちえないのだろうか。最後に、カント的な意味での「諸カテゴリー」というものが導出され始めた時点で、すでに「必然性」や「可能性（の条件）」、あるいはそれらとの対比で「現実性」といった「様相」の諸カテゴリーが、機能していなければならないはずではなかったのか。つまり「様相」の諸カテゴリーは演繹の順序から言って他の諸カテゴリーと、少なくとも同時的には「成立」していなければならなかったのではないだろうか――つまり、そうでなければ、たとえば「関係の諸カテゴリー」は「知性それ自身にとって」、けっして「諸カテゴリー」として「成立」することさえできなかったのではないか。

われわれは偉大な先達たちの言葉尻を捉えて、批判のための批判をおこないたいと考えているわけではない。われわれがつねに疑問に思っているのは、哲学者たちの諸思想が、ここでは彼らの用いる諸カテゴリーが、それほど必然的に導出ないし演繹されうるものなのかということ、それだけである。そしてわれわれは同じ問題意識を、ヘーゲル論理学に対してもぶつけなければならないことになろう。けだしシェリングの諸カテゴリー演繹は、フィヒテの直接読解的な「演繹」というよりは、むしろ或る事象が成り立つための前提条件を遡行的に問うがごとき「演繹」なのであって、それは哲学の歴史のなかで取り上げられてきたすべての諸カテゴリーを網羅するかのごとき容貌を呈する「純粋思惟諸規定」についてのヘーゲル的な論証派生的・必然要請的な「演繹」への、漸次的移行を示していると考えることができるからである。

第二節　ヘーゲル『論理学』の場合

「カントはただ物語しか知らないとヘーゲルは見る」(Stekeler (1), S. 796) とシュテケラーは述べている。「カントにおいて歩み現れるよりはるかに多くの言明諸形式と言明諸様態がある」(Ibid., S. 798)。そのうえテイラーによれば、「カントにとって諸カテゴリーが有限なのは、それらが主観的だからだが、ヘーゲルにとってそれらが有限なのは、それらが部分的だから」である。「それらはそれらの位置を過程全体のなかに有していて、各々はその順番になると、没落せねばならない」(Taylor, p. 301)。もちろんそれには、シモン (J. Simon) も言うように、「ヘーゲル論理学におけるそのつど次なるカテゴリーは「先行するカテゴリーとは別の或るカテゴリー」であるのみならず、それは先行者の「(否定的な)《真理》」(Henrich (2), S. 66-7) でもあるという、ヘーゲル特有の事情が存してもいるであろう。しかしながらテイラーは、こうも述べているのである。「幾つかの諸概念は不可欠かつ不整合的である」(Taylor, p. 229)。「諸移行はつねに説得力があるとはかぎらず、より高いカテゴリーへの直接的な跳躍が期待されたかもしれないところで、本質的な事柄において取るべき多くの迂回がある」(Ibid., p. 231)……。

ヘーゲルに関しては「はじめに」において、われわれは『論理学』の「有論」と「本質論」のみを組上に載せ、そのなかから典型的な幾つかの問題構制を取り上げて検討する旨を述べておいた。つまり「有論」と「本質論」だけに的を絞ったのだとしても、そのすべての問題構制を扱うことは、本節の手にあまる。それゆえわれわれは、『論理学』の枠組みを用いつつ、或る一定の秩序にしたがって問題点をピックアップしてゆくことになるのだが、しかしそのさい『大論理学』の枠組みを利用するのか、それとも『小論理学』のそれに準拠するのかによって、問題設定が多少とも異なってしまうかもしれない――つまり「有論」に関するかぎり、『大論理学』の最終ヴァージョン（一八三二年）の枠組みと『小論理学』の最終ヴァージョン（一八三〇年）のそれとのあいだに大差はないのだが、しかし「本質論」に関しては、『大論理学』（一八一三年）と『小論理学』の最終ヴァージョン（一八三〇年）とでは、その大枠はともかく、すでに中枠クラスからして、両者はおおいに異なるのだと言わざるをえない。しかし両者の構造の詳細を比較検討すること自体が本節の直接目的であるわけではないので――必要に応じて両者を比較しなければならないケースも多々出て来るが――こと枠組みに関するかぎり、われわれはより後年に書かれた『小論理学』の「本質論」のそれを基準としつつ、内容に関してはもちろん『大論理学』のほうも参照するという手順で検討を進めてゆくことにしたい。

それではまず「有論」から始めることにしよう。

(1)「有論」より

『小論理学』では「有論」はまず大枠として「質」、「量」、「節度」に分かれ、「質」は「有」、「定在」、「対自有」を、「量」は「純粋量」、「定量」、「程度」を中枠として持つが、「節度」は下位区分を有さない。『大論理学』も「質」、「大きさ（量）」、「節度」を大枠とし、「質」は「有」、「定在」、「対自有」を、「大きさ（量）」は「量」、「定量」、「量的比例」を、「節度」は「種別的量」、「実在的節度」、「本質の生成」を中枠として持ち、さらに「有」は「有」、「無」、「生成」という小枠を持つ、等々のことが続く。しかしもちろん『小論理学』の「有」でも内容的には「有」、「無」、「生成」について扱われているのであって、その点では『大論理学』と大差ない。

われわれはここでは、最初の小枠たる「有‐無‐生成」からまず始め、次いで最初の中枠たる「有‐定在‐対自有」について扱い、最後に「質‐量‐節度」という大枠について検討してゆくことにしたい――このような手順を踏むことによって、『大論理学』と『小論理学』の微妙な差異を度外視しうるというだけでなく、われわれ自身の意図もより明確に示しうるであろうことを期待しつつ。

(a) 有‐無‐生成

われわれは本書第二章で、ヘーゲル論理学における「有‐無‐生成」に関しては、すでに『大論理学』を中心に取り扱ってきた。またそのさいわれわれは、「有」と「無」は本当に「生成」を導き出せるのか、また「有」と「無」の直後にくるのは「生成」ではなく「定在」でもありうるのではないか、等々の疑問も呈しておいた。そこでここではわれわれは、『小論理学』における当該箇所を、本節の問題意識に関わるかぎりで概観し、その後にまた若干の批判的コメントを加えることにしたい。

I 『小論理学』第八六節ではまずこう語られている。「純粋有が始源をなす、なぜならそれは純粋思想でも未規定的な、単純な直接的なものでもあり、しかるに最初の始源は媒介されたものやさらに規定された何ものでもありえないからである」(W8, S. 182-3)。たとえば「有」は「私＝私（Ich = Ich）」とか「絶対無差別」とか「同一性」とか規定されうるのかもしれないが、ヘーゲルによれば、これらの形式のうちにはすでに「媒介」が存し、「私＝私」や「知的直観」でさえ、たんに「最初のもの」として取られるなら、それは「この純粋な直接性」のなかでは「有」にほかならないのだという。もし「有」が「絶対者の述語」として言明されるなら、絶対者の「最初の定義」は「絶対者は有である」となろうが、しかしそれは「最も抽象的で最も貧弱な」ものである。それは「エレア派の人々の定義」だが、「神はすべての諸実在の総括である」という「周知のもの」でもある――神は「最も実在的なもの（das *Allerrealiste*）」(Ibid., p. 183) なのである。

第二章の或る註のなかでも引用したのだが、ここでヘーゲルは「論理的理念の展開」と「哲学史」との関係について、こう述べている。「〔…〕哲学の歴史のなかでも最初期の諸体系は最も抽象的で、それとともに同時に最も貧しい体系である。しかるによりあとの哲学諸体系に対するより先の哲学諸体系の関わり合いは、一般に、論理的理念のよりあとの諸段階に対するより先の諸段階の関わり合いと、同じものであり、しかも、よりあとの諸段階がより先の諸段階を止揚されたものとして自らのうちに含む、というようにしてである」(Ibid., S. 184)。それゆえ「論理学の始源」は「哲学の本来的歴史の始源」と「同じもの」であり、このような「始源」は「エレア派の」哲学、より正確には「パルメニデスの哲学」のうちに見出される。しかしながら「有としての有」は「固定して究極的なもの」ではなく、それはむしろ「弁証法的」なものとして、「その対置されたもの」すなわち「無」へと転換されるのだという。いずれにせよ「有」は「最初の純粋思想」(Ibid., p. 185) であり、それに対し「私＝私」や「絶対無差別」や「神」でさえ、それらはさしあたり「表象されたもの」でしかなく、「思惟されたもの」[29]ではないのだという。

Ⅱ　第八七節はこう続ける。「この純粋有はいまや純粋な抽象、それとともに絶対に‐否定的なものであって、この絶対に‐否定的なものは、同じく直接的に取られるなら、無である」。そしてここからは「絶対者は無である」という「絶対者の第二の定義」が帰結する。「有」はその「純粋な未規定性」において、またそのためにのみ「無」であり、「無からのその相違」は「たんなる思念」(Ibid., p. 186) にすぎないのだという。有と無がそれ以後に得るであろう意義は「絶対者のより詳細な規定にしてより真なる定義」とみなすべきなのであって、それはもはや「有」と「無」のような「空虚な抽象」ではなく、「具体的なもの」であり、そこにおいては「有」と「無」は「諸契機」にすぎないのである。

有と無の「相違」は、最初はただ「即自的に」のみ存するのであって、それはまだ「措定」されていないのだとヘーゲルは主張する。「有」はまさしく「端的に没規定的なもの」であり、「無」もまた「同じ没規定性」である。だからこそ両者の「相違」は「思念されたもの」にすぎず、「同時にいかなる相違でもないような、まったく抽象的な相違」でしかないのである。他のすべての「区別」には「一つの共同的なもの」があるのだが、しかし「有」と「無」においては、「相違」はその「没基盤性」のうちにしかなく、したがってそれは相違ではない、なぜなら「両規定[30]」は「同じ没基盤性」(Ibid., p. 187) だからである。

Ⅲ　そこで第八八節では周知の展開が待っている。「無はこのような直接的な、自己自身に等しいものとして、同様に逆に、有がそれで有るところのものと同じものである。ゆえに有や無の真理は両者の統一〔Einheit 一性〕であり、この統一が生成である」。ヘーゲルによれば「有と無は同じものである」という命題は「思惟が自らに要求する最も厳しいもの」という性格を有しているのだが、それらは両者において「同じもの」であるような「規定(!)」を含んでいるので、「それらの統一の演繹」は、そのかぎりでは「まったく分析的」である。もちろん「有と無の一性(Einheit)」と同様に正しいのは「それらが端的に異なっている」ということでもあるのだが、しかしここでは「相違」はまだ規定されておらず、したがってそれは「言いえないもの(das *Unsagbare*)」であり「たんなる思念」(Ibid., p. 188) なのだという。

それでも当然のことながら、ヘーゲルは「有と無の一性」だけでなく、両者の「異別性」をも強調し続ける。「生成」は「有と無の一性」であるのみならず、「有と無の異別性」によって「自己において自己自身に対して」あるような「一性」として「不安定(*Unruhe*)」でもある——それに対し「定在」は「この一性(統一)」もしくは「一性というこの形式における生成」であるからこそ「一面的」であり、「有限」(Ibid., p. 191) なのである。

「有と無」が「空虚な諸抽象」にすぎないのに対し、「生成」は「最初の具体的な思想」であり「最初の概念」でもあるのだが、そのような「生成の一性」には「相違」(Ibid., S. 192) が見落とされてはならない。しかしながらそのような「生成」とて、「生」や「精神」における「生成の深化」に比すれば、即且対自的には「最高に貧しい規定」でしかない——ここではそれはまだ「たんに論理的な生成」でしかないのである。

Ⅳ　第八九節からは「定在」の説明に移行する。「無と一なるものとしての生成における有」や「有と一なるものとしての無」は「消失するもの」にすぎず、「生成」は「自己におけるその矛盾」によって「そこにおいては両者が止揚されているような一性」のうちへと「崩れ落ちる(zusammenfallen)」。そしてその「結果」が「定在」(Ibid., p. 193) なのである。

「定在」は「有と無の一性」なのだが、そこにおいては「これらの諸規定の直接性」と両者の関係のなかでの両者の「矛盾」とが「消失」してしまっていて、それらは「諸契機」としてあるにすぎない。そしてその「結果」は「止揚された矛盾」、「否定もしくは規定性を伴った有」であり、「生成」は「その諸契機の一つ、有の形式」(Ibid., p. 194)のうちに措定されている。本書第二章でも見たように、「定在」には、このように「生成してしまっていること(geworden zu sein)」という意義が示されるのである。

第九〇節は「定在」を「或る規定性を伴った有」と規定しつつ、このような規定性を「質」と呼ぶ。このような自らの規定性において自己のうちへと反省されたものとしては、「定在」は「定在するもの」であり「或るもの(Etwas 何か)」である。「或るもの」とは、その「質」によって「それがそれで有るところのもの」(Ibid., p. 195)なのである。「質」のうちに含まれてはいるが、質からは区別された「否定」に対し、「有るところの規定性としての質」のことを、第九一節は「実在性」と呼んでいる。ここでは「否定」は「他有」としてあり、ここに見られる「対‐他‐有(*Sein-für-Anderes*)」という関係に対する関係が「即自有(*Ansichsein*)」(Ibid., p. 196)である。また第九二節では「定在」において「同時に否定として措定されている有と一なる規定性」が「限界、制限」と呼ばれている。そもそも「他有」は定在のそとにある「どうでもよいもの」ではなく、それは定在の「固有の契機」なのであって、それゆえ「或るもの(何か)」はその質によって第一に「有限」であり、第二に「可変的」である――定在の「有」には「有限性」と「可変性」(Ibid., p. 197)が属しているのである。

V　以上のようなヘーゲルの考えに対し、以下、第二章でのわれわれの主張と重なるところも多々あろうが、幾つかの新しい観点も交えつつ、若干の批判を――批判というより、別の考え方も可能ではないかという程度の疑義の呈示にすぎないのかもしれないが――加えておくことにしたい。

第一に、なぜ「有」は「無」との「一性」かつ「相違」もしくは「異別性」を経て「生成」へと移行しうるのだろうか。先にも述べたように、ヘーゲルは都合次第で「有」と「無」のあいだに、あるいは「同じもの」という、あるいは「異なっている」という関係を指摘し、その「矛盾」から「生成」を導出しようとしている。しかしながら「有」と「無」が「同じもの」だというのは、「純粋な未規定性」とか「同じ没規定性」といった特徴によってでしかなく、厳密に言うなら、両者は最初からけっして「同じもの」ではない。ちょうど『大論理学』で述べられていた「純粋な光」と「純粋な闇」が、そこでは何も「見られない」（WdLS². S. 95）という効果においては「同じもの」たる「二つの空虚」（Ibid., S. 85）なのかもしれないが、じつはまったく異なるものであるように──結果の同一性は原因の同一性をけっして指示しないというのは、認識論の常識なのである。そのうえヘーゲルは「未規定性」と言いつつも、端緒の「有」にも「無」にも「規定」という言葉を用い続けていた──『大論理学』においても、たとえば「有と無という二つの諸規定」とか「これらの諸規定の同一性」（Ibid., S. 81）といった表現が用いられ続けている。じっさい、もし両者がまったく未規定的のままなら、たとえば「有が無へ移行する」ことを「消滅（*Vergehen*）」と、「無が有へ移行する」ことを「生起（Entstehen）」（Ibid., S. 100. Vgl. W4. S. 166）と呼んで、「生成」に二つの「諸契機」（WdLS². S. 99）を区別することなど、最初から無意味だということにでもなってしまっていただろう。そしてもし「有」と「無」が最初から「同じもの」でも「純粋な未規定性」でもないのだとするなら、同時に両者の「相違」と規定性とを認めつつ、そこから「生成」を導き出すことにも、論理的には何ら必然性は見出せないのだということになってしまう。

第二に、本章はフィヒテやシェリングの議論を通過してきたので、たとえばフィヒテの考えにしたがって、最初の〈有〉とともにすでに「実在性のカテゴリー」が得られるのではないかとの疑問を呈することができるかもしれない──ヘーゲル自身、いま見た『小論理学』（GL. S. 19）のなかでは、「私＝私」は「純粋な直接性」においては「有」にほかならず、この意味では神は「最も実在的なもの」だとさえ述べていた。周知のように、正規のヘーゲル論理学は「実在性」を「有」にではなく、「定在」にしか認めない。『大論理学』に曰く、「実在性はそれ自身、否定を含み、定在であって、未規定的な、抽象的な有ではない」（WdLS². S. 109）。他方、『大論理学』も「あらゆる実在的なもののなかの純粋に実在的なものとしての、もしくはすべての実在性の総括としての神は、そこにおいては一切が一であるところの空虚な絶対者と同じ没規定的で没内容的なものである」（Ibid., S. 107）と述べている。そしてわれわれは第二章で、そのような「未規定的な、抽象的な有」を用いて、それでもヘーゲルが神の存在の有論的証明を擁護しようとしているのを目撃してきた。

そして同じくフィヒテを参照しつつ、第三に、なぜわれわれは「有」と「無」を経過したのちに「生成」ではなく「定在」に移行しないのかという、第二章でも呈した疑義を、ここで繰り返すことができるかもしれない。もし『小論理学』でも言われていたように、「無」が「有」に「対置されたもの」だとするなら、「有」と「無」の統一／一性から生じるのは、ふつうに考えるなら相克・相殺・相互制限・自他関係といったようなものであろう。じっさいフィヒテにおいては、如何にして「有と非有、実在性と否定」は互いに「廃棄」し合うことなく「ともに考え」られるのか、ということから導き出されたのは、「制限すること（*Einschränken*）」およびその産物たる「諸制限（*Schranken*）」（GL. S. 28）であり、「或るもの〔*etwas* 何か〕」（Ibid., S. 30）としての可分的自我と可分的非我だったわけである。「生成」と「制限」とのちがいは、「制限」においてより「生成」においてのほうが、「有」と「無」の一体性ないし不可分離性がはるかに緊密だということかもしれない。しかしながら先にも述べたように、「有」と「無」の区別を指摘するのがかくも困難となるのは、「時間」が問題とされるときなのであって、ここで問われているような「たんに論理的な生成」においてではないのではないか。

そのうえ第四に、そもそも如何にして「生成」から「定在」が導き出せるのかという疑問も残る。『小論理学』では「無と一なるものとしての生成における有」や「有と一なるものとしての無」は「消失するもの」にすぎず、「生成」は「自己におけるその矛盾」によって「そこにおいては両者が止揚されているような一性」のうちへと「崩れ落ち」、そしてその「結果」が「定在」（W8. p. 193）だと言われていた。ニュルンベルク時代の《上級のための哲学的エンチュクロペディー》のなかでも、「生成」のうちでは「かの以前に措定されていたものども〔＝有と無〕」が消失するので、「生成」は「静止した一つの単純性のうちへのそれらの崩落（Zusammenfallen）」であり、この単純性のなかではそれらは「無」ではないが「諸契機」としてあり、この「一性〔統一〕」が「定在」（W4. S. 13）だと述べられている。

そして『大論理学』はこう語るのである。「そこにおいて生起と消滅とが措定されているところの均衡は、さしあたり生成それ自身である。しかしこの生成は同様に静止した一性（*ruhige Einheit*）へと縮む（zusammengehen）。有と無は生成のなかでは消失したものとしてのみある。しかし生成としての生成は両者の区別性によってのみある。両者の消失はそれゆえ生成の消失もしくは消失それ自身の消失である。生成は落ち着きのない不安定であって、これは一つの静止した結果のうちへと崩壊（zusammensinken）する」（WdLS². S. 100）。そして「有るもの（*seiend*）としてある、もしくはこれらの諸契機の一面的な、直接的な統一〔一性〕の形態を持つ」ような「有と無の統一〔一性〕」への移行としての生成が、「定在」（Ibid. S. 100-1）なのである——しかしながら、ここでは「有」と「無」は「諸契機」として含まれているというのに、なぜ「生成」までもが「崩落」し「崩壊」し「消失」しなければならないのか、そしてなぜそれがことさら「有るもの」のほうへと、あるいは先ほどの言葉では「有の形式」のほうへと、「縮む」のでなければならないのかがよく分からない。そのうえもし「生成」という「消失」が本当に「消失」しなければならないのだとするなら、なぜ相変わらず「定在」にも「有限性」と「可変性」とが含まれているのだろうか。そしてもし「可変性」は状態の変化であって生成消滅とはちがうのだとでも強弁するのであれば、「有限」なる「或るもの」たる「定在」には「生起」も「消滅」も見出せないのかと、反論したくもなる。つまり「生成」の「消失」という議論は、「定在」を導き出すどころか、反対に「定在」の有そのものを否定しかねないのである。

Ⅵ　最後に前々章で言いかけたことだが、もし「論理学の始源」が「哲学の本来的歴史の始源」と「同じもの」だというのであれば、このような「始源」は、「パルメニデスの哲学」にではなく、タレスの思想のうちに見出されるのではないかという疑問が残る。なぜならその『哲学史講義』のなかで、はっきりとヘーゲルは、「タレスとともにわれわれは本来的に初めて哲学の歴史を開始する」（W18. S. 195）[31] と述べているからである。「水は絶対者である、もしくは古代人たちが述べたように、原理である、というタレスの命題は、哲学的である。哲学がそれとともに開始する。なぜならそれとともに、一者が本質、真なるもの、唯一即且対自的に有るものだということが、意識にいたるからである」(Ibid. S. 203)——ヘーゲル自身が『大論理学』のなかで述べているように、たしかに「水」等々の「物質的諸原理」は、「普遍」ではあっても「物質」であって、「純粋思想」(WdLS². S. 79) ではないのかもしれない。しかしながら、それでも「一者」から始める道は残されていよう。ヘーゲルならば、「一者」からは一歩も先に進めないと言うかもしれない。けれどもわれわれの検討したところによれば、「純粋無」と表裏一体な「純粋有」から出発したとしても、表面上の複雑さがいくぶん増すだけで、本質的な問題はいっこうに解決されないままである。

(b) 有－定在－対自有

『大論理学』第一巻「有論」の第一篇「規定性(質)」は「有」、「定在」、「対自有」の三章から成り、たとえばその冒頭では、こう述べられている。「有は未規定的な直接的なものである。〔…〕それは未規定的なので、没質的な有である。しかし即自的には、それに未規定性という性格が帰するのは、ただ規定されたものもしくは質的なものに対する対立においてのみである。しかるに有一般には規定された有そのものが対置され、しかしそれとともにその未規定性それ自身がその質を形成する。したがって示されるのは、最初の有は即自的には規定されたものであるということ[32]、またこれとともに第二に、それは定在へと移行し、定在であるのだということ、しかし定在は有限な有として自らを止揚して、有の自己自身への無限な関係へ移行し、第三に対自有へと移行するということである」(Ibid. S. 71)。

『小論理学』の第一部「有論」A「質」も「有」、「定在」、「対自有」から構成されてはいるのだが、純粋思惟諸規定について扱われている項目に関しては、『大論理学』のそれに比してはるかに乏しい。それゆえここではごく大雑把とはなってしまうが、『大論理学』の「規定性(質)」に準拠しつつ、そこで呈示されている諸概念をその演繹の順序にしたがって追ってゆき、最後にまた若干のコメントを加えることにしたい。

Ⅰ　われわれは本項(a)ですでに第一章「有」と第二章「定在」のA「定在としての定在」を検討してきたので、B「有限性」の直前あたりから見てゆくことにしよう。「或るものは有る」、そしてそれは「定在するもの」でも「有る」、しかし「即自的に」は「生成」でもあるのだという。ただしそれは「有」と「無」をその「諸契機」として持つような「生成」ではなく、「有」はいまや「定在」や「定在するもの」になったのだから、「無」は「或るものの否定的なもの（Negatives des Etwas）」として「他なるもの（ein *Anderes*）」である。「生成としての或るもの」とは一つの「移行」ではあるのだが、その移行の「諸契機」は「或るもの」であり、それゆえこの移行は「変化〔*Veränderung* 他になること〕」である。ただし「或るもの」はさしあたりその「概念」においてのみ変化するので、それは「他なるもの一般（ein *Anderes* überhaupt）」（Ibid., S. 111）にすぎないのだという。

「或るもの」と「他なるもの」は両方とも「或るもの」であり「他なるもの」（Ibid., S. 112）である。そのさい「対-他-有（Sein-für-Anderes）」と「即自有（Ansichsein）」とは「或るものの二契機」（Ibid., S. 114）を形成する。「或るもの」はその「即自」をなす「質」（Ibid., S. 118）たる「規定〔*Bestimmung* 使命〕」と「外的な定在」たる「性状〔*Beschafenheit*〕」（Ibid., S. 119）とを持つのだが、このような「外的な関係」と「他なるものによって規定されていること」とは、「何か偶然的なもの」として現出する。そして「或るもの」が「変化」するとき、「変化」は「規定」にではなく「性状」（Ibid., S. 120）に帰するのだという。

「或るもの」は「自己自身から」「他なるもの」（Ibid., S. 121）に関わり、「限界（*Grenze*）」は「他なるものの非有」なのだが、しかしやはり「〔第二の〕或るもの」たる「他なるもの」からするなら、それは「かの〔＝第一の〕或るものの非有」（Ibid., S. 122）でもある。しかし「或るもの」は同時にその「限界」によって「有る」のでもあって、限界は「それによって或るものと他なるものが有りも有らなくもあるような媒介」（Ibid., S. 123）である。このような「矛盾」によって、「或るもの」は「自己を越えて」駆り立てられるのだが、そのような「それ自身の矛盾として措定された、その内在的限界を伴った或るもの」を、ヘーゲルは「有限なもの」と呼ぶ。われわれが諸事物について「それらは有限である」（Ibid., S. 125）と言うとき、そこで理解されているのは、「非有」がそれらの「本性」、「有」を形成しているということである。「有限なもの」は「変化する」のみならず「消滅する」（Ibid., S. 126）——しかしながらもちろんヘーゲルはヘーゲルらしく、「消滅、無は究極のものではなく、〔それ自身〕消滅する」（Ibid. S. 128）と付け加えはするのだが。

「同時に本質的である否定的なもの」として措定された「或るものの固有の限界」は「制限（*Schranke*）」でもあるのだとヘーゲルは述べている。「制限としての自己」に対する「否定的な関係」としては、「規定〔使命〕の即自有」は「当為（*Sollen*）」（Ibid. S. 129）であり、「当為」としては「有限なもの」は自らの「制限」を「越えて」（Ibid. S. 130）ゆく。「当為」において「有限性を越えゆくこと」が、つまりは「無限性」（Ibid. S. 131）が始まるのである。

Ⅱ　けれども前々章でも見たように、ここでヘーゲルにとって肝要なのは、「無限性の真の概念」を「悪無限性」から、「理性の無限」を「悟性の無限」から、区別することである。後者は「有限化された無限」でしかない——「無限」が「有限」から遠ざけられたままにされると、それは「有限化」されてしまうのである。それに対し、「一つの過程としてのこのような〔悪しき〕無限と有限との自己-止揚」こそが「真無限」（Ibid. S. 135）だということになる。

つまり「無限」が「有限」に対して「他なるものという質的相互関係」のうちに置かれるなら、それは「悪無限」、「悟性の無限」と名づくべきであって、「矛盾」は「此岸」としての「有限」が「彼岸」としての「無限」に対置され続け、「二つの世界」（Ibid. S. 138-9）が存在することのうちに存している。「無限」は「両方のうちの一つ」でしかなく、このようにして「全体」ではなく「一面」でしかない無限は「有限な無限」でしかないのであって、要するにここには「二つの有限」（Ibid. S. 143）しか存在しないのである。

しかるに「有限性」とはヘーゲルによれば「自己を越えゆくこと」であり、そのうちには「それ自身の他」たる「無限性」が含まれており、「無限性」もまた「有限を越えゆくこと」なのであって、それは本質的に「それの他」を含み、「それ自身の他」である。「有限」（Ibid. S. 145）の「無限性」とは、有限が「自己自身を止揚すること」（Ibid. S. 146）なのである。前々章でも見たように、「無限」は「その両契機」と同様に、「生成」としてのみある。そして無限は「有り、現に、現前的に、現在的に有る（*ist*, und *ist da*, präsent, gegenwärtig）」。なぜなら「悪無限」のみが「彼岸」（Ibid., S. 149）だからである。それゆえ「まず無限であって、しかるのちに初めて有限となり有限性へと出てゆくことが必要な無限」など存在しない。無限は自己自身にとってすでに「有限でも無限でも」（Ibid., S. 155）あり、「自らの他をそれ自身において持つこと」なしには「有らない」（Ibid., S. 156）のである。

Ⅲ　そしてヘーゲルによれば「対自有」こそが「無限な有」（Ibid., S. 158）である。つまり「有限性」において「否定」が「措定された否定の否定（die *gesetzte* Negation der Negation）」としての「無限性」のうちへと移行することによって、否定は「自己への単純な関係」なのである。そして第一に「対自有」は直接的に「対自的に有るもの」としては「一」であり、第二に「一」は「排斥（*Repulsion*）」によって「一の多性」へと移行し、そのような「一の他有」は「牽引（*Attraktion*）」によって「一の理念性〔＝対自性〕」のなかで止揚される。そして第三に「排斥」と「牽引」とが「均衡」へと倒壊するような「相互規定」によって、「対自有」においてその頂点へと駆り立てられた「質」が、「量」（Ibid., S. 159）へと移行する。

　つまりまず、「対自有」のなかでは「定在の契機」は「対-一-有〔*Sein-für-Eines* 定在の自己たるかぎりでの一-に対して-有ること〕」（Ibid., S. 161）として現存し、「一」（Ibid., S. 166）である。しかるにこのような「単純な直接性」のなかでは「あらゆる異別性と多様性」が「消失」してしまっているのであるからには、「一」における「無」とは「空虚（*Leeres*）」であり、「空虚」が「その直接性における一の質」（Ibid., S. 168）である。そしてヘーゲルによれば、「空虚としての無」は「有るもの」とは異なるものとして「有る一のそとに（*außer* dem seienden Eins）」（Ibid., S. 169）ある。けれども「他なるもの」もまた「空虚としての未規定的な否定」ではなく「一」なのだから、「一」は「多くの一への生成」（Ibid., S. 171）である――「諸々の一」は「相互に前提されたもの」であり、「排斥」という「一の自己への否定的関係」によって、「〔自らによって〕措定されたものではないものとして措定される」（Ibid., S. 172）のである。かくして「排斥」が「排除（*Ausschließen*）」となって、「諸々の一」が「空虚のうちに有る」（Ibid., S. 174）のだということになる。そのうえ「諸々の一」は、それらの「相互排除」によって、「自らを保持」（Ibid., S. 175）さえしている。そしてこのような「多くの一が自らを一つの－一－のうちへ－措定すること（sich in-Ein-Eines-Setzen der vielen Eins）」が「牽引」（Ibid. S. 176）と呼ばれるのである。

「排斥」とは「多の措定」にして「一における多の理念性（＝対自性）の否定」であり、「牽引」とは「一の措定」にして「多の否定」である。しかるに「牽引」は「排斥」を媒介としてのみ「牽引」であり、「排斥」もまた「牽引」を媒介としてのみ「排斥」（Ibid. S. 180）である。そしてそれとともに「対自有の発展」が「完成」され、その「結果」（Ibid. S. 182）へと到達する。そしてそれが「量」（Ibid. S. 183）だというのである――『小論理学』から若干補うのであれば、「量」とは「止揚された質」（W8. S. 208）のことであって、「一においてその即－且－対－自的－規定に到達してしまった質的規定性」は「止揚されたものとしての規定性」すなわち「量としての有」へと「移行」（Ibid. S. 206）してしまったのである。

Ⅳ　以下、例によって若干の批判的コメントを付け加えておくことにしよう。「有」から「定在」を経て「対自有」へと向かう運動のなかで、「有」から「定在」への過程に関しては本項(a)で見てきたので、ここで問題とされるのはとりわけ「定在」から「対自有」への移行、すなわち「有限性」から「無限性」への進展である。しかしこの問題に関してもわれわれは先の諸章で見てきたので、ここでは若干の補足だけおこなうことにしたい。

第一に、「無限」が「有限」に対して「他なるもの」という質的相互関係」のうちに置かれるなら、それは「悪無限」、「悟性の無限」、「有限化された無限」、「有限な無限」と名づくべきだと言われていた。けれども他方では、「真無限」もまた「自らの他をそれ自身において持つこと」だと言われていて、ここでも「他」は残る。それでは真無限と悪無限における「他」の有り方の相違は、奈辺に存するのだろうか。

すでに第一章から見てきたように、たとえば『信と知』では、「真無限」は「無限と有限それ自身との、すなわち有限に対置されるかぎりでの無限の、同一性」（W2. S. 352）と言われ、『小論理学』では「真無限」は「それの他において自己自身のもとに有ること」のうちに、あるいは「過程」として言い表すなら「それの他において自己自身にいたること」（W8. S. 199）のうちに存していると述べられていた。したがって悪無限と真無限の相違は、「有限」としての「他」が「無限」のうちに含まれているのか、それとも分離され対置されているのかのちがいにもとづくものと思われる——しかしながら、「無限」と「他」との関係の仕方がどうあろうと、有限が「他」であるという基本関係に変わりがあるわけではない。つまりそこにあるのは、たとえ「過程」や「生成」という資格においてであろうと、けっして「同一性」には解消されえない一つの二項関係なのであって、そのような関係性を「無限」と呼ぶことに、はたして妥当性が認められるのかという疑問は残る。つまり、ときとしてヘーゲル自身が述べているように、有限は自らを「止揚」して、「他」としてはまったく消失していなければならないのではないだろうか。

第二に、ヘーゲル的な「同一性」の立場からするなら、逆に「悪無限」のほうがいわゆる「真無限」以上に真の「真無限」であるという結論が導き出されてしまうかもしれない。なぜならヘーゲル的「真無限」が「有限」を「自らの他」として含んでいるのに対し、「悪無限」は自ら「無限」でありながら同時にただちに「有限」でもあるとみなされているからである。それともそれは「悪無限」でしかないからには、「無限」という資格を一切剥奪されてしまうのだろうか——しかしながらその場合、ヘーゲル的「真無限」というのはただの「二つの有限」しか含まないことによって「真無限」たりうるのだということにでもなってしまうだろう。

そして第三に、「真無限」の議論は「無限な有」としての「対自有」の議論へと進展してゆく。しかしながら、「対自有」は「排斥」によって「多」を措定する。そして「多くの一」、「諸々の一」の関係は「相互排除」なのである——それでは「一」は他の、しかも多くの「一」の「もとに有ること」ができなくなってしまって、結局は「無限性」というそのステイタスを失うほかないのではないだろうか。そしてもしそれでも「無限」は「有り、現に、現前的に、現在的に有る」のだとするなら、「諸々の一」のはざまで、いったいそれはどこに「現前」し「現在」しているというのだろうか。

V　ついでながら「一」と「他」ないし「多」の問題は、われわれ自身の最大の関心事の一つでもあったので、如何にしてヘーゲル論理学が「或るもの」から「他なるもの」を導き出し、「一」から「多」を導出してゆこうとしているのかについて、若干の検討を加えておくことにしたい。

まず「或るもの」、「定在するもの」は「他なるもの」を「或るものの否定的なもの」という契機として持つような「変化」であると言われた。同様のことは一八〇八／〇九年の《中級のための論理学》では、こう言い表されている。「定在するものはその規定性によって他の定在するものから区別され、そのことによってそれがそれで有るところのものである。ただし規定性は本質的に他なるものへの関係、対他有であり、自らに不等であり、自らを止揚する。それゆえ定在するものは、その規定性によって、同様にそれがそれで有るところのものでなく、或る他なるものになり、変化せしめられる」（W4. S. 92）——しかしながらこうした言明からは、「他なるもの」とは「或るもの」の自己変化か、せいぜいのところその「性状」の「変化」にすぎないのではないかとの疑問が残る。そして逆に「或るもの」の性状変化から、他の「或るもの」としての「他なるもの」の存立を導き出すことなど、できるのだろうか。

同様に、「空虚としての無」は「有るもの」とは異なるものとして「有る一のそとに（*außer* dem seienden Eins）」（WdLS². S. 169）あり、逆に「他なるもの」は「空虚としての未規定的な否定」ではなく「一」なのだから、「一」は「多くの一への生成」であるとも言われていた。けれども「空虚」もまた「未規定的な定在一般」としては「肯定的な定在」（Ibid. S. 171）なのだという。そしてニュルンベルク時代の《上級のための哲学的エンチュクロペディー》では、「定在」とは「その概念のうちに同時に他なるものへの関係としての自らの非有が、もしくは対-他-有が存しているところの有」（W4. S. 13）と言われ、一八一〇／一一年の《中級のための論理学》でも「定在」とは「生成した、規定された有」あるいは「同時に他なるものへの、それゆえ自らの非有への関係を持つところの一つの有」（Ibid. S. 167）だと述べられている——しかし、それでは同じく「或るもの」の「非有」ないし「否定」として、「空虚」と「他なるもの」は、如何にして区別されえたのだろうか。つまりわれわれが言いたいのは、「他なるもの」が「空虚」ではなくもう一つの、もしくは多数の別の「或るもの」だということを言うためには、われわれは初めから「一」もしくは「多くの一」としての「或るもの」ないし「有るもの」の観念を、有しておらねばならなかったのであって、〈他なる或るもの〉はけっして〈もとの或るもの〉から導出されたのではなかったということなのである。

そして結局のところ「諸々の一」は「相互に前提されたもの」であって、「排斥」という「一の自己への否定的関係」によって、「〔自らによって〕措定されたものではないものとして措定される」と述べていたのは、ヘーゲル自身なのである。ちなみに「数」が登場するのは「有論」第二篇「大きさ〔量〕」の第二章「定量」においてであって、ここ「質」ではまだその概念を用いることはできないはずである。そしてわれわれは、「多」があるからその構成要素としての「一」は「有限」だという類《たぐい》の議論をおこなうことは可能だとしても、しかし或るものが「有限」だということから〈他ないし多の或るもの〉の存在を導き出すことなど、できないのである。

「数」のカテゴリーがまだ演繹されていないのと同様に、「力」のカテゴリーもまたまだ導出されてはいない――それはむしろ「本質論」第二篇第三章Bのテーマとなるであろう。しかし、それでもヘーゲルは「牽引や排斥は、周知のように、諸力（Kräfte）とみなされるのがつねである」（WdLS^2. S. 184）と述べている。けれども「多の措定」としての「排斥」や――ちなみに『小論理学』では「一は自己自身と端的に両立不可能なものとして、自らを自己自身から突き離すもの（das sich von sich selbst Abstoßende）として証明され、それが自らをそのようなものとして措定するところのものは、多である」（W8. S. 205）と言われている――「一の措定」としての「牽引」は、どのような「諸力」なのだろうか。それはたんに論理的な諸力にすぎないのだろうか。あるいはむしろ、「排斥」や「自らを自己自身から突き離すもの」がたんなる自己成長や自己膨張を意味せずに、そこに「多」の成立を見るためには、われわれはやはりあらかじめ「多」というものを「前提」しておかねばならなかったのではないだろうか。

「あらゆる実在はコントラスト的に特徴づけられるのでなければならない」（Taylor. p. 234）とテイラーは述べ、「彼〔ヘーゲル〕は両者ともすでにカントにおいて並列的な諸カテゴリーたる多性と一性とを、プラトンの後期対話篇をお手本に、そのいずれも他方なしにはない諸契機として認識した」（Adorno. S. 160）とアドルノも語っている。そしてそらくヘーゲルは、あらかじめ「コントラスト」の地平のうえに「一」と「多」を置いていたからこそ、「一」から「多」を導出しえたのであろう。しかしながら「一」と「多」とのそのような「並列的」な関係は、今度は如何にして考えられえたのであろうか。われわれはそのように並存する「一」と「多」との根底に、そのどちらもそこにおいて初めて成立しうるであろうような「一」なる場所を、置いておかねばならなかったのではないだろうか。しかしながらそのような「場所」としての「一」は、場所のうえで初めて成り立ちうるような「一」からは、絶対に区別されるのでなければならないはずである。けれどもそのような根源的な「一」をヘーゲル論理学の「対自有」の章から読み取ることは、どうやら困難なようである。

(c) 質－量－節度

(c)では「質」、「量」、「節度」の、つまりは「有論」全体の大きな流れを扱うので、今度は『大論理学』では膨大すぎ、煩雑すぎて、われわれの主張がかえって分かりにくくなってしまうかもしれない。それゆえここではまず『小論理学』に準拠して全体を通覧し、しかるのちに若干の批判的コメントを加えるさいには『大論理学』の、とりわけ「節度」に関する具体例等々をも参照することにしたい。

Ⅰ　『小論理学』の第一部「有論」は「質」の章に入る直前に、「質」、「量」、「節度」の関係を、大略以下のように説明している。つまり、そもそも「論理的理念の各々の圏域」は「諸規定の全体性にして絶対者の呈示」なのだが、「質、量、節度の三段階」を含む「有」もそうなのであって、まず「質」は「有と同一の規定性」であり、何かはその質を失うと「それがそれで有るところのもので有ること」をやめる。反対に「量」は「有に外的な、有にとって無頓着な規定性」であり、たとえば「家」は大きかろうと小さかろうと「それがそれで有るところのもの」であり、「赤」は明るかろうが暗かろうが「赤」のままである。「有の第三の段階」たる「節度」は「最初の二つの統一」であり、「質的量（die qualitative Quantität）」である。「万物」はその「節度」を持ち、「量的に」規定されていて、その

「しかじかに大きい有」はそれにとって「無頓着」だが、同時にしかしこの「無頓着性」はその「限界」を有し、それを越えると諸事物は「それがそれで有ったところのもので有ること」を「やめて」しまう。そして「節度」から「理念の第二の主要圏域」たる「本質」(W8, S. 182) への進行が生じるのだという。

Ⅱ 「量」の第一節「純粋量」では、「量」とは「そこにおいては規定性がもはや有それ自身と一であるものとしてではなく、止揚されている、もしくは無頓着なものとして措定されているような純粋有」(Ibid., S. 209) だと述べられている。このような量は、自己へのその直接的な関係においては「連続的な」大きさだが、「一」というそのなかに含まれているもう一つの規定においては「離在的な大きさ (*diskrete* Größe)」である。しかしながら連続量も「多の連続性」であるからには「離在的」でもあり、離在量も「多くの一」のなかの「同じもの」たる「一」すなわち「単位」の連続性という意味では「連続的」でもある。ゆえに「連続的」な大きさと「離在的な大きさ」(Ibid., S. 212) とは、量の「種」ではなく、「同じ全体」が或るときは一方の、或るときには他方の規定のもとに置かれるということによって区別されているだけなのであって、量は「連続的でも離在的でも」あるのだということになる――つまり、「たんに連続的」であるような大きさも、「たんに離在的」(Ibid., S. 213) であるような大きさも、存在しないのである。

Ⅲ 第二節「定量」では、「量のなかに含まれている排他的〔＝専属的〕な規定性」とともに本質的に措定されているような「量」すなわち「限定された量」が「定量 (*Quantum*)」と名づけられる。「定量」は「その発展と完全な規定性と」を「数」のうちに持ち、数はその「元 (Element)」としては「一」を含み、その「質的契機」としては、「離在」の契機にしたがっては「集合数 (*Anzahl*)」を、また「連続性」の契機にしたがっては「単位 (*Einheit*)」を含む。数は「集合数」と「単位」との「統一」(Ibid., S. 214) なのである。

Ⅳ 第三節「程度」は、「定量それ自身の全体」と「同一的」であるような「限界」を、「自己において多様」なものとしての「外延的な (*extensiv*) 大きさと、「自己において単純」なものとしての「内包的な (*intensiv*) 大きさ」もしくは「程度〔*Grad* 度〕」とに区別する。〈連続量 - 離在量〉と〈外延量 - 内包量〉との相違は、前者が「量一般」に関わるのに対し、後者は量の「限界」もしくは「規定性」に関わるという点に存している。しかしながら外延量と内包量もまた「二つの種」ではなく、「外延的な大きさ」は「内包的」でもあり、「逆もまた然り」（Ibid., S. 216）――（のちにわれわれが批判することになる）ヘーゲルの説明によれば、たとえば「或る温度」は「まったく単純な感覚」が対応しているような「内包的大きさ」ではあるのだが、しかし「温度計」を見るなら「この温度」には「水銀柱の或る延長」が対応しており、そして「この外延的な大きさ」が「内包的大きさ」としての「気温」とともに「同時に変化」してゆくのである。

「程度」のうちには「定量の概念」が措定されてはいるのだが、しかしそれは「単純な」大きさなので、「それによってそれが定量であるところの規定性」を「自らのそとに」持つ。そして「対自的に（＝それだけで、自立的に）有る無頓着な限界」が「絶対的な外面性」であるというこの「矛盾」のうちに、「無限の量的進展（der *unendliche* quantitative *Progreß*）」（Ibid., S. 218）が置かれることになる――しかしながらこのような「量的無限進展（der quantitative unendliche Progreß）」は、「質的に無限な進展（der qualitativ unendliche Progreß）」と同様、「たんなる当為」を超えず「有限」のうちにとどまってしまうような「悪無限性」（Ibid., S. 219）[33]にすぎない。ここでもやはり、「真無限」は「有限のたんなる彼岸」とみなすべきではなく、真無限の意識に到達するためには「かの無限進展（*progressus in infinitum*）」を「断念」（Ibid., S. 220）しなければならないのである。

「定量」が「その対自的に（＝それだけで）有る規定性においてこのように自己自身に外的に有ること」が、定量の「質」を形成するのだとヘーゲルは語っている。そこでは「外面性すなわち量的なもの」と「対自有、（すなわち）質的なもの」とが「統合」されている。そしてそれ自身においてそのように措定された定量が「量的比例」なのだという――量的比例とは、「指数」という「直接的定量」でも「或る定量の或る別の定量への関係」という「媒介」でもあるような「規定性」（Ibid., S. 222）のことである。そして「指数」が変化しないかぎり、「比例」は「その両サイドの変化」に対して「無頓着」であり、「同じもの」にとどまる。

しかしながら、「比例の両サイド」はまだ「直接的な定量」なのであって、「質的」規定と「量的規定」とは「相互にまだ外的」である。けれども「量的なものそれ自身がその外面性における自己への関係である」という、あるいは「規定性の対自有と無頓着性とが統合されている」という両者の真理にしたがうなら、それは「節度」である——「量」はこれまで考察されてきた「その諸契機による弁証法的運動」を介して、「質への回帰」として証示された。つまりわれわれは「量」において「可変的なもの」を持つが、この可変的なものは、その「変化」にもかかわらず「同じもの」にとどまっている。「量」の概念はこのことによって「一つの矛盾を自らのうちに含むもの」(Ibid., S. 223)として示され、この矛盾こそが「量の弁証法」を形成する。そして「この弁証法の結果」は「質へのたんなる回帰」ではなく、むしろ「質的量(die qualitative Quantität)」であり、つまりは「節度」だというのである。

V　「節度」とは「質的定量(das qualitative Quantum)」であり、さしあたり「直接的なもの」としては「或る定在もしくは或る質が結びついた或る定量」のことである。節度は「質と量の統一」であり、これによって同時に「完成された有」なのである。「有」は最初「まったく抽象的で没規定的なもの」として現れたが、いまやそれは本質的に「自己自身を規定すること」であり、有は「節度」においてその「完成された規定性」(Ibid., S. 224)に到達したのである。

「節度」において「質」と「量」がただ「直接的な統一」」(Ibid., S. 225-6)のうちにのみあるかぎりにおいて、それらの「相違」もまた「同様に直接的な仕方で」それらにおいて現れる。そのかぎりで「種別的定量(das spezifische Quantum)」[34]は、一部では「たんなる定量」であって、「定在」はそのかぎりで「規則」であるところの「節度」を止揚することなく「増減」を容れうるのだが、しかし一部では「定量の変化」が「質の変化」でもある。たとえば「水の温度」はさしあたりその「滴状の流動性」に対して「無頓着」だが、温度の増減によって或る点から「蒸気」になったり「氷」になったりする。また「一粒の小麦」を加え続けてゆくなら「小麦の堆積」が、「馬の尾」から「一本の毛」を抜き取り続けると「禿げた尾」(Ibid., S. 226)が、いつしか形成されることになろう。「やりくり上手」は

「ケチ」にも「浪費」にもなりうるのだし、「国家の体制」とて「その領土の大きさ、その住人の数」などに「依存しなく」も「依存し[35]」もする、等々。

「没節度的なもの（das *Maßlose*）」とはさしあたり「或る節度がその量的本性によってその質規定性を越えゆくこと」だが、しかし最初のものにとっては「没節度的なもの」となるような「別の量的な関わり合い」もまた「質的」ではあるので、「没節度的なもの」といえども一つの「節度」ではある。そして質から量へ、量から質へのこれら二つの「移行」はふたたび「無限進展」（Ibid. S. 227）と表象されうる。質と量は「諸否定」として示され、両者の統一たる「節度」のなかで、一方は他方を「介して」のみある。そして「この統一の直接性」が「自らを止揚するもの」として示されたあとには、いまやこの統一は「有一般やその諸形式を止揚されたものとして自らのうちに含むような、自己‐への‐単純な関係」として「措定」されるのだという――「それ自身の否定によって自己との媒介にして自己自身への関係であるような有もしくは直接性」あるいは「自らを自己への関係へ、直接性へ止揚する媒介」、ヘーゲルによれば、それが「本質」（Ibid. S. 229）なのである。

Ⅵ　以上のような「質‐量‐節度」の流れを受けて、誰しもがまず疑問に思うのは、なぜ「量」より先に「質」がきているのか、ということであろう。「より具体的で豊かなものはあとのものである。最初のものは諸規定において最も貧しいものである」（W18. S. 59）と、ヘーゲル自身も述べている。しかし「量」は「質」より貧しいものではないだろうか。けれども『大論理学』はこう言明する。「質の量との比較から容易に明らかとなるのは、質が本性にしたがって最初のものだということである。なぜなら量はすでに否定的と‐なった質（die schon negativ-gewordene Qualität）だからである。大きさは、もはや有と一ではなく、すでに有から区別され、止揚されて無頓着となった質であるような規定性である」（WdLS^2. S. 70）――しかし、それではいったい如何にして「止揚された質」たる「量」（W8. S. 208）から、ふたたび「質」が現れて、「質的量」たる「節度」が導出されるというのだろうか。

「質的形式のうちにある定量」とは「量的比例」である。質と量との「絶対的統一」が「節度」だとすれば、「比例」はまだ「質と量との形式的統一」(WdLS^2 S. 193) にすぎないのかもしれない。しかし、それでも定量が「質的性格を持ち始める」のは「比例において」(Ibid., S. 265-6) なのである。では、いかなる点において「比例」は質的性格を帯びているのだろうか。ヘーゲルによれば、「指数」こそが「比例の両サイドの質的なもの」としての「単純な規定性」(Ibid., S. 352) なのだという——なるほど、たとえば $x : y = 2 : 7 = 4 : 14 = 6 : 21$……のような比例関係においては、両サイドの変化にもかかわらず、$y=\frac{7}{2}x$ の関係は保たれ、たとえばそれは $y=\frac{9}{2}x$ とは「質的」に異なっていると言えるのかもしれない。しかしながら、$7/2$であれ$9/2$であれ、それらが「定量」であることに変わりはない。

「量的なものの質的規定性はさしあたり量的比例一般において示される」(Ibid., S. 303) のだが、「表明的な質的な大きさ規定性」は、本質的に「諸々の冪規定 (Potenzenbestimmungen)」(Ibid., S. 304) に関わるのだという。「冪比例 (Potenzenverhältnis)」のなかでも「指数」こそが「まったく質的な本性」(Ibid., S. 359) のものなのである。しかし、なぜだろうか。ヘーゲルによれば、「二次方程式 (eine Gleichung der zweiten Potenz)」によって「諸々の曲線」が規定されるのだとすれば、「線」と「座標」とのあいだの方程式とは「諸々の一次方程式 (*lineare* Gleichungen)」(Ibid., S. 314-5) である。「点の自己外行 (Außersichkommen)」は「線」であり、「面」の自己外行は「空間全体」であって、それは「質的変化」(Ibid., S. 339)——「線から面への移行という質的変化」(Ibid., S. 349) 等々——なのである。ドイツ語では一次方程式を«lineare Gleichung〔線的方程式〕»と、二次方程式を«quadratische Gleichung〔正方形的方程式〕»と、三次方程式のことは«kubische Gleichung〔立方体的方程式〕»と呼ぶ。そしてたしかに〈線〉と〈正方形〉と〈立方体〉とでは、それらの相違は「質的」なものだと言えるのかもしれない。しかしながら、一次方程式、二次方程式、三次方程式それら自身はあくまで数的なものであり、つまりは量的なものである。「区別された諸々の冪規定」は「解析的」側面からは「たんに形式的でまったく等質的 (*homogen*)」で、「相互に対する質的異別性」を持たない「数の大きさ」しか意味しないが、この「解析的な関わり合い」が「空間的諸対象」に「適用」されると、「線的諸規定から面的諸規定へ、直線的諸規定から曲線的諸規定へ、等々の移行」としてその「質的規定性」(Ibid., S. 336-7) において示されると語っているのは、ヘーゲル自身ではないか。「数学」という学問は「哲学」ではなくて「概念」から出発することをせず、「質的なもの」は補助定理的に「経験」から受け取られるというのでもなければ「その圏外に」ある、それが数学の「限界」(Ibid. S. 300)だと、ヘーゲル自身が述べている。なるほど他方ではヘーゲルは、たとえば「自然数の体系」も「整数」、「冪」、「根」のような「種別的比例〔関わり合い〕」を有しつつ、「質的諸契機を持った結節線」(Ibid. S. 413)を示しているのだと述べ続けてはいる。しかしながら、そこに見られるのが「水」や「氷」や「蒸気」のような、あるいは「国家の体制」や「やりくり上手」のような意味での「質」ではなく、あくまで「量」の範囲内で設けられた「質〔?〕」にすぎないことは、明らかであろう。

そもそも『大論理学』にせよ『小論理学』にせよ、その「有論」のなかで「量」の篇なり章なりに入る以前の「質」の区分のなかに登場してくる「質」には、「小麦の堆積」や「禿げた尾」等々に相当しうるような「質」など見出されなかったのだし、はっきり言って見出しえないのである。なぜならそこには「有」と「無」と「生成」と、またそこから収縮した「定在」や「或るもの」や「他なるもの」や「空虚」、「一」や「多」、「排斥」や「牽引」の力といったものしか導出されていなかったからである。そのような諸カテゴリーから、はたして「家」や「赤」といった「質」は、導き出せるのだろうか。つまり、ちょうどフィヒテの『基礎』において「質」の諸カテゴリーと呼ばれていたものが、結局のところ「量」の区別しかもたらしてくれなかったように――ちなみにヘーゲルも、フィヒテの「私＝私」と「非我の対置」との「関係」は「量的相違」(Ibid. S. 250)とみなされるのだと述べている――また、たとえばヘーゲル自身において「質的性格」を持つとされている「比例」や「冪」が、たんなる「量」または「数」の性格しか示していなかったように、ヘーゲル自身が「質」篇のなかで主題化しえた「質」は「量」しか、あるいはせいぜいのところ〈量的質〉のようなものしか、示してはいないのではないだろうか。そしてもしヘーゲルが「質」と「量」とのあとに「質的量」としての「節度」を演繹しえたのだとするなら、それははじめから「質」がたんなる

〈量的質〉[36]にすぎなかったからではないだろうか。なぜならヘーゲル自身の大原則にしたがって、「量」のあとにくる「節度」が「量」や「量」以前にあるもの以上に豊かで具体的なものとなるのは必定だとしても、「量」以前にある「質」は何としても「量」より貧しいものでなければならないはずだからである。

Ⅶ　それでは「節度」の篇のなかでことさらに登場してくる「質」は、如何にして導き出されえたのだろうか。

おそらくそれは――「数学」に対する先ほどのヘーゲルの批判にもかかわらず――「経験」にもとづいて、すなわちアポステリオリにでしかありえないだろう。たとえば「一本の頭髪」をむしり取るだけでは「禿頭」にならないし、「一粒の穀物」を取り去るだけでは「堆積」が「堆積」であることをやめることはないが、それが「反復」されるなら「ついには質的変化が示される」(Ibid. S. 373-4)という古代から用いられている具体例を見るなら、そのような質的飛躍は「氷」と「水」と「蒸気」のそれほどはっきりしたものではないのだし、たとえば人間がそのような基準を設けないなら、AIならそれらの区別をまったく無視して済ましてしまうかもしれない。「畑」と「草地」と「森」のあいだの「質的限界」についても同様。逆に「赤」は濃かろうが薄かろうがつねに「赤」だが、その「質」が変化するとそれは「青など」(Ibid. S. 193)になる等々のヘーゲルの発言に対しては、濃淡の差、明暗の差によって赤の微妙なニュアンスの相違すなわち「質的」差異に気づかないのは、そう評価し判断している人間が鈍感なだけなのだ、等々の反論がなされうるかもしれない。要するに「節度」の関わりうるような「質的変化」は、それを判断する主観とそれが判断される状況とにしたがって評価されるべきものなのであって、〈量的変化は必ず質的変化をもたらす〉といった類《たぐい》のアプリオリな法則さえ、個別ケースごとに経験を参照してみなければ、その是非は問いえないであろう。

とりわけ人間的な事柄に関してはそうである。「あらゆるものは一つの節度を持つというギリシア人の、それ自身まだ未規定的な意識」つまりは「中庸(Mittelmäßigkeit)」(Ibid. S. 367. Vgl. S. 416)の徳、「国家の或る大きさ」に依存する「共和制」、「民主制」、「貴族制」(Ibid. S. 370. Vgl. S. 416)の相違等々は、きわめて人間的な諸現象なのであって、「節度」という一つのカテゴリーをこうした諸現象から抽出して用いることには異議を唱える必要などないのかもしれないが、しかし、こうしたカテゴリーが「質」と「量」から論理的・必然的に演繹されたかというと、それにはいささか疑念を抱かざるをえない。

そのうえすでに言及したように、何かを量的変化とみなすか質的変化とみなすかに関しては、それこそ観点の変化を利用しなければならないのがつねであろう。「水」はその「温度」を変化させることによって「硬さ、滴状の流動性、弾力的流動性の諸状態」を通過するが、それらの諸状態は「漸次的に」現れるのではなく、そこには一つの「飛躍」があり、「あらゆる誕生と死」もまた「量的変化から質的変化への飛躍」(Ibid., S. 414) なのだという。しかし、「誕生」や「死」に「質的変化」を見ることを認めるのにやぶさかではないにしても、たとえば「死」にいたるまでの漸次的衰弱に「量的変化」を見るのは、ずいぶん奇妙な観点ではないだろうか。また固体から液体へ、そこから気体への変化を温度の観点から見るときでさえ、たとえばベルクソンのような人であれば、温度変化にも「質的」な観点と「量的」な観点をはっきりと区別するであろう。よくヘーゲルが引き合いに出す「音響」(Ibid., S. 388) や「和音や不協和」(Ibid., S. 397) の具体例についても同様。つまりわれわれがハーモニーを聴いているとき、われわれはそこに周波数や弦の長さの量的関係のことなど気にかけてはいないのだし、弦楽器の演奏家でさえ指と指の間隔を、それこそ感覚的に捉えることはあるとしても、その長さを量的に計測してから演奏を始めることなどしない。赤の周波数は四五〇テラヘルツで緑のそれは五五〇テラヘルツだなどということを事後的に科学者が確認することはありえたとしても、しかしそのようなことをおこなうためにさえ、まず赤とは何か、緑とは何かを、量的にではなく、ひたすら質的に識別しておかなければならないと考えるのが道理ではないか。

(2) 「本質論」より

『小論理学』によれば、「本質」とは「止揚された有[37]」であり、本質で生ずるのは、もはや有においてのような「移行」ではなく、「関係 (Beziehung)」である。「有」においては「関係の形式」は、まず「われわれの反省」にすぎなかったのだが、「本質」においては「関係」が本質の「固有の規定」(W8. S. 229)である。つまり「有の圏域」においては「関連性(Bezogenheit)」が「即自的(=潜在的)」にすぎなかったのに対し、本質においてはそれが「措定(=顕在化)」されている。それゆえ有においてはすべてが「直接的」だったのだが、本質においてはすべてが「相対的(relativ 関係的)」(Ibid., S. 230)なのである。

本質において「諸規定」が「相対的」だということは、本質は「他への関係」であることによってのみ「自己自身への関係」だということである。「本質」はまた「自己自身のうちへ仮現すること(*Scheinen* in sich selbst)としての有」と規定される。本質とは「自己のうちに行ってしまった、もしくは自己のうちに有る有(das *in sich* gegangene oder *in sich* seiende Sein)[38]」であり、そして「自己自身のうちへ仮現すること」が「反省(*Reflexion*)」(Ibid., S. 231)[39]である。「仮象(Schein)」こそが「止揚されたものとしての有」であり、総じて「本質の立脚点」とは「反省の立場[40]」なのである。

本質とはさしあたり「諸事物のなかでとどまるもの」であり、もしわれわれがドイツ語における過去表現のなかで過去の有を«*gewesen*»と表記するのだとすれば、それは過ぎ去ってしまったものが「止揚」され「保存」(Ibid., S. 232)[41]されているからである。そのうえ「本質」や「内」は、それらが「現出」のうちへと歩み出て来ることによってのみ「確証」(Ibid., S. 234)される……。

本節冒頭でも述べたように、本項では『小論理学』の区分・枠組みにもとづいて、ヘーゲルの「本質論」を見てゆく。また本項の分節も、前項の分節と類比的に、(a)「同一性-相違-根拠」、(b)「根拠-実存-物」、(c)「本質-現出-現実性」の三目に区切ることにしたい――以下、その表題の理由について簡単に述べる。

(a)「同一性-相違-根拠」に関しては、それが『小論理学』「本質論」の「A　実存の根拠としての本質」のなかの「a　純粋な反省諸規定」が「α　同一性」、「β　相違」、「γ　根拠」となっていて、そして外面的にはそれが「有論」の「有-無-生成」に対応しているとみなしうるので、一応は是認しうるであろう。ちなみにヘーゲル自身は

「有と無」の代わりに本質論で登場する「ポジティヴなものとネガティヴなもの」のうち、前者は「同一性」に対応し、後者は「相違」として、「生成」は「定在」の「根拠」(Ibid., S. 235-6)として展開されるのだと言明している。「根拠」とは「同一性と相違との統一」(Ibid., S. 247-8. Vgl. S. 248)なのである。

(b)「根拠‐実存‐物」は、『小論理学』の分節の表題からするなら、「反省‐実存‐物」とでもしておけばよかったのかもしれないが、それでは少々分かりづらい。むしろヘーゲル自身が「出来《しゅったい》してしまっていること(Hervorgegangen-sein)」としての「実存」は「根拠から出来したもの」(Ibid., S. 253)であると述べ、また「物」のことを「根拠と実存という諸規定の、一なるもののうちに措定された展開としての全体性」(Ibid., S. 256)と呼んでもいるので、ここでは「根拠‐実存‐物」の系列を検討してゆくことにする。

そして(c)「本質‐現出‐現実性」も、表題からするなら「根拠‐現出‐現実性」のほうが適切に見えるかもしれないし、コソク(M. Kosok)のように、有論の「質」、「量」、「節度」や概念論の「主観性」、「客観性」、「理念」に本質論において対応するのは「反省」、「現出」、「現実性」(Henrich (2). S. 137)だと図示するような者もいる。しかしながら「本質は現出するのでなければならない(Das Wesen muß *erscheinen*)」(W8, S. 261. Vgl. WdLW. S. 104)とか、「本質は現出する」(WdLW. S. 104, 127)とか、繰り返し述べているのはヘーゲル自身なのであって、しかも「現実性」は「本質と実存との、もしくは内と外との、直接的となった統一」(W8, S. 279)とみなされてもいる――ちなみに「本質」が「実存する」ものであることによって、「実存」は「現出」(Ibid., p. 262)なのである――。それゆえにこそわれわれは「本質‐現出‐現実性」の系列を主題化するのである。

それではまず、前々章と重複するところも多々あろうが、「同一性‐相違‐根拠」から始めることにしよう。

(a)同一性‐相違‐根拠

『大論理学』ではこの関係は、以下のように概観的に予示されている。まず「本質」とは第一に「自己自身への単純な関係」すなわち「純粋な同一性」であって、むしろ——純粋有がそうであったように——「没規定性」というのがその「規定」である。第二に「本来的な規定」は「相違」であり、これは「異別性一般」という「外的もしくは無頓着的な相違」であったり、「対立」という「対置された異別性」であったりする。そして第三に「対立」は「矛盾」として自己自身のうちに反省され、その「根拠」のうちへと「帰行」(WdLW, S. 24) する。

しかしながら、前々章ではすでに『大論理学』を中心に見てきたので、この関係の細部に関しては『小論理学』のほうを参照し、必要とあらば『大論理学』から補足してゆくことにしよう。

Ｉ 「本質における自己‐への‐関係」は「同一性という、自己‐のうちへの‐反省という形式」(W8, S. 234) であって、「本質」は「自己のうちへ仮現する」、もしくは「純粋反省」である。それは「直接的なもの」としてではなく「反省されたもの」としてのみ「自己への関係」であり、「自己との同一性」[42]なのである。しかし、いつものようにヘーゲルは、「相違」を捨象したような「同一性」など「形式的な、もしくは悟性の同一性」でしかなく、「絶対者とは自己と同一的なものである」(Ibid., S. 236) などという命題も、そこで思念されているのが「抽象的な悟性同一性」であるのか、それとも「自己において具体的なものとしての同一性」であるのかが未決定であるかぎりは、不完全だと述べている。「同一律」は「真の思惟法則」であるどころか「抽象的悟性の法則」でしかなく、「命題という形式」それ自身がすでにこのような命題に矛盾している。なぜなら「命題」は「主語と述語とのあいだの相違」を約束するものだからである。そのうえいかなる意識もこのような法則にしたがって思惟せず、いかなる実存もこのような法則にしたがって実存するのではないというのが、むしろ「一般的な経験」(Ibid., S. 237) なのである。「同一性の真の意義」にしたがうなら、それは「相違を排除した同一性」たる「抽象的同一性」(Ibid., S. 238)[43] としては、把捉されえないのである。

少しだけ『大論理学』から補足しておく。「同一性」とはそれ自身において「絶対的非同一性」でもあるのであって、「同一性」とは「或る異別的なもの」でもある。なぜなら「同一性」は「異別性とは異なる〔異別的である〕」

（WdLW. S. 29）からである。それゆえ「真理」は「異別性との同一性の統一」のうちでのみ「完全」であり、それはこのような「統一」（Ibid., S. 30）のうちにのみ存している――マビユの表現にしたがうなら、「われわれの思惟を麻痺させる」のは「同一性／差異という独断的二者択一」なのであって、思弁哲学はむしろ「同一化と差異化の諸過程しか存在しない」ことを示している。思惟を特徴づけているのはけっして「一項」ではなく、「或る配分」（G/M. p. 194）なのである。

Ⅱ　『大論理学』によれば、「同一性」は「相違から区別」され、「相違」は「同一性それ自身の本質的契機」（WdLW. S. 33）ではあるのだが、「相違」もまた「それ自身」であるとともに「同一性」でもあるのであって、両者が共同して「相違」を形成する。つまり「同一性」が「その全体」であるとともに「その契機」でもあるように、「相違」もまた「全体」であるとともに「それ自身の契機」だというのである。かくして「相違」は「自らと同一性との統一」（Ibid., S. 34）だということになる……。

『小論理学』に戻ろう。ヘーゲルによれば、「本質」は「自らを自己へと関係づける否定性[44]」であるかぎりでのみ「純粋同一性」かつ「自己自身のうちへの仮象」なのだから、それは本質的に「相違という規定」を含んでいる。それゆえにこそ、本章以前の諸章でもわれわれが取り上げたように、「如何にして同一性は相違にいたるのか」などと問うのは、「まったく無思慮」である。「同一性」とは「関係」、しかも「自己への否定的関係」であり、「自己自身からのその区別」なのである。

相違とは第一に、「直接的相違」すなわち「異別性」であって、そこでは「区別されたものども」がそれぞれ「対自的に〔＝それだけで〕それがそれで有るところのもので有り」、他への関係に対して「無頓着」であるがゆえに、「他」はそれに対して「外的」（W8. S. 239[45]）である。そして「それらの相違に対する異なるものどもの無頓着性」のゆえに、相違は「比較するものという第三者」（Ibid., S. 239-40）のうちに落ちる。そしてこのような「外的相違」は、「関係づけられるものどもの同一性」としては「相等性（*Gleichheit*）」であり、「それらの非同一性」としては「不等性」(*Ungleichheit*)」(W8, S. 240) である。「相等性」とは「ただ同じものではなく、相互に同一的ではないようなものどものみの同一性」であり、「不等性」とは「不等なものどもの関係」である。そして「たんに異なる〔＝異別的な〕ものども」が互いに「無頓着」なものとして示されるのに対し、「相等性」と「不等性」は「端的に相互に関係づけられ、その一方が他方なしには考えられえないような、一対の諸規定」である。「比較」は「現存する相違」という前提のもとでしか意味を持たず、「区別」もまた「現存する相等性」という前提のもとでのみ意味を有する。われわれは「相違」においては「同一性」を、「同一性」においては「相違」(Ibid., S. 242) を、要求するものなのである。

第二に「即自的相違」とは「本質的な」相違、すなわち「ポジティヴなもの」と「ネガティヴなもの」であって、前者は「ネガティヴなものではない」という「自己への同一的関係」であり、後者は「ポジティヴなものではない」という「区別されたもの」なのだという。各々が「他ではない」という仕方で「対自的に」あることによって、各々は「他」のうちに「仮現」し、「他」があるかぎりでのみある。本質の相違は「対置」であり、各々は他にしたがうなら「自らの他」(Ibid., S. 243) なのである。「ポジティヴなもの」はふたたび「同一性」ではあるのだが、しかし「その高次の真理において」、また「自己自身への同一的関係」としてであり、同時に「ネガティヴなものではない」というようにしてである。「ネガティヴなもの」は「対自的に〔それだけで〕」は「相違それ自身」である。「同一的なものとしての同一的なもの」がさしあたり「没規定的なもの」であったのに対し、「ポジティヴなもの」は「他に対して規定された」ものとしての「自己と同一的なもの」であり、「ネガティヴなもの」も「同一性ではないという規定における相違としての相違」である。「ポジティヴなもの」と「ネガティヴなもの」は「絶対的な相違」とみなされがちだが、じつは「財産」と「負債」、「東への道」と「西への道」のように、両者は「即自的には同じもの」であり、また磁石の「N極」と「S極」のように本質的に「相互によって制約され」、「両者の相互関係のうちにのみ」(Ibid., S. 245) あるのだということになる。

前々章でも見たように、「抽象的悟性の命題」でしかない「排中律」について語る代わりに、むしろ「すべては対置されている」と言うべきだと、ここでヘーゲルは述べている。じっさい「天にも地にも、精神界にも自然界にも」、どこにも悟性が主張するような「抽象的なEntweder-Oder〔あれかこれか〕」など存在しないのであって、「ともかくも存在するすべて」は「一つの具体的なもの」であり、それとともに「自己自身のうちで区別され対置されたもの」(Ibid., S. 246)なのである。そもそも世界を動かすものとは「矛盾」であり、「矛盾は思惟されない」などと述べるのは「笑止の沙汰」である。「止揚された矛盾」もまた「抽象的な同一性」ではなく、「矛盾として措定された対置の最も近い結果」とは、「同一性」をも「相違」をも「止揚され、たんに理念的なだけの諸契機へと引き下げられてしまったもの」として自らのうちに含んでいるような「根拠(*Grund*)」である。「ポジティヴなもの」と「ネガティヴなもの」とは、それぞれ「措定された矛盾」であり、しかも「即自的には同じもの」であるからこそ、両者は「没落する〔zu *Grunde* gehen 根拠へとゆく〕」(Ibid., S. 247)のである。

Ⅲ　前節でわれわれが見たフィヒテの『基礎』における「関係根拠」や「区別根拠」とも類比的に、ヘーゲルは「根拠」のことを「同一性と相違との統一」(Ibid., S. 247-8)と規定する。『大論理学』の言葉を借りるなら、「Aでも非Aでもない何かなど存在しない」と主張する「排中律」に反し、この命題それ自身のうちに+Aでも-Aでもないが、+Aでも-Aでもあるような A それ自身が、すなわち「対立に対して無頓着な第三者」が存在しているのであって、この「第三者」こそが「対置」がそこへと帰行するところの「根拠」としての「反省の統一」(WdLW. S. 59)なのである。そして『小論理学』によれば、「すべてはその十分な根拠を持つ」と述べる「根拠律」が意味するのは、「それはその有を或る他のうちに持つ」ということである。根拠が根拠であるのは、それが「或るものの、或る他なるものの根拠」であるかぎりのことなのである。

「根拠」が「同一性と相違との統一」と言われるとき、そこで解されるべき「統一」とは、もちろん「抽象的同一性」すなわち「悟性同一性」ではない。それゆえわれわれは、根拠は「統一」であるのみならず、例によって「同一性と相違との相違」(W8, S. 248)でもあるのだと言わなければならない。

そのうえ前々章でも見たように、「根拠」はまだ「即且対自的に規定されたいかなる内容も」持たず、まだ「目的」でもないのだから、それは「活動的〔*tätig*〕」でも「産出的〔*hervorbringend*〕」（Ibid., S. 252）でもない。そうではなくて、或る「実存」が「根拠からただ出て来る〔*hervorgeht* 由来する〕だけ」（Ibid., S. 252-3）なのである。しかもあらゆるものには何らかの「根拠」が見出され申告されうるのだし、「すぐれた根拠」が「何かを引き起こしも引き起こさなくも、或る帰結を有しも有さなくも」あることがある。根拠が何かを引き起こす「動機〔Beweggrund 運動根拠〕」となるのは、たとえば初めてそれを「活動的」にし「或る原因」にする「或る意志」（Ibid., S. 253）を採用することによってでしかない。

ここでも『大論理学』から少しだけ補足しておくことにしよう。前々章でも見たように、「根拠」の章が掲げている大枠からするなら、「根拠」とはさしあたり「絶対的根拠〔＝根拠一般〕」であって、そこでは「本質」が「根拠関係にとっての基礎〔*Grundlage*〕一般」であり、さらには根拠は「形式と素材」として規定され、また自らに或る「内容」を与える。第二に根拠は「或る特定の内容の根拠」として「規定された〔＝特定の〕根拠」であり、「根拠関係」は「その実現一般」のなかで自らに「外的」になることによって、「制約する〔＝特定の仕方で条件づける〕媒介」へと移行する。第三に根拠は或る「条件」を前提とするが、条件もまた「根拠」を前提とする。「無条件的なもの」が「両者の統一」であり、それは「即自的事象〔*Sache an sich* 事象自体〕」なのであって、それは「制約する〔条件づける〕関係という媒介」を介して「実存」（WdLW, S. 66）へと移行する——かくして「A　絶対的根拠」は「a　形式と本質」（Ibid., S. 68）、「b　形式と素材」（Ibid., S. 72）、「c　形式と内容」（Ibid., S. 77）の三つの項について順に扱うことになるのだが、「根拠」の箇所にそのような諸カテゴリーが登場することに対してわれわれが抱く違和感については前々章でも触れたし、本項でもまた改めて後述する。次に「B　規定された根拠」は「a　形式的根拠」（Ibid., S. 79）、「b　実在的根拠」（Ibid., S. 84）、「c　完全な根拠」（Ibid., S. 91）へと分節され、そのうち形式的根拠とは、たとえば「植物はその根拠を或る植物的な、すなわち植物を産出する力のうちに持つ」（Ibid., S. 82）というような「たんなる形式主義にして空虚な同語反復」(Ibid., S. 81) でしかなく、実在的根拠においては「根拠」と「根拠づけられたもの」とが「異なる内容」(Ibid., S. 85) を持ち、それゆえ「実在的根拠」は「他なるものへの関係」ではあるのだが、しかし実在的根拠は「様々な内容」を含むので、そこには「根拠関係の偶然性と外面性と」(Ibid., S. 87) が歩み寄る。各々の「定在」は「様々な根拠を持ちうる」(Ibid., S. 89) のであって、要するに「いかなる根拠も十分な根拠ではない」(Ibid., S. 90)。そして「完全な」根拠とは、ヘーゲルによれば「形式的根拠と実在的根拠とを同時に自らのうちに含む」(Ibid., S. 91)[46] ような根拠であり、このような「全体的根拠関係」は自らを「条件づける〔＝制約する〕媒介」(Ibid., S. 94) へと規定してしまうことになるのだという。

「C　条件」(Ibid., S. 94) は、例によって「条件から条件への通常の無限進展」を避けえない「相対的に-無条件的なもの」から「絶対的に無条件的なもの」を導き出し、「真に無条件的なもの」を「事象自体〔*die Sache an sich selbst* 自己自身における事象、即自的事象〕」(Ibid., S. 98-9) のうちに求めるのだが、それは同書第二篇の主題となろう——ここではわれわれは、「同一性-相違-根拠」の系統において見出されるであろう幾つかの問題点に関して、先に検討しておくことにしたい。

Ⅳ　まず最初に気になるのは、そもそも本質論における「同一性-相違-根拠」という系列が有論における「有-無-生成」に、本当に、つまりは体系的に対応しているのか、という問題である。たとえばヴェイヤール＝バロンは、こう語っている。「反省の諸規定は同一性、差異、矛盾である。それらはすでに有論の第一章のなかに現前している。しかしそれらが諸本質性としてそれら自身のために思惟されるのは、本質論においてでしかない」(G/M. p. 126)。しかしながらこのような見方からは、「有論」の「生成」に対応しているのは「根拠」ではなく「矛盾」だということになり、そして事柄からしても、「根拠」を「定在」に対応させるのにも或る種の違和感は拭い切れないにせよ、「根拠」を「生成」に対応させるにはさらに奇異の念が抱かれうるであろう。「生成」はむしろ「矛盾」に近い。そして第二章で幾度も繰り返し見た「概念においては、同一性は普遍性に、相違は特殊性に、根拠のうちへと帰行する対置

(die Entgegensetzung, die in den Grund zurückgeht) は個別性に、形成され続ける」(WdLB, S. 50) という『大論理学』の言葉を見ても、「根拠」と「対置」の位置づけがかなり微妙だということが、一目瞭然である。「同一性」と「相違」とに後続すべきものが、何ともすっきりしない――それは対置・矛盾でも根拠でもなく、その両者を統合したようなものではないだろうか。そして『大論理学』の一八一三年の「本質論」で「矛盾」が占める地位に比して、独立した表題としてさえ掲げられずに「相違」の項目のなかに吸収されてしまうがごとき『小論理学』における「矛盾」の地位を、われわれはどう考えればよいのだろうか。

第二にすでに触れたように、〈素材-形式〉や〈形式-内容〉の対が『大論理学』では「根拠」のなかに収められているのが、いささか不可解である。のちに見るように、『小論理学』では「素材と形式」(W8, S. 260) は本質論のA「実在の根拠としての本質」の「c 物」のなかで扱われ、「内容と形式」(Ibid., S. 264) は本質論のB「現出」のbのタイトルとされている。また『大論理学』より古い一八一〇/一一年の《中級のための論理学》でも、「素材」と「形式」(W4, S. 175) は第二部「本質」の第二篇「現出」のB「現出」――Aは「物」である――のなかで取り上げられている。そして事象それ自身から考えてみても、なぜ〈素材-形式〉や〈形式-内容〉が「根拠」のなかに位置づけられなければならないのか、その理由がそれほど明確ではない。ちなみに『小論理学』では「論理的諸思想」は「あらゆるものの即且対自的に有る根拠」(W8, S. 85) と、「神」は「あらゆるものの根拠」(Ibid., S. 105) と呼ばれているのだが、そのような「根拠」とは、はたして「絶対的根拠」なのだろうか、あるいは「規定された根拠」なのだろうか、それとも「絶対的に無条件的なもの」、すなわち「事象自体」と同定されうるがごとき「真に無条件的なもの」なのだろうか。

また第三に、相違を排除した抽象的同一性や同一性を捨象した抽象的相違を非難するときのヘーゲルの批判の仕方が、それほど明快ではない。たとえば『大論理学』ではこう述べられている。「あらゆるものが自己と同一的であるなら、それは異なるのではなく、対置されず、いかなる根拠も持たない。もしくはもし二つの等しい諸物が存在しないと、すなわちあらゆるものは相互に異なると想定されるのであれば、AはAに等しくない、Aは対置されもしない、等々」(WdLW. S. 26)。あるいは「すべての諸物は異なっている、もしくは互いに等しい二つの物は存在しない――この命題はじっさい同一律に対置される。なぜならその命題が言明するのは、Aは異なるものである、それゆえAは非Aでもある、もしくはAは或る他なるものに不等である、それゆえそれはA一般ではなく、むしろ或る特定のAである、ということだからである」(Ibid., S. 39)――しかしながら、仮に「同一性」を「同一性」として判明に規定するためには「相違」からの「相違」という考えが必要であり、「相違」を「相違」として規定するためには「同一性」からの「相違」という思想が必要だと仮定してさえ、自他関係から生ずる「すべての諸物は異なっている」や「二つの等しい諸物が存在しない」から自己関係にのみ関わる「Aは非Aでもある」や「AはAに等しくない」を導き出したり、逆に自己関係にしか妥当しない「あらゆるものが自己と同一的である」から自他関係に関わる「それは異なるのではなく、対置されず、いかなる根拠も持たない」を結論したりするのは、飛躍に満ちた論証であり、むしろナンセンスと言うべき議論ではないだろうか。

ちなみに第四に、「AはAである」を確証するために「経験」(Ibid., S. 30)に訴えることを批判しつつ、「経験はむしろ異別性と統一した同一性を含んでいる」と述べて「経験」に訴えるようなやり方は、自己矛盾している。また「植物とは何であるか」と尋ねられて「植物とは――植物である」などと答えたなら、そのような回答によっては「何も言われていない」(=無が言われている)」とか、あるいは「神とは何であるか」と尋ねられて「神とは――神である」と答えるなら「期待が裏切られる」(Ibid., S. 31)とか述べるのも、論理的な反駁というより、むしろ人間心理に訴えるやり方でしかない。

そして最後に、われわれが前々章でも繰り返し批判してきたように、「同一性」も「相違」も「全体」であると同時に「契機」でもあるというようにして「同一性と相違との統一」と「同一性と相違との相違」をともに認めるような仕方からは、おそらく「同一性」においても「相違」においても、それらの上位方向に関しても下位方向に関しても、無限進展ないし無限遡行は免れえないという結論に陥ってしまうであろう。そのような悪無限を避けるためには、どこかでわれわれは端的なる「同一性」と端的なる「相違」というものを、認めておくのでなければならない。ベッヒャー（W. Becher）のように語るなら、「同一性‐相違」のような概念諸関係の「弁証法」においては、「自己適用の不可能性」（Henrich (2), S. 81-2）ということもまた考慮されなければならないのである。

(b) 根拠‐実存‐物

テイラーは以下のように述べている。「〈根拠〉のカテゴリーとともに、われわれは実在をまさしく、そこに有るものとしてではなく、根拠づけられたものとみなすにいたる。実存するものはどのようなものでも、或る理由を有している。〔…〕それゆえこのカテゴリーとともに、われわれはじっさいに〈有〉の圏域を越えてしまった。いまやわれわれはあらゆるものを、その根拠から流出するものとして見る」（Taylor, p. 263）。実存とはすなわち、そのことを主題的に意識するか否かにかかわらず、根拠づけられた有、根拠によって媒介された有のことである。そしてわれわれの見てきた『小論理学』「本質論」のA‐a‐γ「根拠」の最終節は、こう述べる。「本質はさしあたり自己のうちへの仮現にして媒介である。媒介の全体性として、本質の自己との統一はいまや相違の、それとともに媒介の、自己止揚として措定される。それゆえこれは直接性もしくは有の回復である、しかし媒介の止揚によって媒介されているかぎりでの有の回復である――それは実存である」（W8, S. 252）。

先にも述べた理由から、われわれは『小論理学』の叙述にもとづいて「根拠‐実存‐物」の系列を見てゆく――『大論理学』においてもその順序は変わらないが、しかし「根拠」が「本質」論の第一篇第三章の表題とされているのに対し、「実存」は第二篇の第一章の表題であり、そして同章の三つの節はいずれも「物」について省察している――。それゆえ以下、われわれは『小論理学』「本質論」のA「実存の根拠としての本質」のb「実存」とc「物」を中心に追ってゆき、必要とあらば『大論理学』やその他のテクストから補足してゆくことにしたい。

Ｉ「b　実存」は以下の言葉から始まっている。「実存は、自己-のうちへ-の-反省と、他-のうちへ-の-反省との、直接的統一である。それゆえ実存は、自己-のうちへ-反省されたものどものとしての実存するものどもの不特定の集合なのだが、それらは同時に他-のうちへ-の-仮現でもあって相対的であり、相互的依存性の、また諸根拠と根拠づけられたものどもとの或る無限の連関の、一つの世界を形成する。諸根拠はそれら自身諸実存であり、実存するものどももまた同様に多くの面にしたがって、諸根拠でも根拠づけられたものどもでもある」(Ibid., S. 253)。先にも見たように、「根拠から出来《しゅったい》したもの」としての「実存」は、自らのうちに根拠を含み、「根拠」もまた「実存」の背後にとどまるのではなく、むしろ根拠こそが「自らを止揚して実存へと自らを置き移すべき」ものなのである。

「実存するもの」の「他-のうちへ-の-反省」が「自己-のうちへ-の-反省」と不可分だということは、「根拠」が「実存がそこから出来したところのそれら（＝両反省）の統一」だということである。それゆえ「実存するもの」は「相対性」と「他の実存するものどもとのその多様な連関」とを「それ自身において」有し、自己のうちへと「根拠として反省されて」いる――ヘーゲルによれば、「実存するもの」はそのようにして「物」(Ibid., S. 254) なのだという。

例によって分かりづらい表現なので――「実存」にせよ「物」にせよ、他によって媒介され、根拠づけられているという面と、それでも自立的・自存的・直接的に扱われうることを自己主張するという面との両面を含んでいるので、ややこしくなる――『大論理学』から若干補足しておくことにする。ヘーゲルによれば、われわれは「実存しているものは或る根拠を有し、条件づけられている」とも「それはいかなる根拠も持たず、無条件的である」とも述べうる。なぜなら「実存」とは「根拠や条件によって関係づける媒介の止揚から出来した直接性」なのであって、このような直接性は「出来《しゅったい》(Hervorgehen)」のうちでまさに「出来それ自身」を「止揚している」(WdLW. S. 105) からである。「本質」が「実存へと移行した」とき、「実存」は「その彼方には本質が残存しなかった」ような「一つの絶対的な外化(Entäußerung)」なのだが、そのような「実存」はただちに「実存するもの」すなわち「物」として規定される。「実存する或るもの(das existierende Etwas)」は有論で見られたような「有るところの或るもの(das seiende Etwas)」

（Ibid., S. 108）からは区別されるのだが、それは前者があくまで本質的に「自己自身のうちへの媒介の反省」によって成立したような「直接性」（Ibid., S. 18-9）だからである。そしてそのような「実存する或るもの」をこそ、ヘーゲルは「物」（Ibid., S. 109）[47]と呼ぶのである。

Ⅱ　『小論理学』は続いてカント哲学で有名になった「物-自-体」の成立事情に関して考察する。すなわち、それは「他-のうちへの-反省」や「区別された諸規定一般」に反対して主張された「抽象的」な「自己-のうちへの-反省」にすぎないのであって、ひとはそのような諸規定の「空虚な基礎」（W8, S. 254-5）として、このような抽象的反省に固執しているのである。たとえば「物-自-体」は「認識不可能」だと述べられるとき、そのことは、もし「認識」のもとに「その具体的な規定性における或る対象の把捉」のことが理解されているのなら正しいが、しかしその場合、「物-自-体」は「まったく抽象的で未規定的な物一般」でしかないのだということになる。

ヘーゲルの有名な説によれば、たとえば「人間-自-体」とは「子供」であり、その「課題」とは、このような「抽象的で未発展の即自」にとどまるのではなく、「さしあたりそれがただ即自的（＝潜在的）にのみそれで有るところのもの」――「自由で理性的な存在者」――に「対自的（＝自覚的）」にもなることのうちに存している。同様に、「国家-自-体」とは「まだ未発展の、族長制国家」であり、「植物-自-体」とは「芽」である。それゆえ「物の即自」すなわち「物-自-体」一般を「何かわれわれの認識にとって近づけないもの」と思念するのは間違いなのであって、「すべての物」はさしあたり「即自的（＝自体的）」であり、ただし「物一般」は「抽象的」な「自己-のうちへの-反省」たるその「たんなる即自」を踏み越えて、自らを「他-のうちへの-反省」として証するところまでゆくのである――かくして物は「諸特性（*Eigenschaften*）」（Ibid., S. 255）を持つ。

『大論理学』では以下のように述べられている。「物自体」とは「止揚された媒介によって現存する本質的な直接的なものとしての実存するもの」であり、「〔…〕自己において多様で外的な定在」が「非本質的なもの」である。つまり「物-自-体」は「実存」し、「本質的」な実存なのだが、「媒介された有」は「物の非本質的な実存」（WdLW, S.

109）とされる。「物自体」は「非本質的な定在の根拠」ではなく、「不動で未規定的な統一」であり、定在の「基礎」（Ibid., S. 109-10）であるにすぎない。「物‐自‐体」はそれ自身においていかなる「特定の（＝規定された）多様性」も持たず、「外的反省」にもたらされることによって初めて多様性を得るのだが、しかしそのような多様性に対しては「無頓着」（Ibid., S. 110）なままである。「物‐自‐体」は「自らを自己に関係づける本質的な実存」である。しかしそれは「反省の否定性」を自己自身のうちに保持しているので、「物‐自‐体に外的な実存として現出するもの」は「物‐自‐体それ自身における契機」である。けれどももしこのような「非本質的な実存」が自らのうちに崩れ落ちて、最初の「物‐自‐体」とは別の「物‐自‐体（＝物の現出的諸特性のこと）」となるなら、最初の「物‐自‐体」が「直接的な本質性」であるのに対し、こちらは「非本質的な実存」から出来する「物‐自‐体」である。ただしこのような「別の物‐自‐体」は「或る他一般」でしかなく、それは第一の物‐自‐体に対して「自己と同一的な物」という以上の「規定性」（Ibid., S. 111）を持たない。「二つの物‐自‐体」は、じつは「ただ一なる物‐自‐体」でしかない。そして「他への関係としての自己への関係」が、その「規定性」を形成する――そのような「物‐自‐体の規定性」こそが「物の特性」（Ibid., S. 112）なのである。

Ⅲ　「定在するものとしてのこのような全体は、多くの諸特性を持った一つの物である」（W4, S. 174）と一八一〇／一一年の《中級のための論理学》では述べられ、『大論理学』でも以下のように語られている。「一つの物は諸特性を持つ。それらは第一に、他への物の特定の諸関係である。〔…〕しかし第二に物は、このような被措定有のなかで、即自的である。それは他への関係のなかで自らを保持する。〔…〕同時に特性は物に固有であり、物の自己同一的な基礎である」（WdLW, S. 113）。

『小論理学』「本質論」A‐c「物」では、「物」は「根拠と実存という諸規定の、一なるもののうちに措定された展開としての全体性」だと述べられていた。物はその諸契機の一つ、「他‐のうちへの‐反省」にしたがっては、それ自身において「相違」を持ち、それによって物は「或る規定された（＝特定の）具体的な物」である。(α)これらの諸規定は「相互に」異なっていて、これらの諸規定は、それら自身においてではなく、「物」においてそれらの「自己-のうちへの-反省」を持つ。それらは「物の諸特性」なのであって、物に対するそれらの関係は、「持つ〔*Haben* 所有〕」である。「関係」として、「有る」の代わりに現れるのが「持つ」なのである。

たしかに「〔有論で見た〕或るもの（*Etwas*）」もまたそれ自身において「諸々の質」を有してはいた。しかし「質としての規定性」はただちに「或るもの」と「一」であって、「或るもの」は、それが自らの「質」を失ってしまうとき、「有ることをやめる」（W8, S. 256）。それに対し、「物」はそれが「諸特性」を持つかぎりでのみ実存するとはいえ、それでも「あれこれの特定の特性」に結びついているわけではなく、したがって「それがそれで有るところのもので有ることをやめる」ことなく、そうした特性を「失いうる」（Ibid., S. 257）のである。

「物が持つ諸特性」は「異別性」という形式での「実存する相違」である。そしてわれわれは「物」において「様々な〔＝異別的な〕諸特性を相互に結合する一つの絆」（Ibid., S. 256）を持つ。

Ⅳ　（β）しかしながら「他-のうちへの-反省」は、「根拠」においてはそれ自身においてただちに「自己-のうちへの-反省」でもあるのだから、「諸特性」もまた「自己と同一的」で「自立的」であり、「それらが物に結びつけられていること」から「解放」されるのだとヘーゲルは主張する――これは「他-のうちへの-反省」と「自己-のうちへの-反省」を、「物」のみならず、「諸特性」にも適用しようとする解釈からの帰結である――。しかるに諸特性は「自己-のうちへと-反省された」ものとしての「物」の「相互に区別された諸規定」なのだから、それら自身は「具体的」な「諸物」ではなく、むしろ「抽象的な諸規定」であり、「諸物質〔*Materien* 諸素材、諸質料〕」（Ibid., S. 257）である。

『大論理学』から少し補足しておく。「特性」こそが「自立的なものそれ自身」とみなされると、反対に「諸物」が「非本質的なもの」となってしまって、「物」は「自立的な物質」から「存立する」（WdLW. S. 117）と考えられるようになる。そして「物質への、もしくは自立的な質料（*Stoff*）への特性の移行」が、「化学が感性的物質に対しておこなう周知の移行」なのである。「諸物は様々な物質〔素材〕もしくは質料から存立する」。そのさいひとは、「諸物」と「それらの構成要素」とをたしかに区別しはするが、しかし後者もまた物なのか、そしてどの程度まで物なのか、あるいはそれはたんに「半《なか》ば物（Halbdinge）」であるにすぎないのかを言うことはない。けれども少なくともそれらは「実存するもの一般」（Ibid., S. 118）である……。

『小論理学』に戻ろう。「諸物質」、たとえば「磁気的」諸物質や「電気的」諸物質は、「物」とは名づけられない。しかし「物が持つ諸特性」を「物がそこから存立する諸物質ないし諸質料」へと「自立化」せしめることは、「物」の概念にもとづき、それゆえ「経験」のうちにも見出される。けれども「自立的な諸質料へのこのような分解」がその固有の位置を見出すのは、「非有機的自然」（W8, S. 257）においてでしかなく、すでに「有機的生」において、このようなカテゴリーは「不十分」である。

かくして「物質」は「定在する物性」であり、「c　物」の冒頭近くで述べられていたのとはちょうど反対に、「物」はその「自己-のうちへの-反省」を「諸物質」においてこそ持つのであって、「それ自身において」ではなく「諸物質から」こそ存立し、それらの「表面的な連関」にして「外的な結合」（Ibid., S. 258）にすぎないのだということになってしまう。そして「物質」は「〔他との相違ではなく〕実存の自己との直接的統一」としては「規定性」に対して「無頓着」なのだから、「多くの異なる物質」は「一なる物質〔素材〕」へと、つまりは「同一性という反省規定における実存」へと倒壊してしまうであろう。そしてそれに対しては「様々な諸規定性やそれらの外的関係」こそが「形式」、すなわち「相違という反省規定」だということになる——このような「一なる没規定的な物質〔素材〕」は、「物-自-体」がそれで有るところのものと同じものなのだが、ただし後者が「自己においてまったく抽象的な有るもの」であるのに対し、前者は「他に対して、さしあたり形式に対しても、即自的に有るもの」なのだという。「素材〔物質〕」をその孤立のうちに、即自的に「無形式的」なものとして固定してしまうのは「抽象化する悟性」だけなのであって、じっさいは「素材という思想」は「形式という原理」を内に含み、「経験」においても「没形式的な素材」など、どこにも「実存する」（Ibid. S. 259）ものとして現れないのである。

V　かくして「物」は「素材（物質）」と「形式」へと解体し、その各々が「物性の全体性」であり、「対自的に自立的」である。「素材（物質）」は「ポジティヴな、未規定的な実存」であるべきだが、それは実存としては「他-のうちへの-反省」をも「自己内有」をも含んでいて、これらの諸規定の統一としてはそれ自身が「形式の全体性」である。しかるに「形式」はすでに「諸規定の全体性」として「自己-のうちへの-反省」を含んでいる。つまり両者は「即自的」には「同じもの」であり、そもそも両者のこのような措定された統一こそが「素材と形式の関係」なのだが、両者は「区別」されてもいる。このような「全体性」としての「物」は、それゆえ、「そこにおいて素材が規定され諸特性へと引き下げられるような形式」であると同時に、「自立的」でもあるような「諸素材（諸物質）」から「存立」しているという「矛盾」である。「物」は「自らを自己自身において止揚する実存」として「本質的実存」であるべきようにしてあり、つまりは「現出（＝カントの言うところの、物自体から区別されるかぎりでの現象）」（Ibid. S. 260）である。

素材を自立的なものとみなして形式を外的なものと考えるのか、それとも形式こそが自立的なものであって素材は抽象的な諸規定にすぎないのか、そして素材をも形式をも両方思惟しなければならないがゆえにわれわれは本当に「矛盾」に巻き込まれてしまうのか――そうした諸問題について検討してみるまえに、ここでも他の諸テクストから、同様の問題設定を確認しておくことにしよう。たとえば一八一〇／一一年の《中級のための論理学》のなかでは、こう述べられている。「諸規定は物性によって自己と同一的である。そして物は諸規定の自己自身とのこの同一性以外の何ものでもない。なぜならこの同一性は、それだけで孤立せしめられると、いかなる真理も持たないからである。それゆえそのことによって、物はそれだけで存立する諸物質としてのその諸特性のうちへと解消される。／しかるに諸物質が物の統一のうちへと統合されることによって、それらは互いに浸透し合い（絶対的に多孔的である）、相互のうちへと解消される。それゆえ物は自己におけるこのような矛盾である、もしくは自らを即自的にただ解消するものとして、現出として措定される」〔W4. S. 174-5〕。あるいは『大論理学』では、ヘーゲルはこう述べている。「一における多くの諸物質の自立的存立という矛盾」もしくは「それらの浸透における諸物質の相互への無頓着性」〔WdLW. S. 123〕について語りつつ、「物はこの矛盾それ自身以外の何ものでもない。それゆえそれは現出である」〔Ibid., S. 125〕。

Ⅵ　われわれは物質〔素材〕を自立的なものとみなす見方を取ることも、物に依存する諸規定とみなす見方を採用することもできよう。しかしながら、それは観点の相違であって、両者が矛盾しているということではない。そもそも何かが同時に円かつ四角、赤かつ青であることは矛盾と呼びうるかもしれないが、しかし赤い円や四角い青を考えることがけっして矛盾ではないように、形式と素材は矛盾し合うものではない。全体のステイタスのなかで形式を主として考えるか、それとも素材を中心に考えるかは、もちろん考え方次第である。そして「現出」において矛盾しないものが「物」において矛盾すると主張するなら、そこに見出されるのはもちろん概念の側の、あるいはむしろ概念を設定した側の、何らかの不備である。

ついでながら、先の(a)でも述べたことだが、〈素材-形式〉が「根拠」ではなく「物」に関して述べられているのは、より自然な扱いであろうかと思われる。しかし「根拠-実存-物」の系列は、先の有論における「有-定在-対自有」の系列に、体系的に対応しているであろうか。とりわけ「実存」から「物」への進展は「有限性」から「無限性」への進行であった「定在」から「対自有」への移行と、いかなる関連を有しているのだろうか。また一八〇八／〇九年のほうの《中級のための論理学》は、「物質〔素材〕の最も表面的な形式は、諸部分から存立する全体であることである」〔W4. S. 97〕と述べつつ、「全体と諸部分の関わり合いの二律背反《アンチノミー》」〔Ibid., S. 98〕についてさえ言及している——しかしながら「全体と諸部分の関わり合い」は、『小論理学』においては「本質論」B「現出」のc「関わり合い」の、『大論理学』においても「本質論」第二篇「現出」の第三章「本質的な関わり合い」のA「全体と諸部分の関わり合い」のテーマなのである。つまりわれわれが言いたいのは、ここでもヘーゲル論理学は、一義的「必然性」の順序にしたがって進行しているのか、あるいはもっと別の道も、さらには様々な道の共存さえ、存在しえたのではなかったか、ということなのである。

(c) 本質－現出－現実性

先に述べたとおり、「本質－現出－現実性」という大枠に関するかぎり、『大論理学』と『小論理学』において大差はないが、しかしその内部の分節に関しては、すでに中枠と呼びうるものからして、かなりの相違が見られる。それゆえわれわれはまず、それぞれの分節について、簡単に考察しておきたいと思う。しかしながら『大論理学』においても『小論理学』においても、「現出」の箇所には〈全体と諸部分〉、〈力とその表出〉、〈内と外〉という、『大論理学』の言うところの「本質的な関わり合い」、一八〇八／〇九年の《中級のための論理学》の言葉では「自立的関わり合い」(W4. S. 87. 88) もしくは「無条件的関わり合い」(Ibid.. S. 99) が、また「現実性」の箇所では〈可能性－現実性－必然性〉の問題構制や〈実体性－因果性－相互作用〉のそれが、すなわちカントなら「様相」と「関係」の諸カテゴリーと呼ぶであろうものが、それぞれ主題化されていて、それらは本章が特に注目すべき問題構制として扱われるべきであろうと考えられる。それゆえ本項(c)は、さらに以下のように細分される。

(i) 〈本質－現出－現実性〉の問題構制
(ii) 本質的な関わり合い――全体と諸部分－力とその表出－内と外
(iii) 現実性－可能性－必然性
(iv) 絶対的な関わり合い――実体性－因果性－相互作用

【(i) 〈本質－現出－現実性〉の問題構制】

「本質－現出－現実性」の問題構制に関しては、まず『小論理学』の、次いで『大論理学』の構成を簡単に見、しかるのちに両者のそれぞれに対していささか考察をおこなうこととしたい。

I 『小論理学』では「同一性－相違－根拠」から始めて「実存」を経て「物」にいたるA「実存の根拠としての本

「質」を、これまで見てきた。B「現出」はa「現出の世界」、b「内容と形式」、c「関わり合い」から構成され、そのうち「関わり合い」では「全体と諸部分とのそれ（関わり合い）」(W8. S. 267)、「力とその表出」(Ibid. S. 268)、「内と外」(Ibid. S. 274) の関わり合いを扱う。「本質」は「現出の背後や彼方に」(Ibid. S. 261) あるのではなく、むしろ「本質」こそが「実存する」ものであることによって、「実存」が「現出」(Ibid. S. 262) なのだが、しかし「現出一般」はまだ「外面性」(Ibid. S. 265) にとりつかれている。

それに対し「現実性」は、先にも見たように「本質と実存との、もしくは内と外との、直接的となった統一」(Ibid. S. 279) である。C「現実性」は「現実性」、「可能性」、「必然性」について語ったあと、a「実体の関わり合い」(Ibid. S. 294)、b「因果性の関わり合い」(Ibid. S. 297)、c「相互作用」(Ibid. S. 300) を順に主題化しつつ、「概念」(Ibid. S. 303) への橋渡しをおこなおうとする。

Ⅱ　『大論理学』では、これまで「本質論」第一篇「それ自身における反省としての本質」のなかから特にその第二章の「同一性」、「相違」、「矛盾」と第三章の「根拠」の箇所を見、また第二篇「現出」のなかでは「物」が主題化されているのを目撃してきた。同篇第二章「現出」はA「現出の法則」、B「現出する世界と即-自-的に有る世界」、C「現出の解消」に、そして第三章「本質的な関わり合い」はA「全体と諸部分との関わり合い」、B「力とその表出との関わり合い」、C「外と内との関わり合い」に分節される――第三章の「本質的な関わり合い」については、(ii)で個別的に扱う。第二章「現出」に関しては、「現出」はまずもって「同時に様々な内容諸規定を含む、自己との単純な同一性」であって、これは「現出の変化のなかで自らに等しくとどまるもの」としては「現出の法則」であり、このような法則が「対立」に移行すると「現出する世界」には「即自的に有る世界」が対置され、そしてこの「対立」がその「根拠」へと帰行すると「即自的に有るもの」が「現出」のなかにあり、逆にまた「現出するもの」が「その即自有のうちに受け入れられたもの」として規定されて、「現出」が「関わり合い」(WdLW. S. 127) になるのだという。

第三篇「現実性」は第一章「絶対者」で、われわれも本書第二章でも見たようにA「絶対者の解き示し」、B「絶対的属性」、C「絶対者の様態」について順に扱い、第二章「現実性」では「現実性、可能性、必然性」の問題について詳述し、第三章「絶対的な関わり合い」では順にA「実体性の関わり合い」、B「因果性の関わり合い」、C「相互作用」を主題化する。

「現出」が『大論理学』では「本質的な実存」(Ibid.) と規定されていることについてはすでに見た。そして「現実性」は、ここでもまた「本質と実存の統一」と規定されている。「内と外のこのような統一」こそが「絶対的な現実性」(Ibid., S. 161) なのである。

Ⅲ　ところで『小論理学』の構成のなかで最も気になるのは、『大論理学』と同様、ここでも「現実性」が「本質と実存との、もしくは内と外との、直接的となった統一」と規定され、かつまた「現出一般」がまだ「外面性」にとりつかれたままだと述べられているにもかかわらず、「実存」が――『大論理学』においてのように――B「現出」のなかに置かれず、A「純粋な反省諸規定」のなかに含まれているということである。そもそも『小論理学』では、「実存」という表現はラテン語の «*existere*〔ex-sister　脱し‐立つこと〕» に由来し、「出来《しゅったい》してしまっていること」(W8, S. 253) を意味するのだと言明されている。それゆえ「実存」がA〔=「内」〕の箇所にあるのは、体系的な順序・秩序として、おかしくはないだろうか。

またこれも先に触れたことだが、「内容と形式」がなぜB「現出」のbに位置するのだろうか。『大論理学』では「形式と素材」も「形式と内容」も「根拠」の章のうちに含まれていた――それも変だが、少なくとも「形式と内容」を「形式と素材」とならんで扱おうという意図は見られた。しかし『小論理学』では「素材と形式」(W8, S. 260) は本質論のA「実在の根拠としての本質」のc「物」のなかに位置づけられている。「内容と形式」は「物」では扱われえないのだろうか。あるいはもし「物」というのが「内容」にはふさわしくないというのであれば、たとえば「事象」[48]の箇所で取り上げられるべきではないのだろうか。

また「現出の世界」がB「現出」のaのテーマとされているのに対し、「物-自-体」についての言及はすでにAのb「実存」(Ibid. S. 254 ff.)やc「物」(Ibid. S. 259)において顕著である。しかしこの点に関しては、『大論理学』においてのように「現出する世界と即-自-的に有る世界」を、少なくとも一括して扱う手立ても、一つの可能性として存在しえたのではないだろうか。

Ⅳ 次に『大論理学』の当該部分で最も気にかかるのは、前々章でも述べたように、第三篇「現実性」の第一章として「絶対者」が取り上げられていることである。先にわれわれが検討したように、ここでの「絶対者」は、結局のところ「スピノザの実体」(WdLW. S. 169)のことでしかなく、そのことは続いて「属性」や「様態」(Ibid. S. 170)が取り上げられていることからも明らかであろう。しかしもしそうなら、なぜ同篇はその第一章で「絶対者」を取り上げ、そして第三章の「絶対的な関わり合い」のAでふたたび「実体性の関わり合い」を主題化するのだろうか。そこに体系的に必然的な進展の齟齬や不整合、少なくともぶれのようなものを感じるのは、むしろ自然な反応ではないだろうか。

ついでながら、『大論理学』「本質論」第二篇の第三章は、『精神現象学』(PhG^B2. S. 111)と同様、「転倒した世界(eine verkehrte Welt)」(WdLW. S. 141)について語っている。つまり第二章のB「現出する世界と即-自-的に有る世界」によれば、「即且対自的に有る世界」は「現出する」世界の「根拠」たるかぎりでは後者と「同一」だが、後者に「対置」されるかぎりでは「現出する世界の転倒したもの(die *verkehrte* der erscheinenden〔Welt〕)」であり、またC「現出の解消」によれば、「現出する世界」で「ポジティヴ」であるものは「即且対自的に有る世界」では「ネガティヴ」、前者の「北極」は後者では「南極」、前者の「悪」や「不幸」は後者では「善」や「幸福」(Ibid. S. 138)なのだという——そして『精神現象学』においてと同様、たいていのヘーゲル研究家たちと同じように、われわれとしてもこのような言説は不可解であると断ぜざるをえない。なぜならヘーゲル自身の考えにしたがうかぎり、「絶対的根拠」にせよ「規定された根拠」にせよ、あるいは「規定された根拠」のなかで再区分された「形式的根拠」にせよ

「実在的根拠」にせよ「完全な根拠」にせよ、根拠と根拠づけられたものとの内容は同一であるか、あるいは仮に異なるとしても、それが正反対でなければならないなどということは、帰結しないからである。

【ⅱ本質的な関わり合い――全体と諸部分－力とその表出－内と外】

一八〇八年以降に繰り返された《上級のための哲学的エンチュクロペディー》では、「一　全体と諸部分」、「二　力とその表出」、「三　内と外」がまだ本質論のC「根拠と根拠づけられたもの」（W4, S. 18 ff.）の枠内に収められていたのに対し、すでに一八一〇／一一年の《中級のための論理学》のなかでは、それらの諸主題は本質論第二篇「現出」のC「関わり合い」のなかで取り扱われ、そこでは「関わり合い」は「一部は一つの無頓着な存立を有し、一部はしかし各々がただ他方によってのみ、また被規定有のこの統一のなかにのみ有るところの、二つの面の相互関係」と規定されている。「諸規定は、或るときは関わり合いの形式のうちに措定されている。別のときには、それらはただ即自的にのみ形式のこれらの諸規定なのであって、一つの独立した直接的な実存として現出する」（Ibid., S. 177）。

『大論理学』によれば、「現出の真理」が「本質的な関わり合い」であり、その内容は「直接的な自立性」を、しかも「有るところの直接性（die *seiende* Unmittelbarkeit）」と「反省された直接性もしくは自己と同一的な反省」（WdLW. S. 140）とを持つのだが、同時にそれはこの「自立性」のなかで「或る相対的な」内容であり、端的に「それの他における反省」もしくは「それの他との関係の統一」としてのみあるのだという。それゆえ「本質的な関わり合い」は、まだ――現実性のように――「本質と実存とに対する真の第三者」とまではゆかないとはいえ、それでもすでに「両者の特定の統合」（Ibid., S. 141）を含んではいる。そして「本質的な関わり合い」は、「直接的」には「全体と諸部分との関わり合い」であり、第二には「力とその表出との関わり合い」、そして第三に「最後の関わり合い」とは「内と外とのそれ」（Ibid., S. 142）である……。

上記の内容を伴った「関わり合い」は、『大論理学』では本質論第二篇「現出」の第三章で「本質的な関わり合い」の表題のもとに、『小論理学』でも本質論B「現出」のcで「関わり合い」の表題のもとに主題化され、その位置づけに関しても内容に関しても大差はない。それゆえここではより簡潔な『小論理学』のほうを中心的に取り上げ、しかるのちに『大論理学』から補足するという手順を踏むこととしたい。

Ⅰ 「直接的な関わり合いとは全体と諸部分とのそれである」という言葉から『小論理学』本質論B－cは始まっている。「内容」は「全体」であり、それは「その反対」たる「形式」としての「諸部分」から「存立」している。「諸部分」は相互に異なり、「自立的なもの」だが、しかしそれらはそれらの「相互関係」のうちでのみ、もしくは「一緒になって全体を形成する」かぎりでのみ諸部分なのであり、そしてこの「一緒に（*das Zusammen*）」は「諸部分の反対にして否定」なのだという。

「本質的な関わり合い」とは「現出の特定の、まったく一般的な仕方」であって、「実存するあらゆるもの」は「関わり合い」のうちに立ち、関わり合いは「あらゆる実存の真なるもの」である。そしてそのことによって「実存するもの」は「抽象的に対自的に（＝それだけで）」あるのではなく、「或る他のうちに」のみあり、しかもこのような「他」のうちで、それは「自己への関係」である。「関わり合い」とは「自己への関係と他への関係との統一」なのである。

「全体と諸部分との関わり合い」は、「その概念と実在が相互に対応しない」かぎりで「真ではない」のだとヘーゲルは主張する。つまり「全体の概念」とは「諸部分を含む」ということなのだが、しかしそのとき全体は分割され、「全体であること」を「やめてしまう」（W8. S. 267）のである。

ヘーゲルの考えでは、「一つの生ける肉体の諸分肢や諸器官」は、たんに「その諸部分」とはみなされえない。なぜならそれらは「それらの統一」のなかにあり、またこの統一に対してけっして「無頓着に」振舞うのでないかぎりにおいてのみ、「それらがそれで有るところのもの」なのであって、これらの諸分肢や諸器官が「たんなる諸部分」になるのは、「生ける身体」にではなく「死体」に携わるような「解剖学者」の手のもとにあるときでしかない。「全体と諸部分」という「外的で機械的な関わり合い」は「有機的生命」をその真理において認識するには「不十分」なのであって、そのことは、ましてや「精神」や「精神的世界の諸形成」(Ibid., S. 268) において当てはまる。

同じことをもう少し詳しく『大論理学』で見てみよう。ヘーゲルによれば、「全体」は「即且対自的に有る世界を形成する自立性」であり、「諸部分」は「現出する世界」がそれであったところの「直接的実存」なのだという。両者は「諸契機」として措定されるが、しかし同じくらい「実存する諸自立性」としても措定される。それゆえこのような「関わり合い」は「両面の自立性」と「端的に或る関係のなかにある両者」という「それらの被止揚有」とを含んでいるのである。つまり、「全体」は「自立的なもの」であり「諸部分」は「この統一の諸契機」にすぎない――しかし諸部分もまた「自立的なもの」なのであって、「それらの反省された統一」こそが「一契機」にすぎない。ゆえにこのような関わり合いは「それ自身における直接的な矛盾」であり、「自らを止揚する」(WdLW, S. 143) のである。

つまり「全体」が「諸部分」に等しいのは、「この自立的な異なるもの」としてではなく、「それらの一緒に (*zusammen*)」としてであり、そしてこの「一緒に」は「全体」にほかならないのだから、「全体と諸部分との相等性」は「同語反復」しか表現せず、「全体としての全体」は「諸部分において」ではなく「全体に等しい」のみである。他方、「諸部分としての諸部分」もまた「全体としての全体」にではなく、「全体のなかで自己自身と、諸部分と等しい」にすぎないのだから、ここにも「同語反復」しか見出せない。かくして「全体と諸部分」は相互に「無頓着的」にばらばらとなって崩れるのだが、しかるにそのようにばらばらに区別されると、両者は「自己自身を破壊」(Ibid., S. 145)[49] してしまう。

そこでヘーゲルによれば、「関わり合いの真理」は「媒介」のうちにある。「全体と諸部分」の関わり合いの示すがごとき「その両面が持つような直接性」は、「媒介」もしくは「被措定有」のうちへと「移行」してしまった――各々は、それが「直接的」であるかぎりでは「自らを止揚し他へと移行する」ようなものとして「措定」(Ibid., S. 146) される。かくして「全体と諸部分の関わり合い」は「力とその表出との関わり合い」(Ibid., S. 147) へと移行したのである。

Ⅱ　『小論理学』は「力とその表出」(W8, S. 268) という言葉を呈示したあとに、ふたたび「全体と諸部分との関わり合い」は「無思想な関わり合い」であって、「自己-との-同一性の異別性への転換」だと述べている。「一方」では「他方への対立」が「忘却」されてしまって、或るときには「全体」が、或るときには「諸部分」が、「自立的実存」として受け取られ、交互に一方が「存立するもの」で他方が「非本質的なもの」とみなされてしまう。そしてこのような「機械的な関わり合い」は、その「表面的な形式」においては、「諸部分が相互に対して、また全体に対して、自立的なものとしてある」という点に存している。

「物質の分割可能性」に関わる「無限進展」もまたこのような「関わり合い」を利用しつつ、「その両面との無思想的な交替(=全体を諸部分とみなすこと)」である。そしてヘーゲルによれば、「否定的なもの」とみなされたこのような「無限性」が「自己への関わり合いの否定的な関係」であり、「自己内有として自己と同一的な全体」たる「力」なのだという。反対にこのような自己内有を止揚して「自らを表出」するものとしては、それは「表出」であり、表出は消失して「力」へと帰行する。

「力」はこのような「無限性」にもかかわらず「有限」でもある。なぜなら「力と表出との一にして同じもの」たる「内容」は、「即自的」にしか「同一性」ではなく、関わり合いの両面は、まだ「全体性(=自足したもの)」ではないからである。「力」はそれゆえ「外からの促し」を必要とし、「盲目的」(Ibid., S. 269) に作用するのであって、このような「形式」上の欠陥のゆえに、その「内容」もまた「制限」され「偶然的」である。内容はまだ形式と真に「同一的」ではなく、「即且対自的に規定されたもの」たる「概念や目的」(Ibid., S. 270) としてあるわけではない。

たしかに「分割される」と「全体であることをやめてしまう」ような全体に対し、力は「自らを表出すること」によって初めて自らを力として確証する。しかしながら「自らを表出する」ために「促し」を必要とするという点に、「力の有限性」が示されている。「それによって力が促されるところのもの」はそれ自身ふたたび「自らを表出するために同様に促されなければならない或る力の表出」なのであって、このようにしてわれわれは「運動の絶対的始源」を欠きつつ、ふたたび「無限進展」に陥る、等々。

「力」とは「自らを表出すること」でしかないのだが、しかし「諸力の即自の認識不可能性」という主張にも、「この関わり合いの有限性についての正しい予感」が含まれているのだという。すなわち「或る力の個々の表出」は、さしあたり「不特定の多様性」のなかで現れ、それらの「個別化」においては「偶然的」なものとして現れる。われわれはこのような多様を、「力」と表記される「その内的な統一」(Ibid., S. 271) へと還元しようとするのだが、しかし「様々な諸力」がふたたび「多様」となって、それらの「たんなる並列」のなかで「偶然的」なものとして現れてしまう。そこで今度はわれわれは、「様々な諸力」を「一つの同じ共通の根源力 (Urkraft)」へと還元しようとするのだが、しかしそのような根源力は「抽象的な物自体」と同様に無内容な「一つの空虚な抽象」でしかない。「力とその表出との関わり合い」は、本質的に「媒介された関わり合い」であり、それゆえ「力」を「根源的」なものと、あるいは「自らに依拠〔＝自足〕する」ものと把捉しようとするなら、それは「力の概念」に「矛盾」(Ibid., S. 272) してしまうのである。

『大論理学』でも「力」は「そこにおいて全体と諸部分との矛盾が解消された否定的な統一」であり、「かの最初の関わり合いの真理」だと言われている。「全体と諸部分」は「無思想的な関わり合い」もしくは「死せる、機械的な寄せ集め」でしかなかったのだが、「力の関わり合い」は「自己のうちへのより高次の回帰」であり、そこでは「全体の統一」が「多様性」に対して「外的で無頓着なもの」(WdLW, S. 148) であることをやめている。

ヘーゲルによれば、「力にとって現存している外面性」は、さしあたり「或る他の力」として措定されているような「それ自身の前提している活動」(Ibid., S. 151) である。つまり、たとえ一方の力が「促す」(Ibid., S. 152) もので他方の力が「促-される」ものなのだとしても、「促す」力はそれが「促すものであること」へと促される」かぎりでのみ「促す」(Ibid., S. 153) ものなのである。

「力の活動」は「自らを表出すること」のうちに存する。つまりヘーゲルによれば、それは「外面性を止揚」して外面性を「そこにおいて力の活動が自己と同一であるところのもの」として規定することに存している。かくして「力」は「その外面性がその内面性と同一であること」(Ibid., S. 154) を表すのである。

Ⅲ 「力の表出」は「この関わり合いのうちに現存している両サイドの異別性の止揚」であり、「即自的には内容を形成する同一性の措定」(W8, S. 273-4) なのだと『小論理学』は述べている。それゆえその「真理」は「その両サイドがただ内と外としてのみ区別されるような関わり合い」なのだという。

「内」とは「自己-のうちへの-反省の空虚な形式」であり、「外」とは「他-のうちへの-反省の空虚な規定」なのであって、それゆえにこそ両者の「同一性」は「充実された」同一性であり、「内容」である。つまり「外」はさしあたり「内」と「同じ内容」である――「現出」は「本質のうちにない何ものも」示さず、「本質」のうちには「顕現されない何ものも」ない。「内」と「外」は、「形式諸規定」としては、「自己との同一性」と「たんなる多様性もしくは実在性」という「諸抽象」として「対置」されてはいるのだが、しかし「〔内と外という〕一形式の諸契機」としては本質的に「同一的」であるので、「ただ内であるにすぎない」ものはただ「外」であるにすぎず、また「ただ外であるにすぎないもの」もまたただ「内」(Ibid., S. 274) であるにすぎない――たとえば「子供」は「人間一般」としては「理性的存在者」なのだが、「子供としての子供の理性」はさしあたり「素質」等々の「内的なもの」として現存するにすぎず、それゆえにこそこのような「たんに内的なもの」は、子供にとっては同時に「彼の両親の意志」や「彼の教師の知識」として、一般に「子供を取り巻く理性的世界」として、「たんに外的にすぎないもの」(Ibid., S. 276) という形式を有するのである。

人間は「人間がおこなうもの」で「有り」(Ibid., S. 277)、「一連の彼の諸行為」以外の何ものでもない。「真理」にしたがって、「内と外」は「同じ内容」(Ibid., S. 278) を持つ。「力の表出」によって「内」が「実存」のうちに措定されたときの「措定」は「空虚な抽象による媒介」だったのだが、このような媒介は、そこにおいて「内と外が即且対自的に同一」であるような「直接性」へと消失する。そしてこのような「同一性」こそが、ヘーゲルの言う「現実性」(Ibid., S. 279) なのである。

『大論理学』でも「ただ外であるにすぎない或るものは、まさにそのゆえにただ内であるにすぎない」(WdLW. S. 156) 等々のことは述べられている。結局のところ、「或るものがそれで有るところのもの」はまったく「その外面性」のうちにあり、「その外面性」が「その全体性」でも「自己のうちへと反省されたその統一」でもある。それは「その本質の顕示」であり、本質は「自らを顕示するもの」であることのうちにのみ存する。かくして「本質的な関わり合い」は、「内もしくは本質との現出のこのような同一性」のうちで、自らを「現実性」(Ibid., S. 160) へと規定したのである。

Ⅳ　それではここでもまた幾つかのコメントを加えておくことにしよう。まず「全体」が「内容」で、その「反対」たる「形式」が「諸部分」だというのは、はっきり言って不可解である。もし諸部分を全体として規制している理念的統制原理が全体であるとするなら、むしろ「全体」こそが「形式」であって「諸部分」のほうはそれを満たす「内容」ではないだろうか。

そもそも「諸部分」を「自立的なもの」とみなすのは、間違っている。たとえそこに解剖学者の眼下にある死体の諸器官のような「外的で機械的な関わり合い」しか認めないのだとしても、「諸部分」を「諸部分」とみなした時点で、すでに諸部分がそこに〈於てある〉一なる「全体（＝場所）」が想定されている。それゆえ「全体」と「諸部分」という言葉を用いるかぎり、優位ないし先位は「全体」に与えられる。ヘーゲル自身、たとえば一八〇二年の『信と知』のなかでは、「認識」にとっては「諸部分は端的に全体によって規定され、全体が認識の最初のものであらねばならない」(W2. S. 402) と、また翌年の『自然法の学的取り扱い方』では「部分はその限界を認識せず、むしろ自らを一つの全体にして絶対的なものとして構成する傾向を持つにちがいない」が、「哲学はしかし全体の観念のなかで諸部分のうえに立ち、そのことによって各々をその限界のうちに保ちも、理念それ自身の高さによって部分がその配分のなかで無際限の小ささへとはびこり続けないように防止しもする」(Ibid., S. 519. Vgl. JSE III, S. 234 ; Henrich (3), S. 71) 等々と述べている――それゆえにこそまた〈全体主義〉の名のもとに個人を抑圧するような態度を肯《がえ》んじえない人々は、そもそも共同体と個人とのあいだに「全体と諸部分」のごときカテゴリーを適用してはならないのである。

そして第二に、「全体と諸部分」のこのような矛盾的関わり合いが自らを止揚してたどりつくのが「力とその表出」というのは、一つの道であるかもしれないが、しかし絶対的もしくは必然的な道であるとも思えない。たとえばゲシュタルト心理学が呈示するような一つの形態は、諸部分以前の全体印象としてやって来る。そのような全体を反省的にひとたび分解ないし分析して諸部分を措定し、そしてそれらの諸部分を統制している原理を求めたのだとしても、それは「力」であるとはかぎらないのだし、仮にそれを〈統制力〉というような言葉で表現したいのだとしても、そこに見出される「力」は「ニュートン」(W8, S. 272) の名が想起せしめるような「力」とは自ずから性格を異にするであろう。

そして第三に、「力とその表出」から移行した「内と外」がふたたび移行してゆきつく先が「現実性」だと言われる場合、「力とその表出」の指し示す「内と外」と、先に「現実性」に関して言われた「本質と実存との、もしくは内と外との、直接的となった統一」の「内と外」は、はたして同じものであろうか。「力とその表出」もたしかに「内と外」であり、「本質と実存」もたしかに「内と外」ではある。しかし「本質」が「力」だとは言われていなかったのだし、「実存」はたしかに「現出」ではあろうが、「力」の現出と言われているわけではない。つまりヘーゲルは「内と外」という表現の一般性に乗じて、「力とその表出」→「内と外」→「現実性」の道筋を、いささか安直に描いてしまったのではないだろうか。

(iii) 現実性‐可能性‐必然性

「現実性‐可能性‐必然性」の問題に関しても、まず『小論理学』の叙述をたどり、はるかに詳しい『大論理学』の叙述についてはやや簡略的に紹介するにとどめて、しかるのちに、とりわけこの問題構制の体系的な位置づけということに関して、若干のコメントを付け加えることとしたい。

Ⅰ　『小論理学』における当該箇所の(α)では、「現実性」はさしあたり「同一性」としては「可能性」であると述べられている。可能性は「自己-のうちへの-反省」として「現実性に対する本質的なもの」であり、同時に「たんに可能性」(Ibid. S. 281)である——じっさい可能性は「空虚な抽象」であり、先に「内」と謂われたものだが、しかしそれは「たんなる様相」であり、「主観的思惟にのみ属する」ものとして「措定」されている。それに対し「現実性」と「必然性」は「他に対するたんなる仕方」であり、「自己において完成された具体」として措定される。「可能性」はさしあたり「現実的なものとしての具体」に対しては「自己-との-同一性というたんなる形式」なのだから、可能性にとっての規則は「何かは自己において自らに矛盾しない、それゆえすべては可能である」というものである。しかしながらヘーゲル自身の考えにより、具体的なあらゆる内容においては「規定性」は「特定の対立」また「矛盾」として捉えられうるので、「すべては同様に不可能でもある」。それゆえこのような「可能性」や「不可能性」について語ることほど「空しい」ことはないのである。

「表象」にはさしあたり「可能性」が「より豊かでより包括的な」規定として、「現実性」は「より貧しくより制限された規定」として現出するかもしれない。しかし「思想」には、「現実性」のほうが「より包括的なもの」である。なぜなら現実性は「具体的な思想」として、「可能性」を「一つの抽象的な契機」として「自らのうちに含んでいる」(Ibid. S. 282)からである。

「可能性」については、それは「思惟可能性」のうちに存しているとよく言われるが、しかしここで「思惟」のもとに理解されているのは、「抽象的同一性の形式における或る内容の把捉」であるにすぎない。けれどもあらゆる内容はこのような形式のうちで思惟されうるので、たとえば「今晩月が地球に落ちる」とか「トルコの皇帝が教皇になる」等々、「このうえなく不条理でばかげたこと」が「可能」とみなされうるのである。また「諸可能性」について語られるさいには、とりわけ「根拠についての思惟法則(=根拠律)」が取り扱われるのだが、それによると「可能」

なのは「それに対して或る根拠が申告されるもの」(Ibid., S. 283)である。

Ⅱ　(β)では、「自己‐のうちへの‐反省としての可能性」から区別されただけの「現実的なもの」は「外的な具体」すなわち「非本質的な直接的なもの」にすぎず、つまりはそれ自身「一つのたんに可能的なもの」すなわち「偶然的なもの」でしかないと述べられている。「可能性」それ自身が「たんなる偶然(*Zufall*)」なのである。「可能性」と「偶然性」とが「現実的なものの外面性」を形成するたんなる諸形式として措定された「現実性の諸契機」であり、「内と外」である。「偶然的で可能的なものの有限性」は「形式規定が内容から区別されていること」に存し、「何かが偶然的で可能的であるか否か」は「内容」(Ibid., S. 284)にかかっている。「偶然的なもの」とはそもそも「自らの有の根拠を、自己自身のうちにではなく、他のうちに有しているようなもの」(Ibid., S. 284-5)のことなのである。「直接的な現実性」として、「偶然的なもの」は同時に「他なるものの可能性」でもあるのだが、しかしそれはもはや先の「抽象的可能性」ではなく、「有るものとしての可能性(Möglichkeit als *seiend*)」であり、ヘーゲルによれば、これが「条件(*Bedingung*)」である。じっさい「直接的な現実性」は自らのうちに「何かまったく別のものへの萌芽」を含んでいて、この「他なるもの」はさしあたり「一つの可能的なもの」にすぎない。そして「そのようにして出来《しゅったい》するこの新たなる現実性」は、「それが消費する直接的現実性」の「固有の内(＝内部・可能性)」(Ibid., S. 287)なのだから、「犠牲にされ没落し消費される諸条件」は、「他の現実性」のなかで、じつは「自己自身と連携」(Ibid., S. 287-8)しているにすぎない。

Ⅲ　(γ)このように展開された「外面性」は、「可能性と直接的現実性との諸規定の一つの円環」であり、「それらの相互による媒介」が「実在的可能性一般」である。「内から外へ、外から内へ」というこのような「形式の自己運動」が「自らを現実性へと止揚する実在的根拠」としての「事象(Sache)」と「偶然的現実性」との「活動(*Tätigkeit*)」なのであって、「すべての諸条件」が現存するなら、「事象」は「現実的」となるのでなければならない。それゆえこのような「展開された現実性」は「必然性」なのである。

「必然性」が「可能性と現実性との統一」と定義されたのは正しかったが、しかしこのような規定は「表面的」だとヘーゲルは述べている。「必然性の概念」がきわめて難しいのは、ヘーゲルによれば、必然性が「概念それ自身」(Ibid., S. 288) だから、あるいは「概念」が「必然性の真理」であり、逆にまた「必然性」が「即自的には概念」(Ibid., S. 290) だからだという。

上記の「条件、事象、活動」(Ibid., S. 292) のうち、「活動」とは「事象」を「そこにおいて事象が即自的に現存しているところの諸条件」から取り出して「措定」し、「諸条件が有している実存を止揚することによって事象に実存を与える」ような「運動」のことであり、これら三つの契機が「相互に対する自立的実存の形態」を有しているかぎり、このような過程は「外的必然性」(Ibid., S. 293) としてある。けれども「根拠にして偶然的な条件」が「直接性」へと置き移され、「事象」が「自己自身と連携した」という観点からするなら、「必然性」は「端的に」、「無条件的な現実性」としてある。つまり「必然的なもの」は、「諸事情の円環によって媒介されて」いるという観点からは、「それは諸事情がそのようにして有るがゆえにそのようにして有る」のだが、「一において(=一体として考えるなら)」、「無媒介的に」は、「それはそれが有るがゆえにそのように有る」(Ibid., S. 294) ということになるのだという。

Ⅳ 『大論理学』本質論の第三篇「現実性」の冒頭部分では、「現実性」はまず「絶対者としての絶対者」であり、第二に「本来的な現実性」としては「現実性、可能性、必然性」が「絶対者の形式的諸契機もしくは絶対者の反省」(WdLW. S. 161) を形成し、第三に「絶対者とその反省との統一」が「絶対的な関わり合い」あるいはむしろ「自己自身への関わり合いとしての絶対者」であり、「実体」(Ibid., S. 162) なのだと述べられている。そしてA、B、Cの三つに分節されるその第二章の冒頭箇所では、それぞれの内容が以下のように予告されている。まず「現実的なもの」と「可能的なもの」が「形式的な相違」であることによって、両者の関係もまた「形式的」にすぎず、それは双方とも「偶然性」のうちにあることに存している。第二に「現実的なもの」と「可能的なもの」がそれら自身において「規定」を有するなら「実在的現実性」が生成し、それとともに「実在的可能性」と「相対的必然性」も出来《しゅったい》する。

そして第三に「相対的必然性の自己のうちへの反省」が「絶対的必然性」を与え、これは「絶対的な可能性と現実性」である――かくしてA「偶然性もしくは形式的な現実性、可能性、必然性」はたんに「形式的」なレヴェルで、B「相対的必然性もしくは実在的な現実性、可能性、必然性」は「実在的」なレヴェルで、C「絶対的な必然性」はむしろ「実体」のレヴェルで、それぞれ「現実性、可能性、必然性」について考察してゆくのだということになる。

V A「現実性」は「直接的な、未反省的な現実性」でしかないときには「形式的」であり、「有もしくは実存一般」でしかないのだが、本質として「即自有もしくは可能性」を含んでもいる。「現実的であるものは可能的」(Ibid. S. 176) なのである。

「可能性」は「自己自身のうちへ反省されていること」と「他なるもの、現実性を指示し、現実性において自らを補完する」こととという「二つの契機」(Ibid. S. 176-7) を有している。第一の観点からするなら、可能性は「自己との同一性」という「たんなる形式規定」にすぎず、「自己矛盾しないすべては可能である」。しかしながら「多様なもの」は「他に対して」規定されて「否定」を含み、「異別性」は「対置」や「矛盾」に移行するものなのだから、このような観点からは「すべて」は「矛盾するもの」であり、「不可能なもの」(Ibid. S. 177) だということにもなってしまう。逆にまた、もし「AはA」であるなら「-Aは-A」でもあるのだから、「反対もまた可能」となってしまう。「或る可能的なもの」のうちには「それの他」も含まれているのであって、このような「矛盾」が自らを止揚すると、このような関係が「現実性」となるのである。

しかしこのような「現実的なもの」は「一つの可能的なもの」(Ibid. S. 178) でしかなく、「可能性と現実性とのこのような統一」が「偶然性」である――「偶然的なもの」とは「同時に可能的なものとしてのみ規定され、それの他もしくは反対もまた同じ程度に有るような一つの現実的なもの」のことなのである。それゆえ「偶然的なもの」は、一方では「偶然的であるがゆえにいかなる根拠も持たない〔＝必然化されない〕」が、しかし他方では「偶然的であるがゆえに或る根拠を持つ〔＝たまたま或る諸事情のゆえに生じた〕」(Ibid. S. 179) のだということになる。「現実性」は、それとは区別されたものとしての「可能性」のなかで、「自己同一的」である。そしてこのような「同一性」として、現実性はまた「必然性〔＝他のなかで自己同一であることの必然性。現実的なものが可能的なもののただなかでこの現実的なものとなるということの必然性。偶然的必然性〕」(Ibid., S. 180) なのである。

Ⅵ　B　さしあたり「実在的現実性」とは、「多くの諸特性を持った物」であり、「実存する世界」である。しかし「現実性」として、同時にそれは「即自有」にして「自己‐のうちへの‐反省」でもあるのだから、それ自身において「可能性」を有してもいる。そして「実在的現実性の即自有としての可能性」は、それ自身「実在的可能性」であり、さしあたり「内容に満ちた即自有」(Ibid., S. 181) である。「或る事象の実在的可能性」とは「事象に関わる諸事情の定在する多様性」であり、かくして「実在的可能性」は「諸条件の全体」(Ibid., S. 182) を形成する。そして「或る事象のすべての諸条件」が完全に現存するなら、その事象は「現実性」のうちへと歩み入る――「事象それ自身」とは、「現実的なもの」でも「可能的なもの」でもあるべく規定された「内容」(Ibid., S. 183) なのである。

しかじかの「諸条件と諸事情」のもとでは「何か別のもの」は帰結しえない。それゆえ「実在的必然性」とは「内容に満ちた関係」であり、それゆえにまた同時に「相対的」でもある――それは「そこからそれが始源する或る前提」というものを持ち、つまりは「偶然的なもの」において「その出発点」(Ibid., S. 184) を有しているのである。それゆえ「実在的な必然的なもの」は「何らかの制限された現実性」であり、別の観点からするなら「一つの偶然的なもの」にすぎない。「実在的必然性」は「即自的」には、「内容」的にも「形式」的にも、じつは「偶然性」(Ibid., S. 185) でもあるのである。

「即自的」には「必然性と偶然性との統一」(Ibid., S. 185-6) がここに現存している。そしてヘーゲルはこのような「統一」をこそ、「絶対的現実性」と名づけようとする。

Ⅶ　C　すなわち「絶対的現実性」とは、「その即自有」が「可能性」ではなく「必然性それ自身」であるがゆえに「もはや別様ではありえない」ような現実性ではあるのだが、そのようなものは「一つの空虚な規定」にすぎず、

「偶然性」だというのである。このような「空虚」は、現実性を「空虚な可能性」すなわち「〔空虚という意味で〕絶対的な」(Ibid., S. 186) 可能性にする。そして「絶対的な必然性」とは「現実性と可能性一般も、形式的必然性と実在的必然性も、そこへと帰行するような真理」なのであって、それは「純粋有」でも「純粋本質」でもあるようなもの、両者が「一にして同じもの」であるようなものである。「端的に必然的なもの」は「有るがゆえにのみ有る」のであって、それ以外に「条件」も「根拠」も有さない。「それは有るがゆえに有る」(Ibid., S. 188) ――このような「偶然性」こそが「絶対的必然性」(Ibid., S. 189) であり、そしてまたこのような「その否定〔＝偶然性〕における自己自身との有の同一性」こそが「実体」(Ibid., S. 190) なのである。

Ⅷ　本書第一章〔の或る註〕でも第三章でも触れたように、一八〇一年の『差異』論文では「主観と客観の同一性は一二の、あるいはむしろ九つのみの純粋思惟活動に制限される、なぜなら様相はいかなる真に客観的な規定も与えないからである」(W2, S. 10) と述べられており、また一八〇八／〇九年の《中級のための論理学》では「可能性」、「現実性」、「必然性」の問題構制が「無条件的関わり合い」(W4, S. 99) すなわち『大論理学』で言うところの「絶対的な関わり合い」の枠内で扱われ、また一八一〇／一一年のほうの《中級のための論理学》のなかでは同じ問題構制が、第二部「本質」第三篇「現実性」のA「実体」(W4, S. 179 ff.) のなかで取り上げられている――体系的位置づけという問題に関するかぎり、「現実性-可能性-必然性」の問題構制は、ヘーゲル自身の内部で、かくも不確かな歩みを続けてきたと言うことができよう。

『大論理学』は『小論理学』に比べてはるかに緻密な構成を示してはいるのだが、その分節は後者に継承されていない――取り上げられる諸主題のずれ、もしくは越境という点に関して、前者のA、B、Cは、必ずしも精確に後者のα、β、γに対応しているわけではない。そのうえ『大論理学』では「現実性、可能性、必然性」の問題構制を含む「本来的な現実性」の章〔第二章「現実性」〕は第一章「絶対者」と第三章「絶対的な関わり合い」をつなぐものとしての位置づけを有していたのだが、おそらくは正当な理由によって、その第一章「絶対者」に相当する部門そのものが、『小論理学』では消失してしまっている。そして『小論理学』ではこの問題構制は本質論のC「現実性」のa「実体性の関わり合い」に入る以前に扱われていて、それは前ふり程度の意義しか有していないのか、あるいはそのような箇所にしか登場しないことにもそれ相応の何か特別な理由でもあるのか、われわれにはよく分からない。それゆえこの問題構制の体系的位置づけに関しては、それこそ「偶然性」と「必然性」とのあいだの距離を測りかねるというのが、われわれの正直な感想だということにでもなろう。

(iv)絶対的な関わり合い——実体性-因果性-相互作用

『大論理学』によれば、「絶対的な関わり合い」(WdLW. S. 190)は「その直接的な概念」においては「実体と偶有性との関わり合い」であり、「実在的なものとしての絶対的な関わり合い」とは「因果性の関わり合い」、また後者が「自らを自己へ関係づけるもの」として「相互作用」に移行することによって、絶対的な関わり合いはそれが含む諸規定にしたがって「措定」され、そして「全体性それ自身」ならびに「諸規定」として措定された「その諸規定におけるその措定された統一」が、「概念」(Ibid., S. 191)なのだという……。

「実体性」、「因果性」、「相互性(およびそこから「概念」への移行)」についても、各々の「関わり合い」に関して、まずより簡潔でより執筆時期の遅い『小論理学』のほうを紹介したのちに『大論理学』から補足し、最後にわれわれの側からの考察を付加するが、ここではヘーゲル論理学に関してわれわれが見てきた「有論」と「本質論」の全体に関しても、若干の総括的なコメントを加えておくこととしたい。

I 『小論理学』の本質論C「現実性」のa「実体性の関わり合い」は、現実性-可能性-必然性について扱ったCの前置き部分を受けて、「必然的なもの」とは「絶対的な関わり合い」すなわち「そこにおいて関わり合いが自らを同様に絶対的同一性へと止揚するところの過程」だと述べることから始まっている。その「直接的な形式」においては、それは「実体性と偶有性との関わり合い」であり、「この関わり合いの自己との絶対的な同一性」が「実体」で、「直接的なものとしての現実的なもの」が「偶有的なもの」だということになる。偶有的なものはもちろん「或る別の現実性」へと移行するのだが、そのような移行は「形式活動」としては「実体的同一性」である。

「実体」は「諸偶有性の全体性」であり、諸偶有性のなかで実体はそれらの「絶対的な否定性」として、すなわち「絶対的な力」として、同時にまた「あらゆる内容の豊かさ」として自らを顕示する。この内容はしかし「この顕現それ自身」（W8. S. 294）にほかならず、「実体性」とは「絶対的な形式活動にして必然性の力」であり、あらゆる「内容」は「このような過程にのみ属している契機」（Ibid. S. 295）にすぎない。

しかしながら「実体」が「絶対的な力」として「たんに内的な可能性としての自己へと自らを関係づけ、それとともに自らを偶有性へと規定する力」であり、そこからは「それによって措定された外面性」が区別されるということによって、実体は「本来的な関わり合い」、すなわち「因果性の関わり合い」（Ibid. S. 297）なのだという。

『大論理学』によれば、「絶対的必然性」が「絶対的な関わり合い」なのは、それが「有るがゆえに有る有」であるからであり、「自己自身との自らの絶対的媒介としての有」だからである。このような「有」はしかし「実体」である。「本質と有との究極の統一」として、実体は「あらゆる有のなかの有」であり、逆にこのような有が「自己と同一的な被措定有〔＝措定された有・引き起こされた有〕」でしかないとき、それは「仮現する〔＝仮象として、非本質的なものとして、現れる〕全体性」であり、「偶有性」（WdLW. S. 191）である――それは「生起と消滅との圏域」としての「偶然性」なのである。

「実体」は「或るもの」に対してではなく「単純な無抵抗的エレメントとしての自己」に対してのみ「活動的」であり、「偶有性」とは「実体全体それ自身」（Ibid. S. 192）なのだという。「諸偶有性の変化」も「絶対的な力としての実体」であり、「諸偶有性としての諸偶有性」は相互に対する「いかなる力も」持たない（Ibid. S. 193）。「実体」は「力」として「媒介するもの」であり、「力ある実体（*mächtige Substanz*）」である――かくして「実体の関わり合い」は「因果性の関わり合い」（Ibid. S. 194）へと移行することとなる。

Ⅱ　『小論理学』のｂ「因果性の関わり合い」は、「実体」は「根源的な事象（*ursprüngliche Sache*）」として「原因

〔*Ursache* 原-事象〕」であり、たんに「措定された〔＝引き起こされた〕」だけの、しかし「引き起こす作用の過程によって同時に必然的な」現実性たる或る「結果」を、産出するのだと述べている。「原因」は「根源的な事象」として「絶対的な自立性」という規定と「結果に対して自らを保持する存立」という規定とを有しているのだが、しかし必然的に「結果」へと移行してしまっている。「結果」のなかには「原因」のなかにない内容などなく、このような「同一性」が「絶対的な内容それ自身」である。しかし「原因の根源性」は「結果」のなかで「止揚」(W8, S. 297) され、結果のなかで原因は自らを「或る被措定有」にする。とはいえ、原因はそれで消失するのではなく、「結果」のなかで初めて「原因」は現実的に「原因」なのだから、原因は「自己原因 (*causa sui*)」であり、そのうえ自己原因と「自己結果 (*effectus sui*)」とは「同じもの」なのだという。もちろん「有限な原因」やその「表象」においても、「内容に関するこのような同一性」は現存している――たとえば「原因たる雨」と「結果たる湿気」とは、「一にして同じ実存する水」である。

因果的関わり合いの通常の意味では、原因はその内容が「有限」で、また原因と結果が「二つの異なる自立的実存」として表象されるかぎりで「有限」なのであって、そのような「有限性」においては交替的に「原因」は「〔それを引き起こしたものの〕結果」(Ibid. S. 298) としても表象されるのだから、ここに「諸結果から諸原因への進展」(Ibid. S. 298-9) が成立し、これは「下降的なもの〔＝諸原因から諸結果への進展〕」についても同様である――「原因」と「結果」は「一にして同じ内容」だったのだが、両者のあいだにはさしあたり「措定すること〔＝引き起こすこと〕」と「被措定有〔＝引き起こされること〕」という「形式の相違」がある。そのうえ原因は「それ自身の原因」、結果は「それ自身の結果」であって、原因と結果は「同一」だとは言っても、「原因」はそれが原因であるのと同じ関係で「結果」であるわけではなく、また「結果」はそれが結果であるのと同じ関係で「原因」であるわけではない。そしてこのことが「無限進展」(Ibid. S. 299) を与えるのである。

結果がそこにおいて生起するような「或る別の実体」が現存し、それは「能動的」ではなく「受動的」である。しかし「実体」としてそれは「能動的」でもあるのだから、それは「反作用する（*reagiert*）」。そして「最初の実体」もまた「反作用する」のであるからには、ここに「因果性」は「相互作用の関わり合い」へと移行したのだということになる。「相互作用」において、かの「諸原因から諸結果への無限進展」が「真の仕方で止揚される」（Ibid., S. 300）のである。

『大論理学』では「原因と結果の関わり合い」が、まず「形式的な因果性の‐関わり合い」（WdLW. S. 195）として取り上げられている。「実体」は「原因」として初めて「現実性」を有し、またそれが原因として有する現実性を「その結果においてのみ」（Ibid., S. 196）持つ。総じて「結果」は「原因が含まないものを何一つ」持たず、「原因」は「その結果のなかにないようなものは何一つ」持たない。そして原因とは「或る結果を持つ」という規定以外の何ものでもなく、結果は「或る原因を持つ」という規定以外の何ものでもない。

「その結果における原因の自己との同一性」が「内容」であり、原因も結果もその内容において「規定されて」（Ibid., S. 197）いる。それが「その実在性と有限性とにおける因果性の関わり合い」である。そしてこのような「内容の同一性」によって、「因果性」は一つの「分析命題」であり、そこに見出されるのは「事象にしたがった、主観的悟性の同語反復的考察」（Ibid., S. 198）である。

『大論理学』は「結果から結果への無限進展（*Progreß*）」とならんで「原因から原因への遡行（*Regreß*）」（Ibid., S. 203）という言葉を用い――両者は「悪無限」（Ibid., S. 204）である――「受動的実体」への対をなすものとしては「作用する実体（die *wirkende* Substanz）」（Ibid., S. 205）や「原因的実体（die ursächliche Substanz）」（Ibid., S. 206）、すなわち「能動的」実体という表現を用いつつ、「作用（Wirkung）」と「反作用（*Gegenwirkung*）」（Ibid., S. 207）の関係を言い表す。そして「有限な因果性のなかでついには悪‐無限的進展となってしまう作用」は「折り曲げられ（*umgebogen*）」て、「自己のうちへと帰還する一つの無限的相互作用」（Ibid., S. 208）になってゆくのである。

Ⅲ　「相互作用のなかで区別されたものとして堅持された諸規定」は、「即自的には同じもの」だと『小論理学』の

c「相互作用」(W8, S. 300-1) では述べられている。「二つと名づけられた諸原因の相違」など「空虚」であって、「即自的(＝自体として)」には「ただ一つの」原因しか現存しない。しかし「対自的(＝関係性として)」にもそうなのであって、「或る原因の作用(Aktion)」は「反作用(Reaktion)」となる。「相互作用」は「その完全な展開のうちに措定された因果性の関わり合い」(Ibid., S. 301) なのである。

「自己自身とのこのような純粋な相互〔Wechsel 交互〕」は「露開された、もしくは措定された必然性」(Ibid., S. 302) だとヘーゲルは述べている。それは「自己自身への無限な関係」なのである。そして「必然性のこのような真理」こそが「自由」であり、「実体の真理」は、ヘーゲルの言うところの「概念」(Ibid., S. 303) なのだという。「概念」は「有と本質との真理」(Ibid., S. 304) であり、「概念それ自身」がまた「対自的」に「必然性の力にして現実的な自由」(Ibid., S. 306) なのである。

『小論理学』のこの最後の箇所はいかにも言いっ放しの感が強く、いささか説明不足である。『大論理学』では「相互作用」において「機械論」が「止揚」(WdLW, S. 209) されると述べられているのだが、「内的必然性」と「自由」との考察に関しては、そのような考え方のほうが分かりやすいかもしれない。さらにヘーゲルは、「絶対的実体」は「以前の受動的実体」という「全体性」と「以前の原因的実体」という「全体性」とに区別され、前者が「自らの被措定有を自己自身のうちに含み、そこにおいて自己と同一的なものとして措定されるような単純な全体」すなわち「普遍」だとすれば、後者は「個別」であり、そして「個別性」と「普遍性」との「単純な同一性」こそが「特殊性」(Ibid., S. 211) なのだと、やはり多少とも強引に述べている。そしてこれこそが「主観性もしくは自由の王国」たる「概念」(Ibid., S. 212)[50] だというのである。

Ⅳ それでは「実体性‐因果性‐相互作用」に関して、ここでも若干の考察を加えておくことにしよう。まず〈実体‐偶有性〉に関しては、同様の問題構制は、「有論」や「本質論」を通じて、これまでも多々見られた——たとえば〈或るもの‐規定‐性状〉、〈物‐特性〉、〈絶対者‐属性‐様態〉などがそうである。そうしたものと比較したとき、なぜ

〈実体‐偶有性〉の問題構制が改めて必要になるのか、またなぜ〈実体性〉の問題構制が〈実体‐属性‐様態〉とはならないのか、等々の疑問が生じてくる。たとえば「諸偶有性」は相互に対して「力」を持たず、「力」を有しているのは当の「実体」だと言われた。しかしながら、「或るもの」においては「規定」は変化せず、そして「性状」の変化は「他なるもの」の存在を指示していた。それでは偶有性の変化を惹起しているのは、「受動的実体」に対して因果関係を有している他の「能動的実体」だということにはならないのだろうか――ちなみに『大論理学』の「概念論」では「能動的実体」は「原因」であり「受動的実体」において現れるのは「結果」だが、「原因は受動的実体に作用し、それは受動的実体の規定を変化させる」(WdLB. S. 7)と言われていて、その点では「或るもの」における「性状」の変化についての考察に近い。しかしながら、「或るもの」で変化せしめられるのは「規定」ではなく「性状」だという考えと、「実体」において変化せしめられるのが「規定」だというここでの考えとは、如何にして両立しうるのだろうか。つまり、ここでも「実体」のなかで変化せしめられえないもの〔＝属性〕と変化せしめられうるもの〔＝様態〕とのあらかじめの区別を欠いていることが、やはり問題になると考えられるのである。そのうえ、そもそも「実体」が「力」を持つということ自体が、あまりにも唐突に述べられているのではないだろうか。つまり、それは「因果性」への移行を念頭に置いて初めて成立する発言なのであって、したがって「実体性の関わり合い」から「因果性の関わり合い」への移行のなかには、論点先取の誤謬のようなものが潜んでいるのではないだろうか。

　第二に〈原因から結果への無限進展〉や〈結果から原因への無限遡行〉を停止させるのは、「自己原因」ではなく「相互作用」だとされている――つまり「スピノザ」の、正確に言えばヤコービの言及する「スピノザ」(W8. S. 298)の名を挙げつつも、ヘーゲルは無限進展や無限遡行をストップさせる役割を「自己原因」に認めようとはしていない。じっさいここで述べられている「自己原因」とは、原因は結果のなかで初めて原因である、あるいは原因は結果のなかにも存続する、といった程度のことであって、原因と結果との完全な自己同一にして〈原因‐結果〉関係の絶対的な停止というわけではない。しかし、それはヘーゲルがここで言う「相互作用」に関しても同断ではないだろうか。

そしてもしスピノザの意味での「自己原因」のようなものに達して「真無限」に到達すべきであったなら、わざわざ「作用」と「反作用」を経由して「相互作用」にいたることなど、必要だったろうか。

　つまり第三に、先に〈力-表出〉から〈内-外〉への移行と〈内-外〉から〈現実性〉への移行のところでも同様のことを述べたように、われわれには「因果性」から「相互作用」への推移と「相互作用」から「概念」もしくは「普遍」への推移とにおいて、「相互作用」の意味が変質してしまっているのではないかと思えるのである。もし「相互作用」が真に「作用」と「反作用」とから成る因果的な相互関係であるとするなら、そこから「普遍」、「特殊」、「個別」から成る「概念」への移行を見ることには、いわゆる「他ノ類ヘノ移行（metabasis eis allo genos）」があるのではないかと思われる――『大論理学』の「概念論」では「因果性と相互作用を通っての実体の弁証法的運動は〔…〕概念の直接的な発生である」（WdLB, S. 6）と述べられてはいるのだが、しかし、われわれにはそのような直接性は見出し難かったのだし、『大論理学』や『小論理学』におけるヘーゲルの説明は、それほど説得力のあるものとも思えない。そもそも概念の力は因果関係によって説明されるうるようなものなのだろうか。

V　以上、われわれはヘーゲル論理学の「有論」と「本質論」の大枠をたどってきた。そして後者に関して付け加えるなら、それは前者ほど整合的に構成されてはいないように思われる。つまり「有論」に関しては、その成否はともかくとして、「質-量-節度」の運動は、明確な秩序で構成されていると言うことができた。しかしながら「本質-現出-現実性」は、一応は〈内《うち》-外《そと》-内外《うちそと》〉というような構図に落とし込めないこともないのだが、しかし細部を見るに、そのような図式をはみ出してしまっているような箇所も多々見られたのだし、ヘーゲル自身が『大論理学』と『小論理学』で構成を大きく変更してしまっていることからも、その問題の難しさは察せられる。そしてわれわれにとって問題だったのは、そもそも純粋思惟諸規定がそれほど必然的に順序立てて導出ないし演繹されうるものなのか、ということであった。

　われわれはすでに「ヘーゲルは矛盾を、その解決の約束から出発してしか考察しない」（Macherey, S. 258）というマシュレィの言葉や、「大論理学の思惟構造は、推論線にしたがって諸結果を提示する代わりに、問題提起のうちに解決を含んでいる」(Adorno. S. 72) というアドルノの見解を引用してきた。「それゆえ個別的な諸カテゴリーは、自己自身を弁証法的に止揚するのではなく〔…〕――そうではなくて、それらの矛盾は、それらの引き離しや制限のうちに、それらが自らを全体に対置して全体に対して自己を主張しようと試みる自足性という誤った仮象のうちに、存している」(Cassirer. S. 367) と、カッシーラーも述べている。それゆえにこそ有限なる諸カテゴリーは、「全体」もしくは〈絶対者の臨現〉を前提しなければ自己止揚しえないのであり、したがって次なるカテゴリーを演繹することもできないのである。しかし、いずれにせよ諸々のそのような演繹の道は、ヘーゲル論理学全体において、それほど一本道の体系的必然性を共有しえたのだろうか。「ひとは『論理学』のまさに終末における方法についてのヘーゲルの所見と彼が『論理学』のなかで現実に働かせている諸手順の異質性や多様性とのあいだの明らかな不均衡のことを、考察しなければならないだろう」(Henrich (2). S. 141) とラフターマン (D. Lachterman) も語っている。もちろん思惟の諸カテゴリーをただならべるだけでなく、それらを体系的に導出しようとしたヘーゲルの超人的な努力には、それ相応の敬意を払うべきなのかもしれない。しかしながらそれほど必然的でもないような道筋にあたかも必然的であるかのような仮面を被せることがはたして哲学者の態度として本当に適切なものなのか、そのことについてはつねに留意すべきであろうと、われわれなら考える。

そして残念ながらわれわれは、ヘーゲルの「概念論」には、ほとんど関心を抱きえない。「不当にもヘーゲルは、明らかに経験から抽出された幾つかの諸概念を、純粋な諸カテゴリーとみなさなかったか」(Noël. p. 112) というノエルの言葉は、前々章の最終節最終項でも引用した。また同項でわれわれは、「概念」を形成する「普遍」、「特殊」、「個別」の区別そのものが相対的なものではないかとの疑念も呈しておいた。シュテケラーによれば、われわれが「ナポレオン」について話すときでさえ、われわれは「類的-普遍的」に語っていて、この意味では「単称的」諸対象についての言明でさえすでに「特称的判断」なのであって、ひとは「その正常状態における類的ナポレオン」

(Stekeler (5), S. 432) について語っているのだということになる。「若きソクラテスと老いたるソクラテス」(Ibid., S. 436) のことを考えるのであれば、「若きソクラテス」は「ソクラテス全体の一部」にすぎないのだから、「そのさいいかなる《不可分の個体》も存在しない」(Ibid., S. 435)、等々。しかしもし真の「個物」など存在しないのだとするなら、ヘーゲル論理学は、そしてとりわけその「概念論」は、そもそもその存立の基盤さえ失ってしまうのではないだろうか……。

言語や概念の含むこうした諸問題については、われわれはわれわれの次著でより詳しく検討することになろう。ここでは次に、ドイツ観念論の哲学者たちとほぼ時代を同じくし、同様の関心を抱いていたかもしれないメーヌ・ド・ビランの独特のカテゴリー論を見ることによって、局面の展開を図ることとしたい。

第三節　諸カテゴリーの読解——メーヌ・ド・ビランと自然の論理

「はじめに」でも述べたように、ドイツ観念論と同時代の人たちのなかには、諸カテゴリーの演繹を論理的に媒介された諸項の連鎖による導出の過程としてではなく、起源・根源・源泉からのもっと直接的な演繹あるいは「読解」として把捉することを、表明的に意図していた者もいる——ミシェル・アンリが解釈するようなメーヌ・ド・ビランなどは、その典型であろう。ゆえにわれわれは、ここではまずビランのカテゴリー論、ないしは彼の言うところの「反省的抽象諸観念」についての諸言説を、検討しておきたいと思う。

先にも述べたとおり、われわれ自身、メーヌ・ド・ビランについてフランス語で書いた博士論文を邦訳して公刊することから、著書の出版活動を開始した。しかしながら〈自然の現象学〉のシリーズで展開したわれわれ自身の基本的な立場は、ビランのそれと必ずしも同一ではなく、特に〈自我〉を中心とする彼の考え方には同調することができない。それゆえ本章の最後に、われわれはビランに学びつつも、われわれ自身の〈自然の論理〉の立場から出発して、改めて諸カテゴリーやそれらの「演繹」やそれらの論理的ステイタスについて、考察し直さなければならなくなるであろう。

(1) メーヌ・ド・ビランにおける「反省的抽象諸観念」

「はじめに」でも述べたように、われわれは拙著『メーヌ・ド・ビラン』のなかでも「反省的抽象諸観念」について考察しはしたのだが、ここでは現在のわれわれ自身の考えにもとづき、新たな観点も多少は交えつつ、この問題について検討し直してゆくことにしたい。そしてビランの諸カテゴリー論について考察するためにも、まず彼の基本的立場は押さえておかねばならないのだが、しかしそれを含めて彼の全著作にもとづき彼の諸カテゴリー読解の検討を本格的にやり直すとなると、また一冊の本が必要となるかもしれない。ゆえにこれも先に述べたように、ここでは主として彼の『諸基礎』の、それも「プロローグ」と「第一巻」とに限定しつつ、このような検討をおこなうこととする。それゆえ本項では『諸基礎』当該箇所において、(a)まずビラニズムの基本的な立場の解明から諸カテゴリーの導出全般までを扱い、(b)次いで個々のカテゴリーについての彼の読解を検討しながら、改めてビランにおける諸カテゴリーの「演繹」の意味について、考察してゆくことにしよう。

(a)「反省的抽象諸観念」の論理的ステイタス

『諸基礎』は「人間的諸認識の起源と実在性との探求において、ひとは諸原理の学が依拠するところの、またそれのみが理性の仕事に基盤として奉仕しうるところの、内感の原初的諸事実を無視している〔…〕」という「ベルリン・アカデミー」(Œ VII-1, p. 1)の言葉を引用することから始まっているのだが、「諸原理の学(*la science des principes*)」や「内感の原初的諸事実(les faits primitifs du sens intime)」という言葉は、そのままビラン自身の哲学のキータームとなろう。

I　つまり、ともかくも「あらゆる事実」は必然的に「二項間の関係（une relation entre deux termes）」を伴い、ビランはアンシヨン（J.-P.-F. Ancillon）の言葉を借りて、それを「原初的二元性（*dualité primitive*）」（Ibid., p. 4）と呼んでいる。「基本的関係の二項」から成るこのような「本源的二元性（dualité originelle）」こそが「内感の原初的事実」（Ibid., p. 7）なのだが、ビランにとって、それは「有機的身体（corps organique）のなかで産出された或る諸結果ないし諸運動に相対的な諸原因」という形で「感じ」られる。そして「身体を動かすべく顕在的に適用された或る原因もしくは力の感情」こそが「意志」と呼ばれる「行為力（force agissante）」なのであって、「自我」はこのような行為力と「完全に同定」されるのである。「力」の存在は、それが「行使」されるかぎりでしか自我にとって「事実」ではなく、しかもそれは「抵抗する、もしくは惰性的な或る項」（Ibid., p. 9）に適用されうることによってしか行使されない。ビランにとってはそれこそが「努力もしくは意欲された行為あるいは意欲（*volition*）」（Ibid., p. 10）――ビランはよく「意欲された努力（*effort voulu*）」（Ibid., p. 117, etc.）という言い方をする――すなわち「すべての関係のなかで最も単純な関係」であり、「諸原理の学」はこのような「内感の原初的諸事実」（Ibid., p. 10）にこそ依拠するのである。

「原初的で基本的」であるがゆえに「真に説明不可能」なこのような「事実」を「説明」しようとすることは、かえって「危険」なのであって、「このような事実のあらゆる説明」は「アプリオリに不可能」（Ibid., p. 12）である。したがってここで肝要なのは、「すべての証明、すべての事実真理に、それ自身根拠として奉仕するこのような事実」を「証明」することではなく、ただそれを「その源泉」において「特に専一的にそれに適した感官」を用いて「確証（constater）」（Ibid., p. 73）することだけである。けだしそれは「欺くことのない意識という大学校」（Ibid., p. 61）なのだから。

「原初的二元性」は「主観の側」と「客観の側」とから成る「真の二項関係（un véritable rapport à deux termes）」（Ibid., p. 47）もしくは「二項を伴った関係（un rapport avec deux termes）」（Ibid., p. 99）なのだが、二項とは「努力の主体」と「抵抗する項」（Ibid., p. 122）、すなわち「意欲された努力」と「有機的抵抗」であり、それらは「原因たる努力」と「結果たる筋肉感覚」、「超有機的な力」と「生ける抵抗」（Ibid., p. 125）、「意志の或る規定」と「筋肉の運動もしくは収縮」（Ibid., p. 173）等々とも言い表される。「意志」はときとして《force hypersensible〔超感性的な力〕》（Ibid., p. 53）とか、《force supersensible〔超感性的な力〕》（Ibid., p. 104）とか名づけられるのだが、「超有機的な力（force hyperorganique）」（Ibid., p. 125, 134, 136, 138, 170, etc.）と呼ばれることが最も多い。いずれにせよ「意欲された努力のなかで、自我はそれがその原因たる結果として遂行された収縮もしくは運動をわがものとし、筋肉的な抵抗もしくは惰性を自らのそとに置く」（Ibid., p. 139）のである。

ビランは「それによって各々の外官（sens externe）がそれ自身にとって一つの知覚対象になりうる」ところの「鏡の反省（réflexion *spéculaire*）」（Ibid., p. 38）から、「内感」がそれであるところの「集中した反省（réflexion concentrée）」（Ibid., p. 63. Cf. p. 89, 92, etc.）を区別する。「自己のうちを視ること（regarder en soi）」、反省することは、外を視ること、もしくは諸対象を表象することではない」（Ibid., p. 162）。そしてここで注目すべきは、ビランが「努力の一性」のみならず「抵抗の一性」（Œ VII-2, p. 291）をも、「絶対に表象不可能」（Ibid., p. 292）とみなしているということである。それゆえ先の「二項関係」は「見えない二項関係（un rapport à deux termes invisibles）」（Œ VII-1, p. 110）とも言い換えられる。

「自我の表明的な参与を伴う感情」について、ビランは「このまったく内密な感情」は「個体性の、もしくは人格的実存のそれ」（Ibid., p. 98）であると述べている。「意欲され直接的に覚知された努力」が「個体性、自我を、もしくは内感の原初的事実を、表明的に構成する」のであって、「努力の感官」は「われわれ自身」（Ibid., p. 118）であり、「われわれの自我」は「意志」と「完全に同定」（Ibid., p. 123）される。逆に言えば「自我を構成する意欲された努力のそとには、覚知したり認識したりしうる個体的主観など、存在しない」（Ibid., p. 132）のであり、「人格性」も「超有機的な力の最初の完全な行為」（Ibid., p. 134）とともに始まるのだからこそ、「努力の感官」によってついには「人間」は「自我という道徳的人格の品位」（Ibid., p. 140）にまで高まるのであり、またそれゆえにこそ「悟性」と「意志」とのあいだの区別は「まったく人為的」にすぎず、「人間的知性と人間的道徳性」は「唯一にして同じ原理」(Ibid., p. 53) に依拠するのである。

そして「抗い難き明証性」が「抵抗への力の関係の両項」に結びつくのであるからには、「身体」が無化されても「思惟」は存続すると想定する「デカルトの懐疑」は、「原初的事実に絶対に反して」(Ibid., p. 151) いる。そこでビランは「私は行為する、私は努力である、私は存在する、ゆえに努力の直接的項は存在する」(Ibid., p. 142) 等々と述べることになるのである。

Ⅱ　「純粋に感受的な有〔存在者〕」は「生を知ることなく生き、感じること」ができる――ビランはよく「生キ、自ラハ自ラノ生ヲ知ラナイ (*vivit et est vitae nescius ipse suae*)」というオウィディウスの言葉を引用する。「身体的有」としては、人間は「自然」に属し、その「必然性全体」を被るよりない。「生けるもの」として、あるいは「動物」としてさえ、人間は感覚するのみであり、彼は自らの存在を知らない。しかし「運動と行為との自由な権能を授けられた有」としては、人間は「関係もしくは意識の生 (vie de relation ou de conscience)」を享受し、「運命 (*fatum*) の必然性」を免れ、まずもって彼が「自らの意志の諸道具」に及ぼしていた「支配力」を、「自然」にまで及ぼす――自らが生きていることを知り、自らの感覚の「観念」を持ち、それを自らの「個体性」や「自我」からは区別しつつ「覚知」し「意識」(Ibid., p. 72) する。つまり、一方に「自我なき、あるいはあらゆる人格的形式を欠いた諸アフェクション〔情感・触発〕や諸直観」が存在しうるのだとすれば、他方には「アフェクションや外的直観なき、自我の内的な直接的覚知」(Ibid., p. 109. Cf. p. 76, 108, 111-2, 116, etc.) も存在しうるのである。そのうえ「われわれはまったく恒常的な経験によって、感覚する有は彼の活動のいかなる行使によっても、自らの意に反して彼を触発する快かったり苦痛的であったりするこうした諸印象を、けっして自己自身に与えないことを知っている」(Ibid., p. 122) ――しかしながらこのような受動性の「経験」は、ビランの表明的な諸言説には反して、アフェクションや直観がけっして無意識ではないことを、よく示しているのではないだろうか。

いずれにせよ「時間秩序」のなかでは、「意欲の努力や自我の起源」は「感受的有の誕生」や「最初の本能的諸規定」、「諸欲求」、「諸欲望」に対しては、後発的なものとなる。後者は「受動性」が「能動性」と異なるようにして「本来の意味での意欲」とは「異なる」(Ibid., p. 128) のである。ビランが好んで引用するブールハーフェ (H. Boerhaave) の言葉によれば、「人間ハ生命性ニオイテハ単純デ、人間性ニオイテハ二重デアル (*Homo simplex in vitalitate, duplex in humanitate*)」(Ibid., p. 133)。つまり「努力の感官」とビランが呼ぶ「内官 (sens interne)」の「活動圏」のうちに含まれているものがすべて「意識の事実」のなかに帰ってゆくのに対し、「絶対的に同じ権能の諸限界のそとにあるすべての諸様態」は「生命性において単純なままにとどまり、覚知や観念の高さにはけっして高まらない」(Ibid., p. 139-40) のだという。

Ⅲ　ところで「抵抗」にも「意志的努力に譲る、もしくは服従する自己の身体の抵抗や惰性」と「打ち勝ち難くもありうる異他的物体の絶対的抵抗」(Ibid., p. 118) との二種類がある。つまり、まず「行為する諸動機」がある以前に「運動ないし行為の権能」があり、この運動は、「手段」となる以前に、それ自身が「意欲の目的もしくは固有の項」であることから始まる。「自我」は「自然」に対してその「力」を広げる以前に、「その固有の領分のなかで自らを画定」しつつ、「それ自身によって存在し始めた」(Ibid., p. 124) のでなければならないのである。そのうえ「意志の努力に譲る諸筋肉の抵抗もしくは惰性そのもの」についての「覚知」が「まったく直接的」であるのに対し、それを介してしか生じない「絶対的な異他的抵抗」についての「感情」は、もちろん「間接的」(Ibid., p. 169) なものでしかない。かくして「因果的な絆の真の原理へと遡るなら、努力はもっぱら意志に属し、抵抗は、異他的抵抗と複合化される以前にさえ、まず諸筋肉における惰性に属す」(Ibid., p. 173) のだということになる。

しかしながら『諸基礎』が「二種類の外 (*dehors*)」という言葉を用いるとき、それが意味するのは〈生ける抵抗〉と〈異他的抵抗〉という二種類の抵抗のことではない。それはむしろ「内的直接的覚知」に相対的な「外」と「外的な直観もしくは知覚」に相対的な「外」(Ibid., p. 139) との二種類、つまりは「そこからは自我がけっして分離されうることなく区別される」ところの「直接的覚知の対象たる身体の内的延長」と、「視覚」や「触覚」の「客観的表象」(Ibid., p. 142) でしかない「外的空間もしくは延長の形式」(Ibid., p. 141) との二種類なのである——それゆえビランにおける「外」について考察しようとする場合、われわれは少なくとも自己の身体の「生ける抵抗」と異他的物体の「死せる抵抗[51]」と外界の「客観的表象」という三つを区別しておかなければならないのだということになる。

それだけではない。たとえば自己の身体を考察するときにも、まずそれは発生論的に「内的な、しかしまだ諸限界も諸部分の区別もない或る延長」(Ibid., p. 143) あるいは「諸限界も諸形態もない一種の漠然とした延長」(Ibid., p. 141) から始まるのだということを、われわれは知っておかねばならない。そしてそれが「運動的諸項の数多性と多様性」(Ibid., p. 143) へと局在化されるためには、個別的運動諸器官に向けられた「各々の特殊的努力 (effort particulier)」(Œ III, p.433) あるいは「各々の個別的努力 (effort individuel)」(Œ IV, p.126) の行使が必要なのであって、そのような局在化にもとづいて初めて「身体の様々な諸部分への諸感覚の最初の関係」もまた成立するのである。それゆえこのような関係は「生得的」ではなく、「外在性の関係」とも混同されえない。それは「努力の感官の行使の直接無媒介的な一つの結果」(Œ VII-1, p. 144) なのである。それゆえビランはこのような「自己の身体についての第一次的認識」(Ibid., p. 141)、つまりは「自我の内的直接的覚知の項としての身体の認識」たる「第一次的認識」を、「外的な直観もしくは表象の対象としての自己の身体についての第二次的認識」(Ibid., p. 149) から区別する——しかしながら、もしわれわれが、ビラン自身がその諸著作のなかで幾度もおこなっているように、「両手」による「努力と抵抗の二重の返答」(Ibid., p. 150) のことを考えるのであれば、われわれは自己の身体にも、やはり①生ける抵抗、②死せる抵抗、③表象としての身体という、少なくとも三つのステイタスを区別し、またその各々に関して、さらに局在化等々の様々な発生的諸段階を区別しておかなければならないのだということになろう[52]。

Ⅳ 「一性、同一性、実体」のような諸概念は「内感の原初的諸事実の相当数の表現、もしくは様々な抽象的称号《タイトル》のもとで再生された同じ事実の直接的諸演繹」(Ibid. p. 13) だというビランの言葉は、「はじめに」でも見た。「原因、

一、同」は「源泉」において「内感の原初的事実」と「同定」される。「因果性、一性、同一性といった諸カテゴリー」は、それらの由来を問いうるからには、「もはや諸原理ではない」（Ibid., p. 14）とビランは言うが、もちろんそれは「生得的もしくはアプリオリな諸原理」（Ibid., p. 15）ではないという意味である。なぜなら「思惟主観」や「自我」でさえ「それ自身に生得的」ではなく、それは「原初的な事実もしくは関係」のなかで「構成」されるからである。「人格性は一つの起源を持つ」（Ibid., p. 14）。それゆえ「原因、一性、同一性、数」といった「反省の諸観念」は「内感の諸事実」から「直接的に演繹」（Ibid., p. 41）され、こうした「第一次的諸概念」の「源泉」は「われわれの自我の感情そのもの」（Ibid., p. 43）である。つまり、ここでも「アプリオリな諸学説」と「外的経験にのみもとづく諸学説」とのあいだには、「まったく内的な経験」という「第三の中間的観点」（Ibid., p. 67）がある……。

　それゆえビランは「諸感覚や諸イマージュの比較」からしか結果しない「一般的諸観念」と「こうした諸感覚や諸イマージュには疎遠」な「知的抽象的諸概念」（Ibid., p. 29）とを、つまりは「抽象的もしくは一般的な諸観念」と「単純な、基礎的な諸観念」（Ibid., p. 193）とを区別することになる。「自我、人格、原因、一、同」といった「内感の原初的事実」からの「最も直接的な諸派生態」もしくは「単純諸観念」は、「表象されうるような諸対象」を持たない。ゆえに「抽象的諸観念」にも「二種類」あるのだということになる。「あらゆる一般的概念はたしかに抽象的だが、しかしあらゆる抽象的観念が一般的であるとはかぎらない」のである。「一般的諸観念」（Ibid., p. 194）あるいは「一般的抽象諸観念」は、「しかじかの諸性質や感性的諸変様の比較」によって形成され、これらの諸変様の本性に依存する。反対に「自我のそれ自身への反省によって抽象された単純諸観念」もしくは「反省的単純諸観念」は、いかなる「可変的もしくは多様な感性的性格」も持たずに、「抽象」のあとにも「同じ個体的で恒常的な形式」を保持する。そして「反省によって抽象されたこれらの単純諸観念」は「諸事物や外的諸現象のいかなる類やクラス」にも「原型（type）」（Ibid., p. 195）として奉仕せず、「反省的抽象諸観念」がつねに「普遍的で単純」であるのに対し、「抽象的一般的諸観念」は必然的に「集合的」である。また後者がその「広がり〔外延〕」に応じて「ますます個体的もしくは実在的な性格からは遠ざかる」(Ibid., p. 196) のだとすれば、前者は「抽象的」であればあるほど「ますます実在的一性や意識の原初的事実の真理そのものに接近する」。そして結局のところ、「論理的諸抽象」が「純粋に名目的な価値」に還元されてしまうのに対し、「反省の抽象的諸観念」はそれ自身によって「固有で実在的な価値」(Ibid., p. 197) を享受するのである。

V　ビランの諸文書には生理学的説明なども少なからず散見され、またアフェクションや直観に関しては無意識との発言なども多く見られはするのだが、しかし以上のような彼の基本思想には、現代現象学を想わせるような記述も多々見出せるということもまた事実なのである。彼は「内的経験」(p. ex. ibid., p. 144) あるいは「まったく内的な経験」(Ibid., p. 67) を称揚し、「内感の諸現象」(Ibid., p. 76) や「現象的自我」(Ibid., p. 78) について語り続ける。「あらゆる直接的明証性の源泉」は「内的経験」(Ibid., p. 105) なのであって、「意識の事実」は「すべての諸体系がそこから出発するを余儀なくされるが、しかし各々が自らの仕方で受け取り解釈する」ところの「一つの原初的所与 (*une donnée primitive*)」(Ibid., p. 107) なのである。「もし内感がわれわれを欺くとするなら、どこに真理があるというのか」(Ibid., p. 147)。つまり「内的視覚」は「自らの松明」を携え、それが伝える光によって「自己自身を照らす」(Ibid., p. 39) のである。それゆえ「一つの行為あるいは一連の諸行為を自由に開始もしくは遂行する力能」は、「自らを行使する」というまさにそのことによって、「自らを直接的に検証 (vérifier) する」(Ibid., p. 40) のだということになる。

「内的経験」のうちにその「共通の一基盤」が見出されるような「反省的な諸観念もしくは諸概念」(Ibid., p. 24) に関しても同様なのであって、「アプリオリな諸概念の神秘全体」が「内的経験の松明をまえにして消失する」(Ibid., p. 161)。「原因、力、同一性等」のような「反省の単純諸観念」は、「説明したり分析したりすることではなく、確証することが肝要な原初的所与」(Ibid., p. 198) であり、「枚挙」(Ibid., p. 29) することや「確証」することのみが問題とされるような「原初的で単純な所与 (la donnée primitive et simple)」(Ibid., p. 30) なのである。

(b) 一性と二元性のはざまで

それでは個々のカテゴリーもしくは「反省的抽象諸観念」の検討に移ることにしよう。『諸基礎』のなかでは、それは第一巻第二部の、四節に分かれた第四章「内的覚知や原初的事実と実体、力もしくは原因、一性、同一性等の諸観念との関係について」のなかで、集中的におこなわれている。

I 「一 実体と力の観念」では、「諸原理」として奉仕するのが「実体」なのであれ「力」なのであれ、「絶対的なもの」から出発するや否やもはや「基盤」はなく、ひとは「内的や外的な経験」のそとにいて、そこにあるのは「生得諸観念」だけだと述べられている。まず、当然のことながら「力の観念」は、もともとは「努力をなす主観の意識」のうちでしか得られない。そしてそれが「外に」置き移されて「その自然な基盤」から移動せしめられるときでさえ、それは「その起源の痕跡をつねにとどめている」のである。

けれども「実体の観念」は「その起源において、より混合的」で、「原初的二元性」の「二要素」のいずれからも「等しく派生しうる」のだと『諸基礎』は述べている。このタームは「存続する、もしくは可変的諸変様のただなかで同じものにとどまるもの」をも、また「思惟されたこれらの諸変様のもとにありつつ、共同的な絆 (*lien commun*) としてそれらに奉仕するもの」をも、同時に指示するのだが、まず「すべての諸変化のただなかで存続するもの」とは「その二項 (力と抵抗) のなかで同一的なままにとどまる努力の全体的様態」(Ibid., p. 155) である。しかしながら、「有機的抵抗」もしくは「抵抗する連続体 (*le continu résistant*)」もまたそれに連合するすべての「感性的諸変様」に「共同的な絆」として真に奉仕するのであって、それは「恒常的な基盤」、「真の基体」、「固有の帰属主体」なのである。そして「有機的抵抗」も「自我という努力の主観」も「純然たる抽象」ではないのだとビランは強調する。「感性の偶有的で可変的なすべての諸変様」を取り除いても、「抵抗」と「努力」はそれぞれ「同じもの」(Ibid., p. 156) として存続するのである。

「実体と力との諸観念」は「内感の事実の実在性全体と真理と」(Ibid., p. 156-7) を有している。そしてもし「われわれの固有の力の意識」もしくは「努力をなす自我の感情」から「この行為力の一にして言わば物質的な行使」を抽出するなら、「絶対的もしくは可能的な力の観念あるいは概念」が得られるのだが、それには「自我を構成するこの固有の力についての混乱した感情」がつねに混ざっている。同様にまた「抵抗する連続体の感情」から「一にして感じられない抵抗」を分離するなら、「絶対的もしくは可能的な抵抗の概念」が「形成」されるのだが、このような「抽象的実体の概念」は、つねに「われわれの努力の項」としての「有機的抵抗」(Ibid., p. 157)にもとづいている。

Ⅱ 「二 原因について、もしくは因果律の特殊的で本源的な適用について」のなかでも、ビランは「因果律」という「あらゆる形而上学のこの原理」の実在的性格を認めるための唯一の手段は、「自我の感情との、もしくは意識の原初的事実との、その同一性」を「確証」(Ibid., p. 159)することだと述べている。「原因の観念」は「その原初的で唯一の原型」を「自我の感情――努力のそれと同定された」(Ibid., p. 161)のうちに有しているのである。「意志」や「運動力」が行使されんとする瞬間には、「原因のエネルギー」が「成功についての一種の予感ないし予見」を携えているのでなければならない。それが「単純な欲望」とのちがいで、「意志的な作用や運動」を「たんなる反応や感受的規定」から区別しているのは、まさしく「結果がその原因のエネルギーのなかで予見されている」(Ibid., p. 162)ということなのである。またそのようなときに「意志的運動の産出の諸手段〔神経や筋肉の客観的運動等〕」が「認識」(Ibid., p. 163)されている必要もない。逆にもし「意志が四肢の一つを動かそうとするまさにその瞬間」に「運動性の諸道具〔＝諸手段〕が、内的に感じられたり覚知されたりする代わりに、表象されうる」のであれば、「意志はけっして生まれない」であろう――それはもしわれわれが「網膜の神経や光の因子」を表象するなら、われわれはけっして「色彩」を見ることがないのと同断である。「力能」は「われわれが運動的有の位置に身を置く」かぎりでしか「知られ」ず、「予感」されもしないのである。

ビランは「因果性の原初的関係の二項間の等質性」について言及している。つまり「努力の主観が或る運動の原因として自らを内的に覚知する」ような「意識の事実」においては、その運動は原因のなかで同時に「結果」として

「覚知されたり感じられたりする」のであって、けっして「表象されるのではない」(Ibid., p. 164) のである。

ヒュームが確立したように、「われわれのそと」に「力能や力の観念」への「実在的で堅固な根拠」(Ibid., p. 167) を見出そうとすることは、断念しなければならない。「力」は他のいかなる感官も「取って代わる」ことのできないような「それ固有の感官」(Ibid., p. 168) の助けを借りて、感じられることを欲している。「力」という語の「真の起源」は、「意志が持つ、筋肉的諸器官に固有の惰性ないし抵抗の力を捉えて規定し、それとの行為的葛藤のうちに身を置く、直接の力能」(Ibid., p. 169) のうちに存している。そして「超有機的な力」はこのような「抵抗」によって緩和されるどころか、抵抗が「増大する」につれてますます「割合において、エネルギーにおいて、活動において、増してゆく」(Ibid., p. 170) のである。

Ⅲ　「一、同のあらゆる観念」は「それがその一形式であるところの原初的事実もしくは自我」のなかに本質的に含まれているのだが、「一種の一般化」によって「外的自然の諸現象や様々な対象」に移し置かれるためには、この「源泉」から引き出されることしかできないのだと、「三　一性と同一性についてのわれわれの諸観念について」では述べられている。

「一性」は「一なる同じ形式のもとで努力のなかで恒常的に再生もしくは覚知される主観たる自我」において「完全にして不可分」なのであって、「実体、原因、力、実存の第一次的一性」は「自我」のうちにのみある。「外的自然の諸対象の数多性」や「同じ意志、同じ努力に抵抗する諸項の数多性」は、この「第一次的で基礎的な一性」(Ibid., p. 174) への関係のもとでしか考えられないのである。「自我を取り除いてみよ、〔さすれば〕もはや一性はどこにもない」とビランは言明する。「人格的個体性の起源」はまた「一性のあらゆる観念の起源」(Ibid., p. 175) でもあるわけである。

「あらゆる一性」と同様、「あらゆる同一性」の「本元的で固定的で唯一的な原型」もまた「自我」もしくは「自我を構成する意欲作用」(Ibid., p. 175-6) のうちに見出され、「諸変様」や「反復されたわれわれの諸知覚の諸対象」に帰属せしめられる「第二次的同一性」は、その原理においては、「客観的諸形式や様態的諸表象の多様性」がいかなるものであろうとも「つねに一にして同一的なものとしてふたたび見出される同じ個体的人格の同一性」にほかならないのだという。しかしながら、ここでビランは、この点では「実体の観念」に似て、また「一性と力の諸観念」とはちがって、「同一性」はその基礎全体を「意識の原初的事実」のうちに持ちつつ、「相互に区別されるが分離されないその両項」に等しく関係づけられるのだとも語っている。「構成された同じ人格性」は、「抵抗するその項を捨象した超有機的な力の絶対的同一性」にも「努力の主観から隔離された抵抗する項のそれ」にももとづきえず、むしろ「同じ有機的項と本源的で永続的に関係する同じ一主観の保存」こそが「人格の真の完全な同一性」(Ibid., p. 176) をなすのである。

「外的自然のすべての諸対象」にも適用されるような「抽象的で一般化された実体」の観念に関して言うなら、そのような実体の「同一性」は「自我のそれ」から「結論もしくは演繹される」のだと述べつつ、ビランは「同一的なものとして覚知された、もしくは感じられた自我」が「真の原理」なのであって、われわれはそこから出発して「永続的な同一的実体の観念」に上昇するのだと語っている。つまり前者が「原初的なもの」あるいは「実在的なもの、もしくは顕在的なもの」だとすれば、後者は「演繹されたもの (le déduit)」にして「抽象的なもの、仮定的なもの、もしくは可能的なもの」にすぎない。「内的観点」からするなら、「仮定的な思惟実体のなかで保存された同一性」すなわち「保存された実体の絶対的同一性」については、「われわれが直接的に覚知する同一性」との「その必然的関係」(Ibid., p. 177) のうちでしか、判断されないのである。

Ⅳ「四　自由と必然性の諸観念について」は、「筋肉感覚」は交互に「能動的」に、もしくは「努力を伴う、あるいは意欲によって規定される」ようになったり、また「この意欲もしくは自我とは別の作因によって妨げられたり強制されたりする」ものとして「受動的」になったりしうる「唯一の様態」だと述べることから始まっている。「必然性の観念に対置された自由の観念」の「模範的原型」は、このような「交互 (alternative)」(Ibid., p. 179) のうちにこそ見出されるのである。「自由」や「自由の観念」は、その「実在的源泉」において取られるなら「われわれの能動性の、あるいは行為し自我を構成する努力を創造するこの力能の、感情」にほかならず、それに対置される「必然性」は「われわれの受動性の感情」にほかならない。しかしながら「受動的なものとして感じたり自らを〔そう〕認めたりする」ためには、まず「或る力能の意識を伴って自らを認めていた」のでなければならない。そこでビランは、「必然性もしくは受動性」は「自由の欠如」でしかなく、そして「否定的観念」はそれの関わる「肯定的様態」を「想定」（Ibid., p. 180）しているのだと主張する。

「〔能動的な〕運動的意志（volonté motrice）」は「〔受動的な〕情感的欲望（désir affectif）」（Ibid., p. 182）から区別される。たとえば「意志」が「力能と同じ諸限界」のうちに集中してそれ以上拡大しないのに対し、「欲望」は逆に「力能の終わるところ」で始まり、「われわれの受動性の領野全体」を包括する。つまり「能動的で自由な運動的有」は、「それが能うもの」しか、また「それが能うかぎりで」しか、「意欲」しないのに対し、「感受的な受動的有」は、「それが能わざるもの」しか、しかも「それが自らにそれを与ええないかぎりにおいて」しか、「欲望」（Ibid., p. 184）しないのである。そして人間は自らのうちにこの「二重の原型」を担っているからこそ「必然性の観念に対置されたこの自由の観念」を有し、「一方を他方とのそのコントラストのなかで」（Ibid., p. 185）認識したり感じたりするのである。

「自由」を問題視することは「実存もしくは自我の感情」を問題視することなのであって、後者は前者と「異ならない」（Ibid., p. 180）とビランは語っている。そのうえ彼によれば、「行使されつつある力能についての感情」とみなされた「自由」は、「この力能の実在性」を想定している。それゆえデカルトが「私は私が存在しているのを感じる（もしくは私は思惟する）、ゆえに私は実在的に存在する」と述べたように、ひとは「同じ先位秩序の明証性」を伴って、「私は私が自由であると感じる、ゆえに私は自由である（je me sens libre donc je le suis）」（Ibid., p. 185）と述べうるのである。したがって「機会原因の有名な体系」（Ibid., p. 187）の主張するように、もし私が努力しているまさにその瞬間に、私の努力を行使し私の意欲を遂行しているのが「或る別の見えない権能」だとするなら、私は「私の個体的実存」を感じたり覚知したりしているときにも、「私の代わりに存在している」のは「他の有〔有るもの〕」（Ibid., p. 186）ではないのかと、懐疑しうることになってしまうであろう。しかし、もし「私が力能を感じ自らに運動を帰属せしめている」ときに、その「直接的な産出原因」として「行為し動かしている」のが「神」だとするなら、そのときにはむしろ「神が自我と同定される、もしくは自我が神と同定される」（Ibid., p. 187）と言わねばならなくなってしまうだろう。けれども「能動と受動」、「自由と必然性」の「差異」もしくは「対置」は、「実在的に存在する」のであって、「そのことを私が感じる、もしくは私が思惟するという、ただそのことによってのみ、私が実在的に存在する」のと同じ仕方で、「運動」の「原因」は「実在的に存在する」（Ibid., p. 188）のである。

「非延長的実体」としての「魂」が「延長的実体」たる「身体」に働きかけることなど「アプリオリに考えられない」と主張する「機会原因の体系」に対しては、むしろビランは「身体の運動における私自身の力能もしくは私自身の因果性の明証性」のほうが「二実体の本質的な差異や本性上の異質性のそれ」より「上位」にあり、「先行的」にあるのではないかと反論する。そもそも「非延長的な実体すなわち力」や「延長的な実体すなわち連続的抵抗〔抵抗ノ連続（*resistentis continuatio*）〕」の観念それ自身や両者の区別の由来を問うなら、われわれは「意欲された努力の主観」が「抵抗する項」から区別されるような「意識の事実そのもの」（Ibid., p. 189）にゆきつかざるをえないのである。

V　以上のようにわれわれは、『諸基礎』第一巻第二部第四章における諸カテゴリーの個別的諸演繹を見てきた。それではビランにおける「直接的諸演繹」（p. ex. ibid., p. 13）とは、いったいどのようなものだったのだろうか。

先にも述べたように、それがヘーゲルにおけるようなA→B→C……といった順序や諸段階を経た論理的媒介による「必然的〔?・〕」導出でないことは明らかである。ビラン自身が「直接的に演繹される」（Ibid., p. 41, etc.）等々と述べるとき、そこには必ず「一つの起源」すなわち「直接的な起源」にして「第一次的な源泉」（Ibid., p. 154. Cf. p. 14, 43, 116, 198, etc.）というものが考えられている。つまり諸々のカテゴリーは順に導出されてゆくというより、同じ一つの「起源」、「源泉」から「直接的」な仕方で派生してくるのであって、それゆえにこそビランは「意識の事実からの共同的で直接的なそれらの派生」(Ibid., p. 193) とか、「意識のこの同じ事実からのそれらの最も直接的な派生」(Ibid., p. 198) といった言葉を多用するのである。逆に、たとえば「外的自然のすべての諸対象」に適用されるような「抽象的で一般化された実体」の「同一性」に関して、それが「演繹されたもの (le déduit)」だと述べられているとき、それは「われわれが直接的に覚知する同一性」との対比のうちに語られていた。つまり、もし〈媒介的な演繹〉ということを語りうるのだとするなら、それはこのような「抽象的なもの、仮定的なもの、もしくは可能的なもの」(Ibid., p. 177) についてのみ言われうるのであって、そのことは逆にビランの「直接的諸演繹」の無媒介性をよく示しているであろう。「反省的抽象的諸観念」は、けっして「論理的諸抽象」などではないのである。

　例の章でも、たとえば「実体の観念」のところですでに「同じもの」や「同一的」ということが述べられたり、「因果律」において「同一性」が語られたりしていたのだし、「一性」のところでは「実体、原因、力、実存の第一次的一性」さえ主張されていた。つまり諸カテゴリーはもともと分離されたものではなく、それらには――「必然性」はともかくとして――共通の「起源」があり、そしてそれらの派生は「共同的で直接的」な「派生」だったわけである。それではそれらの区別は、いったい如何にしてなされるのだろうか。

　すでに引用したのと重複する箇所も多々あろうが、以下のビランの言葉を参照しておくことにしたい。つまり諸カテゴリーは「内感の原初的諸事実の相当数の表現、もしくは様々な抽象的称号《タイトル》のもとで再生された同じ事実の直接的諸演繹」(Ibid., p. 13) であり、もし「原初的で個体的な諸事実がそれら自身において画定され特徴づけられ、正確でよく規定された諸記号によって枚挙され記される」のであれば、「諸原理の学」は「このような枚挙によってのみ構成されている」(Ibid., p. 29) のである。そのうえ「反省されたこのような概念」に固有なのは、「顕現のいかなる直接的な記号も持たないこと」であり、「原理の明証性」は「いかなる外的なものもそれを顕現しうることなく、直接的でまったく内的」(Ibid., p. 48) なのである。それゆえ「こうした諸観念の各々」は「表現のなかで一般化され、言語の多様な諸形式のなかで幾つもの相のもとに呈示されてはいるが、しかし内感のなかでそれが保存している個体的で恒常的な原型へといつでも連れ戻されうるような自我の観念」にほかならず、「その様々な性格のなかで分析され表現された意識の原初的事実」（Ibid., p. 154）以外の何ものでもない。「実体、原因もしくは力、一性、同一性等といったこれらの諸名辞は、じっさい、言語の形式のなかでは抽象的だが、しかし一、持続的、同一的、運動の原因もしくは産出力として自らを覚知する、もしくは実存する思惟主観の基底においては原初的で実在的な、相当数の観点である」（Ibid., p. 193）――もちろん言語化や記号化は、「根源」や「源泉」や「基底」を、或る「相」のもと、また或る「観点」から捉えて、それを「諸記号」や「言語の多様な諸形式」によって様々に「表現」することしかできない。しかしながら、もしそのような「諸抽象」が無意味な形成物であってはならないのだとするなら、それらは「一」なる「根源」の「実在」性を根拠としてのみ成り立ちうるであろう。抽象的諸カテゴリーとは、そのような一にして同じ根源を指し示す、諸々の指なのである。そしてもちろん大切なことは、指を見ることではなく、指の指し示す当のものを見ることである。

Ⅵ　そして言語表現としてではなく「実在」としての諸カテゴリーのことを考えるなら、われわれはやはりそれらが如何にして現象学的に与えられるのかをも思惟しなければならなくなるだろう。「反省の単純諸観念」は、それらもまた「原初的所与」（Ibid., p. 198）であり「原初的で単純な所与」（Ibid., p. 30）なのである。そもそも「実体、原因、力、実存の第一次的一性」の「一性」は、如何にして根源的に考えられるのだろうか。ビラン自身は表面的にはつねに「二元性」を強調する――たとえば「原因」は「結果」への「関係」なしには無意味である。しかしながら、如何にして「関係」それ自身が与えられるのかを思惟するときでさえ、われわれは〈関係の自己-触発〉のようなもののことも併せて考えるのでなければならない。そしてもし諸カテゴリーがそのようなものとしてそれら自身において直接的に与えられるのだとするなら、ビランの「一性」に関しても、さらなる光が当てられることとなろう。そしてビラン自身、「自我は一にして単純である」（Ibid., p. 141）とか「自我」は「一、単純、同一的として実存し、自らを覚知する」（Ibid., p. 200）等々と述べるのみならず、「反省的抽象諸観念」もまたますます「実在的一性」に「接近する」(Ibid., p. 196-7)と述べているのは、この点からしても注目すべきことではないだろうか。

Ⅶ　それゆえ仮にビランが、たとえば「必然性の観念」と「自由の観念」とを、或る「コントラスト」(Ibid., p. 185)のうちで語ろうとしていたのだとしても、それはヘーゲル論理学の、特にその「本質論」におけるような意味においてではないことには、われわれとしても留意しておかなければならない。それは、たとえばヘーゲルにおいて「同一性」が「相違」なしには考えられず、「相違」もまた「同一性」を含意しているというような論理的諸概念の諸連関ではなく、あくまで「実在」におけるコントラストなのである。もちろんアンリも批判するように、メーヌ・ド・ビランには「必然性の観念についての彼の演繹の不十分さ」が、すなわち「受動性の問題」(Henry, p. 50)に関する考察の不足が、指摘されうるかもしれない――われわれとしても、ビランには「自由」と同定されうるようなシェリングにおける「内的必然性」もしくは「絶対的必然性」についての考察や、アンリ自身の考えるような「自由」の自己受容としての「根源的受動性」の考えが、直接表面的には見出し難いことは、理解しておかなければならないだろう。しかしながらビランのカテゴリー演繹が示しているのは、論理は論理のみで自足しているわけではけっしてないということである。純粋諸思惟の自己展開は、実在には到達しない。むしろ純粋諸観念は「実在」から出発して初めてその意義を有するであろう。

(2)〈自然の論理〉の立場より

論理的諸媒介の連鎖による純粋思惟諸規定の演繹／導出ではなく、様々な観点から観察・考察された〈始源・根源〉の諸々の直接的な演繹／読解という立場を、われわれもビランと、あるいは少なくともアンリが理解するようなビランと共有する。けれどもわれわれにとって〈始源〉は〈自我〉ではない。われわれはそれを〈自然〉、〈一における一〉、〈於てあるものなき場所〉、〈場所の自己‐触発〉等々と表現した。われわれが本書最終章最終節最終項でおこないたいのは、そのような〈根源〉からの諸カテゴリーの直接無媒介的な演繹／読解である。

そのさい留意しておきたいのは、われわれが諸概念や諸々の言葉を用いる以上、われわれはつねにすでに或る確立された諸概念・諸言語の、それこそ網の目のように張り巡らされた諸関係の体系ないし構造のなかにいるのだということである。そしてたとえばヘーゲルならば、〈直接性〉は〈媒介性〉と、〈同一性〉は〈相違〉と、〈一〉でさえ〈多〉と無関係ではありえず、そうした諸概念はただ相関的・相対的にのみその意義を有するのだと主張するでもあろう。しかしながらわれわれがおこなわなければならないのは、それとは逆方向の努力である。そしてそのような努力を促すのは、われわれの――体系的・相関関係的・分析綜合的な――概念的・言語的意識ではけっして解明し切れないような非概念的・非言語的意識というものもまた、やはりわれわれのうちには存するのだということ、しかも或る決定的な仕方で始源的・根源的に経験されているのだということである。

われわれはここでは、とりわけ前章で検討されたような「〈自然〉の論理」の諸概念にもとづきつつ、〈自然の論理〉の立場からの諸カテゴリーの演繹／読解を遂行する。われわれは、(a)まず前章で見たような〈第一の始源〉に関して、(b)次いであくまで〈第一の始源〉にもとづくかぎりでの〈第二の始源〉について、そこで扱われうる諸カテゴリーを導出してゆきたいと思う。

(a)第一の始源の諸規定

ここではまず本書第三章で登場したような〈第一の始源〉に関わるような諸カテゴリーを、幾つかのブロックに分けつつ、或る順序・秩序のもとに呈示するという形で紹介し、それからその秩序が絶対的・必然的なものではないということを示すために、順序そのものの幾つかのヴァリエーションを示したのちに、最後に或る一つの根源から諸カテゴリーを直接演繹・読解してゆくという手順を試みることにしたい。

Ⅰ　〔A〈始源‐根源‐源泉〉〈無媒介性‐直接性‐直接的なもの〉〕　〈**根源**〉、〈**源泉**〉という意味での〈**始源**〉は、ヘーゲルも言うように、〈**直接的なもの**〉でなければならない。なぜならもし何かによって媒介されているのであれば、それは真の意味での〈始源〉たりえないからである。しかし、それはヘーゲルの言う意味での〈未規定的なもの〉ではありえない。なぜなら〈有〉にせよ〈無〉にせよ、そう名づけられた瞬間に、それはすでに〈有〉や〈無〉として規定されてしまっているからである。そして〈始源〉はすでに〈直接性〉や〈無媒介性〉によって規定されている——もちろん〈直接性〉や〈無媒介性〉を、ヘーゲルのように〈媒介性〉との相関関係のうちには捉えない、という条件のもとでのことではあるが。

〈B〈一〉〈一性〉〈一における一〉〈多なき一〉〈同‐同一性‐他なき同‐自己同一性〉〉 他の媒介を経ない〈始源‐根源〉を直接的に受け取るなら、それはまだ〈一〉あるいは〈多なき一〉としか言えない——ここでもまた、たとえば〈多なき一〉はすでに〈多〉を前提とした概念だなどと言い出すと、元の木阿弥になってしまうのだが。また〈一〉が意識され思惟されているかぎりは〈一〉と意識ないし思惟は別ものであり、そこにはすでに〈二〉があるのだなどと強弁するような道も、われわれは取りえない。〈一〉は〈一〉において現象しているのでなければならない、それが〈一における一〉とわれわれが呼んでいるものである。そしてそのような〈一性〉こそが真の〈同〉ないし〈同一性〉を形成する。それは言ってみれば〈他なき同〉であり、そのような正確な意味での〈自己・同一性〉である。

〈C〈自己〉〈自己‐触発〉〈対‐自‐有〉〈自己関係‐関係諸項なき関係‐没関係〉〉 〈一における一〉とはつまり〈自己〉が〈自己‐触発〉しているということであり、〈対‐自‐有〉を形成しているということである。しかし〈対‐自‐有〉とは言っても、それは〈自己〉と〈自己〉とのあいだに何らかの差異や隔たりを設けようとするものではなく、その〈自己関係〉は、言ってみれば〈関係諸項なき関係〉であり、〈没関係〉と言うに等しい。

〈D〈自ずから然り〉〈自然〉〉 〈自己‐触発〉するということは、要するに〈他によって現象せしめられる〉のではなく〈自ずから立ち現れる〉ということである。〈自ずから立ち現れるもの〉は、古来〈自然〉と呼ばれている。そしてそのような意味での〈自然〉のことを、〈自ずから然り〉——〈自ずから然らしめる〉ではなく——とわれわれは読んでいる。

〔E〈場所〉〈於てあるものなき場所〉〈無〉〈場所の自己‐触発〉〈根拠‐元底‐無底〉〕　〈諸々の自然物〉から区別された〈自然〉とは、われわれの考えでは〈一般概念‐共通概念〉や〈超越論的地平〉といったものではなく、むしろ〈諸々の自然物〉でさえそこにおいて成立するような〈場所〉であり、しかも最根底の〈場所〉すなわち〈根拠〉にして〈根底〉、あるいはベーメやシェリングの言う意味での〈元底‐無底〉である。そしていまの段階ではまだ〈於てあるもの〉さえ生じていないのであるからには、それはむしろ〈於てあるものなき場所〉であり、その意味では〈無〉の場所あるいは〈絶対無の場所〉である。けれどもそのような最も根源的な〈場所〉は、それ自身によって自ずから現象しているのでなければならない——それが〈場所の自己‐触発〉とわれわれの呼んでいるものである。

〔F〈諸部分なき全体〉〈諸部分なき空間‐局在化なき全体空間〉〈雰囲気‐表情‐感情〉〈瞬間‐現在〉〈諸継起の意識なき純粋持続〉〈瞬間のなかの持続〉〕　〈於てあるものなき場所〉とは、換言すれば〈諸部分なき全体〉である——われわれは成熟期ヘーゲルのように、〈全体〉と〈諸部分〉を必然的に相関関係にあるものとみなしてなどいないのである。しかもそれはけっして抽象的な観念などではなく、具体的には、たとえば〈雰囲気‐表情‐感情〉として捉えられるような〈諸部分なき空間〉、あるいはスピノザの言う〈一にして不可分の延長〉がそのようなものなのであって、それは言わば〈局在化なき全体空間〉である。時間論的に言っても、それは大きい意味での〈瞬間‐現在〉、つまり過去・現在・将来の諸契機がまだ区別される以前の現在、ベルクソン的に言うなら〈諸継起の意識なき純粋持続〉であり、われわれがずっと用い続けている言葉では〈瞬間のなかの持続〉である。

〔G〈実在性〉〈絶対者〉〈真無限〉〈神‐神性〉〈創造しも創造されもしないもの〉〕　要するにわれわれは〈場所〉や〈諸部分なき全体〉を抽象的・観念的な仕方で捉えようとしているわけではなく、それはあらゆる〈実在〉がそこにおいて初めて成り立つような場所なのだから、それはむしろ〈実在性〉そのものであり、その意味では〈絶対者〉、〈真無限〉であり、〈神〉でさえある——〈真無限〉とは言っても、それは〈悪無限〉と〈有限〉とを包含・統一したようなヘーゲル的〈真無限〉などではないのだし、また〈神〉とは言っても、それはまだ〈被造物〉のような〈他〉と関わるような神ではない。それは**〈創造しも創造されもしないもの〉**という有り方しか有さないであろうし、また人間の魂に対置されるがごとき**〈神〉**に対しては、むしろそのような分裂の生ずる以前の**〈神性〉**とも言うべきものであろう。**〔H〈無為〉〈自由‐内的必然性‐非自由‐根源的受動性〉〈無力‐超力〉〕**〈創造以前〉ということがすなわち**〈無為〉**ということであり、そこに〈自己受動性〉すなわち**〈根源的受動性〉**の真相がある。しかしこのような**〈非自由〉**は、他によっては強制されないという意味では**〈内的必然性〉**であり、他に依存しないという意味では最も根源的な**〈自由〉**と呼ぶことさえできよう。つまり**〈無力＝超力〉**というのがこのような〈根源的自由＝非自由〉の実相だということになる。

Ⅱ　以上のような演繹・導出は、しかし、けっして唯一必然的な道ではないだろう。今度はAから出発しつつ、その後はまったく逆の道をたどる行程を実践してみることにしよう。

〔A〕〈始源‐根源‐源泉〉は、先にも見たとおり**〈直接的なもの〉**でしかありえず、まだ他による媒介を想定しえないそのような**〈無媒介性‐直接性〉**こそが真に**〈始源〉**を特徴づける。

〔H〕まだ〈他〉が見出されえないそのような**〈根源〉**においては、シェリングの言うように〈何ものも意欲しない意志〉つまりはまったくの**〈無為〉**しか存在しえない。それは〈意志の自由〉や〈行為の自由〉に比すれば**〈非自由〉**かもしれないが、しかしそのような**〈根源的受動性〉**は、他の何ものによっても強制も牽引もされえないという意味では**〈内的必然性〉**であり、そのような観点からするなら最も根源的な意味での**〈自由〉**でさえある。そしてもし**〈無力〉**こそが最大の**〈超力〉**だと言われうるのだとするなら、それはこのような意味においてのみであろう。

〔G〕もしそのような**〈無力＝超力〉**の当体を**〈神〉**もしくは人格神以前の**〈神性〉**と呼びうるのだとするなら、それはまだ〈他〉と関わる以前の**〈創造しも創造されもしないもの〉**であり、そのような仕方での**〈絶対者〉**――〈対〉を〈絶〉する〈者〉――であり、**〈真無限〉**――ヘーゲルのように〈有限〉や〈悪無限〉を含むのではなく――である。われわれはそのようなものをこそ、将来的にはあらゆる〈実在〉がそれに依拠することになるような、真に根源的な意味での〈**実在性**〉とみなしうるであろう。

〔F〕〈**実在性**〉というのは、たんに抽象的・観念的な有ではなく、現実に経験されうるのだということを含意している。たとえば空間や時間の原初的経験において、それは〈**諸部分なき全体**〉という仕方で経験されうるであろう。まず〈**諸部分なき空間**〉あるいは〈**局在化なき全体空間**〉というのは、スピノザの〈一にして不可分の延長〉という考えに対して批判的な立場を取るアルキエなどの主張とは反対に、むしろ〈**雰囲気**〉とか〈**表情**〉とかいった仕方で、ごくふつうに〈**感情**〉レヴェルで体験されている事柄である。同様のことはわれわれが〈**瞬間のなかの持続**〉という名で呼んだ根源的な時間経験、つまりそこにはまだ諸継起の区別の意識もなく、過去・現在・将来が——実的や志向的な仕方ではないが、〈**表情**〉や〈ニュアンス〉として——包括されているような、広義の〈**瞬間**-**現在**〉において確証されうる。ベルクソン的に言うなら、それは〈**諸継起の意識なき純粋持続**〉だということになろう。

〔E〕西田においてと同様、〈**場所**〉はそのような時間・空間の両者を包括する。しかし、ここでわれわれが考えているのは西田の言うような〈於てある場所〉ではなく、むしろ〈**於てあるものなき場所**〉、すなわち〈於てあるもの〉をいったんは度外視して、〈**場所**〉を〈**場所**〉それ自身において、つまりは〈**場所の自己**-**触発**〉において考察しようとするものである。それゆえ、この点では西田に似て、それは〈**無**〉の場所とも言える——しかしながらそのような最根底の場所こそが〈**根拠**〉であり、〈**元底**-**無底**〉なのである。

〔D〕〈**自己**-**触発**〉する場所とは〈自ずから立ち現れる〉場所であり、〈**自ずから然り**〉という意味での〈**自然**〉である。〈**自然**〉こそが〈**根拠**〉〈根底〉だとわれわれが主張するとき、われわれが念頭に置いているのは、もちろん偏狭な自然主義の言う意味での〈**自然**〉のことではない。そもそも自然主義は、〈**自ずから然り**〉や〈**自然**〉の〈**自己**-**触発**〉といった現象学的体制のことなど、思索しえたであろうか。

〔C〕〈**自己**-**触発**〉や〈**自ずから然り**〉によって、真の〈**自己**〉というものが生まれる。それは〈**対**-**自**-**有**〉の構造を指し示すものだが、しかし、もちろんそれは志向的意識や脱自的構造によって構成された〈**対**-**自**-**有**〉ではない

――だからこそわれわれはミシェル・アンリに倣って〈自己‐触発〉と言っているのだが、しかしそれはカントの主張にもとづきつつハイデッガーが主題化し、メルロ＝ポンティやデリダなどが彼らなりの仕方で踏襲したような間接的〈自己‐触発〉のことではなく、まったく直接的な〈自己‐触発〉のことである。そこに成り立つのはもちろん〈自己関係〉だが、しかし〈関係〉という言葉は誤解を招くかもしれない。それは言わば〈関係諸項なき関係〉であり、その意味では〈没関係〉である。そして〈関係〉も〈関係諸項〉も消え去ったとき、そこに残るのは、〈関係諸項〉もそこにおいてのみ成り立ちうるような〈場所〉だけである。

〔B〕　したがってそこに残るのは〈一〉のみであり、ただし〈一〉としてそれ自身からそれ自身によって現象しているような〈一〉である――そのような現象化の構造を、われわれは〈一における一〉と呼んでいるのである。それはまだ〈多なき一〉であり、〈多〉や〈他〉に対する相関性を顧慮しないかぎりでの〈同〉や〈同一性〉である。それは言わば〈他なき同〉なのだが、もともと根源的な意味での〈自己同一性〉が意味しうるのは、そのような〈自己〉の〈自己〉における〈同一性〉ではないだろうか。

Ⅲ　今度は〈自然の論理〉の主題たる〈自然〉から出発して、なるべくこれまでの順序が続かないような仕方で諸カテゴリーの演繹／導出を試みることにしよう――ここでは〔D→C→E→H→G→A→F→B〕の順序が試行される。

〔D〕　他によって有るのではなく、他によって現象せしめられるのでもない根源的な有・現象は、〈自ずから立ち現れる〉よりない――そのようなものは、伝統的に〈自然〉と名づけられている。そしてもしわれわれが〈自ずから然り〉ということをそのような有論的・現象学的な意味で理解するのであれば、〈自然〉こそがそのような根源的な有にして現象である。

〔C〕　他によって現象せしめられえないものは、〈自己‐触発〉するよりない。そして真の〈自己〉は、そのような〈自己‐触発〉によってのみ生起しうるであろう。〈自己‐触発〉は真の〈自己関係〉を、換言すれば真の〈対‐自‐有〉を形成するのだが、しかしそれを〈異なる関係諸項〉から合成してはならない。そこにはよく言われるような〈ミニマル・ディスタンス〔最小限の距たり〕〉の介入する余地すらなく、したがってそれはむしろ〈**関係諸項なき関係**〉であり〈**没関係**〉なのである。

〔E〕 もともと無関係なもの、つまりは同じ土俵のうえに立ちえないようなものは、関係を結びえないのだから、関係も関係諸項も、或る〈**場所**〉のうえにあると言うことができる。そして関係諸項も関係も消え去ったとき、残るは〈**場所**〉のみであり、〈**於てあるものなき場所**〉である――われわれが言いたいのは、場所のうえにじっさいに何もないということではなく、むしろ〈**場所**〉を〈**場所**〉として真に考察するためには、〈於てあるもの〉をいったんは度外視して、〈**場所の自己‐触発**〉のみに依拠するのでなければならないということである。最も根底的な〈**場所**〉について考察するときには、当然のことながら、そのような〈**場所**〉のうえに初めて成り立つようなものを、考察のうちに混入してはならない。それが〈**元底‐無底**〉としての〈**根拠**〉について省察しようとするとき、最も留意しなければならないことではないだろうか。

〔H〕 〈**元底‐無底**〉について深く考察したシェリングにおいてもそうなのだが、まだ〈他〉の現れる余地のない地点においては、〈実存への意志〉つまりは〈何かを意欲する意志〉すらない。それはまだ〈**無為**〉であり、〈**無為**〉のみを享受する。したがって行為や意志の自由な能動性という意味では、それは〈**非自由**〉であるのかもしれないが、しかし他に依存せず自己の〈**内的必然性**〉にのみしたがっているという意味では、それは〈**自由**〉である――アンリが述べるような〈**根源的受動性**〉や〈**無力＝超力**〉は、そのような意味で解することができるであろう。

〔G〕 つまり、そのような〈**元底‐無底**〉を仮に〈**神**〉なり〈**神性**〉なりと呼ぼうとするのだとしても、それはむしろ〈創造〉以前に見出されるような〈**創造しも創造されもしないもの**〉であり、〈被造物〉を想定しないような神、つまりは相関性・相対性を絶するというような意味での真の〈**絶対者**〉である――それは〈有限〉や〈有限性〉をまだ想定しない、言わば非ヘーゲル的な〈**真無限**〉であり、まだ〈否定〉や〈制限〉との連関のうちに立つ必要のないような〈**実在性**〉である。

〔A〕 神の創造以前のこのような〈根源‐源泉〉こそが、真の〈始源〉であろう。そしてこのような〈始源〉は、まだいかなる〈他〉によっても媒介されえないのであるからには、〈無媒介性‐直接性〉によってこそ特徴づけられる。〈直接的なもの〉とは、あれこれ考察した挙句に〈媒介〉を排除ないし度外視したものではなく、もっとストレートに、その有るがままに捉えられた〈一なる全体〉なのである。

〔F〕 そのような〈全体〉とは、もちろん諸部分の総和としてあとから考察された〈多〉における〈一〉ではなく、むしろ〈諸部分なき全体〉である――何度も言うように、じっさいに分析しても諸部分が有るとか無いとかが問題とされているのではない。そうではなくて、まず〈全体〉は如何にして〈全体〉として自らを顕現するのか、それを〈諸部分〉のほうからではなく、〈全体〉それ自身から把捉することが肝要だということである。それはけっして現実を無視した捉え方ではなく、たとえばわれわれが或る空間全体やメロディー全体を〈雰囲気‐表情‐感情〉として経験しているとき、そこには〈諸部分なき空間‐局在化なき全体空間〉や〈諸継起の意識なき純粋持続〉が、じっさいに体験されているのである。われわれが〈瞬間のなかの持続〉と呼んだ類《たぐい》の考えは、言わばベルクソン的な〈持続〉をフッサール的な〈生ける現在〉すなわち〈瞬間‐現在〉のうちに取り込もうとする企てから編み出されたものである。

〔B〕 諸部分なき原初的空間や継起の意識なき原初的時間は、まだ〈一〉としてしか現象しない。そして真の意味で〈一〉として現象するものは、それを現象せしめる〈他〉や〈多〉を認めることができない。そのような〈自己現出〉の構造をわれわれは〈自己‐触発〉と呼んだのであって、したがってそれはまさに〈一における一〉もしくは〈多なき一〉の構造を具現する。それゆえ他と比較された〈同〉ではなく、〈他なき同〉というものが真の〈同〉の〈同一性〉を構成する――真に根源的な意味での〈自己同一性〉は、そのような〈一性〉と別のものであってはならないだろう。

Ⅳ 以上、われわれはわれわれ自身が考察してきた諸カテゴリーを、幾つかの順序にしたがって呈示してみた。それはわれわれ自身があたかも必然的に導出しているかのような諸カテゴリーの演繹が、じつは一本道の必然的演繹でも何でもなく、むしろもしそれらが同じ根源を指し示しているとするなら、どのような道順であれ、いずれ根源から導出されることになるのだということを、示さんがためでもあった。哲学者たちのおこなう整然たる秩序の演繹は、じつは哲学者自身の主観的な辻褄合わせのようなものでしかないことのほうが多い。『方法序説』の「第二部」でデカルトが第三番目の規則として呈示しているように、ひとは「自然的」には相互に先後関係のないものどものあいだにすら、無理にでも「順序」を「想定すること」[53]によって振舞うことがある。逆にわれわれは「根源遡行型」を提唱した。それゆえ本項(a)の最後に、一例としてBから他のすべてのブロックを導出する試みを呈示しておくことにしたい。

〈B→C〉 **〈一〉**が有り、現れている。それは他によって有るのでも他によって現象せしめられているのでもなく、**〈一〉**において**〈一〉**それ自身によって有り、そうした仕方で現象している。そのようなものの構造を、われわれは**〈一における一〉**もしくは――〈多〉はまだ現れてはいないが、〈多〉が現れたときには回顧的にそう言われるように、あるいは〈多における一〉の根底そのものにおいてこそ見出されるように――**〈多なき一〉**と呼ぶ。それはまた自ずから**〈同〉**や**〈同一性〉**を形成するが、しかしそれは**〈他なき同〉**という仕方での**〈自己同一性〉**である。それゆえそれは、まだ〈他〉と対比されないような、大きい意味での**〈自己〉**であり、そしてそのような自己現出の仕方を、アンリに倣ってわれわれは**〈自己-触発〉**と呼んでいる。それゆえ**〈関係諸項なき関係〉**つまりは**〈没関係〉**とも言うべきこのような**〈自己-触発〉**が、真の**〈自己関係〉**すなわち**〈対-自-有〉**を構成しているのである。

〈B→D〉 **〈一における一〉**が**〈一〉**の現象仕方を構成するということは、**〈一〉**が他によってではなく、自ずから現象しているということである。しかるに〈自ずから立ち現れること〉もしくは**〈自ずから然り〉**は**〈自然〉**の特権である。このようにしてわれわれは、**〈自然〉**というものを、その現れ方から――そして**〈一〉**や**〈一における一〉**という有り方としては有論的にも――考察しているのだということになる。

〈B→E〉 〈他〉や〈多〉はまだないが、仮に〈他〉や〈多〉が成立したとしても、自他関係――そこでは〈自己〉はすでに狭い意味のものとなっている――や〈多〉そのものは、そこにおいて自他関係や多が成り立つような共通の

〈**一**〉なる〈**場所**〉のようなものを想定している。それゆえ〈**一における一**〉はそのような根底の〈**場所**〉であり、〈於てあるもの〉があるときには〈於てある場所〉、〈於てあるもの〉がないときにさえ〈**場所**〉は〈**場所**〉である——というより、われわれは〈**一における一**〉として〈**場所**〉を〈**場所**〉それ自身において考察するためには、いったんは〈於てあるもの〉を度外視して〈**於てあるものなき場所**〉を考察するのでなければならない。そしてそのように考えるのであれば、〈多における一〉の根底に〈**一における一**〉があるように、〈於てある場所〉の根底には〈**於てあるものなき場所**〉があるのだということになろう。この意味で〈**於てあるものなき場所**〉は〈**根拠‐元底‐無底**〉であり、また〈**自己‐触発**〉は究極的にはこのような〈**場所の自己‐触発**〉とみなされることとなる。

〔**B→F**〕〈**一における一**〉、〈**多なき一**〉は、〈**諸部分なき全体**〉と言い換えることもできる。空間論や時間論の言葉で言うなら、それは「原初的空間」としてビランがよく取り上げた〈**諸部分なき空間**〉であり〈**局在化なき全体空間**〉である——じっさいわれわれは、或る場の〈**雰囲気**〉や〈**表情**〉を〈**感情**〉によって受容することがよくあるが、そのような全体的な〈**雰囲気**〉は、空間のどこかに局在化されうるものではないし、空間を諸部分に分析したとたんに、場所特有の〈**表情**〉や全体〈**感情**〉は消え失せてしまう。時間論的に言っても、〈**一における一**〉に最もふさわしいのは〈**瞬間‐現在**〉であって、それはけっして狭い意味での現在瞬間——時間地平上の一点のごとき——に閉じ込められたものではなく、むしろ、たとえばメロディーを不可分の一全体として享受しているとき、そこに現れるのはわれわれが〈**瞬間のなかの持続**〉と呼び、ベルクソンが好んで語っているような〈**諸継起の意識なき純粋持続**〉である。反省的に語るなら、メロディーの〈**表情**〉は瞬間毎に刻一刻と変化してゆくのかもしれないが、それを受け取っている瞬間は、メロディーの過去の音をすべて含んで形成されたそのつどの瞬間の〈**表情**〉であり、われわれはそれを一つのメロディーの〈**表情**〉として受け取っているのである。

〔**B→G**〕〈**一**〉あってまだ〈多〉も〈他〉もないところでは、そこにあるものはけっして相対化されえない。それは〈**絶対者**〉もしくは〈**真無限**〉であり、真の意味での〈**実在性**〉である。それゆえそれを〈**神**〉と呼んでもよいのだが、しかしそれは〈被造物〉とともに二元性を形成するような〈神〉ではなく、むしろ〈神性〉そのものであり、エリウゲナの表現を借りるなら〈**創造しも創造されもしないもの**〉である。けだし〈創造〉は〈創造するもの〉と〈創造されるもの〉との二元性を想定する考えなのだから。

〔B→H〕 〈**一**〉はまたいかなる〈意志〉も持たず、〈行為〉もおこなわない——〈意志〉や〈行為〉もまた二元性を前提ないし想定する考えだからである。それゆえ〈**一における一**〉を特徴づけるのは〈**無為**〉や〈受動性〉、しかも何か他のものの能動性のほうから思惟された相対的・相関的な受動性ではなく、むしろ端的な〈自己受動性〉とも言うべき〈**根源的受動性**〉である。それは自己自身を受け取るよりないという意味では〈**非自由**〉だが、しかし他の何ものにも依存しないという意味では、それは〈**内的必然性**〉と同定されうるような〈**自由**〉だと言うことができる。〈**無力**〉こそがじつは〈**超力**〉なのである。

〔B→A〕 たとえ〈多〉があったとしても、〈多〉はそれを一まとめにして〈多〉と感じさせたり思惟させたりするような〈**一**〉がなければ、〈多〉とさえみなされえないだろう。〈多〉のあるところ、そこにはすでに〈**一**〉があり、そして〈多〉がなくても〈**一**〉はある。〈**一**〉こそが〈**根源**〉であり、そのうえ〈**始源－源泉**〉である。ヘーゲルは〈未規定的直接性〉によって〈**始源**〉を定義しようとしたが、〈未規定性〉はともかく、〈**直接性－無媒介性**〉は〈**始源**〉たる〈**一**〉にこそふさわしい。なぜなら〈他〉も〈多〉もないところ、〈媒介〉は生じえないからである。〈**一における一**〉はけっしてたんなる抽象的観念ではなく、むしろ最も〈**直接的なもの**〉であり、逆にまた最も〈**直接的なもの**〉の構造を言い表すなら、自ずから〈**一における一**〉となるであろう。

いまわれわれは〔B〕から出発して諸カテゴリーを導出したが、他のブロックから出発しても同様の導出が遂行されえたであろう。なぜなら結局のところわれわれがおこなっているのは、推論等々の論理的媒介による演繹／導出ではなく、それ自身は抽象的に設定された多方面からの根源的で実在的な一者のたんなる読解や表現や直接的演繹——ビランの意味での——だからである。

(b)第一の始源と第二の始源の相関関係から成立する諸規定

〈第二の始源〉が成立するなら、あるいは少なくとも〈時が流れ始める〉なら、**〈他〉**や**〈多〉**への傾向が生じ、ついには**〈他〉**や**〈多〉**そのものが生まれる。もちろん〈第二の始源〉は〈第一の始源〉を前提とし、これとの関係で多くのカテゴリーをもたらすのであって、〈第二の始源〉だけで諸カテゴリーを考えようとすると、たとえば**〈多〉**や**〈他〉**との連関のなかでしか**〈一〉**を考えないなど、多くの誤解や誤謬が生ずることとなってしまおう。以下、ここでも前章で扱いえたかぎりでの〈第一の始源と第二の始源の相関関係から成立する諸規定〉について、多少なりとも整理しておくことにしたい。

〈多〉の誕生とともに、〈第一の始源〉ですでに存立していた〈一〉ないし〈一性〉にもとづきつつ、**〈多における一〉**や**〈一における多〉**の論理が成立する。同様に**〈他〉**――〈他者〉ではなく〈他なるもの一般〉――が登場すると、そこに**〈自他関係〉**や、そもそも**〈媒介〉**というものの可能性が生じ、当然のことながら**〈相対性‐有限性〉**が見出されるようになる――それらはあくまで**〈関係性〉**を前提とした諸概念なのである。

〈関係‐関係の論理〉がここに成立する。ヘーゲルの言うような、あくまで相関関係に立つかぎりでの**〈同一性‐相違〉**が活動し始め、同じく相互関係にあるかぎりでの**〈一性‐多性‐全性〉**や**〈実在性‐否定‐制限〉**が、あるいはまた**〈実体‐偶有性〉**もしくは**〈実体‐属性‐様態〉**もここで初めて活動の場を得る――ちなみに**〈因果関係〉**や**〈行為者と所動者の相互作用〉**は、最初から相互連関の相対性を前提とした諸カテゴリーである。

〈多〉や**〈多における一〉**は諸々の**〈物〉**という考えを生む――たとえばわれわれは**〈自然〉**についてだけでなく、**〈自然物〉**等々についても語り始めるようになる。**〈全体と諸部分〉**という相関関係はここから生まれ、**〈諸部分から成る空間〉**や**〈局在化された空間〉**といった考え、あるいは**〈流れる今〉**とともに成立する**〈脱自的時性〉**、さらには**〈継起的時間地平〉**という考えも、そこから発源してこよう。

〈他〉のなかから、或る特有の事実的な**〈雰囲気の収縮‐放射〉**を介して、**〈他者〉**が蓋然的に識別され、**〈自我‐非**

我〉のみならず〈**自我-他我**〉の関係も生まれてくる——それは〈**ひと**^{1}〉からはことさらに区別された〈**ひと**^{2}〉という考えさえ生み出してゆくであろう。〈**他なるもの**〉一般や〈**他者**〉との関係のなかで、あくまで〈**有限な自由**〉としての〈**第二次的自由**〉が生まれ、それとともに〈**第二次的非自由**〉というものも成立するのだが、しかしそれはむしろふつうの意味での〈**不自由**〉にすぎない。

〈**志向性**〉や〈**地平-超越**〉構造については、そのような有限的自由の圏域のなかでのみ語りえよう。〈**地平**〉構造とともに〈**主題化**〉が本格的に成立し、〈**主題的なもの-非主題的なもの**〉もしくは〈**顕在的なもの-潜在的なもの**〉の区別も明示的に確立される——相関的なものとしての〈**可能性-現実性-必然性**〉の関係は、このようなところで最も真価を発揮しうるであろう。〈**超越論的地平**〉のような主観的企投のニュアンスを必ずしも伴わないかもしれないが、〈**於てあるもの-於てある場所**〉の関係もまた〈**多における一**〉の構造を有し、そして〈第一の始源〉のところで見た〈**於てあるものなき場所**〉のこともともに想起するなら、すでに〈**場所**〉の数多性が想定されている。〈**水平の論理**〉から区別された意味での〈**垂直の論理**〉をわれわれが強調するのは、このようなケースを想定してのことである。〈**創造しも創造されもしないもの**〉しかなかった場所に〈**創造-被造**〉の関係が生まれ、〈**創造主-被造物**〉の二元性が誕生する。われわれはエリウゲナのように、〈**創造し創造されないもの**〉や〈**創造し創造されるもの**〉、また〈**創造せず創造されるもの**〉についても語りうることとなろう……。

＊　＊　＊

第三章でわれわれは「閉じられた循環型は、開かれた求心型に席を譲るのでなければならない」と述べた。われわれは、駆け足にではあるが、いま可能なかぎりで「諸カテゴリー」の演繹／読解に努めてきた。しかしながら人間のおこなうことに完全などありえず、ここにも大きな穴がないなどと、われわれはけっして断言することなどできない。せいぜい述べうるのは、以上が現段階での暫定的な諸成果だということだけである。有限なる人間存在は、自らのもたらした同じく有限的な諸成果に、けっして満足することなく、しかし有限存在にふさわしく、いったんは活動を中断して暫定的なその成果を示し、新たなる跳躍のための不可欠の土台としてこれを確保しておくのでなければならない。

註

第一章

（1） 本書で引用するヘーゲル第一次文献と第二次文献ならびにその略号は、一括して巻末の「ヘーゲル文献一覧」に示した。

（2） 以下にも見るように、『精神現象学』における「我々」には、〈自然的意識の経験を観察するわれわれ哲学者〉という、哲学的観点から見ても特別な意味が込められていることがある。それゆえ無用の混乱を避けるために、本章の筆者がふつうに「われわれ〔=editorial we〕」を自称するときには平仮名を用い、特殊ヘーゲル的な意味での「我々」には漢字を当てて、両者を区別することにする——もっともヘーゲル自身が「自然的意識」についても「我々」と述べているケースが、多々見受けられるようなのだが。

（3） シュテケラーのヘーゲル解釈は幾つかの箇所において、明らかに「分析哲学」(Vgl. Stekeler (1), S. 489 ; Stekeler (2), S. 39, usw.) 寄りだが、しかし「分析哲学」に対する批判的言説も、まったく見出されないわけではない。Vgl. Stekeler (4), S. 270 ; Stekeler (5), S. 38, usw.

（4） たとえば「意識の経験の学」に関して、マルマス (G. Marmasse) はこう述べている。「経験概念の強調は、何を含意しているのだろうか。〔…〕第一に、ヘーゲルがここでフィヒテやシェリングの構築主義に反対しているということは、ありそうなことである」(Michalewski, p. 63)。ちなみに台頭してきたヘーゲル哲学に対し、自らの仕事との関連で、シェリングが「しかし彼がおこなったのは、或るヴァイオリン協奏曲をフォルテ・ピアノに置き換える者と、ほぼ同じだけのことだ」(F/H, S. 378. Cf. Pinkard (2), p. 611) と評したということは、人口に膾炙した話である。

（5） 一七九七年のいわゆる『第二序論』の冒頭近くにある言葉である。Vgl. FICHTE, Johann Gottlieb, *Fichtes Werke*, herg. von I. H. Fichte, Berlin, Walter de Gruyter & Co, 1971 (1845^{1}–1846^{1}), Bd. I, S. 454.

（6） ティンラント (O. Tinland) は「精神の現象化はそれを陳述する学の現象化を含む」(Michalewski, p. 72) と述べている——問題はこの二系列の現象化の現象学的体制の差異を、構造論的にどう捉えるかということであろう。

（7） われわれの気づきえたかぎりでも、『精神現象学』における「我々にとって」と「即自的に」との等置は、以下の箇所において見出された。PhG^{B2}, S. 19, 68, 79, 117, 122, 132, 137, 361, 516.

（8） ガダマーはヘーゲルがその「フランクフルト時代」に「生は同一性と差異との同一性である」(F/H, S. 222) と詳述したと述べ、またカンタンは「フランクフルトにおけるこのアポリアの解決（同一性と非同一性との同一性を喚起しうること）」として「生」(Quentin, p. 27) の名を挙げているのだが、しかしわれわれの気づきえたかぎりでは、フランクフルト時代のヘーゲルに見出されるのは、「生は結合と非結合との結合 (Verbindung der Verbindung und der Nichtverbindung) である」(W1, S. 422) という表現のみである。

(9)　スィによれば、「論理が《意識の背後に》あるということを、ヘーゲルは『現象学』の公刊に伴う紹介紙のなかで強調した」(Sy. p. 38) とのことである。

(10)「現象学には序論〔＝導入〕は存在しない、なぜなら現象学には序論は存在しえないからである」(Heidegger. S. 200-1) というハイデッガーの有名な言葉がある。

(11)　われわれ自身が直接参考にしたわけではないのだが、スターンもほぼ同様の仕方で、「序論」を四つに区分している。Cf. Stern. p. 53.

(12)「自然的表象」と言われてはいるが、明らかにこれはカントを念頭に置いた言葉である。たとえば『エンチュクロペディー』では、こう述べられている。「批判哲学の一つの主要観点は、神、諸事物の本質等々を認識することに取りかかる以前に、認識能力にそのようなことがなしうるか否か、認識能力それ自身をあらかじめ探究すべきだということである。ひとはそれを介して成立すべき仕事に着手する以前に、あらかじめ器具（*Instrument*）を知るようになっておかねばならない。〔…〕しかるに認識の探究は、認識しつつよりほかには生起しえない。このいわゆる道具（Werkzeug）において、道具を探究することが意味するのは、道具を認識することにほかならない。けれどもひとが認識する以前に認識せんと欲することは、敢えて水のなかに入る以前に、泳ぐことを学ぼうとした、かの付属神学校長の賢明なる意図と同様に、馬鹿げている」(W8. S. 53-4. Vgl. S. 114 ; Longuenesse. p. 29 ; Vetö. p. 36. etc.)。ヘーゲルはイェーナ時代の『アフォリズム』のなかでも、カント哲学を批判しつつ、こう述べている。「カントは哲学ではなく哲学することを教えるのだと、感嘆とともに引き合いに出される。あたかも誰かが家具製作をすることは教えるが、しかしテーブル、椅子、戸、柵等を作ることは教えないとでもいうかのように」(W2. S. 559)。

(13)　もちろんここでの「概念」は、ネガティヴな意味で用いられている。「現象学のなかでは《概念》は、しばしば《ただようやく概念》であるような一つの抽象的普遍を意味している」(Fulda (1). S. 134)。

(14)　ジープは「ことによるとヘーゲルは、ここで《自己自身を理解しつつある、実施された懐疑論》というフィヒテの概念のうえで戯れているのかもしれない」(Siep. S. 75. Siehe *Fichtes Werke. op. cit.*, Bd. V. S. 210) と指摘している。ヘーゲル自身、たとえばイェーナ期初期の『哲学への懐疑論の関わり合い』のなかで、「真の哲学は必然的にそれ自身、同時に或る否定的な側面を持つ」(W2. S. 227) と、あるいは「各々の真正な哲学はこの否定的な側面を持つ、もしくは矛盾律を永遠に廃棄するので、その気のある者は、ただちにこの否定的な側面を取り出して、各々から自らに一つの懐疑論を呈示することができる」(Ibid., S. 230) と述べ、また『エンチュクロペディー』でも「哲学は懐疑論を一契機として自らのうちに含む」(W8. S. 176) 等々と語っている——ちなみにこの問題に関しては、カンタンの著書『ヘーゲルと懐疑論』(Quentin) が詳しい。

(15)　両者が「同じこと」となるためには、(1)「知」を「対他的に有るがままの〔…〕対象」と、そして「本質もしくは真なるもの」を「対象の本質もしくは即自」と同定するか、あるいは(2)「本質もしくは真なるもの」を「対他的に有るがままの〔…〕対象」と同定したうえで、「知」を「対象の本質もしくは即自」と同定するという──「悟性」の箇所で見るような──力業を用いなければならないかだが、ここではヘーゲルが詳述もせずに「同じこと」と言い切ってしまっているので、思惟されているのはおそらく(1)である。

(16)「ヘーゲルが『現象学』の序論のなかで明確ナ言葉デ (expressis verbis) 認めている以上のものが〔…〕哲学的な《付加》において働いている」(Siep, S. 79) とはジープの言葉だが、フルダによれば、「生成する思弁的認識」は「注視」に制限されていて、せいぜいのところ「対話のパートナー」は「自然的意識」に対して「問い」を立てるか、あるいは「明証的な事態」に気づかせるだけなのだが、しかし自然的意識が「その懐疑的な結果」に到達するや否や、パートナーの役割は「能動的」になるのだという。つまり彼は、ひとは「結果」を「或る別の、肯定的な意義」においても受け取らねばならないのだということ、またそこから「或る新しい対象と真理パラダイムとを伴った自然的意識の或る新しい意識段階」が生じるのだということ、そしてひとは「このまったき、意識をその形態において変化させる過程」を、「意識がその先行段階に対して積んだ経験として解釈しうる」のだということを、「示さなければならない」(Fulda (2), S. 88) のである。

(17)『エンチュクロペディー』のなかでヘーゲルはこう述べている。「哲学の目的は〔…〕どうでもよさ (Gleichgültigkeit) を追放して、諸事物の必然性を認識することである。〔…〕真の思索は必然性の思索である」(W8, S. 246)。

(18)「夜にはすべての雌牛が黒い」という表現は、一八〇三年から〇六年のあいだに書かれたとされる『アフォリズム』(W2, S. 561) のなかにも、また『エンチュクロペディー』の「自然哲学」(W9, S. 99) のなかにも見出されるのだが、それは「暗闇のなかではすべての猫は灰色だ」(Cf. Pinkard (2), p. 704 ; PhG^{B2}, S. 562) というF・シュレーゲルのシェリング評から借りられたものかもしれないと推測する者たちもいる。ちなみにヴテによれば、この「隠喩」は『現象学』本文のもう少し先で「今は夜である」という「一つのヴァリアント」(Vetö, p. 62) を持つこととなり、またシュテケラーは、もしシェリングがこの「批判」を自らに関連づけたとするなら、彼は「きわめて敏感」なのであって、ここで批判されているのは、じつは「その同語反復でもって即自的世界について何か特定のことを言明したと思い込んでいる合理主義のみ」(Stekeler (1), S. 216) だと語っているのだが、われわれには両者の見解は、少々穿ちすぎのように思われる。

(19) ハイデマン (D. Heidemann) は「一八〇一年に到着したイェーナでのシェリングとの協働のあいだ、ヘーゲルは、一なる実体についてのスピノザ哲学にしたがいつつ、絶対者を実体とみなしていた。しかしおよそ一八〇四年頃から、ヘーゲルはふたたび彼の考えを、劇的に変様させた」(M/Q, p. 4) と述べている。しかしながら一八〇二年の『人倫性の体系』には「実体は〔…〕死せる物質である」(SdS, S. 15) という言葉が見られる──ちなみに一八〇四／〇五年の『論理学、形而上学、自然哲学』のなかでは、「魂は〔…〕実体性と主観性との一（Eins）である。そして真の実体でも真の主観でもない」（JSE II. S. 148）と語られている。なおシモン（A. Simhon）によれば、「緒言」のなかの「実体」という言葉には、「惰性的で、不動で、固定的で、安定した実体」つまりは「（死せる）実体」と、「生ける、活動的な、自己‐差異化された、主観的な、精神的でさえある実体」、簡単に言うと「（生ける）実体」という「二つの意味」（Michalewski. p. 29）が見出されるのだという。

（20）『エンチュクロペディー』のなかで、ヘーゲルはこう述べている。「体系なしに哲学することは、何ら学的なものではありえない。このように哲学することが、それだけではむしろ一つの主観的な考え方を表現しているというだけではなく、それはその内容にしたがって、偶然的である。或る内容は、全体の契機としてのみ正当化されるのだが、しかし全体のそとでは、基礎づけられていない一つの前提か、あるいは主観的な確信を有する〔にすぎない〕」（W8. S. 59-60）。

（21）「ピストルからのように自らの内的啓示から、信仰、知的直観等々から始源して、方法と論理学とを免除されんと欲するような者たち」（WdLS^2. S. 55-6）に対しては、『大論理学』にも批判がある。

（22）「世界精神」という言葉は「『現象学』のなかで三度現れる」（Brandom. p. 55）とブランダムは語っているのだが、しかしわれわれが気づきえたかぎりでも、もう少し多そうである。Vgl. PhG^{B2}. S. 22. 23. 138-9. 159. 494. 525.

（23）「他所で私が述べたように、よく知られているものは、だからといって認識されているとはかぎらない」（WdLS^2. S. 11）と、『大論理学』第二版の「緒言」のなかでも述懐されることになる。

（24）『エンチュクロペディー』の「自然哲学」のなかでは「悟性にとっては抽象的なもの、死せるものが、最も単純なものとして、最も捉えやすいものである」（W9. S. 37）と述べられている。

（25）一八〇三／〇四年の『思弁哲学の体系』のなかでは「絶対的な自己相等性」が「絶対的な実体」（JSE I. S. 185）と並置され、また『現象学』本文の「精神」の箇所でも「実体としては、精神は揺るぎない公正な自己相等性である」（PhG^{B2}. S. 289）と述べられている。

（26）この文章は、必ずしも「叙述」それ自身が「弁証法的な形式」を有しているという意味で読むべきではないとわれわれは考える。「はじめに」でも見たように、「記述」ないし「叙述」それ自身が観察対象に対して「弁証法的な形式」を有しているなら、「自然的意識」の経験の進行と「我々」の観察の進行とのステイタスの区別が、つかなくなってしまうからである。

（27）まだ『差異』ではこう述べられている。「絶対者は夜であり、光は夜より若い。そして両者の相違、また夜からの光の歩み出は、一つの絶対的な差異である――無が最初のものであり、そこからあらゆる有、有限なもののあらゆる多様性が出て来た。しかるに哲学の課題は、これらの諸前提を統合して、有を――生成として――非有のうちに、分断を――絶対者の現出として――絶対者のうちに、有限なものを――生として――無限なもののうちに、措定することのうちに存している」（W2. S. 24-5. Vgl. S. 30-1）――ちなみに『エンチュクロペディー』では「精神は〔…〕夜から昼を作る」(W9, S. 474) と語られている。

(28) 一八〇一年の『差異』では、たとえば「制限の力」としての「悟性」に対し、「絶対者」に到達するような「理性」(W2, S. 20. Vgl. S. 21, 35-6, usw.) を強調するなど、「理性」の優位を説く箇所が目立っているのだが、一八〇二年の『哲学への懐疑論の関わり合い』には、「悟性は〔…〕主観の魂という袋に住みつく他の諸能力のもとでは、最も卓越した能力である」(Ibid., S. 272) というような言葉も見出される。また同じく一八〇二年の『信と知』は、「悟性」を「人間理性の絶対に固定された超克しえない有限性」(Ibid., S. 313) と断定したり、「偏狭な悟性」に「非哲学の完全な勝利」(Ibid., S. 321) を帰せしめたりしているのに対し、一八〇三―〇六年に書かれた『アフォリズム』のなかでは、「悟性なき理性は無だが、しかし悟性は理性がなくても何かである。悟性は免除されえない」(Ibid., S. 551) と述べられたりもしている。

(29) スターンは六つの部分に区切っているが、最後の三つに関してはわれわれの区分と完全に重なり、全体的に見てもそれほど解釈に相違があるとも思えない。Cf. Stern, p. 82-3. またイッポリトの仏訳は四区分をおこなっていて、二番目から三番目への移行箇所に関してわれわれとは微妙な差異があり、またわれわれが四番目と五番目に分けた箇所を、イッポリトは一括して扱っている。Cf. PhE (H1), p. 80-92.

(30) ヴィーラント (W. Wieland) は「そのすべての諸内容についての感覚的確信が言明しうるのは、最も貧しく最も空虚な述語――有――のみ以外の何ものでもない、という事実が示しているのは、我々がそこにおいて見ていると信じている豊かさが、感覚的確信それ自身にとっては、まったく現存していないということである」(F/H, S. 71) と述べている――われわれはこのような「豊かさ」が、「知覚」の箇所においてようやく現れ、しかし、最終的にはやはり否定されてしまうのを、目撃することになろう。

(31) このようにして「実例」を持ち出したかぎりで、ヘーゲルの意図は見え透いていると言わざるをえない――明らかに「実例」は「個別」が持つ「普遍」への志向を含んでいるからである。

(32) それでは「自然的意識」はいったい何を学んだのか、つまり本当の意味でどのような「経験」を積んだのかということが、当然のことながら問われてこようが、この問題に関しては改めて本章最終節で、一括して検討し直すことにしたい。

(33) 一八〇五/〇六年の《自然哲学と精神哲学》のなかでも、「それゆえ名前によって対象が、有るものとして (als *seiend*) 自我から生まれた。――これが精神の行使する最初の創造力である」(JSE III, S. 175) と、また「名前のなかで初めて本来的に、直観すること、動物的なもの、時間と空間が超克される」(Ibid., S. 176) と語られている。

(34) 高名なる『ヘーゲルの『精神現象学』の生成と構造』のなかで、イッポリトはこう述べている。「ヘーゲル哲学の深い欠陥の一つが、おそらくここで――言いえないがゆえに《特異的な諸々の魂》を消失させてしまうことになるような――そのような言語哲学のなかで、またそのような特異性についての考えのなかで、顕わとなる。――ヘーゲルにとって特異性は否定であって、還元しえない独自性ではない」(Hyppolite (1), p. 87)。けれどもイッポリトは数年後の『論理と実存』のなかでは、多少とも言い方を緩和しているようにも思われる。Cf. Hyppolite (2), p. 7sqq. et p. 52-3.

(35) スターンもわれわれとは別の仕方で六つの部分に区分しているが、特に違和感を覚えるようなものではない。Cf. Stern, p. 83-4.

(36) 「感覚的確信は現出の突然性とともに出現する。逆に知覚の契機は、哲学者たちにとって、或る弁証法的な発生から帰結する」(Yilmaz, p. 71) とイールマは述べている。

(37) 「止揚」のこのような「二重の意味」に関しては、その後のヘーゲルの二つの主著、すなわち『大論理学』(WdLS^2. S. 101) にも『エンチュクロペディー』(W8, S. 204) にも言及がある。ちなみにフファによれば、「アウフヘーブング」はヘーゲルの思索のなかで「一つの進化」を有していて、フランクフルト時代にはそれはまだ「一つの否定的な意味」しか表現していなかったのだが、次第にヘーゲルは「このような多くの意味」を「導入」(Foufas (1), p. 102) するようになったのだという。

(38) 「ヘーゲルによる塩の塊の分析」を「デカルトによる蜜蝋の塊のそれ」と比較する者もあまたいるが、マルタンも指摘するように、前者は後者ほど「成功」(Martin, p. 37) しているとは――少なくとも後者ほど計算し尽くされているとは――言い難い。Vgl. F/H. S. 97.

(39) ピピンはこれを「亦《また》モデル (Also model)」(Pippin (1), p. 128) と呼んでいる。

(40) スターンは「〈束《たば》〉観 (a bundle view)」と「〈基体／属性〉観 (a substratum/attribute view)」(Stern, p. 66) を区別し、「ヘーゲルは〈束〉観から〈基体／属性〉観へとわれわれを連れてゆくために、一／多問題を用いる」(Ibid., S. 67) と述べているのだが、そのことの詳細は、ヘーゲルの以下の本文にも見る。

(41) 文脈から言って、このあたりの「我々」は、明らかに「〔自然的〕意識」を指している。『精神現象学』の読解がときに難解さを増すのは、このような用語法の不整合にも起因しているように思われる。

(42) 「対自〔＝それだけ〕」であるかぎり「本質的」で、「対他」であるかぎり「非本質的」であるという「二重の〈かぎりで〉」のことであるように思われる。

(43) 一箇の物にはその物の本質を形成する諸規定性のみならず、非本質的な諸規定性も必ずあるという意味での非本質性であり、必然性であろうかと思われる。

(44) 「もはや有ルコトトハ知覚サレルコトデアル (*Esse est percipi*) と言うのではなく、有ルコトトハ知解サレルコトデアル (*Esse est intelligi*) と言わなければならない」(Hyppolite (1), p. 109) と、イッポリトは説いている。

(45) フィンクの実例を借りるなら、「加熱されうるもの」が「加熱作用」(フィンク、一九二頁) を促すと言うこともできようが、しかし「加熱作用」が「加熱されうるもの」の温度上昇を促すという逆の言い方のほうがふつうであろうし、さらにはまた、「加熱作用」というものがあるからこそ「加熱されうるもの」が「加熱されうるもの」たりうる、つまりは「加熱されうるもの」が「加熱作用」を促すことへと「加熱作用」が促す、という言い方さえできるのである。

（46） 一八〇四／〇五年の『論理学、形而上学、自然哲学』のなかでは「引力があるかぎり、斥力がある。両者のあいだには方向の異別性以外の異別性はまったくない」（JSE II, S. 4）と述べられている。

（47） ピンカードによれば、「転倒した世界」という「ポピュラーなターム」で意図されているのは、「一種の帰謬法（*reductio ad absurdum*）」で、それは「ヘーゲルが彼の同時代人たちの幾人かの欠点ある諸観念とみなしているものでたんに興じているだけの、『現象学』のなかの多くの箇所の一つ」（Pinkard (1), p. 42）であり、またスターンの考えでも、「転倒した世界」の観念は「実在についての悟性の《二層》的な考えについての一種の帰謬法」なのであって、「ひとたび悟性が通常の経験に顕わな世界のうえに超感性界を置くなら、そのとき意識にとって世界が《即自的に》は本当にどのようなものであるのかを言うことが、きわめて困難になる」（Stern, p. 76）――しかしながら、その後の「無限性」の導出までの過程をたどってゆくなら、「転倒した世界」の役割は、ヘーゲルが「たんに興じているだけ」のようなものではないように思われる。ちなみに「転倒した世界（eine verkehrte Welt）」という表現は、すでに一八〇二年一月の『哲学批評雑誌』のなかで用いられているのだが、ここではそれは、「哲学」はその本性からして「何か秘教的なもの」であって、「悟性」や「健全なる人間悟性〔＝常識〕」には「まさに対置されている」（W2, S. 182）という意味で用いられているにすぎない。むしろ『精神現象学』と類似した意味での「転倒した世界（eine verkehrte Welt）」（WdLW, S. 141）は、『大論理学』の「本質論」のなかでふたたび登場することになる。

（48） ピンカードによれば、「すべての味は甘みと酸味の組み合わせである」というのが「時代の最先端《ファッショナブル》をゆく科学的見解」（Pinkard (1), p. 40）だったのだという。

（49） ヘーゲルの言説は明晰とは言い難いが、おそらく〈自らのために他有と関わり、自己と他有との統一をめざすこと〉、つまりは〈自らの生のために他有を――とりわけ他有との統一をめざすからには他の生を――欲望すること〉という意味であろうかと思われる。

（50） 「感覚的確信」が「対象」から「自我」へと押し戻されたとき、すでに「自己意識」は成立しているのでなければならないはずであろう――ただしヘーゲルの『精神現象学』においてはおそらく二種類もしくは二段階の「自己意識」を区別しなければならないであろうことは、以下の本文ですぐに見る。

（51） フィヒテの他者問題に関しては、拙著『他性と場所Ⅱ――《自然の現象学》第六編――』萌書房、二〇二〇年の第一章から第四章まで、ここではとりわけ第一章「初期フィヒテにおける他性の問題」を参照。

（52） 先に「生」と「自己意識」が対置されたことからも窺えるように、「対自有のこの純粋な抽象」というのは、「生」を捨象した純粋な「自己意識」という意味での「対自有」のことかと思われる。

（53） 『精神現象学』はずっと先の「法状態」のところで、「一箇の人格として表記された個体は、軽蔑の表現である」（PhG^{B2}, S. 318）と述べることとなり、『法の哲学』（W7, S. 95）でも同様の主張が繰り返されてはいるのだが、しかしヘーゲルの著作の全体を見るかぎり、「人格」が必ずしもつねに「軽蔑の表現」であるとはかぎらない。

(54)「主」の「自立性」、「僕」の「非自立性」という関係の逆転の結果、たとえばフファは――誰でも言いそうな言葉ではあるが――「主は僕の僕に、僕は主の主になるであろう」(Foufas (2). p. 179) と述べている。

(55)「本来的には、僕は主の僕ではなく、生の僕である」(Hyppolite (1). p. 167) とイッポリトは述べ、「本来的に語るなら、僕は主の僕ではなく、生の僕である」(Yilmaz, p. 86) と、ほぼ同様の言葉をイールマも繰り返している。

(56)「主への恐れ」が「知恵の始源」であるということは、『エンチュクロペディー』の「精神現象学」の箇所でも語られている――ただしここではそれは、ただちに「普遍的自己意識への移行」(W10. S. 224) に結びつけられてしまうのだが――。ちなみにマルケ (J.-F. Marquet) によれば、「僕」は「恐れる勇気を持っていた」(Michalewski, p. 106) のであり、またマルタンの言にしたがうなら、「最も弱い、そしておそらくは最も知性的な相手方〔=僕〕のみが死を主題化し、自分が死ぬかもしれないと感じる」(Martin, p. 66) のに対し、「死が震え上がらせなかった他方、自らが不安よりいっそう強いことを示す者が――おそらくは愚かさ〔bêtise 獣性〕によって！――無制約的で粗暴〔brutal 野獣的〕な主になる」(Ibid., p. 67) のだという。しかし、もしそうであるなら、「僕」は「僕」となる以前に、他者としての他者を恐れる以前にさえ、何らかの「知恵」を有していたのだということになる。

(57) 分かりにくい表題だが、ヘーゲルの本文にもある言葉から取って、「活動的〔能動的〕理性」(p. ex. Stern, p. 36) と題している研究者もいる。

(58) 同じくスターンは「実践的理性」(Ibid.) と題している。

(59) ヘーゲルにとって人間の真の有はその「行為」なのだから、言説だけのあらゆる言説は人間を「退屈」させるのであって、人間のみが「退屈しうる」(Cf. Kojève, p. 210-1 ; F/H. S. 162-3) のだという、コジェヴの興味深い指摘がある。

(60)「ヘーゲルにとって、じつは懐疑論者とは、疑わない者である」(Bourgeois (1). p. 54) とブルジョアは述べている。

(61)「『現象学』の根本テーマ」(Hyppolite (1). p. 184) とか「『精神現象学』全体の基礎的問題を劇的に要約する」(Pippin (1). p. 165) とか言われる「不幸な意識」に関しては、先のコジェヴでさえ、それは「ユダヤ-キリスト教的な宗教的意識」(Kojève, p. 79) だと述べているのだが、シュテケラーはそれを「新プラトン主義的にしてキリスト教的な思索」とみなしつつ、そこに「近代的な学の引き裂かれた思索」(Stekeler (1). S. 778) をも加え、またイッポリトは「ユダヤ教」や「キリスト教」(Hyppolite (1). p. 186) とともに「フィヒテ初期哲学」(Ibid., p. 185) の名を挙げている――ちなみにマルケによれば、「不幸な意識」とは「統合失調症」(Michalewski, p. 115) もしくは「統合失調症的意識」(Ibid., p. 122) である。

(62)「感覚的確信や知覚がそうであるところの意識の諸形態に固有の確信が、他としての他に関わっていたのに対し、理性の確信は、他を介しての他としての自己の顕現である」(Sy. p. 128) とスィは述べている。

(63)『差異』では「カント哲学」に関して、「カテゴリーの演繹の原理において、この哲学は真正の観念論である」(W2, S. 9) と、また「主観と客観の同一性は一二の、あるいはむしろ九つの純粋な思惟活動性に制限される、なぜなら様相は、いかなる真に客観的な規定も与えないからである」(Ibid., p. 10) 等々と語られている。

(64) スターンによれば、「人相術」と「骨相学」という「似而非科学」は、それぞれJ・C・ラファーターとJ・ガルの著作によって、ヘーゲルが執筆していた時代には「かなり人気を博していた」(Stern, p. 129) とのことである。

(65) 一八〇四/〇五年の『論理学、形而上学、自然哲学』のなかでは「無限判断のなかでは述語は主語によって完全に否定される」(JSE II, S. 92-3) と、また「無限判断」は「まったくいかなる判断でもない」(Ibid., S. 95) と述べられている。

(66)「ヘーゲルが議論する最初の近代的態度は、個人としてのそれ自身のために快と幸福とを求めるが (ファウストを参照)、しかしそこではこのことは不幸へと導く」(Stern, p. 154) とスターンは述べている。ピンカードによれば、ファウストは「学者としての彼の生活から快楽主義者の生活へ、学の追求から快の追求へと移行」(Pinkard (1), p. 93) し、「ファウスト的行為者」は「あらゆる道徳や社会的諸限界からは自由に、自らの運命の主たるよりむしろ、じっさいは欲望のたんなる奴隷である」(Ibid., p. 96) のだという。ちなみにゲーテの『ファウスト』第一部が出版されるのは『精神現象学』の翌一八〇八年のことではあるのだが、たとえば「ハリス (H. S. Harris) は、イェーナでヘーゲルは、ゲーテが彼の『ファウストI』の計画について話すのを聞いた、と想定している」(V-B (2), p. 70) とのことである。

(67)「心の法則」に関しては、たとえばピンカードは「ドイツにおける敬虔主義運動」に言及したうえで、それは「パスカルとジャンセニスムへのパスカルの関与とへの或る間接的な言及」であるというのが「最もありそう」(Pinkard (1), p. 99) なことだと述べ、またイッポリトはヘーゲルの時代の「感情主義」や「ルソー」の名を挙げたあと、「ゲーテの『ヴェルテル』」や「シラーの『群盗』のカール・モーア」(Hyppolite (1), p. 275) のことを示唆している。

(68) ピンカード曰く、「ヘーゲルの時代にきわめて広く共有されていた見解では、古代のギリシア人たちは、少なくとも彼らの歴史のごく短期間においては、《人倫性》が十分に調和的な、非疎外的な社会秩序と自己理解とを産み出すように機能している生活形式を、有していた」(Pinkard (1), p. 136)。

(69)「ここ、『現象学』においては精神の章が、人倫性、法、道徳性という、のちの《客観的精神》の諸形態を包括している。しかしのちの『法の哲学』では人倫性が抽象的法や道徳性に後続するのに対し、ここでは展開は人倫性から始まっている」(Siep, S. 179)。

(70)「ヴァロア朝の騎士たちからルイ一四世のブルボン朝宮廷のへつらう廷臣たちへの変容は、フランスの貴族階級の自己理解の或る論理を実現した」(Pinkard (1), p. 161) と、また「ヘーゲルはドゥニ・ディドロの『ラモーの甥』がこのような生活形式の導く論理的帰結の最も正確な描写だとみなしている」(Ibid., p. 163) と、ピンカードは語っている。

(71) 同じくピンカードによれば、「啓蒙」は究極的には自らの活動を「歴史的な社会的実践」として理解することに「失敗」し、その代わりに自らをたんに「純粋洞見」(Pinkard (1), p. 176) とみなしているのだという。

(72) カッタン (E. Cattin) も指摘しているように、*Verstellung* は「まったく同じだけ《偽装 (travestissement)》という意味を持つ《置き換え (déplacement)》」(Michalewski, p. 211) を意味している。なお、スターンはカント的〔ないしフィヒテ的〕道徳性に対するここでのヘーゲルの批判を、「いわゆる当為批判 (*Sollenkritik*)」(Stern, p. 193) という言葉で総括している。

(73)「良心」に関しては「ヤコービ」(Kojève, p. 174)、あるいは「ヤコービとフィヒテ」(F/H, S. 253) が念頭に置かれていると言われている。

(74)「美しい魂」は「ノヴァーリス」(p. ex. Pinkard (1), p. 401) の考えを指すとみなすのが一般的なようであり、現にヘーゲル自身がその『哲学史講義』のなかの「ノヴァーリス」の項目のなかで、「美しい魂のこの憧憬 (Sehnsucht)」(W20, S. 418) について語ってはいるのだが、「ノヴァーリスとシェリング」(Kojève, p. 174) あるいは「ノヴァーリスとロマン派の人たち」(Ibid., p. 176) を挙げたり、ヘーゲルは「美しい魂」の概念のもとにノヴァーリスを置いていたが、そもそもヘーゲルに近づけたノヴァーリス文献のなかに、その「表現」(F/H, S. 256) が現れていないことを、わざわざ指摘する者もいる。またその言葉が「ゲーテ」(Pinkard (2), p. 699 ; Labarrière (2), p. 179. Cf. Hyppolite (1), p. 497) から借りられたものではないかと推測する者たちは多い。その他、「シラー」(Hyppolite (1), p. 496)、「ヤコービ」(Ibid., p. 427)、「ギリシア人たち」(Pinkard (2), p. 284)、さらにはまた「イエス」(Pöggeler, S. 85) の名まで挙げられることがある。

(75) ブランダム的に語るなら、「赦し」とは「のちの裁判官」が「具体的に先の裁判官を赦すこと」(Brandom, p. 602) である。

(76) イッポリトは「宗教がすでに――絶対知以前に――現象学がヌーメノロジー〔nouménologie 叡智体学〕に変容される瞬間である」(Hyppolite (1), p. 523. Cf. p. 9-10, 479, 515) と語っているのだが、彼はいささか「現象学」という言葉を過小評価しているように思われる。なお「神それ自身が死んだ」(PhG^{B2}, S. 512) という『精神現象学』のなかの有名な言葉は、すでに『信と知』(W2, S. 432) のうちにも見出される。

(77)「美と真理は (少なくとも神性に関しては)〔…〕ギリシア人たちにとって互いに融合しており、それゆえギリシアの宗教は芸術宗教である」(Pinkard (1), p. 234) とピンカードは述べ、また「芸術はギリシア人たちの宗教である。〔…〕ギリシア人たちとともに、芸術と宗教が一体化する。宗教改革とともに、それらが離れる」(Dejardin, p. 35-6) とドゥジャルダンは語っている。

(78) スターンによれば――ハリスの指摘するように――ヘーゲルは«*geoffenbart*〔啓示された〕»ではなく«*offenbar*〔顕わな〕»という語を用いているのであって、「啓示された (revealed)」と訳すのはいささか「不正確」である。「この形式の宗教において重要なのは、神については何ものも隠されていないということであり、ここでは宗教的信仰が啓示にもとづいているということではない」(Stern, p. 245)。

(79) イッポリトのこの言葉を紹介しつつ、また「他の著者たちはここで、一つの思弁的な知を求める著書全体の証明の歩みが、最終的に挫折するのを見ている」(Siep, S. 244)と付け加えつつ、ジープはこう述べている。「宗教の真理と、学の諸発見と、法や道徳や芸術の諸獲得物とのあいだを、一つの包括的な体系的解釈のなかで媒介しようとする試みは、今日の読者にとっては、結局、説得力を持たない——しかし、もしその試みが《挫折した》のだとするなら、それは『現象学』全体においてであって、最終章において初めてのことではない」(Ibid., S. 257)。

(80) ラバリエールはここで「真理全体の重さ」を担うことになるのが、「美しい魂」(Labarrière (2), p. 264)だと強調する。「外在性の諸領域にいたるまでこのような確信を賭けることを引き受けつつ、それは行為することを引き受ける美しい魂と、あるいはまた《行為するものとしての良心》と呼ばれうるであろうものとなるだろう」(Ibid., p. 265)。

(81) すでに見たように、コジェヴは「《即自それ自身》たるところの《絶対知》——それは〈賢者〉である」(Kojève, p. 385)と述べつつ、そのうえそれは「ヘーゲル的〈賢者〉、すなわちヘーゲル自身」(Ibid., p. 342)だとまで語っているのだが、さすがにそれは「私の特殊性」はむしろ「無化」(W10, S. 410)しようとしたヘーゲル哲学についての解釈としては、まずいであろう。

(82) 「時間」は「定在する概念それ自身(der daseiende Begriff selbst)」(PhG^{B2}, S. 34)だという表現が、「緒言」のなかにも見出される。

(83) ラバリエールは一九六八年の著作では、この箇所を「『論理学』の内容は『現象学』のそれより豊かでも貧しくもない」(Labarrière (1), p. 251)と解釈しているのだが、のちの著作では、同じ内容が『論理学』についてではなく、「体系」(Labarrière (2), p. 21 ; Michalewski, p. 12, 16)について語られている——ヘーゲル自身のテクストの前後の文脈から見て、ここで述べられている「学」とは、『大論理学』だけでなく、『エンチュクロペディー』も含むような「学の体系」全体のことであろうかと思われる。

(84) 明らかにここでは『精神現象学』それ自身の「始源」への回帰のことが示唆されている。

(85) 「第八章のなかで彼〔=ヘーゲル〕はすでに『論理学』の《不完全》のことを考えている」とピピンは述べているが、もちろんピピン自身も続けているように、ここで思惟されているのは「自然哲学と精神哲学」(Pippin (1), p. 171)への移行のことであって、『論理学』の完成度が不十分等々のことではない。

(86) 一八〇三/〇四年の『思弁哲学の体系』には「自然は空間のなかにある。〔…〕精神は時間である」(JSE I, S. 4)という言葉が——編者によればおそらくはのちに書き足された欄外註として——記されている。

(87) 「記憶の訓練は〔…〕覚醒した精神としての精神の最初の労働である」(JSE III, S. 178)と、すでに一八〇五/〇六年の《自然哲学と精神哲学》のなかで述べられている。そしてアランテスの言い方にしたがうなら、「想起(*Erinnerung*)はヘーゲルにおいて、記憶に累積的内面化という器官機能を貸し与えうるための、超過分を有している」（Arantes, p. 256）。

(88)「それ〔＝自らを精神形態のうちで知る精神〕は歴史と学という二重の形式のなかで自らを概念把握するが、しかし前者はただそれが後者のうちで自らを知り、認識してしまっているかぎりにおいてのことである。両者一緒になって概念把握された歴史が、絶対精神の想起にしてゴルゴタの丘を形成する」（Cassirer, S. 327）とカッシーラーは述べている。

(89)「転倒した世界」のところで言われていた「逆転」は、このさい度外視しても構わないように思われる。

(90) ヨーロッパ諸言語の正確なニュアンスまでは分からないが、日本語で「経験する」というのと「経験を積む」というのでは、明らかに意味が異なるように思われる。いくら何かを「経験」したとしても、それがのちのち何の役にも立たないというのであれば、つまり蓄積や累積がないのであれば、「学習した」とか「経験を積んだ」とか、けっして言えない。

(91) しかしながら、たとえそのように解釈したのだとしても、今度は「絶対知」や「学」の手助けがなければ、発展途上にある「我々」でさえ何一つ学べないのではないかという疑問が残る。しかし、それでは「学」や「絶対知」それ自身は、いったい如何にして成立しえたというのか――要するに「絶対知」ないし「絶対者」は、最初から自らを顕現していたのでなければならないという理屈になるのだが、その点に関しては、以下でまた検討する。

(92) すでに一八〇四／〇五年の『論理学、形而上学、自然哲学』のなかに、「無限であり、その有において自らを止揚するということのみが、有限なものの真の本性である」（JSE II, S. 33）という言葉がある。

(93) 先の註（41）でも述べたように、ここでの「我々」は、自然的意識を観察する「我々」だけでなく、もっと一般的に「われわれ」を意味しているように思われる。

(94)「ヘーゲル哲学を媒介の哲学で定義するのは、古典的である。媒介の概念だけでヘーゲル哲学の意味全体をもたらすというのは、本当である」（Houcine, p. 42）とウスィヌが述べている。

(95)「論理学」とは述べられているが、カッシーラーが引用という形を取らずに引いているのは、そのまま『精神現象学』の「序論」のなかにある言葉である。Vgl. PhG[B2], S. 4.

第二章

(1) 本章でも、ヘーゲルの第一次文献や第二次文献の略号に関しては、巻末に示した「ヘーゲル文献一覧」で示したものを用いる。

(2)「あなたの論理学は本のなかの本（das Buch der Bücher）であり、人間精神の一つの完璧な傑作なのですが――しかしほとんど知られず、少なくとも公的にはまだ、たった一人の著述家によってさえ、その真の価値にしたがって正しく評価されていないように思われます」（B II, S. 54）。

(3) たとえばシェリングは『超越論的観念論の体系』のなかで、「二重性における根源的同一性（ursprüngliche Identität in der Duplizität）」（SHELLING, F. W. J., *System des transzendentalen Idealismus*, Philosophische Bibliothek 254, Hamburg, Felix Meiner Verlag, 1957, S. 40, 42）という表現を繰り返し用いている。

（4）「ヘーゲルの体系のうちには、自然主義やスピリチュアリスムが存在しないのと同様に、論理主義など存在しない」（Bourgeois (1), p. 281）とブルジョアは述べているのだが、しかしながら西洋哲学の歴史のなかで、成熟期のヘーゲルほど「論理」色の強い哲学者も、そういないように思われる。

（5）「反省の論理学についての章のなかでは『大論理学』の最も重要な説明手段が〔…〕分析の主題とされている」（Henrich (2), S. 228）という、また「反省論理学」においては「統一と差異との統一そのものが直接的に主題とされている」（Ibid., S. 229）というヘンリッヒの言葉には、前章末部でも触れたが、ロングネスの報告では、ヘンリッヒは『論理学』全体を「反省の論理学」として特徴づけるまでにいたり、また「『本質論』が反省に捧げている章は、『大論理学』全体の進展の原理を提供する」（Longuenesse, p. 68）と主張しているのだという。

（6）後続部分でも「自然的論理学」という言葉は繰り返されている。Vgl. WdLS² S. 15, 43.

（7）それゆえカッシーラーによれば、ヘーゲル論理学は「直観的悟性の論理学」（Cassirer, S. 364）だということになる。そしてヘーゲル自身が一八一七年の『エンチュクロペディー』の第一七節では、「論理学」は「思弁的神学」（Lardic, p. 12. Cf. Encl. p. 191 ; Soual, p. 34）だと語っているのである。「われわれは神のうちにしか諸事物を見ないと、マルブランシュに続きヘーゲルは述べえよう」（Lardic, p. 205）とラルディックは語り、またヴテの紹介するシェリングの考えにしたがうなら、「彼〔ヘーゲル〕は神を一箇の概念とみなしたのみならず、神のうちに概念を打ち立てた」（Vetö, p. 233）のである。そして「おそらく『論理学』は〈創造〉以前の神学というよりも、むしろ〈創造〉の作用そのものの論理学である」（Lindberg (2), p. 69）というランドベールの言葉には、本文でものちに立ち返ることになる。

（8）アナクサゴラスの「ヌース」への言及は、たとえば『エンチュクロペディー』の「論理学」（W8, S. 82）のなかでも「精神哲学」のなかでも見られるのだが、後者では「このヌースはしかし、まだスピノザの実体以上に、固有の展開にはいたらなかった」（W10, S. 45-6）というような批判の言葉も添えられている。

（9）イッポリトは「フィヒテがなしていたように、ヘーゲルは形式論理学（AはAであるという同一律）を超越論的論理学にもとづいて基礎づける」（Hyppolite (1), p. 252）と語っている。

（10）ヘーゲルは一八一二年に「客観的論理学は大雑把にはアリストテレスの有論に対応する」とニートハマー宛に書いたとピピンは報告している。ちなみにピピンによれば、「有の論理学」は明らかに「質と量の諸カテゴリー」すなわちカントの「数学的で構成的な諸カテゴリー」に対応するように思われ、「本質の論理学」は「関係と様相の諸カテゴリー」もしくは「力動的で統制的な諸カテゴリー」に確実に対応するように思われるのだが、「〈概念〉の論理学」は理性の活動における推論的構造の役割についてのカントの考えに中心的なのと同じ推論を、つまりは「『批判』の第三主要部門〔＝超越論的弁証論〕」（Pippin (2), p. 43）を用いているのだという。また別の観点から、イッポリトは「有の論理学」は「超越論的感性論」（Hyppolite (2), p. 221）に、「本質の論理学」は「超越論的分析論」に、「概念の論理学」は「超越論的弁証論」(Ibid., p. 222) に対応すると考えている。そしてルガリニ (L. Lugarini) によれば、ヘーゲルは『大論理学』のなかで「真なるものは全体である」という『精神現象学』の主題を、「有、本質、概念」というその三部門の経過のなかで、「ティ・ト・オン」すなわち「有るもの、もしくは有一般とは何であるか」という古代の問いの「暗黙の反復」(Henrich (2), S. 28) のもとに定式化しているのだという。

(11) 「決断」については『エンチュクロペディー』においても語られているのだが、それに関しては次々註で見る。

(12) すでにここで「直接的未規定性」というヘーゲル固有の「始源」の特徴づけが見られるのだが、それについては本章第三節で見ることになる。

(13) 『エンチュクロペディー』の第一五節では「哲学の諸部門の各々は一つの哲学的全体であり、一つの自己自身のうちで自らを閉じる円環である。〔…〕全体は〔…〕その各々が一つの必然的な契機であるような諸円環の一円環 (ein Kreis von Kreisen) として呈示される」(W8, S. 60) と言われ、またその第一七節でもこう述べられている。「さらには、そのようにして直接的なものとして現れる立脚点は、学の内部では、自らを結果と、しかもその最後の結果となさねばならないのだが、そこにおいて学はふたたびその始源に到達し、自己のうちへと帰還する。このような仕方で哲学は自己のうちへと帰行する一つの円環として自らを示すのだが、この円環は、他の諸学の意味でのいかなる始源も有してなどいない。したがって始源は、哲学することを決断 (sich entschließen) せんと欲するかぎりでの主観に対してのみ関係を有するのであって、学としての学に対して関係を有しているわけではない」(Ibid., S. 63)。

(14) 『イェーナ体系企投I』の編者の一人デュージンク (K. Düsing) は、「思弁的という語の意味を、ひとは反省と思弁との区別から把捉しなければならないだろう」(JSE I, S. XXVII) と述べている。そのことはつまり、理性に含まれるのをつねとする「思弁」に対し、「反省」は悟性に帰属するということを意味するであろう。そこでカッシーラーは「本質の諸カテゴリーは反省の諸カテゴリーと同義である」と述べたあとで、「それゆえ悟性の形而上学全体がここに根差している」(Cassirer, S. 346) と言明し、そしてヘーゲル自身が、たとえば『エンチュクロペディー』の「自然哲学」のなかでは、「同一性」のことを「悟性の根本カテゴリー」(W9, S. 20) と呼んでいるのである。

(15) デュバール (D. Dubarle) の指摘によれば、「反省 (*Reflexion*) という語」は、フランス語がむしろ «reflet〔反射、反映〕» (Henrich (2), S. 175) という語で指し示すであろうものをも意味しているのだという。そしてスアルはこう述べる。「反省〔反射〕は、一つの現れ (*paraître*) である。それは反省〔反射〕を指し示す光の運動の全体性、つまり直線光の直接性と、それを媒介する鏡によるその拒絶〔rejet 投げ返し〕と、最後に起源へのその回帰とである。本質は、それが否定性として自己を差異化し、自らを他として立て、自らの他のうちで自己へと回帰する思惟のエネルギーであるかぎりで、絶対的に反省であり、反省と一つである」(Soual, p. 49)。

(16) すでに一八〇二年の『信と知』のなかで、「同一律に対する必然的な対が根拠律である」(W2. S. 335) と述べられているのだが、ニュルンベルク時代のギムナジウム講義のなかでは、たとえば一八〇八年以降に繰り返された《上級のための哲学的エンチュクロペディー》の第三八節から第四一節にかけて、「同一律」、「無頓着的異別性の命題〔＝「相互に完全に等しい二物は存在しない」〕」、「対置の命題〔＝「aはbであるか$-b$であるかのいずれかかである」＝排中律〕」、「根拠律」(W4. S. 18) が順に取り上げられ、また一八〇八／〇九年の《中級のための論理学》のなかでも「同一律」もしくは「矛盾律」、「相互に完全に等しい二物は存在しない」という命題、「AはBであるか-Bであるかのいずれかである、第三者は存在しない」という命題、「根拠律」(Ibid., S. 89-90) が、それぞれ別個の節のなかで主題化されている。

(17) すぐに分かることだが、シュテケラーも指摘するように、「ヘーゲル自身が同一律を《何ものも同時にAかつ非Aではない》という矛盾律と《同定している》」(Stekeler (4), S. 210)。

(18) 前章でも見たように、すでに『精神現象学』においてこう述べられていた。「統一性〔一性〕、相違、関係は、その各々が即且対自的には何ものでもなく、ただその反対への関係においてのみあり、それゆえ別れ別れになりえないような諸カテゴリーである。それらはそれらの概念によって、相互に関係づけられている」(PhG^{B2}. S. 242)。

(19) マビユ (B. Mabille) によれば、「同一性」を否定するものとしての「差異〔＝相違〕」は「それによって同一性が媒介されているもの」だが、しかし「差異」が「同一性」に対してしか「差異」ではないかぎりで、差異それ自身が同一性によって「媒介」されている。「同一性と差異は同時に媒介され、かつ媒介するものである」(V-B (2), p. 151)。ロングネスもまたこう述べている。「ヘーゲルによれば、同一的であることは同一化〔同定〕されることであり、差異的であることは差異化されることである。ところでひとは差異化することによってしか同定せず、同定することによってしか差異化しない。問題とされているのは、唯一にして同じ一つの活動である」(Longuenesse, p. 108)。

(20) おそらくここで「全体」としての「同一性」と「契機」としての「同一性」について語られている。

(21) 『小論理学』の当該箇所〔第一一六節〕は、以下の言葉で始まっている。「本質が純粋な同一性にして自己自身のうちへの仮現であるのは、それが自らを自己に関係づける否定性であり、それとともに自己自身からの自らの突き離しであるかぎりにおいてのことにすぎない。それゆえそれは本質的に、相違という規定を含んでいる」(W8. S. 239) ――先に見た『小論理学』の「同一性」の箇所の冒頭部分と同様、ここでも「仮現 (Schein)」という言葉が目立ってはいるのだが、しかしこのような定義がすでに「同一性」の箇所で示されていたものであることに変わりはない。

(22) このような発言からは、すでに「同一性」の箇所でも「全体」としての「同一性^2」と「契機」としての「同一性^1」については、やはり語られていたのだということになる。しかしながら、われわれとしては、「全体」としての「同一性^2」や「相違^2」が「契機」としての「同一性^1」や「相違^1」と同じ論理的ステイタスを持ちうるものであるのか否かを、ずっと問い続けているわけである。

(23) ニュルンベルク時代の《下級のための論理学》ではこう述べられている。「異別性とは、区別されたものが自己自身によって他に関わらないかぎりでの相違である。〔…〕異別性としての異別性一般は、たんなる多性（Vielheit）である」（W4, S. 129）――ここでは「たんなる多性」という表現が分かりやすい。

(24) 『小論理学』ではこう述べられている。「相違は第一に直接的相違であり、そこにおいては区別されたものどもが各々対自的に〔＝それだけで〕それがそれで有るところのもので有り、他なるものに対する自らの関係に対しては無頓着であるような異別性なのであって、それゆえ他なるものは相違に対して外的なものである。それらの相違に対する異なるものどもの無頓着性のために、相違はそれらのそとで、比較するものという第三者のうちに落ちる。このような外的相違は、関係づけられるものどもの同一性としては相等性であり、それらの非同一性としては不等性である」（W8, S. 239-40）。

(25) 同じく『小論理学』では、こう述べられている。「たんに異なる〔＝異別的な〕ものどもが互いに無頓着なものとして示されるのに対し、反対に相等性と不等性は端的に相互に関係づけられ、その一方が他方なしには考えられえないような、一対の諸規定である。〔…〕比較は現存する相違という前提のもとでしか意味を持たず、逆にまた同様に、区別は現存する相等性という前提のもとでしか意味を持たない。〔…〕それとともにわれわれは、相違においては同一性を、また同一性においては相違を要求する」（W8, S. 242）。

(26) 補足するなら、たとえば「犬は犬と異なる」と主張すれば、「犬は犬である」からにはそれは「犬一般」についての言明としては通用せず、「或る特定の犬は或る別の特定の犬とは異なる」と言い直さなければならなくなってしまって、命題としての普遍妥当性を失ってしまうことになるであろう。

(27) 『小論理学』では以下のように述べられている。「ポジティヴなものとネガティヴなものとにおいて、ひとは一つの絶対的な相違を有していると思念する。しかしながら、両者は即自的には同じものなのであって、それゆえひとはポジティヴなものをネガティヴなものとも名づけえて、同様に、逆にネガティヴなものをポジティヴなものと名づけえよう」（W8, S. 245）。

(28) 以下の「C 矛盾」のなかの「排中律」に関する「註記二」の箇所で、このような「死せる基礎」という考えは、或る根本的な見直しを迫られることとなろう。

(29) 『小論理学』ではこう述べられている。「排中律は矛盾を自己から防がんと欲し、そうすることによって矛盾を犯す、特定の悟性の命題である。Aは+Aか-Aかのいずれかであるべきである。それとともにすでに第三者が、+でも-でもなく、+Aとしても-Aとしても措定されるAが、言い表されている」（W8, S. 244）。「排中律（それは抽象的悟性の命題である）にしたがって語る代わりに、むしろすべては対置されていると言うべきであろう。じっさい天にも地にも、精神界にも自然界にも、どこにも悟性が主張するような抽象的なEntweder-Oder〔あれかこれか〕など存在しない。ともかくも存在するすべては、一つの具体的なものであり、それとともに、自己自身のうちで区別され対置されたものである」（Ibid., S. 246）。

(30) 前章で引用済みの箇所とも若干重複するが、一八〇一年八月の「教授資格試験のための諸テーゼ（Habilitationsthesen）」のなかでは「矛盾ハ真ナルモノノ尺度デアリ、無矛盾ハ偽ナルモノノ尺度デアル（Contradictio est regula veri, non contradictio falsi）」（W2, S. 533）と、『大論理学』の他の箇所では「じっさい矛盾に耐えうるほど強いのは、精神である。しかし精神は、矛盾を解消するすべを知っているものでもある。しかるにいわゆる世界は［…］どこでも矛盾なしに済ますことはないというのに、矛盾に耐えることができず、それゆえ生成消滅に曝されている」（WdLS^2. S. 256）と、あるいは「矛盾は考えられないとひとが言うなら、矛盾はむしろ生けるものの苦痛において一つの現実的な実存でさえある」（WdLB. S. 223）等々と、『小論理学』でも「いたるところ、そこにおいて矛盾が、すなわち対置された諸規定が指し示されえず、指し示されてはならないようなものなど、まったく何もない」（W8. S. 194）と、また「総じて世界を動かすのは矛盾であり、矛盾は思惟されないなどと述べるのは、笑止の沙汰である」（Ibid. S. 247）と、あるいは「生けるものが死ぬのは、それが即自的には普遍であり類であるが、それでも直接的にはただ個別としてのみ実存するという矛盾だからである」（Ibid. S. 376）等々と語られている。

(31) 『小論理学』では「運動についてゼノンが最初に、それは自己矛盾し、それゆえ運動は有らぬということを示した」（W8. S. 194）と述べられている。

(32) シュテケラーは「有限者の非有は絶対者の有である」というヘーゲルの言葉を「彼の否定神学の定式」（Stekeler (4). S. 326）と呼んでいる。

(33) 『精神現象学』を主題化した前章では、自然的意識の運動の観察者としての「われわれ」には特に「我々」という漢字を用いつつ、これをターム化して表現したが、本章——次章以降も含めて——ではそのような意味を引きずっている場合にのみ「我々」という表記を用い、たとえヘーゲル自身の言葉でも、そのようなニュアンスを見出すのが困難な場合には、ふつうに「われわれ」という平仮名表記を用いることにした。

(34) ニュルンベルク時代のギムナジウムでも「対置されたものどもの統一、もしくは根拠」（W4. S. 130）とか「根拠はさしあたり、区別された諸規定の単純な統一である」（Ibid. S. 173）といった言葉が見出される。

(35) やはりニュルンベルク時代のギムナジウムでは「有るところのものは、本質的に規定され対置されたものであるからには、その十分な根拠を持つ」（W4. S. 130）と述べられ、また『大論理学』では「根拠律が表現するように、有るところのすべては或る根拠を持つ、もしくは一つの措定されたもの、一つの媒介されたものである」（WdLW. S. 105）といった言い方がなされている。

(36) このあたりの議論は、いかにもヘーゲルらしいと言えなくもないのだが、しかしわれわれには論点先取のきらいがあるように思われる。

(37) 『小論理学』では「絶対者は無である」が「絶対者の第二の定義」（W8. S. 186）とみなされている。

(38) 「無は有において突然現れる（hervorbricht）、有は無に移行するのではなく、すでに無のうちに移行してしまっている」

（Henrich（1）, S. 87）とヘンリッヒは述べている。

（39）「生成の命題に対立するのは、《無からは何も生成しない》、《何か〔或るもの〕はただ何か〔或るもの〕からのみ生成する》という命題であり、物質の永遠性の、汎神論の命題である」（W8, S. 191-2）と『小論理学』でも述べられている。

（40）シュテケラーはこう述べている。「有と非有、真で有ることと偽で有ることは、世界への関連づけにおいて、体系的に交換されうるたんなるコントラストである。ちょうどまさしくひとが、本質的なものを変えることなく、《大きい》という語を《小さくない》によって、《小さい》という語を《大きくない》によって、置き換えることもできるように。この意味において、そしてこの意味においてのみ、有と非有は同じものである」（Stekeler（3）, S. 62）。しかしながら、このようなシュテケラーの説明が成り立ちうるのは、「或る特定の有と特定の無」についてのみであって、けっして「有と無という純粋諸抽象」に関してではない――ちなみに、たしかに「大きい」は「小さくない」であり、「小さい」は「大きくない」だが、しかし逆は然らずであって、「小さくない」は「大きい」ではなく、「大きくない」も「小さい」ではない。

（41）たとえば『小論理学』でも、こう述べられている。「哲学の歴史のなかで呈示されるのと同じ思惟の展開が、哲学それ自身のなかで呈示されるのだが、ただし、かの歴史的外面性からは解放されて、純粋に思惟のエレメントにおいてである」（W8, S. 59）。「〔…〕哲学の歴史のなかでも最初期の諸体系は最も抽象的で、それとともに同時に最も貧しい体系である。しかるによりあとの哲学諸体系に対するより先の哲学諸体系の関わり合いは、一般に、論理的理念のよりあとの諸段階に対するより先の諸段階の関わり合いと、同じものであり、しかも、よりあとの諸段階がより先の諸段階を止揚されたものとして自らのうちに含む、というようにしてである」（Ibid., S. 184）。

（42）先に見たように、「単純な直接性」は「媒介されたものとの相違」に関係するような「一つの反省の表現」と言われてはいるのだが、言うまでもなく「直接性」や「媒介」は、ヘーゲル『論理学』のなかでは特に項目として主題化されることのない、それゆえその位置づけさえそれほどさだかならぬ諸カテゴリーである。そのうえもしそれらが正規に「反省」の諸カテゴリーとみなされているのだとするなら、なぜ「始源」としての「有」に入る以前にさえ、ことさらに「直接性」について言及がなされなければならなかったのか、われわれとしてもいささか疑問に思う。

（43）たとえば哲学の歴史の進展と思想の進展とが同じ歩みをたどるなら、パルメニデスの「有」からではなく、タレス等々の「物質」から始めるような思想の展開も、当然のことながら考えられるのであって、「円環」ないし「循環」の立場には、つねにその種の危険がつきまとう。逆にまたヘーゲルの提示するような論理学的「始源」は、彼の考えるような哲学史の「始源」に「媒介」された結果として、初めて可能となるのだと言えなくもなくなってしまうかもしれない。

（44）HEIDEGGER, Martin, *Sein und Zeit*, Tübingen, Max Niemeyer, 1976[13]（1927[1]）, S. 435――ここでは「として」がイタリックで強調されている。なおヴテの報告によれば、イェーナ時代

の或るテクストでは「絶対的否定性」が「時間」と同定され、少しのちには「否定的」が《自我》の同義語」(Vetö, p. 101) となったのだという。

(45) 「人格性」という言葉が持つであろう問題性に関しては、以下の註(53)を参照。

(46) 前章でも部分的に引用したように、すでにイェーナ時代の『論理学、形而上学、自然哲学』のなかで、「絶対精神は単純な、もしくは自らを自己自身に関係づける無限性である。このような単純な本質は、無限的なものとして、ただちに他、もしくはそれ自身の反対である」(JSE II, S. 184-5) と、あるいは「それ自身において同時にそれ自身の他であるような自己自身への精神のこの関係が、無限である」(Ibid., S. 185) と言われ、また『エンチュクロペディー』の「論理学」でも「真無限」は「自らの他においての自己自身のもとに有ること、あるいは過程として言い表されるなら、自らの他において自己自身にいたることのうちに存している」(W8, S. 199. Vgl. S. 201, 229, usw.) と、またその「自然哲学」でも「真無限はそれ自身と有限との統一である。そしてそれがいまや哲学のカテゴリーであり、それゆえ自然哲学のカテゴリーでもある」(W9, S. 21-2) 等々と語られている。

(47) 先にわれわれが見た「本質論」の箇所では、「同一性」も「相違」も「全体」かつ「それ自身の契機」(WdLW, S. 34) だと言われていた。

(48) 「無限進展」が自らを受け取る作用のうちにはもはや「無限進展」は存在しないのだと、たとえばミシェル・アンリのように述べるのであれば、そこに「真無限」を見出す道も開けてこよう。しかしながらシュテケラーがそのようなことを意図しているとは思えないし、第一それはあまりヘーゲル的ではない。

(49) 「理念は理性として〔…〕捉えられうる」というのが、『小論理学』によれば、「理性にとっての本来的な哲学的意味」(W8, S. 370) である。

(50) 「理念とは経験的世界のなかで実現された概念である」(Stekeler (5), S. 101) とシュテケラーは述べている。

(51) 「理念は本質的に過程である」と『小論理学』でも述べられている。「それは、個別性である普遍性としての概念が、自らを客観性と客観性への対立とへと規定し、そして概念をその実体として持つこの外面性が、その内在的弁証法によって、自らを主観性のうちへと連れ戻すような経過である」(W8, S. 372)。

(52) カントの「理性概念」という言葉遣いに対して批判的なコメントを残したばかりのヘーゲル自身が、ここで「理性的概念」という言葉を用いていることには、いささか違和感を覚えないでもない。

(53) これも「人格」という言葉を「軽蔑の表現」(PhG^{B2}, S. 318) とみなしていた『精神現象学』や、「人格というたんなる抽象は、表現においてすでに何か軽蔑すべきものである」(W7, S. 95) と述べる『法の哲学』に比して、多少の違和感は禁じえない。

(54) 『小論理学』によれば、「絶対理念」とは「すでにアリストテレスが理念の最高の形式と表記したノエーシス・ノエーセオース」(W8, S. 388) である。ちなみにピピンは「絶対理念——われわれの言葉で表現するなら、論理学と形而上学との同一性」(Pippin (2), p. 318) と言い表している。

(55) シュテケラーによれば、「『大論理学』の結論としての方法についての以下の反省」は、カントの『純粋理性批判』の結論「超越論的方法論」への「意識的なパラレル」のうちに立ち、しかもそれは『大論理学』の「固有の方法」についての回顧を与えてもいる。ゆえに「それとともに最終決定的に明らかとなるのは、ヘーゲルが自らの論理学を、カントの主著への密接なパラレルのうちに書いているということである」(Stekeler (5), S. 1094)。

(56) 『精神現象学』の「序論」においてヘーゲルが「認識」を「道具(Werkzeug)」や「手段(Mittel)」(PhG^{B2}. S. 57ff.)とみなすような考えを批判していたことは、われわれも前章で見た。

(57) ここでも「人格性」はむしろ賞讃の言葉である。

(58) 周知のように『エンチュクロペディー』では、「学」は「一、論理学、即且対自的な理念の学／二、その他有における理念の学としての自然哲学／三、その他有から自己のうちへ帰還する理念としての精神哲学」という「三部門」(W8. S. 63-4)に区分されている。

(59) スピノザにおいては「思惟」と「延長」という「二つ」の「属性」が「経験的に」(WdLW. S. 171)受け入れられているにすぎないという批判は先にも見たが、カント哲学は「諸カテゴリー」を「それらが経験的に受け入れられていたような主観的論理学」から「借用」(WdLB. S. 47)しているとヘーゲルが批判しているというのも、有名な話なのである。

(60) たとえば〈真無限^{1}と有限^{1}との統一〉と言うから〈真無限^2〉のステイタスにも或る程度の説得力〔?〕が認められるのだとしても、最初から〈有限〔＝悪無限〕と有限との統一〉と言われたのだとしたら、たとえそこに生成や過程を加味したのだとしても、なぜそれが〈真無限〉となりうるのか、当然のことながら疑問が生じてくる。

第三章

(1) 拙著『自然の現象学入門』萌書房、二〇一二年、第一章第一節⑴を参照。なお、本章でもヘーゲルに関する文献だけは、巻末の「ヘーゲル文献一覧」にある略号を用いてこれを示す。

(2) 『西田幾多郎全集』岩波書店、第三刷、全一九巻、一九七八ー八〇年、第二巻、二五五頁、同第九巻、二六五、三二七頁などを参照。

(3) カッシーラーによれば、ゴールトシュタインとゲルプの精神盲患者は、たとえば路上の人間を自動車から区別するのに、「人間」は「ほっそりして長い」が、「自動車」は「幅広い」などというような「目印(Merkzeichen)」を用い、そこから「事物の意味」を「推理(erschließen)」しようとする。患者には「たいていの純粋に形式的な判断過程や推論過程」はまったく正確に進行していたのだが、しかし健常者の知覚が対象を生き生きと現在的に所有するのに対し、精神盲患者にあっては「知が或る特定の標識(Kennzeichen)から対象《へと》推論(schließen)」せざるをえないのだという。CASSIRER, Ernst, *Philosophie der symbolischen Formen*. III, *Phänomenologie der Erkenntnis*, Darmstadt, Wissenschaftliche Buchgesellschaft, 1975^6 (1929^1), S. 279-81. また同じ患者について述べるメルロ＝ポンティによれば、患者が「諸事実の突き合わせ」によって「媒介的」に「仮説」を

「検証」してゆくのに対し、「正常な知覚の自発的方法」は「対象の具体的本質」を「直接的に読めるように」してくれる。患者において遮断されているのは「このような親密性、対象とのこのような交流」なのであって、それゆえにこそ患者においては「真の解釈作用」が必要になってくるのである。MERLEAU-PONTY, Maurice, *Phénoménologie de la perception*, Paris, Gallimard, 1945, p. 152-3. もちろんわれわれは、ヘーゲルや西田の解釈が病理学的だなどと主張するつもりはないのだし、彼らのような分析も可能であるとは思う。しかし、それは「自然の現象学」やその「論理」が求めているような根源的・自然的なものではないとだけ言っておく。

（4） 拙著『自然の現象学入門』上掲書、二二九頁を参照。

（5） 拙著『他性と場所Ⅱ――《自然の現象学》第六編――』萌書房、二〇二〇年、五四九頁以下を参照。

（6） DESCARTES, René, *Œuvres*, éd. Adam et Tannery, 13 vols., Paris, Vrin, 1974-86 (1964[1]-74[1]), VIII-1, p. 6-7. ここではデカルトは、あらかじめ〈矛盾律〉を真理として認めているのだということになる。また西田は「私が考える故に私がある」を「自己矛盾」とみなしたが、以前にも述べたように、デカルトにおいては「私が考える」のに「私がある」のではないことのほうが、逆に「自己矛盾」である。拙著『他性と場所Ⅱ――《自然の現象学》第六編――』上掲書、四九一―二頁を参照。

（7） DESCARTES, R., *op. cit.*, VIII-1, p. 14.

（8） 『西田幾多郎全集』上掲書、第六巻、一一六頁。

（9） 拙著『他性と場所Ⅰ――《自然の現象学》第五編――』萌書房、二〇一七年、二〇六―九頁を参照されたい。

（10） HEIDEGGER, Martin, *Sein und Zeit*, Tübingen, Max Niemeyer, 1976[13] (1927[1]), S. 25. ちなみにジルソンの研究GILSON, Étienne, *Études sur le rôle de la pensée médiévale dans la formation du système cartésien*, Paris, Vrin, 1984[5] (1930[1]) が有名である。

（11） DESCARTES, R., *op. cit.*, VII, p. 35 et 37.

（12） Ibid., p. 42-3. ちなみに動物機械論の信奉者たるデカルトにとって、〈植物たち〉は「物体的で無生の諸事物」なのだろうか、それとも「動物たち」なのだろうか、あるいはそのようなことは問題にさえなりえないのだろうか。

（13） Ibid., p. 37.

（14） 『エティカ』ではなく『知性改善論』のなかにそのような前段階についての記述があるが、それはスピノザ哲学の自らの諸前提との闘いというようなレヴェルのものではない。

（15） GUEROULT, Martial, *Descartes selon l'ordre des raisons*, I, *L'âme et Dieu*, II, *L'âme et le corps*, Paris, Aubier, 1991 (1953[1]), II, p. 216-8.

（16） アルノーの反駁はこうである。「私には、ただ一つだけ疑惑が残されている。すなわち、《われわれによって明晰判明に知覚されるものが真であるとわれわれに確立されるのは、神が有るから、というよりほかない》と彼〔＝デカルト〕が言うとき、如何にして彼によって循環が犯されていないのか、ということである。／しかるに神が有るということがわれわれに確立されうるのは、それがわれわれによって明晰明証的に知覚されるからでしかない。

ゆえに神が有るということがわれわれに確立される以前に、何であれわれわれによって明晰明証的に知覚されるものは真であるということが、われわれには確立されているのでなければならない」(DESCARTES, René, *op. cit.*, VII, p. 214)。

(17) Ibid., p. 246.

(18) 拙著『他性と場所Ｉ――《自然の現象学》第五編――』上掲書、一七八、一八八頁を参照。あとのほうの箇所では間違って「メルセンヌ」と書いてしまったが、「メラン神父」の誤りである。ちなみに引用箇所は、それぞれDESCARTES, R., *op. cit.*, VII, p. 40とIV, p. 111とである。

(19)『西田幾多郎全集』上掲書、第一巻、二八頁。同書四頁には「個人あって経験あるにあらず、経験あって個人あるのである」という類似の言葉がある。

(20) 拙著『他性と場所II――《自然の現象学》第六編――』上掲書、一〇―一二頁を参照。

(21) FICHTE, Johann Gottlieb, *Fichtes Werke*, herg. von I. H. Fichte, Berlin, Walter de Gruyter & Co., 1971 (1845[1]-1846[1]), I, S. 92.

(22) 一八一一年の『知識学』の或る受講生が、一七九四年の『全知識学の基礎』との関わり合いについて尋ねたところ、フィヒテはこう答えたという。「昔の知識学においては、彼〔＝フィヒテ〕は純粋自我から出発していて、純粋自我が前提されており、残りのすべては純粋自我から演繹されている。しかしいまや彼は、より高くにゆき、この純粋自我それ自身を、ふたたび神の現出の必然的形式として演繹する」。拙著『他性と場所II――《自然の現象学》第六編――』上掲書、一三九頁を参照。

(23) 拙著『行為と無為――《自然の現象学》第三編――』萌書房、二〇一一年、第二章第三節⑴を参照。

(24) LEIBNIZ, Gottfried Wilheim, *Discours de métaphysique et Monadologie*, Paris, Vrin, 1974, p. 47.

(25)「スピノザが実体について与えている諸概念は――実体とはその本質が自らのうちに存在を含むところのものであるという――絶対者の概念は、そこからそれが形成されなければならないような或る別のものの概念を、必要としないという――それ自身の原因〔＝自己原因〕の諸概念である――これらの諸概念は、どれほど深く正しいのであろうとも、まっさきに学のうちでただちに受け入れられる諸定義である。数学や、他の従属的な諸学は、そのエレメント〔境位〕と積極的な基礎とを形成する或る前提されたものから、始源するのでなければならない。しかるに絶対者は最初のもの、直接的なものではありえず、絶対者は本質的に自らの結果〔＝自己結果〕なのである」(WdLW, S. 170)。

(26)「そして注目すべきは、原因という品位(dignitas)がわれわれによって神に帰せしめられたのは、結果という不品位(indignitas)がそこから神のうちで帰結しないようにだということである。〔…〕たとえ神は或る仕方で自己原因と言われうると私が認めたのだとしても、しかし私は同じ仕方で神を自己結果とは、どこでも名づけなかった。何となれば、結果はとりわけ作出因に関係づけられるということを、また、たとえそれがしばしば他の諸原因より高貴なのだとしても、作出因より卑しいということを、習わしとしているからである」(DESCARTES, R., *op. cit.*, VII, p.

242)。

(27)「そして本当の意味での一からは多は生じ得ないし、また本当の多からは一は生じ得ない、いや、それは不可能である、と彼等〔レウキッポスとデモクリトス〕は主張するのである」。アリストテレス『生成消滅論』、山本光雄訳編『初期ギリシア哲学者断片集』岩波書店、一九八一年、七三頁。ちなみに『アリストテレス全集4 天体論・生成消滅論』岩波書店、一九六八年、二八六―七頁では「だが、真実一であるものから多が、また真実多であるものから一が生成することはないであろう。いや、それは不可能なことである」と訳されている。

(28)『西田幾多郎全集』上掲書、第五巻、四二五頁を参照――日本語として少し変だが、漢字を旧字体から新字体に、歴史的仮名遣いを現代仮名遣いに改めたほかは、原文通りである。

(29) 拙著『自然の現象学――時間・空間の論理――』世界思想社、二〇〇四年、一八〇―一頁を参照。なおベルクソンからの引用は、ここではすべて *Œuvres*, édition du centenaire, Paris, PUF, 1959 からのものであり、著作の略号は以下の通りである。*Essai sur les données immédiates de la conscience* [ED], *Matière et Mémoire* [MM], *L'évolution créatrice* [EC], *L'énergie spirituelle* [ES], *Les deux sources de la morale et de la religion* [DS], *La pensée et le mouvant* [PM]. その他、ここでの [B] は DELEUZE, Gilles, *Le bergsonisme*, Paris, PUF, 1994^{5} (1966^{1}) の略号である。

(30) KANT, Immanuel, *Kritik der reinen Vernunft*, Philosophische Bibliothek 37a, Hamburg, Felix Meiner Verlag, 1976, S. 99-100.

(31) 周知のように「第三省察」のデカルトは、「無限」を「有限の否定」によって考えることを禁じている。Cf. DESCARTES, R., *op. cit.*, VII, p. 45. 比較、なかんずく否定による比較によって何でも思惟しようとする思想には、自ずから限界というものがある。

(32) 拙著『他性と場所Ⅰ――《自然の現象学》第五編――』上掲書、第三章第二節(4)「前言撤回（dédire）の構造」を参照されたい。

(33)「禿頭」や「堆積」の例は、メガラ派のエウクレイデスの弟子エウブゥリデスが最初に用いたとされている。ディオゲネス・ラエルティオス『ギリシア哲学者列伝』（上）岩波文庫、一九八四年、二一〇頁を参照。

(34) 拙著『他性と場所Ⅱ――《自然の現象学》第六編――』上掲書、第一章第一節(3)(4)(5)、特に二四頁と三九頁を参照。なおフィヒテ自身は「絶対的（absolut）、実践的（praktisch）、知性的（intelligent）自我」（*Fichtes Werke, op. cit.*, I, S. 271）というような表現を用いている。

(35) 拙著『他性と場所Ⅰ――《自然の現象学》第五編――』上掲書、第三章、特にその第三節と「おわりに」とを参照。

(36) 拙著『身体の生成――《自然の現象学》第四編――』萌書房、二〇一五年、第二章、特に九七頁を参照。

(37) SCHELLING, Friedrich Wilhelm Joseph von, *Über das Wesen der menschlichen Freiheit*, Philosophische Bibliothek 503, Hamburg, Felix Meiner Verlag, 1997, S. 67.

(38) 拙著『行為と無為――《自然の現象学》第三編――』上掲書、

三五五頁と三六一頁を参照。

(39) SCHELLING, F. W. J., *Über das Wesen der menschlichen Freiheit, op. cit.*, S. 30, 78.

(40) たとえば拙著『身体の生成——《自然の現象学》第四編——』上掲書、第四章の、特に第三節などを参照。

(41) 拙著『歴史と文化の根底へ——《自然の現象学》第二編——』世界思想社、二〇〇八年、三〇三–四頁を参照。

(42) 拙著『他性と場所II——《自然の現象学》第六編——』上掲書、二一九、二六四–五、五八九頁を参照。

(43) SCHELLING, F. W. J., *Schellings Werke*, nach d. Orig.-Ausg. in neuer Anordnung hrsg. von M. Schröter, München, Beck, 1966–93, Nachlaßband, S. 246.

(44) SCHELLING, F. W. J., *Über das Wesen der menschlichen Freiheit, op. cit.*, S. 32, 33, 70.

(45) SCHELLING, F. W. J., *Schellings Werke, op. cit.*, Ergänzungsbände VI, S. 291.

(46) SCHELLING, F. W. J., *Schellings Werke, op. cit.*, Hauptbände VI, S. 418.

(47) Cf. p. ex. ROBINET, André, *Système et existence dans l'œuvre de Malebranche*, Paris, Vrin, 1965, p. 233 sqq.

(48) 拙著『他性と場所I——《自然の現象学》第五編——』上掲書、第二章第二節(6)「永遠真理創造説と神の権能の諸限界」を参照されたい。

(49) MALEBRANCHE, Nicolas, De la Recherche de la Vérité, in : *Œuvres complètes*, Paris, Vrin, Tome III, 1976, p. 136.

(50) DESCARTES, R., *Œuvres, op. cit.*, VII, p. 432.

(51) Ibid., p. 435.

(52) Ibid., p. 436.

(53) MALEBRANCHE, N., *De la Recherche de la Vérité*, in : *Œuvres complètes, op. cit.*, Tome I, 1972, p. 434. Cf. *Entretien d'un philosophe chrétien et d'un philosophe chinois*, in : *Œuvres complètes, op. cit.*, Tome XV, 1986, p. 50–1.

(54) MALEBRANCHE, N., *Réflexions sur la prémotion physique*, in : *Œuvres complètes, op. cit.*, Tome XVI, 1974, p. 99.

(55) MALEBRANCHE, N., *De la Recherche de la Vérité*, III, *op. cit.*, p. 138.

(56) Ibid., p. 191.

(57) MALEBRANCHE, N., *Traité de Morale*, in : *Œuvres complètes, op. cit.*, Tome XI, 1977, p. 45. ちなみにルデュック＝フェイエットはこう述べている。「永遠真理が《創造される》と主張することは、言わば〈御言〉（生出されたのであって創造されたのではない〈御子〉）を神（〈父〉）から乖離せしめることに、要するに真理を偶然的なものにすること（それは他でありえた）に〔…〕帰する」。LEDUC-FAYETTE, Denise, *Malebranche*, Paris, Ellipses, 1998, p. 17.

(58) GOUHIER, Henri, *La philosophie de Malebranche et son expérience religieuse*, Paris, Vrin, 1948^2 (1926^1), p. 76.

(59) MALEBRANCHE, N., *Réflexions sur la prémotion physique, op. cit.*, p. 102, 123. Voir aussi p. 100, 101 ; *Recueil de toutes les réponses à M. Arnauld, in : Œuvres complètes, op. cit.*, Tome

VIII-IX, 1978, p. 1089, etc.

（60） MOREAU, Denis, *Malebranche*, Paris, Vrin, 2004, p. 151.

（61） MALEBRANCHE, N., *Recueil de toutes les réponses à M. Arnauld*, in : *Œuvres complètes, op. cit.*, TomeVI-VII, 1978, p. 556.

（62） MALEBRANCHE, N., *Recueil de toutes les réponses à M. Arnauld*, in : *Œuvres complètes, op. cit.*, Tome VIII-IX, *op. cit.*, p. 655. ペルグランは彼女の著作のなかの、まさしく「神の無力」と題された節において、次のように述べている。「マルブランシュの神は、そこにおいては知恵が他の諸属性、とりわけ権能（puissance）に対して優勢であるような神である」、「神的諸属性は等質でも完全に相補的でもない。いっそう知恵ある神は、必然的に、いっそう権能のない神である」、「或る仕方でマルブランシュにとって無力は、神における知恵の優勢の遺憾なる一帰結なのではなくて、それは神における知恵の優勢の幸福なる表現である」。PELLEGRIN, Marie-Frédérique, *Le système de la loi de Nicolas Malebranche*, Paris, Vrin, 2006, p. 192, 194, 196.

（63） MALEBRANCHE, N., *Méditations chrétiennes et métaphysiques*, in : *Œuvres complètes, op. cit.*, Tome X, 1986, p. 101.

（64） 拙著『行為と無為――《自然の現象学》第三編――』上掲書、一九九、二一二―五、二二七―九頁を参照。

（65） われわれは本章最終節で「自由」について、これまでわれわれがおこなってこなかったような新しい一解釈を試みるが、それはアンリが「非自由」と呼ぶものについての新たなる一解釈でもある。

（66） Vgl. HUSSERL, Edmund, *Zur Phänomenologie des inneren Zeitbewusstseins*, *Husserliana*, Bd. X, Haag, Martinus Nijhoff, 1966, S. 42, 47-8, 74, 368, 370.

（67） 拙著『身体の生成――《自然の現象学》第四編――』上掲書、二一一―四頁などを参照。

（68） 同書、二三八頁以下、二七六頁以下などを参照。

（69） KANT, I., *Kritik der reinen Vernunft*, *op. cit.*, S. 43*.

（70） たとえば拙著『自然の現象学――時間・空間の論理――』上掲書、第三章第二節⑵と第三節⑵、また"Différance ou présent vivant ? La temporalité chez Husserl, Derrida, Lévinas et Michel Henry", in : JEAN, Grégorie, LECLERCQ, Jean et MONSEAU, Nicolas (éd.), *La vie et les vivants. (Re-)lire Michel Henry*, Presses universitaires de Louvain, 2013, p. 157-66などを参照されたい。

（71） 拙著『自然の現象学――時間・空間の論理――』上掲書、一〇三―四頁を参照。

（72） MERLEAU-PONTY, Maurice, *Le visible et l'invisible*, Paris, Gallimard, 1964, p. 17, 48.

（73） HELD, Klaus, *Lebendige Gegenwart*, *Phaenomenologica*, Bd. 23, Den Haag, Martinus Nijhoff, 1966, S. 165.

（74） メーヌ・ド・ビランは「比較」作用を前提とした「驚愕（étonnement）」と「あらゆる比較に先行」する「驚き〔不意打ち surprise〕」とを区別しているのだが、このような区別は「不意打ち」の現象学的ステイタスについて考察するのに、何らかのヒントを与えてくれるかもしれない。拙著『メーヌ・ド・ビラン——受動性の経験の現象学——』世界思想社、二〇〇一年、二三六頁を参照。

(75) 一九三三年の或る講演のなかで、西田は「絶対無の場所」では「絶対現在と云うもの」が「基礎」になっていると述べている。そして一九四四年の彼によれば、「絶対現在」とみなされた「絶対無の場所」は、「論理的」には「多と一との矛盾的自己同一として、自己自身を映す弁証法的空間とも云うべきもの」ではあるのだが、ただしそれは、「単に過程的なる弁証法」に対しては、「之を包む」という意義を有しているのだという。つまり「絶対現在」が「絶対矛盾的自己同一」と言われることはあるのだとしても、それはヘーゲルのような意味においてではけっしてない。「矛盾的自己同一とは矛盾を越えて矛盾を包むものを云うのである。場所的自己同一の意義であるのである。故にヘーゲル流の過程的弁証法的でもなく、絶対現在として弁証法を包むという意義を有するのである」。『西田幾多郎全集』上掲書、第一四巻、五〇六頁、第一一巻、七三、一一六、一八八頁を参照。

(76) FICHTE, J. G., *Fichtes Werke, op. cit.*, I, S. 91, 94, 101, 104.

(77) この点に関しては拙著『他性と場所Ⅱ——《自然の現象学》第六編——』上掲書、二三五、二六八、三三六頁などを参照。

(78) SCHELLING, F. W. J., *Über das Wesen der menschlichen Freiheit, op. cit.*, S. 79.

(79) 拙著『自然の現象学——時間・空間の論理——』上掲書、六〇頁などを参照。

(80) Vgl. CASSIRER, E., *Philosophie der symbolischen Formen. III. Phänomenologie der Erkenntnis, op. cit.*, S. 151-3.

(81) HUSSERL, E., *Zur Phänomenologie des inneren Zeitbewusstseins, op. cit.*, S. 63, 64, 69, 118.

(82) Ibid., S. 43.

(83) HUSSERL, E., *Ding und Raum, Husserliana*, Bd. XVI, Den Haag, Martinus Nijhoff, 1973, S. 329.

(84) Ibid., S. 192-3.

(85) 『西田幾多郎全集』上掲書、第一一巻、三三四頁。

(86) 拙著『自然の現象学——時間・空間の論理——』上掲書、第四章第三節(1)などを参照。

(87) 拙著『他性と場所Ⅱ——《自然の現象学》第六編——』上掲書、四五頁を参照。

(88) 拙著『他性と場所Ⅰ——《自然の現象学》第五編——』上掲書、二四、四四一頁を参照。

(89) BERGSON, H., *Œuvres, op. cit.*, p. 819.

(90) MARION, Jean-Luc, *Certitudes négatives*, Paris, Grasset, 2010, p. 315-6.

(91) 拙著『他性と場所Ⅰ——《自然の現象学》第五編——』上掲書、九〇—一頁を参照。

(92) 拙著『メーヌ・ド・ビラン——受動性の経験の現象学——』上掲書、第二部第二章第三節3を参照。

(93) 拙著『他性と場所Ⅰ——《自然の現象学》第五編——』上掲書、一〇一—二頁を参照。

(94) 拙著『他性と場所Ⅱ——《自然の現象学》第六編——』上掲書、四五三頁。

(95) 『西田幾多郎全集』上掲書、第五巻、六四頁。六八、九三頁も併せて参照されたい。

(96) 順に『西田幾多郎全集』上掲書、第四巻、二二七頁、第五巻、四八頁。

(97) 拙著『他性と場所Ⅱ——《自然の現象学》第六編——』上掲書、四五〇―一頁を参照。

(98)『西田幾多郎全集』上掲書、第一三巻、三六〇頁を参照。

(99) 順に『西田幾多郎全集』上掲書、第六巻、九〇頁、第五巻、四二三頁。

(100) 順に『西田幾多郎全集』上掲書、第五巻、九七、三七八頁、第一九巻、九三頁。

(101)『西田幾多郎全集』上掲書、第五巻、四二七頁。

(102) 拙著『歴史と文化の根底へ——《自然の現象学》第二編——』上掲書、第二章「ハイデッガーと自然／その二——三〇年代の「世界と大地の闘い」——」、ここでは特に三四、九二、一四六頁などを参照。

(103) 拙著『他性と場所Ⅱ——《自然の現象学》第六編——』上掲書、三九三、六〇一頁を参照。同趣の問題構制についての西田のエリウゲナ解釈に関する同書、五五六―七頁も、併せて参照されたい。

(104) たとえば『精神現象学』の「緒言」では「それ〔絶対者〕は本質的に結果であり、終末において初めてそれが真にそれで有るところのものである」(PhG^{B2}, S. 15) と述べられ、『宗教哲学講義』でも以下のように語られている。「精神は道を走破してしまうことなしには目的地（Ziel）にはおらず、それはもともと（von Hause aus）目的地にいるわけではない。最も完全なものは、目標（Ziel）を獲得するために、目標への道を走破するのでなければならない」(W16, S. 80) ——後期ハイデッガーならば、「われわれは、いたるところから絶え間なく、ほんらいわれわれがすでに居るところへ、帰還しなければならない」とでも言うであろう。拙著『歴史と文化の根底へ——《自然の現象学》第二編——』上掲書、一八三頁を参照。

(105) MERLEAU-PONTY, M., *Phénoménologie de la perception, op. cit.*, p. 12.

(106)『西田幾多郎全集』上掲書、第二巻、三〇五頁。

(107)『西田幾多郎全集』上掲書、第一三巻、一三九―四〇頁。

(108) 順に『西田幾多郎全集』上掲書、第六巻、三五九、三七八頁、第七巻、二二六頁。

(109) 多少ともベルクソン的に、若き西田はこう語っている。「今手を開いて後之を閉づる。我々は通常之を二つの意識と考えて居る。併し此間に寂然不動の一者があるではないか。さなくばいかにして此の二者が一つに結合せられるであろうか」(『西田幾多郎全集』上掲書、第一六巻、四二一頁) ——大きく言えば〈一つの人生〉と言われうるようなものにさえ、このような「寂然不動の一者」がある。

(110) MERLEAU-PONTY, M., *Phénoménologie de la perception, op. cit.*, p. 167-70.

(111) BERGSON, H., *Œuvres, op. cit.*, p. 759.

(112) 拙著『他性と場所Ⅱ——《自然の現象学》第六編——』上掲書、四九一―二頁を参照。

(113) 拙著『身体の生成——《自然の現象学》第四編——』上掲書、

四二九―三一頁を参照。
(114) 同書、四三四―五頁を参照。
(115) 「有（l'être）」と言われてはいるが、「端的なる事実（le *fait pur et simple*）」と言い換えられてもいるので、内容的には〈有るもの一般〉のようなものである。Cf. BOUTROUX, Emile, *De la contingence des lois de la nature*, Paris, PUF, 1991² (1874¹), p. 15.
(116) それぞれの段階で検討されているのは、順に「有の、諸事物の本性の、絶対的な保存を肯定する因果律」、「概念それ自身の発展、すなわち一般から特殊への分解」、「力の保存の法則」、「物理的作用の保存の法則」、「生の保存」、「心的エネルギーの保存の法則」（Ibid., p. 27, 34, 57, 73, 90, 121）である。要するに「類」を除いて、示されているのは「保存」の法則だということになる。
(117) Ibid., p. 132-3.
(118) Ibid., p. 134.
(119) Ibid., p. 135.
(120) Ibid., p. 136.
(121) Ibid., p. 154.
(122) Ibid., p. 160.
(123) Ibid., p. 169.
(124) Ibid., p. 135.
(125) 田中美知太郎編『世界の名著　プロティノス／ポルピュリオス／プロクロス』中央公論社、一九八四年、六三一―四頁〔ここではもっぱら「英知界」、「素材」という訳語が用いられている〕。
(126) BOUTROUX, E., *op. cit.*, p. 12-3.
(127) 「美」の問題に関してはここでは詳述できないが、われわれはその問題を、あと四冊著作を執筆したあと、トータルで一四作目と一五冊目のわれわれの著書のなかで展開したいと考えている。
(128) 順に『西田幾多郎全集』上掲書、第四巻、二一〇頁、第五巻、一一一頁。第一四巻、三五二、五〇五頁なども併せて参照されたい。
(129) 「働くものと働かれるものとが真に一となるならば、それは働かないものでなければならぬ」、あるいは「絶対矛盾的自己同一そのものの立場に於ては、作るものもなく、作られるものもなく、右もなく左もなく、前もなく後もない、すべてが一と云い得るであろう」と西田は述べている。『西田幾多郎全集』上掲書、第五巻、一〇七―八頁、第一〇巻、五〇二頁。ただし〈作るもの〉と〈作らないもの〉とをめぐる西田の諸考察は、一筋縄ではゆかない。この点に関しては、拙著『他性と場所Ⅱ――《自然の現象学》第六編――』上掲書、第六章「作るものと作らないもの――西田哲学における自然と歴史の問題構制をめぐって――」の、とりわけ第三節「「作られたものから作るものへ」と「創造されもせず創造しもしないもの」」を参照。
(130) 順に『西田幾多郎全集』上掲書、第二巻、一五〇、三四七―八、三四四―五頁。
(131) 『西田幾多郎全集』上掲書、第三巻、二〇頁。一一七頁も参照。
(132) 順に同書、七三、七五、一八三頁。
(133) 順に『西田幾多郎全集』上掲書、第一六巻、二七六頁、第一巻、三三八頁。
(134) 『西田幾多郎全集』上掲書、第三巻、二五五頁。

(135) ヘーゲルにとって「それによって人間が動物から区別されるところのもの」とは「思惟」(WdLS^2. S. 10. Vgl. W7. S. 46 ; W18. S. 23)であり、「精神」も「感情」としては「意識の最低段階」(W8. S. 24-5)にすぎない。もちろんヘーゲルといえども、ときには「偉大な人間は大いなる欲求とそれを止揚する衝動とを持つ。偉大な行為は心情の深い苦痛にのみ由来する」(W9. S. 472)といった類《たぐい》の言葉を発することがないわけでもない。けれども宿敵シュライエルマッヘルの根本思想を皮肉りつつ、彼は以下のような言葉さえ残しているのである。「感情が人間の本質を形成すべきであるなら、人間は動物に等置されてしまう〔…〕。人間において宗教がただ感情にのみもとづくのであれば、このようなものはまったく彼の依存性の感情以上のいかなる規定も有さない。そして犬が最良のキリスト教徒であることになってしまうであろう。なぜなら犬は自らのうちに依存性の感情を最も強く担い、とりわけこの感情のなかで生きているからである」(W11. S. 58. Vgl. W16. S. 129. 168 ; W17. S. 198-9)。

(136)『西田幾多郎全集』上掲書、第四巻、一九三頁。

(137)『西田幾多郎全集』上掲書、第五巻、五九頁。五〇頁にも同趣の発言があり、また一〇一頁には以下のような言葉も見出される。「自己自身を限定する一般概念は「於てあるもの」、即ち「有るもの」と、此等のものを包む場所と、媒介作用とから成り立って居る」――すべて一九二八年の発言である。

(138)『西田幾多郎全集』上掲書、第七巻、二〇三頁。

(139) 順に『西田幾多郎全集』上掲書、第一三巻、二八〇頁、第六巻、二二八頁。

(140)『西田幾多郎全集』上掲書、第一〇巻、三二一頁。

(141)『西田幾多郎全集』上掲書、第一二巻、一五頁。

(142)『西田幾多郎全集』上掲書、第五巻、九七頁。

(143)『西田幾多郎全集』上掲書、第九巻、一五頁――三八年の言葉。

(144)『西田幾多郎全集』上掲書、第八巻、四二九頁――三七年の論攷である。

(145) 順に『西田幾多郎全集』上掲書、第一三巻、二九〇、二七九頁。

(146)『西田幾多郎全集』上掲書、第四巻、二二〇頁。同書二五五頁ではこうも述べられている。「現象学的立場といえども、意識は尚対立的無の場所を脱せないのである、考えられた一般概念の外に出ることができないのである」。

(147) 同書二二一頁。

(148) 順に同書二二五、二六三、二三三頁。そこで二三五頁では、以下のように述べられることとなる。「その根底となる一般者が限定せられた有であるかぎり、本体という如きものが考えられ、それが対立的無なる時、純なる作用という如きものが考えられ、それが真の無なる時、即ち単なる場所ともいうべき場合、所謂叡智的存在という如きものが考えられるのである」。

(149) 順に『西田幾多郎全集』上掲書、第一三巻、二八二、二九九、二九一頁。もちろん「運動」が成り立つためには、「有るもの」だけでなく「時間」意識が必要となるからであり、また「Willens-handlung〈意志作用〉」が成立するためには、〈作用〉としての〈意志〉の働きのみならず、前註にもあったように、〈意志〉という「叡智的存在」を映してくれるような「真の無」の場所が必要とされるからであろう。

(150)『西田幾多郎全集』上掲書、第四巻、二三二頁。文脈から言って、ここでの「単に働くもの」とは、まだ無意識的な、たんに機械的関係を結ぶにすぎないもののことを指していると考えられる。

(151) SCHELLING. F. W. J.. *Schellings Werke, op. cit.*, Hauptbände I. S. 658.

(152) SCHELLING. F. W. J.. *Schellings Werke, op. cit.*, Hauptbände II. S. 269ff.

(153) SCHELLING. F. W. J.. *Schellings Werke, op. cit.*, Hauptbände I. S. 706.

(154) Ibid.. S. 418.

(155) SCHELLING. F. W. J.. *Schellings Werke, op. cit.*, Ergänzungsbände II. S. 133. Vgl. S. 129.

(156) たとえばヘーゲル『エンチュクロペディー』の「自然哲学」は、その第一部「力学」の「A　空間と時間」では空間や時間や運動などを、「B　物質と運動。有限な力学」では慣性的物質や衝突や落下などを、「C　絶対的な力学」では重力や万有引力などを取り上げ、第二部「物理学」の「A　普遍的個体性の物理学」では天体や四元素などについて、「B　特殊的個体性の物理学」では比重や凝集力や音響や熱などについて、「C　全体的個体性の物理学」では結晶や磁気や電気や光の屈折や化学的過程などについて扱い、第三部「有機的物理学〔自然学〕」の「A　地質学的自然」では鉱物を、「B　植物的自然」では植物を、「C　動物的自然」では動物、特にその感受性・被刺激性・再生や五感や衝動や類過程などを主題化する。他方、たとえばシェリングの『全哲学の、特に自然哲学の体系』の「目次」(Ibid.. S. 63-6)からそこで扱われている主題をざっと拾い集めてみたとしても、時間、空間、物質、静止と運動、慣性、重力、光、極性、凝集力、比重、四元素、磁気、電気、熱、有機体、動物界、植物界、滴虫界、再生、被刺激性、感受性等々、その内容はヘーゲルの自然哲学とほとんど変わらない。彼らにとって「自然哲学」の「自然」とは、当時の「自然科学」の扱う「自然」と内容的に異なるものではなく、ただその基礎づけの仕方が異なるというだけのことだったのだろう。

(157) ハイデッガーにおける「自然」や「大地」に関しては、拙著『歴史と文化の根底へ――《自然の現象学》第二編――』上掲書の第一章から第四章までを参照。以下に取り上げる箇所に関してもう少し限定するのであれば、同書六一―一二、一一六、一五一、一五四―一六二、一七〇、一八八、一九二頁等を参照されたい。

(158) 拙著『メーヌ・ド・ビラン――受動性の経験の現象学――』上掲書、第二部第二章第二節2を参照。

(159) 拙著『身体の生成――《自然の現象学》第四編――』上掲書、二九、六五頁を参照。

(160)『西田幾多郎全集』上掲書、第八巻、二〇〇頁を参照。

(161) 拙著『他性と場所II――《自然の現象学》第六編――』上掲書、六七頁以下、一〇七頁を参照。

(162) 同書、二八四頁以下、三三五頁以下を参照。

(163) Cf. BERGSON, H.. *Œuvres, op. cit.*, p. 1105sqq.

(164) KANT, I., *Kritik der Urteilskraft*, Philosophische Bibliothek 39a, Hamburg, Felix Meiner Verlag, 1974, S. 96-7.

(165) DESCARTES, R., *op. cit.*, VII, p. 138.

(166) 拙著『自然の現象学――時間・空間の論理――』上掲書、九一一一頁を参照。

(167) 拙著『他性と場所Ⅰ――《自然の現象学》第五編――』上掲書、一一二頁を参照。

(168) 以前にも述べたように、たとえば「ミュラー＝リヤーの錯視」を「二本の線分」として捉える見方もあれば、一つの「下すぼみの相貌」と見る見方もある。拙著『身体の生成――《自然の現象学》第四編――』上掲書、三八九頁を参照。

(169) LEIBNIZ, G. W., *op. cit.*, p. 9, 57.

(170) CASSIRER, E., *Philosophie der symbolischen Formen*. I, *Die Sprache*, Darmstadt, Wissenschaftliche Buchgesellschaft, 1973^{6} (1923^{1}), S. 34, 36, 38, 41.

(171) 拙著『他性と場所Ⅰ――《自然の現象学》第五編――』上掲書、一〇四―五、一〇八―九頁を参照。

(172) ゼノン他『初期ストア派断片集1』中川純男訳、西洋古典叢書、京都大学学術出版会、二〇〇〇年、一二八―一三〇頁を参照。もちろんわれわれは、「われわれが獣のような仕方で生きなければならない」というラクタンティウスの言葉を、ゼノンの思想としてではなく、ストア派に対する非難の言葉として解した。

(173) 拙著『行為と無為――《自然の現象学》第三編――』上掲書、二三三―四頁などを参照。

(174) 順に拙著『他性と場所Ⅱ――《自然の現象学》第六編――』上掲書、四七七、四八〇頁を参照。

(175) SCHELLING, F. W. J., *Schellings Werke*, *op. cit.*, Hauptbände I, S. 570. Vgl. S. 479, 574.

(176) 拙著『行為と無為――《自然の現象学》第三編――』上掲書、二〇三、二一四―五、二二二、二二八―九、三八五頁を参照。

(177) LEIBNIZ, G. W., *op. cit.*, p. 2, 54.

(178) 以下の本項Ⅲ、Ⅳの「自由」や「非自由」に関する叙述は、デカルトに関するものを除き、カント、シェリング、ベルクソン、シェーラー、サルトル、メルロ＝ポンティ、アンリに関する部分は、すべて拙著『行為と無為――《自然の現象学》第三編――』のなかの叙述から抜き出し、多少とも考察を付け加えたものである。ここでは逐一典拠を示さないが、興味のある方は同書の該当部分を参照されたい。

(179) DESCARTES, R., *Œuvres, op. cit.*, VII, p. 191 ; IV, p. 116. Cf. VII, p. 166, etc.

(180) DESCARTES, R., *Œuvres, op. cit.*, I, p. 152 ; VII, p. 431-2. Cf. I, p. 146 ; IV, p. 118-9 ; VII, p. 435-6, etc.

(181) DESCARTES, R., *Œuvres, op. cit.*, VII, p. 432-3 ; IV, p. 173. Cf. IV, p. 117 ; V, p. 159, etc.

(182) DESCARTES, R., *Œuvres, op. cit.*, VII, p. 432 ; IV, p. 117, 174. Cf. VII, p. 166, 433, etc.

(183) DESCARTES, R., *Œuvres, op. cit.*, IV, p. 173 ; V, p. 159. Cf. VIII-1, p. 19, etc.

(184) DESCARTES, R., *Œuvres, op. cit.*, VII, p. 377 ; VIII-1, p. 20 ; V, p. 159. Cf. VII, p. 191 ; VIII-1, p. 19, etc.

(185) 『西田幾多郎全集』上掲書、第四巻、二二九頁。ちなみに《場所》を収録する西田の著作が『働くものから見るものへ』という美しい表題を冠していることは、その意味では興味深いことである。

(186) Vgl. SCHELLING, F. W. J., *Schellings Werke, op. cit.*, Hauptbände I, S. 254-5 ; II, S. 186, 395, 594 ; III, S. 244 ; IV, S. 30, 46, 47, 321, 615 ; VI, S. 346 ; *Über das Wesen der menschlichen Freiheit, op. cit.* S. 56-7, usw.

(187) BERGSON, H., *Œuvres, op. cit.*, p. 67.

(188) フランス語では«se laisser vivre»は「のんきに暮らす」という意味にもなるが、もちろんここではわれわれは、そのような意味には取らない。

(189) 拙著『行為と無為――《自然の現象学》第三編――』上掲書、二四二頁などを参照。

第四章

(1) 一七九五年七月二日付のフィヒテの書簡。なお本章においても、ヘーゲルに関する文献は巻末に付した「ヘーゲル文献一覧」の略号をそのまま用いる。他の諸文献とその略号に関しては、以下のとおり。

(1)フィヒテ第一次文献

本章で主として用いたフィヒテ第一次文献に関しては、以下に年代順に示し、［　］内の略号を用いる〔*Fichtes Werke*, herg. von I. H. Fichte, Berlin, Walter de Gruyter & Co., 1971（1845^{1}–1846^{1}）はSWと略記し、直後にアラビア数字で巻数を示している。また J. G. Fichte, *Gesamtausgabe der Bayerischen Akademie der Wissenschaften*, herg. von R. Lauth, H. Jacob und H. Gliwitzky, Stuttgart-Bad Cannstatt, Friedrich Frommann Verlag, 1962–2012 はGAと略記し、直後にローマ数字とアラビア数字で巻数を示している〕。

FICHTE, J. G., *Eigne Meditationen über ElementarPhilosophie* (1793/94), in GAII-3 [Me].

— *Ueber den Begriff der Wissenschaftslehre oder der sogenannten Philosophie* (1794), in SW 1 [BWL].

— *Grundlage der gesammten Wissenschftslehre* (1794/95), Philosophische Bibliothek Band 246, Hamburg, Felix Meiner Verlag, 1997 [GL].

— *Grundriss des Eigenthümlichen der Wissenschaftslehre in Rücksicht auf das theoretische Vermögen* (1795), in SW 1 [Gr].

— *Von der Sprachfähigkeit und dem Ursprunge der Sprache* (1795), in SW 8 [Sp].

— *Grundlage des Naturrechts nach Principien der Wissenschaftslehre* (1796), in SW 3 [GN].

— *Erste Einleitung in die Wissenschaftslehre* (1797), in SW 1 [1E].

— *Zweite Einleitung in die Wissenschaftslehre* (1797), in SW 1 [2E].

— *Wissenschaftslehre nova methodo* (1798-9), Philosophische Bibliothek 336, Hamburg, Felix Meiner Verlag, 1994^{2}

(1982[1]) [NM].

— *Ueber das Verhältniß der Logik zur Philosophie oder transscendentale Logik* (1812), in SW 9 [VLP].

(2) フィヒテ第二次文献

同じく本章で利用したフィヒテ第二次文献に関しては、[　] 内の略号で示す。

BRACHTENDORF, Johannes, *Fichtes Lehre vom Sein. Eine kritische Darstellung der Wissenschaftslehren von 1794, 1798/99 und 1812*, Paderborn/München/Wien/Zürich, Ferdinand Schöningh, 1995 [Brachtendorf].

GARCIA, Luis Fellipe, *La philosophie comme* Wissenschaftslehre. *Le projet fichtéen d'une nouvelle pratique du savoir*, Hildesheim/Zürich/New York, Olms, 2018 [Garcia].

GUEROULT, Martial, *L'évolution et la structure de la doctrine de la science chez Fichte*, 2 Bände in 1 Band, Hildesheim/Zürich/New York, Georg Olms Verlag, 2013 (1930[1]) [Gueroult].

PAIMANN, Rebecca, *Die Logik und das Absolute. Fichtes Wissenschaftslehre zwischen Wort, Begriff und Unbegreiflichkeit*, Würzburg, Königshausen & Neumann, 2006 [Paimann].

RADRIZZANI, Ives (dir.), *Fichte et la France*. Tome I. *Fichte et la philosophie française : nouvelles approches*, Paris, Beauchesne, 1997 [Radrizzani].

SCHNELL, Alexander, *Réflexion et spéculation. L'idéalisme transcendental chez Fichte et Schelling*, Grenoble, Millon, 2009 [Schnell].

TSCHIRNER, Patrick, *Totalität und Dialektik. Johann Gottlieb Fichtes späte Wissenschaftslehre oder die lebendige Existenz des Absoluten als sich selbst bildendes Bild*, Berlin, Duncker & Humblot, 2017 [Tschirner].

(3) シェリング第一次文献

今回引用したシェリングの第1次文献は、以下の1冊のみである。

SCHELLING, F. W. J., *System des transzendentalen Idealismus*, Philosophische Bibliothek 254, Hamburg, Felix Meiner Verlag, 1957 [STI].

(4) シェリング第二次文献

以下も今回じっさいに用いたもののみである。

CATTIN, Emmanuel, *Transformations de la métaphisique. Commentaires sur la philosophie transcendantale de Schelling*, Paris, Vrin, 2001 [Cattin].

CERUTTI, Patrick, *La philosophie de Schelling. Repère*, Paris, Vrin, 2019 [Cerutti].

MARQUET, Jean-François, *Liberté et existence*, Paris, Cerf, 2006 (1973[1]) [Marquet].

TILLIETTE, Xavier, *Schelling. Une philosophie en devenir*. II. *La dernière philosophie 1821-1854*, Paris, Vrin, 1992[2] (1969[1]) [Tilliette].

VETÖ, Miklos, *Le fondement selon Schelling*, Paris, l'Harmattan, 2002 (1977[1]) [Vetö].

(5)メーヌ・ド・ビラン第一次文献

メーヌ・ド・ビランのテクストに関しては、アズヴィ編集の著作集MAINE DE BIRAN, *Œuvres*, publiées sous la direction de F. Azouvi, 13 vols., Paris, Vrin, 1984-2001を用い、以下これをŒと略記して、ローマ数字の大文字で巻数を示す。同じ巻の冊番号については、ハイフンののちにアラビア数字で示す。

(6)メーヌ・ド・ビラン第二次文献

今回じっさいに利用したメーヌ・ド・ビランの第二次文献は、以下の二冊のみである。

HENRY, Michel, *Philosophie et phénoménologie du corps. Essai sur l'ontologie biranienne*, Paris, PUF, 1965 [Henry].

中敬夫『メーヌ・ド・ビラン――受動性の経験の現象学――』世界思想社、二〇〇一年〔略号は用いない〕。

（2）　他方、シェリングとメーヌ・ド・ビランとの関係については、たとえばティリエットがこう語っている。「シェリングは、クーザンの乏しき情報を介して、メーヌ・ド・ビランの天才を識別しえなかったように思われる。彼はそこに一つの主意主義的な心理主義をしか知覚しなかった」(Tilliette, p. 305)。

（3）　「とりわけ言語のうちにこのような思惟諸規定が保管されている」(W8, S. 85) のだという――このような主張のうちにも、われわれは「言語」に対するヘーゲルの楽観主義的態度を見て取ることができる。

（4）　ちなみに『超越論的観念論の体系』のシェリングにとっても、「全体としての歴史」は「絶対者の進行的な、漸次的に自らを露開してゆく一つの顕示」であり、「神」は「持続的に自らを顕示する」(STI, S. 272) のだという。

（5）　シュネルはこの点において、フィヒテではなく「シェリング」のほうを「超越論的圏域のただなかでの歴史性の真の発明者」(Schnell, p. 186) とみなしている。

（6）　前章でも前々章でも引用したように、ヘーゲルの『大論理学』では「自然と有限精神との創造の以前にその永遠の本質のうちに有るがままの神の叙述」(WdLS^2, S. 33-4) について語られていた。

（7）　われわれはビランの«sens intime»を、以前から「内感」と訳している。恩師山形頼洋先生は「内奥感」と訳し、それを踏襲するひとたちもずいぶんたくさんいる。しかしながらわれわれは、「内奥感」という訳語は、その語感が少し重すぎると思った。«sens intime»はビランにおいて«sens interne»とほとんど同義と言えようが、«sens intime»のほうがより術語化されているという印象は受ける。そして音節から言っても«sens intime»と«sens interne»は同等で、日本語で「サンス・アンチム」や「サンス・アンテルヌ」と発音すると、むしろ前者のほうがより短くさえ感じられる。それゆえ後者を「内官」と訳した場合、前者も可能ならば同等以下の音節にしたいという思いもあったので、われわれとしては「内感」という訳語を選択した次第である。

（8）　両箇所でラウトは『超越論的観念論の体系』とならんで、『哲学一般の形式の可能性について』と『哲学の原理としての自我について』を指示している。なおドイツ観念論の専門家には周知の事実かもしれないが、一八〇〇年のシェリングの著作以前に、一七九七年の『第二序論』のなかで、フィヒテが「超越論的観念論の体系」(2E, S. 512) という言葉を用いている。

(9) われわれの気づきえたかぎりでは、『全知識学の基礎』のなかで「超越論的観念論」という言葉が用いられているのは、GL, S. 25の一箇所のみである。

(10) 「実体」に関してはすでに第一部の何箇所かでも触れられているのだが、しかし演繹すべきカテゴリーとして主題化されているというほどのものではない。Vgl. GL, S. 39, 41, 42.

(11) 「実体」、「原因」、「相互作用」という「関係のカテゴリー」(Me, S. 37. Vgl. S. 48) に関しては、すでに『省察』のなかでことさらに取り上げられている。また『新方法』によれば、「実体性、因果性、相互作用」という「関係のカテゴリーのみ」が「三つの根本諸カテゴリー」であって、「残り〔の諸カテゴリー〕はここには属さない」(NM, S. 198. Cf. Garcia, p. 231) のだという。

(12) 『綱要』では「諸カテゴリー」について、「知識学ではそれらは諸客観と同時に成立する」(Gr, S. 387) と述べられているが、こと『基礎』第一部第一節の「実在性のカテゴリー」に関しては、そのような法則は妥当しないように思われる。

(13) 『第二序論』では「純粋自我」は「自我性一般」であって、それは「個体性」からは区別さるべきことが強調されている。後者が「綜合」によって成立するのだとすれば、前者は「絶対的定立」(2E, S. 503) によって成立するのであり、「個体性」が「われわれの特定の人格性」だとすれば、「自我性」は「われわれの精神性一般」(Ibid., S. 504) なのである。

(14) ヘーゲルやビランならば「同一性」を諸カテゴリーもしくは純粋思惟諸規定あるいは反省的抽象諸観念のうちに数え入れることであろうが、『基礎』のフィヒテにそのような意図はなさそうである。

(15) ちなみに『基礎』はその第三部で、「自我には非我が対置される」を「われわれの第二の根本命題」(GL, S. 170) と呼んだあとで、大略以下のように続けている。「第二根本命題」においては若干のものだけが「絶対的」であり、若干のものは「事実」を前提とする。つまり「自己自身による自我の措定」のほかになお「或る措定」があるということは、「アプリオリには一つのたんなる仮定」にすぎず、それは「意識の事実」によってしか示されない。もしそのような措定があるなら、この措定が「一つの対置」であり、措定されたものは「非我」であらねばならないということとは「絶対的」だが、しかしこのような措定があるということは「各人が自己自身の経験によってのみ自らに示しうる」のである。要するに「客観はアプリオリではなく、それは知識学には経験のなかで初めて与えられる」(Ibid., S. 171) ——してみると「知識学」は「すべてをアプリオリなものとして認識し、この意味でアポステリオリをまったく許容しない」(VLP, S. 131) という一八一二年の『哲学への論理学の関わり合いもしくは超越論的論理学について』の言葉やそれに類したフィヒテの発言にも、若干の留保が必要とされるのだと言わなければならないだろう。

(16) 「実在性と否定」が「有と非有」と並置されていることに関しては、のちにヘーゲル論理学のところで改めて検討し直すことになる。

(17) 〈全体と部分〉という関係も基礎的諸概念として前提されているだけで、カテゴリーとしてことさらに検討されているわけではない。

(18) ここでもたとえばヘーゲルなら、「或るもの」を「純粋思惟諸規定」の一つに数え入れるところである。

(19) 先にも註記したように、『省察』は「実体」、「原因」、「相互作用」という「関係のカテゴリー」(Me. S. 37. Vgl. S. 48)をことさらに取り上げ、さらには「因果性は相互作用なしにはまったく理解されうるというわけではなく――周知のように相互作用は因果性の下準備なしにはまったく理解されうるというわけではない」(Ibid. S. 127)とも述べている。また「実体性、因果性、相互作用」という「関係のカテゴリーのみ」が「三つの根本諸カテゴリー」であって、「残り〔の諸カテゴリー〕はここには属さない」(NM. S. 198)という『新方法』の言葉も同じ註のなかで取り上げたが、『新方法』ではこうも述べられている。「実体性は〈因果性〉なしには思惟されず、〈因果性〉は〈実体〉なしには思惟されない。〔…〕両〈カテゴリー〉の綜合が相互作用の〈カテゴリー〉である。〔…〕それは〈カテゴリー〉中の〈カテゴリー〉であり、〈実体性〉と〈因果性〉は〈並列化〉されるが、しかし両者は相互作用に〈従属化〉される――われわれの思惟するすべては諸々の関わり合いなのである」(Ibid. S. 212)――『基礎』でも「相互作用」について語られることはあるのだが、しかし「カテゴリー」として目立つのは、むしろ「相互規定」――ブラフテンドルフが「新しいカテゴリー」(Brachtendorf. S. 160) と呼んでいるもの――のほうである。以下の本文でも見るように、おそらく「相互規定」には広義のものと狭義のものとがあって、広義にはそれは「関係」の全カテゴリーを含み、〈因果性〉や〈実体性〉でさえ「より詳細に規定された相互規定」(GL. S. 62)という扱いを受けることになる。

(20) 「原因と結果(Wirkung)は同時的である、〈因果性〉の概念によってはいかなる時間も成立しない、したがって自然のうちではいかなる時間も成立しない、時間は自我においてのみ成立する」(NM. S. 224)と『新方法』では述べられている――ここではWirkungが「結果」の意味で用いられており、またヘーゲルとはちがって、「時間」は「自然」哲学の対象ではなく、「自我」のうちに位置づけられている。

(21) 「悟性は実体の概念によって思惟するのではなく〔…〕実体と偶有性の綜合された実体性の概念によって思惟する」(Me. S. 120)と『省察』でも述べられている。

(22) 「必然的なものは実体であり、偶然的なものはそのなかにある一つの偶有性である。――両者、偶然的なものと必然的なものは、一にしてまさに同じ自我として、綜合的に統合されて措定されなければならない」(Gr. S. 390. Vgl. S. 385)と『綱要』では述べられているのだが、しかし『新方法』には以下のような言葉もある。「実体性の概念が完成される、それは初めて一つの閉じられた〈定量〉となる、そして〈偶有性〉は〈実体〉に関係づけられ、実体を通して観取される。〔…〕規定するものが観取されるなら、私が実体である〔…〕規定されるものが観取されるなら、世界が実体である」(NM. S. 212)。

(23) 一七九五年の『言語能力と言語の起源について』のなかで、フィヒテは「私は実体の概念を、超越論的には、持続するものによってではなく、すべての偶有性の綜合的統合によって説明する」と述べている。「何かとどまるもの（Etwas Bleibendes）」は「知覚しえない」が、しかしわれわれは「あらゆる変遷」を「何かとどまるもの」あるいは「或る持続する基体」に関係づけるのでなければならない。しかるにこのような基体は「構想力の産物」（Sp. S. 320）にすぎないのだという。

(24)「根本命題とは、これ以上証明さるべくもない各々の認識である。それゆえ或る要請（Postulat）を告げる者は、一つの根本命題を告げてもいる」（NM. S. 27）と『新方法』では述べられている。「ところで哲学において、ひとが或る要請から出発しなければならないというのは正しい。知識学もまたこのことをおこなっているのであって、それを事行によって表現している。〔…〕第一の根本命題は、一つの要請である」（Ibid. S. 28）。

(25) フィヒテの「演繹」に関しては、ビランのような直接的読解とヘーゲル的な論弁的演繹／導出との中間形態にあると言うことができるかもしれない。諸カテゴリーは第一根本命題、第二根本命題、第三根本命題から直接的に演繹／読解されているとみなしうるのだが、しかし、根本命題のなかで第三のものだけはあらかじめ第一と第二から論理的に演繹／導出されているのであって、その点にフィヒテの諸カテゴリー演繹の独自性・特異性を認めることができそうである。

(26) 先にも述べたように、本項で扱いうるのは「第三主篇　超越論的観念論の諸原則にしたがった理論哲学の体系」までだが、「第四主篇」では「超越論的観念論の諸原則にしたがった実践哲学の体系」が、「第五主篇」では「超越論的観念論の諸原則にしたがった目的論の主命題」が、「第六主篇」では「哲学の一般的器官《オルガン》の演繹、もしくは超越論的観念論の諸原則にしたがった芸術哲学の主命題」が、順に考察されることとなる。ただし、たとえば「第四主篇」の冒頭でも、ここで呈示しようとシェリングが考えたのは「道徳哲学」ではなく、むしろ「道徳的諸概念一般の思惟可能性ならびに説明可能性の超越論的演繹」（STI, S. 200）だと述べられ、じっさいそこで扱われているのが、たとえば「意欲」（Ibid. S. 201）、「自律」（Ibid. S. 203）、「われわれのそとなる知性」（Ibid. S. 208）、「当為」（Ibid. S. 210）、「道徳的世界」（Ibid. S. 215）、「理念」、「理想」（Ibid. S. 227）、「有機的肉体」、「自然衝動」（Ibid. S. 239）、「定言的命法」、「人倫法則」（Ibid. S. 242）、「最高善」（Ibid. S. 250）、「法制」（Ibid. S. 251）、「歴史」（Ibid. S. 256）等々であるように、ここでは「実践哲学」に関わる基礎的諸概念の演繹が試みられていると述べたほうが実態に近いのかもしれない。その他、「有機的自然」（Ibid. S. 277）について扱う第五主篇、「天才」や「芸術産物」（Ibid. S. 285）、「クンスト〔芸術、技術〕」や「ポエジー〔詩、詩情〕」（Ibid. S. 287）、「美と崇高」（Ibid. S. 290）といった諸概念を順に主題化してゆく第六主篇についても、同断である。

(27)「美的直観はまさしく客観的となった知的直観である」（STI, S. 294）とか「美的直観が客観的となった超越論的直観にすぎないなら、芸術が哲学の、同時に唯一真にして永遠のオルガノンかつドキュメントだということが〔…〕自ずから理解される」（Ibid. S. 297）といった言葉は、『超越論的観念論の体系』のなかでもあまりにも有名になってしまった言葉かもしれない――なおスルッティは以下のように述べている。「直観は体系の冒頭にして終末である。冒頭では、根拠の自己同一性は知的直観によってしか表象されえなかったのだが、終末においては、美的直観とともに、われわれはわれわれが哲学し始めた地点へと立ち返る」(Cerutti. p. 141-2)。

(28) スルッティは以下のように要約している。「自己意識の歴史の第一期は、根源的作用、感覚、産出的直観という三つの作用の系列という形式を取る。それらに対応する産物は、そのつどいっそう規定され、いっそう特殊的である、すなわち宇宙、物質、有機体である」(Cerutti. p. 139)。

(29) おそらく「私＝私」や「絶対無差別」や「神」が「思惟されたもの」ではなく「表象されたもの」にすぎないという見解は、多くの論者から、たとえばフィヒテやシェリング等々から、一方的にすぎる主張との非難を受けることになろう。

(30) ここでヘーゲルが、ほんらい「未規定的」であるはずの「有」と「無」に対して「両規定」という言葉を用いていることは、注目に値する。われわれが幾度も指摘したように、そしてこれからも指摘し続けるであろうように、「有」と「無」は幾つかの点で区別されなければならず、したがって少なくとも両者を区別するに足るだけの「規定」は、すでに有しているのだと言わざるをえない――なお以下にも見るように、「規定」という言葉は「有」と「無」に関してなおも用いられ続けている。たとえば以下の本文には引用しないが、ヘーゲルは「有と無」を「始源の諸規定」(W8. S. 189)と、複数形で呼んでいる。

(31) もちろん「始源」と「開始」はちがうのだと、ハイデッガーのように主張することもできるのかもしれない。しかし、それではまだなぜタレスとともに哲学が「始源」しなかったのかという問いに答えたことにはならないのだし、第一、ハイデッガー自身が「第一の始源」とみなしていたのは「アナクシマンドロス」、「ヘラクレイトス」、「パルメニデス」の三人であり、しかも「形而上学」が「開始する」のは「プラトンとともに」もしくは「ソクラテスによって」なのである。拙著『歴史と文化の根底へ――《自然の現象学》第二編――』世界思想社、二〇〇八年の、特に第二章を参照。

(32) 第二章の或る註のなかでも述べたように、この種の議論からは、論点先取のようないささか乱暴な印象を受ける。しかし、それがヘーゲルのいつものパターンである。

(33) 『大論理学』には「量的に-無限な過程(der *quantitative-unendliche Prozeß*)」(WdLS^2. S. 242)や「悪しき量的無限性(die *schlechte quantitative Unendlichkeit* 量的悪無限性)」(Ibid., S. 244)といった言葉も見出される。

(34) 『大論理学』の説明によれば、「種別的定量」とは「定在するあらゆるものは〔種別的に〕或る節度を持つ」(WdLS^2. S. 371)ということ、つまり「たんに量的なものとして現出する変化が或る質的な変化へも転換する」ということであって、前章でも見、本章でも以下の本文に見るような「禿」や「堆積」(Ibid., S. 373)の例がこれをよく示している。ニュルンベルク時代の一八一〇／一一年の《中級のための論理学》のなかには「節度とは、外的にではなく事象の本性によって、質によって規定されるかぎりでの一つの種別的定量である」(W4. S. 171)という言葉も見られる。

(35) あらずもがなの補足かもしれないが、たとえば直接民主主義は或る程度の領土や住民数の増減を許容するが、或る限度以上の増大には制度として耐ええない。

（36）「質」篇のなかでヘーゲルが演繹している純粋思惟諸規定は、たとえば量的にのみ変化するモノクロームの等質物体だけを想定しても十分成り立ちうるようなものなのであって、少なくともそれは「節度」の篇で具体例として挙げられているような諸々の「質」と同列に置かれうるような代物とは言い難いであろう。

（37）『大論理学』にも「本質とは止揚された有である」（WdLW. S. 8）という言葉がある。

（38）一八一〇／一一年の《中級のための論理学》は、「論理学は純粋思惟の体系を含む」と述べた直後に、「有」を「一、直接的なもの」と「二、内的なもの」とに区分し、しかるのちに「三、概念が呈示するものとは有るものだが、しかしそれは本質的なものでもある」（W4. S. 165）と語っている――要するに、「本質」とは「内的」な「有」のことなのである。

（39）『大論理学』によれば、全体として「本質」は「有の圏域において量がそれであったところのもの」つまりは「限界に対する絶対的な無頓着性」であり、本質においては「規定性」は「有る」のではなく「本質それ自身によって措定」されている。そして「本質の否定性」が「反省」（WdLW. S. 5）なのである。ちなみに「仮象」と「同じもの」とみなされる「反省」（Ibid., S. 13）は、『大論理学』では「措定的反省」、「外的反省」、「規定的反省」（Ibid., S. 14）の三つに区分されている――まず反省は、それが「回帰すること」として「直接性」であるかぎりでは「措定」なのだが、反省は「それがそこからの回帰であるところのもの」を「前提」しているかぎりでは「前提」（Ibid., S. 16）でもあり、「措定的反省」は「前提的反省」である。次に「外的もしくは実在的反省」は自らを「止揚されたもの」、「自らの否定」（Ibid., S. 17）として前提しているので、それは一方では「直接的なもの」であるような反省であり、他方では「かの自らの非有としての自己」（Ibid., S. 18）に関わる。そして第三に、「規定的反省」とは総じて「措定的反省と外的反省との統一」（Ibid., S. 21）である――例によってヘーゲルの説明は分かりやすいものとは言い難いが、「措定的反省」とは何かを反省対象として措定することとしてその何かを前提しなければならないからこそ「前提的反省」であり、また「外的反省」は「自己」に「外的」なものを反省するからにはその「自己」を非主題的な仕方で指示しなければならず、最後に「規定的反省」は規定すべきものを前提しつつ、そこに「規定」という「外的」作用を加えるから「措定的反省と外的反省との統一」だということなのだろう。ちなみにラバリエールは、たとえば「同一性」は「有」が問題とされるときには「与えられ」、「本質」が問題とされるときには「措定され」、「概念」が問題とされるときには「完全に規定されている」（Henrich (3), S. 96）と述べている。それゆえ「有の経済」は「措定的反省」に、「本質のそれ」は「外的」反省に、「概念のそれ」は「規定的反省」に、それぞれ「対応」（Ibid., S. 97）しているのだということになる。

（40）「〈有〉の諸カテゴリーとは反対なものとして、〈本質〉の諸カテゴリーは知識の主観を暗黙のうちに指示している」（Taylor, p. 297）とテイラーは述べている。

(41)『大論理学』の《*gewesen*〔有った〕》(WdLW, S. 3) に関しては、本書の第二章第二節でも触れた。

(42)「本質とはそれゆえ、自己との単純な同一性である」(WdLW, S. 27) と『大論理学』でも述べられている。

(43)『小論理学』の「予備概念」のなかでは「規定のなかではいかなる矛盾も生じない」というのが「悟性の抽象的同一性」(W8, S. 138) だと言われている。

(44) 先にも「本質」は「有一般やその諸形式を止揚されたものとして自らのうちに含むような、自己-への-単純な関係」と、あるいは「それ自身の否定によって自己との媒介にして自己自身への関係であるような有もしくは直接性」(W8, S. 229) 等々と規定されていた。

(45) 前々章の或る註のなかでも見たように、一八〇九/一〇年の《下級のための論理学》のなかでは、「異別性としての異別性一般」が「たんなる多性 (Vielheit)」(W4, S. 129) と呼ばれている。

(46)「実在的根拠」のように内容を有しつつも、「形式的根拠」のような拘束力を持つので、「完全な根拠」なのであろうかと思われる――条件、制約とは、そのようなものである。

(47) 一八一〇/一一年の《中級のための論理学》のなかには「物は実存する以前に有る (Ding *ist* vorher, ehe es existiert)」(W4, S. 174) という言葉があるが、われわれには意味不明である。

(48)「事象」は『小論理学』ではC「現実性」のなかのaのまえにある言わば前ふりの箇所で、「条件」、「活動」(W8, S. 292) とならんで主題化されるにいたるのだが、すでに見たように、『大論理学』では本質論第一篇第三章C「条件」のなかで「真に無条件的なもの」と呼ばれている「事象自体 (*die Sache an sich selbst*)」(WdLW, S. 98) が登場するのは、まだ第二篇第一章で「物」が主題化される以前でさえある。それゆえ「現実性と個体性との浸透、両者の統一」と『精神現象学』のなかでみなされている「事象それ自身」(PhG^{B2}, S. 270) ほどの高い地位は、両『論理学』のなかでは、見出し難いと言わざるをえない。

(49) 同様の分析は「全体と諸部分との関わり合いの二律背反《アンチノミー》」(W4, S. 98) の名のもとに、すでに一八〇八/〇九年の《中級のための論理学》のなかでおこなわれている。

(50)『大論理学』の「概念論」でも「相互作用」は「実体の完成」だが、この完成はもはや「実体それ自身」ではなく、「より高次のもの、概念、主観」なのであって、「概念」が「実体の真理」であり、「自由」が「必然性の真理」(WdLB, S. 8) なのだと述べられている。

(51)「死せる抵抗 (résistance morte)」という言葉に関しては、たとえば Œ VII-2, p. 288 などを参照。

(52) この点に関しては拙著『身体の生成――《自然の現象学》第四編――』萌書房、二〇一五年の第四章「メーヌ・ド・ビランの身体構成論」を併せて参照されたい。

(53) Cf. DESCARTES, René, *Œuvres*, éd. Adam et Tannery, 13 vols., Paris, Vrin, 1974-86 (1964^{1}-74^{1}), VI, p. 18-9.

あとがき

初めて『精神現象学』の訳本を手にしたのは、二〇歳代前半のことであったと思う。そのときはたしかいきなり「感覚的確信」に感激し、けれども次の「知覚」の箇所ではさっそくお手上げ状態になってしまったように記憶している――この種の挫折感や、感動さえも、いまとなってはただ自らの幼稚さしか露呈していないように思えるのだが。蔵書の記録によれば、フランス留学から帰国後の一九九二年二月から三月にかけて、初めて原典で同書を通読し、同年四月から六月にかけて二度目の通読をおこなっている――いずれも哲学文庫〔Felix Meiner〕の旧版であった。それからだいぶ時を経て、前著『自然の現象学入門』執筆中の二〇二〇年五月にSuhrkamp版のものを一度、そして同書公刊後の二一年六月から一〇月にかけては哲学文庫の新版のほうを六度繰り返し集中的に読んでいるので、原典では同書は計九回通読したことになる。その他、訳者の異なる三種類の仏訳と、英訳も一冊読んでみたのだから、同書に関しては、筆者にしては相当読み込んだほうだろう――もちろんまだ完全に理解したなどと、言うつもりはない。

個人的なことになってしまうが、筆者は二一年三月に勤務校を定年退職したあと、コロナ禍のさなかの同年五月に、学生時代をすごした京都に帰ってきた。前著の脱稿以前から、次のターゲットはヘーゲルだと心に決めていたので、その間ヘーゲルの第一次文献と第二次文献をずっと読み続けてはいたのだが、引越の前後というのは、何かと落ち着かないものである。そこで読書はするが執筆はおこなわないという生活を一年近く続けていたところ、読了した仏語・独語・英語の第二次文献が五〇冊以上になってしまったので、このあたりでまとめておかないとすべてが忘却の淵に投げ込まれてしまうかもしれないという恐れから、ようやく本書第一章の執筆に着手し、書き上げたのが、二二年の七月から八月にかけてのことである。

ひとたび書き始めると、『大論理学』の検討を中心とした第二章への移行は早かった——第二章の原稿は、半年後の二三年一月から二月のあいだに起草された。つまり、少々急ぎすぎたかもしれない。ヘーゲルの『論理学』に関しては、『精神現象学』ほど通読を重ねたわけではないのみならず、《Fair is foul, and foul is fair〔きれいは穢い、穢いはきれい〕》という『マクベス』の魔女の言葉のごとき彼の「論理」の奇怪さにはほとほと手を焼き、「序」にも書いたように、執筆後にも、かなりのやり残し感があった。しかし本書の究極目的はヘーゲル解釈にあるわけではなく、あくまで「自然の論理」について筆者なりに考察を深めることに存していたので、とりあえず第三章は、そちらのほうに重心を移すことにした。

じつを言うと、筆者は学生時代から、執筆という作業がずっと苦手であった。もう少し正確に言うなら、読書モードから執筆モードに移行するとき、必ず幾ばくかの抵抗を覚えてしまう。つねに少しずつ書いていたならそのように苦労することもなかったのかもしれないが、特に若い学修時代には、そういうわけにもゆかない。そこで筆者は、西田幾多郎のように年に何本も論文を書く先達たちには畏敬の念を抱きつつ、またその頃は野球より相撲のほうが好きだったということも手伝って、年六場所の期間だけは執筆するというような生活習慣を身につけておくと、モード変換にもそれほど苦しまずにすむのではないかと、ぼんやり夢想していた時期もあった。じっさいには院生時代にも就職してからも、諸般の事情によりそのような生活を送る夢は叶わなかったのだが、しかし退職後のいまはチャンスである——そのように考えて、第三章の四つの節は、順に二三年の五月、七月、九月、一一月の四回に分けて書き上げていった。そしてじっさいにそのような手順で脱稿してみると、そうした書き方の長所と同時に短所も、或る程度理解できたような気がする。たとえば西田が一本の論文のなかで、章が変わると前章の主張とまるでちがうことを言い出したりしてしまうように思われる箇所が出て来るのにも、それなりの経緯があるのだろう、等々。したがって、結局のところ筆者は、このような書き方がベストだという結論にはいたらなかったのだが、しかしこれまでは半年から一年をかけて準備し、原稿は短期集中的に執筆するというパターンが習慣化されていた筆者にとって、著述の仕方のレパートリーが増えたということは、それなりに貴重な経験であった。

そこで第四章の三節も、本年〔二〇一四年〕の五月、六月、七月の三回に分けて書いたみた。「序」でも触れたように、第三章までを一応の完成とみなしてそのまま出版するという途もないわけではなかったのだが、やはりヘーゲルの『論理学』とは、もう少しお付き合いしたいという想いのほうが強かった。そしてそのさい筆者は、多少の補強を見込んで、フィヒテ、シェリング、メーヌ・ド・ビランに関しても併せて論ずることにした――彼らについても、筆者はいままで多々取り上げてはきたのだが、しかし今回はまた別の観点から検討を加えたので、それなりの楽しさというものがあった。そして最終的に本書の全体を見直しつつ、「序」を加えて出版社に原稿のデータを送信したのが、本年八月上旬のことである。

本書の中心たる第三章に関して一言申し添えるなら、そこで展開されている筆者の考えは、個々に取り上げたのでは、特に目新しくも独創的でもないような見解ばかりだと思われてしまうかもしれない。しかしながら筆者には、昔から筆者自身の立場というものがあって、哲学上の多様な問題構制を検討してゆくなかで、そのような立場をどこまで堅持してゆけるのかということが、筆者にとっては終生の課題となっている。とりわけ今回は、前著で自らに課した幾つかの課題に答えるという責務も負っていたので、その点も含め、筆者自身の考えが少しでも深化され、多少なりとも有機的に組織されていれば、それでよいのではないかと思う。

本書のヘーゲル批判や、その他の哲学者たちに対する批判的諸考察についても同断なのであって、もちろん筆者は、批判のための批判を目的としているわけではない。本書を読んでいただいても明らかなように、思想とはけっして無から生まれるものではなく、多くの先人たちが残した成果を糧にしつつ、賛同すべきところは賛同し、しかしもし批判すべき箇所があるなら、それはあくまで自己自身の立場から批判するのでなければならない。要するに問題とされるのは、やはりどこまで自分の立場を貫徹しうるのかということなのであって、たとえば本書がおこなったヘーゲル批判も、個々に取り上げただけでは、どこかで誰かがすでに述べたようなことも、多々含まれているかもしれない。

けれども固有の立場から首尾一貫しておこなわれるのではないような批判なら、最初からたいした意味を持ちえないだろう。

次著『自然の論理の根底へ』は、「序」でも予告した第一章「言語と言語以前と――ヘーゲルのキュビスムとベルクソンのフォーヴィスム――」と、やはりベルクソンと、併せてビランやメルロ＝ポンティやアンリなどを俎上に載せるはずの第二章「身体の論理／非論理」、また三たびベルクソンと、今度はフッサールの時間論についても再考する予定の第三章「時の流れに身を任せ――〈一〉と〈多〉のはざまで――」の三章から構成されることになるはずだが、本書第三章で用いたような、或る特定の誰それについての解釈としてではなく、あくまで自分自身の立場から立論してゆくという手法を、今度は各章内部の或る一節において実践してゆきたいと考えている。本当なら最初から誰も引証することなく、独力で一冊の哲学書を著述しうるなら、それに越したことはないのかもしれないが、哲学がゼロから始まることなどできない以上、引証・引用の有無にこだわるのにも、限度というものがある。そのなかで、極力自分の言葉で述べてゆく方向に向かってゆくようにしたいと考えてはいるのだが、しかしいまの筆者には、いまだその途上にあるとしか言えない。

それでも筆者は、同年輩の研究者たちに比べれば、思想の展開においても言葉遣いに関しても、既存の権威にはそれほど従順ではないほうであろう。子供の頃から筆者は、刑法学者であった父から、「師説を知ること掌《たなごころ》を指すがごとし」という言葉とともに、「師説に盲従するは師（説）を愚弄するものなり」という話を、散歩のおりなどによく聞かされたものである。哲学に携わる者は、真に一箇の哲学者たらんと欲するかぎりは、ひとなみ以上に独立不羈《ふき》の志を抱いていなければならないはずであろう。たとえば恩師山形頼洋先生なども、仏語や独語の専門用語に既存の訳語が流通しているような場合でさえ、御自分で新しい訳語を造り出すことを、むしろ楽しみにしておられるような風であった。筆者もそのような精神は継承したいと願いつつ、これまでもいろいろ自分なりの工夫をこらす試みを繰り返してきたつもりなのだが、世のなかには師説や師の言葉そのものをただ繰り返すだけで事足れりとしているような人たちも、存外多いような気がする。ついつい弱気の虫の騒ぎがちな昨今の筆者自身も含め、自戒すべきところはきちんと自戒すべきであろうと思う。

そうこうするうちに、筆者も先生の亡くなられた年齢を、ついに越えてしまった。いま思っても、筆者には先生のように才気溢れる華麗な仕事など、できそうにない。しかしながら、それでも筆者には筆者自身の歩むべき道というものがあって、いまだに「途上にある」と言えること自体、筆者にはずいぶん幸福なことであるような気がする。「あとがき」となると毎回同じことばかり繰り返していると思われるかもしれないが、今回もまた、筆者に哲学に立ち向かうさいの孤高の覚悟というようなものを教えてくださった辻村公一先生、自らの思想を創造的に構築する哲学者の生き方とはどのようなものであるのかを如実に示していただいたミシェル・アンリ先生とならんで、眼のまえのこの草木の現れのうちにも哲学が潜んでいるのだということを身近に優しく説いてくださった山形頼洋先生には、改めてここで感謝の意を表しておくことを許されたい。

萌書房の白石徳浩さんには、いつもながらお世話になった。とりわけ今回は、拙宅にまでお越しいただいて、筆者の将来の出版計画等々も含め、いろいろ相談に乗っていただいた。その良心的なお仕事ぶりに加え、ユーモア溢れるおおらかなお人柄には、ずっと助けられてきたのだと、一言感謝の言葉を添えさせていただきたい。

二〇二四年一一月　於京都市左京区高野

中　敬夫

ヘーゲル文献一覧

本書ではヘーゲル文献に言及することが多かったので，その第一次文献，第二次文献のみ，それらの略号とともに一括して以下に示す。その他の著者たちの諸文献に関しては，略号を用いる場合も含め，本文の脚註のなかで逐一指示する。

(1)ヘーゲル第一次文献

今回，必ずしもすべて引用等々で利用したわけではないが，一応参照しえたヘーゲル第一次文献は，以下のとおりである。略号は［ ］内に示す。

Hegel, Georg Wilhelm Friedrich, *Werke in zwanzig Bänden*, Frankfurt am Mein, Suhrkamp, 1970-1994

Band 1: *Frühe Schriften*, 1994^{3} (19861) [W1].

Band 2: *Jenaer Schriften 1801-1807*, 1986 [W2].

Band 3: *Phänomenologie des Geistes*, 1991^{3} (1986^{1}) [W3].

Band 4: *Nürnberger und Heidelberger Schriften 1808-1817*, 1986 [W4].

Band 5: *Wissenschaft der Logik I*, 1990^{2} (1986^{1}) [W5].

Band 6: *Wissenschaft der Logik II*, 1990^{2} (1986^{1}) [W6].

Band 7: *Grundlinien der Philosophie des Rechts*, 1989^{2} (1986^{1}) [W7].

Band 8: *Enzyklopädie der philosophischen Wissenschaften I*, 1989^{2} (1986^{1}) [W8].

Band 9: *Enzyklopädie der philosophischen Wissenschaften II*, 1986 [W9].

Band 10: *Enzyklopädie der philosophischen Wissenschaften III*, 1986 [W10].

Band 11: *Berliner Schriften 1818-1831*, 1986 [W11].

Band 12: *Vorlesungen über die Philosophie der Geschichte*, 1986 [W12].

Band 13: *Vorlesungen über die Ästhetik I*, 1970 [W13].

Band 14: *Vorlesungen über die Ästhetik II*, 1970 [W14].

Band 15: *Vorlesungen über die Ästhetik III*, 1970 [W15].

Band 16: *Vorlesungen über die Philosophie der Religion I*, 1990^{2} (1986^{1}) [W16].

Band 17: *Vorlesungen über die Philosophie der Religion II*, 1991^{2} (1986^{1}) [W17].

Band 18: *Vorlesungen über die Geschichte der Philosophie I*, 1986 [W18].

Band 19: *Vorlesungen über die Geschichte der Philosophie II*, 1986 [W19].

Band 20: *Vorlesungen über die Geschichte der Philosophie III*, 1986 [W20]

—*Jenaer Systementwürfe* I, *Das System der spekulativen Philosophie*, Philosophische Bibliothek Band 331, Hamburg, Felix Meiner Verlag, 1986 [JSE I].

—*Jenaer Systementwürfe* II, *Logik, Metaphysik, Naturphilosophie*, Philosophische Bibliothek Band 332, Hamburg, Felix Meiner Verlag, 1979 [JSE II].

—*Jenaer Systementwürfe* III, *Naturphilosophie und Philosophie des Geistes*, Philosophische

Bibliothek Band 333, Hamburg, Felix Meiner Verlag, 1987 [JSE III].

— *System der Sittlichkeit* [*Critik des Fichteschen Naturrechts*], Philosophische Bibliothek Band 457, Hamburg, Felix Meiner Verlag, 2002 [SdS].

— *Phänomenologie des Geistes*, Philosophische Bibliothek Band 114, Hamburg, Felix Meiner Verlag, 1952^{6} [PhG^{B1}].

— *Phänomenologie des Geistes*, Philosophische Bibliothek Band 414, Hamburg, Felix Meiner Verlag, 2019 (1988^{1}) [PhG^{B2}].

— *Wissenschaft der Logik. Das Sein (1812)*, Philosophische Bibliothek Band 375, Hamburg, Felix Meiner Verlag, 1999^{2} [WdLS^{1}].

— *Wissenschaft der Logik. Die Lehre vom Wesen (1813)*, Philosophische Bibliothek Band 376, Hamburg, Felix Meiner Verlag, 1999^{2} [WdLW].

— *Wissenschaft der Logik. Die Lehre vom Begriff (1816)*, Philosophische Bibliothek Band 377, Hamburg, Felix Meiner Verlag, 2003^{2} [WdLB].

— *Wissenschaft der Logik. Die Lehre vom Sein (1832)*, Philosophische Bibliothek Band 385, Hamburg, Felix Meiner Verlag, 2008^{2} [WdLS^{2}].

— *Enzyklopädie der philosophischen Wissenschaften im Grundrisse (1830)*, Philosophische Bibliothek Band 33, Hamburg, Felix Meiner Verlag, 1969^{7} [Enz].

— *Briefe von und an Hegel,* Band II : *1813–1822*, Philosophische Bibliothek Band 236, Hamburg, Felix Meiner, 1969^{3} (1953^{1}) [B II].

— *La phénoménologie de l'esprit*, 2 vol., traduction de Jean Hyppolite, Paris, Aubier-Montaigne, 1941 [PhE (H 1), PhE (H 2)].

— *Phénoménologie de l'esprit*, traduction et présentation de Bernard Bourgeois, Paris, Vrin, 2018 (2006^{1}) [PhE (B)].

— *La phénoménologie de l'esprit*, traduction de Marc Géraud, présentation d'Émile Jalley, Paris, L'Harmattan, 2017 [PhE (G)].

— *The Phenomenology of Spirit*, translated and edited by Terry Pinkard, Cambridge, Cambridge University Press, 2018 [PhS].

— *Science de la logique*. Livre premier. *L'être*. Textes de 1812 et 1832. Présentés, traduits et annotés par Bernard Bourgeois, Paris, Vrin, 2015 [SdL1].

— *Science de la logique*. Livre deuxième. *L'essence*. Présenté, traduit et annoté par Bernard Bourgeois, Paris, Vrin, 2016 [SdL2].

— *Science de la logique*. Livre troisième. *Le concept*. Présenté, traduit et annoté par Bernard Bourgeois, Paris, Vrin, 2016 [SdL3].

— *The Science of Logic*, translated and edited by George di Giovanni, Cambridge, Cambridge University Press, 2010 [SoL].

— *Encyclopédie des sciences philosophiques*. I. *La science de la logique*. Texte intégral présenté, traduit et annoté par Bernard Bourgeois, Paris, Vrin, 2019 [EncI].

— *Encyclopedia of the Philosophical Sciences in Basic Outline*. Part I : *Science of Logic*, translated and edited by Klaus Brinkmann and Daniel O. Dahlstrom, Cambridge, Cam-

bridge University Press, 2015 (2010[1]) [EnI].

⑵ヘーゲル第二次文献

これも今回すべて引用したわけではないが，参照しえたヘーゲル第二次文献は，以下のとおりで，略号はやはり［　］内に示す。

ADORNO, W. Theodor, *Negative Dialektik*, Frankfurt am Main, Suhrkamp, 1994[8] (1966[1]) [Adorno].

ARANTES, Paulo Eduardo, *L'ordre du temps. Essai sur le problème du temps chez Hegel*, Paris, L'Harmattan, 2000 [Arantes].

AUTHIER, Raphaël, *Figures de l'histoire, formes du temps. Hegel, Schelling et l'élaboration d'un concept d'histoire*, Paris, Vrin, 2023 [Authier].

BOURGEOIS, Bernard, *Hegel. Les actes de l'esprit*, Paris, Vrin, 2001 [Bourgeois (1)].

— *Pour Hegel*, Paris, Vrin, 2019 [Bourgeois (2)].

BRANDOM, Robert, B, *A Spirit of Trust. A Reading of Hegel's Phenomenology*, Cambridge, Massachusetts, & London, The Belknap Press of Harvard University Press, 2019 [Brandom].

BRICEÑO-GIL, Miguel Angel, *Logique hégelienne et développement des connaissances. Du sujet à l'objet par ordre croissant de complexité*, Londre, Sciencia Scripts, 2023 [Briceño].

CARAMELLI, Eleonora, *Hegel et le signe d'Abraham. La confrontation avec la figure d'Israël (1798-1807)*, Paris, L'Harmattan, 2018 [Caramelli].

CASSIRER, Ernst, *Das Erkenntnisproblem in der Philosophie und Wissenschaft der neueren Zeit*. Dritter Band. *Die nachkantischen Systeme*, Hildesheim/New York, Georg Olms Verlag, 1971 (1923[2], 1920[1]) [Cassirer].

DATH, Dietmar, *Hegel. 100 Seiten*, Stuttgart, Reclam, 2020 [Dath].

DEJARDIN, Bertrand, *L'art et la raison. Éthique et esthétique chez Hegel*, Paris, L'Harmattan, 2008 [Dejardin].

DEVAUX, Vincent, *La nature végétale chez Hegel. Émergence d'une dialectique organiciste*, Copyright © 29 Août 2018-Vincent DEVAUX, 2018 [Devaux].

DUBOUCHET, Paul, *Philosophie et doctrine du droit chez Kant, Fichte et Hegel*, Paris, L'Harmattan, 2005 [Dubouchet].

FARINATI, Alicia Noemí, *Hegel démocrate. Autour de la* Philosophie du droit. Préface de Jacques D'Hondt, Paris, L'Harmattan, 2012 [Farinati].

FILHO, Artur Lopes, *Esprit, Histoire et progrès. La linéarité historique comme refler du progress chez G. W. Hegel*, Sciencia Scripts, 2023 [Filho].

FISCHBACH, Franck, *Du commencement en philosophie. Étude sur Hegel et Schelling*, Paris, Vrin, 1999 [Fischbach (1)].

— *Fichte et Hegel. La reconnaissance*, Paris, PUF, 1999 [Fischbach (2)].

FLEURY, Philippe, *Hegel et l'école de Francfort*, Paris, L'Harmattan, 2015 [Fleury].

FOUFAS, Nikos, *La critique de la positivité chez le jeune Hegel*, Paris, L'Harmattan, 2018

[Foufas (1)].
— *Le travail, la reconnaissance, la servitude et les impasses de la maîtrise chez Hegel*, Paris, L'Harmattan, 2019 [Foufas (2)].
FULDA, Hans Friedrich, *Das Problem einer Einleitung in Hegels Wissenschaft der Logik*, Frankfurt am Main, Vittorio Klostermann, 1975[2] (1965[1]) [Fulda (1)].
— *Georg Wilhelm Friedrich Hegel*, München, C. H. Beck, 2003 [Fulda (2)].
FULDA, Hans Friedrich und HENRICH, Dieter (Hg.), *Materialien zu Hegels ›Phänomenologie des Geistes‹*, Frankfurt am Main, Shhrkamp, 1973 [F/H].
FULDA, Hans Friedrich/HORSTMANN, Rolf-Peter/THEUNISSEN, Michael, *Kritische Darstellung der Metaphysik. Eine Diskussion über Hegels » Logik «*, Frankfurt am Main, Suhrkamp, 2016[2] (1980[1]) [F/H/T].
GERARD, Gilbert et MABILLE, Bernard (éd.), *La* Science de la logique *au miroir de l'identité. Actes du colloque international organisé à l'occasion du bicentenaire de la* Science de la logique *de Hegel en mai 2013 à Louvain-la-neuve et à Poitiers*, Louvain-la-neuve, Peeters, 2017 [G/M].
HEIDEGGER, Martin, *Holzwege*, Frankfurt am Main, Vittorio Klostermann, 1980[6] (1950[1]) [Heidegger].
HENRICH, Dieter, *Hegel im Kontext. Mit einem Nachwort zur Neuauflage*, Berlin, Suhrkamp, 2019[5] (1971[1]) [Henrich (1)].
HENRICH, Dieter (Hg.), *Die Wissenschaft der Logik und die Logik der Reflexion. Hegel-Tage Chantilly 1971*, Hamburg, Felix Meiner, 2016 (1978[1]) [Henrich (2)].
HENRICH, Dieter (Hg.), *Hegels Wissenschaft der Logik. Formation und Rekonstruktion*, Stuttgart, Klett-Cotta, 1986 [Henrich (3)].
HOUCINE, Abdel-azize, *Temps et langage dans la philosophie de Hegel*, Paris, L'Harmattan, 2009 [Houcine].
HYPPOLITE, Jean, *Genèse et structure de la* Phénoménologie de l'esprit *de Hegel*, Paris, Aubier-Montaigne, 1946 [Hyppolite (1)].
— *Logique et existence. Essai sur la logique de Hegel*, Paris, PUF, 2012[4] (1952[1]) [Hyppolite (2)].
ILYENKOV, Evald V., *Ecrits sur Hegel et la dialectique*, traduits et annotés par Manoudi El Moukhtar, printed in Japan, 2023 [Ilyenkov].
JANET, Paul, *Études sur la dialectique dans Platon et dans Hégel*, Paris, Essai, 2015 (1861[1]) [Janet].
KERVÉGAN, Jean-François, *Hegel et l'hégélianisme*, Paris, PUF, 2019[3] (2005[1]) [Kervégan (1)].
— *L'effectif et le rationnel. Hegel et l'esprit objectif*, Paris, Vrin, 2020 (2007[1]) [Kervégan (2)].
KOCH, Anton Friedrich und SCHICK, Friedrike (Hg.), *G. W. Hegel. Wissenschaft der Logik*, Berlin, Akademie Verlag, 2002 [K/S].
KOJÈVE, Alexandre, *Introduction à la lecture de Hegel*, Paris, Gallimard, 2014 (1947[1]) [Ko-

jève].
LABARRIÈRE, Pierre-Jean, *Structures et movement dialectique dans la* Phénoménologie de l'esprit *de Hegel*, Paris, Aubier-Montaigne, 1985 (1968[1]) [Labarrière (1)].
— *Introduction à une lecture de la* Phénoménologie de l'esprit, Paris, Aubier-Montaigne, 1979 [Labarrière (2)].
LARDIC, Jean-Marie, *L'infini et sa logique. Étude sur Hegel*, Paris, L'Harmattan, 1995 [Lardic].
LAUTH, Reinhard, *Hegel critique de la doctrine de la science de Fichte*, Paris, Vrin, 1987 [Lauth].
LEBRUN, Gérard, *L'envers de la dialecique. Hegel à la lumière de Nietzsche*, Paris, Seil, 2004 [Lebrun].
LINDBERG, Susanna, *Heidegger contre Hegel. Les irréconciliables*, Paris, L'Harmattan, 2010 [Lindberg (1)].
— *Entre Heidegger et Hegel. Éclosion et vie de l'être*, Paris, L'Harmattan, 2010 [Lindberg (2)].
LONGUENESSE, Béatrice, *Hegel et la critique de la métaphysique*, Paris, Vrin, 2015 [Longuenesse].
MACHEREY, Pierre, *Hegel oder Spinoza*, aus dem Französischen von Jan Philipp Weise und Julien Veh, Wien/Berlin, Turia+Kant, 2019 〔Originaltitel : » *Hegel ou Spinoza* «, Paris, la Découverte, 1988〕 [Macherey].
MAMA, Côme, *Le Sens de l'Histoire chez Hegel*, Tome I, *L'Objectivation de l'Esprit*, Bolton, Kindle Amazon, 2022 [Mama (1)].
— *Le Sens de l'Histoire chez Hegel*, Tome II, *L'autodétermination de l'Esprit absolu*, Bolton, Kindle Amazon, 2022 [Mama (2)].
— *Le Sens de l'Histoire chez Hegel*, Tome III, *Le Devenir du Monde Contemporain*, Bolton, Kindle Amazon, 2022 [Mama (3)].
MARTIN, Jean-Clet, *Une intrigue criminelle de la philospphie. Lire la* Phénoménologie de l'Esprit *de Hegel*, Paris, La Découverte, 2009 [Martin].
MICHALEWSKI, Czeslaw, et al., *Hegel*. La Phénoménologie de l'esprit *à plusieurs voix*, Paris, Ellipses, 2008 [Michalewski].
MOYAR, Dean & QUANTE, Michael (eds.), *Hegel's* Phenomenology of Spirit. *A Critical Guide*, Cambridge, Cambridge University Press, 2008 [M/Q].
NOËL, Georges, *La logique de Hegel*, Paris, Félix Alcan, 1897 [Noël].
OUATTARA, Fatié, *De la crise de l'éducation. La rationalité comme principe de l'éducation à la liberté et à la paix chez Kant et Hegel*, Paris, L'Harmattan, 2023 [Ouattara].
PERINETTI, Dario & RICARD, Marie-Andrée (éd.), *La* Phénoménologie de l'esprit *de Hegel : lectures contemporaines*, Paris, PUF, 2009 [P/R].
PHILONENKO, Alexis, *Lecture de la* "Phénoménologie" *de Hegel. Préface — Introduction*,

Paris, Vrin, 1993 [Philonenko].
PINKARD, Terry, *Hegel's Phenomenology. The Sociality of Reason*, Cambridge, Cambridge University Press, 1996 (1994[1]) [Pinkard (1)].
— *Hegel. A Biography*, Cambridge, Cambridge University Press, 2000 [Pinkard (2)].
PIPPIN, Robert B., *Hegel's Idealism. The Satisfactions of Self-Consciousness*, New York, Cambridge University Press, 1989 [Pippin (1)].
— *Hegel's Realm of Shadows. Logic as Metaphysics in* The Science of Logic, Chicago and London, The University of Chicago Press, 2019 [Pippin (2)].
PÖGGELER, Otto, *Hegels Idee einer Phänomenologie des Geistes*, Freiburg/München, Alber, 1973 [Pöggeler].
QUENTIN, Bertrand, *Hegel et le scepticisme*, Paris, L'Harmattan, 2008 [Quentin].
ROSSI LEIDI, Thamar, *Hegel et la liberté individuelle ou les apories de la liberté moderne*, Paris, L'Harmattan, 2009 [RL].
STERN, Robert, *The Routledge Guidebook to Hegel's* Phenomenology of Sprit, New York, Routledge, 2013 (2001[1]) [Stern].
SIEP, Ludwig, *Der Weg der Phänomenologie des Geistes. Ein einführender Kommentar zu Hegels »Differenzschrift« und »Phänomenologie des Geistes«*, Frankfurt am Main, Suhrkamp, 20185 (2000[1]) [Siep].
SOUAL, Philippe, *Intériorité et réflexion. Étude sur la* Logique *de l'essence chez Hegel*. Préface de Jean-François Marquet, Paris, L'Harmattan, 2000 [Soual].
STEKELER, Pirmin, *Hegels Phänomenologie des Geistes. Ein dialogischer Kommentar*, Band 1 : *Gewissheit und Vernunft*, Philosophische Bibliothek Band 660 a, Hamburg, Felix Meiner, 2014 [Stekeler (1)].
— *Hegels Phänomenologie des Geistes. Ein dialogischer Kommentar*, Band 2 : *Geist und Religion*, Philosophische Bibliothek Band 660 b, Hamburg, Felix Meiner, 2014 [Stekeler (2)].
— *Hegels Wissenschaft der Logik. Ein dialogischer Kommentar*, Band 1 : *Die objektive Logik. Die Lehre vom Sein. Qualitative Kontraste, Mengen und Maße*, Philosophische Bibliothek Band 690, Hamburg, Felix Meiner, 2020 [Stekeler (3)].
— *Hegels Wissenschaft der Logik. Ein dialogischer Kommentar*, Band 2 : *Die objektive Logik. Die Lehre vom Wesen*, Philosophische Bibliothek Band 691, Hamburg, Felix Meiner, 2020 [Stekeler (4)].
— *Hegels Wissenschaft der Logik. Ein dialogischer Kommentar*, Band 3 : *Die subjektive Logik. Die Lehre vom Begriff*, Philosophische Bibliothek Band 692, Hamburg, Felix Meiner, 2022 [Stekeler (5)].
SY, Hamdou Rabby, *Hegel et le principe d'effectuation. La dialectique des figures de la conscience dans* La Phénoménologie de l'esprit, Paris, L'Harmattan, 2015 [Sy].
TAYLOR, Charles, *Hegel*, Cambridge University Press, 2005[17] (1975[1]) [Taylor].
VERA, Augusto, *Introduction à la philosophie de Hegel*, suivant l'édition de 1864, réédité par

A. Bellentone, Paris, L'Harmattan, 2010 [Vera].

VIEILLARD-BARON, Jean-Louis, *Hegel et l'idéalisme allemand*, Paris, Vrin, 1999 [V–B (1)].

VIEILLARD-BARON, Jean-Louis (coordinateur), *Hegel et la vie*, Paris, Vrin, 2004 [V–B (2)].

VETÖ, Mikols, *De Kant à Schelling. Les deux voies de l'Idéalisme allemand*, tome II, Grenoble, Millon, 2000 [Vetö].

WEIL, Eric, *Hegel et l'Éat. Cinq conférences suivies de Marx et la philosophie du droit*, Paris, Vrin, 2002^2 (1950^1) [Weil].

YILMAZ, Erdal, *Hegel, Heidegger et l'historicité du monde*, Paris, L'Harmattan, 2018 [Yilmaz].

オイゲン・フィンク『ヘーゲル『精神現象学』の現象学的解釈』加藤精司訳，国文社，1987年［フィンク］。

■著者略歴

中　敬夫（なか　ゆきお）

1955年　大阪府生まれ
1987年　京都大学大学院文学研究科博士課程学修退学
1988年　フランス政府給費留学生としてフランスに留学（ボルドー第三大学博士課程）
1991年　パリ第四（ソルボンヌ）大学博士課程修了（博士号取得）
1993年　愛知県立芸術大学美術学部講師，同助教授，同准教授，同教授を経て
2021年　定年退職

著　書

『メーヌ・ド・ビラン――受動性の経験の現象学――』（世界思想社，2001年）
『自然の現象学――時間・空間の論理――』（世界思想社，2004年）
『歴史と文化の根底へ――《自然の現象学》第二編――』（世界思想社，2008年）
『行為と無為――《自然の現象学》第三編――』（萌書房，2011年）
『身体の生成――《自然の現象学》第四編――』（萌書房，2015年）
『他性と場所Ⅰ――《自然の現象学》第五編――』（萌書房，2017年）
『他性と場所Ⅱ――《自然の現象学》第六編――』（萌書房，2020年）
『自然の現象学入門』（萌書房，2021年）　ほか

訳　書

ミシェル・アンリ『身体の哲学と現象学』（法政大学出版局，2000年）
ミシェル・アンリ『受肉』（法政大学出版局，2007年）
ディディエ・フランク『ハイデッガーとキリスト教――黙せる対決――』（萌書房，2007年）ほか

自然の論理

2025年2月10日　初版第1刷発行

著　者　中　敬　夫
発行者　白　石　徳　浩
発行所　有限会社　萌《きざす》　書　房
〒630-1242　奈良市大柳生町3619-1
TEL（0742）93-2234 / FAX 93-2235
［URL］http://www3.kcn.ne.jp/~kizasu-s
振替　00940-7-53629

印刷･製本　共同印刷工業㈱・新生製本㈱

ISBN978-4-86065-172-5